U1005625

明清史学术文库

# 清史述论

上

王思治 著

故宫出版社
The Forbidden City Publishing House

《明清史学术文库》

编辑委员会


主编

郑欣淼　戴　逸　朱诚如

编委会

（以姓氏笔画为序）

王天有　王戎笙　王亚民

王思治　白新良　冯尔康

朱诚如　刘凤云　杜家骥

张玉芬　陈连营　陈祖武

何　平　何孝荣　林铁钧

周远廉　郑克晟　郑欣淼

赵国英　南炳文　晁中辰

郭成康　高　翔　阎崇年

常建华　戴　逸

王思治（1929 ～ 2012），四川自贡人。中国人民大学清史研究所教授、博士生导师，国家清史编纂委员会专家。著有《清史论稿》《承德避暑山庄与外八庙》《康熙大帝》等。主撰《清代通史・康熙朝》，主编《清代人物传稿》上编第一、三、五、八卷等，并为联合国教科文组织撰写《人类科学与文化发展史》五卷中国部分。发表学术论文百余篇，多次获得国家及省部级学术奖项。

有清一代，康熙、雍正、乾隆三帝在位时期，清王朝由清初人口锐减、生民困苦、社会动荡不安、经济极端凋敝的状态，恢复发展到鼎盛时期，史称“康乾盛世”。“康乾盛世”下的清王朝以其经济繁荣、国库充裕、在传统文化方面有集大成之势，尤其是国家大一统完成，气势恢宏，国力强盛，成为亚洲头等强大的国家，也是世界强国之一。

王思治

2011年10月24日

# 总序一

2012年是清帝退位一百周年，明清史研究也走过了百余年的风雨历程。出于总结和促进发展的目的，故宫出版社将百年来明清史专题研究的重要的甚至经典性著作，遴选四十余部再版发行，以期对当前的明清史研究有所裨益，这是令人高兴和值得肯定之举。

长达五百余年的明清两代，是中国历史上两个重要的王朝，既处于我国封建社会行将灭亡的衰落时期，又处在中国封建专制主义发展的巅峰时期。盛世与没落，帝王的文治武功与社会的演进变革，殖民者的“福音”传播与列强的坚船利炮，此起彼伏的农民起义与先进的中国人的图强探索，以及革命与改良，等等。这是一个多姿多彩且天翻地覆的历史时期。这一时期又连接着今天，影响着今天。因此，研究明清两代的历史，就有着十分重要的意义。

现代意义上的明清历史研究开始于20世纪初。面对清王朝的腐朽没落，半殖民地半封建社会的奴役屈辱，资产阶级革命的风起云涌，以梁启超、夏曾佑、严复、孟森、章太炎、向达、谢国桢、萧一山等学者为代表的中国知识界，继承中国古代社会“鉴古知今”的历史传统，吸收近代科学理论知识，开始对清先世、明满关系、南明史、学术史，后渐扩大到秘密社会史、华侨史、晚清史（这是一大热点)、民族史、历史地理、财政史、盐业史等明清历史的多个方面，进行系统研究，筚路蓝缕，取得了丰硕的成果。

新中国成立以后，特别是改革开放以来，学术界在马列主义的指导下，继承老一辈学者的信实学风，汲取西方学术研究的科学方法，解放思想，大胆探索，使明清史研究不断深入。研究领域在不断扩大，研究水平在不断提高，明清史学逐渐形成充满朝气、欣欣向荣的繁荣景象。经过数十年的发展与积淀，时间已为我们留下了一些有价值的学术著作。这些著作资料翔实，论述严密，条理贯通，至今仍为许多学者所推崇。因此，将多年以来明清史研究著作纳入，重新修订再版，可使我们回顾明清史学研究的发展轨迹，促进21世纪明清史学术研究的深入发展。

故宫博物院和故宫出版社推出这套《明清史学术文库》还有一层特殊的意义，这就是故宫和故宫博物院在明清史研究中的特殊地位。故宫作为明清两代的皇宫紫禁城，在明清两朝的统治历史中，共有24位皇帝在此生活执政，使之在五百多年中成为全国的政治中心、文化中心，演绎出一幕幕兴衰史剧，几乎明清时期的每一个重大历史事件，都与宫廷发生着密切的联系。故宫几乎每一座宫殿、每一个院落、每一处山石，甚至每一口水井、一床一案，都有一段传奇经历，蕴含着独特的、浓厚的历史文化信息，涉及建筑、园林、历史、地理、文献、文物、考古、美术、宗教、民族、典制、礼俗等诸多学科与门类。这也是研究明清时期典章制度、宫廷建筑、宫廷生活等历史问题的专家学者不能不予以关注、不能不去考察体验的诸多社会历史领域。建立在以明清两代皇宫“原址保护”基础上的故宫博物院，兼容建筑、藏品与其中蕴含丰富的宫廷历史文化为一体，这一特点及优势，决定了它在整个明清史研究中有着独特的、不可替代的重要地位。而故宫的一切研究工作也离不开明清史学术界的辛勤劳动。

正是基于这种独特关系，故宫博物院与清史编纂委员会联合举办清史研讨会，与北京大学联合主办《明清论丛》，成立明清宫廷史研究中心和故宫学研究所，组织编纂明清史研究丛书，并资助出版一大批重要的明清史学术研究成果，受到学界的广泛赞许。以突出皇宫、皇权和皇帝等皇家文化研究的“故宫学”学术概念，也得到了学界的广泛关注。浙江大学、中国社会科学院研究生院等高校已开始招收这方面的硕士研究生，浙江大学成立了故宫学研究中心，南开大学成立了明清宫廷史与故宫学研究中心，台湾清华大学开设了“故宫学概论”课程等。所有这些，必将对故宫博物院的日常工作和学术研究，以及明清史学界的进一步发展，产生重要的推动作用。

故宫出版社作为故宫博物院的重要部门，一直把促进明清史和故宫学的研究作为自己义不容辞的责任和义务，做出了积极的努力，也取得了重要的成果。本次推出这套《明清史学术文库》，在整合、出版既有学术成果的基础上，通过深入地与专家、学者沟通，对明清史及故宫学研究涉及的一些问题进行专题探讨，以提高明清史和故宫学研究的理论水平，并向成为我国明清史研究成果的出版重镇不断迈进，其精神也值得赞扬。我们相信，通过故宫出版社与明清学术界的不断努力，明清历史研究必将取得更大的发展。

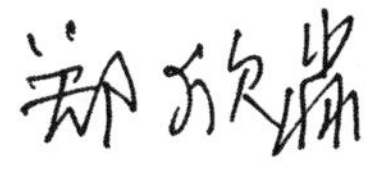

2012年 7 月

# 总序二

一百年前的1912年，清朝覆亡，宣统帝退位，中华民国建立。标志着统治中国长达两千多年封建帝制的终结。中国历史迈开了前进的脚步，中国人民觉醒奋起，在近代化的征途上努力前进。

伴随着清王朝的覆灭，中国的一大批学者对中国封建社会的最后两个王朝——明朝和清朝的历史进行了认真、系统的研究，章太炎、梁启超、孟森、钱穆、萧一山、蒋廷黻、郭廷以、郑天挺、吴晗、罗尔纲、王钟翰等学术前辈在明清史处女地上披荆斩棘、辛勤耕耘，为明清史学的发展奠定了基础。改革开放以来，学术界百花齐放、百家争鸣，以马克思主义为指导不断地解放思想，积极吸收外国的研究思想和方法，使我国明清史的研究出现了前所未有的长足进步，涌现出一批有价值的学术著作。但在当时，中国或者尚在战乱时期，或者尚在建设的探索时期，经济贫穷，文化欠发达，学术著作的印刷数量不多，流传不广，不利于学术交流和明清史研究更深入的发展，故而故宫出版社将多年来明清史专题性研究著作纳入《明清史学术文库》，重新修订再版，力求涵盖民国以来各个时期的学术大家及其代表性著作，目的就在于将涉及政治、经济、文化、社会生活等方面的研究著作汇集一起，以此反映明清社会的整体状况，为学者深入研究明清时期的社会状况提供学术平台。

明清两代，时间长达五百多年之久，道路崎岖，变化迅速，人物和事件丰富繁多，是最接近今天现实的历史，生产力已有相当发展，居于当时世界各国的前列，社会结构和各种关系已相当复杂，人口众多，经济繁荣，交流频繁，财富充盈，各种事业兴旺发达。至康雍乾时期，中国历史发展到最高峰。但社会中的各个领域存在着缺陷，各种主客观条件尚未具备，整个社会难以协同推进，阻力重重，举步维艰，所以未能进入近代化的轨道。中国坐失了西方世界在 18 世纪所抓住的社会进步的良好时机，这是中国的不幸，也是我们前几辈先人痛心扼腕、力图奋起直追的动力和原因。今天，我们正在建设中国特色的社会主义，成绩辉煌，但前途还有许多艰难曲折，需要我们奋斗拼搏，晚近明清历史上先辈们走过的崎岖道路值得我们回顾、反思、探索、研究，以利于后人的继续快步前进。

在中华民国成立以前，明清史虽已编纂了许多重要的档案资料，但研究尚在起步阶段，历史编纂中充斥着对本朝的歌功颂德和对前朝的诋毁。民国以后的明清史研究则有了重大的进步。

其进步主要可举出三个方面：

第一，改变了形而上学和英雄史观，逐渐以社会进步史观和马克思主义唯物史观来研究历史；改变了停滞不动、堆砌史料、罗列历史事实，不讲究前因和后果，不揭示历史发展的客观规律，强调英雄创造了历史而忽视人民群众的生产斗争、阶级斗争，不能给人以真实的历史知识的做法。历史是人类进步的活动，是人民群众艰辛创造和英勇斗争的进程。经济活动是人类社会的基础，而政治、军事、法制、文化、思想都是其上层建筑，将会或早或迟地随着经济基础的变化而变化。20 世纪初进步史观和马克思主义唯物史观的出现，大大改变和推动了中国历史研究，明清史研究领域出现了许多高水平的、科学的、实证的明清史著作。

第二，研究领域的扩大。自民国以来，明清史研究的领域不断扩大，不仅着重于帝王将相活动，不仅有内外战争、官场升贬、刑律惩治，也不仅宣扬封建的纲常伦理，还涉及到中央和地方的典章制度、兴废沿革、官阶序列、财政收支、赋税征收，人口的增减迁移，城镇的设置变迁；经济方面有农林牧副各业的状况，开垦和耕作记录，各种传统的手工业和商业，以至近代工厂、矿场的兴起，电报的设置，火车轮船的建造；军事方面，有八旗、绿营、团练、湘军、淮军以至北洋水师、小站练兵等；文化方面，既有诗文词赋、绘画书法、人物传记，又有昆曲、京剧、小说、唱本各种民间艺术；加之民族、法制、科学、宗教、城市、乡镇、风俗习惯、生态海洋等方面。各种研究无所不包，覆盖了各个社会历史领域，使得每朝的史书类似于百科全书型的著作，可以阅读和寻找到各种各样的知识。

第三，史料的整理和发展大为进步。民国以后，大内档案公之于世，其数量达一千万件以上，其中尤以清朝的档案与史料为多，它们的大量公开出版为后人提供了无穷的研究宝藏。档案和各种史料是认识和研究历史的重要载体，只有对它进行积累、分析、辨识、考证，才能揭示出历史的真相。近百年来，收集、保存、整理和利用这些珍贵的历史资料取得了很大的成绩，使我们对五百多年的明清历史有了许多新的重要的发现和认识。

故宫出版社作为故宫博物院的下属部门，把服务和促进明清史和故宫学研究作为自己的责任和义务，并为此做出了不懈的努力，坚持资助出版《明清史论丛》，还抽出人力、物力出版了《明代宫廷史研究丛书》等一批颇具特色的明清史著作，逐渐成为明清史研究成果的一个重要的出版阵地，为明清史研究的深入发展，作出了积极贡献。相信本丛书的出版，无论对史学工作者还是普通的史学爱好者，都是一个极大的便利，必将对明清史学术知识和研究的深入发展与广度普及，产生积极的影响。

戴逸

2012年 7 月

# 目　录

# 清代前期历史地位论纲

有清一代，以 1840 年为界，分为两个历史阶段。从 1644 年满族统治者入关到 1840 年鸦片战争爆发，是前期的清代史；从 1840 年到 1911 年辛亥革命，是半殖民地半封建社会的清代史，属于中国近代史的范畴。本文拟就清代前期的历史地位试作探索。由于所论极不成熟，皮毛之见，不敢自珍，仅供讨论，并就教于同志们。

## 一

清代是中国历史上最后一个封建王朝。它的前期处于 17 世纪中叶到 19 世纪中叶，整整两个世纪。从当时中国内部社会经济结构来说，虽然资本主义生产关系业已萌芽，但封建制度赖以存在的社会条件和经济基础仍然十分巩固，延续了许多世纪的封建制度并没有分崩离析的征兆，不存在进入资本主义的社会经济条件。历史的客观实际决定了清代社会只能在封建制度的范围内向前迈步。然而，外部世界却正在经历着急剧的变化。17 世纪到 19 世纪，欧洲资本主义经过了原始积累时期之后，先后在一些主要国家完成了资产阶级革命和产业革命。从资本的历史黎明时期起，伴随而来的就是征服、劫掠和殖民主义的猖獗。马克思说：“美洲金银产地的发现，土著居民的被剿灭、被奴役和被埋葬于矿井，对东印度开始进行的征服和掠夺，非洲变成商业性的猎获黑人的场所：这一切标志着资本主义时代的曙光。”[1]

欧洲资本主义的先遣队在明末清初已经来到了中国，而在以后的岁月里，正是殖民主义势力在亚洲十分嚣张的时期。就当时整个形势而言，清王朝建立之后，正是处在这样的历史交叉点上：古老的中华帝国仍然在封建制度的范围内蹒跚前进，可是远在万里之外的西欧早期资本主义殖民势力已在频频叩门。这位陌生的海外来客，送来了传教士和赤裸裸的海盗行径。1557年葡萄牙占领澳门；1603年、1622年荷兰两次占领澎湖；1624年荷兰占领台湾南部地区；1626年西班牙侵入台湾。如果说17世纪20年代以前，荷兰等国还只是对中国沿海岛屿进行蚕食的话，那么，到了17世纪40年代，英国则用武力直接向中国的本土进攻了。

当时，英国是继葡萄牙、西班牙和荷兰而起的西方殖民主义头等强国，它以自己的所谓“无敌舰队”称霸海洋。开拓殖民地和海外市场是历届英国政府的既定国策，“到远东各国从事贸易一向是受到历代英王的鼓励和支持的”[2]。1635年，在英王查理一世的支持下，英国商人威廉·科腾组织“科腾商团”。1636年4月，由船长约翰·威德尔指挥的“科腾商团”的四艘武装商船由英国起航，于次年6月27日抵达澳门附近的横琴岛。当时中国政府是严禁外国船只到广州的。“但是英国人仍然决心试探到广州的水路”，他们无视明朝政府的禁令，武装闯入虎门。8月12日，英国武装船队同中国驻军发生冲突，“英国船只立即悬起战旗，开锚驶向（中国）堡垒附近。堡垒内炮火也同时向英船加以射击”。英国海盗商船对中国卫戍部队的抵抗的反应，是摧毁一切东西。“占领了那个堡垒，悬挂起英国国旗”，公然侵占中国领

1 《马克思恩格斯选集》，第23卷，第819页。

2 斯当东：《英使谒见乾隆纪实》，第18页。

土。[1]《明史·和兰传》记载这件事说："崇祯十年，驾四舶，由虎门薄广州，声言求市。"英国海盗商人在与中国官吏谈判过程中，为了施加压力，对珠江沿岸居民大肆掠夺，并"上岸纵火，焚毁小市一处"，又烧毁中国船只，甚至占领虎门炮台，将其全部炸毁。面对英国肆无忌惮的侵略，中国方面不得不调集水师船队。在这种情况下，英国海盗商船才被迫离去，但他们却阴谋占领中国的海南岛作为对华贸易的基地。

正当远渡重洋的西欧资本主义的武装力量来到中国南大门的时期，沙俄扩张主义势力又侵入了我国北方领土黑龙江流域。他们残杀我国边境达斡尔等少数民族居民，用大炮轰击村庄，制造了骇人听闻的暴行，遭到了我国各族人民的坚决抵抗。1654 年，清王朝刚刚建立不久，野心勃勃的沙俄殖民主义者，甚至计划侵占清政府在东北地区的重镇宁古塔（今黑龙江宁安），由斯捷潘诺夫率领的数百名哥萨克沿松花江进攻，同清政府宁古塔昂邦章京沙尔虎达率领的军队遭遇。清军奋起反击，痛歼了这支深入中国领土的侵略军。这次战斗虽然打击了俄国侵略军的凶焰，但沙俄政府并没有收敛扩张的野心，而是准备喘息稍定再卷土重来。他们还策动我国一些少数民族的上层分子背叛祖国，"宣誓效忠沙皇"，"加入俄国国籍"。根特木尔佐领就是其中之一。我国黑龙江流域广大地区仍然处于沙俄侵略势力的威胁之下。

17 世纪 30 年代，我国西北厄鲁特蒙古四大部之一的准噶尔部兴起。沙俄扩张主义也伸向厄鲁特蒙古各部，尤其是与准噶尔部上层民族分裂主义分子勾结，煽动并支持他们叛乱，企图把西北甚至包括西藏从祖国分裂出去。沙俄政府允诺以先进的火器援助民族分裂主义分子，甚至扬言将派出武装力量协同作战。

1 参见马士：《东印度公司对华贸易史》，见张星烺编注《中西交通史料汇编》，第 2 册；斯当东：《英使谒见乾隆纪实》，第 19~21 页。

列宁指出："在分析任何一个社会问题时，马克思主义理论的绝对要求，就是要把问题提到一定的历史范围之内。"[1]历史事实表明，明清之际的历史环境，与以往相比，具有根本不同的特征——外国资本主义势力已经到来；封建社会一直存在的多民族国家内部的民族问题，在边疆地区也因外国侵略势力的插手而改变了以往的性质。一言以蔽之，从中外两种不同社会制度最初相遇时起，清朝就面临着进一步巩固和发展多民族国家、抗御外国殖民主义的历史任务。这正是我们评价清代前期历史地位的一个基本出发点。

## 二

由于外国资本主义的到来，明清之际面临着前所未有的新局面。尽管早期殖民主义侵略势力还没有力量占领中国，中国被瓜分、肢解的危险也并不是现实的存在，然而，殖民主义势力既然已经到来，他们就一定会接踵而至。因此从历史发展的前途来看，能不能抗御外国侵略者，关系着国家、民族的命运和前途。印度等东方大国曾经沦为殖民地，就是因为本国的分裂。

历史业已证明，当时已经腐朽的明王朝是难以肩负起抵抗正在到来的外国殖民主义的使命的。明朝末年，由于土地高度集中，统治阶级极端腐朽，宦官专权，党争不息，政治上暗无天日，封建社会固有的农民和地主两大阶级的矛盾已经激化为大规模的农民起义。明王朝虽倾其全力镇压李自成、张献忠领导的农民军，但已经捉襟见肘，焦头烂额，对周边地区更是鞭长莫及，无力也无暇顾及。而兴起于东北的满族地方政权，在与明中央政权长期对垒中，正积极准备入关取而代之。明王朝已经是顾此失彼，朝

1 《列宁选集》，第 2 卷，第 375 页。

不虑夕，所以在与西方殖民主义打交道的过程中，表现得软弱无力。前述崇祯十年四艘英国海盗商船横行珠江，一再武装挑衅，攻占虎门，就说明了这一点。如果腐朽的明王朝苟延残喘地延续下去，外国殖民主义必将更深地进入中国。

1644年，李自成攻占北京，明王朝覆亡。这时在中国大地上存在着以下几种军事政治力量：李自成的大顺军、张献忠的大西军、明朝在江南的势力、雄据东北的清军、西北正在兴起的准噶尔部割据势力。整个形势风云变幻，激荡飞腾。在中国腹地上，面临着农民军与南明势力、李自成和张献忠彼此鏖战的局面。统一的中国将受到严重的威胁。而东北、西北由于没有一个统一的中央政权能够驾驭，也将各自为政，兵戎相见。在分裂恶战的情况下，不管是上述诸种军事政治力量中的哪一种，都不可能有力地抗御外国殖民主义的侵略，尤其在周边地区，甚至有的可能与外国殖民主义相勾结，引狼入室（历史事实确已显示了这一点，下面还将谈到）。如果历史真的出现这种情况，其后果之严重是不待智者而可以预卜的。因此，清军入关、清王朝的建立，重建统一的中央政权，从当时历史的大局来看，是应给予肯定的。

清军入关和清王朝的建立，使国内政治军事形势和阶级斗争出现了新的特点和变化：由于一部分汉族官僚地主投靠清朝，共同镇压农民起义军，农民反抗封建统治的阶级斗争更加艰巨和激烈；满洲贵族入关后，把打击的主要矛头指向农民军，推行了一系列以民族压迫形式出现的阶级压迫和民族压迫政策，不仅激化了以农民军为主体的抗清斗争，而且造成了与某些汉族官僚地主的利益冲突，因而激化了满汉之间的民族矛盾；相继建立的南明诸王朝，是明朝腐朽势力的残余代表，为了恢复朱明王朝的统治与抵制满洲贵族的民族压迫政策，对清军的进攻进行了一定的抵抗。因而在清军入关后，在当时中国的大地上，仍然存在着三种逐鹿中原的力量，即以大顺军、大西军为代表的农民军，南明王朝的抗清势力和居于优势的清军。在农民军的主力被清军与汉族军阀吴三桂等人的联合力量击溃之后，清军将打击的主要矛头指向南明诸王朝。随着军事战争的胜利，清统治者严厉推行剃发易俗等一系列民族压迫政策。1645 年 6 月，命令“尽令剃发，遵依者为我国之民，迟疑者同逆命之寇，必置重罪”[1]。因而更加激化了已经十分尖锐的民族矛盾，士民大愤，纷纷起兵抗清。清统治者在重建统一的中央政权的过程中，遇到了诸多错综复杂的矛盾。这时，西方早期殖民主义者却积极插手中国内战。1647 年，传教士毕方济率洋兵 300 人在桂林同清军作战。永历四年，明桂王朱由榔派教士卜弥格到罗马向教皇请求援助。荷兰人在被郑成功驱逐出台湾之后，不甘心失败，以助战为名，派兵船参与清军对郑成功的做战。如果当时中国的内战长期继续下去，或者刚建立的清王朝如同明王朝或南明一样的腐败软弱，其结果必然是西方早期殖民主义势力将会更深地卷入中国的内战，从中取利。因此，从总的形势来说，清军入关及清王朝的建立，使国家的统一得以早日实现，多民族国家能够进一步巩固和发展，因而在清代前期有效地抗御了西方殖民主义势力，使我国的领土疆域最后稳定下来。不论是汉族或少数民族，都是中华民族的成员，都是中国人，这一观念也深入人心。这一切，即使到了半殖民地半封建的近代中国社会，尽管封建统治阶级成为帝国主义走狗，但中华民族全体人民反抗帝国主义及其走狗的斗争，使帝国主义永远也不能灭亡、瓜分中国。

我国自古以来就是一个多民族国家。黑龙江流域、天山南北、西藏和蒙古地区自古以来就是我国的领土。在历史上，各民族之间政治经济联系的日益加强和友好交往是主流。但是，每当中央政权衰弱的时候，这些地区往往也各自为政，形成与中央政权相

1 《清世祖实录》卷一七。

抗衡的地方政权。民族之间的矛盾、冲突，也因种种复杂的原因而绵延不断。清代前期的历史贡献，就在于对上述地区实行了远较以往任何朝代更为有效的行政管辖，从而使近代世界各国公认的有关领土主权所包含的基本内容，在以往历史发展的基础上，在清代前期得以完备。清王朝对上述地区的少数民族实行了就封建社会来说最成功的民族政策，从而在领土疆域稳定的前提下，使巩固的多民族国家在更为坚实的政治、经济的基础上得到新的发展。所有这一切，应该说是清代前期所取得的历史业绩，超过了历代的封建王朝。

然而，清代前期我国多民族国家的进一步巩固和发展，是在同早期殖民主义侵略势力、民族分裂主义分子的斗争中实现的。

顺治十八年，明桂王永历被俘而死，清王朝统一了中国大陆。康熙二十年，平定“三藩”叛乱。康熙二十二年，台湾的抗清力量投降，清王朝统一了台湾。在完成统一并消灭了“三藩”叛乱之后，清王朝立即把主要力量集中到抗击侵扰我国黑龙江流域达数十年的沙俄，以及同在沙俄支持下的准噶尔民族分裂主义分子的斗争。在经过充分的军事准备，并通过外交公文与沙俄政府交涉无结果的情况下，清政府发动了保卫祖国领土、驱逐俄国侵略军的两次雅克萨之战，于康熙二十八年签订了平等的《中俄尼布楚条约》（中国做了一定的让步），在东北地区阻止了沙俄的侵略势力，此后100多年间维持了东北边界的安宁。早在入关之前，清统治者在统一黑龙江流域过程中，就在当地索伦部族中编制了“牛录”（佐领）。牛录是满族的基层军事行政组织。《中俄尼布楚条约》签订后，清政府对黑龙江流域的统治更为有力。这些地区先归宁古塔将军管辖，后来设置黑龙江将军管辖。当地的少数民族居民每年必须以皮毛等实物向清政府缴纳赋税，清政府还设置驿站，加强了联系，民族之间的经济贸易关系也大大加强。清政府每年还派出巡边部队沿国境线巡逻。世界各国公认的关于领土主权的三项基本内容，即：有效的行政区划和行政管理；赋税制度；边防设置。所有这些均已完备。这与唐代设置的黑水都督府等羁縻州相比，显然是大大加强了行政军事的统治。

在签订《中俄尼布楚条约》之后，清政府很快就把注意力转到平定在沙俄支持下的准噶尔部噶尔丹的叛乱上来。噶尔丹为了实现分裂割据的野心，很早就与沙俄勾结，背叛祖国。从康熙十三年到康熙二十二年，噶尔丹几乎每年都派使者前往沙俄[1]，"企图同俄国订立军事同盟和求得俄国给予'军队和枪炮'的援助"[2]。戈洛文（尼布楚谈判俄方全权大使）也承认，早在1686年，"他就希望与博硕克图汗（即噶尔丹）对向蒙古人武装进攻一事取得一致意见。去年（1688年），曾向与布哈拉人一起来伊尔库次克的他们的使者就此事提出过建议"[3]。正是在沙俄的怂恿和支持下，噶尔丹认为有恃无恐，于康熙二十七年借故发动了对喀尔喀蒙古土谢图汗和宗教领袖哲布尊丹巴的大举进攻，企图吞并喀尔喀蒙古。沙俄文献记载："卡尔梅克的博硕克图汗（即噶尔丹）进攻蒙古地区是同沙皇陛下的军队联合行动的。"[4]"蒙古领主们得到消息说，卡尔梅克博硕克图汗是根据（沙皇）陛下的谕旨发动战争的，有大批俄国军人，并有大量火器大炮协同他作战。"[5]康熙二十九年，喀尔喀蒙古被打败，噶尔丹以追击土谢图汗和哲布尊丹巴为名，公然向漠南蒙古进攻。与此同时，噶尔丹派达尔罕宰桑为密使，携带他的信件，去沙俄伊尔库茨克见戈洛文，要求戈洛文"率所部驰赴约定之地会合以便并肩作战"[6]。为

1 参见加恩：《早期中俄关系史》，第73页。
2 沙斯季娜：《十七世纪俄蒙通使关系》，第162页。
3《十七世纪俄中关系》，第2卷，第621页。
4《十七世纪俄中关系》，第2卷，第367页。
5《十七世纪俄中关系》，第2卷，第360页。
6《十七世纪俄中关系》，第2卷，第623页。

了换取沙俄的支持，噶尔丹派赴沙俄的使者居然否定《中俄尼布楚条约》，许愿将《中俄尼布楚条约》规定的雅克萨一带中国领土让给俄国。[1]因此，平定准噶尔叛乱，是保卫祖国领土、在特殊条件下同沙俄斗争的继续。清政府一面由理藩院行文俄国政府，指出应遵守《中俄尼布楚条约》，不得与噶尔丹勾结；另一方面，康熙帝命福全为抚远大将军，并亲临皇姑屯（今隆化县）指挥，与噶尔丹决战。1690 年 7 月，噶尔丹率叛军两万余人进抵距北京 700 里的乌兰布通（今内蒙古自治区克什克腾旗境内）。经过两天激战，噶尔丹的叛军被击溃。噶尔丹狼狈逃回科布多，纠集残部，准备卷土重来，同时派人去莫斯科请求支援。沙俄政府派人与噶尔丹相约："至青草出生助鸟枪一千，及车装大炮，发于克鲁伦（河）东方界上。"[2]分裂割据的阴云仍然笼罩着漠北蒙古草原。

为彻底平定准噶尔叛乱做好政治上的准备，并巩固北方边防，康熙三十年，举行了著名的多伦会盟。康熙帝率八旗劲旅前往多伦，漠南蒙古 49 旗和喀尔喀蒙古齐集。多伦会盟不仅在政治上孤立了噶尔丹，妥善处理了蒙古各部的关系，更重要的是清政府根据喀尔喀蒙古贵族"请与（漠南蒙古）四十九旗同列"的要求，对喀尔喀蒙古的行政体制进行了彻底的改革，即实行旗盟制度，编为左、中、右三路，划分为 34 旗，在行政管理上与漠南蒙古一致。同时废除了喀尔喀蒙古原来的济农、诺颜等称号，实行清王朝的王、贝勒、贝子等封爵制。清政府的法律制度也加以施行，明确宣布："国法具在，犯事必须依所犯之法治罪。"由于这些制度的实施，清政府对喀尔喀蒙古的管理大大加强，对统一的多民族国家的发展的影响是极其深远的。

1 《十七世纪俄中关系》，第 2 卷，第 30 页。

2 《亲征平定朔漠方略》卷二四。

清政府平定准噶尔叛乱，经历了康、雍、乾三朝，前后六七十年。乾隆二十二年阿睦尔撒纳走死俄国，准噶尔之役才最后结束，为天山南北的最后统一奠定了基础。

乾隆二十三年，清政府开始向南疆进军，平定天山南路回部上层分子的分裂叛乱势力，即以维吾尔族布拉尼敦和霍集占（大小和卓）为首的封建贵族的叛乱。在当地各族人民的支持下，经过了约一年的时间，很快就平定了当时所说的“回疆”，清朝统一了天山南北，结束了几十年来当地分裂混战的局面。

为了有效地管辖天山南北，乾隆二十七年，清政府设置了“总统伊犁等处将军”（简称“伊犁将军”），是该地的最高军政长官。在北疆的塔尔巴哈台设立参赞大臣，负责北边边防事务。负责南疆事务的是喀什噶尔参赞大臣，并在南疆各城设领队大臣或办事大臣，归参赞大臣统辖。由于各级军政机构的设置，清政府改变了历代对该地区管辖不力的格局，大大加强了统治和行政管理，为以后该地如同内地一样设置行省准备了条件。

清代前期统一的多民族国家的巩固和发展，其又一重要内容，是对西藏行政体制的改革。

在准噶尔叛乱期间，由于准部势力伸入西藏，康熙末年，西藏政局极其混乱。1718 年、1720 年清政府两次派军入藏平叛。雍正五年清政府设置驻藏大臣，管理前后藏事务。乾隆年间，西藏政局又一度陷入混乱。乾隆十五年，藏王珠尔墨特叛乱，成为清政府处理西藏问题的一个转折点。清政府鉴于藏王“事权专一”，屡屡称兵作乱，决心对西藏行政体制进行重大改革。平定珠尔墨特叛乱后，清政府颁布了《西藏善后章程》，废除藏王制，设置噶厦西藏地方政府，噶伦的任命必须由清中央政府批准。《西藏善后章程》提高了驻藏大臣的权力和地位，也就是加强了清政府对西藏的管理，使西藏的行政、军政直接处于清中央政府的代表驻藏大臣和达赖喇嘛的管辖之下。《西藏善后章程》也提高了达赖喇嘛的权力，以压制贵族，使政教合一的体制更为巩固。乾隆五十七年，清军在驱逐了第二次入侵西藏的廓尔喀（今尼泊尔）进犯军之后，于次年颁布了《钦定西藏章程》。同年实行了“金奔巴瓶”制度，一存西藏大昭寺，一存北京雍和宫。“金奔巴瓶”制度规定，达赖、班禅死后，将选中的转世灵童择数名，将其生年、月、日、姓名各写一签，放入瓶内。诵经后由驻藏大臣主持，当众掣签，以确定其中一人为“呼毕勒罕”，废除了过去达赖死后由班禅指示灵童的传统教规。“金奔巴瓶”制度实际上是将认定达赖、班禅的转世的权力交由驻藏大臣控制，也就是由清中央政府控制。

由于上述种种制度的实施，清政府大大加强了对西藏的统治和管理，密切了西藏和中央政府的关系。因此，当 18 世纪 70 年代初，英国殖民主义势力最初企图侵入西藏的时候，遭到了班禅六世的坚决抵制。1774 年，英国东印度公司全印总督赫斯汀派波格尔为代表，到日喀则见班禅六世（其时达赖年幼），以多种利益相诱，提出签订通商条约，甚至建议“藏人与英方成立某种形式的联盟”[1]，并大肆挑拨西藏与清中央政府的关系，妄图将西藏从祖国分裂出去。可是，尽管“这位英国密使（间谍）施展巧妙的狡猾手腕，设法使大喇嘛（班禅）少去钦佩皇帝及其权力，多去注意东印度公司所能提供的利益。但是赫斯汀和乾隆之间争夺大喇嘛友谊这盘棋赛中，皇帝胜利了”[2]。班禅六世维护祖国的统一，拒绝了波格尔提出的种种诱惑，并声明“一切须听（听命）于皇上”[3]。清朝皇帝是禁止外国人来西藏的，因此以后不能再同意英国人来西藏。18 世纪 70 年代英国人企图侵入西藏的阴谋未能得逞。

总之，清代前期，尤其是康、雍、乾三朝，清政府在统一喀

1　荣赫鹏：《英国侵略西藏史》，第 16 页。

2　斯文·赫定：《热河，皇帝的城市》。

3　荣赫鹏：《英国侵略西藏史》，第 16 页。

尔喀蒙古、天山南北、西藏的过程中，将一系列对祖国领土行政管辖的有效制度推行到这些地区，使多民族国家的统一在政治体制上进一步得到巩固。从这些地区与清中央政府的关系来说，向心力也日益加强，这是以往任何朝代所不能比拟的。班禅六世就是明证。这种关系的出现，是因为清王朝对蒙古、西藏等实行了就封建社会来说最成功的民族政策。其内容概括说来就是：

第一，由于蒙藏人民笃信黄教，因此清政府采取“从宜从俗”[1]的方针，竭力维护黄教，笼络上层神职人员，通过他们使下层牧民诚心归附，即所谓“国家宠信黄僧，并非崇奉其教以祈福也。只以蒙古诸部敬信黄教已久，故以神道设教，借使诚心归附，以障藩篱”[2]。由于清统治者认识到“兴黄教即可以安众蒙古，所系非小，不可不保护之”[3]，因此，早在顺治十年，清政府就封达赖为“西天大善自在佛所领天下释教普通瓦赤喇怛喇达赖喇嘛”，并赐给金印。康熙五十二年，清政府又封班禅五世为“班禅额尔德尼”，赐以金册金印。从此以后，达赖喇嘛和班禅额尔德尼的封号便固定下来。为了利用黄教，乾隆帝说他“诵习蒙古及西蕃字（藏文）经典，于今五十余年，几余虚心讨论，深得真诠”[4]。他花费了几十年时间研究黄教经典，自认十分精通，确实是下了一番工夫的。正因为清政府相当成功地利用了黄教，所以《蒙古志》的作者说：“高宗纯皇帝（乾隆帝）既平准噶尔，而蒙古各部帖耳俯首，奉命惟谨者，驭之在此耳。”[5]有清一代，基本上消除了历史上长城内外常常出现的民族对峙状态，蒙古诸部也确实拥戴清王朝，捍卫着祖国的北部边疆。

---

1 《清高宗实录》卷一四二七，乾隆五十八年四月辛巳。

2 昭梿：《啸亭杂录》卷一四。

3 乾隆：《喇嘛说》。

4 《清高宗实录》卷一四二七，乾隆五十八年四月辛巳。

5 《蒙古志》卷二。

第二，采取联姻政策，将宗室之女以格格身份下嫁蒙古贵族，以加强诸部上层人物与清王室的关系。

第三，在政治上实行亲王、贝勒、贝子等清王朝的封爵制，给以崇高的地位，使他们在爵位上与满洲贵族同列，掌握着对牧民的统治权力，并给予优厚的俸禄。

第四，实行年班、围班制度，蒙古贵族定期到北京觐见皇帝，或到承德避暑山庄扈从皇帝行围。已出痘者到北京，未出痘者到承德。一方面是为了加强对他们的控制，另一方面则给予优厚的赏赐，举行各种娱乐活动，使感情更为融洽。

尽管清政府的民族政策只在于笼络、控制上层人物，并通过少数民族的贵族和喇嘛控制广大牧民，具有明显的阶级性，却是我国封建社会最成功的民族政策。蒙古各部之拥戴清王朝、班禅六世之抵制英国早期殖民主义的诱惑，都说明了这些政策对巩固多民族国家的统一所起的历史作用。

由于清政府坚决讨平民族分裂主义分子在外国势力支持下的叛乱，又实行了成功的民族政策，因此，清代前期我国统一的多民族国家的巩固和发展，其政治基础比以往任何时候都更为深厚，达到了前所未有的高度。

当然，作为阶级压迫的封建国家，清政府不可能实行民族平等政策。在民族关系中，森严的等级和上下服从的关系是绝对的。乾隆帝曾经把这种关系用最明确的语言概括为："体恤固宜周至，而等威亦不可凌替。"他规定的处理民族关系的原则是："抚驭远人，全在恩威并用，令其感而知畏，方为良法。"[1]同时，在讨平准噶尔叛乱的过程中，清军"反复剔剿"，过分残杀的现象也是大量的。因此，清代前期的统治者，顺应历史的发展，进一步巩固了多民族国家，是他们的历史功绩，但在这一过程中，也深深留

1 《清高宗实录》卷一一一六。

下了剥削阶级的烙印。

## 三

清代前期统一的多民族国家的巩固和发展，不仅有其深厚的政治基础，同时也有其共同的经济基础。

在努尔哈赤时代，满族社会还处在远较汉族落后的奴隶制度关系下。皇太极时，满族完成了由奴隶制向封建制的过渡，但奴隶制关系仍然大量保留在经济生活和社会生活中。入关以后，经过顺治朝和康熙朝前期满族贵族内部的斗争，在先进的汉族经济的影响下，遵循着社会发展的客观必然性，满族从关外带来的一些落后的经济形式逐步废除了，走上了共同的成熟的封建经济的道路。

从努尔哈赤时代到乾隆中叶以前，满族是处于上升发展时期。究其原因，就是不断接受汉族几千年来的封建经济和文化，以及政治制度，因此，满族发展的本身就意味着共同的经济文化的接近，而终于合流。中华民族正是在这种共同经济的基础之上形成的共同的文化心理状态的前提下，得以稳定地发展。

满族入关以后，满洲贵族最初在畿辅一带圈占了大量的土地，很多农民“田地被占，妇子流离，哭声满路”，以致“良民失业，铤而走险；富室无产，渐亦为非”[1]。圈地造成了严重后果。直到顺治十六年，都察院左都御史魏裔介在条陈中还说：“直隶永、顺、保、河等府之民，自圈地圈房之后，饥寒迫身，遂起而为盗。”[2]属于内务府的官庄和宗室王公贵族的王庄，是十人为一庄，其中一人为庄头，耕种土地一百三十垧。庄头制下的壮丁，是世袭的

1　卫周胤：《请陈治平三大要》，见《皇清奏议》卷二。

2 《清世祖实录》卷一二五。

农奴制，被称为“旗下人”。为了防止庄丁逃亡，清政府特严行“逃人法”。顺治年间，规定“逃人鞭一百，归还本主。隐匿之人正法，家产籍没，邻佑、九甲长、乡约各鞭一百，流徙边远”[1]。地方官也要因失察治罪。在刑部设有督捕侍郎专司其职。由于“逃人法”严酷非常，一些奸猾之辈假冒逃人诈害良民，其手段层出不穷，阎闾骚然。当时南方“通海”，北方“逃人”，都会招致倾家荡产、家破人亡的厄运，造成了社会极大的不安。这些落后的经济形式，严重阻碍了社会生产的发展，激起了汉族人民的反抗斗争。但在满洲贵族内存在着坚持圈地的势力，如鳌拜等，因而圈地时行时止。康熙八年，富有远见的康熙帝，宣布“比年以来，复将民间房地，圈给旗下，以致生民失业，衣食无资，流离困苦，深为可悯。自后圈占民间房地，永行停止。其今年所圈者，悉令还给民间”[2]。延续了二十年的圈地至此停止了，汉人被迫“投充”或“带地投充”也停止了。这样，就制止了满洲贵族强令“圈地”和逼民“投充”以扩大落后的农奴制。以后，经过广大壮丁的反复斗争，并在汉族成熟的封建经济影响下，清中叶以后，官庄和满族王公庄田也普遍采用封建租佃制；同时也放宽了“逃人法”，以致“终岁不劾一失察之官，不治一窝隐之罪”[3]。这些措施和政策的改变，使满汉两种类型生产方式的激烈冲突也逐渐得到缓和。

与此同时，针对明末清初以来数十年的战乱，造成的田地大量荒芜、土旷民稀的残破景象，清政府花了很大的力量来恢复和发展农业生产，并整顿、改革赋役制度，以增加政府税收，为此制定了一系列政策。如规定农民开垦荒田“永准为业”，三年起

1 《清文献通考》卷一九五。

2 《清圣祖实录》卷三〇。

3 王世禛：《香祖笔记》卷四。

科，免去明末“三饷”（辽饷、练饷、剿饷），以及实行官吏招徕民户垦荒的奖惩制度，等等。但是，在清初战争环境中，这些措施收效不大。官吏以军需为名，贪污手段层出不穷，“私派”多于正赋几倍甚至几十倍，农民“不苦于赋，而苦于赋外之赋”[1]，“脂膏竭尽，甚至逃亡”[2]。至于“差役遍枯不均”，则更为严重。康熙帝亲政以后，将垦荒起科时间由三年推至十年。在国内战争停止以后，又重订《赋役全书》，进一步整顿赋役制度，以后又规定“圣世滋生人丁永不加赋”。雍正帝时又实行“摊丁入亩”。这些措施虽不能杜绝封建官僚制度的种种弊端，但多少减轻了人民的负担，客观上有利于社会经济的发展。经过广大农民的辛勤劳动，清代前期的农业生产从清初衰敝状态中逐渐发展起来，垦田数字上升，人口急剧增长，到乾隆初已达一亿几千万[3]，道光时更增长到四亿多[4]。明代后期人口大约是六千万稍多一点[5]，顺治十七年的丁口是一千九百多万[6]。如果按户的人口计，最多也只是与明后期接近。经过一百多年，人口增长了六七倍。尽管这些数字不可能十分精确，人口如此迅速增长的原因还有待于探索，但它反映了人口增长的事实则是无疑的。人口大量地增长，说明了清代经济发展超过了明代，否则就不可能养活比明代多几倍的人口。

特别值得注意的是，随着多民族国家的巩固和发展，清代前期对边疆少数民族地区的开发，取得了超越以往任何朝代的成就。

台湾在清政府统一之前，农业生产比较落后。郑成功的部下

1 《皇朝政典类纂》卷七，《田赋七》，康熙十九年给事中许承宣奏。
2 《清圣祖实录》卷二六。
3 据《清高宗实录》卷一五七，乾隆六年全国人口为 143 411 559 人。
4 参见《清史稿·食货志》。
5 据《明通鉴》卷六七，万历六年，全国人口为 60 692 859 人。
6 张玉书：《张文贞公集》卷七，《纪顺治间户口数目》。

杨英在《先王实录》（又名《延平王户官杨英从征实录》）中记载："（杨）英随藩主（郑成功）十四年许矣，扈从历遍，未有如此处（台湾）土地膏腴肥沃也。惜乎民耕种未得其法，无人教之耳。"清政府统一台湾后，重视招民垦荒。台湾第一任知府蒋毓英所修《台湾府志》卷七记载，台湾府"康熙二十四年召募新垦应于二十五年起科田园，共二千五百六十五甲二分一厘"。一甲约等于十一亩三分一厘。更重要的是，广东一带沿海汉族人民渡海前往台湾，带去了内地先进的农业工具和生产技术。"粤人最善治地"，而"粤人渡台，往往自彼驾小舟由乡峤僻处登岸。风闻有携带农具通好熟蕃，至山后开垦者"。由于福建、广东一带的人民大量渡台，以致"凤山县沿山皆粤籍民人"。还有的"汉人泛海至彼，为蕃妇赘婿；后人陆续往垦，蕃亦安之"[1]。台湾的统一，为大陆人民前往台湾创造了政治前提，高山族和汉族人民共同开发了祖国的宝岛台湾。而民族之间的通婚，更是友好关系日益增强、彼此更加融洽的结果。

为了巩固东北边防，17世纪末，在抗击沙俄侵略前后，清政府在黑龙江岸及其以南，修筑了艾虎（瑷珲）、莫尔根（嫩江）、卜魁（齐齐哈尔）等城，分别由黑龙江将军和副都统率八旗兵丁驻防，并督率八旗官兵和人丁耕垦。黑龙江流域的鄂温克、索伦、达斡尔等居民，他们的经济主要是狩猎。这些农业居民点是黑龙江地区最早的农业先驱者。到了19世纪初，索伦、达斡尔等少数民族也"渐知树艺，辟地日多"[2]了。而瑷珲、嫩江、齐齐哈尔等城，也因"流入日至，商贾云集，竟为内地，其街市喧阗，仿佛北省中土州县"[3]。这些城市中的居民则是"蕃汉杂居"，有巴尔

1 姚莹：《台湾山后未开垦议》，见《东溟文集》卷六。

2 西清：《黑龙江外纪》卷六。

3 张穆：《蒙古游牧记》卷一。

虎、索伦、达斡尔、锡伯等族，“其聪慧者能通语言文字，与汉人无异也”[1]。由此可知，在清代前期，东北边疆各族人民之间的经济关系和友好交往，有了新的发展。这一地区的显著开发正是从清代前期开始的。

对西北天山南北地区的开发，尤为清政府所注意。由于天山南北的地理位置是“边接外藩”，在解决了准噶尔分裂势力之后，为了巩固西北边防，加强对天山南北地区的管辖，乾隆二十五年，清政府调集大量满汉官兵驻防此地，并大兴屯田，以解决军粮问题。“时初设兵驻守，高宗纯皇帝（乾隆帝）以武定功成，农政宜举，特令参赞大臣阿桂专理屯田。”[2]新疆的屯田有军屯、回屯（维吾尔族）、户屯（商民），军屯和户屯“皆携眷移戍”，因而“生齿日繁”，人口日渐增长。嘉庆时，为了解决屯田的水源问题，在伊犁河北岸、惠远城一带修建了数十里长的大渠两条及支渠，通名曰“通惠渠”，溉田数万亩。八旗兵丁的屯田，部分“顾人佃耕”，采取封建租佃制。由于大兴屯田和水利，中原地区的农具和技术也随之输入，提高了劳动生产力，天山南北地区的粮食、棉花产量有了迅速的增长。这些成绩是满族、蒙古族、锡伯、索伦等族和绿营兵丁劳动的结果。维吾尔族农民的回屯，汉族人民的户屯和军屯，共同改变了天山南北地区的生产面貌。

清政府还在天山南北地区建立了牧场，对促进畜牧业的发展也起了积极作用。到乾隆五十八年，牧场已是“共孳生本马二万八千五百六十九匹”，孳生本牛一万多头，骆驼四千一百七十三头。牲畜的大量繁殖，不仅发展了畜牧业，也满足了清政府的各项需要，促进了农业生产。例如，马匹是“照例拨补拨运各处应用”，一部分牛则拨给当地3000户维吾尔族屯田农民“抵补倒毙

1 张穆：《蒙古游牧记》卷一。

2 祁韵士：《西陲要略》卷三，《伊犁兴屯书始》。

种地耕牛”[1]，使农业所需畜力得到补充，农业和畜牧业得以相互促进。

为了改变蒙古地区生产落后的面貌，清政府采取了一些切实可行的措施。蒙古族以游牧为业，“田土播种后，即各处游牧，谷虽熟，不事刈获。时至霜陨穗落，亦不收敛，反谓岁欠”[2]，所以每年要向口内购买粮食，粮价甚贵。加上“盗贼众多，将马畜皆置之近侧，夜则圈之宿处，以致马畜瘦毙，生计窘乏”[3]。贫苦牧民“困苦难存，四散糊口，不能禁止，亦不能收集，是以皆穷乏”。清政府派专人“前往教养蒙古”。首先是严禁盗贼，为畜牧业创造一个安定的环境。同时，在“田地甚佳，百谷可种”的地区开垦农田，以解决粮价甚贵的问题。蒙古地方多旱少雨，于是“教之引河（黄河）水溉田”。在开垦耕地时，清政府明确规定，只能是“约量耕种，其草佳者应多留之。蒙古牲口惟赖牧地而已”[4]。这就是说，在蒙古草原不能采取滥垦牧场以为耕地的办法，必须是大量保留草场，只能适量开发一些耕地，才能适应蒙古族畜牧业的需要。这些因地制宜的措施无疑是正确的，即使在今天也值得重视。

总之，清代前期社会经济方面的突出业绩之一，就是对边疆各少数民族地区的积极开发，其成就也超过了历代，因而为多民族国家的巩固和发展奠定了前所未有的基础。

在清代前期，手工业中的资本主义萌芽也有所增长，手工业产品也有显著增加。

上述一切使清王朝很快繁荣富强起来，成为亚洲大地上头等

1　祁韵士：《新疆要略》卷三，《牧养》。

2 《清圣祖实录》卷一九一。

3 《清圣祖实录》卷一九一。

4 《清圣祖实录》卷一九一。

的封建强国。

但是，清代前期经济的发展，却始终是沿着汉族几千年的封建经济道路前进的。尽管在封建经济的范围内取得了巨大的成就，但始终没有能够突破封建经济的藩篱。同一时期，即 17 世纪中叶至 19 世纪中叶，却正是西方资本主义急剧发展的时期，因此，从世界范围来看，清代前期经济的发展又是处于落后的状态，科学文化的发展也是如此。乾隆五十八年，英国第一个正式使团——马戛尔尼使团来华时，已经发现了外表强大的清王朝，"在工业和科学上，比起西欧国家来看，实在处于极落后的地位"[1]。马戛尔尼写到："清帝国好比是一艘破烂不堪的头等战舰，它之所以在过去一百五十多年中没有沉没，仅仅是由于一般幸运的、能干而警觉的军官们的支撑，而它胜过其邻船的地方只在于它的体积和外表。但是一旦一个没有才干的人在甲板上指挥，那就不会再有纪律和安全了。"[2]因此，早在 18 世纪末，即鸦片战争前半个多世纪，英国殖民主义者就认为，要击败清王朝是完全可能的。

总之，清代前期经济的发展，较之西欧世界，是极为落后的，它只是在传统的封建经济范围内前进。但由于满族逐步放弃了落后的生产方式，与汉族经济并驾齐驱，以及对边疆的开发，这就使多民族国家的巩固和发展有了共同的经济基础。

清代前期无论经济上或政治上取得的成就，是与满族贵族内部的斗争分不开的，是其中有远见的政治家克服了种种落后保守势力才取得的。这种斗争，主要是在顺治朝到康熙初年的 20 多年间。

---

1　斯当东：《英使谒见乾隆纪实》，第 498 页。

2　克拉默·拉宾编：《出使中国：据马戛尔尼勋爵谒见乾隆纪实》，转引自《远东国际关系史》，第 98 页。

清王朝建立之初，掌握实权的人物是满洲贵族落后势力的代表。他们是圈地、投充、逃人法等积极的倡导者，也是对汉族实行民族压迫政策的制订者。他们实行的这些政策激化了阶级矛盾和民族矛盾，引起了社会的不安，严重阻碍了生产的发展。康熙帝继位之初，正面临着分裂割据、沙俄侵扰、生产凋敝和社会不安的局面。经过长期战乱的各族人民渴望恢复生产、发展经济、社会安定和国家统一，然而鳌拜集团的专权成为阻碍社会发展的保守势力。康熙帝不愧为有作为的封建君主，他一亲政，就以坚定果断的手段消灭了鳌拜集团。在他执政期间，采取了一系列有利于生产恢复和发展的措施，同时调整了对汉族的政策。顺治帝在遗诏中说，“即部院印信，间亦令汉官掌握，以致满臣无心任事”，是他的罪过之一。这显然是辅政大臣鳌拜的意见。在清初，在满族贵族中，在如何对待汉官的问题上是有重大分歧的。康熙帝亲政后，缓和了对汉官的歧视和压抑，提高了汉官的地位。州县官由汉官担任，汉族地主在政治上有了更多的出路，扩大了清王朝的阶级统治基础。由于发展生产和减轻人民的负担，以及放弃满族落后生产方式，在康熙帝执政时期，广大汉族人民与清统治者的阶级矛盾也缓和了。在抗击沙俄的侵扰和平定噶尔丹叛乱的战斗中，康熙帝态度坚决。他曾三次亲征漠北，在广阔无垠的大沙漠中，同俄国支持下的噶尔丹叛军周旋，“屡涉寒暑，劳苦艰辛”。在军事上“分部诸路之兵，独操中权之要”，从兵力部署、决定战略、指挥战斗，以至运饷，“事无巨细，躬亲规划”。他还力排众议，以果断的决心讨平了气势汹汹的“三藩”之乱。康熙帝六十年的政治活动和军事胜利，在政治上巩固了统一的多民族国家，在经济上使封建经济又逐步走上了繁荣的景象。

康熙帝的继承者雍正帝和乾隆帝，为了维护国家的统一，继承康熙帝的方针，终于在乾隆二十二年彻底解决了叛乱达数十年之久的准噶尔部的问题。雍正时期，还平定了青海罗卜藏丹津的叛乱。[1]在西藏设置驻藏大臣，以及对西南少数民族地区实行改土归流，这一切对促进多民族国家的发展都起了积极作用。乾隆帝在统一国家的事业中所起的作用十分明显，天山南北地区、西藏行政体制的改革是在这一时期完成的，从而使我国统一的多民族国家的版图最后稳定下来。

“历史是人民群众的事业。”归根到底，历史是由人民群众创造的。但是，“历史必然性的思想也丝毫不损害个人在历史上的作用：全部历史正是由那些无疑是活动家的个人的行动构成的”[2]。

1 雍正初，厄鲁特蒙古和硕特部固始汗之孙罗卜藏丹津称兵叛乱。雍正帝授年羹尧为抚远大将军，岳钟琪为奋威将军，率军讨平之。事后，年羹尧上《青海善后事宜十三条》，得到清中央政府的批准。《青海善后事宜十三条》对青海的行政、军政、生产、贸易，以至喇嘛寺庙的稽查等各方面，都作了详细的规定。主要的是编设佐领，实行盟旗制度，规定“青海部落宜分别游牧居住地。请照内扎萨克编为佐领，以申约束”。这就大大加强了清王朝中央对青海的管理。此外，年羹尧又奏请《禁约青海十二事》如下：

“一、朝见进贡，定有限期。

一、不准自称盟长。

一、番子、唐古特人等，不许扰累。

一、喀尔喀、辉特、图尔古特部落，不许青海占为属下。

一、编设佐领，不可抗违。

一、内外贸易，定地限时。

以上六事，臣（总理王大臣）等已于善后事宜内议定。其余六事：

一、背负恩泽，必行剿灭。

一、内地差遣官员，不论品级大小，若捧谕旨，王公等俱行跪接；其余相见，俱行宾主礼。

一、恪守分地，不许强占。

一、差员、商贾过往，不许抢掠。

一、父没不许娶继母及强娶兄弟之妇。

一、察罕诺门嘛喇庙内，不得妄聚议事。

均应如所请。得旨：所议甚属周详，依议。”（见王先谦：《东华录》）。

《青海善后事宜十三条》及《禁约青海十二事》，对青海的行政体制进行了重大的改革，妥善处理了各部之间的关系，而贯彻始终的则是加强清中央政府对青海的管理。

2 《列宁选集》，第1卷，第26页。

所以在肯定清代前期的历史地位的同时，也应肯定康、雍、乾三帝在巩固和发展多民族国家的活动中所作出的贡献。

## 四

康、雍、乾三帝的统治，对统一的多民族国家的巩固和发展作出了相当大的贡献，把封建社会后期的中国推向前所未有的高度。但是，正如前面所说，在他们统治的时期，与西方世界相比，中国落后的差距更加扩大了，其差距是整整一个时代。

在明代万历年间，中国已经出现了资本主义关系的萌芽。在清代，中国没有沿着资本主义发展的道路迅速前进，这固然有其社会经济结构的内部原因：地主阶级的剥削所得只用于浪费性的消费而不转化为资本；地主阶级的残酷剥削使小农经济微弱不堪，无力扩大再生产，等等。特别是关于中国封建社会的经济结构问题，需要多说几句，因为中国封建社会的经济结构是否阻碍了社会历史的发展，目前还存在着意见分歧。这里只是就这一问题提出一些十分不成熟的探讨意见。

所谓经济结构，就是指国民经济的产业部门（生产部门）、产品交换流通、科学技术、城乡和区域、财政金融等之间的构成关系。也就是说，整个自然和社会，整个经济体系都是有机联系的整体。因此，经济结构可以最终归结为生产力和生产关系的结构。马克思说："任何时候，我们总是要在生产条件的所有者同直接生产者的直接关系——这种关系的任何形式总是自然地同劳动方式和劳动社会生产力的一定的发展阶段相适应——当中，为整个社会结构，从而也为主权和依附关系的政治形式，总之，为任何当时独特的国家形式，找出最深的秘密，找出隐蔽的基础。"[1] 由此

1 《马克思恩格斯全集》，第 25 卷，第 891~892 页。

可知，“任何时候”的“社会结构”，其基础都在于生产力和生产关系的结构状况，即经济结构状况。而经济结构的状况从根本上来说，则制约着国民经济的发展速度。除开生产关系方面的原因不谈，产业结构（也就是生产部门之间的结构）在生产发展中起着十分突出的作用，因为经济史和科技史业已无可辩驳地证明：社会分工的不断发展、协作的不断加强是生产发展的必然途径。

中国封建社会经济结构的根本特点，根据有的同志的研究，就是由“农牧混合经济逐渐演变为单一的农业经济”[1]。宗法式的地主、小农经济从而成为最基本的经济组织形式。这种经济结构，使全国各地区之间很少产生经济联系，加上山川等自然条件的隔绝和交通不便，于是形成大大小小的经济自给区，“整个社会内外经济缺乏横的联系。社会体制不是一种网络结构而是一种垂直系统”[2]。以农业和家庭手工业相结合为基础的经济自给区，对外来商品需求很少，能够顽强地抵抗商品经济的冲击，成为“超稳定的经济结构”。马克思在分析印度和中国的小农经济时指出：“在印度，英国人曾经作为统治者和地租所有者，同时使用他们的直接的政治权力和经济权力，以便摧毁小规模的经济公社。如果说他们的商业在那里对生产方式发生了革命的影响，那只是指他们通过他们的商品的低廉价格，消灭了纺织业——工农业生产的这种统一的一个自古不可分割的部分，这样一来也就破坏了公社。但是，就是在这里，对他们来说，这种解体工作也是进行得极其缓慢的。在中国，那就更缓慢了，因为在这里直接的政治权力没有给予帮助。”[3]自给自足的地主、小农经济，单一的农业经济结

1　陈平：《单一的小农经济结构是我国长期动乱和贯穿的根源》。载《光明日报》，1979 年 11 月 16 日。

2　陈平：《单一的小农经济结构是我国长期动乱和贯穿的根源》。载《光明日报》，1979 年 11 月 16 日。

3 《马克思恩格斯全集》，第 25 卷，第 373 页。

构，严重地阻碍了社会分工的发展，使生产部门的结构和产品的交换流通都处于极其落后的状态；小农经济在生产技术上则是墨守成规。总之，小农经济结构顽强地抵抗着商品生产的发展和科学技术的进步，成为整个社会贫穷落后的经济方面的根源。

单一的农业经济结构，出现的又一问题，就是有限的耕地面积和地主阶级力图无限占有土地之间的矛盾。陈平同志认为："中国历代的群雄争霸、农民起义，实质上进行的都是土地战争。地多则粮多，人多则兵多。'有粮则有军'，'有军则有权'，这是中国二千年来内战的规律。"中国封建社会内战规模之大（常常是几十万甚至上百万的战斗部队参战）、次数之多，是世界任何一个国家所不能比拟的，其基本原因就在于单一的农业经济所必然产生的周期性的土地危机，以及粮食易于征集运输，以维持庞大的军队，支持战争。"中国土地战争的经济规律进一步强化了历代皇朝实行重农抑商政策。"[1] 历史上，每一新王朝初期恢复生产的措施都以使农民"地著"为其基本内容，结果又使小农经济更为巩固。所以单一的农业经济结构，又是中国封建社会周期性动乱的经济根源。这在当时，对这种地主、小农经济结构不是任何个人所能突破的。因此，从历史来看问题，清代前期中国的落后，是有其漫长的中国封建社会所固有的经济结构的内在原因的。

但是，清代前期的某些政策，也是中国落后的重要原因。清代前期某些政策造成的社会后果，甚至成为一种封建的历史遗产，影响及于后世。

封建专制主义，到清代发展到登峰造极的地步。皇帝不仅是"乾纲独断"，掌握着国家的一切大权，成为绝对的君权独裁，而且对于臣民握有无可争辩的生杀予夺之权。这种绝对君权的专制，造成了官僚政治的种种恶果。

---

1　陈平：《单一的小农经济结构是我国长期动乱和贯穿的根源》。

在封建专制制度下，各级官吏是自上而下任命的。大臣由皇帝直接简任，低级官吏由吏部任命。封建国家的种种权力，掌握在自上任命的层层官吏的手中，形成依品级高低的等级权力。在这种依等级行使权力的制度下，下级官吏的升降荣辱，完全取决于上司的好恶，而不取决于个人政绩的优劣。即所谓“上司弗问吏治，喜怒一任乎私心。因而荐举不公，官评淆乱”[1]。为了巴结上司，取悦于上，全国是以“圣意”为依归，在官场中则是看上司、长官的脸色行事。官僚们是“十分精神，三分办事，七分奉上官”[2]。“有司之精神有限，竭尽心思，弥缝上官之不暇，而何暇于政务乎！”[3]他们对于自己的职责根本无心也无暇顾及，讲究上下左右的关系却成为牢不可破的官场习气，因而办事拖拉，遇事推诿，习以为常。当时就有人指出:“朝廷之事，误于偏私，尤误于推诿。”[4]于是，凡有所作为、革新立异的人，都受到压抑。康熙帝时，熊赐履指出，当时的官场中是“绝少实心任事之人。甚至托老成慎重之名，以济尸位素餐之计。树议者谓之疏狂；任事者目为躁进……百计诋毁，必禁锢其终身而后已”[5]。在这种沉重、窒息的官场风气之下，大家只能是因循守旧，无所作为，以免招怨累身，影响升迁，因此临民行政死死守着封建制度的老套数。开矿被看成破坏风水而加以禁止，更怕成百上千的人聚集丛林，密谋造反。工商业被视为末业的传统观念，使封建统治者在注意发展生产时，只看到农业，而所谓发展农业，也只不过是在赋税、垦荒的范围内大做文章。技术上的墨守成规是小农经济的特点，更是封建官僚从不考虑的问题，他们唯知完成税粮而已。因此专制主义的封建

1 《清圣祖实录》卷一〇六。
2 《清圣祖实录》卷一一八。
3 《清圣祖实录》卷一一八。
4 《清圣祖实录》卷一〇一。
5 《清圣祖实录》卷二二。

官僚政治其反作用于经济的效果，就不能不阻碍社会生产大踏步地发展，最多也只能在封建经济的范围内前进而已。

在清代前期，作为封建专制主义空前强化的产物，就是文字狱的酷烈。文字狱是封建专制主义的文化统治政策，其用意是以高压手段规范文字著述，钳制人们的思想。在康、雍、乾三朝，尤其是乾隆帝时，由于统治者猜疑过甚，因文字而获罪者比比皆是。清统治者迭兴文字大案，往往一案牵连数百人，牵动许多省。抄家，劈版，追缴“逆书”，追捕牵连人犯，如临大敌，造成了许多冤案。当时大兴文字狱，是以“申我国法，正尔器风”[1]为理由的，特别强调是为了维护“尊君亲上”[2]的“君臣大义”。可见，文字狱的根本目的，就是要在思想文化领域内树立绝对君权的神圣不可侵犯。一切文字著述，如果清统治者认为触犯了君权，或不利于自已的统治，就被目为“狂吠”“悖逆”，照例按“大逆”从重处罪。所以文字狱一经成立，就意味着全家甚至全族的灭门之祸；作序的、刻书的、接受送书的、师生等等，都不能幸免。凶残的文字狱造成的社会恶果是极其深重的。数十年之后，龚自珍还说人们“避席畏闻文字狱”。1839年，龚自珍写了一首脍炙人口的《已亥杂诗》:“九州生气恃风雷，万马齐喑究可哀。我劝天公重抖擞，不拘一格降人材。”[3]可见，文字狱造成了有如一潭死水的“万马齐喑”的局面，一切有生机的思想都被殄夷殆尽。因为怕触犯忌讳，要逃避文字之祸，士子不敢关心国计民生。所以当时人就指出，文字狱所造成的死寂沉闷和人才的缺乏，是清王朝衰落的原因之一，而其历史影响，则是维护封建专制主义的“君臣大义”的思想被视为当然。抱残守缺，故步自封，不明世界大

1 《张泰开革职交刑部胡中藻鄂昌侯拿解到京交大学士等审拟谕》，见《清代文字狱档》，第1册。

2 《传谕八旗务崇敦朴谕》，见《清代文字狱档》第1册。

3 《龚自珍全集》，第521页。

势，却以“国粹”骄人者，大有人在。这一切的必然结果，是中国近代社会自然科学和社会科学都极其落后。

为了维护封建的专制主义，在清代前期，对外厉行闭关政策。

从根本上来说，闭关政策是封建经济的产物。自给自足的小农经济，使人们彼此隔绝。闭塞的封建经济必然是因循守旧、墨守成规，在政治上自然产生闭关自守的结果。乾隆帝曾说：“天朝物产丰盈，无所不有，原不籍外夷货物，以通有无。”[1]此话正是自给自足的自然经济的反映，以及由此导致的鼠目寸光、夜郎自大。

但是，清政府厉行闭关政策，还有另一方面的原因，从清统治来看，甚至是更重要的原因，这就是所谓的“严华夷之大防”。为了维护清王朝的统治，无知的清统治者错误地惧怕洋人与中国人接触后会支持中国人民反抗清王朝的统治。马克思说：“由于这种原因，外国人才被禁止同中国人有任何来往，要来往只有通过离北京和产茶区很远的一个城市广州。外国人要做生意，也只限和行商进行贸易；政府特许这些商人有做洋货生意的特权，用这种办法阻止其余臣民同它所仇视的外国人发生任何接触。”[2]清统治者一再声称“华夷之别甚严”，“从不许外籍人等稍有越境搀杂”[3]，在乾隆帝的心目中，两者接触会使“民俗易嚣，洋商错处，必致滋事”。因此从乾隆二十二年起规定只准广州一处口岸对外贸易。即使如此，清政府对来广州的洋商仍严令地方官“加谨管束”，规定“夷商到粤，寓歇行商馆内，稽查管束，原不许任意出入”；另一方面，则严令“内地商民亦不得往来交接，夤缘为奸，自属立法制防之道”[4]。所以，清政府先后制定了种种苛细繁杂的规条和章程，如《防夷五事》《民夷交易章程》《防范夷人

1 《清高宗实录》卷一四三五，《敕谕英吉利国王》。

2 《马克思恩格斯全集》，第 9 卷，第 115 页。

3 《清高宗实录》卷一四三五。

4 《粤海关志》卷二八，乾隆二十四年《部复两广总督李侍尧议》。

章程》等等，目的是要隔绝外国人与中国人的交往，即所谓“向定章程，俾民夷不相交错”[1]。

清政府对出洋贸易的中国人，其限制尤其严厉。如规定海船不得超过双桅五百石，否则不论官兵民人，一律发边卫充军；又严格规定期限，逾期不归者，“不许令其复回”。乾隆六年，荷兰人在噶喇巴（爪哇）屠杀华侨上万人。对于这起严重的残杀事件，清政府不但不为华侨做主，反而认为他们“在天朝本应正法之人，其在外洋生事被害，孽由自取”[2]。对出口的物资也横加限制，军器、火药、硝磺、钢铁、米麦、杂粮、马匹、书籍都在禁止出口之列，对于传统的出口商品丝绸的数量也有限制，严重地影响了丝绸业的发展。

闭关政策也是唯我独尊的绝对君权的思想体系在对外政策上的反映。自从董仲舒提出了“天人合一”“天人感应”“天人相与”的君权神授学说以来，“号称天子”[3]的皇帝自认为处于天地之间的至尊地位。他自己既然是君临天下，其所统治的中国也就是世界的中心，“天朝上国”的观念是根深蒂固的。《清文献通考》卷二九三《四裔考一》说：“中土居大地之中，瀛海四环。其缘边滨海而居者，是谓之裔；海外诸国亦谓之裔。裔之为言边也。”基于这种对世界的无知妄说，中国之外的世界各国统统被看做“夷狄之邦”。外国使者来到中国，不过是“输诚向化”。马戛尔尼来华时，乾隆帝称为“外夷”。英国人当时并不明白“外夷”的含义，后来打交道多了，到嘉庆帝时，英国人提出抗议，认为这是侮辱之词，要求改变这种称谓。清统治者答复说：“蛮夷二字，系外国统称。在南曰蛮，在西曰夷。”[4]认为是理所当然。荷兰人

1 《史料旬刊》，第 9 期，《两广总督李鸿宾奏》。
2 《史料旬刊》，第 22 期，《乾隆朝外洋通商案·庆复折》。
3 董仲舒：《春秋繁露·顺命》。
4 《奥海关志》卷二九，《夷商》。

曾经侵占澎湖、台湾，又在爪哇大肆屠杀华侨；英国人在明末肆虐珠江，一度占领虎门，但清朝人却始终分不清这些国家，一律把他们称为“红毛蕃”。他们在修《明史》时，居然把英国人干的事载入《和兰传》中。比利时人南怀仁到中国后，著有《坤舆图说》介绍世界各国，《四库全书》总纂官、被推崇为学问渊通的纪昀竟然说是神异的无稽之谈。[1]乾隆年间，法国人蒋友仁将在西方已发表两百多年的哥白尼的《天体运行论》介绍到中国，清统治者把它看做“离经叛道”，原因是地球绕日运行的科学理论动摇了君权神授的“天人感应”说的神学基础，使之无从立足。因此，他们认为必须予以批判，说什么“(哥白尼) 其为说至于上下易位，动静倒置，则离经叛道，不可为训，固未有若是之甚焉者也”[2]。在他们看来，地球绕日运行的学说是将“动静倒置”，必然导致“上下易位”的人间统治秩序的颠倒。所以杨光先在《不得已》一书中，提出“宁使中国无好历法，不可使中国有西洋人”。为了维护专制主义的绝对君权的神圣基础，他们明知道自己不如人，但宁肯作茧自缚也不愿承认先进科学，画地为牢，不屑于了解世界。其结果正如魏源所说:“以通事二百年之国，竟莫知其方位，莫悉其离合。”[3]清统治者对世界的了解竟然达到如此无知的地步。

总之，在落后的经济基础上产生的闭关政策，再加之以“推动这个新的王朝实行这种政策的更主要的原因，是它害怕外国人会支持很多的中国人在中国被鞑靼人征服以后大约最初半个世纪里所怀抱的不满情绪。由于这种原因，外国人才被禁止同中国人有任何往来”[4]。清政府实行的闭关政策，构筑了隔绝中外的一道

1 参见《四库全书总目提要·史部·地理类四》。

2 《畴人传·蒋友仁》，见《皇朝经解》卷一〇六七。

3 此段叙述参考了胡思庸同志的《清代的闭关政策和蒙昧主义》一文，该文载《吉林师大学报》，1979 (2)。

4 《马克思恩格斯全集》，第 9 卷，第 115 页。

堤墙，对中国社会的前进起了严重的阻碍作用，结果是“有以四五千金所造之洋船，系维朽蠹于断港荒岸之间”，“居者苦艺能之罔用，行者叹至远之无方”，以致“百货不通”，“驱工商为游手，驱游手为盗贼”[1]。同时也妨碍了中国人民学习世界先进的科学文化知识，闭目塞听，使中国人民与世界潮流相隔绝，因而日益落后。落后就会挨打，这就是中国近代史上的惨痛教训。

回顾清代前期的历史，在从17世纪中叶到19世纪中叶的200年中，我国统一的多民族国家得到了进一步的巩固和发展，这对于抗御西方早期殖民主义的侵略发挥了积极的历史作用，也产生了深远的历史影响。但是，在这一时期，中国落后于世界的发展，距离也更加扩大了，这是清王朝加强封建专制主义及其一系列政策的恶果，其历史影响同样也是深远的。对清代前期给予历史唯物主义的评价，总结其正反两个方面所造成的历史影响，将使我们获得应有的历史教益。

(原载《清史研究集》，第1辑，中国人民大学出版社，1980)

1　蓝鼎元：《南洋事宜书》，见《鹿洲初集》卷三。

# 皇太极嗣位与诸大贝勒的矛盾

关于皇太极嗣位的问题，史家论说不一，或曰“夺立”，或曰“拥立”。此事对后金（清）政权核心关系甚巨。判明其真象，无疑将直接影响到人们对天聪以后某些重大史事的看法。今试说管见，以供讨论。

## 一　关于皇太极嗣位的问题

《清太宗实录》卷一记述皇太极即位过程曰:“天命十一年八月庚戌，太祖高皇帝崩。大贝勒代善子贝勒岳托、萨哈廉，兄弟共议，至其父代善所，告曰:‘国不可一日无君，宜早定大计。四大贝勒（皇太极）才德冠世，深契先帝圣心，众皆悦服，当速续大位。’代善曰:‘此吾夙心也。汝等之言，天人允协，其谁不从!’遂与岳托、萨哈廉定议。翼（翌）日，诸贝勒大臣聚于朝。代善以其议告大贝勒阿敏、莽古尔泰及诸贝勒……皆喜曰善，议遂定，乃合辞请上即位。”则此事由代善子岳托、萨哈廉倡议，代善鼎力支持，并表示“此吾夙心也”，诸大贝勒及诸贝勒均一致拥戴。拥戴皇太极的原因，首先是“深契先帝圣心”，即符合努尔哈赤的意思；其次是皇太极本人“才德冠世”，努尔哈赤诸子中无出其右者。

然而，《实录》的以上说法，却多粉饰溢美之辞。

《重译〈满文老档〉》（太祖朝）卷二十七“天命六年九月十八日”有如下记载：“逮捕阿敦阿哥。阿敦阿哥的罪状是：他挑拨大贝勒（代善）、莽古尔泰贝勒与四贝勒（皇太极）交恶。讲有损国政的话。另讲其他的诸小贝勒的坏话。因此诸贝勒议论，汗（努尔哈赤）知道了。汗当面对质，审理那罪，拟定阿敦阿哥的罪。所以定罪，诸贝勒、执法的诸大臣拟判阿敦阿哥在八旗打杀的罪。汗说：‘你们判的道理很对，我不是可惜他。以前在萨尔浒时，曾说不用我们的手杀犯罪的人，监禁在高墙的房中。今若违背我们曾经说过要废除杀人的话，国人怎么信赖我们呢？把他监禁起来。’拴上铁锁监禁在牢中。”[1]

阿敦在获罪之前，深得努尔哈赤的信任，是努尔哈赤自将的“黄旗无龙”，即后来的正黄旗的固山额真。“阿敦阿哥的旗，在德立石有甲三百七十人，在呼勒路有二十八牛录，在坨兰、章京有十七牛录。”[2]阿敦常参与机密。他之所以获罪，是因为挑拨皇太极与代善、莽古尔泰交恶，而且情节重大，犯的是死罪，但所挑拨者为何事，却无只字涉及。当时，正在“虏营”的朝鲜使臣郑忠信，其任务是“款兵缓祸”，暗中则是“深入虏穴，详探虏中事情”。据郑忠信说，阿敦之所以获罪，乃是牵涉到后金汗位继承的一次重大事件。他说：“有阿斗（阿敦）者，酋（努尔哈赤）之从弟也，勇而多智，超出诸将之右，前后战胜，皆其功也。酋常密问曰：‘诸子中谁可代我者？’阿斗曰：‘知子莫若父，谁敢有言。’酋曰：‘第言之。’阿斗曰：‘智勇俱全，人皆称道者可。’酋曰：‘吾知汝意之所在也。’盖指洪太主（皇太极）也。贵盈哥（代善）闻此，深衔之。后阿斗密谓贵盈哥曰：‘洪太主与亡可退（莽古尔泰）、阿之拒（阿济格）将欲图汝，事机在迫，须备之。’贵盈哥

1 《重译〈满文老档〉》（太祖朝），第 2 分册，辽宁大学历史系印，第 57 页。
2 《重译〈满文老档〉》（太祖朝），第 2 分册，第 7 页。

见其父而泣。酋怪问之，答以阿斗之言。酋即招三子问之，自言无此语。酋责问阿斗，以为交构两间，锁扭而囚之密室，籍没家资。酋之弃阿斗，是自毁长城也。”[1]

从前引《重译〈满文老档〉》有阿敦“挑拨大贝勒、莽古尔泰贝勒与四贝勒交恶，讲有损国政的话”来看，郑忠信所说，应该是可信的。由此可知，这次事件的起因，是努尔哈赤征询阿敦关于诸子中谁可继汗位的意见，阿敦认为皇太极是合适的人选，努尔哈赤未表明态度。可是，这次十分机密的谈话，却为代善所闻。代善“深衔之”，这就说明代善也是具有希图汗位的强烈欲望。据郑忠信说，“洪太主虽英勇超人，内多猜忌……潜怀弑兄之计”[2]。二人因汗位继承问题矛盾激化。阿敦将皇太极“将欲图汝（代善）”的意图告诉代善，于是代善向努尔哈赤告发。经对质，皇太极等矢口否认，结果努尔哈赤认定是阿敦挑拨离间。此事究竟纯系阿敦无中生有的挑拨，抑或皇太极确有“潜怀杀兄之计”？苦无直接的材料足资说明事实的真象。然而，有两点情况却值得注意：第一，既然一个外国使臣能够闻知此事，那么，在当时后金政权的一定范围内，定然已经流传；第二，在阿敦事件发生的两个月之后，有正红旗固山额真博尔晋虾出来为阿敦鸣不平，事情又牵涉到莽古尔泰。

《重译〈满文老档〉》（太祖朝）卷二十八“天命六年十一月十八日”载:“博尔晋虾去监禁的地方，对那三贝勒（莽古尔泰）说:‘你们是汗任用的人时，就表示亲密。汗认为不是好人时，就不顾了。……汗任用阿敦阿哥时，说阿敦阿哥、阿敦阿哥（如何）好，阿敦阿哥得了罪。’因此济尔哈朗阿哥说:‘你不是这国的大臣吗？为什么没有在事先说这话呢？’博尔晋答:‘我博尔晋虾是三等副

1　吴晗辑：《朝鲜李朝实录中的中国史料》，第 8 册，第 3145~3146 页。

2　吴晗辑：《朝鲜李朝实录中的中国史料》，第 8 册，第 3145 页。

将，在我之上是三等大臣，我担什么忧呢？'……三贝勒愤恨，依法审理。"[1] 这段记载是耐人寻味的。博尔晋虾居然当面对阿敦事件的当事人之一莽古尔泰表示自己的不满，认为诸贝勒阿哥视努尔哈赤的好恶而以不同的态度对待阿敦是极不应该的。如果阿敦果真是危言耸听以皇太极将杀害代善，挑拨代善、莽古尔泰与皇太极交恶，那么，博尔普虾还敢如此放肆地为其鸣不平吗？并因此说他不愿为国担忧。看来博尔晋虾也是知情人之一，因而对阿敦的处置是满腔的不满和不平，其中是颇有难言之隐的。

在此之前，即癸丑年三月，有努尔哈赤监禁长子褚英、后来处死之事。这也与汗位继承有关。

努尔哈赤的长子褚英自幼心胸狭隘，可是，努尔哈赤当时认为，"使弟越其兄长执政如何行呢？"于是命褚英执政。褚英心术不正，他强迫诸弟立誓，绝对听命于自己，"不违抗兄长的话，什么话也不许告诉汗"。并威胁"弟弟们，父汗给你们的财宝、好马，父汗死后，还能不处理，就那样搁置吗？再有和我关系不好的弟弟，和我不好的大臣们，我坐了汗位就杀掉"。因此使努尔哈赤"爱如心肝的四个儿子"和五大臣担心性命难保，于是一起向努尔哈赤告发。褚英失宠后，"写上诅咒出征的父汗、诸弟、五大臣的咒语，对天地焚烧"。并希望努尔哈赤打败仗，策划"如果那样就不让父、诸弟入城"。事情被揭发后，努尔哈赤"恐怕杀长子以后，不是给活着的诸子造成先例吗？所以没杀"，将其监禁在高墙之中。褚英始终没有悔过之意。努尔哈赤经过三年的考虑，怕褚英将来危及国家、众子和大臣，"下了最大的决心将长子处死"[2]。

前后两次有关汗位继承人的问题都预伏着杀机，使努尔哈赤改变了指定继承人的想法。在阿敦事件的半年之后，即天命七年三

1 《重译〈满文老档〉》（太祖朝），第2分册，第66页。

2 《重译〈满文老档〉》（太祖朝），第1分册，第19~21页。

月，努尔哈赤确定了后金汗位的继承原则。《重译〈满文老档〉》（太祖朝）卷三十八载："三月初三日，八子兵会合，向父汗说：'天赐的大业怎么才能安定呢？天赐的大福怎样才能永享呢？'汗说：'继承父为国主时，不要立强有力的人为主。如果强有力的人为国主时，仗恃他们力为生，恐怕天以为非。一人的有些见识能及众人的共议吗？你们八子为八王。……推举不拒绝你们八王的话的人，继承你们的父为国主。如不听你们的话，不行正道，你们八王就更换你们立的汗，拥立不拒绝你们话的好人。……如果集合在你们八王任命的国主那里，不要一二（人）集合，要众人全都集合商议处理国事……无论什么事都要告诉众人再去，八王贝勒共议。'"[1]这就确定了八王推举国君的汗位继承方式和八王"共理国政"。显然，努尔哈赤之所以规定"不要立强有力者为主"，以及更换被立之后独断专行的"国主"，是鉴于前两次指定或准备指定汗位继承人出现的严重问题，其用意是希望由此能够避免兄弟之间因觊觎汗位而出现的自相残杀。所以努尔哈赤还特别告诫诸子："牢记父汗的训言，众兄弟们要保证不要随便起邪恶之念，不要隐瞒别人唆使的话，一定要告发。挂在脖子上的誓言如下：'在村中生活时，不独自说这个好，那个坏。'"[2]即使是在父汗询问时，也不要立即回答，须经众议后方才回答，为的是避免一两人说某人好或坏，引起彼此的怨恨。努尔哈赤如此谆谆告诫，反复强调汗位继承问题和诸子的和睦，乃后金政权安危之所系，不能说这与以往兄弟阋于墙的事实无关。《清太祖太宗朝纪事》有相同的记载，惟文辞业经修饰，特别强调"务期斥奸佞举忠直可也"。[3]

综上所述，可见《清太宗实录》关于皇太极即位的记述颇有

1 《重译〈满文老档〉》（太祖朝），第 2 分册，第 126~127 页。

2 《重译〈满文老档〉》（太祖朝），第 2 分册，第 127 页。

3 《明清史料》甲编，第 1 本，第 63 页。

溢美之辞。从形式上看，是遵循了努尔哈赤规定的满洲贵族共议嗣君的原则，但皇太极与代善、莽古尔泰嫌隙已深，他们是否诚心拥戴则大成问题。代善所说拥立皇太极“此吾夙心也”，更是言不由衷，因为他对此曾“深衔之”。《清太宗实录》又说，皇太极被拥立是因为他“才德冠世”，“深契先帝圣心”。然而，“才德冠世”恰恰与努尔哈赤“不要立强有力的人为主”的要求相悖；皇太极本人也曾以“皇考无立我为君之命，我宁不畏皇考乎”[1]相辞让，可见所谓“深契先帝圣心”的说法也是不足为凭的。

顺治帝福临即位后，多尔衮说过：“太宗文皇帝之继位，原系夺立。”他并以此挟制中外，“凡一切政事，及批票本章，不奉上命，概称诏旨，擅作威福”[2]。认为自己如此作为是有原因的。《燃黎室记述》卷二十七引《日月录》说，努尔哈赤临死，“谓贵永介（代善）曰：‘九王（多尔衮）当立而年幼，汝可摄位，后传于九王。’贵永介以为嫌逼，遂立洪太氏（皇太极）云”。此系朝鲜人的记载。努尔哈赤临终时是否改变了他先前规定的由八王共议嗣君，还需要有更多的资料进一步证明，然而迄今尚未见到。如果据此认定皇太极乃是“夺立”，则不合史料原意，因为史料明明说“贵永介以为嫌逼，遂立洪太氏云”，这与《清太宗实录》所说代善与子岳托、萨哈廉共议立皇太极是一致的。因此，多尔衮所说的“夺立”和“贵永介以为嫌逼”，不足以否定皇太极是满族贵族共议而嗣，它只说明了诸大贝勒并非出自诚心拥立而已。

## 二　关于皇太极与诸大贝勒的矛盾

努尔哈赤是在诸子因汗位继承问题而纷争迭起的情况下，才

1 《清太宗实录》卷一，第 4 页。

2 《清世祖实录》卷六三，第 22~23 页。

确定由满洲贵族共议嗣君，并希望由此能消除彼此的矛盾，使后金统治核心能够同心同德。可是事情并非如此简单。正因为诸大贝勒并不是诚心拥立皇太极，各有打算，所以从天聪元年开始，皇太极与诸大贝勒之间的矛盾便逐渐激化。而皇太极在摧抑权势极大的诸大贝勒方面，也是谋划于胸、次第而行的。

二贝勒阿敏是努尔哈赤之弟舒尔哈齐之子、皇太极的叔兄。努尔哈赤与舒尔哈齐矛盾很深，“弟贝勒（舒尔哈齐）在口头上常说:‘这样活着有什么意思，还不如死了。’要离开同等分给国人、僚友的哥哥（努尔哈赤），带领国人到别的村去居住，去别的路”[1]。舒尔哈齐意欲另立门户，别树一帜。努尔哈赤大怒，没收了舒尔哈齐的“全部国人、僚友及一切东西，只剩孤零一身”。舒尔哈齐承认错误后，努尔哈赤再将“国人、僚友重新还给弟贝勒”[2]，但两人的矛盾并未消除。

阿敏承袭了其父另立门户、独树一帜的想法。在努尔哈赤死后，他的这种想法立即变为行动。《清太宗实录》卷四八第十页至十一页记载:“太祖皇帝晏驾哭临时，镶兰旗贝勒阿敏遣傅尔丹谓朕（皇太极）曰:‘我与诸贝勒议立尔为主，尔即位后，使我出居外藩可也。’”皇太极“闻之骇异”，问阿敏弟郑亲王济尔哈朗知否。“郑亲王曰:‘彼曾告于我，我以其言乖谬，力劝阻之。彼反责我懦弱，我用是不复与闻。’”阿敏乘努尔哈赤去世之机，拉拢其弟，一心想要分立出去。其弟济尔哈朗决意不从，阿敏仍然一意孤行。皇太极认为，阿敏的举动是“自弱其国。皇考（努尔哈赤）所遗基业，不图恢廓，反而坏之，不祥莫大焉”。因而断然不允。但阿敏并未因此熄灭此念而有所收敛，反而准备自行其是。天聪元年正月，阿敏奉命率大军征朝鲜。“大贝勒阿敏颇怀异志，

---

1 《重译〈满文老档〉》（太祖朝），第 1 分册，第 11 页。

2 《重译〈满文老档〉》（太祖朝）第 1 分册，第 12 页。

凡事不与众谋，指麾自专。”[1]当朝鲜国王李倧派人议和时，贝勒岳托等主张令朝鲜国王盟誓，即可班师，原因是“御前禁军甚少，蒙古与明，皆我敌国，或有边疆之事，不当思预备乎？”阿敏却另有打算，声言自己“常慕明国皇帝及朝鲜国王宫殿”，一定要到王京。总兵官李永芳以“我等奉上命……朝鲜若遣亲信大臣来负罪请和，盟誓天地，即可班师”相劝阻。阿敏怒斥之曰：“我岂不能杀尔蛮奴？尔何得多言！”并对其侄杜度说：“他人愿去者去，我叔侄二人，可同住于此。”杜度乃曾是汗位继承人、后被处死的褚英之子，阿敏要他与自己留朝不返，显然，其意在利用过去的纠葛离间杜度与刚即汗位的皇太极的关系，使其支持自己，称王朝鲜。杜度闻言变色，答曰：“吾何为与尔同住？皇上乃我叔父，我何可远离耶！”[2]在八旗贝勒大臣会议上，除阿敏本旗大臣支持阿敏外，其他七旗皆主张与朝鲜国王盟誓后回师。由于众人反对，阿敏的“异志”未能得逞，乃从众议。对于阿敏已充分暴露的“颇怀异志”，即位伊始的皇太极隐而不发。

天聪四年五月，阿敏擅自弃永平城并屠降官及城中百姓，出冷口而归。于是皇太极召集诸贝勒、大臣、将官，历数阿敏十六罪状，其中主要有：“阿敏嗾其父，欲离太祖。”[3]“二贝勒父子欲擅离我国，往据一方自立。”[4]阿敏本人又欲取朝鲜王京，“永驻其地”，凡此种种，皆因其“欲危社稷”。岳托、豪格两贝勒出师还，阿敏“令留守大臣坐于两侧，彼坐居中，俨若国君，令两贝勒遥拜一次，近前复拜一次，方行抱见礼”[5]。弃永平而屠城中百

1 《清太宗实录》卷二，第 19 页。
2 《清太宗实录》卷二，第 22~23 页。
3 《清太宗实录》卷七，第 11 页。
4 《清太宗实录》卷八，第 8 页。
5 《清太宗实录》卷七，第 17 页。

姓，是“心怀嫉妒，故欲毁坏基业”。[1] 众议其罪当诛，皇太极将其幽禁。阿敏从此不复出，于崇德五年十一月卒于幽所。

皇太极与阿敏的矛盾，归根到底仍然是汗位问题，只因阿敏是努尔哈赤之侄而非亲子，难以令众，才表现为“据一方以自立”，而其行事又“俨若国君”，即使对皇太极的长子豪格亦如此。

三贝勒莽古尔泰是努尔哈赤第五子、皇太极之兄，与皇太极的矛盾同样十分尖锐。

天聪五年十一月，朝鲜派往后金的使臣朴簪向国王李倧说：“(后金) 八王互相猜疑，岂得久安乎？臣之妄见，必有相残之事矣。”[2] 其实，就在朴簪说此话之前两个多月，莽古尔泰与皇太极几乎拔刀相见。其时，正当大凌河之战的紧张时刻，莽古尔泰与皇太极因差遣人员问题发生争执。皇太极大为不悦，将乘马拂袖而去。莽古尔泰质问皇太极：“皇上宜从公开谕，奈何独与我为难？我止以推崇皇上，是以一切承顺，乃意犹未释，而欲杀我耶？”遂举佩刀之柄前向，频摩视之。其同母弟贝勒德格类，见其举动悖乱，拳殴之。莽古尔泰怒骂德格类，手出佩刀五寸许。莽古尔泰被推出后，皇太极痛斥左右曰：“彼露刃欲犯朕，尔等奈何不拔刀趋立朕前耶？”[3] 当时气氛之紧张，可以想见。

在这次冲突中，莽古尔泰说他一味推崇、顺承，但皇太极“意犹未释”，甚至说“欲杀我也”，可见其拔刀露刃并非偶然。冰冻三尺，非一日之寒。二人早年夙怨未除，积累更深，始有此狂暴举动。后莽古尔泰以酒后狂言失态为辞，叩头请罪。众议大不敬，被夺和硕贝勒，降为多罗贝勒，削五牛录，罚银万及甲胄、雕鞍马、素鞍马十。翌年十二月，莽古尔泰气愤而死，但事情并

1 《清太宗实录》卷七，第 21 页。

2 吴晗辑：《朝鲜李朝实录中的中国史料》，第 9 册，第 3488 页。

3 《清太宗实录》卷九，第 29~30 页。

末到此结束。

天聪九年十二月，冷僧机首告莽古尔泰生前与其弟贝勒德格类（已死）、妹莽古济等，“对佛焚誓词，言我莽古尔泰，已结怨于皇上，尔等助我”，“要夺御座”，“将危上”。在查抄莽古尔泰家时，又查获其所造木牌印十六枚，文曰：“金国皇帝之印。”[1]于是定莽古尔泰等罪为“阴蓄异谋，大逆不道”，“谋危社稷”，本应当磔，但莽古尔泰和德格类已死，遂请于太祖两宫妃将姊莽古济处死，杀莽古尔泰子额必伦。参与其事的屯布禄、爱巴礼亲支兄弟子侄俱磔于市。皇太极吞并了莽古尔泰所将的正蓝旗。这一次，皇太极严厉打击汗位的觊觎者莽古尔泰同党而大开杀戒，《清太宗实录》《汉译〈满文旧档〉》的记述已如上述，其实，事情的过程远为严重得多。

在这次事件后的次年四月，有五名“夷人”从后金逃投于明。宣府巡抚陈新甲向来投者“问东奴消息如何”，来投者陈说了他们所知的情况：“有努尔哈赤大子蟒五儿代（莽古尔泰），系大王子（大贝勒），已于前年病故，遗有儿子三个，内有他长子于上年（天聪九年）十一月内，要袭王子。有四王子（皇太极）不肯叫他袭王。两家相争厮杀，四王子将大王子蟒五儿代儿子三个俱都杀死，还杀了当紧的夷人一千有余。其余人马俱都收了，分在八哨官儿所管。”[2]投明的“夷人”是下层一般民众，对莽古尔泰争夺汗位不了然，误为其子要袭王位。但其所说事情的经过是“两家相争厮杀”，却反映了皇太极在采取严厉措施打击莽古尔泰同党时，遭到了激烈的反抗，发生过一场厮杀，结果正蓝旗被杀者一千余人。这大概是后金满洲贵族内部因汗位问题最大的一次自相残杀。崇德元年正

1 《清太宗实录》卷二六，第5~11页；又参见《汉译〈满文旧档〉》，辽宁大学历史系印，第156页；《清史稿·莽古尔泰传》。

2 《(明)兵部题〈宣约巡抚陈新甲塘报〉行稿》，见《明清史料》甲编，第9本，第853页。

月，工部平毁莽古尔泰、德格类二人茔墓，将“已寒之骸骨，复行抛弃”，收其殉葬之金银器皿。皇太极命复葬之原处。

大贝勒代善是拥立皇太极的倡议者。皇太极即位后，两人的矛盾较前有所缓和，但并未完全消除，皇太极在摧抑其势力方面，也是颇为注意的。因此，“大贝勒对汗不满”[1]；代善“贪财不义”，“大贝勒并未有改过之心，汗原来就经常怨恨”[2]，所以“大贝勒与皇上不睦”[3]。天聪九年十一月，代善因宴请素来怨恨皇太极的莽古济格格（即莽古尔泰之妹、皇太极之姊），亲迎入帐，并赐财帛。皇太极认为，莽古济“在对汗不满时与原来关系不好的大贝勒会见设宴，就是关系不好的你们二人毁谤汗”[4]，因而大为震怒，召集诸贝勒大臣历数代善之罪，主要是:“正红旗的诸贝勒轻视我（皇太极）的事情很多。”[5]不遵制令，在对正红旗人员赏功罚罪时，好恶相左，是有意离间。……皇太极列举代善的过错，虽然没有惊人之事，但他却有惊人之举。首先，皇太极宣称，“琐诺木杜巴济农屡在朕前佯醉，言皇上不当惟兄弟是倚，行将害之，宜慎防之。……朕若听其言，疑我兄弟之将害朕也，而遽加诛戮，则丧乱之端即由此而起，岂非误国之言乎?”[6]弦外之音包含杀机，威凌之锋芒毕露。其次，在处理代善问题上，始则咄咄逼人，皇太极当众宣布:“尔等悖乱如此，朕将杜门而居，尔等别举一强有力者为君，朕引分自守足矣。”厉辞谕毕，遂入宫，复闭朝门。[7]皇太极如此小题大作和言辞激烈，使人感到天命年间

1 《汉译〈满文旧档〉》，第 128 页。
2 《汉译〈满文旧档〉》，第 124 页。
3 《清太宗实录》卷二五，第 18~19 页。
4 《汉译〈满文旧档〉》，第 129 页。
5 《汉译〈满文旧档〉》，第 124 页。
6 《清太宗实录》卷二五，第 14 页。
7 《清太宗实录》卷二五，第 14 页。

两人夙宿的阴影又萦绕在他的心中。其时，三大贝勒中阿敏被幽禁，莽古尔泰已死，代善是唯一的有权势者，皇太极以威凌之势加以摧抑，目的是显而易见的。果然，他杜门不出，举朝震恐，诸贝勒大臣至朝门外跪请临朝听政，“亲决万机”，“大纲小纪，俱听睿裁”。诸贝勒大臣、八固山额真、六部承政共议代善之罪，说大贝勒身为皇兄，不遵制令，是“心怀异志”，决定革大贝勒名号，削和硕贝勒职，夺十牛录，罚银万及甲胄、马匹。皇太极又示宽仁，免革大贝勒职，还其十牛录。代善子贝勒岳托、萨哈廉及瓦克达亦同时获罪。红旗贝勒遭到了一次打击，从此“制令统于所尊”，皇太极终于大权独揽了。

总之，皇太极的继立，虽不是“夺立”，但也不是诸大贝勒诚心拥戴，因此天聪年间皇太极与诸大贝勒的矛盾，既有汗位承袭问题，也有个人恩怨（当然责任并不全在皇太极）。更为重要的是，作为杰出的封建政治家，皇太极在完善后金政权机构，使后金政权进一步封建化的过程中，逐步解决君权与八旗旗主分立的矛盾，以适应后金政权进一步发展的需要，为此而采取的一系列有力措施，改革和厘正努尔哈赤时期的旧习，则为而后清王朝建立全国政权奠定了基础。例如，皇太极根据汉官宁完我的建议设立六部就是如此。宁完我上奏说：“我国六部之名，原是照蛮子家（明）立的。其部中当举事宜，金官原来不知。汉官承政当看会典上事体。……参酌汉金，用心筹思，就今日规模立个金典出来，每日教率金官到汗面前，担当讲说，各使去因循之习，渐就中国之制。必如此，庶日后得了蛮子地方，不至手忙脚乱。”[1] 可见，皇太极设置六部改革旧习时，同时就着眼于进取中原，为日后建立全国政权做准备，“日后得了蛮子地方，不至手忙脚乱”。而“设立六部，分管夹喇、总督、城守，不过替皇上代理其事，分析

1 《宁完我清变通大明会典设六部通事奏》，见《天聪朝臣工奏议》，第 71 页。

其忧”[1]。因而加强了君权，削弱了旗主的势力。八旗旗主并立，在政治上所造成的严重问题，汉官胡贡明说得最清楚:“有人必八家分养之，土地必八家分据之，即一人尺土，贝勒不容于皇上，皇上亦不容贝勒，事事掣肘，虽有一汗之名，实无异整黄旗一贝勒也。如此三分四陆，如此十羊九牧，总（纵）藉此强兵，进了山海（关），得了中原，臣谓不数年间，必将错乱不一，而不能料理也。”[2]

君权与旗主分权的尖锐矛盾，不仅“事事掣肘”，而且是后金政权进一步发展必须解决的问题。不少汉官纷纷上书，婉转其词，认为不应“狃于积习”，旗主并立“这个陋习，必改之为贵”[3]，主张君权独揽。他们说“创国之主，必加一番威严”[4]，所以“伏乞皇上毅然独断”[5]，断然“自专”。志在中原的皇太极，为了避免日后“得了中原”，出现“将错乱不一，而不能料理”的局面，故而“更张转移之精神，汗（皇太极）因切切在念”[6]。所以皇太极为完善后金政权、削弱旗主势力的改革措施，是具有远大政治眼光的正确之举，而不能视之为个人恩怨与汗位之争。如果偏执一端，认为皇太极与诸贝勒的矛盾只有一种性质或一种情况，那么，恐怕是难于说明历史的真实过程的。

（原载《历史档案》1984 年第 3 期）

---

1 《扈应元陈官弊奏》，见《天聪朝臣工奏议》，第 75 页。
2 《胡贡明五进狂瞽奏》，见《天聪朝臣工奏议》，第 30 页。
3 《天聪朝臣工奏议》，第 10 页。
4 《天聪朝臣工奏议》，第 23 页。
5 《天聪朝臣工奏议》，第 18 页。
6 《天聪朝臣工奏议》，第 9 页。

# 论皇太极时期对明作战策略的演变

明万历十一年，努尔哈赤以祖、父遗甲十三副起兵，开始其统一女真各部的事业。1616 年，建国号曰后金，建元天命。天命三年，努尔哈赤以“七大恨”誓师伐明，从此明清间的战争日趋激化。天命十一年，努尔哈赤病逝，其子皇太极嗣后金汗位。努尔哈赤是清朝的开创者，皇太极则是奠基人。皇太极在位 17 年，是清朝开国的关键时期。崇德七年，皇太极发动著名的松锦决战，清军取得全胜，明军精锐主力丧失殆尽。顺治元年，清军入关，建立起存在于我国历史上 266 年的清王朝。

满族是我国多民族国家的成员，僻处赫图阿拉一隅的山峦之间，比汉族远为落后，人数更少。然而，经过短短的 20 多年的战斗，终于取明而代之。其发展如此之快，在历史上是罕见的。故其战略、策略，以及政治设施，颇为引人注目，清朝开国史也历来为治清史者重视。本文拟就皇太极伐明策略及其演变略申己见，以期从一个方面概述清朝开国过程，并就教于各位学人。

## 一　继承努尔哈赤遗志，强攻宁锦，期在必克

关于皇太极伐明策略及其前后的变化，有关的档案资料不少，结合其他史籍记载，大体上可以理出一条线索。

努尔哈赤在世时，皇太极为正白旗主旗贝勒，与大贝勒代善、二贝勒阿敏、三贝勒莽古尔泰，合称四大贝勒，“共理机务”。努尔哈赤命四人按月轮值，“国中一切机务，俱令值月贝勒掌理”[1]。

皇太极青年时代即驰骋疆场，“勇力绝伦，颇有战功，所部将率皆精锐”[2]，他参与了萨尔浒之战等一系列重大战役。萨尔浒之战时，朝鲜曾派兵一万助明，随东路刘铤一军合击赫图阿拉。皇太极与代善奋勇破敌，阵斩刘铤，朝鲜兵投降。从实践的经验中，皇太极形成了自己的战略方针，认为:“不可置朝鲜于后，而先为攻辽之计也。”[3]力主“不可置朝鲜而先攻辽东”[4]。所以他在即位之后，立即“分付先抢江东（朝鲜），以除根本之忧，次犯山海（关）、宁远等城”[5]。天聪元年正月，皇太极命阿敏、济尔哈朗、岳托等率后金军主力数万人，于十三日深夜突袭朝鲜义州城，十六日攻占平壤。朝鲜国王李倧避居江华岛，遣使求和，订立城下之盟。朝鲜以大量财物为和礼，双方约为兄弟之邦，以后每年输“岁币”于后金，朝鲜不得与后金为敌。但后金提出的朝鲜与明断绝一切关系往来的要求，却为朝鲜所拒绝。实际上朝鲜是以

1 《清太宗实录》卷五，第 3 页。

2　李民寏：《建州闻见录》，辽宁大学历史系印，第 45 页。

3　李民寏：《栅中日录》，辽宁大学历史系印，第 19 页。

4　李肯翊：《燃藜室记述选编》，辽宁大学历史系印，第 47 页。

5　吴晗辑：《朝鲜李朝实录中的中国史料》，第 9 册，第 3487 页。

后金的“强弱为向背”，仍然与明保持着密切的关系。

打败朝鲜，只是初步解决朝鲜问题，但却实现了皇太极作战方针的第一步。按照次第宁锦的作战计划，立即转旗东征。同年五月，皇太极亲率大军攻宁锦，集中全力“与吾深仇之明国”作战。

皇太极这时对明作战的目的与指导原则，仍然是继续努尔哈赤强攻宁锦，夺取全辽，进扣山海关大门的既定方针。而这一方针则是过高估计八旗劲旅的攻坚战斗力，奠基在骄满的基础之上的。

努尔哈赤于天命三年警师伐明，翌年取得萨尔浒之战的重大胜利，越二年（天命六年）攻占辽沈，辽东一百余城堡皆降，再陷广宁、义州，兵锋甚锐。后金军接连不断的胜利，助长了努尔哈赤的骄满，这也包括参与历次重大战役的皇太极在内，认为八旗劲旅所向无敌，攻无不克，夺取全辽，唾手可得，所谓“先皇帝席卷辽东，已成破竹之势”[1]。天命十一年正月，努尔哈赤以十三万之众，号称二十万，往攻宁远。后金军“前后相继，络绎不绝，莫测首尾，旌旗剑戟如林”[2]，根本不把宁远等城放在眼里。当其兵临城下，努尔哈赤放还所俘明人告袁崇焕等曰:“吾以兵二十万来攻，破之必矣。”[3]命令明军投降。殊不知遇到了明宁前道袁崇焕、总兵满桂、副将祖大寿的死守抵抗。袁崇焕等所守宁远城（今兴城），是孙承宗督辽时，由袁崇焕、孙元化规划兴建的。这是我国古代采用西方城堡的某些设计修建的第一座城池，它改变了我国方形城墙的传统，而在城之四角建筑敌台，形如四瓜，敌台上的炮火可以三面轰击，克服了方形城墙敌至城根而火器无法射击的死角，从而能够充分发挥火器的威力，达到“以台护铳，

1 《明清史料》甲编，第 1 本，第 48 页。
2 《清太祖实录》卷一〇，第 4 页。
3 《清太祖实录》卷〇，第 4 页。

以铳护城，以城护民”[1]的效果。明政府为了加强宁锦防线，召募澳门、葡萄牙炮师及来华的传教士制造红夷大炮，训练炮手。西洋红夷（衣）大炮远比明军原有的火炮精良，时人对其威力多有记载，如《明皇世法录》云："大铳长二丈余，中虚如四尺车轮，云发此可以洞石城，震数十里。”[2]《万历野获编》记载海战时夷人远距离施放红夷炮说："第见青烟一缕，此即应手糜烂，无声迹可寻，徐扬帆去，不折一镞，而官军死者无算。”[3]《明史·兵志》说："红衣炮长二丈余，重者三千斤，能洞裂石城，震数十里。”故明廷认为，红夷炮“乃歼虏灭夷第一神器”。天启年间，明政府调往山海关前线的红夷炮有十一门，宁远火器把总彭簪古就是由“澳夷”训练的。努尔哈赤以长于骑射、缺乏攻城火器的八旗劲旅猛攻用重炮设防的坚城，连续两日都未能攻下，反而遭到明军火炮的痛击，伤亡惨重，只得退兵。这是努尔哈赤自二十五岁起兵以来最大的一次失败，他对诸贝勒说："朕用兵以来，未有敢抗颜行者，袁崇焕何人，乃能尔耶！”[4]当年八月便郁愤而死。

由于八旗劲旅的战败和努尔哈赤之死，使皇太极“愤恨于心胸之间，必欲灭此而朝食，必计会兵而攻取”[5]。翌年，他率军再次攻宁锦，其战法仍然是努尔哈赤猛冲猛打的强攻，期在必克，而泄满腔之愤。然而，又失利，大怒，对诸将说："皇老太祖攻宁远不克，今我攻锦州，又未克，似此野战之兵，尚不能胜，其何以张我国威耶！”[6]其骄燥之态，真是如闻其声，如见其人。于是皇太极亲率侍卫及诸贝勒冲击，又遭明军炮火痛击。贝勒萨哈廉

1 《明熹宗实录》卷五。

2 《明皇世法录》卷八二。

3 《万历野获编》卷三〇。

4 《清史稿·太祖本记》。

5 《明清史料》甲编，第 1 本，第 48 页。

6 《清太宗实录》卷三，第 23 页。

等多人被创，又一次惨败而回。

## 二　在宁锦的两次挫败，一变而为深入内地“取其无备之城邑”

在宁锦的两次挫败，招致了重大伤亡，使八旗士卒锐气大伤，对重炮坚城谈虎色变。皇太极承认“我军年来，皆怯于攻城”[1]，形势迫使他不得不冷静地对待现实，他的结论是:“彼山海关、锦州防守甚坚，徒劳我师，攻之何益？惟当深入内地，取其无备城邑可也。”[2]从攻宁锦期在必克，“以张国威”，到“攻之无益”，表明皇太极吸取了两次惨败的教训，认识到以长于野战、缺乏攻城火器的八旗士卒，强攻用重炮设防的坚城，只能徒招损伤，万难取胜，即所谓“野地浪战，南朝万万不能，婴城固守，我国每每弗下”，因而“屡屡进征，屡屡不得长驱”。[3]而且，就明清双方总的力量对比而言，诚如一位汉官所指出:“南朝虽师老财匮，然以天下之全力，毕注于一隅之间，盖犹裕如也。”[4]统治着广大地区的明王朝，人力、物力、财力都是后金望尘莫及的。后金要在短期内给明王朝以致命的打击，其力量也是不足的。因此，皇太极放弃了强攻宁锦、从正面打开山海关大门的作战方针，从而有对明战略的第一次演变。这就是绕开宁锦坚城，毁边墙入内地，深入明境，“取其无备之城可也”。

天聪三年十月，皇太极率大军并集蒙古诸部，由归附后金的蒙古带路，从龙井关、大安口斩关毁边墙，第一次攻入明境。这

---

1 《清太宗实录》卷五，第 33 页。

2 《清太宗实录》卷六，第 19 页。

3 《明清史料》甲编，第 1 本，第 48 页。

4 《明清史料》甲编，第 1 本，第 48 页。

是前所未有的脱离后方的大胆的军事行动，有被明军自后堵截、难以返回的危险。因此，大贝勒代善、三贝勒莽古尔泰始则执意不从，皇太极的伐明决策几乎被阻。在济尔哈朗、岳托、萨哈廉等诸贝勒的支持下，皇太极大胆实施自己的战略意图，后金军各路破关会集于遵化。十一月初三，八旗各按方位猛攻，克其城。对经过艰险取得的第一个胜利，皇太极甚感欣慰，谕诸将曰："朕与尔等经历险远，艰苦至此，已蒙天佑，克奏肤功。"[1]于是后金军进逼北京，蹂躏京畿各州县，复于天聪四年正月攻占永平、迁安、滦州等城。皇太极决定巩固已占的永平等四城，在关内打进一颗钉子，以为据点，对诸将说："天赐我机也，岂可弃之而去！"[2]又复于致明帝崇祯书中云："天既假我以机，我奈何弃之而去？我将于天所与之地，耕屯以守。"[3]于是令贝勒济尔哈朗、萨哈廉率兵万人镇守永平，察哈剌、范文程守遵化，固山额真纳穆泰、图尔格守滦州，鲍承先、白格守迁安。皇太极命令诸将"凡所举动，务求万全"，采取各种措施，在永平等城建立起后金的统治。二月，皇太极班师，临行，谕诸将曰："明之土地天已与我，是其民既我民也……镇守诸贝勒众臣，宜严饬我国军士，毋侵害归顺之民。"[4]皇太极在关内建立此据点，其目的一是使"八府之民岂能安意耕种？纵得耕种，知为谁收获也"[5]。对京东各州县可以随时袭击骚掠，使其不得安生；同时，以大兵向西，可威胁北京，向东则使山海关及关外八城处于被夹击的态势。总之，将使明政府和明军处于困境。济尔哈朗、萨哈廉等锐意贯彻皇太极的意图，在永平府属各州县建立起统治机构，整顿秩序。三月，皇

1 《清太宗实录》卷五，第 35 页。
2 《清太宗实录》卷六，第 19 页。
3 《清太宗实录》卷六，第 22 页。
4 《清太宗实录》卷六，第 24 页。
5 《清太宗实录》卷六，第 22 页。

太极为加强镇守永平等城的力量，命留守沈阳的二贝勒阿敏、贝勒硕托率军往代济尔哈朗等。阿敏入城即颁示谕云："我兵久留于此，意在养民，以成大业。尔等妄意谓我将返，且间有不剃发之人，是不知兴师之意也……绅衿贤能之人，若输诚来谒，自当叙录，嗣后国家底定，皆可立功邀赏也。"[1]这一谕示，重申了绝不返旌，且意在招徕。自然，明廷绝不能让后金在北京与山海关之间建此据点，急调华州监军道张春、四川监纪官邱尔嘉、锦州总兵祖大寿、山西总兵马世龙、山东总兵杨绍基等各路大军，组织反攻。明军以红衣炮首先攻打滦州，守将纳穆泰、图尔格力不能支，阿敏怯不往援。后金军弃滦州，奔永平。阿敏大惊，屠永平城，不战出冷口而归，并令遵化守将突围返沈阳。皇太极因失已得四城，"感伤堕泪，大小诸臣，见之无不流涕"[2]。于是将阿敏幽禁。皇太极"夺其无备之城"，在关内建立据点的战略意图又遭挫败，使他一时陷入无所适从之中。经过探索，于是对明战略再一次演变，这就是蹂躏明境土地人民，实行残毁方针。

## 三　"得其城而不能保"，再变而为对明境土地、人民实行蹂躏、残毁方针

永平等四城得而复失，说明了后金军在未打开山海关大门之前，要在关内站稳阵脚，守住已得之城，是不可能的。即所谓："年来我兵内入，累次破城获捷，而不得坐守其地者，皆因关门阻隔，首尾难顾。是以得其城而不能保。"[3]既然关外八城明军防守甚坚，后金军无力攻破，入内地又得其城而不能保，而后如何对

1 《清太宗实录》卷六，第 27 页。

2 《清太宗实录》卷七，第 10 页。

3 《盛忠奏陈攻取山海关外八城策略事本》，《历史档案》1982 年第 2 期，第 32 页。

明作战？皇太极一时陷于困境。而明军从多次的失败中深知骑射野战乃后金军之所长，因此也不敢贸然离开城堡的依托，向后金军发起大规模进攻。双方战事暂时陷入沉寂状态。明军拟步步为营，修筑城堡，进逼后金。

后金弃守永平等四城，明军首先围攻滦州。守将正黄旗固山额真纳穆泰和图尔格，本是善战骁将，援兵数百人强行进击，突入滦州。滦州的失守是因为明军以红衣炮轰击，毁城垛，城楼一片火海，“万人敌（红夷炮）最难抵挡”。纳穆泰等不及敌众，仓促突围，溃不成军，被歼者数百人，被俘者甚众。后金军弃永平，又遭明军从后掩袭，再受重大损失。后金军由于缺少大炮，既不能攻坚，又不能固守已得之城，皇太极决心造炮。天聪五年正月，后金军造红衣大炮成功。

天聪五年四月，皇太极与大贝勒代善分析后金的处境时说：“今汉人、蒙古、朝鲜，与我四境通处，素皆不协，且何国不受讨于我？积衅既深，辄相窥伺。”[1]他深感后金处于各方敌对势力的包围之中。同年，祖大寿由锦州向前推进，再筑大凌河城，向后金进逼。皇太极深感不安，对诸将说：“今不事征讨，坐视汉人开疆拓土，修建城廓，缮治甲兵，使其完备，我等岂能安处耶？是以不惜财帛，及与朝鲜通市所得货物，尽与蒙古，易其马匹，兴师致讨。”[2]于是发动了大凌河之战，为的是打破明军的进逼，并为而后夺取宁锦扫清道路。因此，大凌河之战虽然是皇太极所发动，实际上则是被动应战。

天聪六年，皇太极率军征讨林丹汗。林丹汗西奔青海，于是“复定议征明”，后金军掠宣府、大同一带。这次入明境，并非事先计划的军事行动，故阿济格说：“揆之出师初意，似不相

1 《清太宗实录》卷九，第9页。

2 《清太宗实录》卷九，第18页。

符矣。”[1] 这一事实表明，直到天聪六年，后金军而后应如何对明作战，皇太极还不是胸有成竹。故天聪七年六月，皇太极以“征讨明国，及朝鲜、察哈察，三者用兵何先”征询诸将意见，命诸贝勒大臣各抒己见奏陈。这是后金军关于战略决策的一次极为重要的大讨论，所有带兵主要将领均发表意见。经过讨论，后金军高级将领统一了认识。各人所说要点摘录如下：

贝勒济尔哈朗言：朝鲜“不必往征。至于明，乃吾敌国，宜养兵深入其境，焚其庐舍，取其财物，因粮于敌，此制胜之策也”。

贝勒阿济格云：“命贝勒将帅，率马步大军进边，边内人民财物稼禾，应杀者杀之，应取者取之，应蹂躏者蹂躏之。”

贝勒多尔衮曰：“今春宜整顿兵马，乘谷熟之时，入边围困燕京，残毁其屯堡诸物，为久驻之计，可坐而待其毙也。”

贝勒多铎有言：“臣愚以为宜直入长城，庶可餍士卒之心，亦可合皇上长久之计。”

贝勒杜度奏言：“如察哈尔败遁，即深入明境。”

贝勒岳托奏言：“于明山海关、通州、燕京三处，先图其一，以主丕基。”

贝勒萨哈廉奏云：“皇上与诸贝勒，率精骑直入，往来袭击，急所俘获，籍之以还。”然后，“仍从故道而入，断燕京四面之路，相度地形，及被积储之地，夺而据之，坚守勿归，二三年中，乘机伺便，纵兵奋击，有不大勋克集者乎？”

贝勒豪格奏言：“今宜尽率我众，及边外新旧蒙古兵，从旧道而入，各处纵火攻略……往侦流贼情形，彼方分师捍御。我伺其懈怠，乘夜袭之，事必可图也。”

贝勒阿巴泰奏言：“择诸贝勒将帅，分八路驰入，驻军内地。”

1 《清太宗实录》卷一四，第 19 页。

固山额真扬古利奏言:“臣意宜先率外藩蒙古，及本国兵，宜入内地，焚燕京周围庐舍，敌出则杀之，蹂躏其粮草牲畜财物，任我兵所取而回。”

其他各固山额真如叶臣、篇古等无不主张“径入内地，视其城有可取者则取之。如不可取，则戕其人民，焚其庐舍，以蹂躏之”[1]。

这次战略决策讨论，人人主张先征明国，强调再不能耽延岁月，使敌人有所防备。认为“先年怠慢，延至今日”，“按兵不动”乃是坐失良机，一致主张“亟当深入其境”，蹂躏明境土地人民，以饱士卒之欲。这就是多尔衮所概括的“残毁其屯堡诸物”的作战方针，其最终战略目标则是削弱明，“坐待其毙”，取明代之，即所谓“以图大业”，“有不大勋克集者乎!”于是深入内地，对明境土地人民财物实行“残毁”“蹂躏”的作战方针，成为后金军的指导原则，皇太极排除了固守关内已克之城的建议。后金军不久留内地，每次作战达到以上任务之后，即斩关而出边，返回沈阳。

天聪八年五月二十二日，皇太极率领十万大军征明，先进入漠南地区，征调蒙古诸部。六月下旬，当后金兵接近长城时，皇太极兵分四路进关：命贝勒德格类等人率领两蓝旗人独石口，侦视居庸关，会大军于朔州（山西朔县）；命大贝勒代善等人率领两红旗进得胜堡，往掠大同（山西大同）一带，约于朔州会兵；命贝勒阿济格等人率领两白旗破龙门，会师于宣化府（河北宣化）；他自领两黄旗和汉军从尚方堡进关，由宣化趋朔州，并且议定七月八日各路大军俱毁边墙入关。以上后金的军事行动，明王朝一无所知，直到“奴四路纷来，至墙下而始觉”[2]。于是守边将领惊慌失措，纷纷上书请援，京师为之震动。

---

1 《清太宗实录》卷一四，第18~28页。

2 《兵部呈为张凤翼题参侦御全疏之边臣事本》，《历史档案》1982年第2期，第4页。

七月七日，皇太极派遣贝勒豪格等人率兵前往尚方堡拆毁边墙。八日，他亲领三万大军入尚方堡，分道而进，纵掠至宣化府右卫，以书责明守臣负盟之罪，仍谕其遣使议和。是日，贝勒阿济格攻打龙门。九日，阿济格如约与皇太极会兵宣化。十一日，皇太极命阿济格领兵掠保安州（河北涿鹿）、延庆州（北京延庆）等地，威胁京师。十二日，皇太极进兵新城（河北新城）。十三日，他领兵至东城，致明代王书，复约其遣使议和。大贝勒代善等人率领的西路大军入边占领得胜堡，接着攻怀仁（山西怀仁）、取井坪（山西平鲁），遂至朔州。二十二日，皇太极领兵围攻应州（山西应县），令代善等人率军赴马邑驻扎，阻御明援兵。二十六日，阿济格等人进兵保安州，攻克其城，杀其守备，掠取沿途村堡，到应州与皇太极合兵攻城。二十八日，贝勒德格类率领的东路大军入独石口，取长安岭，攻赤城（河北赤城），至应州会师。

八月二日，皇太极命令诸将率领各路人马进攻代州（山西代县），此时左翼贝勒多尔衮等人往掠朔州城东，至五台山而还；右翼贝勒萨哈廉等往掠代州城西，并攻占崞县、原平驿等地。十三日，皇太极自应州启行，向大同府（山西大同）进发。十五日，各路大军在大同城下会师，皇太极遣书大同守将总兵曹文诏，令赞和议，遭到曹文诏的拒绝，因此下令攻城，数日不下。十九日，皇太极弃大同，攻怀远。三十日，后金兵进驻左卫。闰八月四日，皇太极攻占万全左卫（河北万全）。七日，班师出边。九月十九日，回到沈阳。

这次皇太极统率八旗精锐进关，历时三个多月，兵锋及于今北京延庆、河北宣化、山西大同等四十余州县，所到之处“禾稼尽蹂躏，庐舍尽焚毁，台堡之人，俘斩甚众，迂哨卒辄击败之，军威丕振”[1]。如人口稠密、商贾辐辏、以富庶著称的保安州，一

1 《清太宗实录》卷二〇，第7页。

朝残破，屠戮最惨，据目击者说："死者遍野尸横，井中各皆填满，秽污之气难闻。""城内死尸腐烂盈街"，"军民房舍十止存一"，"州库尽遭虏劫，并无钱粮"[1]。明兵部奏报说："盖狡贼（指后金军）用兵最毒，倏忽旅至，东西分掠。"[2]因而"军民妇女尽行掳杀，仓粮房屋城楼抢毁一空"[3]，令人"惊惨酸心"。

皇太极改号称帝后，于崇德元年五月二十七日命武英郡王阿济格、饶馀贝勒阿巴泰等人率领八万精骑再次征明，并在翔凤阁召见他们，面授方略，明确指出入关后不要攻坚恋战，"如欲进攻，度可取则取，不可取则勿取"[4]。三十日，阿济格率兵离开沈阳，取道内蒙。六月二十七日，清兵进抵长城脚下，然后分兵由巴颜德木、坤都和大巴颜三路入边，攻占雕鹗堡、长安岭二城。七月六日，在延庆州会兵。明廷十分惊恐，"诏诸镇星驰入援，京师戒严"[5]。七日，阿济格等人领兵由居庸关入长城。十七日，清兵占领昌平，明总兵巢丕昌投降，户部主事王桂、赵悦，判官王禹佐、胡惟宏等皆被杀。有一股清军深入到西直门一带，崇祯皇帝大惊，"命文武大臣分守都门"[6]，又一次传檄各镇入京勤王。然而清兵无意攻打北京，便战房山，薄涿州，越保安至安州，克定兴（河北定兴）、安肃（河北徐水）、宝坻（河北宝坻）、东安（河北东安）、顺义（北京顺义）、容城（河北容城）、文安（河北文安）等县。这次清军入关时经一个多月，"遍蹂畿内，

1 《兵部为报后金兵攻破保安城情形事咨行稿》，《历史档案》1982年第3期，第12页。

2 《兵部为报宣府城郊与后金兵战斗情形事题行稿》，《历史档案》1982年第2期，第19页。

3 《兵部为报后金兵进攻保安等地情形事题行稿》，《历史档案》1982年第2期，第13页。

4 《清太宗实录》卷一九，第12页。

5 夏燮：《明通鉴》卷八五。

6 《明崇祯实录》卷九。

攻略城堡”[1]，前后共破十二城，直至九月二十八日阿济格等人班师回到盛京，皇太极带领诸贝勒大臣出城十里，设宴相迎。

崇德三年八月二十三日，皇太极派兵又一次入关伐明，命睿亲王多尔衮为奉命大将军，贝勒豪格、阿巴泰副之，统左翼；贝勒岳托为扬武大将军，贝勒杜度副之，统右翼，分两路进兵。九月二十二日，岳托率领右翼从墙子岭入边。二十八日，多尔衮率领左翼由青山关进关。明总兵吴国俊战败，退守密云。清兵越迁安，攻丰润，十月初两翼大军在通州河西会师，绕经北京，进抵涿州（河北涿县），分兵八道，一道沿太行山下，一道沿运河东进，其余六道布于山河之间纵兵深入。清军接连攻克真定、衡水、武邑、枣强、鸡泽、文安、霸州、阜城、威县、顺德、广平等地。因此“燕京迤西千里内六府俱已蹂躏”[2]。崇德四年正月，多尔衮、杜度等率领清军越德州渡过运河，历临清，分道一趋高唐，一趋济宁，合军会攻济南。城破，明德王被执。二月，清兵经天津、迁安，出青山关。三月二十八日，多尔衮等班师还盛京。

以上皇太极三次兴兵进关征明，其目的不是夺城占地，而是为了消耗明的实力，“不攻城池，只在各村堡抢掠”[3]。据史料记载，天聪七年以后，第一次（天聪八年）入关，“获牲畜无算”，派人“运载军中所俘获还京”[4]；第二次（崇德元年）掠夺人畜十七万九千八百二十[5]；第三次（崇德三年）俘获人口四十六万二千三百，黄金四千零三十九两，白银九十七万七千四百零六两[6]。这种入关骚扰和掠夺，对财力和人力不足的清来说，实则是以战养战。

---

1 《明史纪事本末补遗》卷六，《东兵入口》。

2 《清太宗实录》卷四五，第 22 页。

3 中国第一历史档案馆：《明档》第 201 号，卷第 11 号。

4 《清太宗实录》卷二〇，第 7、12 页。

5 《清太宗实录》卷三三，第 2 页。

6 《清太宗实录》卷四五，第 23 页。

皇太极对明施行蹂躏残毁的方针，达到了削弱明的战略目的。夏允彝记述说："东夷（清）一入山西、一入宣府，而锋之入，直走青、徐，及淮而上，所至屠掠一空，祸为至剧。……国力耗竭，而事不可为矣。"[1]同时如火如荼的明末农民战争，更使明廷智穷力尽，面对着"胡虏纵横贼（农民起义军）更剧"的局面，明帝皇冠落地的厄运已是不可避免的了。富于谋略、在政治上又十分敏锐的皇太极，及时把握住时机，于是有对明作战策略的又一次转变。这就是在松锦一线发动决战，打开山海关大门，使清军能长驱直入关内，而无关门阻隔，首尾难顾之忧，问鼎中原，夺取全国政权。因此，从崇德三年十月起，皇太极便逐渐把清军作战的着重点转移到宁锦一线，明清间著名的松锦决战迫在眉睫了。

## 四　"我国强盛若此，南朝弱败如彼"，皇太极决心与明决战——松锦之战

皇太极对明施行残毁、蹂躏方针，最终目的是要夺取全国政权。可是清军几次入关，"不得明尺寸地，皆由山海关阻隔"[2]，进退失据，未能灭明。崇德三年十二月，镶红旗甲喇章京段学孔上书说："恭维皇上圣明神武，东荡西除，自朝鲜以及诸蒙古悉归版籍；天命有归已可见矣。但不得遂意中原者，盖以关门之未开耳。关门未开，盖以关外之八城未得耳。"[3]明在宁锦的坚固防线及山海关，是清逐鹿中原的最大障碍，只有先夺取宁锦八城，打开山海关大门，皇太极才能得志于中原。这时，明清双方力量的对比业已发生了重大的变化。天聪九年，察哈尔林丹汗死后，其

1　夏允彝：《幸存录》。

2　魏源：《圣武记》卷一，《开国龙兴记》。

3《段学孔奏陈攻取关外八城方略事本》，《历史档案》1982 年第 2 期，第 33 页。

子额哲投降。后金统一了漠南蒙古。崇德元年，皇太极率军第二次打败朝鲜，剪除了明在关外的两翼。随后完成了蒙古八旗的建置，军事实力大大加强。皇太极说："今为敌者，惟明国耳。"[1]皇太极已无后顾之忧，君权业已加强，统治机构日臻完善，下一步就是专力对明作战了。而明廷却处于内外交困之中，正如清臣僚所说："我国强盛若此，南朝弱败如彼，岂有许和之理！"[2]因此，他适时地改变了对明斗争的策略，由原先避开明重兵驻守的宁锦防线，入内地蹂躏残毁明境土地人民，转而强攻宁锦，夺取山海关，直取北京，建立清王朝的作战方略。

皇太极十分清楚要想实现这个新的作战方略，首先"非先取关外四城不可"[3]，锦州则为关外四城的首冲，当是清军进攻的主要打击目标。可是，明朝自萨尔浒大战失败后，在辽东从进攻转为防守，采取以守为攻的策略，大力修建辽西诸城，构成了既能独立自守，又可相互支援的宁锦防线。锦州则是整个防御体系中的一个战略重镇，担负着保卫山海关、拱卫京师的重任。所以锦州就成了明清双方必争之地，从而导致著名的松锦决战的爆发。

这年二月十四日，皇太极首先发动进攻，"倾众犯辽。多载炮火，大攻松山"[4]。松山位于锦州南十八里，"界在锦、杏（即杏山城），关系最要"[5]。因此，皇太极意在"克松、断宁、锦咽喉"[6]，"以摇撼八城"，使锦州明军孤立无援，坐以待毙。二十日，皇太极

---

1 《清太宗实录》卷二〇，第37页。

2 《张存仁奏陈攻取山海关锦州北京等处机宜事本》，《历史档案》1982年第2期，第30页。

3 魏源：《圣武记》卷一，《开国龙兴记》。

4 《兵部呈为高起潜题松山防卫获胜事本》，《历史档案》1981年第2期，第5页。

5 《兵部呈为高起潜题清兵围攻松城应星夜驰援本》，《历史档案》1981年第2期，第6页。

6 《兵部呈办方一藻题松山孤城获全民心屹固事本》，《历史档案》1981年第2期，第4页。

率领清军进抵松山城下，在松山南台下扎营七处。二十二日，清军攻占松山城外三处楼台，扫清了松山外围据点。二十三日，清军乘夜偷袭，在南关厢墙下扒开三十七处，架设大炮三十七门。

二十四日，清军用大炮猛烈轰城，“轰打二日，昼夜不绝，城垛尽坏”[1]。二十六日，清军攻打松山城，“架台梯木，四面齐攻，竖梯上城”[2]，却遭到守城军民的英勇抵抗，“各用枪炮、火罐、长枪、弓箭、铡刀齐力砍打四阵”，结果清军死伤一千七百多人[3]。二十八日，清军又发动强攻，被松山明军“用枪炮打退”[4]，伤亡惨重。

皇太极不甘心失败，一方面派人回沈阳调兵遣将，取运大炮二十七门，炮弹一万发，火药五百斛；另一方面激励士气，宣布“此松山城，有能穴地以炮药崩溃之者，城破时为首效力，及运送火药之人，无主者赏而授之以官，奴仆则赏以人牛，准离其主；其指示督率官员，照先登大城例升赏。协同穴城兵丁，视其出力多少，以资赏赉”[5]。虽然采取以上措施，发动多次进攻，但因松山明军“防守甚严”，清军“力不得逞，亦无能为”[6]。直到四月中旬，只好罢兵退回沈阳。

松山初战，皇太极原以为依恃业已壮大的炮兵，强攻夺城，可一举而克，殊不知又遭挫败。明军欢呼“殆二十年来关外未有此挫虏者”[7]。皇太极再一次重蹈在宁锦冒进浪战的覆辙后，便同

---

1 《兵部呈为高起潜题松山防卫获胜事本》，《历史档案》1981 年第 2 期，第 5 页。
2 《兵部呈为高起潜题松山防卫获胜事本》，《历史档案》1981 年第 2 期，第 5 页。
3 《兵部呈为高起潜题松山防卫获胜事本》，《历史档案》1981 年第 2 期，第 5 页。
4 《兵部呈为高起潜题松山防卫获胜事本》，《历史档案》1981 年第 2 期，第 5 页。
5 《清太宗实录》卷四五，第 21 页。
6 《兵部呈为方一藻题松山孤城获全民心屹固事本》，《历史档案》1981 年第 2 期，第 4 页。
7 《兵部呈为方一藻题松山孤城获全民心屹固事本》，《历史档案》1981 年第 2 期，第 4 页。

诸贝勒大臣商讨对策。崇德五年正月，都察院参政祖可法、张存仁等人上奏，提出上中下三策：上策“刺心之著”，即攻打北京；中策“断喉之著”，即取山海关；下策“剪枝伐树之著”，即占领宁锦诸城。[1]皇太极虽然原则上接受了他们的建议，但是认为这三策并非孤立，而是相互联系的，必须分阶段、有步骤地先关外后关内方能灭明。因此，作战重点仍要先夺取宁锦八城。他吸取了大凌河围点打援取胜的经验，和此次强攻松山和永平孤军深入失败的教训，不再操之过急，反对急功近利，确立了“由远渐近，重围锦州”[2]的战术。

皇太极为了贯彻执行“围锦逼降”的战术，是年三月命济尔哈朗、多铎等人领兵修筑义州城，并“驻扎屯田，令明山海关外宁锦地方不得耕种”[3]，作为围攻锦州的前线指挥所和粮草供给地。清军仅用了一个多月的时间，“修城筑室，俱已完备，义州东西四十里地，皆已开垦”[4]。对此明宁锦官兵十分惊恐，辽东总兵刘肇期奏称：“窃照奴屯义州几及一月，不进不退，不掠不攻。屡据回乡口称，节凭前锋哨报，谓奴盘旋义州，开垦种田，往来山中。采取木植，一图盖房，一图耕食，其为久踞之计无疑矣。且以哨马特扰松、锦，断我樵薪，又以游骑尝突海隅，梗我粮道，其为困我之计又无疑矣。奴一日不去，则辽一日受危。”[5]总兵吴三桂也说：“奴屯种义州，裹粮载炮，采木盖房，计图久往，此二十年以未经见之举。越月以来，未敢过我松、锦者，正深耕广垦，饲马蓄锐。奴则以逸待劳，我则反

1 《清太宗实录》卷五〇，第 14~16 页。

2 《清三朝实录采要》卷八。

3 《清太宗实录》卷五〇，第 12 页。

4 《清太宗实录》卷五一，第 20 页。

5 《兵部为辽东署总兵官刘肇期奏报战守机宜事行稿》，《历史档案》1985 年第 1 期，第 4 页。

主为客。”[1]因此，明廷对清军在义州修城屯田一事极为重视，命令明军加强宁、锦诸城的防守。

双方相持，战云密布。皇太极的重要谋臣都察院参政张存仁上书说：“臣观今日情势，围困锦州之计，实出万全。但略地易以得利，而围城难以见功，必须旷日持久，将士不无苦难懈怠之心，愿皇上鼓励三军之气，坚持围困之策，截彼侦探，禁我逃亡，远不过一岁，近不过数月，自有可乘机会。……伏愿皇上以屯种为本，时率精锐，直抵锦城，布令于蒙古，以为间谍之计，再多擒土人兵卒，广布招抚敕谕，探祖帅（即祖大寿）心事以招之。体文士性情以安之……此攻心之策，得人得地之术也。”[2]皇太极对张存仁关于围困锦州的献策，十分赞同，从而增强了“围锦逼降”的信心和决心。于是五月中旬，皇太极来到义州前线，亲自布署清军围困锦州。首先派兵清除锦州外围的明军墩台，使锦州守军失去传递消息的耳目和堵御清军的据点；同时令军卒尽刈锦州四郊的庄稼，以断绝锦州城的粮食。命睿亲王多尔衮为锦州前线总指挥，加强包围锦州城。并谕“将两翼兵暂行分驻，一断敌往来之路，一投诚人可乘便而来，一我兵易于收获，弗为敌乘间窃刈，其已收粮草，择坚固两处存贮”[3]。可是，多尔衮没有认真执行皇太极牢牢围困锦州的作战方案，却私自下令每牛录甲兵三人还家一次，后来又允许每牛甲兵五人、每旗章京一人还家一次。还任意把围困锦州的清军后撤三十里驻营。因此，锦州前线军心浮动，明军乘机运粮入城坚守。皇太极得知后“大怒曰：‘原令由远渐近，围逼锦州以困之，今离城远驻，敌必多运粮草入城，彼此相

1 《兵部为团练总兵官吴三桂题战守大略事行稿》，《历史档案》1985年第1期，第7页。

2 《清太宗实录》卷五一，第18~19页。

3 蒋良骐：《东华录》卷三。

持，稽延月日，何时能得锦州耶？'"[1]并以“不能防塞之罪”[2]免去多尔衮的职务，降为郡王，罚银一万两，夺两牛录户口，其他有牵连的将领也受到不同程度的惩罚。

崇德六年三月，皇太极命郑亲王济尔哈朗为锦州前线总指挥。济尔哈朗来到以后，比较好地贯彻了皇太极围困锦州的作战意图：一是亲率四万余骑离锦州城五六里处驻营，在锦州城外“每面立八营，营深壕，沿壕筑垛口，两旗之间，复浚长壕，近城设逻卒哨探”[3]；二是遣人做锦州城内蒙古兵的策反工作，结果诺木齐、吴巴什等人归降，约为内应，清军攻占外城，迫使明兵退入内城；三是调集几十门大炮，不断向锦州城内轰击，使明军陷于紧张混乱之中。这样一来锦州危在旦夕，形势十分紧急。

明锦州守将祖大寿在“锦州被围，填壕毁堑，声援断绝”[4]的情况下，派人向明廷求救。崇祯皇帝得知锦州告急，便命蓟辽总督洪承畴率领王朴、杨国柱、唐通、白广恩、曹变蛟、马科、王廷臣、吴三桂八总兵及副将以下官员二百余名，步骑十三万火速驰援锦州。洪承畴领兵集驻宁远，不敢冒进，到了五月方派遣一支明军进抵松山。这时郑亲王济尔哈朗得悉明军已到松山，便率领清军迎战，“令右翼兵击之，失利。山顶立寨，两红旗、镶蓝旗三旗驻营之地，为敌所夺”[5]，“人马中伤者甚多”[6]。因此，皇太极认为“右翼山营被夺，损伤士卒，皆郑亲王指挥失律之故”[7]，故把济尔哈朗去职，命多尔衮接替。

1 《清太宗实录》卷五五，第 4~5 页。
2 《沈阳状启》辛已年 3 月 23 日。
3 蒋良骐：《东华录》卷三。
4 《明史》卷二六一，《丘民仰传》。
5 《清太宗实录》卷五六，第 14 页。
6 《太宗文皇帝日录残卷》，崇德六年六月乙酉。
7 《清太宗实录》卷五六，第 15 页。

与此同时，在明朝统治阶级内部，对如何解锦州之围，则有两种不同意见，一种是以兵部尚书陈新甲为首的一批京官，认为“兵多饷难”[1]，主张速战；另一种是以蓟辽总督洪承畴为代表的关外将领，认为“众寡不敌”，主张“且战且守”。崇祯皇帝支持陈新甲等人的意见，“遂不用承畴持久之计”[2]，便几次传旨催战。因此，洪承畴迫于崇祯旨意，七月二十六日在宁远誓师，二十八日率明军进抵锦州城南乳峰山一带，“立车营，环以木城，部署略定，建州兵大骇”[3]。睿郡王多尔衮率军“直冲汉阵，不利而退，清人兵马死伤甚多”[4]，于是清军“退六十里，分守各隘，上疏请兵”[5]。皇太极得知“锦之围住之兵，势不能当，急报请救”[6]的消息，便于八月十四日“悉索沈中人丁，西赴锦州”[7]。十九日，皇太极率军到达锦州前线，召开军事会议，商讨打击明军之策，清军“勇气倍增”[8]。然后，皇太极率领诸贝勒大臣登松山察看地形，“横窥洪阵之久，见大众集前，后队颇疏，猛省曰：‘此阵有前权而无后守，可破也。’”[9]他一方面加紧围困锦州，阻止洪承畴与祖大寿合营共拒清军；另一方面陈师于松山、杏山之间，“从王宝山、壮镇台、塞儿山、长岭山、刘喜屯、向阴屯、灰窑山至南海口等处下营，各处挖壕断绝松山要路”[10]，把明军紧紧包围在乳峰山下。

1 《锦州县志》卷一四，宦绩。
2 谷应泰：《明史纪事本末补遗》卷五，《锦宁战守》。
3 谷应泰：《明史纪事本末补遗》卷五，《锦宁战守》。
4 吴晗辑：《朝鲜李朝实录中的中国史料》九，第 3687 页。
5 计六奇：《明季北略》卷一八，《洪承畴降大清》。
6 《沈阳日记》，辛巳八月西行日记。
7 吴晗辑：《朝鲜李朝实录中的中国史料》九，第 3686 页。
8 《清太宗实录》卷五七，第 20 页。
9 计六奇：《明季北略》卷一八，《洪承畴降大清》。
10 《明清史料》乙编，第 4 本，兵部题行《宁前道石凤台塘报》。

皇太极围锦打援的战术，使洪承畴率领的明军由主动转为被动，陷入清军四面包围和南北夹击之中。二十日，明军进击清营，清军追击，遇伏遭败。明军另有一队人马约千余人突围走杏山，清英王阿济格追之不及，前往攻明屯粮的笔架山，尽夺明军军粮。明军丢失粮仓，退路又被截断，故“汉兵初势极壮，用兵亦奇，乃以无粮……气挫势穷”[1]。因此，洪承畴放弃援救锦州之围，决定二十一日初更突围南逃。皇太极已经料到，做了周密的布署，他对众将说：“今夜敌必遁，我左翼四旗护军可至右翼汛地排列，右翼四旗护军及骑兵、蒙古兵前锋俱比翼排列。直抵海边，各固守汛地，敌兵之遁者有百人则以百人追之，有千人则以千人追之，如敌兵众多，则蹑后追击，直抵塔山。”[2]洪承畴的逃跑计划涣散和动摇了军心，“于是诸将各怀去志，议不一”，还没有到全军约定的突围时间，总兵王朴“怯甚，已先遁”，结果造成“各师争驰，马步自相蹂践，弓甲遍野，遥望火光，谓敌兵在前，走还遇伏大溃”[3]。洪承畴带领一万多残兵败将，被迫退入松山城；王朴、吴三桂二人仅以身免，逃往宁远。这次战斗，清军共斩杀明军五万三千七百八十余人，获马七千四百四十四匹，甲胄九千三百四十六件，另外投海死亡及损失马匹盔甲也数以万计。

皇太极粉碎明军突围南逃的计划后，便采取措施加紧对松锦的围困，尤其是洪承畴所在的松山城，据明将汪镇东奏称：“奴挖地为壕，壕上有椿，椿上有绳，绳上有铃，铃边有犬。”[4]因此洪承畴几次突围未成，最后在“转饷路绝，阖城食尽”[5]的情况下，松山副将夏成德派人密约降清，许为内应。崇德七年二月十八日，

1 《沈阳日记》，第 413 页。

2 《太宗皇帝大破明师于松山之战书事文》（满汉合璧本）。

3 谷应泰：《明史纪事本末补遗》卷五，《锦宁战守》。

4 《明清史料》乙编，第 4 本，兵部题《御前发下原任宁夏镇标参谋汪镇东奏稿》。

5 夏燮：《明通鉴》卷八八。

清军攻占松山，洪承畴等人被俘，送往沈阳。然后皇太极又调集重兵围攻锦州，“明援兵俱绝，城内粮尽，人相食。祖大寿战守计穷，又闻松山已失，遣使诣郑亲王、睿郡王约降，许之”[1]，三月十日祖大寿献城降清。四月二十五日，清军进攻杏山，明军开城投降。至此，松锦大战以清胜明败而告终，从此明在关外的精锐丧失已尽，再无力抵抗清军，而清控制了辽东与关内之间重要战略走廊，打开了通向中原的门户，所以皇太极十分自信地说，自此“取燕京如伐大树，须先从两旁斫削，则大树自仆。朕今不取关外四城，岂能即克山海？今明国精兵已尽，我兵四周纵略。彼国势日衰，我兵力日强。从此燕京可得矣”[2]。

皇太极即位以后，从总体来看是承袭了其父努尔哈赤要消灭明王朝、入主中原的既定方针。但是，如何实现这个总的战略方针，皇太极却能从实战中吸取失败的教训和取胜的经验，与诸将集议不断及时改变作战重点及策略，终于取得了松锦决战的胜利，歼灭了明军精锐主力。明军精锐丧失，也削弱了明廷镇压农民军的力量，加速其覆亡。因此，松锦之战对明清双方来说都是生死存亡一战，清军的胜利为其入关夺取全国政权，建立清王朝奠定了坚实基础。这里还需要补充一点的是，在皇太极对明采取残毁作战方针时，还在政治上辅以“讲和”的欺骗策略，由于篇幅关系，不再赘述。

1 《太宗皇帝大破明师于松山之战书事文》（满汉合璧本）。

2 《清太宗实录》卷六二，第 14~15 页。

# 皇太极研究中的几个问题

努尔哈赤是清朝的开创者，皇太极则是奠基人。毫无疑问，皇太极是应充分予以肯定的历史人物。其历史业绩，已有不少文章论及，或综论，或专论某一方面。然而，一些颇为关键的问题，似应作进一步的探讨。

## 一 关于对明策略的改变

《明清史料》甲编第一本，载有《天聪二年奏本》档案一件，未署作者姓名。《奏本》中提出："我国（清）处南朝（明）之大计，惟讲和与自固二策而已。"[1] 这是皇太极即位后的基本方针。有的论者认为，这一方针的确定，改变了努尔哈赤以"七大恨"誓师以来的一贯伐明政策，因而皇太极与明讲和是不乏一定诚意的。其所以如此，是因为当时后金所处的内外形势使然。就内部形势而言，汉人的逃亡尤其严重，反抗之事时有发生，民族矛盾和阶级矛盾相当紧张，再加上其他一些原因，使进入辽沈地区不久的后金政权处于不稳之中，故而皇太极以与明讲和先求"自固"。

皇太极与明讲和是否具有一定诚意的问题，留待下面再来讨

---

1 《明清史料》甲编，第 1 本，第 48 页。

论。这里先就皇太极与明讲和这一策略的转变，汉人逃亡严重是否是其主要原因之一，略作辨析。

诚然，从表面上看，皇太极十分关注汉人逃亡的问题，他即位后的第一道上谕，就是宣布如何解决这一问题的有关措施，其文曰："治国之要，莫先安民。我国中汉官汉民，从前有私欲潜逃，及令奸细往来者，事属已往，虽举首概置不论。嗣后惟已经在逃，而被缉获者，论死；其未行者，虽首告，亦不论。"由是汉官汉民皆大悦，逃者皆止，奸细绝迹。[1]

这就是说，皇太极认为逃亡问题是关系到治国安民的大问题；而汉人逃亡的严重，不啻承认后金政权民不安而国未治。然而，"上谕"中有关解决逃人的规定是否执行却十分可疑，所谓"逃亡皆止，奸细绝迹"，则更是溢美之辞。理由如下：

第一，天聪元年三月，即皇太极颁发上述上谕半年后，生员岳起鸾上言："（后金）宜与明国议和，不和，恐我国人民散亡殆尽。若与明和，应将汉人速行放还，否则亦当归其绅士，不可迟疑也。"皇太极将其上奏下汉官议，众议："此等之人，蓄谋向敌，不可不诛。"[2]生员岳起鸾鉴于汉人大量逃亡，主张与明讲和，却成了他招致杀身之祸的罪名。

第二，《天聪二年奏本》述说"奸细反叛"云："我国逃去之人，络绎接踵。"这里所说的是皇太极发布关于逃亡的上谕两年之后的情形。逃民问题依然如故，十分严重。究其原因，正如奏本所说："今日所捉之奸细，尽我国向日之民。……速宜举贤任才，更张政治，沿布告示一道，除赦以往，许之更新，后有故死，严定律例，则人自洗心，而奸细自无矣。伏乞上裁。"[3]《奏本》中所提出的解决逃民的具体措施，几乎就是皇太极上谕的复述，可

1 《清太宗实录》卷一，第 9 页。

2 《清太宗实录》卷二，第 7~8 页。

3 《明清史料》甲编，第 1 本，第 50 页。

见“上谕”所宣布的措施并未施行，故而需要“更张政治”，除旧布新，并“伏乞上裁”。

第三，直到天聪九年，皇太极自己还说：“辽东地方的尼堪（汉人）常常逃走，元帅（孔有德）率众官兵们渡海从远处来投降，这功不小。”[1]这就足以说明，汉人的逃亡是后金一直未能解决的问题。

汉人之所以大量逃亡，是后金深重的民族压迫和阶级奴役造成的社会后果，是反抗的一种形式。既然生员岳起鸾以汉人大量逃亡为由力主与明讲和而被杀，后金又未切实贯彻诸种措施以解决逃民问题，那么，以汉人逃亡来论证皇太极策略的转变的重要根据，则与历史实际恐不尽相符。换言之，皇太极“自固”的重点并不在于解决逃民问题，因而汉人不断继续逃亡，民族矛盾和阶级矛盾仍然相当紧张。

皇太极对明策略转变的主要原因究竟何在？应该说是他从骄满而招致的军事挫败中汲取了教训。

天命三年，努尔哈赤以“七大恨”誓师伐明，越三年即攻占辽沈地区，再陷广宁、义州，兵锋甚锐。接连不断地取得重大胜利，助长了努尔哈赤的骄满，也包括参与历次战役的皇太极在内，认为满洲八旗劲旅攻无不克，所谓“先皇帝（努尔哈赤）席卷辽东，已成破竹之势”[2]。天命十一年正月，努尔哈赤率十三万之众，号称二十万，往攻宁远，后金军“前后相续，络绎不绝，莫测首尾，旌旗剑戟如林”[3]，根本就不把宁远等城放在眼里。当其兵临城下，努尔哈赤放还所俘明人，告袁崇焕等曰：“汝等此城，吾以兵二十万来攻，破之必矣。”命令明军投降。[4]殊不知却遇到

1 《汉译〈满文旧档〉》，第23页。
2 《明清史料》甲编，第1本，第48页。
3 《清太祖实录》卷一〇，第4页。
4 《清太祖实录》卷一〇，第4页。

了明宁前道袁崇焕、总兵满桂、副将祖大寿等的死守抵抗。明宁远城（今辽宁兴城），是孙承宗总督蓟辽时，根据袁崇焕、孙元化等人的建议而修筑的。孙元化“所建白者，无非坚城精器，选将精兵，核饷查工之事”[1]。他们总结了明军在辽沈之战的失利，充分利用明军火炮的优势于防御。宁远城四角参照西方城堡的设计，修筑了方形敌台，突出于城外，即所谓“形如长爪，以自相救”，敌台上设置的火炮可以三面轰击，消灭了中国传统式的方形城墙敌至城根而火炮不及的死角，从而可以以台护铳，以铳护城，以城护民。明军在宁远等城设置了当时威力最强大的西洋红衣大炮，是战防的有力武器。后金军猛攻两日不下，遭到明军炮火的痛击，伤亡惨重，大败而还。这是努尔哈赤自起兵以来的最大一次挫败。他对诸贝勒说：“朕用兵以来，未有敢抗颜者。袁崇焕何等人，乃能尔耶！”[2]当年八月便郁愤而死。

后金军在宁远的第一次大败，皇太极非但没有认识到以骑射劲兵强攻重炮设防的坚城，必然会招致惨重的损失，相反，由于八旗劲旅的战败和努尔哈赤之死，皇太极更是“愤恨于心胸之间，必欲灭此而朝食，必计会兵而攻取”[3]。他即位之后，天聪元年五月，再率大军攻宁锦，期在必克，以张国威而泄满腔之愤，殊不知又失利，大怒，对诸将说：“皇考太祖（努尔哈赤），攻宁远不克，今我攻锦州，又未克，似此野战之兵，尚不能胜，其何以张我国威耶！”于是亲率侍卫及诸贝勒冲击，又遭明军炮火痛击，贝勒多人被创，再一次败回。在宁锦的两次挫败，皇太极这才认识到从长于野战而缺乏火器的后金军，强攻用重炮设防的坚城，万难取胜，即所谓“野地浪战，南朝万万不能，婴城固守，我国每

1 《宁前道孙元化奏本》，《明清史料》甲编，第 8 本，第 712 页。
2 《清史稿·太祖本纪》。
3 《明清史料》甲编，第 1 本，第 48 页。

每弗下”，因而“屡屡进征，屡屡不得长期”[1]。而且，就双方总的力量对比而言，诚如一位汉官所指出：“南朝虽师老财匮，然以天下之全力，毕注于一隅之间，盖犹裕如也。”[2]统治着广大地区的明王朝，人力、物力、财力都远远超过后金，后金要在短时间内给明朝以致命的打击，其力量是不足的。

后金在军事上难以大举南进的又一原因，是受到朝鲜和察哈尔蒙古的牵制。早在万历四十七年（后金天命四年），明翰林院检讨徐光启即已指出：“伏见逆奴（努尔哈赤）稔祸，建国僭号。”“此非昔年之俺答，实宋朝之兀术、完颜亮也。”他认为，后金“奚止唾手辽金，射天逆图，殊未可量”，其志不小，在取明而代之，但“逆奴累胜而未深入者，后有北关，前有朝鲜，非彼贸首之仇，则我怀思之属”[3]。正是由于朝鲜和叶赫（蒙古）的牵制，努尔哈赤才未能大举南进深入。天命四年，努尔哈赤灭叶赫后，魏源说：“明人思用东部插汉小王子（即察哈尔林丹汗）以敌大清。”[4]明朝采取支持士马强盛、横行漠南的察哈尔林丹汗的政策，每年给予数百万的“岁赏”，以控制漠南蒙古诸部，与后金对抗。林丹汗因此挟赏自重。天命四年十月，林丹汗致书努尔哈赤，声称“汝数苦明国”，“吾将牵制汝”[5]。从此察哈尔蒙古成为后金的心腹之患。

朝鲜与明的关系颇深。万历二十年至二十八年，日本丰臣秀吉发动侵朝战争，占领王京汉城、平壤，情况危急。朝鲜求援于明政府，明廷派出援军击败日军，又在釜山南海焚其舟百余，歼敌万余，取得了抗倭战争的胜利。故徐光启说，朝鲜对明一直

1 《明清史料》甲编，第 1 本，第 48 页。

2 《明清史料》甲编，第 1 本，第 48 页。

3 吴晗辑：《朝鲜李朝实录中的中国史料》，第 8 册，第 3076 页。

4 魏源：《圣武记》卷三，《国朝绥服蒙古记》1，第 5 页。

5 《清太祖实录》卷六，第 33 页。

"怀恩"。万历四十七年，萨尔浒之战时，朝鲜派出由元帅姜弘立率领的一万余军队助明参战，战败降金。由于朝鲜与明存在着深远的历史渊源关系，所以早在天命年间，皇太极就认为，"不可置朝鲜于后，而先为攻辽之计也"[1]，力主"不可置朝鲜而先攻辽东"[2]。当他一即位，立即制订了发动对朝鲜的战争，然后再转旗西征的作战计划。明将徐孤臣说："奴酋（努尔哈赤）死后，第四子黑还勃烈（皇太极）承袭，分付先抢江东（朝鲜），以除根本之忧，次死山海（关）、宁远等城。"[3]天聪元年正月，皇太极命贝勒阿敏等率大军突袭朝鲜，朝鲜很快被打败，被迫以岁币求和，与后金约为兄弟之邦，但仍尊崇明朝，并未向后金臣服。皇太极与朝鲜盟誓和议后，即挥师西指，亲率大军攻宁锦，又遭挫败，这在前面已经说过了。

明是后金的主要对手，"皇上（皇太极）志在中原"[4]，夺取全国政权是皇太极的夙愿。然而，他们面临的现实却是：一方面，在宁、锦的屡次挫败，攻坚不能得手，无法打开山海关的大门；另一方面，则是"插汉（察哈尔）贪汉（明）赏而虎视，朝鲜以强弱为向背"[5]。天聪三年，皇太极在与大贝勒代善分析形势时说："今汉人、蒙古、朝鲜，与我四境逼处，素皆不协，且何国不受讨于我，积衅既深，辄相窥伺。"[6]后金是处于敌对三方的包围之中，在这种形势下，皇太极深知，如若大举南进伐明，攻坚既无必胜的把握，又有后顾之忧。因此，及时改变策略，倡言与明"讲和"，并以此为借口，避开宁、锦坚城，绕道毁边墙入袭明腹

---

1 李民寏：《栅中日录》，辽宁大学历史系印，第 19 页。

2 李肯翊：《燃黎室记述选编》，辽宁大学历史系印，第 47 页。

3 吴晗辑：《朝鲜李朝实灵中的中国史料》，第 8 册，第 3284 页。

4 《天聪朝臣工奏议》，第 10 页。

5 《天聪朝臣工奏议》，第 4 页。

6 《清太宗实录》卷九，第 9 页。

地，施行“残毁”的烧杀掳掠战术，以削弱明；同时，争取先解决蒙古、朝鲜问题，以除后顾之忧，然后再与明决战，这就是皇太极后来所总结的:“取燕京如伐大树，须先从两旁砍削，则大树自仆。”[1]在整个天聪年间至崇德初，皇太极为实现这一方针，在各方面均颇有章法，而且实现了他所期望的目的。

## 二 关于与明“讲和”

如上所述，皇太极倡言与明“讲和”，不过是为了实现其最终进取中原、夺取全国政权的目的，根据后金所面临的形势而采取的一种策略，并非出自诚意。早在1930年，徐中舒先生在《内阁档案之由来及其整理》一文中，曾谈到明清间的讲和，他说：

“太宗一朝所有一切战役及种种措施，大概都以和议为主动。内阁档案中有天聪二年失名奏本，说明清间的形势极为透彻:‘我国处南朝之大计，惟讲和与自固二策而已。……南朝家亦知宋为覆辙，但贿赂之积习难除，日久而玩懈必生，明知蹈势所必至，待我国益富，兵益强，乘间再图，破竹长驱，传檄天下矣！此正兵法所谓卑骄利诱之术也。’清太宗的求和以此。这时偏遇着一个行事甚戾的明思宗明知‘蹈势所必至’而不蹈。我们若是昧了这个原因，我们就不能明白明清间的一切交涉，以及袁崇焕、陈新甲之被杀了。”[2]

徐先生的论说是颇有见地的。史料说明，当后金提出“讲和”之初，就是为了对明施以“卑骄利诱之术”，以麻痹明廷，为的是日后“乘间再图，破竹长驱，传檄天下”。天聪年间在满洲贵族和汉官中有关“讲和”的热烈议论，也始终是围绕着这一根本目的。

1 《清太宗实录》卷六二，第9页。

2 徐文载：《明清史料》甲编，第1本。

有人引经据典，论证“自古国家两相和好，彼此相愚，各修治安，原为缓和之计，本非可恃之长策也”。因此“惟望我汗亦乘机暂且假和，专修内治，以待天命”。[1]这是直言不讳地说“暂且假和”。有人则较为隐晦地说：“和否不在南明，而在皇衷之定与不定耳。”[2]还有的人干脆认为：“至于讲和一事，难言矣，臣料或不能成也。”[3]这些议论，反映了后金君臣的基本看法，简言之，即以“讲和”作为欺愚明朝的策略，以掩饰其伐明的决心，故礼亲王昭梿说：“天聪己巳，文皇帝欲伐明，先与明巡抚书，申讲和议。崇焕信其言，故对庄烈帝（崇祯）有‘五载复辽’之语，实受文皇绐也。”[4]朝鲜也看到这一点。皇太极曾致书朝鲜国王李倧，声言愿与明讲和，要求朝鲜“介绍其间”。朝鲜认为：“虏书所言，乃是金、元愚宋之计，似非革心臣事之意。”[5]这就是皇太极对明讲和的根本着眼点。

明朝一些有识之士，对皇太极声言“讲和”的真实意图，从一开始即已看得十分清楚。崇祯二年六月，兵科都给事中张鹏云在其《题本》中，分析了皇太极的种种举措，认为“奴子情形，诡诈百出。忽买米高台，忽遣使乞款，又忽聚兵六万于束酋营内，如关内道臣所报者。既谬为款书以愚我，又将巧为不意以乘我，总当厉兵秣马，而为有事之防，不宜偷安悬料而缓绸缪之计”[6]。张鹏云明确指出皇太极是“谬以款书以愚我（明）”，故不应悬料其诚意而偷安，以致堕其术中，应该是洞悉其诈，严加戒备。又一兵科给事中宋鸣梧与张鹏云的看法相一致，他说：“臣又闻奴孽

1 《天聪朝臣工奏议》，第 34 页。
2 《天聪朝臣工奏议》，第 16 页。
3 《天聪朝臣工奏议》，第 25 页。
4 昭梿：《啸亭杂录》，第 1 页，《太宗伐明》。
5 吴晗辑：《朝鲜李朝实录中的中国史料》，第 9 册，第 3520 页。
6 《兵科都给事中张云鹏题本》，《明清史料》甲编，第 8 本，第 722 页。

以饥荒为名，假西夷（蒙古）市米高台堡，皆窖于猪首山而不运。种种叵测，无非欲因粮中国，则入犯之心何尝须臾忘?”[1]

总之，当时敌对的各方，对皇太极“讲和”之无诚意，只是伐明的策略手段，彼此都是知晓的。

从“愚明”和“卑骄利诱”出发，皇太极参酌众议，其具体措施是：第一，“文移之中，逊顺其辞”，即在“讲和”的书信中，文辞不必激烈，甚至可以承认明朝皇帝的地位；第二，“告以我愿和而彼不肯和之意”，以此为借口，毁边墙入扰明内地；第三，提出明廷根本不可能接受的苛刻条件，将不愿和的责任推给对方。

从天聪元年起，皇太极致书明朝君臣声言“讲和”的函件不下数十起。根据《清太宗实录》卷二至卷三所载皇太极与袁崇焕来往的书信，皇太极提出的议和条件主要如下。第一，明应以黄金十万、银百万、缎匹百万、布千万，送与后金，以为和好之礼。以后每年馈送黄金一万、银十万、缎匹十万、布匹三十万；后金则仅以东珠十颗、貂皮千张、人参千斤相报。第二，分定双方疆界，各自管理。第三，必须“理论是非”。后金因怀“七大恨”，被明“欺凌已甚，用是兴师”，故而兵连祸结的责任全在明廷。如此苛刻的条件，袁崇焕当然不敢上奏，明廷也根本不可能接受，况且明又讳言和议，所以和议之不可能成功，后金君臣是了然于胸的。然而，袁崇焕却因讲和与皇太极书信往还，使皇太极终能因此而施反间计，以除此劲敌，即所谓“袁公果与我同心，而事泄被逮耳”[2]。其实，袁崇焕之死，乃是明督阵监军、太仆寺卿张春所说:“袁督师未经奉旨言和，亦可杀。”[3]

皇太极为了“逊顺其辞”，承认为明“属国”，他在《致明国

---

1 《兵科给事中宋鸣梧题本》，《明清史料》甲编，第8、723页。

2 吴晗辑：《朝鲜李朝实录中的中国史料》，第9册，第3431页。

3 《历史档案》1982年第2期，第24页。

皇帝书》中云："昨见皇帝书云，满洲原系属国。此不惟皇帝言之，即予亦尝以为非也。"[1]又说愿去帝号而称汗[2]，以示不与明廷分庭抗礼。然而，正是在貌似恭顺的"讲和"借口之下，清军却多次毁边墙入扰明腹地，而且每一次都说是为求和而来。天聪三年，皇太极率大军并调蒙古各部，大举侵明，由龙井关毁边墙入，进逼北京，攻占遵化、滦州、永平、迁安等城，蹂躏各州县。皇太极致书崇祯，表示"欲盟诸天地，共结和好，永息干戈"[3]，辞意甚婉切；又传谕明各城军民说："尔之君臣，视用兵为易事，漠然不以爱民为念，不愿和好。……此非予诛之，乃尔君臣杀之也。"[4]天聪六年，皇太极征察哈尔林丹汗，林丹汗远遁青海。皇太极召集诸将臣僚商议下一步行动，后金军"无大无小，皆志在取明，有必欲深入之意"[5]，于是"复定征明之议"。他又故技重演，根据范文程、宁完我等人的设计，"作书与（明）近边各官，令彼转达和议之意，限以日期，彼朝臣势必纷扰，边臣莫敢担当，必致诡计耽延。我军乘隙而入，惟我所欲为也"[6]。《清史稿》卷二《太宗本纪一》对此的记载就更直截明快："伐明之策，宜先以书议和，俟彼不从，执以为辞，乘衅深入，可以得志。"于是清军在议和的借口下，掠宣府、大同一带。

天聪七年，皇太极征询诸贝勒大臣，问"以征明、及朝鲜、察哈尔，三国何先？"[7]命各抒己见陈奏。所有带兵贝勒，人人上书阐述己见。经过讨论，以"讲和"为借口，对明统治地区实行残毁屠掠方针，以削弱明，更进一步明确了。济尔哈朗主张，对

1 《清太宗实录》卷一九，第36页。

2 《清太宗实录》卷五，第37~38页。

3 《清太宗实录》卷六，第21页。

4 《清太宗实录》卷五，第39页。

5 《清太宗实录》卷一二，第3~4页。

6 《清太宗实录》卷一二，第5页。

7 《清太宗实录》卷一四，第18页。

明境人民、财物，应杀者杀之，应取者取之，应蹂躏者蹂躏之。多尔衮说："残毁其屯堡诸物。""可坐待其毙也。"[1]用"残毁"以削弱明的意思说得最清楚。额附杨古里认为："征伐之事，不可间隔一年，若一年不往，则敌人心觉，乘机修备。"故应深入明境。"我国暇则一年两征，不暇亦一年一征，乃为善策。……令兵纵略，焚其房屋，遇敌则杀，拒者俘之，降者编为户口……兵士所获，不计多寡，听其自取，若此则人人贪得，不待驱逼。"[2]皇太极的长子豪格建议："从旧道而入，各处纵火攻略，为书颁亦各屯寨，告以我愿和而彼不肯和之意，仍传谕各城。彼处人民虽被创痍，将自怨其主，无尤于我。如此，则我兵得餍所欲，而边外蒙古，愈加勉励矣。"[3]豪格还建议："往侦流贼（指明末农民起义）情形，彼方分师捍御，我伺其懈怠，乘夜袭之，事必可图也。"[4]验之后金军而后的行动，豪格的建议说出了皇太极的心声。自此以后，清军对明境的残毁更变本加厉了。

翌年（天聪八年），皇太极率军征大同，由上方堡毁边墙分四道进，掠河北宣化、怀来、保安，山西朔州、代州、大同一带，兵锋及于今延庆。明军坚壁清野，固守城堡。皇太极致书明代王母杨氏说："原为情不得达，故入内地，蹂躏土地，扰累人民，以昭我愿和不得和之故。下民怨恨，上天自鉴，此我进兵之意也。"[5]文辞何等委婉！其愿和而不得和的一片苦心，充斥字里行间，明政府拒绝和议已招致天怒人怨。明兵部在向崇祯的奏报中也说："建孽（后金）此行，不仅蹂躏宣、云，且欲长驱，声言乞款。"[6]

---

1 《清太宗实录》卷一四，第 20 页。

2 《杨古里额附事迹》，《明清史料》甲编，第 1 本，第 64 页。

3 《清太宗实录》卷一四，第 23 页。

4 《清太宗实录》卷一四，第 23 页。

5 《清太宗实录》卷一九，第 33 页。

6 《崇祯七年后金对关内的入扰》（明档），《历史档案》1982 年第 2 期，第 14 页。

然而，在“声言乞款”的借口下，正如“明档”所载，却是“用兵最毒，倏忽旅至，东西分掠”[1]。清军每攻占一堡，“一堡军民尽坏”[2]，“焚掠之惨，遍及一堡”[3]，“防守并军民尽行掳去，房屋放火”[4]。经历了空前浩劫的保安城，据目击者明官吏曹三鸣、陈奇略说，更是令人“惊惨酸心”。“死者遍野尸横，井中各皆填满，秽污之气难闻”，“城内死尸腐烂盈街”，“军民房舍十止存一”，“州库尽遭虏劫，并无钱粮”。总之，“老弱尽行屠戮，壮者留充役使，妇女姿色者掳掠奸淫，幼稚孩提尽付之烈火”[5]。从前人口稠密，商贾辐辏，以富庶著称，号以宣府右臂巨镇的保安州，一朝残破，屠戮最惨。是役也，皇太极又致书崇祯，说他“屡次抒情往告”，一心求和，皆因明边官“蔽而不通”，不得已才大动干戈，希望皇帝能询问缘由。“若皇帝早遣人究问，兵戈亦早息矣。”[6]

皇太极对明以“讲和”为借口，所施行的“残毁”方针，确实收到了削弱明的效果，这在拙稿《多尔衮评议》一文中，已经论及，不赘。

## 三　关于松锦之战

皇太极用“讲和”以愚明朝，因而在天聪到崇德初的十余年间，清军除了几次深入内地和大凌河之役外，明清之间几乎没有发生其他重大战斗，而且清军每次对明战争的时间均不长。这样，

1 《崇祯七年后金对关内的入扰》（明档），《历史档案》1982 年第 2 期，第 19 页。
2 《崇祯七年后金对关内的入扰》（明档），《历史档案》1982 年第 3 期，第 5 页。
3 《崇祯七年后金对关内的入扰》（明档），《历史档案》1982 年第 3 期，第 6 页。
4 《崇祯七年后金对关内的入扰》（明档），《历史档案》1982 年第 3 期，第 7 页。
5 《历史档案》1982 年第 2 期，第 6 页。
6 《清太宗实录》卷一九，第 36~37 页。

皇太极争取到了时间，解决后金政权内部问题。天聪九年，统一漠南蒙古后，实行一系列的改革措施，加强了对漠南蒙古的管理，蒙古各部成为后金军对明作战的重要力量。崇德元年底至二年初，第二次侵朝，臣服了朝鲜。到天聪末年，后金所处的形势与皇太极即位时相比，业已发生了重大的变化。天聪八年九月，皇太极为文告祭努尔哈赤说：

> 臣于诸国，慑之以兵威，怀之以德，四境敌国，归附甚众。……朝鲜素未输诚，今已称弟纳贡。喀尔喀五部，举国来归。喀喇沁、土默特，以及阿禄诸部落，无不臣服。察哈尔兄弟，其先归附者半，后察哈尔汗携其余众，避我西奔，未至汤古忒部落，殂于西喇卫古尔部落打草滩地，其执政大臣率所属尽来归附。今为敌者，惟有明国耳！[1]

皇太极已无后顾之忧，可以专力对明了，以实现其入关夺取全国政权的宿愿。

由于形势的变化，善于谋略的皇太极，又一次改变决策，不再声言“讲和”，而主战伐。崇祯十一年（清崇德三年），明镇守山海关太监高起潜，派使者周元忠到沈阳议和，清官方却认为周元忠是“诡以和议而来”[2]，将明使前来改和视为诡计，因而明使便“被恐吓愚弄”[3]。皇太极也一反过去“逊顺其辞”的态度，在其“致明国皇帝书”中，以大清国皇帝的身份称“朕”，不再称“予”，以咄咄逼人的口吻宣布：“自古天下，非一姓所常有。天运循环，几人帝，几人王……岂有帝之裔常为帝，王之裔常为王

1 《清太宗实录》卷二〇，第37页。
2 《清太宗实录》卷四一，第14页。
3 《历史档案》1982年第2期，第23页。

哉!”[1]其取明代之，夺取全国政权的欲望，溢于言表。

崇德三年（明崇祯十一年）九月，沈阳盛传“崇祯已崩，幼主临朝，内戚专政，大臣无一定见，官民值惶惧之秋”[2]。这一谣传，引起了清君臣的极大关注。群臣则纷纷献策进图中原。祖可法于九月十九日上书主张“先取北京，捉获幼主”。皇太极立即批示“再看”[3]。他持审慎的态度，深思熟虑，以决定下一步行动。当月，皇太极命多尔衮将左翼，由董家口毁边墙入明内地；十月，岳托将右翼，由墙子岭入明境，再施残毁。从《历史档案》一九八二年第二期刊布的《崇德三年汉文档案选编》中的有关《事本》来看，这年九月至十二月，清君臣就对明军事行动的主攻方向，又一次展开了热烈的讨论。有人主张三路进兵，皇太极“宜速抵北京”；如崇祯未死，则“必先取山海（关）”。不少人则认为，“皇上……不得遂意中原者，盖以关门之未开耳。关门未开，盖以关外八城未得耳。”因而主张首先夺取宁、锦八城。天聪、崇德年间，清军几次深入内地，均不敢久留，多则不过数月，其原因主要就在于山海关及关外宁、锦一线，明朝设有坚固防线。他们深恐“明兵自后堵截，恐无归路”[4]。所以“累次破城获捷，而不得坐保其地者，皆因关门阻隔，首尾难顾，是以得其城而不能保”[5]。不破山海关，清军就无法在关内站稳阵脚，永平等城之得而复失，就是明证。而要破山海关，必先夺取宁、锦八城，皇太极对此是十分清楚的，因而排除了直接攻占北京的建议。从这一年十月开始，皇太极把清军作战的重点逐渐转移到宁、锦一线。

崇德三年十月，皇太极率军向山海关进发。这次行动主要是

1 《清太宗实录》卷四七，第 22 页。
2 《历史档案》1982 年第 2 期，第 28 页。
3 《历史档案》1982 年第 2 期，第 28 页。
4 《清太宗实录》卷五，第 25 页。
5 《清太宗实录》卷五，第 32 页。

配合关内的多尔衮和岳托，牵制明军回援，双方没有发生大的战斗，清军游弋于宁、锦后返回沈阳。

翌年（崇德四年）二月，皇太极命汉军石廷柱、马光远率重炮先行，亲率数万大军继后，意图一举攻占松山。宁、锦八城，“惟松山系旧城，不甚高厚，而界在锦（州）、杏（山），关系最要”[1]。清军的目的是攻占松山，“断宁、锦咽喉”[2]，切断明军粮道，“以摇撼八城”[3]。二月十四日，皇太极至松山南黄土岭下营，代善、多尔衮在松山南台扎营。清军以红衣炮四十多位猛轰松山，“毒打两日，昼夜不绝，城垛尽坏”[4]。明松山路副将金国凤死守，明军用大炮奋力还击，被毁城垛以土木及时修复。清军架梯攻城，被守军打退，死伤近两千人。清军火药、炮子耗尽，改用穿地道攻城，“城上用枪炮打挖处”[5]；加之地质复杂，有水有石，穿地道也未成功。而明由锦州来的援军又冲入松山城，守军力量加强。皇太极感到“今虽攻松山城，亦必难取”[6]，只好回军。

松山初战，皇太极原以为依恃业已壮大的炮兵，强攻夺城，“攻击十日，自谓可立得”[7]，殊不知又遭挫败，损失不小。明军欢呼“殆二十年来关外未有此挫虏者”[8]。明清之间的交战，明军的少数几次胜利，清军的挫败，均在宁、锦一线，皇太极本人就两次受挫于此。事实使他吸取了教训，要夺取明军长期经营、坚固设防的宁、锦八城，只有袭用围困大凌河的办法。

这一年（明崇祯十二年，清崇德四年）春，明廷调洪承畴总

---

1 《明军守卫松山等城堡的六件战报》，《历史档案》1981 年第 2 期，第 4 页。
2 《明军守卫松山等城堡的六件战报》，《历史档案》1981 年第 2 期，第 6 页。
3 《明军守卫松山等城堡的六件战报》，《历史档案》1981 年第 2 期，第 5 页。
4 《明军守卫松山等城堡的六件战报》，《历史档案》1981 年第 2 期，第 4 页。
5 《明军守卫松山等城堡的六件战报》，《历史档案》1981 年第 2 期，第 6 页。
6 《清太宗实录》卷四五，第 30 页。
7 《历史档案》1981 年第 2 期，第 4 页。
8 《历史档案》1981 年第 2 期，第 4 页。

督蓟辽军务，准备与清军决战。

一年以后（崇德五年三月），皇太极命济尔哈朗、多铎“率官兵修筑义州城，驻扎屯种，令明山海关外宁、锦地方，不得耕种”[1]。准备由远而近，逐渐缩小包围圈，长期围困锦州，围城打援。皇太极对新的对手、久经沙场、颇负盛名的洪承畴，也是小心翼翼地。对洪承畴有所了解的明降将张存仁上书皇太极说：“臣观今日形势，围困锦州之计，实出万全。”但必然旷日持久，军心容易懈怠，故须“鼓励三军之气”，同时出精骑袭扰，再施反间计，争取锦州城内的蒙古军倒戈。[2]皇太极依此而行，拉开了著名的明清松锦决战的序幕。

锦州外围墩台星罗棋布。清以游骑乘虚袭击，蹂躏庄稼，截杀出城小股明军，经过约一年时间，扫清了外围，步步进逼锦州城。崇德六年三月，清军进抵锦州城下，济尔哈朗、多铎等，于锦州城“每面立八营，绕营浚深壕，沿壕筑垛口。两旗之间，复浚长壕”[3]，一如围大凌河之法。皇太极又调朝鲜军参战。锦州守军炮火猛烈，“清人之所畏者火炮，不敢近城”[4]，“近城设逻卒哨探”[5]。清军兵临城下，锦州外城蒙古守军投降，外城陷落。皇太极在沈阳闻报，大喜，沈阳“八门鸣鼓吹角，诸王诸将，奔赴于汗廷……报喜事也”[6]。其时，明援军前队已至松山、杏山。五月初三，洪承畴至松山北冈。济尔哈朗攻击明军，被洪承畴军击败，“两红旗镶蓝旗三旗驻营之地，为敌所夺”[7]，伤亡甚众。洪

1 《清太宗实录》卷五一，第 12 页。

2 《清太宗实录》卷五一，第 18~20 页。

3 《清太宗实录》卷五五，第 15 页。

4 《清太宗实录》卷五五，第 15 页。

5 《沈阳日记》，第 413 页。

6 《沈阳日记》，第 356~357 页，《清太宗实录》卷五五，第 18 页载：“捷音至，上大悦，命八门击鼓，召众于笃恭殿宣捷。”

7 《清太宗实录》卷五六，第 14 页。

承畴初战就打败了清军名将镶蓝旗主旗贝勒济尔哈朗等。六月，皇太极命多尔衮、豪格率军代济尔哈朗等围锦州。

洪承畴、祖大寿（时守锦州）拟步步为营，渐次打破锦州之围，因此至七月底洪承畴仍在松山。但是，明兵部尚书陈新甲力主速战，崇祯接受陈新甲的意见，“密敕刻期进兵”[1]。洪承畴只得率吴三桂等八总兵、将官两百余员，以十三万军直薄锦州。久经战阵的洪承畴，所统“援锦大军，用兵异于前，锦州之围住兵（清军）势不能当”[2]。多尔衮、豪格“屡战败衄，势将北退”[3]。多尔衮本人几乎为明军炮火击毙[4]，向皇太极急报求救：“敌兵来者甚众。”[5]在明军的打击下，“清国大将三人降，二人战死。汗（皇太极）闻之忧愤呕血”[6]。围困锦州的清军已处于危急之中。“沈（阳）中人颇有忧色”[7]，人心惶惶。八月初七，皇太极派出第一批援军。十一日黄昏，沈阳八门突然鼓声大作，诸将奔集，皇太极决定亲自率军援锦，“传谕各路兵马，星集京师”[8]，下令满洲、蒙古十五岁以上悉从军，“空国西往”[9]，倾全国之师与明军决战。

八月十四日，皇太极率军起行，日夜兼程前进，每日奔行一百余里。皇太极沿途鼻血不止，“承以碗”[10]，仍马不停蹄，三日后鼻血方止。十九日到达“松、杏之间，横截大路驻营”[11]。皇太

1　谭迁：《国榷》卷九七，第3899页。
2《沈阳日记》，第400页。
3《沈阳日记》，第411页。
4《多尔衮日记》，第6页。
5《清太宗实录》卷五七，第17页。
6　吴晗辑：《朝鲜李朝实录》，第9册；第3685~3686页。《清太宗实录》卷五七第18页说是“因鼻衄”。
7《沈阳日记》，第400页。
8《沈阳日记》，第18页。
9《沈阳日记》，第400页。
10《沈阳日记》，第19页。
11《沈阳日记》，第18页。

极率援军到达后，召集诸将共议攻围之策，清军“勇气倍增”[1]，决定由皇太极率军进逼松山，诸将在松、杏之间“横截大路，绵亘驻营”，处处挖壕，以断松山明军后路。其时，洪承畴率明军主力环松山布阵，皇太极移营松山西南，“清人阵于松山下，四面围住，而蒙古兵又阵于其傍，盖欲久围松山，以决胜败”[2]。二十一日黎明，松山明军进击清阵，清军追击，遇伏而还。明军另一支数千人从山后突围奔杏山[3]，清将阿济格率兵追之不及，乃往攻明军屯集军粮的“海仓”所在笔架山，夺取全部屯粮。明军丧失粮仓，松山退路又被截断，而首先向杏山突围的数千人，又大大影响了士气。形势急转直下，“汉兵（明军）初势既壮，用兵亦奇，乃以无粮……气挫势穷”[4]。洪承畴决定突围。皇太极已估计到“今夜敌兵必遁”[5]，于是进行了周密的布署，明军通往杏山、塔山的道路均派重兵拦截。当晚初更，明军分路突围。总兵曹变蛟一军无意中冲入皇太极大营，大营空虚，“军（清军）中大惊”[6]，“掠扰达曙”[7]，形势几乎骤变。曹变蛟被创，退回松山，皇太极才转危为安。明军失去了摧毁清军统帅部，从而有可能扭转战局的一次大好机会。其余各路突围明军，除总兵吴三桂、王朴等得脱外，其奔塔山、松山者，被清兵伏兵截杀。清军“铁骑长驱，饥卒莫当”。“清人三日搜杀，极其惨酷。”[8]沿海边突围而走的明军，被驱入海，“汉人视死如归，鲜有乞降者，拥荷其将，立于海中，伸臂翼蔽，俾不中箭，不失敬礼，死而后矣。此

1 《沈阳日记》，第 20 页。
2 《沈阳日记》，第 3686 页。
3 《沈阳日记》，第 412 页。
4 《沈阳日记》，第 413 页。
5 《清太宗实录》卷五七，第 22 页。
6 《清太宗实录》卷五七，第 27 页。
7 《沈阳日记》，第 413 页。
8 《沈阳日记》，第 413 页。

事清人亦言之”[1]。参与这次战役的朝鲜人的以上记述，使人似乎又看到了古战场上当年极其悲壮的场面："鼓衰兮力尽，矢竭兮弦绝。白刃交兮宝刀折，两军蹙兮生死决。”在这一仗中，明军虽死犹荣。

八月二十一日，明军突围，损失惨重，丧失了大半兵力。洪承畴收缩兵力于松山城。陈新甲致函洪承畴说："八月二十一日行间失策，奉旨如能全城保境，仍以功论。……一面再着死士潜通锦州祖帅，奉旨着祖大弼守城，命祖大寿回宁远，共图再举。”[2]遵照“圣旨”，洪承畴困守松山，而祖大寿从锦州突围又谈何容易！多尔衮造云梯欲强攻松山城，皇太极认为“不如久持，以待食尽”[3]，沿用围大凌河的老办法[4]，使松、锦有如“釜中之鱼，人将相食，必蹈凌河之辙”[5]。于是“清人遂围松山，筑夹城掘壕以守，如围锦州也”[6]。清军每日以轻骑出掠，道遇明人丁马牛，无不掳掠，又时以大炮轰击松山、杏山、塔山。果然，松山被围半年，“城中饥甚，人相食，将不能保，先送老弱请和。清兵越壕进围城下，将为攻城云”[7]。明副将夏承德密约降清，开门内应。崇德七年二月，松山城破，洪承畴被俘，后降清。巡抚邱仰民，总兵曹变蛟等三千余人，清军“尽戮之”。清军俘获了大量火器、人口和物资。三月，祖大寿以锦州降；四月，塔山、杏山被清军相继攻陷，历时两载的松锦之战结束了。

1 《沈阳日记》，第 413 页。

2 《明档》卷九五，2402 号，转引自刘建新《论明清之际的松锦之战》。

3 吴晗辑：《朝鲜李朝实录中的中国史料》，第 9 册，第 3687 页。

4 “大凌河之战”，请参看拙作《明清大凌河之战及其意义》。

5 《清太宗实录》卷五六，第 9 页。

6 《沈阳日记》，第 414 页。

7 《沈阳状启》，第 347 页。

## 四　关于清军戮掠的社会经济原因

在清朝开国的过程中，皇太极在位的十七年是关键的时期。他在各方面都取得了辉煌的重大业绩。在内政方面，皇太极勇于改革满洲贵族“狃于积习”的情况，从而使后金（清）政权日臻完善，以适应夺取全国政权的需要，取得了松锦决战的重大胜利。从此，明政府由于精锐丧失殆尽，再也无力抗击清的进攻了。后金（清）不仅统一了漠南蒙古，而且统一了整个东北地区。崇德七年七月，皇太极说：

> 予缵承皇考太祖皇帝之业，嗣位以来，蒙天眷佑。自东北海滨，迄西北海滨，其间使犬、使鹿之邦，及产黑狐、黑貂之地，不事耕种，渔猎为生之俗，厄鲁特部落，以至斡难河源，远迩诸国，在在臣服。[1]

文中所说的“东北海滨”，系指今鄂霍次克海；“西北海滨”，系指今贝加尔湖；使鹿和使犬部，则是黑龙江中上游一带的鄂伦春和鄂温克族；使犬部，是黑龙江中下游的黑赫和费雅克族；厄鲁特，系指蒙古。其统治势力已达到外兴安岭和贝加尔湖地区。皇太极统治时期所开拓的事业，与昔日相比，已不可同日而语。这期间，有胸有成竹的谋划，因时而变的策略，锐意改革的措施，百战创业的艰辛；但也有蒙受战火之苦和被掠为奴者的呻吟，人民付出了重大的代价。一般说来，战争就意味着伤亡。而清军掳掠屠戮表现得更甚，固然需要从多方面去探索其原因，这里仅就皇太极的有关政策，以及与后金社会经济的关系，试作说明。

1 《清太宗实录》卷六一。

前面已经说过，皇太极用“残毁”政策，蹂躏明境土地人民，以削弱明。除此之外，清军大肆掳掠，还有其社会经济原因，这与皇太极未能充分注意农业生产有关。由于后金物资匮乏，掠夺财物成为后金（清）军作战的目的之一。

早在努尔哈赤时期，后金军“出兵之时，无不欢跃，其妻子亦皆喜乐，惟以多得财物为愿。如军卒家有奴四五人，皆争偕赴，专为抢夺财物故也”[1]。因而清军所到之处，自然是一片狼藉，对敢于抵抗者则滥加杀戮，甚至将战场上敌方尸体的衣物剥尽。在皇太极时期，清军的掳掠屠戮，同样是作战的目的之一，规定了有关分配所俘人口财物的原则，因而实际上成为政策。皇太极自己就说过：“万里行师，人马疲顿，倘为敌觉，无所俘获而归殊可憾也。”[2]清军自上而下，无不人人期望在战争中得饱所欲，所谓“环观今日军情，无大无小，都以蛮子（指明与汉人）家为奇货，是势必欲入内地也”[3]。可见清军多次深入明境，又一个明显的目的，就在于掠夺人口、财物，这既可以满足满洲贵族的贪婪欲壑，又是激发清军战斗热情、维持其战斗力的手段。故在讨论对明施行“残毁”方针时，额附杨古里同时建议，将所俘人口、财物“各照牛录派数上献。至于兵士所获，不计多寡，听其所取。若此，则人人贪得，不待驱逼……如是，则兵势大振矣”[4]。豪格也说：“我兵得餍所欲，而边外蒙古愈加奋勉矣。”[5]正因为清统治者以掠夺来鼓励清军，所以“出兵之际，人皆习惯，俱欣然相语曰：‘去抢西边。’汉人闻我动兵，亦曰：‘来抢我矣。’”[6]这些出自后金的记载，从一定意义上来说，清军深入明境的军事行动，颇像大

1 李民寏辑：《满洲闻见录》，第 44 页。

2 《清太宗实录》卷一一，第 31~32 页。

3 《天聪朝臣工奏议》，第 15 页。

4 《杨古里额附事迹》，《明清史料》甲编，第 1 本，第 48 页。

5 《清太宗实录》卷一四，第 23 页。

6 《清太宗实录》卷一一，第 16 页。

规模的武装抢劫行动，打家劫舍，杀人放火。皇太极之所以对此加以鼓励，是以此来激励清军作战，实现其战略目标。因此，满洲贵族在分享战争俘获所得时，“有人必八家分养之，土地必八家分据之，即一人尺土，贝勒不容于皇上，皇上亦不容贝勒”[1]。人们多引此材料以说明王权与八旗旗主分立的矛盾，但同时也说明满洲贵族之间在争夺经济利益上的斤斤计较，皇太极甚至屡屡指出诸王格格的贪得无厌。这一切都根源于后金物资的匮乏与不足，生产不发展，因而战争成为满洲贵族的致富手段。在大凌河被俘的明太仆寺卿监军道张春当面对清统治者说：“尔国兴师以来，所俘亦富，衣食皆足。”[2]满洲贵族从战争中所俘致富，一“国”如此，这在历史上是罕见的。当然，事情也不尽然，满洲贵族和统治者还自有其庄田。

清军没有完备的后勤供应。八旗士卒出征，需自备战马和其他军用物品，往往“自鬻衣物以供买马之需”[3]，甚至有“卖牛典衣，买马制装，家私荡然者”[4]。所以清军掠夺财物又是为了弥补战争的消耗，他们“随路经过，可以饱我军士”[5]，走一路抢一路，“无不受其蹂躏，鸡犬无遗”[6]。清军千里作战，并非“兵马未动，粮草先行”，而是“掠孳牲为糗糒，掳丁壮以前驱”[7]，用掠夺来维持供给，以战养战，即所谓“我国地窄人稀，贡赋极少，全赖兵马去抢劫些财物”[8]。这就是说，掠夺人口和财物又是清军维持其战斗机能，从而再进行战争所必需。然而，数万大军靠掠

1 《清太宗实录》卷一一，第 30 页。
2 《清太宗实录》卷九，第 45 页。
3 《明清史料》甲编，第 1 本，第 64 页。
4 《天聪朝臣工奏议》，第 14 页。
5 《天聪朝臣工奏议》，第 15 页。
6 吴晗辑：《朝鲜李朝实录中的中国史料》，第 8 册，第 3334 页。
7 《历史档案》1982 年第 2 期，第 13 页。
8 《天聪朝臣工奏议》，第 10 页。

夺来保证需要，就不能不使清军将帅“别无可虑，只虑军饷或不敷耳”。因此，凡可资掠夺者，无不扫地以尽，其所以如此，正如后金臣工所说，是由于“贡赋极少”。“贡赋极少”，固然有后金（清）统治区较小，人口也较少等原因，但更重要的则是在皇太极统治时期社会生产始终不振。换言之，皇太极在其他方面取得了辉煌的业绩，唯独社会生产十分落后，这表现在生产关系和生产力水平两个方面。

崇德元年至二年，朝鲜第二次被打败后，朝鲜世子李㴭作为人质长期居住沈阳。他曾多次随皇太极出猎，目睹了沈阳郊外的情况。如崇德六年十月十三日至十七日，皇太极及诸将由沈阳北门出猎，往返五日，计程两百余里，周行三百余里，“所经之处，人居绝稀，间有诸王设庄，相距或十里，或二十里。庄有大小，大不过数十家，小不满八九家，而多是汉人及吾东（朝鲜）被俘者也。大率荒野，土多不辟”[1]。崇德七年二月初三至二十二日，朝鲜世子又一次随皇太极出猎，到达开原以北，沿途所见的情况是：“城南堡，皆汉人所居，今为清人所有，民家稀少，城池颓废矣。”铁岭卫，这里曾是明辽东巨镇之一，宁远伯李成梁驻此，已是满目废墟。这一带过去是每隔十里五里，大小台堡相望，延袤甚远，皆颓废无人居。开原“乃辽左大镇，城池之壮，过于辽东旧城，而崩垣堆堞，惨不忍见，城内只有居民数十家”。昔日叶赫贝勒金台什、布扬古所居东西二城，“今废弃无人居。前野土地甚厚，蓬蒿接天，城外多人家旧墟矣”。从开原向北，“往返十日，绝无人烟”[2]。开原、铁岭曾经是颇为繁庶的地区，是明与后金互市的处所。叶赫称为“大国”，人口甚众。一六一九年（天命四年）六月，努尔哈赤率军四万攻占开原、铁岭，“所俘举之不

1 《沈阳日记》，第 442 页。

2 《沈阳日记》，第 494~499 页。

尽”[1]。攻破叶赫，“掳其部落而去，空其地”[2]，使这一带满目疮痍。二十多年过去了，到皇太极崇德七年，这里早已远离战场，然而却更加荒芜。“彼辽沈一带，昔当全盛之时，闾里相望，桑麻垂翳”[3]，如今却是处处废墟，沃土不辟，蓬蒿接天，人烟稀少。沈阳是当时清的都城，其郊外至开原如此荒凉，使人触目惊心。即使有一些星散的皇庄和王庄，其耕种者主要是被俘来的汉人和少数朝鲜人，他们是农奴性质的劳动者，生产积极性和生产水平相当低下。“凡私家作农，虽终岁勤苦，十人耕之，不能为十人一年之食。况公家之事，异于私家。”[4]这说明，后金（清）统治地区，即使是具有较高生产积极性的“授田”自耕农，一人生产所得尚不够一人温饱，而在满洲贵族庄田中的农奴，“异于私家”，缺乏生产积极性，产量更低。因此，在皇太极统治时期，后金粮荒一直很严重，经常向朝鲜勒索稻米，动辄数千石。由于缺粮，甚至不能供给朝鲜世子及其随员的食用，令“王子以下诸臣，计口量力而耕”[5]。朝鲜世子苦于有田无人，因为所需耕夫，一时难以买到，“许多耕夫，街上赎买，亦不易”[6]。以后两次共买得汉人男丁四十七人，妇女二十五名。[7]由于“此处饥寒太甚，人价颇轻”[8]，每丁所值不过二十五两至三十两。被卖者贫困达于极点，朝鲜世子所买农人，皆“身结单衣，不可忍见”[9]。当时，清军将掳掠来的人口，常常在沈阳开市买卖，清政府“许被掳人

1 《清太祖实录》卷六，第 20 页。
2 《沈阳日记》，第 496 页。
3 《云南道监察御史毛羽健题本》，《明清史料》甲编，第 8 本，第 726 页。
4 《沈阳日记》，第 544 页。
5 《沈阳日记》，第 464 页。
6 《沈阳日记》，第 468 页。
7 《沈阳状启》，第 348 页、第 353 页。
8 《沈阳状启》，第 354 页。
9 《沈阳状启》，第 354 页。

卖买，清人聚集所俘男女子城门外，其丽者数万，或母子相逢，或兄弟相见，相持号哭，哭声动天”[1]。因此逃人不绝，清政府对惩办逃人及赎还逃人都要求极严。

至于编为民户的“授田”耕夫和工匠，其所受的压迫奴役也十分深重，生活极为困苦。高士俊在《谨呈末议奏》中说：“皇上立法，每丁给田五日，一家衣食，凡百差徭，皆从此出，民间已苦不足。……其该管将官、千总，又将近堡肥田占种，穷民分得俱系穷远荒田。”[2]况且“每丁授田五日，且又存不足。少者固当丁壮之差，其老至六七十岁而有残疾者，不能丁壮之免……金、汉之民，两相困毙”[3]。可见，满族农民也同样身受奴役，困苦不堪。工匠人等也是“虽有地方，而无房屋，凡遇暴日寒天，匠役无处遮盖，苦楚难当”[4]。总之，后金（清）的社会生产相当衰败，其后果便是“我国（后金）无粮之家甚多”[5]，“其在我国者，不是没饭吃，便是没衣穿”[6]。后金社会经济所面临的这些严重问题，虽有不少人建议“便农”，以改善农民的处境，鼓励农业生产，却不见有任何具体措施，皇太极只是要求八旗各家“善养”被俘来的人口而已。由于对农业生产的忽视，耕夫负担的繁重，以及落后的农奴性质生产关系的束缚，原来经济较为先进的繁庶的辽沈地区，反而满目荒凉，农业生产呈现出衰退迹象。清军处于频繁的战争环境之中，而物资又严重不足，为了维持其高昂的战斗士气，弥补战争的消耗，掠夺人口财物便与清军的军事行动如影随形。从这一意义上来说，皇太极也是有其一定的责任的。

1 《沈阳日记》，第 468 页。
2 《天聪朝臣工奏议》，第 6 页。
3 《天聪朝臣工奏议》，第 28~29 页。
4 《天聪朝臣工奏议》，第 42 页。
5 《天聪朝臣工奏议》，第 50 页。
6 《天聪朝臣工奏议》，第 32 页。

盖棺而论，皇太极是应充分肯定的历史人物，这在本文开篇即已说过了。本文的重点只是对有关皇太极研究的文章论说较少之处，稍作补充，以期能历史地全面地评说古人。每一个历史人物都是生活在一定的历史时代，是当时社会环境的产物。激烈的社会诸多矛盾，使一个杰出的历史人物英姿勃勃，叱咤风云，留下了辉煌的历史业绩。在他的历史业绩中，既有自己个人才干、特点的印记，也有时代和阶级的印记，要如实地说明他们的历史活动，需要从一定的历史范畴的联系中去探寻，不苛求，不溢美，不隐恶，这应该是我们努力的方向。

（原载《社会科学战线》1984 年第 3 期）

# 明清大凌河之战及其意义

清入关前，明清之间在关外进行过几次重大战役。天聪五年（明崇祯四年）七月，清太宗皇太极发动大凌河之战，历时一百余天，以明军失败而告终。大凌河之战，是长于野战的清军攻坚作战的一个转折点，对而后松锦决战产生了直接的影响，其意义是不可低估的。

## 一　努尔哈赤、皇太极在宁、锦两次攻坚的挫败和教训

天命四年，后金在取得萨尔浒之战的重大胜利后，转入了对明的大举进攻，连下开原、铁岭、抚顺、清河等城，又灭叶赫。天命六年，后金攻占沈阳，又陷明辽东重镇辽阳，前者半日而下，后者一日攻陷，兵锋甚锐。明辽东经略袁应泰自焚。辽东大小五十余寨、七十余城，俱剃发降。努尔哈赤迁都沈阳，后金政权进入辽沈地区。天命七年，后金再克广宁、义州，明清对峙于大凌河。

明政府本来拟订有会同朝鲜、蒙古合击后金的作战计划，即所谓五路进兵、三方布置，以规复全辽。然而，军事上的连连失利，“辽（阳）广（宁）陷没，关（山海关）宁（远）一线，三

方五路之策，俱不可用矣”[1]。于是决计加强宁远、锦州防线，巩固山海关大门。明军坚城精器，在宁、锦坚城设置了威力强大的西洋红衣大炮，这是当时后金军所没有的。

后金军接连不断的胜利，助长了努尔哈赤的骄满，自认为满洲八旗劲旅攻无不克，所向无敌，可以一举夺取全辽，所谓“先皇帝席卷辽东，已成破竹之势”[2]。天命十一年正月，努尔哈赤率十三万之众，号称二十万，往攻宁远，然而，却遇到了明宁前道袁崇焕、总兵满桂、副将祖大寿等的死守抵抗，伤亡惨重，大败而还。这是努尔哈赤自二十五岁起兵以来最大的一次失败，他对诸贝勒说：“朕用兵以来，未有敢抗颜者。袁崇焕何人，乃能尔耶！”[3]惨痛的失败，对努尔哈赤的打击甚大，当年八月便郁愤而死。

皇太极即位之后，天聪元年五月，再率大军攻宁、锦，期在必克，以张国威而泄满腔之愤。又失利，大怒，对诸将说：“皇考太祖（努尔哈赤），攻宁远不克，今我攻锦州，又未克，似此野战之兵，尚不能胜，其何以张我国威耶！”[4]于是亲率侍卫及诸贝勒冲击，又遭明军炮火痛击，贝勒济尔哈朗、萨哈廉，以及瓦达克等主要将领俱被创，再一次败回。

在宁、锦的接连两次失败，说明了以长于骑射野战而缺乏火器，尤其是缺少攻城大炮的后金军，强攻用重炮设防的坚城，万难取胜，即所谓“野地浪战，南朝（明）万万不能；婴城固守，我国每每弗下”，因而“屡屡进征，屡屡不得长驱”[5]。面对这样的现实，皇太极及时改变了强攻宁、锦，以打通由山海关入内地

1 《明清史料》甲编，第 8 本，第 725 页。
2 《明清史料》甲编，第 1 本，第 48 页。
3 《清史稿·太祖本纪》。
4 《清太宗实录》卷三，第 23 页。
5 《明清史料》甲编，第 8 本，第 725 页。

的作战意图，而是绕开宁、锦坚城，毁边墙入扰内地，对明施行“残毁”的方针，因而宁、锦前线暂时处于沉寂状态。

清军多次毁边墙入明腹地烧杀屠戮，蹂躏土地人民，但因山海关及关外宁、锦八城一线，明朝坚固防线的存在，驻有称为“关宁铁骑”的精锐重兵，所以后金（清）军每次入内地均不敢久留。不破山海关，清军就不能在关内站稳阵脚；要破山海关，必先夺取宁、锦八城，这是关系到皇太极能否入主中原、夺取全国政权的关键所在。正如镶红旗甲喇章京段学孔所说：“恭维皇上至明神武，东荡西除，自朝鲜以及诸蒙古悉归版籍，天命有归已可见矣。但不得遂意中原者，盖以关门之未开耳。关门未开，盖以关外八城未得耳。”[1]可见，明清双方终将在锦州、宁远、松山等八城决战，乃势不可免，而拔除大凌河城，则是第一步。

## 二　大凌河之战与围城打援

宁、锦是明政府抗御后金（清）的前线，又是希图进而规复全辽的前进基地。崇祯谕令兵部说：“宁、锦八城，距奴巢密迩，当枕戈待旦，规进取之图。”[2]努尔哈赤、皇太极两次率军直攻宁、锦，以及后来多次越宁、锦，毁边墙入内地，明廷因而认为：“辽东虏患，不在辽（阳）、广（宁），而在宁前。”[3]为了屏障宁、锦，进逼后金，本来在1627年，筑锦州城时，同时就修筑大小凌河城屯田，以为持久之计。同年，皇太极攻宁、锦，大小凌河城因修筑未完，崩溃。皇太极在宁、锦再败而回之后，祖大寿力主再筑大凌河城，以捍卫宁、锦，进逼后金。

1 《段学孔奏陈攻取关外八城事本》，《历史档案》1982年第2期，第33页。

2 《明清史料》甲编，第9本，第862页。

3 《段学孔奏陈攻取关外八城事本》，《历史档案》1982年第2期，第33页。

1631年（天聪五年）四月，皇太极不断得到明军再次修筑大凌河城的消息，深感不安，多次派出将卒深入大凌河一线探明情况。六月，皇太极得到确报，立即进行军事布署，召集诸贝勒大臣，议设统兵将帅，“其随营红衣大炮、大将军炮四十位，及应用挽车牛骡，皆令总兵官佟养性管理”[1]。

天聪五年七月，皇太极率大军攻大凌河城，下令说：“沈阳辽东之地，原非我有，乃天赐也。今不事征讨，坐视汉人开拓疆土，修建城廓，缮治甲兵，使得完备，我等岂能安处也？”[2]决心拔除大凌河城。八月初六，后金军抵大凌河城。明总兵祖太寿率马步军一万四千余人驻守该城（其中一部分为蒙古兵），城中另有役夫商贾数千人。祖大寿所部皆精锐，拥有许多大炮火器。面对重炮精兵防守的大凌河城，皇太极不再如以往强攻坚城，这是汲取了在宁、锦两次挫败的教训。他招集诸贝勒大臣下令曰：“攻城恐士卒被伤，不若掘壕筑墙以困之。彼兵若出，我则与战；外援若至，我则迎击，于计为便。”[3]决定围城打援，成为后金（清）军攻坚作战的一个转折点。于是满洲八旗各按方位部署，左翼：镶黄、正白、镶白、正蓝，围城之东北至正南；右翼：正黄、正红、镶红、镶蓝，围城之西北至西南。蒙古各部则围其隙处，汉军总兵佟养性率红衣大炮当锦州大道而营，以便阻击由锦来的援军。又环城四面掘壕，诸将各守汛地，勿纵一人出城。大凌河城与外界完全隔断。皇太极决计长期包围，困死大凌河城。

围城之初，清军护军主帅图赖，急功好利，不遵军令。当明军出城诱战，图赖率军先入攻击，围城各旗望见随之继进攻击，明军退入。两蓝旗径抵城壕，明军施放大炮猛烈轰击，清军死伤

---

1 《清太宗实录》卷九，第16页。

2 《清太宗实录》卷九，第18页。

3 《清太宗实录》卷九，第21页。

颇重，图赖亦被创，副将以下将官多人阵亡。这次急进攻城，违背了皇太极困死大凌河城的决策，因而大怒，他痛斥诸将说："此城既已被围，敌兵如狐处穴中，更将安往！""若非用兵之际，即当逮问，今姑宽之，俟后议罪。"[1]于是清军围而不攻，只在明军出城时接战。在围城的一百多天中，明军与清军"大小数十阵，阵亡颇多"。清军则集中力量攻击大凌河城周围的明军台堡，同时严备明由锦州来的援军。

九月，明从关内抽调兵力增援，以图解围。皇太极闻讯后，亲率护军与多铎军迎击，在小凌河与明锦州兵七千遭遇。皇太极擐甲直冲敌营，明军败回锦州。于是皇太极设伏于山内，命士卒执旗向锦州驰骋，尘埃滚滚，炮声不绝，佯为锦州援兵前来解围。祖大寿中计突围出，为清军所败，从此紧闭城门，不敢复出。九月二十四日，明太仆寺卿监军道张春、总兵吴襄、钟纬等率马步军四万援大凌河。明军一过小凌河，即掘壕布阵，环列枪炮、严阵以待。清军亦列车盾，两军对峙。皇太极见明军壁垒森严，不敢轻战，决定乘明军起行前进时乘隙击之，乃引军还。明军果然直趋大凌河。至离城十五里处，皇太极先将一部分精锐埋伏于敌军归路，又集中八旗精锐约两万人，率诸贝勒直冲敌营。明军火器齐发，声震天地，铅子如雹；清军以车盾在前，攻击近敌，然后纵骑兵冲阵，矢如雨下。清军右翼冲入张春营，总兵吴襄等先奔，明军遂溃。这一仗，皇太极充分发挥清军长于野战的优势，以攻击运动中的明军，一天之内击溃援军四万，大获全胜，明张春、张洪漠以下将官三十多人被俘。当两军激战之时，祖大寿又以为是后金军"诱赚之计"，故城中无一人出者。援军溃败之后，大凌河解围无望，城中粮尽，总兵祖大寿、副将张存仁以下将官投降，守军一万余人俱剃发。清军平毁大凌河城后回师。皇太极

1 《清太宗实录》卷九，第 26~27 页。

放祖大寿回锦州，意欲其献锦州城，祖大寿一去不返。

## 三　大凌河之战对清军的意义

大凌河之战的胜利，对清军而后的作战有以下两点特别重要的意义：

第一，清军取得了“围城打援”、攻下用精良火器设防的坚城的经验。清军在大凌河城周围五十里内挖壕掘堑四道，共扎大小营盘四十五座。“明人善射精兵，尽在此城。”[1]祖大寿所部一万四千余人，“坐困莫措”，城溃之时尚有一万余人，因粮尽，“夫役商贾悉饥死，见（现）存者人相食，马匹仆毙殆尽，止余三十骑而已”[2]，甚至“执军士之羸弱者杀而食之”[3]。如此饥卒何能再战？故大凌之溃不在于战，而是被清军深壕筑墙所困死。战后，明派内中军高起潜、郑良辅前往大凌河城实地查勘，兵部根据他们的报告上奏说：“逆奴困凌，连挖四壕，弯曲难行，器具全备，计最狡矣。故虽善战如祖大寿，无怪其不能突出重围。”[4]清人在谈到大凌河城之降时也说：“明大凌城内，粮绝薪尽，军士饥甚，杀其修城夫役及商贾平民为食，析骨而炊。……我兵修筑壕堑益坚，军容整暇。祖大寿谋突围出，但我军防守严密，一人不能逸；欲守，则外无援兵，内无刍糗，军民危急已极，而明之援兵自外而至者，又为我军所败，大寿等力竭计穷，会上（皇太极）遣阵获参将姜新复往招之……大寿降志决矣。”[5]这一关于祖大寿投降

1 《清太宗实录》卷九，第 4~5 页。

2 《清太宗实录》卷九，第 25 页。

3 《清太宗实录》卷九，第 7 页。

4 《兵部呈为王应朝题查明后呈拆毁大凌河城情形本》，《历史档案》1981 年第 1 期，第 28 页。

5 《清太宗实录》卷一〇，第 6~7 页。

的分析，颇为透彻，是具有总结性的。

第二，清军在宁、锦两次挫败后，重视炮兵，决心造炮。天聪五年五月，“造红衣大将军炮成，镌曰：‘天佑助威大将军。’……先是我国（后金）未备火器，造炮自此始”[1]。清军在大凌河第一次使用大炮，与明军展开猛烈炮战，“彼此炮火连天”，这对于取得大凌河之战的胜利起了重要的作用。《清太宗实录》载：“至红衣大炮，我国创造后，携载攻城自此始。若非用红衣大炮攻击，则于子章台，必不易克；此台不克，则其余各台，不逃不降，必且固守；各台固守，则粮无由得，即欲运自沈阳，又路远不易致。今攻克于子章台，而周围百余台闻之，或逃或降，得以资我粮糗，士马饱腾，以是久围大凌河，克成厥功者，皆因上（皇太极）创造红衣炮故也。”[2]但是，当时清军拥有的红衣大炮不多，只能主要用于歼围各台之战。大凌河的胜利，清军俘获了大量的火器，“获大小火炮三千五百位”。而且投降的明军中又多炮手，这就使双方的军事力量对比进一步发生了变化。明兵部为此深为忧虑，故在其题本中说：“火器原为中国长技……但所为长技者，已为奴有，则我之防范可不预为绸缪，以遏其将来之狂逞乎？”[3]

以上两个方面，是大凌河之战的直接结果，对以后松锦决战的胜负关系甚大。崇德四年，皇太极攻松山，已拥有强大炮兵的清军，环列红衣大炮四十多位，“毒打两日，昼夜不绝，城垛尽坏”[4]。崇德五年，清军开始由远而近长期围困锦州，明锦州守将乃是老对手祖大寿。清军在锦州城下挖壕筑墙，一如围大凌河城之法；再用围城打援的办法，败明洪承畴援军于松山，“清人遂

1 《清太宗实录》卷一〇，第 3 页。

2 《清太宗实录》卷一〇，第 5~6 页。

3 《历史档案》1981 年第 1 期，第 28 页。

4 《兵部呈为方一藻题松山孤城获全民心屹固事本》，《历史档案》1981 年第 2 期，第 4 页。

围松山，筑夹城掘壕以守，如围锦州也”[1]，使松、锦犹如“釜中之鱼，人将相食，必蹈凌河之辙”[2]。果然，松山被围半年之后，城中粮尽，“人相食，将不得保”[3]，陷入了当年大凌河城同样的困境。松山城破，洪承畴被俘，几乎又是明张春援大凌河被俘的重演，而锦州守将祖大寿也再次降清。从两次战役的“惊人相似”之处，可以看到大凌河之战对清军的意义。明在松锦决战的失败，精锐丧失殆尽，再也无力抗击清军的进攻了，同时也削弱了明军镇压农民起义军的力量。历史的结局往往是多种力量相互作用的结果。清军很快入关和清王朝的建立，就是松锦之战的历史结局，而松锦之战的胜利，其肇端则在大凌河之战。

（原载《光明日报》1983 年 9 月 21 日）

1 《沈阳日记》，第 414 页。

2 《清太宗实录》卷五六，第 9 页。

3 《沈阳状启》，第 347 页。

# 论明清战争与清代社会矛盾

我国自古以来是一个多民族国家。在封建社会中，民族间的不平等是历史的必然。这是因为，以私有制为基础的阶级社会，伴随阶级统治而存在的，必然是民族关系上的主从之分、高下之别。多民族的封建国家，民族关系划分为统治民族与被统治民族，是以千年计的历史现象。列宁关于沙皇“俄国是各族人民的大监狱”[1]的著名论断，是人所共知的。然而，在一个多民族国家内，国家并不是建立在一个民族对其他民族征服与统治基础上的种族国家。列宁指出：“国家是阶级矛盾不可调和的产物和表现。”“国家的存在表明阶级矛盾的不可调和。”[2]国家是一个阶级压迫另一个阶级的工具，因而在经济上占统治地位的阶级，必然也就是政治上的统治者。在我国历史上，即使是少数民族居于统治地位的朝代，尽管在其建立之初，民族压迫、民族歧视十分露骨，因而民族矛盾十分尖锐，但是，居于统治地位的少数民族，其成员仍然是区分为以王公贵族为核心的统治阶级与被统治阶级。因此，承认历史上多民族国家划分为统治民族与被统治民族，却不能用一个民族统治其他民族来说明国家存在的全部内涵，把多民族国家的存在描绘成某一民族由于侵略征服的胜利而建立起来的全体

1 《列宁全集》，第21卷，第392页。

2 《列宁全集》，第3卷，第175页。

民族成员统治其他民族。

有的文章在论述古代多民族国家的民族关系时，作者从私有制为基础的阶级社会的多民族国家，必然划分为统治民族与被统治民族的正确前提出发，引申出民族关系的一系列论断，使作者所持的观点具有系统性的体系特点。这是经过深思熟虑的理论抽象与概括，使人感到用力之深，对读者颇有启迪。然而，这一力图解决历史上民族关系的系统性观点，似乎是大可以商榷的。为了不失作者的原意，我们将不得不较多地引用作者的原文，以免断章取义。其主要论点如下：

第一，“少数民族发动的对中原农业民族主要是汉族的战争，从来都是全民族的战争，其战利品在全体成员中分配。其民族成员不论其在民族内处于什么样的地位，但对其被侵略者或被其征服者来说，他们是战争的受益者或征服者。”“满洲八旗劲旅出征时自备兵器、鞍甲、马匹，妻小相送甚为雀跃，以及分享战俘和其他财富的情景，便是全民族进行战争的真实写照。”这是对明清战争性质的一锤定音。

第二，“在少数民族居于统治地位的多民族国家里，被统治的汉族是绝大多数，居住在全国的大部分地区。在这种情况下，以少数统治多数，以落后统治先进，少数民族统治者往往用高压政策，来统治和压迫以汉族为主体的各族人民，由此而来的民族矛盾自然上升到突出的地位。十六国……清等时期，基本上都是这种情况。在这类情况下，以汉族为主体的各族人民曾不断地发动许多轰轰烈烈的反对民族压迫的武装斗争。”作者认为，在清代，无论是白莲教大起义，或者是太平天国革命，等等，无一例外是反对民族压迫的武装斗争，而并不具有阶级斗争的性质，因而断言：“我们应该特别指出的是，这种斗争有统治民族的成员参加是很罕见的。”这是对有清一代 268 年社会矛盾性质的论定。

第三，“清代在我国历史上是民族之间的联系与交往远远超过前此的任何朝代的时期。可是有清一代，不仅满族作为统治民族居于‘首崇’地位……（由于地理环境、社会经济不平衡、语言风俗、民族意识等原因）这一切都形成了一个国家内部各民族间对立和隔绝”，再加上统治民族“对各民族分而治之，制造民族间的分裂。这就决定了阶级社会里民族关系的基本方面不可能是友好往来，团结互助”。这是对有清一代民族关系的结论。

不言而喻，以上三个方面有着内在的有机联系，为读者勾画出一幅完整的历史图卷。简言之，从明清之间的战争开始，就是满族侵略汉族为主的全民族战争；满族征服汉族的胜利，清朝建立后，有清一代始终只存在反抗民族压迫的武装斗争，因而在清朝存在的整个历史时期，各民族的关系是对立与隔绝。如此叙述满族崛起与有清一代的历史，历史实际究竟有多少一致之处呢？我们将逐点进行讨论。

## 一　明清战争是否单纯的民族战争

人所熟知，努尔哈赤以十三副遗甲起兵，至天命三年以“七大恨”誓师伐明，从此明清之间的战事日趋激烈。诚然，“七大恨”具有鲜明的反抗民族压迫的色彩[1]，但是，任何战争都是政治的继续。后金为了统一女真各部，灭哈达、叶赫；明为维护其统治，忌后金“国势隆盛”[2]，压迫后金将已灭之哈达“复其国”，实行民族压迫政策，又“助天谴之叶赫，抗天意，倒置是非，妄为剖断”[3]，使努尔哈赤深感“欺凌实甚，情所难堪，因此七大恨

1 《清太祖实录》卷五，第 12~13 页。

2 《清太祖实录》卷三，第 5 页。

3 《清太祖实录》卷五，第 13 页。

之故，是以征之”。[1]可见正是明清双方相互对立的政治措施导致了明清战争。

在多民族国家内部，民族之间的冲突与战争，有其自身发展的规律。最初由于民族压迫与反抗民族压迫而激发的战争，随着双方力量对比的消长变化，必然转化为带有民族战争色彩而实质上则是夺取全国政权的战争。明清战争正是循着这一轨迹发展的。

后金军事的不断胜利，政权的日益巩固和发展，明朝的文官武将投降后金者日众，后金对明的战争便逐渐转向以夺取全国政权为目标。后金政权进入辽沈地区之后，公开声称："大而变小，小而成大，古来兴亡变迁之道甚多。……我金汗身行正道，上天眷爱，况南京、北京、汴京本非一人所居之地，乃女真、汉人轮流居住之地。"[2]此文书与“七大恨”相比，民族战争的色调业已黯然失色，而是引证经史（包括秦亡汉兴）以说明后金之所以对明作战，这就表明努尔哈赤把推翻明王朝，建立全国政权作为自己的战略方针。尤其是在皇太极统一漠南蒙古，臣服朝鲜之后，后金（清）对明的战争，如果仅用“从来都是全民族战争”一语定案，揆诸史实，更是窒碍难通。这不仅是因为八旗制度是由满洲八旗、蒙古八旗、汉军八旗所组成，即使是后金（清）政权也包含着各族成员，当然，满洲贵族居于“首崇”地位，但战争的目的早已不是局限于民族冲突，史料记载表明，已是多民族国家内部满洲贵族意欲夺取全国政权，问鼎中原而战。皇太极致书崇祯帝云："自古天下，非一姓所常有，天运循环，几人帝，几人王。……岂有帝之裔常为帝，王之裔常为王哉！"[3]如果说天命七年努尔哈赤以女真、汉人应轮流居住北京、南京为词，仍然有民族畛域的话，那么皇太极取明代之，为中国主的欲望则是溢于言

1 《清太祖实录》卷五，第13页。

2 《重译〈满文老档〉》（太祖朝）卷四一，天命七年四月十七日。

3 《清太宗实录》卷四七，第22页。

表，而民族战争不再是旗帜。故天聪朝臣直言不讳地说："皇上志在中原。"[1]其意图明人亦十分清楚，徐光启云："伏见逆奴稔祸，建国潜号。""此非昔年之俺答，实宋朝之兀术、完颜亮也。"后金"奚止唾手金辽，射天逆图，殊未可量"[2]。为了夺取全国政权，在对明战争中，不仅满洲八旗作为主力，皇太极且调集蒙古，命令汉军全力以赴，甚至征调朝鲜军队参战（如松锦战役）。明兵部说："汉、夷（清）、奴插（察哈尔）……打成一片，咄嗟之顷，蹂垣而入，任其所之，无不披靡。"[3]正因为清政权是集中各种力量对明作战，故皇太极甚注意对各族上层的笼络。据目击者说，皇太极"容貌则比诸将稍异，动止则戏嬉言笑，无异群胡，饮食及赏物必手自分。每于宴饮置酒器数十余，呼爱将于床下，亲酬酒而馈之，盖收合杂种，故患不一心耳"[4]。剔除"杂种"一词的诬蔑偏见，人们看到的是清军统帅与各族高级将领之间战时"打成一片"，日常生活中则充满了戏嬉言笑，饮酒赏赐，其中固然有皇太极的用心深意，然而明清战争并非单纯的民族战争，而是带有民族战争色彩的夺取全国政权的战争，应该是一目了然的。

更有甚者，顺治元年正月二十六日，清廷曾以"大清国皇帝"的名义，致书李自成大顺军诸帅，表示"欲与诸公同谋协力，并取中原，倘能混一区宇，富贵共之矣！不知尊意如何耳"，自不待言，大顺军当然是汉族，倘若明清战争是所谓的"满族对汉族的侵略战争"，试问"侵略者"与"被侵略"者又如何能"并取中原"？在"混一区宇"之后，又怎能"富贵共之"？而且"大清国皇帝"还颇为自谦地说："不知尊意如何耳。"这一切又当如何从征

---

1 《天聪朝臣工奏议》卷上，《胡贡明陈言图报奏》（以下此书均见辽宁大学历史系印本）。

2 吴晗辑：《朝鲜李朝实录中的中国史料》，第8册，第3076页。

3 《历史档案》1981年第2期，第13页。

4 吴晗辑：《朝鲜李朝实录中的中国史料》，第9册，第3487页。

服与侵略的民族战争立论而给予历史唯物主义的说明?

李民寏《建州闻见录》记载了他于天命四五年间见到的情景:后金军"出兵之时,无不欢跃,其妻子亦是喜乐,惟以多得财物为愿。如军卒家有奴四五人,皆争偕赴,专为抢夺财产故也"[1]。材料只说明后金军乐于出征,为的是抢夺财物。由此就能论证满族在全民族成员中分享战俘和财富,因而便是"全民族从事战争的真实写照"吗?看来问题并不如此简单。

早在20世纪50年代,有的同志就以满族处于氏族制到奴隶制社会发展阶段,来论证后金军作战的目的在于把掠夺财物作为致富的手段。如今又有同志重申这一点。仅以此来论证后金(清)军之所以残暴掠夺,漏洞是显而易见的。这是因为:

第一,关于满族社会的发展问题,姑且不说史学界尚存在分歧,即以多数意见而言,后金政权进入辽沈地区后,明显地向封建制演进。天聪、崇德以后,后金(清)政治经济封建化日益加强(当然还保留有若干奴隶制遗迹),似乎已无分歧。已进入封建社会的满族,为什么随着战争的扩大,其掠夺之凶残,与天命年间相比,反而更甚于前?如崇德三年、七年两次毁边墙深入内地之役,前者毁城七十余座,掠夺人口四十余万,财物不可胜计;后者则更严重。这难道用处于氏族制到奴隶制发展阶段解释得通的吗?不仅如此,对于参战的蒙古各部,满族贵族同样是鼓励其掠夺,皇太极长子豪格说:"我兵得餍所欲,而边外蒙古愈加奋勉矣。"[2]参加的蒙古各部也确实是大肆掳掠,如天聪三年,后金军攻占永平等四城,喀喇沁蒙古对已降明人肆无忌惮的掳掠,以致受命镇守永平的济尔哈朗与萨哈廉不得不向皇太极奏请严禁喀喇沁部"掠我归顺人民"[3],蒙古各部早已是封建领主制,并非处于

1 李民寏:《建州闻见录》,辽宁大学历史系印,第44页。

2 《清太宗实录》卷一四,第23页。

3 《清太宗实录》卷一四,第23页。

氏族制到奴隶制的发展阶段，何以也同样大肆掠夺呢？看来，作者的立论是难以回答的。合理的解释是，后金军鼓励军士掠夺，是以此作为激励军士作战的手段。武勋王额驸杨古利说得最清楚："至于士兵所获，不计多寡，听其自取。若此，则人人贪得，不待驱逼……如是，则兵威大振矣。"[1]

第二，问题在于：后金（清）统治者之所以用掠夺来鼓励士卒奋战，其真正原因何在？这才是需要探索的。

据后金臣僚说："我国地窄人稀，贡赋极少，全赖兵马出去抢些财物。"[2]可见，后金（清）军之大肆掠夺乃是有其深刻的社会经济原因，即财赋困难，因而用掠夺弥补财政之不足，以维持战争的再进行，所以才会有"环观今日军情，无大无小，都以蛮子（指明与汉人）家为奇货，是势之必欲入内地也"。[3]故"出兵之际，人皆习惯，俱欣然相语曰：'去抢西边。'汉人闻我动兵，亦曰：'来抢我矣。'"[4]以上各条材料，均出自后金当时人的奏议，是说明问题的第一手材料。不从历史实际出发分析问题，而以处于由氏族制到奴隶制社会发展阶段来囊括一切，都将与历史真实南辕北辙。

第三，所谓"在满族全民族成员中分享战俘和财富"，则更是与清制不符。人所共知，只有入"八分"的满洲贵族，才能分享战俘与财富，非此不得参与，遑论满族下层军卒（因功受赏，或掠夺所得是另一问题。这并不是以满族成员不论其地位如何，在全民族中分配而当然享受战利品），即所谓"有人必八家分养之，土地必八家分据之，即一人尺土，贝勒不容于皇上，皇上亦不容于贝勒"。[5]

1 《明清史料》甲编，第 1 本，第 64 页。
2 《天聪朝臣工奏议》卷上，《胡贡明陈言图报奏》。
3 《天聪朝臣工奏议》卷上，《宁完我等谨陈管见奏》。
4 《天聪朝臣工奏议》卷上，《王文奎条陈时事奏》。
5 《天聪朝臣工奏议》卷上，《胡贡明五进瞽奏》。

八旗士卒出征，需自备鞍马及军用品，这就成为沉重的负担，他们往往“自鬻衣物以供买马之需”。[1] 尽管出兵之时“人皆喜乐”，满洲贵族鼓励他们掠夺，不限多少，但实际情况却有如李国翰、张存仁、佟图赖等在上皇太极书中所说：“皇上轸念军士贫乏，令其分往掠地，盖欲使之宽裕也。窃思往掠之事，便于将领而不便于士卒；便于富家，而不便于贫户。将领从役颇众，富家蓄马最强，是以所得必多；贫乏军士，不过一身一骑，携带几何，虽令往掠，于士卒无益。”[2] 李国翰、佟国赖等人均为现任汉军固山额真，频繁征战，所说情况当然具有权威性。他们的上书，至少说明了以下两点：第一，从天命三年明清战争肇端，至崇德七年李国翰等上书时，在这20多年的明清战争中，八旗士卒仍然十分穷困，并未因允许掠夺而致富；第二，八旗士卒之所以仍然贫困，正因为掠夺只有利于将领富人。早在天聪五年，在大凌河之役被俘的张春当面对岳托说：“尔国兴师以来，所获亦富，衣食皆足。”3满洲贵族将领才是掠夺的真正受益者，故诸王将领因罪受罚时，动辄成千上万两白银，或夺其属人。而所谓满族成员，不论地位如何，均为“民族战争”的受益者，分配战俘、战利品云云，则是经不起历史事实检验的。我们这样说，还可以以满族农户的处境得到进一步的证明。

满族一般农户非但没有分享到战利品，成为受益者，恰恰相反，他们却因战争而备受苦难。我们还是看一看后金自己的记载吧。

高士俊在其《谨陈末议奏》中云：“我皇上立法，每丁给田五日，一家衣食，凡百差徭，皆从此出，民间已苦不足。……其该管将官、千总，又将近堡肥田占种，穷民分得，俱系苘远荒

1 《明清史料》，甲编，第1本，第64页。

2 《清太宗实录》卷六二，第13页。

3 《清太宗实录》卷九，第45页。

田。”[1]况且“每丁授田五日，且又有不足，少者固当壮丁之差，其至六七十岁而有残疾者，不能丁壮之免……金、汉之民，两相困毙”[2]。这样明白的记载，大概不会引起任何误解。这就足以证明满族农民因战争而来的种种差徭负担，同样是受奴役而困苦不堪。因此，时人指出:“我国（后金）无粮之家甚多。”[3]“其在我国者，不是没饭吃，便是没衣穿。”[4]故“夷人”逃投于明者有之，如崇德元年三月，便有从清逃投于明的“夷人”五名，他们在逃奔途中，“被我官儿差许多人趁来，内有骑马夷人三名，将我们赶上，将我大儿子喇散射死，又将我妻束炭右肐臂射中一箭，夺去马八匹。我妻子五人跑脱，沿途跑死马五匹，将肉剥的，随带吃用，走了二十余日，才到这里（宣府所属独石路）”[5]。时任明宣府巡抚的陈新甲向来投者“询问东奴消息”。下层人民因不堪其苦逃投于明，即便死于追捕者之手也不返回。满洲贵族中也有人因种种原因，逃投于明，如伊尔根觉罗·阿山，曾“与诸弟及其子塞赫等逃之明。太祖命收其孥，遣兵追之，毙其二子。阿山至明界，明台军戮其从人，阿山惶惧，与阿达海等复归请罪”[6]。甚至努尔哈赤的嫡系子孙中亦有意欲潜逃而投明者。

明人有投清者，清人亦有投明者，尽管前者多于后者，这种现象每当新旧朝代鼎革之际是屡见不鲜的。明清之际民族矛盾十分尖锐，可是由此方投于彼方者，并没有因此而存在不可逾越的鸿沟。

总之，明清战争具有民族矛盾的性质，这是不容否认的，尤其在努尔哈赤以“七大恨”誓师伐明时，就更为鲜明。随着时间

1 《天聪朝臣工奏议》卷上，《高士俊谨陈末议奏》。
2 《天聪朝臣工奏议》卷上，《胡贡明谨陈事宜奏》。
3 《天聪朝臣工奏议》卷中，《鲍承先陈籴粮办法奏》。
4 《天聪朝臣工奏议》卷上，《胡贡明五进狂瞽奏》。
5 《明清史料》，甲编，第9本，第853页。
6 《清史列传》卷四，《阿山传》。

的推移和明清双方力量对比的消长变化，后金（清）对明的战争便发展成多民族国家中一个地方政权为夺取全国政权而战，这是历史的客观过程。尽管这时明清战争仍然带有民族矛盾的色彩，但既然是多民族国家中夺取全国政权的战争，因此就不是“民族战争”一语所能武断。而从“少数民族发动的对中原农业民族主要是汉族的战争，从来都是全民族的侵略战争”来立论，则与历史事实背道而驰，从而也难以说明明清战争的实质，却可能导致“战争种族论”的错误结论。

## 二　清代社会的主要矛盾是什么

马克思主义认为，在阶级社会里，任何民族问题实质是阶级问题，民族斗争实质是阶级斗争，这是分析研究我国清代统一多民族国家中纷乱繁杂、迷离混沌的民族关系，包括满汉关系在内的科学准则。就清王朝的政权性质而言，它是以满族贵族为核心的满汉地主阶级和其他民族上层的联合政权，其中，满族贵族在政治、经济上享有特权，居于特殊地位，有其特殊权益，因此给清代的社会关系和阶级斗争往往抹上了民族色彩。这种清代独有的政权形式，是经历了一个历史发展过程的，同时也反映出不同时期阶级斗争和民族斗争的变化与特点。满族是居住在我国东北境内的少数民族，17 世纪初，当它勃兴崛起、发展壮大之后，为了进入中原，建立全国政权，十分重视团结汉族地主阶级，以此扩大清（后金）政权的阶级基础。清太宗时期，皇太极积极笼络汉族官僚地主，设部院、置文馆、建汉军、兴科举，吸收大批汉官进入政权机构，参与机密。如范文程、宁完我、洪承畴、高鸿中、孔有德、尚可喜、耿仲明、鲍承先、石廷柱、马光远，等等，皆封官厚赏，被倚为心膂，他们成为清（后金）政权的新贵，也是推动满族社会封建化最积极的政治力量，从此满族贵族和汉族官僚地主开始合作，故清太宗宣称满汉之人，“视同一体”[1]。与此同时，皇太极还采取一系列安抚汉民的措施：减轻徭役，用恤民力；停止圈地，以安其业；满汉分居，编为民户；诉讼拟罪，满汉相同；严禁八旗官兵，抢夺汉人财物等。由于太宗对汉族政策的调整和改革，使满汉关系不再紧张，矛盾得以缓和，此时社会突出的矛盾并非民族矛盾，而是新兴的清（后金）地方政权和腐败的明中央政权之间的矛盾，斗争的实质是争夺全国统治的问题。

顺治元年春，中原形势发生了重大变化，三月十九日李自成率领农民起义军攻占北京，崇祯皇帝自缢身亡，这时清尚未得到确报。但是，清的重要谋臣秘书院大学士范文程已看到关内的局势将发生突变，四月四日向摄政王多尔衮启奏，敦促迅速率军入关，夺取政权。他指出当时的形势，“正如秦失其鹿，楚汉逐之，我国虽与明争天下，实与流寇角也”[2]，清的主要敌人变了，不是明王朝，而是农民军。因此，他提出对待明王朝各级官吏，凡是归顺者“官仍其职”，并“拨其德誉素著者置之班行，俾各朝夕献纳，以资辅翼”。[3]可见范文程是要清联合关内明朝官僚地主，镇压农民起义军。

多尔衮接受了范文程的建议，四月九日亲统大军，出师中原。军抵辽河时，得探报方知明朝已亡。他咨询洪承畴的意见，洪承畴除了同意范文程的意见外，向多尔衮建议：首先，“遣官宣布王令，示以此行，特扫除乱逆，期于灭贼”，公开宣称农民军是清的敌人，并认为农民军“今得京城，财足志骄，已无固志”，“可一战而除，宇内可计日而定”；其次，“布告各府州县，有开门归降者，官则加升，军民秋毫无犯，若抗拒不服者，城下之日，官

1 王先谦：《东华录》。

2《清世祖实录》卷四，第6页。

3《清世祖实录》卷四，第7页。

吏诛，百姓仍予安全。有首倡内应立大功者，则破格封赏”[1]。这两条方略，都是为了表明清军打击的对象，积极争取故明官僚地主的拥护和支持，所以此策颇受多尔衮的赞赏，随之推行。

四月十五日，当多尔衮率军到达翁后（辽宁阜新境内）时，收到退守山海关的明朝大地主阶级的代表平西伯吴三桂来书，他以“财帛”和“裂土”为代价，乞求清“速选精兵，直入中协西协，三桂自率所部，合兵以抵都门，灭流寇于宫廷”。[2]多尔衮阅毕此信，正合心意，十分喜悦，翌日复吴三桂书说：“予闻流寇攻陷京师，明主惨亡，不胜发指，用是率仁义之师，沉舟破釜，誓不返旌，期必灭贼，出民水火。及伯遣使致书，深为喜悦，遂统兵前进。夫伯思报主恩，与流贼不共戴天，诚忠臣之义也。”[3]以多尔衮和吴三桂的来往书信，可以看出双方为了镇压农民起义，已经互相勾结起来。二十二日，多尔衮与吴三桂的联军在山海关石河之战中，大败李自成统领的农民军。清军入关后，立刻宣谕：“义师为尔复君父仇，非杀尔百姓，今所诛者惟闯贼。吏来归，复其位；民来归，复其业。师行以律，必不汝害。”[4]正因为清统治者高高举起“复君父仇”的旗号，巧妙地掩盖了民族的差别和矛盾，形成了两大阶级的对抗，这样清军所到之处，汉族官僚地主纷纷迎降，仅仅十天就占领了北京。

清军进入北京，标志着清王朝全国政权的确立。为了巩固新的政权，就进一步拉拢汉族官僚地主。于是多尔衮下令为明崇祯帝发丧安葬，官民服丧三日，以满足一些汉族官僚地主对明朝的某些眷恋心理。并宣布明朝“各衙门官员仍然照旧录用”，“其避贼回籍，隐居山林者，亦具以闻，仍以原官录用”，“剃发归顺

1 《清世祖实录》卷四，第11~12页。

2 《清世祖实录》卷四，第14页。

3 《清世祖实录》卷四，第15页。

4 《清史稿》卷二三二，《范文程传》。

者，地方官各升一级”，对明朝王室“有来归者，亦当照旧恩养，不加改削”。[1]这些招徕政策，得到北方汉族地主阶级的拥护，因此在他们的支持和配合下，清军迅速占领了河北、河南、山东、山西等地。

其时，在南方的明朝官僚地主，于这年五月十五日，扶植明福王朱由崧在南京称帝。弘光政权，对农民军无比仇恨，念念不忘“讨贼复仇”[2]，却对清朝统治者的所谓为明朝“复君父仇”，则非常感激，故晋封已投降清朝的吴三桂为蓟国公，以表彰他引清兵入关镇压农民军的功劳。七月，弘光帝派遣左懋第、陈洪范等人率领使团北上，企图“联清讨贼”。就在此时，清廷为了集中力量消灭农民军，避免东西两线作战，多尔衮给弘光重臣史可法去书说：清朝江山“乃得之于闯贼，非取之于明国也”。“方拟秋高气爽，遣将西征，传檄江南，连兵河湖，陈师鞠旅，戮力同心，报乃君国之仇，彰我朝廷之德。岂意南州诸君子，苟安旦夕，弗审事机，聊慕虚名，顿忘实害，予甚惑之。”并提出“同以讨贼为心”，不然“予将简西行之锐，转旌东征，且拟释彼重诛，命为前导”，进攻南明。要求他“取舍从违，应早审决”，“南国安危，在此一举”。[3]这封威胁利诱的信收到了效果，江南地主阶级出于自身的阶级私利，对于清军追歼农民军当然积极赞许，但却害怕清朝向南方进军。所以，史可法复多尔衮书说：“今逆贼未服天诛，谍知卷土西秦，方图报复。此不独本朝不共戴天之恨，抑亦贵国除恶未尽之忧。伏乞坚同仇之谊，全始终之德，合师进讨，问罪秦中，共枭逆贼之头，以泄覆天之愤。则贵国义问，炤耀千秋，本朝图报，唯力是视。从此两国世通盟好，传之无穷，不亦休乎？”[4]此书表示弘光朝廷愿与清

1 《清世祖实录》卷五，第3页。

2 徐鼒：《小腆纪传》卷一二，《刘宗周传》。

3 蒋良骐：《东华录》卷四。

4 蒋良骐：《东华录》卷四。

联合镇压农民军，两国互不侵犯，充分反映了江南地主阶级的意愿。清廷解脱了后顾之忧，便命令原来已率师南下的豫亲王多铎，立即“便道往征”[1]陕西，同英亲王阿济格率领的从陕北南进的清军，合击李自成的农民军。由上可知，自顺治元年四月到顺治二年四月，在这一年多的时间里，清朝政权是在农民军取得胜利的形势下，满族贵族联合汉族地主阶级，共同镇压农民起义，重建了封建统治秩序。由于他们阶级利益一致，皆视农民军为死敌，把消灭农民军作为本阶级的首要任务，所以这时的主要社会矛盾和斗争形势，仍然是明末以来农民反抗阶级压迫斗争的继续。

但是，顺治二年五月以后，因为清廷制定和推行一系列的民族高压政策，致使满汉间的民族矛盾十分尖锐。这年六月十日，清政府颁布了剃发令:“自今布告之后，京城内外、限旬日。直隶各省地方，自部文到日，亦限旬日，尽令剃发。遵依者，为我国之民，迟疑者，同逆命之寇，必置重罪。”[2]这种以暴力强迫汉族改变传统习俗的做法，无疑是野蛮的民族压迫，因而爆发了反剃发斗争。另外，清王朝为了维护满族贵族的利益，保障八旗士兵眷属的生计，推行反动落后的圈地令、投充令、逃人法。清政府把圈占汉民的土地分配给八旗官兵，这种旗地官庄布满了近京七十七州县，广袤两千余里。被圈占的州县内，大部分土地变为旗地，所剩民地极少。圈地不仅圈占京畿五百里以内的土地，而且随着满洲八旗驻防，扩大到山东、山西、陕西、云南等地。被圈地区的汉民背井离乡、流离失所，迫使他们“相从为盗”[3]，“铤而走险”[4]，组织起来进行反清斗争。与此同时，满族贵族在圈地上重建农奴制庄园，从事

1 《清世祖实录》卷一〇，第 12 页。

2 《清世祖实录》卷一七，第 8 页。虽然清入关前和入关初，曾下令剃发，因遭反对，未能实行。

3 《上谕旗务义覆》雍正八年五月，都统穆森等奏。

4 《清世祖实录》卷三一，第 11 页。

生产的农奴，一是由关外带来的汉人奴仆，二是带地和不带地的投充人，这种落后的农奴制在早已高度封建化的中原地区推行，显然是开历史的倒车。他们不甘心被束缚在满族贵族农奴制的庄园上供其奴役，因此纷纷逃亡，一年之中多达万人，多尔衮说："自入关以来，逃亡已十之七，不严此令，必致无复一人。"[1]清朝统治者为了维护农奴制度，制定了极为残酷的逃人法，然而事与愿违，"究治愈力，逃者愈多"[2]。由于清王朝推行以上各项错误的政策，不但危害广大汉族劳动人民，而且同样损害汉族地主阶级的利益，当许多汉官上疏请求废除，清廷却下令："凡有为剃头、圈地、衣冠、投充、逃人牵连五事具疏者，一概治罪，本不许封进。"[3]因此，清王朝在错误的道路上越滑越远，激起了汉族人民的反抗，形成了尖锐的民族矛盾，这在客观上推动和促进了大顺军、大西军"联明抗清"，从而遍及全国的抗清斗争进入高潮，民族矛盾上升为社会的主要矛盾。

自康熙初年到乾隆中叶，这一百多年间，由于清朝统治者在政治、经济和文化思想等方面进行了许多必要的政策调整，使得满汉地主阶级的联合专政日益巩固，阶级斗争和民族矛盾也相对缓和，因而出现了所谓"康乾盛世"。当然，在"康乾盛世"的背后，社会的矛盾和斗争并没有停息，此时正处在大规模抗清斗争被镇压下去、新的农民起义高潮尚未来到之时，因此斗争的形式和内容较前一个阶段不相同，一般来说规模比较小，地区也很分散，往往采取秘密结社。在农村表现的形式为抗租、夺粮、争田、反科派和雇农反克扣工钱的斗争；在城镇表现的形式是手工业者、商人、居民等，反苛征抗课税罢工罢市、反对官府。此外也有一

1　卫周胤：《请陈治平三大要》。

2《恸余杂记》，圈田条。

3　魏裔介：《兼济堂文集》卷九，《查解宜贵州县疏》。

些农民起义和农民战争，如康熙时期台湾朱一贵起义，雍正时期沅州谢禄正起义，乾隆时期澄海李阿万起义，等等，都因为缺少大规模群众斗争应具备的、深刻的社会内容和必要条件，所以不可能发展成为全国性的大起义。以上这些不同形式的斗争，按其性质而言，是属于阶级斗争。这里需要说明两点：其一，我们认为这个时期社会矛盾主要是地主和农民两大阶级的斗争，同时承认民族矛盾的存在，但不激烈，满汉民族正处在自然融合的过程中；其二，此时一些秘密结社和农民起义也提出“反清复明”，但是包含的内容和目的与过去不同。所谓“反清”是指反对清政权，即满汉地主阶级联合专政的封建政权，而不是反满；“复明”并不是要恢复腐败的明王朝封建统治，而是当时存在着民族压迫，是要恢复和提高汉族的社会地位。

到了乾隆后期，清王朝经历了“康乾盛世”之后，开始由盛转衰，逐渐走下坡路。统治阶级日益腐朽，社会矛盾不断加深，阶级斗争更加激烈。乾隆三十九年山东爆发了王伦起义，拉开了大规模反抗清朝统治的序幕。随着阶级矛盾的尖锐化，嘉庆元年终于爆发了震撼全国的川、楚、陕白莲教大起义。十八年，李文成、林清领导了豫、鲁、冀天理教起义。恩格斯指出：“所谓宗教战争也根本是为着十分明确的物质的阶级利益而进行的。”[1]白莲教、天理教大起义是披着宗教外衣的农民战争，实质上是阶级之间的大搏斗，如白莲教以“官逼民反”为号召，正反映了这个时期起义的阶级实质，说明阶级矛盾是社会的主要矛盾。从鸦片战争到辛亥革命，清政府由满汉地主阶级专政的工具，变成了外国资产阶级奴役压迫中国人民的工具，中国由一个封建社会逐渐变成为半殖民地半封建社会，中国人民同帝国主义和封建势力展开了不屈不挠的英勇斗争，使中国人民的革命运动进入了一个新的

1 《马克思恩格斯全集》，第7卷，第400页。

时期，即民主主义革命阶段。以斗争的性质而言，具有民族的、阶级的双重性，这同清初的满汉矛盾不是一回事，有本质的区别。

综观有清一代 268 年的历史，虽然满族进入中原以后，建立了清王朝，成为统治民族，满汉之间存在着民族压迫和民族斗争，而民族矛盾“上升到突出的地位”，仅仅是清初的 20 年，并非整个清代。我们认为就是对待这 20 年，也应该作历史的、阶级的分析，“在民族斗争中，阶级斗争是以民族斗争的形式出现的，这种形式，表现了两者的一致性”[1]。当然，民族斗争又不等于阶级斗争，不过民族斗争中包含着鲜明的阶级内容，清初民族斗争的历史就是这样的，进攻的一方是满族贵族和降清的汉族地主，抵抗的一方是以农民军为主体的各族劳动人民和南明政权。所以说清初的战争是民族斗争和阶级斗争互相交织在一起，因此既不能否定民族斗争，又不能把民族斗争绝对化，只看到民族矛盾，看不到阶级矛盾，这也是不符合清初历史实际的。由于作者忽视阶级分析，把清代的白莲教起义、太平天国革命等重大的反抗斗争，都认为是反对民族压迫，而不是阶级斗争，从而断言“这种斗争有统治民族的成员参加是罕见的”，或说“都是没有满族参加的”。我们不同意这种看法，在下面再详述。

## 三　清代民族关系是否始终处于对立和隔绝

清朝是统一的多民族国家，民族关系在整个社会生活中占有重要的位置。清入关后从农民起义军手中夺取了胜利果实，建立了新的全国政权，作为清王朝统治民族的满族，虽然居于“首崇”的特殊地位，但是满族内部仍由不同的阶级组成，即皇帝、八旗

1 《毛泽东选集》，第 2 卷，第 527 页。

王公、官员等封建统治阶级和旗下家人、正身旗人（没有剥削的）等被统治阶级。这两大对立的阶级在处理民族关系时所持的态度、立场不完全一样，因此就应该有所区别，不能一概而论。从清代的满汉关系来看，满族贵族为了维护清王朝统治，确保其统治地位，扩大其剥削利益，一方面在本民族内部，推行落后的封建农奴制度，保持“国语骑射”，挑拨满汉关系，实行一系列具有民族压迫色彩的反动政策；另一方面则通过各种手段，竭力笼络汉族地主阶级，结成满汉地主阶级联合专政，共同镇压人民群众的反抗，加强和巩固清王朝封建政权。由此可见，满汉两族的劳动人民之间没有根本的利害冲突，而是受剥削和压迫的阶级弟兄，这就决定了他们之间友好往来、团结互助的阶级基础。

自顺治元年十月以后，满族纷纷由辽东迁入关内定居。马克思和恩格斯曾经指出:“定居下来的征服者所采纳的社会制度形式，应当适应于他们面临的生产力发展水平，如果起初没有这种适应，那么社会制度形式就应当按照生产力而发生变化。”[1]此种社会“变化”是非常深刻的，恩格斯说:“在长时期的征服中，比较野蛮的征服者，在绝大多数情况下，都不得不适应征服后存在的比较高的‘经济情况’；他们为被征服者所同化，而且大部分甚至还不得不采用被征服者的语言。”[2]满族社会发展变化正是如此。清初，实行“旗民分治”，在广大汉族居住地区，沿袭明代保甲、隶于州县；旗人则“以旗统族”，不隶州县。清朝政府颁布一系列禁令，划定旗民住地，不许混居，禁旗、民交产、通婚，正身旗人不得养民人之子为嗣，等等。地方官亦无约束旗人之责，因而旗人诉讼，地方官不得受理。旗民互讼时，须与旗员或理事同知会同勘问，旗民分治，使旗人自成系统，与汉族人民隔离开来。清统治

1 《马克思恩格斯选集》，第 1 卷，第 81 页。

2 《马克思恩格斯选集》，第 3 卷，第 222 页。

者的用意在于保护旗人特权，维护其“八旗乃国家根本”，以确保其统治。但是，历史的客观规律却是满族贵族无法改变的。

满族移居中原，分布在京畿附近州县和八旗驻防地区，形成大分散、小集中的格局。清统治者虽有满汉不得混居的规定，但在实际生活中，满族“小集中”也是难以持久的，在农村则更难贯彻，因而是“旗民杂处”[1]。他们长期同汉人杂居，村舍毗邻，垄亩相连，这就为满汉民族的交往提供了便利条件。因此，汉族的先进生产力和生产关系对满族产生了极大的影响，在满族的官庄、旗地上，逐步采用了汉族的农业工具和耕作方法，使满汉农业生产水平逐渐接近，到了康熙末年已无差别，而且，满族的社会生产力也得到进一步发展。于是满族从领主经济过渡到地主经济，大约在康熙时期，旗地的个人私有制代替了“计丁授田”的“份地”制，出现了封建租佃关系，地主经济开始成长起来。皇庄、王庄的生产关系虽然较复杂，奴隶制、农奴制和租佃制混合存在，但到了乾隆中期，农奴制逐渐解体，地主经济居于主导地位。这样，满族的生产关系也达到了汉族水平。同时，在旗民杂处、旗地与民田地段错落、民佃旗庄等错综复杂的现实生活中，实行旗民分治的两套管理系统，也给行政管理造成了扞格难通的局面，引起封建统治机构之间的纠纷，不利于统治，因而出旗为民，旗人编保甲，是历史发展的必然结果。当然，由于清统治者的民族歧视政策，旗与民的身份地位仍然是有差异的，但是，“出旗为民”，却反映了社会的进步、满汉民族融合的历史过程。随之满族的思想文化、风俗习惯也发生了明显的变化，最突出的是满文、满语的废弃。乾隆时满人用汉文、汉语已经普遍，但对满文、满语还较重视。嘉庆、道光以后，满人通用汉文、汉语，

1 档案：孙嘉淦奏：“查直隶地方，旗民杂处，庄头、庄丁多系带地投充之人。”(保警类2号)。

满文、满语逐渐废弃。到了光绪年间，许多满人把满文、满语都忘却了。满族学会汉文、汉语，便于直接学习汉族先进的文化科学知识，对发展本民族社会经济起了促进作用。由于满族不断吸取汉族文化，人才辈出，如大文学家曹雪芹、著名词人纳兰性德、书法家永瑆、画家唐岱、数学家博启、医学家文通，等等，他们的成就为丰富祖国文化宝库作出了贡献。与此同时，满族的生活习俗也和汉族日趋一致，不仅反映在衣、食、住、行等方面，就连过年过节，红白喜事也互相接近。满族把原先的火葬改为土葬，学习汉族采取隆重的婚丧仪式。在满汉民族自然融合的过程中，就清朝统治阶级而言，他们是不愿意而且害怕的，尽管百般阻挠，终究阻挡不了这股历史洪流。

清王朝建立后，满族贵族拉拢汉族地主阶级，他们既占有大量土地，又有巨额财富，利用政治、经济的特权，对满汉人民进行剥削和压迫，过着养尊处优的寄生生活。到了清朝中叶，社会经济空前繁荣，封建统治阶级追求物质享受之风也随之达到高峰，致使吏治败坏，贪污公行，武备废弛，政治腐败到了极点。因此阶级矛盾日益尖锐，社会危机不断加深，终于爆发了连续不断的大规模的反清斗争。在这些斗争中，满汉人民是战友，虽然清朝统治阶级挑拨离间，制造分裂，但是他们有时互相声援，或者并肩战斗。

清初以来，满族贵族为了巩固其统治，镇压人民反抗，把满族壮丁编入八旗，脱离农业生产。这种繁重的兵差，造成严重的八旗生计问题。当时户部尚书陈之遴就说："远涉数千里，长征一二年。出兵之时，买马置械，措费甚难。凯旋之日，马倒器坏，又须买补。满兵月粮几何，堪此重费？"[1]清政府对这个问题长期没有妥善解决，因而激起满族人民强烈反抗。康熙三十一年，北

1 《皇朝经世文编》卷三五。

京的八旗兵请求增加粮饷，聚集四五千人，包围皇宫，冲进御花园。[1]另外，八旗兵丁不断逃亡，乾隆十年，山海关、张家口等地，“一年之内，各处报逃之案，竟有二百五十余起之多”[2]。

满族人民除了自己起来反抗外，还同广大的汉族人民一道进行斗争。当时民间宗教和秘密结社很活跃，其中天理教（即荣华会，或龙华会，系白莲教支派）在京畿一带较盛行，流传于社会下层，基本群众是农民、手工业者、城市贫民，还有许多旗人参加，甚至太监、庄头、官员也参加。嘉庆十八年，天理教坎卦主林清（大兴县黄村人）领导起义，准备直冲宫禁，推翻清廷，夺取政权。他事先联络宫内太监（天理教徒）为内应，命正蓝旗豫亲王府包衣陈爽为指挥，带领两百余人潜伏在东华门和西华门外，由太监刘得财、高泰等人接应，夺门入宫，经过一场浴血奋战，终因寡不敌众，起义失败，但它确是震骇中外，对清朝统治者的打击是十分沉重的。然而参与其事的天理教徒中，有宗室海康、庆瑶，汉军旗佐领曹纶及其子曹福昌，包衣祝现等人，还有一些不知名字的旗人壮丁。鸦片战争以后，在外国资本主义和封建主义的双重压榨下，满族内部的阶级矛盾更加尖锐，反对封建压迫的斗争高涨起来。太平天国时期，虽然没有看到满族直接参加革命队伍，但是在满族居住的地区，爆发了抗租、抗税、抗差的斗争，在客观上支援了太平天国革命运动。到了辛亥革命时，分散在全国各地的满族，许多人很快被卷入革命的风暴中，有些满族先进人物和革命群众投身辛亥革命。例如四川的满族知识分子赵慧民、会党首领赵石卿等在八旗兵丁中宣传革命，鼓动响应新军起义，收到很好效果，迫使成都将军玉崑接受和平解决方案。另外，当福建的清军被革命军击败后，将军朴寿“走避旗卒家”，被

1 《清史资料》，第1辑，第214页。

2 《清高宗实录》卷二四四。

八旗兵丁“告发被执”。东北地区，沈阳汉军旗人张榕等人组织“联合急进会”，进行革命活动，公开提出要建设满汉联合共和政体的主张，采取“响应南方（指革命），牵制北军势力，使清帝不敢东归，赵督（指总督赵尔巽）不敢中立”[1]的措施，得到广大满族革命群众的支持和拥护。“联合急进会”派人到各处联络革命力量，在凤城、辽阳、庄河等地，发动武装起义。在吉林建立了分会，满人松毓为会长，不少旗人入会。该会企图成立议会，宣布独立，由于敌人的破坏，未能实现。张榕等人积极为革命奔走，惨遭反动派杀害。他们用鲜血和生命为辛亥革命贡献了力量，开辟了道路。

有清一代，满汉两族人民不仅在生产活动、文化交流和阶级斗争中，互帮互学、共同战斗，而且在反对分裂割据，维护国家统一的斗争中，也相互支援，并肩作战。在平定三藩叛乱、统一台湾、抗击外国入侵者与民族分裂分子的长期斗争中，满汉官兵，奋勇作战，维护了国家的统一。清朝在政治上达到高度的统一，积极经营开发边远地区，进行有效的管理，大体上奠定了现代中国的版图，这一重大的贡献同满汉及其他兄弟民族共同斗争是分不开的。鸦片战争以后，中国历史发生了重大的转折，中华民族遇到了生死存亡的危机，尽管清朝统治阶级向侵略者屈膝投降，但是各族人民和爱国官兵却英勇不屈，坚决斗争。满族也不例外，在鸦片战争中，驻守乍浦、镇江的八旗官兵抗击英军，副都统海龄为国捐躯，许多士兵壮烈殉国。第二次鸦片战争时，东北地区满汉各族人民反对沙俄入侵，进行顽强的战斗，使俄国企图占领关外的阴谋未能得逞。甲午战争期间，满汉官兵并肩战斗，沉重打击了日本侵略者，在黄海海战中许多爱国官兵英勇奋战、壮烈牺牲。义和团运动爆发后，北方各省广大满汉人民纷纷参加这场

1 《辛壬春秋》，第 44，见《满族简史》，第 172 页。

声势浩大的反帝爱国运动，攻打教堂，驱逐教士。这一切都表现满汉各族人民不甘屈服于外国侵略者的反抗精神，不愧为中华民族的优秀儿女。

以上我们从生产斗争、阶级斗争和维护国家统一、反对外来侵略等方面，阐明满汉各族人民，在有清一代虽然统治阶级制造民族分裂，但是各民族之间的友好往来还是主流，民族关系并非始终是“对立和隔绝”的，那种认为“阶级社会里民族关系的基本方向，不可能是友好往来，团结互助的”看法，显然缺乏阶级分析，不符合历史真实。

（原载《史学集刊》1985 年第 2 期）

# 甲申之变与清军入关*

明崇祯十七年即清顺治元年，岁在甲申。这是神州震荡的一年，也是明清鼎革交替之年。

明清变革之际，社会矛盾错综复杂。清军入关和清朝的建立，各种政治军事力斗争激烈，其间充满着权术与机敏，朝秦暮楚与反水，风云变幻，历史进程波澜跌宕。值此清军入关 350 周年之际，撰写此文，申说浅见。

## 一　清军入关和清朝的建立是各种政治军事力量激烈斗争的历史结局

崇德七年（明崇祯十五年）四月，历时一年有余的明清松、锦大战以明军的失败而告结束。督师洪承畴被俘，宁锦镇将祖大寿投降，明军精锐主力损失殆尽，已难以再与清军抗衡，同时镇压农民军的力量也削弱了。明朝国运已然日薄西山，皇冠落地已是指日可待。对明之将亡，清太宗皇太极了然于胸，其预见与分析十分精辟。他说："以朕度之，明有必亡之兆，何以言之？彼流寇内讧，土贼蜂起，或百万、或三四十万，攻城掠地，莫可遏止。明所恃者，惟祖大寿之兵，并松山、锦州之兵，及洪承畴所领各

* 本文与香港大学吕元骢教授合著。

路援军耳。今皆败之以尽，即有新募之兵，亦仅可充数，安能拒战？明之将卒岂但不能敌我，反自行剽掠，自残人民，行贿朝臣，作为己功。朝臣专尚奸谗，蔽主耳目，私纳贿赂，罚及无罪，赏及无功，以此观之，明之必亡昭然矣!”[1]

入关夺取全国政权是皇太极的夙愿，即所谓“皇上志在中原”[2]。然而，他却未能如愿以偿，于崇德八年八月初九日暴逝。其子六岁的福临继位，由叔父睿亲王多尔衮、郑亲王济尔哈朗摄政，改明年为顺治元年。

清军八旗劲旅虽长于骑射野战，但部队数量有限，清统治者意识到，统治着全国广大地区的明朝，倘若集天下之兵力、物力与人力，毕注于东北一隅，以对付清军，入关夺取全国政权则是颇为困难的。因此，曾构想联合声势浩大的农民军共同对明作战，并取中原。睿亲王多尔衮、肃亲王豪格（皇太极长子）在崇德年间率军破边墙入内地蹂躏京畿广大地区的作战过程中，曾奉命“问流贼消息”[3]。顺治元年正月，清廷派使者取道蒙古致送书信一封给李自成大顺军榆林守将王良智。书云:“大清国皇帝致书于西据明地之诸帅：朕与公等，山河远隔，但闻战胜攻取之名，不能悉知称号，故书中不及，幸勿以此而介意也。兹者致书，欲与诸公协谋同力，并取中原。倘能混一区宇，富贵共之矣。不知尊意如何耳？惟速驰书使，倾怀以告，至诚至愿也。”[4] 尽管清廷“至诚至愿”与大顺军联合作战夺取中原，但此时李自成已率大军东渡黄河向北京进军，风驰电掣，摧枯拉朽，清廷的一相情愿已无实现的可能。

1 《清太宗实录》卷六五，第 10~11 页。
2 《天聪朝臣工奏议》，第 10 页。
3 《清太宗实录》卷四四，第 6 页。
4 《清帝致西据明地诸帅书稿》，见《明清史料》丙编，第 1 册。

崇祯十七年（清顺治元年）三月十八日，大顺农民军兵临北京城下，开始攻城。明军勤王之师不至，北京城陷入惶急之中，百官措手，相对而泣，无人能出一御敌善策。平日刚愎自用、威莅群臣的崇祯帝朱由检已是六神无主，唯有仰天长叹，绕殿环走，捶胸顿足，叹息通宵，“大呼内外诸臣误我！误我！”当日晚，大顺军攻破外城，京城危如累卵，紫禁城内更是大乱。崇祯帝带领少数内官，欲从北齐（朝阳门）、安定门突出逃命，未果，与太监王承恩返回煤山（景山），登临四望，但见火光烛天，声动天地，知大势已去，遂上吊自尽。[1]十九日，大顺军攻占北京城。李自成由德胜门进城，率刘宗敏、牛金星、宋献策至皇宫，仰射承天门匾，然后进宫。明太子朱慈烺跪迎于门左，俯首称臣，存在277年的明朝覆亡了。

李自成进京，崇祯帝自缢，明朝覆亡。当时在沈阳的清廷尚未得到确报。但大顺农民军向北京的迅猛进军，大学士范文程已敏锐地觉察到形势将要发生突变。四月初四日，他上书摄政王多尔衮，指出在大顺军的打击下，明亡在即。他说：“明之劲敌惟在我国，而流寇蹂躏中原，正如秦失其鹿，楚汉逐之。我国虽与明争天下，实与流寇角也。”文程认为，这就需要从战略上、策略上有一个根本的转变，为此，他建议如下。第一，清军由“伐明”转而扫荡农民军，这就应收揽人心，尤其要招降明朝官吏以为己用，故应“严明纪律，秋毫无犯”，一反清军过去的烧杀掳掠，并“择其贤能，恤其无告”，使民有所依；对明官吏之投降者，则“官仍其职”，以资笼络。第二，清军主力应“直趋燕京”，据神京重地，然后中原可传檄而定。范文程还特别强调必须当机立断，机不可失，此乃“上帝潜为启佐，此正欲摄政王建功立业之会也。

1 《清圣祖实录》卷二九一，第26页。

窃惟成丕业以垂休万祀者此时，失机会而贻悔将来者亦此时”[1]。而明亡之消息旋至，清廷当即召开决策会议，范文程说：“闯寇涂炭中原，戕厥君后，此必讨之贼也。”敦促清军立即入关。并再次上书多尔衮，分析了农民军攻占北京后，由于追赃助饷，出现了“刑辱缙绅，拷掠财货，士忿矣”的局面，看到了官僚士绅对农民军的深仇大恨，因此，只要“恤其士夫，拯厥黎庶”，联合汉族官绅地主，以安百姓，声罪致讨，兵以义动，李自成“虽拥兵百万，横行无惮”[2]，可一战而破，统一区夏。遇事敏捷果断的多尔衮，采纳了范文程的意见，觉察到时间的紧迫，数日之内，急聚兵马。男丁七十以下，十岁以上，无不从军。[3]四月初九日（范文程第一次上书五天后），他率领满洲、蒙古军的三分之二，汉军孔有德、耿仲明、尚可喜各部，向关内进发。

四月十三日，清军抵达辽河，将进入辽西。多尔衮以军事咨询洪承畴的意见。洪承畴建议的要点是：第一，“宜先遣官宣布主令，示以此行，特扫除乱逆，期于灭贼”，安抚民人，有开门迎降者则官加升，首倡内应立大功者破格封赏；第二，从蓟州、密云近京处破边墙而入，精兵在前，辎重在后，计算里程，限以时日，疾行而前，出敌不意，直抵北京，在大顺军措手不及之时将其击溃；第三，洪承畴曾经是明军统帅，长期与农民军作战，深知农民军战斗力之强，他特别告诫多尔衮，从未与农民军接战的清军不能掉以轻心，“未可以昔日汉兵轻视也”[4]。多尔衮对洪承畴的意见十分重视，使他日后对大顺军作战时用心深谋。清军之所以取道蓟州、密云，而不走山海关，则是因为山海关有吴三桂

---

1 《清世祖实录》卷四，第 5~6 页。

2 钱仪吉：《碑传集》，李蔚《内秘书院大学士范文肃公墓志铭》卷四。

3 吴晗辑：《朝鲜李朝实录中的中国史料》，第 3726 页。

4 《清世祖实录》卷四，第 11~12 页。

扼守。

明清松、锦战后，明辽东总兵平西伯吴三桂镇守山海关、宁远，吴军约五万人，是明军硕果仅存的一支劲旅，号称“关宁铁骑”。明廷不敢轻易调动这支军队，凭其阻扼清军入关。三月，大顺军迅速逼近北京，吴三桂奉命以一万人留守，率所部约四万人入关护卫京师，屯于滦县、昌黎一带。李自成攻占北京后，遣明居庸关降将唐通前往招抚。吴三桂归降，率所部进京朝见李自成，大张告示说：“本镇率所部朝见新主。”[1]所过地方百姓不必惊恐。旋有家人自北京来报，其父吴襄在京被大顺政权拘捕索饷，其爱妾陈圆圆又为李自成大将刘宗敏所夺。吴三桂本是拥兵自重的军阀，其人反复无常，闻讯大怒——“冲冠一怒为红颜”，于是转旗而东，率部返回山海关，击败李自成所遣守关镇将唐通。

李自成得知吴三桂降而复叛，亲率大顺军主力进军山海关，并携带吴襄、明太子朱慈烺及定王等明宗室多人，准备再次招降吴三桂，如不从，即以武力消灭吴军。吴三桂处于大顺军与清军两大军事力量之间，以五万人之兵力自然无力同时与双方抗衡。而他所占领的山海关，外控辽沈，内护京师，被称为“两京锁钥无双地，万里长城第一关”，乃是至关紧要的军事形胜之地，故其背向不仅决定大顺军与清军孰胜孰败，而且也决定谁能取明代之。当此紧急关键时刻，吴三桂唯问一己身家之得失，不顾民族大义以求荣，决意向清军乞师。

四月十五日，多尔衮军次翁后。吴三桂遣副将杨坤、游击郭云龙至清营，致书多尔衮，说李自成“逆天犯阙”，崇祯帝不幸惨亡，自称“亡国孤臣”，激愤于忠义，特向清廷“泣血求助”，请多尔衮发兵。吴三桂自率所部“合兵”进讨“流寇”。多尔衮得书，虽未曾料及，不免心存疑虑，决定改变进军路线，向山海关

1　佚名：《吴三桂纪略》。

进发。同时，致书回复吴三桂，声称明清长期为敌，今当捐弃前嫌；对大顺军攻克北京，崇祯帝惨亡，“不胜发指”，故率“仁义之师”，破釜沉舟誓不返旌，“期于灭贼，出民水火”。从此，多尔衮在政治上、军事上实现了战略、策略的根本转变，从“伐明”转而以农民军为敌，牢牢抓住“吊民伐罪”的“仁义之师”这一旗号。并向吴三桂明白宣布，吴军与清军不是“合兵”，而是吴三桂投降——“伯若来归，必封以故土，晋为藩王”。而多尔衮本人则是“惟有底定国家，与民休息而已”[1]。俨然是以全国最高主宰自居，由他来收拾山河。得到晋封为藩王的许诺，吴三桂向多尔衮投降。

四月二十日，清军至连山，大顺军已过永平。吴三桂再遣郭云龙至清营，敦促多尔衮“速整虎旅，直入山海关”[2]。多尔衮立即星夜兼程，于次日（二十一日）傍晚师至山海关外十里的欢喜岭。同日晨，大顺军早于清军抵达山海关，向吴军发起攻击。山海关东西有罗城，南北有翼城，拱卫关门及县城。吴军主力列于关之西罗城前的石河，面向关内，两军主力首先在此激战。李自成另遣一军攻击东罗城及北翼城，以包围吴军。两军昼夜恶战，距关十里的清军听到关上炮声深夜不止，但多尔衮按兵不动，蓄锐不发，命全军披甲以待。在农民军的猛攻下，吴军已是不支，“北翼一军叛降贼”，向大顺军投降。二十日晨，形势紧迫。吴三桂冒着矢石驰往欢喜岭之威远台，向多尔衮俯首称臣，请求立即参战。鉴于吴三桂已然臣服，多尔衮说“昔为敌国，今为一家”，命清军分三路入关，豫王多铎率万骑由南水门入，英王阿济格由北水门入，多尔衮自率主力由关之中门入。又命吴军以白布系肩，以免误杀。谕诸王、贝勒、贝子、公及大臣等曰：“尔等毋得越伍

1 《清世祖实录》卷四，第 14、16、17 页。
2 《清世祖实录》卷四，第 14、16、17 页。

躁进，此兵不可轻击。”[1] 必待吴军与大顺军接战，大顺军锐气损耗，才纵兵对阵奋击。大顺军自北山横亘至海，列阵以待，而大风迅作，尘沙蔽天，咫尺莫辨。吴军先与大顺军接战苦斗，风停后，清军数万骑同时出击，“大败贼众，追四十余里”。大顺军损失惨重。当日，晋吴三桂为平西王，令山海关军民俱剃发。

山海关的惨败，是大顺军的转折点，从发展的巅峰直泻而下，从此一蹶不振。二十三日，李自成退至永平，再败于吴三桂的追兵，于是仓皇撤退；二十六日还至北京；二十九日即皇帝位于武英殿，改元永昌。当晚纵火焚宫及九城门楼，撤往西安。

多尔衮命吴三桂追击大顺军，他本人率军则直趋燕京，所过京东各州县，无不开门迎降，谕令剃发。五月二日，多尔衮抵北京，故明文武官员出迎五里外。多尔衮由朝阳门入城，明内监以明朝皇帝的法驾卤簿及御辇设于皇城外，跪迎道左，启奏多尔衮乘辇入宫，以皇帝之仪礼相迎，表明新主莅临。多尔衮命以摄政王之仪仗前列，卤簿法驾向宫门陈设，奏乐，举行入宫之隆重典礼，向天行三跪九叩大礼，再北向沈阳（顺治帝福临尚在沈阳）行大礼，然后乘辇至武英殿升坐，接受明百官的朝拜。“城中大小官员及宦官七八千人”[2] 匍匐在地，呼万岁。多尔衮宣布，清廷定鼎燕京。

1644年，明清变革之际风云变幻，在三月十七日至五月初二日的短暂时间里，京城皇宫三易其主，三易国号、年号：由大明崇祯，而后大顺永昌，而后大清顺治。在神州大地历史舞台上，“你方唱罢我登台”，接连演出了一幕又一幕或惨烈、或悲壮、或昂扬的活剧。历史演进过程是如此纷繁，说明了明亡清兴是各种政治军事力量激烈冲突的结果。明末，与顾炎武齐名的归庄曾北

1 《清世祖实录》卷四，第 14、16、17 页。

2 吴晗辑：《朝鲜李朝实录中的中国史料》，第 3729 页。

望神京，为“胡虏（清）纵横贼（农民军）更剧”而仰天长叹。辽事急，明廷调兵东向对付清军；农民军日炽，明廷又调兵而走以“剿贼”，东挡西战，穷于应付，疲于奔命，结果是，正如时人所说：“国力耗竭，而事不可为矣。”[1]被清太宗皇太极视为“大树”般难以砍伐的明朝，是在东西两大政治军事力量不相与谋、各自为战的夹击之下走向败亡的。明廷朝政败坏，官吏腐朽，党争不息，事事掣肘，决策之际每存门户之见，正如李自成在讨明檄文中所说：“君非甚黯，孤立而炀蔽恒多；臣尽营私，比党而公忠绝少。赂通宫府，朝廷之威福日移；利入戚绅，闾左之脂膏尽竭。”[2]崇祯帝虽有中兴之志，却无中兴之才。史家谷应泰说：“怀宗之图治，与其所以致乱，揆之事实，盖亦各不相掩焉。”[3]崇祯帝求治而终于致乱，其举措乖张，使明朝国运日蹙，局势更不可收拾，结果是“(崇祯) 焦于求治，刻于理财，渴于用人，骤于行法，以致十七年之天下，三翻四覆，夕改朝更。耳目之前，觉有一番变革，向后思之，讫无一用，不一枉却十七年之精励哉！”[4]由于举措“翻覆”，力图中兴、廓清宇内的努力与苦苦挣扎皆成泡影。崇祯帝终于成为“图治”的亡国之君，一个历史的悲剧人物。

## 二　清决策者“既得中原、势当混一”与“退保山海关”之争

清军入关和清朝的建立，并非八旗军独力亡明，而是各种政

1　夏允彝：《幸存录》上。
2　计六奇：《明季北略》卷二三，补遗。
3　谷应泰：《明史纪事本末·崇祯治乱》。
4　张岱：《石匮书后集·烈皇帝本纪》。

治军事力量激烈角逐、相互影响的历史结局。激烈的武装冲突，则是各种政治军事力量所代表的利益与其所追求的目的各不相同，彼此之间矛盾尖锐化的表现。错综复杂的各种社会矛盾，是定鼎燕京后的满洲贵族在统一全国过程中，仍然面临的重大问题。

满族是我国古老的少数民族之一，僻居东北一隅，社会发展远比中原汉族落后，明人称之为“东夷”。满人则以其人之道还治其人之身，称明为“南蛮”。自清太祖努尔哈赤时期，满族开始迅速发展，成为蓬勃上升的民族。努尔哈赤于万历四十六年（天命三年）以“七大恨”誓师伐明，历经其继承者清太宗皇太极，明清之间经过了 20 多年的战争，如今终于入主中原，这在强调“夷夏之辨”的古代中国传统社会中，“夷狄”君临华夏，一些汉族士大夫认为，这是不同于易姓换代的“亡国”，而是神州陆沉“亡天下”的天地巨变，而天下兴亡“虽匹夫匹妇亦有责焉”。满洲贵族当权人物之中也不乏强调民族矛盾之人，有人竟然准备在燕京大开杀戒。另一社会矛盾，是如火如荼的明末农民战争，这是被统治者反抗统治者的战争。农民战争缘由地主阶级的压榨和官逼民反，李自成对此有切肤之痛，他在讨明檄文中说：“朕（李自成）起布衣，目击憔悴之形，切身痌瘝（瘖，痛也；瘝，病也）之痛。念兹普天率土，咸罹穷困，讵忍易水燕山，未苏汤火，躬于垣冀，绥靖黔黎。”[1] 他是为拯救黎民百姓，出农民于水火，奋起战斗，以“均田免赋”“迎闯王，不当差，不纳粮”相号召，在十多年的战争中，蹶而复振，终于燎原。山海关战后，李自成率大顺军退出燕京，仍拥有数十万部众。张献忠领导的另一支大西农民军，据有四川，拥众数十万。同时，明在河南、江淮以南的力量并未遭受损失，明军各镇有兵共数十万，明藩王宗室多人尚在。清、南明、大顺、大西四个政权，同时并存，各种政治军事力量势必

1　计六奇：《明季北略》卷二三，补遗。

为生死存亡而继续鏖战，时人说："明亡，天下分裂。"[1]各种十分尖锐的矛盾交织在一起。

面对错综复杂的形势，满洲贵族高层当权者中产生了意见分歧。英王阿济格对多尔衮说："初得辽东，不行杀戮，故清人多为辽民所杀。今宜乘此兵威，大肆屠戮，留置诸王以镇燕都，而大兵则还守沈阳，或退保山海（关），可无后患。"[2]阿济格是多尔衮的胞兄，其人勇猛敢战，性情粗暴，不学无术，政治上鼠目寸光。多尔衮对其主张断然予以驳斥，他说："先皇帝（皇太极）尝言，若得北京，当即徙都，以图进取。"[3]"既得中原，势当混一，自此事无可疑。"[4]因此，"不可弃而东还"。

清人初得北京，人心既不稳，形势又复严峻，为巩固京师，以图进取，多尔衮所采取的措施主要有：第一，使中央政权机关立即开始运转。入京之次日，谕曰：在京内阁、六部、都察院等各衙门官员，"俱照旧录用，可速将职名开报"；有因避大顺军回籍隐居者，"亦具以闻，仍以原官用"[5]，同满官一体办事。第二，传檄各州县，凡降者"地方文武官各升一级"[6]，亲自携带有关钱粮册籍，兵马数目，来京朝见。第三，"入关之初，严禁杀掠"。自顺治元年始，除正税外，废除使民人深受其苦的明末"三饷"（辽饷、剿饷、练饷），"故中原人士无不悦服"。[7]第四，派大将、降官招抚平定山西、山东，以护卫京师两翼。入山西可追击大顺农民军；入山东可窥视明在江淮以南的力量。第五，"凡投诚官

---

1 康熙十一年《束鹿县志》卷七，《冯中丞传》。

2 吴晗辑：《朝鲜李朝实录中的中国史料》，第 3735 页。

3 吴晗辑：《朝鲜李朝实录中的中国史料》，第 3735 页。

4 吴晗辑：《朝鲜李朝实录中的中国史料》，第 3739 页。

5《清世祖实录》卷五，第 3 页。

6《清世祖实录》卷五，第 3 页。

7 吴晗辑：《朝鲜李朝实录中的中国史料》，第 3734 页。

吏军民，皆着剃发，衣冠悉遵本朝制度”。倘若狐疑观望，定行问罪，发兵征讨。[1]第六，从关外大量迁徙满人入关，举家搬迁者络绎于途，中原谓之“东人”，即东来之人。同时，令留守沈阳的清军来京，“将大举南向”[2]，为南进做准备。第七，积极准备迎接顺治帝迁都北京。

上述各项至关紧要的措置，能否顺利推行，关系新建立的清朝能否在中原立足。除第六、第七两项外，关键在于收拾中原官吏军民之心，为此，多尔衮制定的政策的基本出发点是：标榜“仁义之师，期于灭贼”，“报乃君国之仇，彰我朝廷之德”[3]。以转移满洲新贵族入主中原，广大汉族的“亡国”与“亡天下”之悲痛，从而淡化民族矛盾。

然而，剃发易服令却大违汉族人民之意，“及有剃头之举，民皆愤怒，或见我人（在京朝鲜人）而泣曰：我以何罪独为此剃头乎？”[4]三河县民首先发难，起而反抗，各州县所谓“土贼”蜂起。剃发易服本是满洲贵族既定方针。满族以人数甚少统治广大汉族，自关外以来，就是以是否遵守剃发易服来区分“顺逆”。多尔衮从山海关至北京，沿途州县迎降，俱剃发，于是以为在军威震慑之下，无敢抗拒者，断然宣布此令。剃发易服令严重伤害了汉族的民族感情，违反了汉民族服饰文化传统，民族矛盾因而有激化之势。在南方明朝势力尚存且有一定的号召力，农民军仍然拥众数十万的严峻形势下，民族矛盾激化，新建立的清朝将会处境困难，而且与多尔衮淡化民族矛盾以图进取的基本方针背道而驰。多尔衮足智多谋，善于权变，觉察到问题的严重，作为权宜之计以待来日，立即下令停止剃发易服

1 《清世祖实录》卷五，第2页。
2 吴晗辑：《朝鲜李朝实录中的中国史料》，第3730页。
3 蒋良骐：《东华录》卷四，第66页。
4 吴晗辑：《朝鲜李朝实录中的中国史料》，第3734页。

令，谕曰："予前因归顺之民，无所分别，故令其剃发，以别顺逆。今闻甚拂民愿，反非予以文教定民之心矣。自兹以后，天下臣民，照旧束发，悉从其便。"[1]这样，剃发易服令，从五月初三日发布，至二十四日，前后仅21天便暂时停止了，于是多尔衮锐意贯彻其基本方针。

## 三　多尔衮宣称清得天下于"闯贼"，非得之于明也。"薄海同仇"？矛头引向农民军

明之亡，亡于李自成攻陷北京，而清军乘之。"螳螂捕蝉，黄雀在后。"故多尔衮堂而皇之地宣布："国家抚定燕京，乃得之于闯贼，非取之于明也。"[2]而"君父之仇不共戴天"，明之官吏军民所应深仇大恨者乃是"闯贼"，他说："流贼李自成原系故明百姓，纠集丑类，逼陷京城，杀主暴尸，括取诸王、公主、驸马、官民财货，酷刑肆虐，诚天人共愤，法不容诛者。"[3]而李自成并未为害于清，清廷"深痛尔明朝嫡胤无遗，势孤难立"，愤而"代为雪耻"，"实有救中国之计"。[4]如此"义举"，明之官吏军民理应对满洲新主感戴莫名，"孝子仁人，当如何感恩图报"。[5]多尔衮下令为崇祯帝服丧三日，许官民哭临，以展舆情，"薄海同仇"，矛头指向农民军。

多尔衮的策略收到了预期的效果。为崇祯帝服丧的谕令下达

1 《清世祖实录》卷五，第10页。

2 《多尔衮致史可法书》，见蒋良骐《东华录》，第66页。

3 《清世祖实录》卷五，第3页。

4 彭孙贻：《流寇志》卷一三。

5 《多尔衮致史可法书》，见蒋良骐《东华录》，第66页。

后，“官民大悦，皆颂我朝仁义，声施万代云”[1]。在北方，各地原明朝之官吏、将军、士人，纷纷杀大顺政权所派官吏守将，向清朝纳降。据顾诚《明末农民战争史》一书所制《山海关战役后三个月内官绅叛乱情况表》，各地杀大顺政权委派之官员守将者凡八十余州县[2]，其中不少地方“奉表（向清朝）投诚”。而汝宁、许州等州县，“愤张旗帜，直书‘杀贼报仇’四字，正与朝廷（清）仁义之师为先帝复仇之意遥相呼应”。而一些重要的官员之降清也是因此，如：

原明巡抚宋权曾投降李自成，任遵化巡抚，与总兵唐钰“率将吏绅士擒斩伪官，起应王师（清军）”。大顺守将黄锭、马应湖等被杀，尽歼守军，防御使、同知、县令被俘。[3]于五月初向清廷投降。宋权说：“我明臣，明亡无所属，有能为明报仇杀贼者，即吾主也。”这正是多尔衮所期望的。

原明大学士谢陞，于顺治元年四月在其家乡德州杀大顺州牧吴徵文、防御使阎杰，“共诛闯贼所置伪官”，以待清军。六月，与在籍原明御史赵继鼎、卢世榷等，奉降表至京，向清投降，其词曰：“闯贼李自成，肆虐逞暴，神人共愤。臣等空切不共之仇，愧无回天之力。惟皇帝陛下，智勇兼锡，威灵遐尔，笃夙昔之旧好，沛拯救之新纶，浩荡仁恩，有逾再造。”[4]其对李自成与清廷之措辞用语，与前述多尔衮之谕令如出一辙。

原明大学士冯铨，本系阉党，但熟悉明之典章制度。于顺治元年四月三十日，在家乡涿州，与知州张锦、参将朱万祺等，杀大顺官员李都尉，“随将贼徒尽杀”[5]。闻多尔衮征召之命，即刻

1 《清世祖实录》卷五，第 4 页。
2 顾诚：《明末农民战争史》，第 405~420 页。
3 光绪五年《永平府志》卷三〇，《记文康公遵化平伪始末》。
4 《清史列传》卷七九，《谢陞传》。
5 《明清史料》丙编，第 406 页。

入京剃发投降。

谢陞、冯铨与先降清之洪承畴，皆以大学士原衔入内院佐理机务，恢复明内阁票拟制度，制定典章，对清廷草创之初，各种典章制度之制定，中央政权之运转起了重要的作用。检索《贰臣传》，明之官员将军降清者，可以列出一个长长的名单，他们效力于清朝，有政绩可述，有的官至大学士、尚书、封疆大吏，死后予谥。这对清朝统治之稳定，发挥了重要的作用。

招抚平定山西、山东，同样得力于多尔衮之策略方针。

顺治元年六月，降清的明应袭恭顺侯吴惟华，“请招抚宣大山西自效”。多尔衮允准，又派明降官王鳌永以户、工二部左侍郎身份前往招抚山东。遣固山额真觉罗巴哈纳、石廷柱率军平定山东一路，遣固山额真叶臣率军平定山西一路，招抚与武力平定并举。

李自成计划退保西安，扼守山西以屏障陕西关中。六月初，明大同总兵姜瓖杀大顺守将柯天相，节度使韩文铨降清，大同以南各州县受清招抚。榆次、太谷、定襄等地故明官绅乘机起兵杀大顺地方官。李自成派兵攻灭，但晋北已非其所有。李自成率主力驻韩城，留降将陈永福守太原。在山东，不少地方也纷纷杀大顺地方官向清投降，麋化明兵科给事中李鲁生斩大顺知县李调鼎，“赴招抚侍郎王鳌永纳款”[1]。德州、临清、东昌等地，原明官绅也起而杀大顺地方官。清廷招抚平定山东进展顺利，六月底，“平定山东固山额真觉罗巴哈纳、石廷柱等启报，霸州、沧州、德州、临清，先后俱下”[2]。招抚侍郎王鳌永启报：“济南、东昌、青州、临清等州郡，以次抚定。”[3]七月初，巴哈纳、石廷柱

1 《明清史料》丙编，《李鲁生传》。
2 《清世祖实录》卷五，第 26 页。
3 《清世祖实录》卷六，第 7 页。

奉命移师山西，李自成撤往西安，除太原外，山西为清所有。九月，太原被清军攻占。李自成扼守山西屏障陕西关中的作战计划随之失败。

由于各地明朝官绅纷纷杀大顺地方官降清，清廷招抚平定山西、山东，不逾月而底定，清统治者欢呼“河北、山东、山西郡县人民，悉闻风归降，接踵恐后”[1]。中原既为清所有，多尔衮积极准备迎接顺治帝由沈阳迁都北京。

顺治元年八月二十日，顺治帝福临自沈阳车驾西行，九月十九日抵京，自正阳门入宫。十月初一日，举行“定鼎登基”大典，至南郊告祭天地，宣布清帝君临天下，“以绥中国”，“表正万邦”。仍用大清国顺治纪元，“俾我大清国皇图永固”[2]。中国历史上存在268年的最后一个封建王朝——清朝，正式建立。

## 四 清廷对南明策略之转变

多尔衮以“君父之仇不共戴天”，把矛头引向农民军的策略，对南明也产生了重大影响。

李自成陷京师，南都（南京）议立君久不决，时明福王朱由崧、潞王朱常淓等宗室藩王避难江淮。诸王中以福王为明帝近支，他是明神宗万历帝之孙，但其人昏庸无能。福王至淮，阉党阮大铖向凤阳总督马士英言曰：“国有难，先立君者功高。”建议拥立昏庸之福王可把持朝政。史可法认为立福王有“七不可”，即贪、淫、酗酒、不孝、虐下、不读书、干预有司。福王其人真可谓病毒俱全。马士英联络拥兵江北的黄得功、高杰等连营江北，移书南京，谓奉福王为主，胁迫诸大臣从命。顺治

1 《清世祖实录》卷六，第4页。

2 《清世祖实录》卷九，第4页。

元年五月初三，迎福王监国于南京。十五日，即皇帝位，改元弘光，南明第一个弘光政权建立。以史可法、马士英、高弘图、姜曰广等为东阁大学士，划分江北明军为四镇，东平伯刘泽清驻镇淮安，负责山东一路招讨；兴平伯高杰驻泗州，负责开封、归德一路招讨；广昌伯刘良佐驻临淮关，负责陈、杞一路招讨；靖南侯黄得功驻庐州，负责光、固一路招讨。四镇共拥兵三十万，在其辖区内置官、刑戮、财赋“俱得便宜从事”，成为桀骜不驯的军阀。此外，驻武昌的宁南侯左良玉，有兵约二十万，也是一个军阀。南明所控制的区域，远比清廷广大，东自黄河下游以南，西迄武昌长江以南，其物力、财赋、人力也比清廷所控制地区雄厚。然而，弘光政权无意抗清，专注于所谓“西贼”。闻知李自成被清军和吴三桂军所败，无不欢欣，希望联合清军共同镇压农民军。后来抗清壮烈牺牲的史可法，在清军入关之初所期冀的正是“联虏西讨”。他说：“先帝（崇祯）以圣明之主，遘变非常，即枭逆闯之头，不足以纾宗社臣民之恨，是今日最急者无逾于办寇矣。……近闻辽镇吴三桂杀贼十余万，追之晋界而还，或云假之（清军）以破贼，或云借之以成功。……宁前既撤，则（清军）必随之以入关，此时畿辅之间必为所有。但既能杀贼，即为我复仇，予以名义，因其顺势，先国仇之大，而特宥其前辜，借兵力之强，而尽歼丑类，亦今日不得不然之著也。”[1]

在“为我（明）复仇”“先国仇之大”的认识指导之下，多尔衮为崇祯帝发丧，宣称“薄海同仇”“代为雪耻”，使南都大臣无不额首顶礼。马绍愉致吴三桂书云：“清兵杀退逆贼，恢复燕京，又发丧安葬先帝，举国感清朝之情，可以垂史书，传不朽

1 《请遣北使疏》，见《史可法集》，第 27 页。

矣。”[1]幻想联合清军西讨——“两家一家，同心杀灭逆贼，共享太平”[2]。殊不知清廷正虎视眈眈地注视着南明。

以武力统一全国是多尔衮坚定不移的方针，然而，清军要在辽阔的中国腹地上同时在西、东南两方面与敌手作战，其兵力是不足的。多尔衮审度形势，根据柳寅东的建议，制订了如下的作战方针:“今日事势莫急于西贼（指农民军），欲图西贼，必须调蒙古以入三边，举大兵以攻晋豫，使贼腹背受敌。又需先计扼蜀汉之路，次第定东南之局。”[3]

这一作战部署，把攻击的锋芒首先指向农民军，以达到一箭双雕的目的：第一，可以看做是多尔衮宣称的得天下于“流贼”的军事部署；第二，清军便于集中主力各个击破敌人，避免东西两面同时作战，以取得政治上军事上的主动。为了实现“次第定东南之局”的意图，六月十五日，多尔衮传檄河北、河南、江淮间故明勋旧大臣、文武官员及士民等，声称:“其有不忘明室，辅立贤藩，戮力同心共保江左者，理亦宜然，予不汝禁。但当通和讲好，不负我朝永怀继绝之恩，以敦睦邻之宜。”[4]将檄文布告天下，咸使闻之，明白无误地承认已建立一个月的南明弘光政权的存在是合理的，只是要求南北“通和讲好”，这就使弘光政权抱有“存亡继绝”的幻想与清廷南北分治。于是派遣陈洪范为正使，左懋第、马绍愉副之，北上，以银十万两、金千两、缎绢一万匹，作为与清和谈礼，并许以岁币十万，“相约杀贼（农民军）”[5]，希望联合清军，“合师进讨，问罪秦中，共枭逆贼之首，以谢敷天

1 《明清史料》丙编，第 1 册，第 94 页。

2 《明清史料》丙编，第 1 册，第 94 页。

3 《清世祖实录》卷五，第 19 页。

4 彭孙贻：《流寇志》卷一三。

5 陈洪范：《北使纪略》。

之愤”[1]。

弘光政权一厢情愿“南北分治”，合师进讨，而不明多尔衮之策略。正当南明使臣携弘光御书银币致谢通好，北上途中，清廷所招抚山西侍郎王鳌永密报，弘光政权以“史可法为内阁”督师江北，刘泽清、刘良佐、黄得功、高杰分据各镇，“请亟补镇臣移驻曹单，控扼淮徐”[2]。准备南进。顺治元年七月底，清军在山西、山东两路已取得决定性胜利，京师形势日益巩固，多尔衮对弘光政权的态度陡然转变，他致书史可法云：“国家之抚定燕京，乃得之于闯贼，非取之于明朝也。”“夫闯贼但为明朝祟耳，未尝得罪于我国家，徒以薄海同仇，特申大义……代为雪耻，孝子仁人，当如何感恩图报！”命弘光政权“削号归藩”，向清投降，若然，则南都诸大臣“尔公尔侯，列爵分土，有平西王之典例在”。倘若不然，“便是天有二日，俨为敌国，予（多尔衮）将简西行之锐，转旗东征，且拟释彼（李自成）重诛，命为前导”。“兵行在即，可东可西，南国安危在此一举。”[3]以武力相威胁，口气之凌厉，咄咄逼人。

八月十五日，南明使臣北渡黄河，左懋第已感到和议难成，建议弘光政权整顿兵马，严守备，“勿以臣北行和议必成，勿以和议成为足恃”。他认为能战，始能扼河而守。必能扼守黄河，才能划江而安，保住江南半壁河山。[4]九月，北使至德州，清山东巡抚方大猷大张告示云：奉摄政王令旨，陈洪范等经过的地方，有司不必以礼相待，“着自备盘费”[5]，并只准许百人进京“朝见”。十月十二日，陈洪范等至北京，时已天晚，宿于鸿胪寺，关防甚

1 蒋良骐：《东华录》，第 69 页。
2《清世祖实录》卷六，第 7 页。
3 蒋良骐：《东华录》，第 69 页。
4 温睿临：《南疆逸史》卷二。
5 陈洪范：《北使纪略》。

严，不许举火，北使官丁饥寒苦甚。清廷收纳陈洪范等所带的礼币银十万两、金一千两、蟒缎两千六百匹，以及福王赏吴三桂的银一万两、缎两千匹，而待以藩臣朝见之礼，将福王的“御书”视为“进贡文书”。大学士刚林奉多尔衮之命严询南明使臣：“尔福王奉何人之命倡位？”[1]“突立皇帝，这是何说？”陈洪范等申说北使前来“通好致谢”“相约杀贼”之意。刚林斥之曰：“崇祯帝死时，你们南京臣子不来救援……今日却来多话！”宣称：“毋多言，我们已发大兵下江南。”出檄一通，当堂朗读，陈洪范等坐听。檄文历数弘光政权之罪：不援救崇祯帝罪一，擅立福王罪二，各镇拥兵虐民罪三。有此三罪，清廷“旦夕发兵征讨”[2]。陈洪范知清兵将南下，“以江左实情告清而心卖（左）懋第”[3]。自请回江南策反南明诸将投降，并请扣留另外两名使臣左懋第、马绍愉。多尔衮依计而行，并通知时已率兵而南的多铎。

顺治元年十月十九日，以英王阿济格为靖远大将军，征讨大顺军。平西王吴三桂、智顺王尚可喜率所部从征，经漠南蒙古土默特、鄂尔多斯，由绥德攻击西安。二十五日，以豫王多铎为定国大将军，率军征讨南明。恭顺王孔有德、怀顺王耿仲明率所部从征，渡黄河南下，密令“便道往征”大顺军。此乃“举大兵以攻晋豫”，先图李自成，“次第东南之局”的军事战略，故谕多铎、阿济格会师西安，“务期合力攻剿”。多铎平定李自成后，“移师南下”，征讨南明。[4]多铎出兵前一日，清廷传檄江南官吏军民，历数南明弘光政权三罪（即对陈洪范等当堂朗读者），“惟此三罪，天人所共愤，王法所不赦，用是恭承天命，爰整六师，问

1 钱馹：《甲申传信录》卷一〇，《使臣碧血》。
2 陈洪范：《北使纪略》。
3 钱馹：《甲申传信录》卷一〇，《使臣碧血》。
4《清世祖实录》卷一〇，第 12 页。

罪征讨”。同时，在山东济宁集中兵力数万，“便欲南征，又闻调取丽丹（朝鲜）数千，从海而南”[1]，大张征讨南明之声势，以迷惑李自成。

## 五　大顺军、大西军的失败

清廷大张征讨南明之声势，李自成因之作出错误的判断，以为清军只英王阿济格一路由北来攻，而忽视由河南来的多铎一军，于是将大顺军不断调往陕北，“是时，贼在西安，所谨备者北边耳”[2]。李自成亲自“北趋延安逆战”[3]，与刘宗敏至洛川，闻多铎军至，潼关吃紧，于是赶往潼关。

十月中旬，大顺军向河南怀庆发起攻势，连克孟县、济源等城。清提督金玉和战死，怀庆告急。多铎大军至怀庆（河南沁阳），大顺军撤退。清军由孟津渡河，直趋陕州（河南陕县），于灵宝城外击败大顺军一部。十二月二十二日，多铎军次屏障关中的天险潼关二十里外，李自成率刘宗敏由洛川紧急驰援。二十九日，清军开始攻击，历时近半月的潼关大战，十分惨烈，其间农民军大将刘宗敏、刘芳亮先后出战，均为清军所败，李自成亲率马步兵拒战也失利。顺治二年正月十二日，清军攻占潼关。潼关失守，李自成固守西安的计划瓦解。此时，经陕北而下的英王阿济格所率清军，已进至米脂，形成南北夹击西安之势。李自成于十三日回到西安，当天率部撤出西安，取道蓝田、商洛山区向河南、湖广转进。在陕北的高一功、李过所部未能同行。十八日，多铎占领西安。

---

1　陈洪范：《北使纪略》。

2《豫变纪略》卷六。

3　乾隆十九年《白水县志》卷一，《地理·兵寇》。

清军两路攻击西安，除潼关之战外，再无重大战斗。其时，李自成大顺军的总兵力，远远超过两支清军，而且在陕北有大将高一功等防守。陕北防线之溃败，清军一战而能占领西安，主要是投降大顺军的明官员、将军叛降清军，如：南一魁，故明副将，降大顺军，“顺治二年，英亲王阿济格逐自成至山西，一魁来降。王令前驱，西渡河，同明降将康镇邦招抚延绥东路，自黄甫川至安定边十七堡俱效顺，杀伪官（大顺）刘九德，随大军收西安。以功授宁夏总兵”[1]。董学礼，原明花马池副将，投降大顺军，李自成命为总兵，驻怀庆。多铎军至怀庆，学礼叛降，“并以书招宁夏伪（大顺）节度使陈之龙，贼将牛成虎获其书，尽杀学礼家属。会贼犯孟县，学礼渡河来援，杀贼千余。二年，随英亲王平陕西，署凤翔总兵”[2]。陈之龙，原明三边监军道，降李自成，任大顺军宁夏节度使。阿济格军入陕西，陈之龙诣军门请降，以节度使身份，“倡率（农民军）大小文武军民，望风投诚”[3]。鲁国男，原明昌平副将，阿济格军至山西，降清，二年正月，同大同总兵姜緐、于保德、宁武，击败大顺军大将高一功，“寻随征陕西，收复榆林、延安，陕西平”[4]。白广恩，原明总兵，骁勇敢战，曾随洪承畴参与明清松锦大战，多次与清军为敌，又复与李自成大战于陕州、潼关，于固原投降李自成，“自成大喜，握手共饮，伪封桃源伯”。阿济格军至陕西，“广恩具疏投诚，自陈罪状。得旨：白广恩自告奋勇杀贼，具见苦心，不必自陈罪”[5]。总之，当清军入陕西后，投降大顺军的原明将领，“差不多全部拜倒在爱

1 《清史列传》卷七九，《南一魁传》。

2 《清史列传》卷七九，《董学礼传》。

3 《明清史料》甲编，第 2 册，第 104 页。

4 《清史列传》卷七九，《鲁国男传》。

5 《清史列传》卷七九，《白广恩传》。

新觉罗皇室之下”[1]。他们之所以反水，正如陈之龙所说，是“借其（大顺军）兵权，以待天时”[2]。伺机反侧，向满洲新君俯首称臣，转而成为随清军镇压农民军的干将。所以清军迅速平定陕西，也如同招抚平定山西、山东一样，是多尔衮“薄海同仇”，号召故明官吏将军以“讨贼”为急务，淡化满洲贵族君临华夏出现的民族矛盾，在政治上、军事上得利。

清军占领西安后，清廷命阿济格追击李自成，“将流贼余孽务期剿除”。令多铎平定江南，恪遵前此“密谕，尔等往取南京”[3]。

顺治二年三月，李自成由河南内乡南下湖北，清军追及于河南邓州。阿济格奏报，李自成率领由西安撤退的马步兵十三万，汇合大顺军原来防御湖北襄阳、承天（钟祥）、荆州、德安（安陆）四府之兵，共二十万，与清军在河南邓州、武昌、富池口、九江及上述四州县先后接战八次，均被清军击败。其间武昌之战，大顺军损失甚大。武昌本是南明左良玉驻镇之地，李自成率军进抵湖北，击败左部马进忠、王允成。左良玉闻败，以“清君侧”为名，声称征讨马士英、阮大铖，率全师东下。李自成进驻武昌，清军随之而来，围以数重。刘宗敏、田见秀领兵出战，大败。李自成决定放弃武昌，顺江而下，准备夺取南京，“声言欲取南京，水陆并进”[4]。清兵亦分水陆两路追蹑不舍，至富池口再败大顺军。而九江一战，清兵“穷追至贼老营”，大顺军指挥部被歼。军师宋献策、大将刘宗敏、李自成妻妾及两位叔父等多人被俘，又有投长江死者，刘宗敏被斩于军前。清军前后缴获大顺军大小船

1 顾诚：《明末农民战争史》，第 288 页。

2 《明清史料》，甲编，第 2 册，第 104 页。

3 《清世祖实录》卷一四，第 7、8 页。

4 《清世祖实录》卷一八，第 4、5 页。

只三千余艘，骡马六千有余。南明左良玉至九江死于军中，其子左梦庚领其军，“泊于九江之东流县界扬子江中”，率总兵十二员，马步军十万，大小船只四万，向清军投降。阿济格奏报：“合计河南属城十二，湖广属城三十九，江西属城六，南京属城六，共计六十三城，已尽设官抚定矣。”[1]

大顺军在九江惨败，李自成率余部由江西掉头西转，进入湖北通山县九宫山，身边有卫士二十八名（一说十八名），突遭山民袭击。山民程九百者与李自成徒手搏斗，其甥以铲杀李自成。杰出的农民领袖李自成遇害，时在顺治二年五月。此后，大顺军余部继续抗清。

顺治元年春，张献忠领导的大西农民军溯长江而上，进入四川。六月，攻占重庆。八月，攻占成都。张献忠即皇帝位，建国号为大西，年号大顺。在李自成牺牲前后，清廷曾多次招降，张献忠不予置理。顺治二年十一月，清廷命驻防西安的内大臣何洛会与固山额真巴额、李国翰会剿四川。同时发布谕旨招降，张献忠仍然置之不理。顺治三年正月，以肃亲王豪格为靖远大将军统兵往四川征讨张献忠大西军。三月，清军抵西安。当时降清的李自成部将贺珍反清，围汉中，大顺军余部“二只虎”（刘体纯）也由河南邓州攻入陕南商州，与孙守法守兴安，入川之道受阻。五月，豪格指挥所部由栈道向汉中、兴安疾进，败贺珍、“二只虎”，陕南平定，入川之路通畅，清军积极准备进兵四川。十一月，豪格率军入川，二十六日抵达南部县。张献忠部将大西军都督刘进忠降清，豪格获悉张献忠在西充。当年八月，张献忠焚成都，率部西北向，九月至顺庆府（南充），北上西充，所部数十万，列营凤凰山下。豪格命护军统领鳌拜等分领八旗护军（八旗精锐）为前锋，由降将刘进忠引导，疾驰西充；豪格率大军“星夜兼程继进”。南部县至西充三百

1 《清世祖实录》卷一八，第 4、5 页。

余里，鳌拜于次日（二十七日）黎明赶到。清军派出游骑侦探大西军虚实，大西军哨卒发觉后，“飞奔入营，向长官报告，谓在营前高山上见有满洲兵四五人，各骑骏马，由山谷中迎面而来”。张献忠闻报震怒，认为是谎报军情，欲将报信之兵正法，经讨保开释。他仍然提审某逃官夫人。张献忠麻痹轻敌，闻警不疑，“殊不知满兵大队已匿营前大山矣”。俄而“又有探兵入营告急，谓满兵五人已到营前外对面高山矣”。这时张献忠始信为真。但又不问明情况，“随即骑马出营”。既未穿盔甲，亦未携长枪，除短矛外别无他物，只同士卒七八名、太监一名奔出营外去察明虚实，更未将清兵到来通告各营。张献忠至一小岗上，正在观察之际，叛将刘进忠认明果是张献忠，指曰："此即八大王也。”满兵即发箭射之。“突然一箭飞奔，正中献忠肩下，由左旁射入，直透其心，顿时倒地，鲜血长流。献忠在血上乱滚，痛极而亡。”明末农民战争的又一杰出领袖壮烈牺牲。随行太监奔回大营，高呼“大王已被射死”，声震各营。大西军未战先丧主帅，大乱，“各营军队不击自散，各奔一方，各逃性命”[1]。

清军八旗长于骑射。朝鲜孝宗李昊说："予曾见虏人（清人）治兵之术，练整军务，惯习兵法，行阵肃然，弓镞强劲，而必使其中最亲信者侦探敌情，斥候观变。其所以战胜攻取，皆出于此。”[2]张献忠突然遇害，证明确实如此。鳌拜等乘大西军大乱之际，纵伏兵奋击；豪格至，分兵四出，攻破大西军营一百三十余处，斩首数万级，缴获骡马一万两千余匹。[3]而“满兵死伤亦众”[4]。护军统领哈宁噶被围，几乎被歼。清军乘胜追击，攻

1 古济东：《圣教入川记》，第 51~52 页。顾山贞：《滇客述·川贵寇乱》。

2 吴晗辑：《朝鲜李朝实录中的中国史料》，第 3825 页。

3 《清世祖实录》卷二九，第 8~9 页。

4 古济东：《圣教入川记》，第 54 页。顾山贞：《滇客述·川贵寇乱》。

占荣昌、隆昌、富顺、资阳等处。此后大西军余部在李定国等领导下，继续抗清。

## 六 “彼（清）之失人心，专在剃发变服。”社会主要矛盾的转化，清廷迅速统一南方之计划受挫

朝鲜李朝显宗李棩君臣曾议论过明亡清兴的原因。朝鲜出使清廷的郑维诚说：“得见彼中（清）通报，则发政施令，皆是恤民之举，人民少无思汉（明）之心。人心之向背可叹如此。”[1]弘光政权遣使与清议和，北上途中，有士人曹逊、金镳、孙正强往见左懋第，言报国之志。懋第感慨而言曰：“渡江以来，仅见汝等……尔辈正不可多得。”[2]大河以北之人不向往南明，固然有清之压力，然而，千里之行却只有“仅见”，“不可多得者数人”，亦可窥见其中人心向背之消息。这种情况，在弘光政权覆亡，清廷再颁剃发令，形势为之剧变，出现了社会各阶层掀起的抗清高潮。

顺治二年正月，多铎攻占西安后，二月旋师河南，奉命“即于三月初五率师南征”[3]。其时，在河南的大顺军平南伯刘忠降清，而河南大部分尚非清所有。为巩固后方，以利南征，多铎于三月间分兵攻略南阳、开封等地，自率清军攻取归德，“州县望风纳款”。多铎置官属，抚兵民，奏请速铸给印信，以防诈伪。得旨褒奖：“王方收关陕，旋定中原，勋庸茂营，朕甚嘉悦。”[4]河南局势初定，四月初五日，清军进抵距泗州（安徽泗县）二十里列

1 吴晗辑：《朝鲜李朝实录中的中国史料》，第3871页。

2 钱䎖：《甲申传信录》卷一〇，《使臣碧血》。

3 钱䎖：《甲申传信录》卷一〇，《使臣碧血》。

4 《清世祖实录》卷一五，第12页。

营，多铎派兵夺取淮河桥。南明守泗州总兵闻风丧胆，已焚桥遁走，清军遂于当日晚抢渡，追击逃敌。淮泗失守，江北重镇扬州失去屏障，清军长驱直入。四天后，即四月十七日，由南明降将河南镇总兵“许定国导北兵至扬州”[1]。“初，公（史可法）以扬州危急，以血书寸纸，请兵部代题请救，不报。檄防河诸兵赴援，亦皆不应。”[2]督师史可法只得亲自登陴与诸将分守各门。十八日，清军围城而不攻，多铎多次以书招降史可法。可法焚其书，誓死不降。二十五日，清军以红衣大炮轰城。扬州城陷落，可法不屈，死。清军屠城，“其据城逆命者，并诛之”[3]，死者山积。

南明弘光政权内部腐朽，皇帝昏庸腐败，马士英、阮大铖揽权，江北四镇跋扈不臣不听节制，清军已至淮泗，犹互相火并。左良玉兵指南京。马士英撤北防之兵，以堵御左兵，公然曰：“宁亡于敌（清），不亡于左。”[4]审定“从贼诸臣逆案”，直到南京陷落前夕，还有人上疏争论没完。[5]

五月初五日，清军进抵长江，陈兵北岸。南明镇海伯郑鸿逵率水师守瓜洲。两军相峙三日，八日晚，多铎命拜尹图、图赖、阿山等，率舟师于距瓜洲十五里处的运河偷渡长江。九日黎明，清军大队过江，郑鸿逵率舟师入海走福建。镇江为清军所占。十日，福王与马士英等出逃。十五日，清军至南京，忻城伯赵之龙率公、侯、大学士及众官跪迎多铎入城。官员、将军降者两百余人，马步兵降者共二十三万八千有奇。十六日，多铎受百官朝贺，“递职名列营参谒如蚁”。百姓家设香案，黄纸书“大清国皇帝万

1　明古藏室史臣：《弘光实录钞》卷四。

2　罗振常辑：《史可法别传》，见《史可法集》。

3《清世祖实录》卷一五，第12页。

4　罗振常辑：《史可法可传》，见《史可法集》，第172页。

5　明古藏室史臣：《弘光实录钞》卷四。

万岁”；又书“顺民”二字，粘于门。[1]二十五日，南明降将刘良佐于芜湖俘获福王，押回南京，献俘于多铎。后来，“他被送到北京，在城墙上当众被人用弓弦勒死”[2]。多铎令博格、拜尹图、阿山等率军直趋杭州，明潞王朱常淓出降。

多铎入南京，发布告示两通，一为《大清摄政叔父王晓谕江南文武官民》，一为《钦命定国大将军豫王晓谕南京官民》。有云:“奉天伐罪，救民水火。”若“官员军民抗拒不降，维扬（扬州）可鉴”[3]。以屠城威逼敢于抗拒者；又为收揽人心，多铎前往谒明太祖朱元璋陵，行四拜礼，并命修葺陵寝；又令建史可法祠，优恤其家。南明左都御史李乔独先剃发易服以媚新主，多铎痛斥其为无耻，为此发布告示张贴南京四门云:“剃发一事，本国相沿成俗。今大兵所到，剃武不剃文，剃兵不剃民，尔等毋得不遵法度，自行剃之。前有无耻官员先剃求见，本国已经唾骂。特示。”[4]于是，有人说:“豫王入南都有六事可取：一不杀百姓，二斩抢物兵八人，三骂李乔先剃头，四放妇女万人，五建史可法祠，六修太祖陵。”[5]因之，当多铎出南门前往报恩寺行香时，百姓“观者如堵”，而“清兵所过州县从风而靡，长吏罕有殉城者”[6]。江南各州县纷纷投降，即使后来抗清激烈的江阴、昆山、苏州等，也无不投降。多铎委署江南各级官员凡三七三名。

南明福王被俘、潞王迎降，多尔衮以为江南大定，而李自成亦已牺牲。仅仅一年之内，可与清为敌问鼎者先后败亡。在多尔衮的心目中，从此无敢抗命者，于是再颁剃发易服令，严厉推行，

1 计六奇：《明季南略》卷四，十六日丁酉。
2 卫匡国：《鞑靼战纪》，见《清代西人闻见录》，第34页。
3 阙名：《江南闻见录》。
4 计六奇：《明季南略》卷四，二十六日丁未。
5 计六奇：《明季南略》卷四，二十二日癸卯。
6 计六奇：《明季南略》卷四，《顾咸正答洪承畴》。

以为如此便能使全国军民臣服于清。然而，事与愿违，江南形势因此而突变。

顺治二年六月初，擒获福王捷音至京。十五日，多尔衮谕礼部曰："向来剃发之制，不即令画一，姑听自便者，亦俟天下大定，始行此制耳。今中外一家……若不画一，终属二心，不几为异国之人乎？……自今布告之后，京城内外限旬日，直隶各省地方，自部文到日，亦限旬日，尽令剃发。遵依者为我国之民，迟疑者同逆命之寇，必置重罪。……该地方文武各官，皆当严行察验……已定地方人民，仍存明制，不随本朝制度者，杀无赦。"[1]

剃发易服作为新朝制度不容非议，"若有复为此事，渎进奏章"者，同样是"杀无赦"。多尔衮又命大学士"传旨令官民尽皆剃发"[2]。于是剃发易服作为"顺逆"的标志严厉推行，各州县奉到限期剃发的火票后，不敢怠慢，官吏"遍历村庄，细加严查"，"违旨蓄发，罪在必诛"。[3]江南士民大愤，已降州县纷纷杀清所委派官吏起兵抗清，形成如火如荼的抗清高潮。

苏州，顺治二年六月初四日，清军至，"士民各书'顺民'二字于门，争持羊酒迎候。迨剃发令下，时有福山副总兵鲁之屿者字瑟若，首先倡拒，乡兵四起，头缠白布。诸生陆世钥聚千余屯陈湖中。有十将官者，亦屯千余人于左近，绕城而呼，民间柴斧，妇女裙幅，皆为干戈旗帜"。抗清军攻入城中，焚官署，杀官员。抗清失败后，清将土国宝由盘门屠至欲马桥。

嘉兴，六月初九日，清兵至，知府钟鼎臣以城降，"居民争粘'顺民'二字于门"。清委署官吏谓之"南选"，"市肆安堵"。

1 《清世祖实录》卷一七，第 7~8 页。

2 《多尔衮摄政王日记》，第 9 页。

3 《（保定）巡抚郝晋为党国宾抗旨不剃头事揭帖》，载《历史档案》，1982（1），第 7 页。

闰六月初六日，剃发令下，百姓哄至府署，镇将曰:“徂剃发，汝等妻子俱不保。”民怨沸腾，数日间聚众三万余，将清所委知县“磔死球场”。抗清失败后，城中逃出者十二三，未及出者十之七八，幸免于难者仅三百余人，“其余尽行杀戮，血满沟渠，尸积里巷，烟焰弥天”[1]。

松江，清兵至，“百姓已归顺”。剃发令下，乡官沈犹龙“倡义守城”，招募乡兵、市井之人拒敌。抗清失败，“杀戮最惨”，“至是果罹屠城之祸”。[2]

著名的“江阴抗战”（“江阴城守”），也是先降后因剃发令起兵。六月二十日，清知县方亨莅任，令各属造册献于南京，“已归顺矣”。市民说，“今江阴已顺，想无事矣”。不久，剃发令下，令中有云:“留头不留发，留发不留头。”众哗然，于是起乡兵，应者万计，以手巾系县令之颈，拽之而杀，推阎应元为城主。清兵久攻不下，死伤者众，以致攻城时“无不流涕”。降将刘良佐百般劝降，谓“南北两直，山、陕、河南、山东等处俱已剃发，惟江阴一处违抗国令，何不顾身家性命?”城中公议答书云:“江阴礼乐之邦，忠义素著。止以变革大故，随时从俗（谓随众降清），方谓虽经易代，尚不改衣冠文物之旧。岂意剃发一令，大拂人心，是以城乡老幼誓死不从，坚持不二。”守城三月，至八月二十一日城破，犹奋力巷战，杀死敌兵甚众。清兵屠城三日，“晨出杀人，暮则归营”。封刀后，一井中捞尸两百，仅观音一寺僧死者百余人，安利桥下河长三十余丈，“尸积与桥齐”[3]。

此外，有“嘉定三屠”，无锡、宜兴、常熟、吴江、崇明、嘉兴、湖州等，亦遭部分屠城。

---

1 南国啸客：《平吴事略》。

2 南国啸客：《平吴事略》。

3 计六奇：《明季南略》卷四。

服饰文化是一个民族历史长期形成的传统，是族别的标志之一。时人有诗云："汉仪不复见，何日变中华。"华夏变为"夷狄"，"礼仪之邦"沦丧，被看做是自身民族存亡的危机，故江阴抗战者说："虽经易代，尚不改衣冠之旧。"可以投降，而剃发则关乎"礼乐之邦"之存亡，因此誓死不从，坚持不二。而清廷之所以用剃发易服与否以定"顺逆"，就在于从民族心理上强迫屈服汉族之心，是残暴的民族压迫政策。然而，"彼之失人心，专在于剃发变服"[1]。人们为维护自己民族的传统，反抗民族压迫，拯救民族危亡，付出了巨大代价。一位目击当时壮烈情景的外国传教士说："当他们（清）宣布了剃发令之后，士兵和老百姓都拿起了武器，为保卫他们的头发拼死斗争，比为皇帝和国家战斗得更英勇。"[2]风起云涌的抗清斗争，广大人民投身其中，虽"客贾僧道，咸来助战"，形成为汉族各阶层的共同行动，民族矛盾急剧上升为主要矛盾。

## 七　农民军余部由"降清"转而抗清也是因"剃发令"

自古以来，我国是一个多民族国家。抗清斗争形成广泛的社会力量，是根植于历史长期培育起来的对国家民族的深厚感情。因此，反抗民族压迫的剃发令，是有其爱国主义的内涵的。

多尔衮本来以为，弘光政权覆亡，南方各省可以传檄而定。他说："金陵既已底定，其余诸省当即遣人带诏招抚。"清廷决策者认为，有皇帝的诏旨前往各省招抚，"百姓既有所属，草窃无不

1　吴晗辑：《朝鲜李朝实录中的中国史料》，第 3942 页。

2　杜文凯编：《清代西人闻见录》，第 36 页。

立解”[1]。各地将望风归顺，清军将再不会遇到严重的抵抗。抗清斗争的高涨、民族矛盾的激化，使清廷迅速统一南中国的计划严重受挫。顺治元年五月清军入燕京，二年五月下南京、杭州，仅一年而北方及华东为清所有，然而，统一南方、尤其是西南，却长达 17 年，直到康熙元年南明永历帝被俘死于昆明，才统一中国大陆。江南太湖的抗清斗争是在康熙初，大顺军余部领导的夔东十三家坚持抗清直到康熙三年，才最后失败。郑成功抗清东南海上，康熙二十二年台湾郑克塽才投降。

南明永历政权抗击清军 15 年，之所以能坚持如此长久，是由于农民军余部联明抗清。大顺军余部是在先降清而后转为联明抗清，这一转变的关键便是剃发令。

福王被俘，闰六月二十七日，郑鸿达、黄道周等拥立唐王朱聿键即帝位于福州，改元隆武元年（顺治二年）。同日，张国维、朱大典、方国安等拥戴鲁王朱以海监国浙东。隆武帝与鲁王两不相容。是年二月底，武昌左良玉以“清君侧”东下时，明巡抚湖广的何腾蛟被裹挟同行，后间道入湖南。隆武帝授何腾蛟东阁大学士，兵部尚书，督师湖南。何腾蛟荐堵胤锡任湖广巡抚。五月，李自成牺牲后，大顺军群龙无首，士气低沉，刘体纯、郝摇旗、袁宗第、刘芳亮、田见秀、吴汝义、党守素、蔺养成、张鼐等，各率所部驻军于荆襄、湘北一带。李自成从西安撤退时，驻守陕北榆林一线的大顺军大将高一功、李过，未能随李自成撤退。清军攻占西安，高一功、李过取道四川沿长江达到荆襄地区。九月，郝摇旗等率军进至湖南湘阳、浏阳一线。何腾蛟遣长沙知府周二南等出城阻击，农民军大败官军，“杀伤无算”，周二南阵亡。[2]何腾蛟准备死守长沙，然农民军并

1 《多尔衮摄政王日记》。

2 同治《浏阳县志》卷二二。

未乘胜攻击。

在农民军与何腾蛟于九月间战斗的前后，大顺军各主要将领都与清总督八省军门、统属文武的佟养和进行谈判，有受招抚之意。八月二十二日，田见秀在其“投清”的禀文中说：“具禀田见秀，倾耳天恩，仁威远布，向化之心已非一日。今见王（王允成）、马（马进忠）二镇蒙谕招抚各营，秀敢不谨遵。”[1]八月十七日，郝摇旗的禀文称：“前承札谕，敢不如命，即差官修侯，并讨地方。”“倘立寸功，稍酬尊台之德。”[2]于是有九月与何腾蛟之战。吴汝义云：“具禀吴汝义，伏承仁德，遐迩具（俱）瞻。率土归服，咸往争先。切念汝义叨沐覆帱天，敢不倾心。近见王、马二镇遍宣圣意，各营乐从。”[3]据佟养和奏报，自顺治二年闰六月至七月，光山伯刘体纯、泽侯田见秀、总兵郝摇旗等各部先后差官到佟养和处“投顺”，向清政府报明所部马步兵人数。清政府分别给予官职、札付，赏蟒衣、银两。佟养和共招抚农民军“侯四员、伯二员、总兵二员、副将三员、官兵二十二万四千另五十名”[4]。佟养和将田见秀等分别安置于荆州和长江以南，但大顺军“各侯伯为剃头迟回观望”[5]。农民军各部提出的条件是：不剃发，部队不改编，给地安插。其时，与李自成誓同生死、被清廷称为“闯孽”的“一只虎”李锦（李过，李自成之侄）与高一功所部“态度迥异”，佟养和多次遣人招抚，均遭拒绝。梅勒章京屯代六次派人前往，“人信不还”[6]。时李过、高一功部驻荆州、当阳间。十一月，李过在“伊母（自成妻高氏）再三劝谕下”，也“投札到

1 《田见秀“投清”书》，见《清代农民战争史资料选编》，第1册（上），第39页。
2 《郝摇旗“投清”书》，见《清代农民战争史资料选编》，第1册（上），第40页。
3 《吴汝义“投清”书》，见《清代农民战争史资料选编》，第1册，第40页。
4 《佟养和揭帖》，见《清代农民战争史资料选编》，第1册，第40页。
5 《清代农民战争史资料选编》，第1册，第51页。
6 史松、林铁钧编：《清史编年》，第1卷，第94~95页。

省，似有归顺之意”[1]。李过提出的条件仍然是“不肯剃发”，由其所部“指取湖南”，“并请旨封爵”。[2]至此，大顺军各部均已与清方接洽，准备“归顺”。

大顺军各部与清官方谈判前后半年有余，由于清方坚持民族压迫的剃发令，谈判终于破裂。梅勒章京屯代谕李过曰：“我朝新制，为臣子能遵奉顺从，方见归顺之诚。”[3]李过等断然不肯剃发，而清方则寸步不让。佟养和谕令：“如（刘）体纯真诚投顺，我清朝制度以剃头为一统，倘不然，而不剃，是溷（溷，乱也）之也。”“若能剃头，当即允抚。”[4]大顺军杀清方来使，“不遵剃发，咫尺判为二民”，“语殊无状，不堪上闻”。[5]举兵抗清。清镇守湖广荆州府总兵官郑四维、巡抚何鸣銮奏报说：“一只虎（李过）复叛于荆（荆州）、承（承天）。”“以不剃发为名，号召叛党，聚众亡命。”[6]李过等拥众数十万，因剃发令缘故，终于由有降清之意转而联合南明何腾蛟、堵胤锡，“冲突荆、襄、辰、常之间，兵力甚盛”。清总督佟养和战败，以致“督臣佟养和、抚臣何鸣銮，殚心竭力，无不顾此失彼之虞，日望大兵如饥渴”。又一次掀起抗清高潮，而清廷“招服八省官民”的原订计划也随之大坏。

高一功、李过率部与堵胤锡联合，所部大顺军改称“忠贞营”。隆武帝赐高一功名高必正，封伯爵；赐李过名李赤心，封侯爵。郝摇旗与袁宗第、蔺养成、王进才等与何腾蛟联合，拥兵十余万，“雄据湖南”。隆武帝赐郝摇旗名郝永忠。隆武二年（顺治

1 《清代农民战争史资料选编》，第 1 册，第 49 页。
2 《清代农民战争史资料选编》，第 1 册，第 51 页。
3 《清代农民战争史资料选编》，第 1 册，第 40 页。
4 《清代农民战争史资料选编》，第 1 册，第 70 页。
5 《清代农民战争史资料选编》，第 1 册，第 70 页。
6 《清代农民战争史资料选编》，第 1 册，第 53 页。

三年）八月，隆武帝在汀州遇难。明桂藩永明王朱由榔即帝位于肇庆，改元永历。农民军各部奉永历为正朔。

顺治三年三月，张献忠牺牲后，大西军在李定国、孙可望、刘文秀、白文选、艾奇能等领导下。向滇、黔转移，翌年攻占昆明，以云南、贵州为基地抗清。永历三年（顺治六年）四月，李定国、孙可望等与南明永历政权达成协议，“挈滇、黔、蜀，归就明室，诚心辅佐，恢复旧京，荡清海内”[1]。会同诸将“共伸扶明抗清之约”[2]。从此，清军在湖广及西南遇到了以农民军为主力的坚决抵抗，其间经历了多次血战，清军损失惨重，数月间曾两蹶名王，皆死于大西军名将李定国之手。顺治九年（永历六年）宝庆战役，清军死伤被俘五千余人，其中总兵以下官员三十余人。李定国乘胜趋桂林，清定南王孔有德战败，自焚死。十一月，清廷命定远大将军敬谨亲王尼堪率三贝勒、八固山额真（都统），共十五万精锐入湖南，李定国列营衡州蒸水迎敌。十一月二十九日，两军接战，自下午鏖战至次日黎明，凡数十合，阵杀清军数千，尼堪战死。定国军亦有颇大伤亡。尼堪素以骁勇敢战著称，临敌时，冠七宝金兜牟，揭金顶，以绣有两龙相交的大旗为先导，率铁骑冲锋陷阵，被大西军斩于阵。[3]

顺治十八年底，清军兵临缅甸。两年多以前（顺治十六年初，永历十三年）退入缅甸的永历帝，被缅人俘献吴三桂，康熙元年四月八日被缢于昆明蓖子坡。在勐腊的李定国闻讯，仰天大恸，旋卒。南明最后一个政权——永历政权覆亡。

西南抗清失败，大顺军刘体纯、李来亨等在夔东坚持抗清。刘体纯坚拒剃发联明抗清，先后转战于荆襄、湖南、黔东、四川

1 刘彬：《晋王李定国传》，见郭影秋《李定国纪年·附录》。

2 刘彬：《晋王李定国传》，见郭影秋《李定国纪年·附录》。

3 王夫之：《永历实录》卷一四，《李定国列传》。

酉阳。永历四年（顺治七年）进入夔东地区，活动于川鄂交界的长江两岸山区。李来亨是李过养子。李过、高一功死后，忠贞营由李来亨率领。刘体纯开创夔东抗清基地后，李来亨、袁宗第、郝摇旗、党守素、塔天宝、马腾云等先后到来，与汉中撤来的贺珍、以及王光兴、王光泰兄弟等，各率所部据险抗清，称为夔东十三家。康熙元年起，清廷调集四川、湖广、陕西数万兵力分路进剿，又调京师八旗劲旅参战。至康熙二年底，刘体纯兵败自杀，郝摇旗、袁宗第被俘牺牲，各部先后失败，只有李来亨孤军坚守茅麓山区。清军以二十万兵力分三路包围，李来亨率部浴血奋战，终因兵力悬殊未能打破包围。康熙三年八月初五日，李来亨下令焚毁山寨，自杀。大顺军坚持抗清 20 年，终于失败。

李来亨壮烈抗清使满洲贵族胆落。嘉庆时礼亲王昭梿说："今京师中谚语有其事险难者，则曰'又上茅麓山耶！'则当日之形势可知矣。"[1]

最后一个提出"不剃发"作为投降条件之一的是在台湾抗清的郑氏，这已是康熙二十年以后的事。历史表明，清廷厉行民族压迫的剃发令，大大延缓了统一全国的过程。

以上概述了清军入关和清统一的历史过程。综而论之，明清松锦决战后，清军未及时入关，非不愿也。实因力量不足，故曾一度希望与大顺农民军联合亡明。甲申之变，李自成进京，明朝覆亡。明之亡固然是大顺军的辉煌胜利，更重要的是明朝的腐朽导致"中夏鱼溃"，所谓"天不祚明，不在于震惊九庙，闯逆犯顺之秋，而萌于惨戮多贤，貍党煽虐之际"。于是清军乘之。吴三桂始降李自成，以后又叛降清军，是李自成入京后旋即撤退的根本原因。因此，清军入关是多种政治军事力量相互作用，激烈冲突的结果。

---

1 昭梿：《啸亭杂录》卷八。

明亡，天下分裂。定鼎燕京的清朝，与大顺、大西、南明四个政权同时并存，各种矛盾错综复杂，清决策者之间因之有进而统一全国与退保沈阳、山海关之争。多尔衮决意进取，统一全国，但就入关之初清所占据的地区大小、人力、物力、财力而言，均不如南明弘光政权，而南明、大顺、大西各拥兵数十万，清军在数量上也不占优势，但清军终于能先后各个击败对手，是由于多尔衮标榜“仁义之师”，“有救中国之心”，又以“君父之仇不共戴天”，“薄海同仇”，把矛头引向农民军，于是明之官吏、将军大批降清，已降李自成者也纷纷反水，华北很快平定，也导致了李自成的失败。大西军之失败则是因张献忠麻痹轻敌，一战而溃。是役也，使人看到清军训练有素、侦探奔袭、长于野战的强大战斗力。在这一时期，南明弘光政权也因“先国仇之大”，幻想联合清军西讨农民军，堕入清廷次第消灭敌对势力的政治军事谋略之中。多铎下江南，弘光政权覆灭，各城纷纷投降。自顺治元年五月至二年五月，清军统一全国进展顺利，既是军事上的胜利，也是政治谋略的胜利。

形势的逆转是在顺治二年六月以后。多尔衮以为弘光政权已亡，李自成又已牺牲，能与清抗衡者均已败亡，大局已定，无人再敢“梗化”，于是再颁剃发易服令，严厉推行以臣服汉族之民心，民族矛盾因而急剧上升。江南军民浴血抗清，大顺军遗部亦因剃发令由有“降清”之意转而联合南明永历政权抗清，掀起了一次又一次抗清高潮，故曰“彼之失人心，全在剃发易服”。清廷迅速统一全国的计划受挫，又经过了十多年的战争，至顺治十八年才基本统一大陆，而夔东十三家抗清的最后失败则是在康熙三年。

本文对清初历史进程的论析，意在阐述其跌宕起伏的原因，当否？请方家有以教之。

# 附　记

本文完稿后，始见报载《李自成之死揭秘》[1]，故写此附记。

关于李自成之死，自清代就有非死于九宫山，而是归隐禅寺之说，撰稿时未采禅隐一说，是因为：

第一，李自成若归隐湘北石门县夹山禅寺，大顺军余部尤其是夔东十三家长期在这一带抗清，何以未见李自成与旧属各部之间的任何蛛丝马迹？而各部也不统一，有如李自成在世之时，而是群龙无首，各自为战。

第二，禅隐之说似与李自成抗争战斗的性格不相容。崇祯十一年，李自成屡败于陕西三边总督洪承畴与陕西巡抚孙传庭，损失惨重；《绥寇纪略》更有潼关南原大战，李自成所部伤亡殆尽，仅与少数人遁去之说，于是隐息山中者两年，聚蓄力量，重整旗鼓，复出河南，从此迅速发展，终于亡明。李自成在惨败后仅余

1　1994年3月29日《北京晚报》摘要转载《羊城晚报》熊育群《李自成之死揭秘》一文如下：

明末农民起义领袖李自成到底是怎么死的？不久前在湖南省石门县召开的李自成学术研讨会上，这个史学界的“疙瘩”终于被解开了。

1980年，湖南省石门县在维修夹山寺大雄宝殿及挖掘夹山奉天玉和尚之墓时，发现了李自成所写的梅花百咏诗木刻残版及与李自成家乡米脂县葬俗相同的葬物。不久又挖掘出一个地下宫殿，出土的文物有许多皇帝所用的物品。这，都为李自成即奉天玉和尚归隐并圆寂于夹山寺提供了物证。

那么，为什么《中国史稿》会写李自成被打死于九宫山呢？在这次研讨会上，中国明史学会会长刘重日教授介绍了《中国史稿》编写中一段鲜为人知的经历。当时，刘教授是郭老写作班子中的一员，被分配写明史部分。写到李自成之死时，郭老特别叮咛刘重日：李自成的死是一个有争论的问题，要靠将来研究发展再作结论。刘教授强调当时的时代背景，不允许把一个农民起义英雄写成一个和尚，只好写他被当地地主武装打死。刘教授还指出，郭老从未否定李自成禅隐石门夹山寺一说。今天，在大量的事实及多方面的考证面前，与会专家基本认定“李自成禅隐夹山”这一结论。

少数兵力时尚且勇于再战，何以在大顺军余部共有二十余万之众时，他却置百战之部属于不顾，离队出家？揆诸其战斗生平，实难索解。

第三，类似此说者在当时多有，不独李自成也。如于七于顺治五年据山东栖霞县锯齿山起义，康熙元年二月失败后，当时盛传他遁迹空门，在崂山华严寺（又说是下清官）出家，终老山林。他曾将战刀埋于华严寺石阶下，临终时，发石舞刀，其徒见刀上有“于孟熹”三字，始知为于七。又一说明于七亡逃海上，清统治者唯恐于七卷土重来，每年由山东镇标拨兵百名，分防锯齿山，至乾隆年间始裁，防戍约百年。然终无于七活在人世之确据。

近年来关于李自成禅隐石门县夹山寺、奉天玉大和尚即李自成之说的研究成果已发表多篇。日前在石门召开的李自成学术讨论会，与会学者认为，禅隐说可以认定。

（原载《清史研究》1994 年第 2 期）

# 多尔衮摄政后满洲贵族之间的矛盾与冲突

崇德八年八月初九，清太宗皇太极暴逝，满洲贵族内部因皇位继承问题，出现了尖锐的矛盾，即所谓“先帝上宾，诸王兄弟，相争为乱，窥伺神器”[1]。睿亲王多尔衮与皇太极长子肃亲王豪格，是皇位的主要争夺者，“诸王兄弟”或支持多尔衮，或拥戴豪格，双方剑拔弩张，僵持不下。在这种形势下，多尔衮提出拥立皇太极第九子六岁的福临即位，由他与郑亲王济尔哈朗辅政，这一折中方案为众人所接受。拙稿《多尔衮评议》[2]，对此曾有所论及。然而，福临即位后，多尔衮摄政，矛盾双方的斗争非但未终止，且愈演愈烈。豪格蓄意拉拢多铎，以瓦解多尔衮阵营；多尔衮为巩固摄政王的权威，则纵横捭阖于两黄旗大臣之间，分化打击豪格的拥戴者及豪格本人。黄旗大臣内部因而矛盾纷争迭起，前文则未涉及。故再撰此文，试就这一问题作初步的探讨。

## 一

皇太极死后，在争夺皇位的斗争中，皇太极所将两黄旗大臣，

---

1 《清世祖实录》卷一〇，第 4 页。

2 见《社会科学战线》，1982 年第 4 期。

坚决支持豪格，其主要人物有：正黄旗固山额真谭泰，正黄旗护军统领图赖，吏部启心郎索尼，镶黄旗固山额真拜伊图，镶黄旗护军统领鳌拜巴图鲁，议政大臣杨善，内大臣图尔格、塔瞻，宗室锡翰，公巩阿岱，以及正蓝旗固山额真何洛会等人。他们的主要活动是：

第一，图尔格、索尼、图赖、锡翰、巩阿岱、鳌拜、谭泰、塔瞻八人，前往肃王豪格家中，“私相计议多尔衮评议”，“言欲立肃王为君，以今上（福临）为太子”。图赖、索尼、巩阿岱、锡翰、谭泰、鳌拜六人，又“共立盟誓，愿生死一处”[1]。

第二，“太宗宾天时，图尔格等与白旗诸王（多尔衮、多铎、阿济格等）素有衅隙，传三牛录下护军，备甲胄弓矢护其门。”“护军统领鳌拜巴图鲁、公巩阿岱、锡翰，偏听图尔格言，擅发兵丁守门。”[2] 黄旗大臣严加戒备，以防与其素有衅隙的白旗诸王有所举动，矛盾双方处于极其紧张的态势。

第三，在议立嗣君的会议之前，多尔衮诣三官庙，征询黄旗大臣的意见。索尼曰：“先帝有皇子在，必立其一，他非所知也。”态度坚决，无回旋余地。当晚，巴牙喇纛章京（护军统领）图赖，闻知多尔衮召索尼议册立，前往见索尼，“告以定立皇子”[3]。

第四，八月十四日，多尔衮在崇政殿召集议立嗣君会议。当日黎明，“两黄旗大臣盟于大清门”，决心以武力拥立皇子，令两

---

1 《清世祖实录》卷三七，第 8 页。

2 《清世祖实录》卷三八，第 3 页。

图尔格与白旗诸王矛盾始于太宗时。图尔格与其兄车尔格、弟遏必隆兄弟三人，原隶镶白旗。车尔格、图尔格先后任镶白旗固山额真、隶英王阿济格。图尔格与阿济格不协。崇德四年九月，阿济格谓固山额真图尔格云：“伊尔登向我言，尔欲背我，而投圣汗（皇太极）。”图尔格向法司首告。诸王贝勒、大臣共议阿济格罪。太宗命罚阿济格银万两，允许“图尔格带三牛录补放闲散，任便随旗”。（《盛京刑部原档》，群众出版社，第 169 页。）图尔格兄弟转入太宗皇太极所属镶黄旗，与白旗诸王矛盾日深。

3 《清史稿》卷二四九，《索尼传》。

黄旗精锐护军“张弓挟矢，环立宫殿，率以诣崇政殿”。索尼首先发言当立皇子。[1]

第五，在会议过程中，皇太极手下将领（两黄旗大臣）佩剑而前曰：“吾属食于帝，衣于帝，养育之恩与天同大，若不立帝之子，则宁死从帝于地下而已！”[2]实际上是以武力胁迫多尔衮立皇太极子为君。

第六，会议定议立福临（顺治帝）为嗣君后，索尼、谭泰、图赖、巩阿岱、锡翰等六人，再次盟誓，“誓辅幼主，六人如一体”[3]。

从八月初九皇太极逝世至十四日定议福临为君的五天内，黄旗大臣积极活动，起初誓立皇太极长子豪格为君，白旗诸王反对，在僵持不下的情况下，他们又力主立皇子，不达目的绝不罢休，为此准备与白旗诸王兵戎相见。会议定议立福临后，他们又再次盟誓，誓辅幼主，对多尔衮施加了强大的压力。所以当多尔衮胞兄阿济格、弟多铎“跪劝睿王当即大位”[4]时，多尔衮不敢贸然应允；在议立嗣君的会议上，二人再次“劝睿王即帝位，睿王犹豫未允”[5]。其所以如此，多尔衮后来表白说：“太宗升遐，嗣君未立，诸王贝勒大臣等，率属意于予，跪请予即尊位。予曰：‘尔等如此言，予当自刎，誓死不从。’遂奉皇上（福临）缵承大统。”[6]其实，多尔衮并非不愿国君自为，正如阿济格、多铎所说，“汝不即位，莫非畏两黄旗大臣乎？”[7]故多尔衮虽居摄政王之位，而其内心则是阴云密布，他曾说过：“予既摄政，而侧目于予者甚多。”[8]

1 《清史稿》卷二四九，《索尼传》。
2 《沈阳状启》，辽宁大学历史系印，第 514 页。
3 《清史稿》卷二四九，《索尼传》。
4 《清世祖实录》卷六三，第 17 页。
5 《清史稿》卷二四九，《索尼传》。
6 《清世祖实录》卷二二，第 11~12 页。
7 《清世祖实录》卷六三，第 17 页。
8 《清世祖实录》卷五三，第 8 页。

对自己的处境颇有不测之感。因此，如何分化“共立盟誓，愿死生一处”的黄旗大臣，使其为己效力，是多尔衮能否巩固其地位必须解决的问题，而他也确实是谋划于心，高下于两黄旗大臣之间的。

## 二

多尔衮拥立福临，避免了满洲贵族之间的公开分裂，但在诸王之间，并非人人悦服。据当时在沈阳的朝鲜文学李郸启朝鲜国王曰:“清汗于本月初九日暴逝。九王（多尔衮）废长子虎口王（豪格），而立其三子（应为九子之误），年甫六岁，群情颇不悦。”[1]可见，定议时诸王虽共立誓书，盟告天地，“同心翊戴”福临，实则不满者却大有人在。当时，共立盟书的亲王、郡王七人，贝勒与宗室十二人，共十九人（大臣另立盟书），其中不满立幼子福临而彰彰昭著者四人（包括多尔衮胞兄阿济格），隐而不言者尚不在内。他们是：

英王阿济格。“心非其立幼，自（十四日议立嗣君会议）退出之后，称病不出。帝之丧次，一不往来。”粗暴任性的阿济格，竟然以不参与皇太极的丧事，公开表示自己对拥立福临的不满。直到二十二日，多尔衮遣人告之曰:“虽有病患，皇帝丧事久不来参，揆而事理，殊甚不当。”对其行为加以指责，并说如此行事，乃“形迹异常”，已招致众人物议，劝其再“不可一向退伏”，要他于“今天完殓大会，强疾来参”。阿济格答云:“病势危重，不可运动，若不至此，岂有引入不出之理?”翌日，才勉强“扶病来参”皇太极之大殓。[2]

1　吴晗辑：《朝鲜李朝实录中的中国史料》，第9册，第3716页。

2　《沈阳状启》，第515页。

镇国公艾度礼。他牢骚满腹，“私言二王（多尔衮、济尔哈朗）迫胁盟誓，我但面从，心实不悦”。原因是“主上幼冲，我意不悦。今虽竭力从事，其谁知之”，公然表示不同意拥立福临。同时，“二王擅权之处，亦不合我意。每年发誓，予心实难相从，天地神明，其鉴察之！遂书其词，于誓期之晨焚之”[1]。艾度礼向穆成格等言及自已违心盟誓，面从心不从，并昭告于天。顺治元年五月事觉，艾度礼及其妻并子，皆弃市。此外，列名誓书因不满立幼而丧命者，尚有郡王阿达礼、固山贝子硕托。

阿达礼。他乃礼亲王代善之孙，颖亲王萨哈廉长子。硕托是阿达礼之叔，代善之子。二人虽与诸王誓告天地，翊戴福临，但“誓天而罢”即“退而密言于大王（代善）曰：‘今立稚儿，国事可知，不可不速为处置。’”决意推翻成议，毁弃盟誓。代善不同意，答曰：“既立天誓，何出此言？更勿生他意！”[2]阿达礼见其祖父不从，前往多尔衮处，告之曰：“王正大位，我当从王。”[3]硕托遣吴丹告多尔衮曰：“内大臣图尔格及御前侍卫等，皆从我谋矣，王可自立为君。”[4]二人直接向多尔衮劝进，并说明他们的图谋已得到图尔格等的支持。但多尔衮却拒而不见。于是二人又往多铎家游说，多铎亦不出见，说：“此非相访之时。”二人再回到代善处，代善因足疾卧于床，他们登床附代善耳语曰：“众已定议立和硕睿亲王矣，王何嘿嘿？”[5]代善闻言变色，曰：“为何再发妄言？祸必立至！任汝所为！”[6]于是代善告于多尔衮，多尔衮曰：“吾亦闻之。”事情已至不可掩饰。多尔衮与代善乃告之于众，质询俱实，阿达

1 《清世祖实录》卷五，第 24 页。
2 《沈阳状启》，第 514 页。
3 《清世祖实录》卷一，第 10 页。
4 《清世祖实录》卷一，第 10 页。
5 《清世祖实录》卷一，第 10 页。
6 《沈阳状启》，第 514 页；《清世祖实录》卷一，第 10~11 页。

礼、硕托因扰乱国政，以叛逆论死。当天（八月十六，即定议福临为君的两天之后）夕晚，将二人捉到衙门，“露体绑缚，并其俊王（阿达礼）母，及小退（硕托）妻，即缢杀之”。籍阿达礼、硕托家，将阿达礼“财产军兵没入大王，小退财产军兵没入九王”[1]。

发生在定议立福临两天后的这一“扰乱国政”案件，是密谋推翻成议，拥立多尔衮，但其间重大疑问却有五点：

其一，内大臣图尔格与白旗诸王素有衅隙，是坚决拥戴豪格者；并首先令护军护其门，又是武装戒备的肇端者，且鼓动鳌拜、巩阿岱、锡翰发兵丁守门，何以会在定议立福临的两天之后，即转而拥戴前此坚决反对的多尔衮？

其二，硕托说“内大臣图尔格，及御前侍卫等，皆从我谋矣！”既然这是一次“扰乱国政”的重大叛逆案件，为何在质询时对参与其谋的图尔格等人又不进行追究？且于事发的当晚将阿达礼、硕托等处死，如此匆匆处置，是否有灭口之意？

其三，福临亲政后，因党附多尔衮而被处死的大学士刚林（此人篡改《清太宗实录》），本阿达礼属人，在阿达礼与硕托密谋拥立多尔衮活动频繁时，居然能“往伺伊王阿达礼动静”，暗中进行监视，又向诸内大臣“事先举发”[2]，最后“又将伊王交与和硕睿亲王”[3]。可见刚林不仅事先知道其主阿达礼的密谋，且始终在暗中窥伺，一旦事情不可掩饰，即将其主交与多尔衮。瞻前顾后，刚林如此行事是否有人授意？

其四，当代善将阿达礼、硕托的密谋告知多尔衮时，多尔衮曰：“吾亦闻之。”既然如此，何以不首先举发，必待代善告发之后乃白于众？

其五，阿达礼弟勒克德浑，系罪人之弟，当时“既缚而旋

1 《沈阳状启》，第514页。

2 《清史列传》卷四，《刚林传》。

3 《清世祖实录》卷一，第11页。

释”[1]，被黜宗室，但旋即于顺治元年复宗室，且封贝勒。顺治二年七月，命为平南大将军，畀以重任，往江南代定国大将军豫亲王多铎。他是清军入关后继多尔衮、阿济格、多铎之后，第四个任大将军者，足见对其宠信。五年九月，封为多罗承顺郡王。[2]但是，因拥戴豪格“附王为乱”而被处死的杨善，豪格后欲用其弟机赛为护军统领，便被认为“旧念未除，因杨善为伊而死，欲升其弟，乱念不忘”[3]。多尔衮即加以“擅用罪人之弟”的罪名。可是他本人对阿达礼“罪人之弟”勒克德浑却钟爱重用备至，这是否是为了以慰死者的在天之灵？

总之，其间疑窦甚多，种种蛛丝马迹，使人怀疑阿达礼、硕托背后似乎另有主谋或指使者，其人是否即多尔衮？若然，则多尔衮施手腕于两黄旗大臣即以肇端，即硕托所言“内大臣图尔格及御前侍卫等，皆从我谋矣”。

如果说以上所论，仅只是怀疑或分析性看法，那么，在阿达礼、硕托案件七天之后，即八月二十三日发生的所谓“谋陷固山额真谭泰”一案，则可确切说明多尔衮施手腕于两黄旗大臣。

多尔衮拥立福临，获得了一部分黄旗大臣的支持。“索尼与谭泰、图赖、巩阿岱、锡翰、鄂拜盟于三官庙，誓辅幼主，六人如一体。”[4]然而，九天之后，即八月二十三日，“有人投匿名书于九王（多尔衮）家”，“谋陷固山额真谭泰”。匿名书云：“皇帝（皇太极）高山（固山）执权将领等若干人阴谋不轨。”匿名书为塔瞻、谭泰所得，二人向多尔衮告发。多尔衮“物色跟捕其投书之人而诘之”。投书人供出，匿名书乃宗室巴布海家太监所与。多尔衮即将巴布海夫妇捉到衙门，定其诬告之罪。“诸王曰：‘人命

1 《沈阳状启》，第514页。
2 《清世祖实录》卷四〇，第15页。
3 《清世祖实录》卷三七，第15页。
4 《清史稿》卷二四九，《索尼传》。

至重，杀之似过云。’九王则曰：‘此而不诛，后患难防。’竟不听而缢杀之。”[1]巴布海是努尔哈赤第十一子、多尔衮之兄，皇太极在世时，曾任巴布海为正黄旗梅勒章京（谭泰为固山额真），只因匿名书为其太监所与，便落得个与七天前被缢死的阿达礼同样下场。此案虽由谭泰首告，但谭泰本匿名书讦告“阴谋不轨”的首犯，且涉及黄旗执政将领多人，多尔衮对此既不追究，对巴布海家太监所与匿名书的由来也不追问究竟是出自何人，竟不顾诸王反对，匆匆将其兄巴布海夫妇及有关人员处死，并籍巴布海家，一半给谭泰，一半入官。

然而，在多尔衮死后，此案又彻底翻了过来，认定是谭泰诬陷巴布海。顺治八年八月，谭泰因党附多尔衮且专横骄纵被逮鞫询，鳌拜讦谭泰云：“（谭泰）又诬无辜之巴布海……睿王将巴布海奴仆家产，悉与谭泰。后谭泰被监禁时，我与图赖、锡翰、巩阿岱、索尼公议，以巴布海无罪，其家产应给与其兄巴布泰，而谭泰擅自夺去。”[2]鳌拜所讦各点，“与谭泰对质，皆实”[3]。据此，则所谓“诬告固山额真谭泰”一案，乃谭泰本人诬告无辜之巴布海媒孽而成。而多尔衮对此案之处置，其市恩于谭泰亦明矣。同时，由于福临即位，谭泰等不再担心“若换朝廷，宫瓦变色，变易旗色”[4]。于是谭泰等便转而支持多尔衮。

## 三

福临即位后，斗争形式从公开冲突转入密谋与施展手腕，在短短的时间内，一波未平，一波又起，种种事件接连发生，有人

1 《清世祖实录》卷一，第14~15页。
2 《清世祖实录》卷五九，第16页。
3 《清世祖实录》卷五九，第17页。
4 《清世祖实录》卷五六，第15页。

因此丧命，有人则受赏。在这一过程中，黄旗大臣转而支持多尔衮者有之，豪格日感处境不利，焉能坐视。豪格并非平庸之辈，他不仅“容貌不凡，颇有弓马之才”[1]，能征善战，而且为人“英毅多智略”[2]。为了瓦解多尔衮的支持者，豪格在其胞弟豫王多铎身上颇为用心下功夫。

多铎比豪格小四岁。豪格之所以选定多铎作为拉拢对象，是因为多铎的为人有可乘之机。第一，多铎是努尔哈赤幼子，颇受宠爱，努尔哈赤去世时年仅十三，未经战阵，成年后酷好声色狗马。他常常“服色奇异，流于般乐”[3]，“以妓女为恋”，“私携妓女，弦管欢歌，披优人之衣，崇傅粉之态，以为戏乐”[4]。皇太极曾召集诸王，命多铎跪听训戒，希望他“早日成立”。显然，对于这样一个纨袴子弟，如能投其所好，自然易于拉拢。第二，在太宗时，“多罗豫郡王（多铎）与和硕睿亲王（多尔衮）不协”，多铎“曾遣人扬言恐吓，藐视亲王（多尔衮）”[5]。多铎与多尔衮虽系同母兄弟，但由于二人感情不笃，这就有机可乘。第三，多铎本人也是一个未达目的的皇位觊觎者。在议立嗣君的会议上，他劝多尔衮即帝位，多尔衮犹豫未允，多铎即毛遂自荐，曰：“若不允，当立我，我名在太祖遗诏。”[6]多尔衮断然拒绝，因此颇为不快。有此数端，豪格蓄意与之接近。福临即位后两月（崇德八年十月），“多罗豫郡王多铎，谋夺大学士范文程妻，事觉，下诸王贝勒大臣鞫讯，得状。多铎罚银一千两，并夺十五牛录。和硕肃亲王豪格，坐知其事不发，罚

1　吴晗辑：《朝鲜李朝实录中的中国史料》，第 9 册，第 3487 页。

2 《八旗通志》（初集）卷二三一，《和硕肃亲王豪格传》；又见《碑传集》卷一《和硕肃亲王豪格传》。

3 《清太宗实录》卷一〇，第 26 页。

4 《清太宗实录》卷四六，第 25 页。

5 《清太宗实录》卷六五，第 32 页。

6 《清史稿》卷二四九，《索尼传》。

银三千两”[1]。多铎谋夺范文程妻，诸王贝勒中知情不发而获罪者仅豪格一人。这就是说，他是唯一的知情人。尤其值得注意的是，对豪格的罚银反三倍于主犯，看来豪格不只是“知共事不发”，大有可能怂恿其事。事过五月，两人又同时获罪。顺治元年三月，“和硕肃亲王豪格，多罗豫郡王多铎，白于和硕郑亲王济尔哈朗，外出放鹰，日久始归。多铎又猎于山林禁地，因下部议，拟罚豪格应得之罪，多铎倍其罚”[2]。这次二人外出同猎，日久始归，多铎违猎禁地，豪格不加制止，可见二人关系之融洽，交往日深。多铎谓豪格曰：“和硕郑亲王（济尔哈朗）初议立尔为君，因王性柔，力不胜众，议遂寝。其时我亦劝勿立，由今思之，殆失计矣。今愿出力效死于前。”[3]豪格苦心拉拢多铎，不过半年时间，便获得巨大成功。多铎认为过去反对立豪格，乃一时失计，表示今后愿为豪格效死力，事情的变化竟然发展到如此地步！

总之，福临即位半年后，双方的明争暗斗，使彼此原来的阵营，发生了程度不同的变化。多铎与豪格之过往日密，多尔衮觉察到其中有异（详见下），于是决定打击豪格。

顺治元年四月初一，“都统何洛会希睿亲王多尔衮意”，讦告肃亲王豪格。[4]天聪九年，皇太极兼并莽古尔泰原属的正蓝旗，分八牛录与豪格，任何洛会为正蓝旗固山额真[5]，隶属豪格。豪格视何洛会为心腹，“颇见任使”[6]。当黄旗大臣私相计议，谋立豪格时，豪格命何洛会与杨善往告济尔哈朗，说“两黄旗大臣，已定

1 《清世祖实录》卷二，第14页。

2 《清世祖实录》卷三，第21页。

3 《清世祖实录》卷四，第3页。

4 《国朝耆献类征》卷二三八，《杨善传》。

5 《清世祖实录》卷五三，第8页。“前拨正蓝旗隶皇上（皇太极）时，业已以何洛会为满洲固山额真。”

6 《清史列传》卷四，《何洛会传》。

立我为君，尚需尔议"[1]。何洛会因得豪格信任，是机密的参与者。但是，此人却是一个见风使舵的告密者。何洛会见多尔衮摄政数月，便集大权于一身，"王由始专政"[2]。"刑政拜除，大小国事，九王专掌之。"[3]于是希其旨意，讦告多尔衮政敌、其主豪格。何洛会揭发：豪格在得到多铎的支持后，与其心腹杨善、伊成格、罗硕、俄莫克图密议。豪格说，谭泰、图赖、索尼"向皆附我，今伊等乃率二旗附和和硕睿亲王"，对自己原来的支持者转而支持多尔衮愤恨异常。杨善认为，"此皆图赖诡计也"，恨恨然曰："若得亲视其寸磔，死亦无恨。"豪格曰："尔等受我之恩，当为我效力，可善伺其动静。"杨善、伊成格表示："我等务致之死。"并自愿抵命。众人又商议，拟派人往说谭泰，劝其改弦易辙："我（豪格）之厚爱于彼，可说令附我。"又语侵多尔衮，"我岂不能手裂若辈之颈而杀之乎？"众人认为多尔衮身体不好，定然不能长命，等等。何洛会说他也参与其间，"因王（豪格）言词悖妄，力谏不从，恐其乱政，特讦告于和硕睿亲王、和硕郑亲王"[4]。于是，俄莫克图、杨善、伊成格、罗硕，均"坐附王为乱"，被处死；豪格本人亦几乎丧命，"诸将请杀虎口王（豪格）"，只是由于福临帝涕泣不食，才得以免死[5]，夺所属七牛录，罚银五千两，被废为庶人。

多尔衮对涉及到的其余诸人的处理，是用心颇深的。何洛会告主求荣，自然大受青睐，说他"能矢忠义，举发伊主"，籍俄英克图、伊成格家产，以其半与之，并加授一等甲喇章京，"以其讦告和硕肃亲王故也"[6]。谭泰已经附多尔衮，图赖与索尼则是黄

1 《清世祖实录》卷三七，第 8~9 页。
2 《清史稿·多尔衮传》。
3 《沈阳状启》，第 515 页。
4 《清世祖实录》卷四，第 1~3 页。
5 吴晗辑：《朝鲜李朝实录中的中国史料》，第 9 册，第 3752 页。
6 《清世祖实录》卷四，第 7 页。

旗大臣谋立豪格的首脑人物，索尼更是智囊。据锡翰、巩阿岱、冷僧机说："太宗宾天时，我等凡事皆随图赖、索尼而行。"[1]因此，多尔衮有意拉拢二人，说图赖"为国效力"，致与杨善等"恶党"成仇隙，籍杨善、罗硕家产给图赖。又集众于笃恭殿，宣示谭泰、图赖、索尼"为国尽忠，致与恶党成仇怨"，各赏以玲珑鞍辔、马匹、银两。[2]这样大张旗鼓地宣示，即是对三人示以恩宠，又是为了以广招徕。多尔衮操二柄赏罚黄旗大臣，以促使其分化，黄旗大臣内部从此多事矣。这在下面将会谈到。现在先谈多尔衮在打击豪格之后，是如何警告多铎的。

翌年（顺治二年）十二月二十五日，多尔衮召集诸王、贝勒、贝子、公、大臣等，谓众人曰："前此不立肃王（豪格）者，非予一人意也。尔诸王大臣皆曰：'若立肃王，我等俱无生理。'因此不立。"接着便斥责众人："乃彼时不肯议立，而今复有市恩修好者矣。"这是明显指斥多铎。因为诸王中代善、济尔哈朗等当时是同意立豪格的，只有多铎始而不同意立豪格，而今又与之修好，市恩于彼。经多尔衮训斥，诸王贝勒皆以为然，唯独多铎不语。多尔衮所遣大臣问曰："众人皆言，唯王不出一语，是何意也？"多铎答曰："未谕其意，是以不答。"对多尔衮的指责，虽非明抗，却是软顶。大臣还告，"王（多尔衮）笑而言曰：'予适与阿济格尼堪言，此言一出，豫王必默然无语，今果如所料。乃有如此之奸人耶！'"再遣大臣反复诘问，最后，"豫主语塞，引罪"。诸王大臣以多铎妄对，欲议其罪，多尔衮说："予之诫谕，原各令自省，非欲加之罪，免之。"[3]多尔衮本视其胞弟多铎为股肱，竭力加以扶持，这次当众诫谕，只不过是令其自省，改弦更张，不再与豪格往还；同时，对他人之敢于与豪格修好者，自然也就收到了以儆效尤的作用。

---

1 《清世祖实录》卷六三，第20页。

2 《清世祖实录》卷四，第4页。

3 《清世祖实录》卷二二，第12~13页。

## 四

多尔衮采取不同手腕对付诸王，打击政敌豪格，摧抑支持豪格的济尔哈朗，诫谕多铎，冷落代善，对黄旗大臣则是拉拢分化，因而黄旗大臣内部纷争迭起。

何洛会讦告豪格后，“谭泰、护军统领图赖、启心郎索尼，并为王（多尔衮）所亲信”[1]。然而，三人中除谭泰外，图赖、索尼却矢忠皇室，“誓辅幼主”，不附多尔衮。图赖启多尔衮曰：“皇叔父王（多尔衮）保辅皇上，效力甚多，难以枚举。图赖向年效力太宗，王之所知，今图赖之心，亦犹效力太宗。”话说得再明白不过了，图赖之尽心效忠福临，是一本昔年之效忠于皇太极的初心。接着，他又信誓旦旦地声称：“（图赖）不避诸王贝勒等嫌怨，见有异心，不为容隐，大臣以下，牛录章京以上，亦不徇隐其恶。图赖誓之于天，必尽忠效力。”[2]图赖耿介直言，其尽忠于“皇上”，誓与敢于有异心为恶的诸王大臣为敌，对此，多尔衮是绝不会误解的。而“索尼终不附睿亲王”[3]。因此，二人对谭泰之违背昔日盟誓，阿附多尔衮深为厌恶。

两黄旗本隶属清帝，多尔衮为拉拢黄旗大臣，分别致书镶黄旗固山额真拜尹图、正黄旗固山额真谭泰，声称“予既摄政，侧目于予者甚多。两黄旗大臣侍卫等人皆信实，予出外欲赖其力，以为予卫。俟归政，然后隶于上”[4]。多尔衮这一要求原本是违制的，但他以皇父摄政王之尊，表示将自己的安全警卫付之于两黄旗侍卫大臣，意在示以好感和信赖，从而将两黄旗侍卫大臣置于

1 《清史列传》卷四，《谭泰传》。

2 《清世祖实录》卷二一，第9~10页。

3 《清史列传》卷六，《索尼传》。

4 《清世祖实录》卷五三，第8页。

控制之下，听命于自己。内大臣冷僧机、锡翰、席纳布库，党附多尔衮，竟然“散遣皇上侍卫大臣等，径送圣躬（顺治帝）至睿王处”[1]。锡翰及其兄巩阿岱本为宗室，二人曾与索尼、图赖、鳌拜、谭泰等共立盟誓，“保护皇上，六大臣一心尽忠，不惜身家，誓同生死”。巩阿岱、锡翰“心归睿王”后，“向鳌拜、索尼云：‘向者我等一心为主，生死与共之誓，俱不足凭。’遂迫鳌拜等悔弃前誓”[2]。黄旗大臣“誓辅幼主”的盟誓因而瓦解，彼此之间也就随之公开分裂，其效力于多尔衮可谓大矣，因为这正是多尔衮苦心以求的。多尔衮授诸人以高爵，以资鼓励，擢拜尹图、巩阿岱、锡翰为贝勒、贝子，入八分。诸人感激莫名，向多尔衮表示：“我等以卑贱之身，蒙升贝勒、贝子，入八家分内，似此擢升之恩，没齿不敢忘。”[3]为了尽忠新主，巩阿岱等更是献计献策，对不附多尔衮者，打击摧陷无所不为，甚至有劝进之意。郑亲王济尔哈朗与多尔衮同居辅政，曾对巩阿岱说：“皇子即帝位，更复何言！惟以他人篡夺为忧。”巩阿岱即向多尔衮告密，“遂陷郑亲王于罪，此非巩阿岱等阴谋劝进之故欤？”[4]豪格被幽系死后，其子富绶尚幼，“尚书宗室巩阿岱议杀之”。内大臣巴哈、哈什屯力持不可，乃止。[5]巴哈不附多尔衮，巩阿岱屡劝多尔衮疏远巴哈及其兄鳌拜，锡翰、席纳布库集内侍大臣、侍卫等欲议其罪。更有甚者，巩阿岱、锡翰等在护卫顺治帝福临出猎时，对年幼的福临处处刁难，“肆意讥讽，无人臣之礼”；二人“身穿黄金号衣，骑射于皇上之前，僭越已极”[6]。其藐视福临，心目中唯知有多尔衮，于此可见。

1 《清世祖实录》卷六三，第16页。
2 《清世祖实录》卷六三，第16页。
3 《清世祖实录》卷六三，第17页。
4 《清世祖实录》卷六三，第17页。
5 《清史列传》卷六，《巴哈传》。
6 《清世祖实录》卷六三，第19~20页。

图尔格曾先令护军护其门，与多尔衮等白旗诸王针锋相对，福临即位后其人便销声匿迹。《清史稿》卷二三三《图尔格传》云，他死于顺治二年二月，未载死因。据《清世宗实录》记载，图尔格乃死于昔日与之共立盟誓的谭泰之手。鳌拜讦谭泰云："(谭泰) 又诬无辜之巴布海，将图尔格取去，寻即杀之。"图尔格死后，谭泰复将其墓"尽行拆毁"[1]。鳌拜所讦各点，"与谭泰对质，皆实"[2]。则谭泰为多尔衮除去了其所痛恶之人。

谭泰与图赖同为掌握兵权的黄旗大臣，谭泰阿附多尔衮后，与不附多尔衮的图赖、索尼等矛盾日深。首先出来抨击谭泰的是索尼之叔、曾深受太宗皇太极眷顾的希福。希福"素讥谭泰衰庸"[3]。所谓"衰庸"者，实责其"碌碌因人"，党附多尔衮。希福进北京后，因住房过远，请固山额真谭泰为之更换，谭泰推诿不办。二人相遇于途，希福讥之曰："尔果衰迈矣。"又遣人质问谭泰："伊非固山额真耶？分拨房屋，何为推诿于人？……伊何碌碌因人耶！……且伊之官爵亦非袭自他人，乃伊以伟略丈夫所得之官爵，奈何不侃侃而言也？"并说图赖对谭泰亦甚不满。希福轻蔑谭泰"碌碌因人"，阿附多尔衮，不敢以伟略丈夫侃侃而言，谭泰因而深衔之。于是，谭泰据其弟谭布所说，向法司讦告希福伪传多尔衮自言过失。多尔衮借此开刀，惩治不附己者。部议希福"伪传王言"，诋毁大臣，"谓谭泰衰迈退缩，碌碌因人"，意在离间谭泰与图赖交恶，使二人"疏远于王 (多尔衮)"，此即"紊乱国政"，应论死。多尔衮"念其效力年久，且其侄索尼亦蒙主眷"，免死，革职为民，禁其在大臣家行走。[4]重罪希福是打击黄旗大臣之不附己者；因索尼故而又免死，乃市恩索尼，但索尼

1 《清世祖实录》卷五九，第 16 页。

2 《清世祖实录》卷五九，第 17 页。

3 《清史列传》卷七，《希福传》。

4 《清世祖实录》卷七，第 7~9 页。

却并不领情。

顺治二年八月，诏令谭泰集众传示英亲王阿济格“称上为孺子”、蔑视福临等罪。阿济格乃多尔衮胞兄，谭泰“徇王情面，并不集众传示”[1]。索尼举发其罪，谭泰削公爵，解固山额真任，降为昂邦章京。谭泰怨恨索尼，亦讦告索尼于内库鼓琴，库院牧马等罪。多尔衮将其革职，永不叙用。索尼与谭泰昔日盟誓生死与共，而今互讦，索尼“以泰为背主”[2]，可见二人矛盾的实质是“背主”亲附多尔衮与忠于皇室之事。索尼不附多尔衮，议政时往往以理相争，“王（多尔衮）由是恶之”[3]，认为“索尼辈意向参差，难以容留，遂将索尼遣发”[4]。顺治五年三月，索尼等于皇太极死时盟立豪格事被揭发，多尔衮将其遣守沈阳昭陵，以示儆戒，冀其回心转意，为己所用，因为索尼为人多智，颇具卓见。多尔衮言于冷僧机曰:“索尼虽不附我，然商议大事，无出索尼者，岂索尼至今，尚不儆醒乎?”有取回索尼之意。冷僧机云:“索尼纵取回，亦不为王实心效力，取回何用?”[5]索尼终罢废。顺治帝福临亲政后，始回北京。而谭泰被降三个月后，即复固山额真任。

谭泰恃多尔衮亲信，为娱媚其妻:“乞公主园亭于图赖，图赖恶之。”[6]顺治三年正月，谭泰因与其岳父固山额真阿山违制遣巫者与人治病，坐罪。图赖、鳌拜等乘机举发其前罪，主要是，当清军分道下江南及进军陕西时，谭泰遣人谓图赖曰:“我军以道路迂险，是以后至，南京可让我军取之。”图赖告知定国大将军多铎及诸将，作书命护军塞尔特送索尼，转奏多尔衮。牛录章京希思

1 《清世祖实录》卷二〇，第 12 页。
2 《清世祖实录》卷二〇，第 13 页。
3 《清史列传》卷六，《索尼传》。
4 《清世祖实录》卷六三，第 19 页。
5 《清世祖实录》卷六三，第 19 页。
6 《清史列传》卷四，《谭泰传》。

翰窃观，见图赖所作书不利于谭泰，遂令送者投书于河以灭迹。谭泰遣人命送者箝口。后图赖询问所作书，送者诳称已交索尼，索尼嘱其箝口不言，众议索尼应斩。索尼为自己申辩，说谭泰曾“忘君背旨”，“将奉旨印文自专”，不集众传示阿济格之罪，“尚举发其事，今岂庇谭泰而匿此书乎？”[1]多尔衮亲自复勘，送书人塞尔特尽吐实，真相乃大白。图赖、鳌拜等众议谭泰应论死，多尔衮将其下狱。当多尔衮于午门会议谭泰罪时，迟疑数日不决。图赖厉声质问：“尔何将谭泰之罪耽延三日不结？”[2]要求多尔衮依众议将谭泰处死。多尔衮怒其举动太妄，缚而寻释之。

谭泰被下狱，多尔衮遣人以野豕、野雉肉探视。谭泰感激莫名，对来人说：“王若拯我已死之身于监禁之中，吾当杀身报恩。”[3]多尔衮遂优养之，顺治五年正月，出谭泰于狱。谭泰从此更死心踏地投身于多尔衮门下，向多尔衮表示：“我死亦在此门，生亦在此门。”[4]而对图赖之欲置自己于死地，则衔恨不已，俟机报复。

顺治五年三月，贝子屯齐讦告郑亲王济尔哈朗当年谋立豪格，以及索尼、图赖、谭泰等人共立盟誓，愿生死一处等情，何洛会证实其词，再一次攻讦原主豪格。何洛会前后两次讦告原主以取悦多尔衮，对此，多尔衮是了然于胸的，他说：“想彼亦媚我而为是言也。”[5]济尔哈朗因此被革去亲王爵，降为郡王。索尼遣守昭陵。图赖已于顺治三年五月死于南征明鲁王朱以海军中，革其子辉塞所袭之职，并夺燕京所投汉人，以及当年籍锡翰、罗硕家产给图赖者（见前）。时豪格在镇压四川张献忠大西军后刚回到北京，顺治帝福临于太和殿宴劳之。多尔衮以微末罪名将豪格幽系，

1 《清世祖实录》卷二三，第 4 页。
2 《清世祖实录》卷二三，第 5~6 页。
3 《清世祖实录》卷五九，第 15 页。
4 《清世祖实录》卷五九，第 15 页。
5 《清世祖实录》卷五三，第 18 页。

豪格自知从此不复再见天日，悲愤达于极点，对人云："将我释放则已，如不释放，毋谓我系恋诸子也，我将诸子必以石掷而杀之。"[1]寻卒于狱。

屯齐的告发本词连谭泰，但谭泰非但未获罪，反而于出狱后即复正黄旗固山额真任，并于屯齐告发的当月（顺治五年三月，谭泰出狱后两月），被命为平南大将军，与何洛会率军往江西，征讨降而复叛的金声桓、王得仁，且给予便宜除授江西官员之旨。多尔衮对谭泰的宠信更甚于前，谭泰也因之专横骄纵更甚。在除授江西官员时，任意专行，文官授武职，以随征的吏部侍郎马光远为提督江西总兵官，又以都察院理事官纪国光为掌印都司，二人辞不就。纪国光以文官不应授武职，抨击曰："不善者，以善置之；善者，以不善置之，天下之乱职是故耳！"[2]二人因此均被革职，纪国光且籍没家产之半。顺治六年六月，多尔衮率师征倒戈反清的大同总兵姜绶。临行，谕部院大臣，令谭泰、何洛会及大学士裁决各部院事务，军国大事与英亲王阿济格及议政大臣商议。多尔衮不在北京期间，谭泰、何洛会已代行其部分事权，更受重用。谭泰恨图赖曾在议其罪时欲置之死地，时图赖虽已死，但谭泰竟然"毁图赖茔墓，以泄忿"[3]。由于多尔衮纵横捭阖于两黄旗大臣之间，他们终于从昔日死生与共一变而为刻骨铭心的仇恨。

顺治七年十二月，多尔衮病逝，福临亲政。两次告主的何洛会自知性命难保，对锡翰说："今上亲政，两黄旗大臣与我相恶。我曾首告肃王，今伊等岂肯不杀我而反容我耶？"[4]翌年二月，多尔衮死后两月，何洛会因党附多尔衮，第一个被凌迟处死。黄旗

1 《清世祖实录》卷三七，第 15 页。

2 《清世祖实录》卷四四，第 20 页。

3 《清史列传》卷四，《谭泰传》。

4 《清世祖实录》卷五三，第 19 页。

大臣之党附多尔衮者如谭泰、巩阿岱、锡翰、席纳库布、冷僧机等人，均先后正法；或贬革，家产籍没，刑部刊刻告示，颁布天下，咸使闻知。

# 多尔衮评议

多尔衮，清太祖努尔哈赤第十四子。1643年，皇太极死后，六岁的福临继位，多尔衮辅政，继而称“摄政王”，地位显赫，实际上享有皇帝的权威。他在清王朝立国过程中的作用，笔者见到几篇专文论及，褒多贬少。今试作多尔衮评传，就若干重大问题略抒己见。

## 一　入关前的多尔衮及其谋略思想

天命十一年，努尔哈赤死于瑷鸡堡，皇太极即位。多尔衮时年十五，封贝勒。幼年时的多尔衮已初露锋芒，有两件事可以说明。一是代善说：“阿济格、多尔衮、多铎，先帝时使领全旗。”[1]而其兄长如阿巴泰等所未能及；再就是有的记载说，努尔哈赤曾属意于多尔衮拟传继汗位。[2]此说不论是否可信，但努尔哈赤钟爱器重多尔衮，则是实情。

多尔衮崭露头角是在天聪二年。这年二月，十七岁的多尔衮随皇太极出征察哈尔多罗特部，敖木轮大捷，多尔衮有功，在回

---

1 《清史稿》卷二一七，《阿巴泰传》。

2 《燃藜室记述》卷二七，引《明录》：“努尔哈赤死前遗言，谓贵永介（代善）曰：‘九王子（多尔衮）当立而年幼，汝可摄位，后传于九王。’贵永介以为嫌逼，遂立洪太氏（皇太极）云。”此系朝鲜人的记载，不见于《清实录》。

军沈阳途中，皇太极宴诸贝勒大臣，说："初次令两幼弟随征远国，克著勤劳，尅期奏凯，宜锡美号，以示褒嘉。"[1] 于是赐多尔衮号"墨尔根戴青"，意为聪明王。从此，"聪慧多智，谋略过人"[2] 的多尔衮，逐渐跃居于后金军主要统帅之列。

多尔衮连年出征，表现了卓越的军事才能。天聪五年大凌河之役，他率先冲锋陷阵，直抵大凌河城下。城上发炮矢，清军颇有死伤，皇太极切责诸将不加劝阻。松锦之战时，他披坚执锐，祖大寿军从锦州城头发炮向南轰击，洪承畴军由南山发炮向北轰击，多尔衮几被击毙。祖大寿复降后，多尔衮曾向之谈到当时危急的情形。祖大寿张皇失措说："果有此事！如彼时炮中王马，为之奈何！"多尔衮认为："彼时两仇相敌，惟恐不中，大寿言不由中（衷），诚为可笑。"[3] 但多尔衮并非匹夫之勇，而是足智多谋。如天聪五年后金军取得大凌河胜利之后，祖大寿第一次投降，多尔衮与阿巴泰等率兵四千，乔装祖大寿败军溃奔状，夜袭锦州。为了迷惑敌人，故意发炮不绝声。明锦州守军以为祖大寿突围出，于是出兵接应，被后金军斩杀甚众。[4]

---

1 《清太宗实录》卷四，第 8 页。

2 《碑传集》卷一，《睿亲王多尔衮传》。

3 《多尔衮摄政日记》，第 6 页。

4 关于大凌河之战多尔衮等夜袭锦州的策划及其过程，据《清太宗实录》卷一〇第 18 页、《清史稿》多尔衮、阿巴泰、岳托、德类格各传，乃是皇太极及诸贝勒与祖大寿共同商讨的。但明《兵部呈为李明臣题明兵偷袭后金适逢祖大寿突围事本》、《兵部呈为王直道题祖大寿出围详情事本》等所说，明锦州军于崇祯四年十月二十九日，由祖大弼率军夜袭皇太极营，也是事先经过周密计划的，"适逢大凌城内闯围以出，恰与暗合"。明军偷袭清营，据《清史稿》、《阿济格传》，所袭者乃阿济格营，非皇太极营，但明军曾冲到皇太极近旁，"上披甲与战"，由阿济格解围。《清太宗实录》九月丁亥（十六）皇太极率护军等往击锦州援兵，在小凌河边与明兵锦州兵七千遭遇，"上甫擐甲"，击败明军。（卷九，第 37 页）此与后金军袭锦州无关。两种记载不同，录以存疑。不过明军夜袭清营遭受重大损失，在监军高起潜等所题事本中也是承认的："陈二等引导闯入四王子大营边。奴兵知觉，彼此炮火连天，贼乃开营冲杀……初一日卯时，各兵回称，被贼追赶至亮马山，伤失家丁十余名。臣等不胜惊骇焦劳。"（《历史档案》1981 年第 1 期，第 19 页）

在频繁的战斗中，多尔衮表现出敏锐的眼光，其谋略思想与皇太极一致。

天聪七年六月，皇太极下诏询问诸王及将领关于征明及察哈尔、朝鲜何者为先，以决定后金军的主攻方向。当时，随着军事上的不断胜利，皇太极“入主中原”与明争夺全国政权的愿望日益强烈，为此，后金首先要夺取辽西，以为进取的基地。而辽西则是明政府防守并希望进而规复全辽的前沿阵地，双方势在必争。察哈尔和朝鲜，助明与后金为敌。因此，后金在与明争夺辽西的过程中，决定主攻方向是关系到后金政权能否进一步迅速发展的大问题。多尔衮力主以“征明”为先，他从夺取全国政权这一目标出发，向皇太极献策说：

> 宜乘春时整练士卒，待我（后金）耕种既毕，彼（明）谷将熟，入边直逼燕京，截其援兵，残毁屯堡，因粮于敌，为久驻计，可坐待其毙也。[1]

这是：第一，从八旗兵制的实际情况出发，既整练战备，又不误生产；第二，“因粮于敌”，以战养战；第三，在战术上“截其援兵，残毁其屯堡”，用围城打援的办法，发挥后金军骑兵的野战优势，歼灭明军，并对明统治地区施行“残毁”的屠掠破坏性战争。对察哈尔和朝鲜，多尔衮则是全力贯彻皇太极示威怀柔兼施使之转向为我的方针。

天聪八年，察哈尔林丹汗死于青海打草滩。皇太极利用这一

多尔衮入北京后，曾对大学士刚林等说过：“崇祯皇帝也是好的，只是武官虚功冒赏，文官贪赃坏法，所以把天下失了。予在东边时，每见此中朝报，下以此蒙上，上的旨意亦以此蒙下，最为可笑，后来越看不得了，所以径不看了。”（《多尔衮摄政日记》，第3～4页）

1 《碑传集》卷一，《睿亲王多尔衮传》。

有利时机，于翌年二月命多尔衮、岳托、萨哈廉、豪格率精兵万人，慑服林丹汗之子额尔克孔果尔额哲。多尔衮等先在西喇朱尔格地方招降林丹汗妻囊囊太后，四月二十八日抵达额哲驻地托里图地方，遣额哲母苏泰太后之弟南楮前往说降，宣布“奉上命，统大军来招尔等，秋毫无犯”[1]。于是额哲率部投降。这次进军成为一次盛大的受降典礼，顺利地解决了蒙古问题。在回军途中，多尔衮率额哲自山西平鲁卫入侵明边，掠山西、宣大一带，俘人畜七万余。[2]八月，多尔衮等凯旋，向皇太极呈献得自苏泰太后处的元代传国之玺“制诰之宝”，认为“天赐至宝，此一统万年之瑞也”[3]。皇太极因此改元崇德，改国号为清，多尔衮因功晋封为和硕睿亲王。

崇德元年十二月，皇太极率军侵朝鲜，围朝鲜国王李倧于南汉城，为了促使李倧投降，翌年正月，命多尔衮率军进攻居处朝鲜二王子、王妃，以及众多大臣及其眷属的江华岛。多尔衮率军攻取江华岛，朝鲜国王李倧因“妻子及群臣，尽被俘获，身复受困南汉”，各道援兵亦为清军所败，“于是弃兵器，服朝服，率文武群臣，献上明国所给敕印”[4]，称臣于清。

收察哈尔，降朝鲜，使明在辽东失去两翼，整个形势发生进一步有利于清的变化。

明王朝是清争夺全国政权的对手。在对明的战争中，多尔衮则是残暴地屠掠，实行“残毁”性破坏战争。例如，崇德三年，多尔衮为奉命大将军，将左翼，岳托将右翼，分别向董家口、墙子岭毁边墙侵明，西掠至山西，又东破济南，戕明总督卢象升。纵横逐突数千里，蹂躏城池四十余座，所到之处烧杀掳掠一空，

1 《清太宗实录》卷二三，第 18 页。
2 蒋良骐：《东华录》，第 40 页。
3 《清太宗实录》卷二四，第 14 页。
4 《清太宗实录》卷三三，第 32 页。

共掠人口二十五万余，财物不计其数，给山西、河北、山东人民以深重的残毁灾难。清军实行这样的破坏性屠掠方针，确实收到了削弱明政府的效果。夏允彝记述说："东夷（清）一入山西，一入宣府，而壬午之入，直走青、齐，及淮而止，所至屠掠一空，祸为至剧。……国力耗竭，而事不可为矣。"[1]

入关前的多尔衮，其对明、察哈尔、朝鲜三者的谋略思想切合当时清所面对的形势，然而每一重大战役始终是在皇太极的指挥下，"上（皇太极）亲在行间，诸臣皆秉方略"[2]。在评论这一时期的多尔衮时，不少论者认为，多尔衮的远见卓识高出诸王远矣，事实未必尽然。在征明及察哈尔、朝鲜何者为先这一战略决策上，杜度、阿巴泰、萨哈璽、阿济格、多铎、豪格等主要带兵贝勒，都认为应先征明（各见《清史稿》本传）。萨哈璽（萨哈镰）说："当宽朝鲜，拒察哈尔，而专征明。察哈尔虽不加兵，如虫食穴中，势且自尽。至于明，我少缓，则彼守益固。臣意视岁秋成图进取，乘彼稼禾方熟，因粮于敌，为再进计。量兵留防察哈尔。先以骑兵往来袭击蹂躏，再简精兵自一片石入山海关，则宁、锦为无用；或自宁、锦入，断北京之路，度地形据粮足之地，乘机伺便，二三年中，大勋集矣。"[3]萨哈璽向皇太极的建议，除了具体进军路线外，其要点与前述多尔衮的意见几乎完全相同，可见天聪七年后金关于重大战略决策的讨论，诸王贝勒是完全一致的。

天聪八年收察哈尔，崇德二年降朝鲜，就是在上述总的指导方针下的具体实施。

有的论者认为，收察哈尔时，多尔衮在林丹汗子额哲未觉察的情况下，后金军未乘机攻击，而是以招降解决蒙古问题，这是

1 夏允彝：《幸存录》（上）。
2《清史稿》卷二一六，《萨哈璽传》。
3《清史稿》卷二一六，《萨哈璽传》。

多尔衮高明之处。其实，皇太极早已制订了对察哈尔的方针，多尔衮只是执行而已。

皇太极对察哈尔蒙古的基本观点是:“我与尔两国，语言虽异，衣冠则同。”[1]因而其方针是“从者收之，拒者杀之”[2]。“摄之以兵威，怀之以德”[3]，而偏重于“怀之以德”。宣称“我满洲与蒙古，原系一国”，“来降者，无不恩养”。[4]也就是在军事压力之下用怀柔政策使察哈尔蒙古归附。天聪八年，察哈尔林丹汗死后，十月二十七日，皇太极为文告祭努尔哈赤说:“察哈尔兄弟，其先归附者半。后察哈尔汗（林丹汗）携其余众，避我西奔，未到汤古成部落，殂于西喇卫古尔部落打草滩，其执政大臣率所属尽来归附。”[5]但是也有一部分察哈尔蒙古“逃入明国”，往投明政府，皇太极为了与明政府争夺察哈尔蒙古，亲自率军“往征大同，兼可收察哈尔来归贝勒、官民，计莫有善于此者”[6]。同时，又“遣众于黄河岸招之”[7]。天聪八年十一月，所遣额尔德尼囊苏喇嘛、哈尔松“往迎察哈尔国归附之众”，一次就招抚五千户二万人。[8]反之，觉罗布尔吉、英俄尔岱，以“招之不降”为由，纵兵屠杀察哈尔台吉布颜图及壮丁两百余人，其幸存者向皇太极奏明:“彼时并无一言相问，我等欲降不允，遂行屠戮。”皇太极大为震怒，立即将布尔吉、英俄尔岱议罪。[9]可见，在派出多尔衮等之前，皇太极招抚察哈尔的方针已十分明确。林丹汗的继承者额哲，毫无

1 《清太宗实录》卷一八，第 26 页。
2 祁韵士：《皇朝藩部要略》卷一，《蒙古要略》。
3 《清太宗实录》卷二〇，第 37 页。
4 《清太宗实录》卷九，第 24 页。
5 《清太宗实录》卷二〇，第 37 页。
6 《清太宗实录》卷一八，第 23 页。
7 《清太宗实录》卷二〇，第 9 页。
8 《清太宗实录》卷二一，第 8～9 页。
9 《清太宗实录》卷一九，第 7～8 页。

疑问是招抚的主要对象。为了不使额哲往投明政府，当皇太极得知额哲“蹑归附之人踪迹而来”的消息后，命多尔衮、岳托、萨哈廉、豪格等主要将领率军前往招抚，临行“授以方略，遣之”[1]。多尔衮等在向皇太极奏报圆满完成任务时说：“臣等荷蒙天眷，仰仗皇威，谨遵指授方略，进止以时，所有察哈尔国苏泰太后母子，及其部众人民，悉已招降归附。”[2]可见，多尔衮、岳托、萨哈廉、豪格等贝勒，未向额哲发起攻击，而是招降，其“进止”皆皇太极所指授。

多尔衮降江华岛也不是像有的论者所说的那样，他一反诸王的大肆屠戮，实行招降，体现他的过人之处。其实，多尔衮仍然是贯彻了皇太极的方针。

清军对敢于抵抗的军民，一贯滥肆屠杀，多尔衮也不例外。他向皇太极奏报说：“我军至岛，朝鲜有兵船四十余，于渡口迎战，我军用红衣炮攻击，敌不能当，东西逃散。黎明，我军乘船进攻，入江华岛，杀鸟枪手百人，又击杀伏兵千余。”[3]于是进围江华岛城，遣人呼于城下：“屠城易耳！顿兵不进者诏命也。皇帝（皇太极）已许和，急遣官来听。”[4]江华岛城投降。他之所以未屠城，一是皇太极有“许和”的诏命，二是该城未再抵抗。

当然，多尔衮也自有其精明之处，他“倡谋出奇，攻城必克，野战必胜”[5]，出了一些好主意，立下了战功，深得皇太极的信任，“凡所谋议，无不得参”[6]。这说明足智多谋的多尔衮，对于错综复杂、风云变幻的形势能够作出敏锐的判断，采取有效的行

1 《清太宗实录》卷二二，第 35 页。
2 《清太宗实录》卷二三，第 27 页。
3 《清太宗实录》卷三三，第 22～23 页。
4 吴晗辑：《朝鲜李朝实录中的中国史料》，第 9 册，第 3589 页。
5 《清世祖实录》卷九，第 22 页。
6 《沈阳状启》，已卯年五月初四。

动。皇太极说，多尔衮“举动皆合朕意”[1]。他们由于谋略思想的一致，因而多尔衮贯彻皇太极的意图十分得力，凡有重大行动多以他为主帅。在清王朝开国过程中，他“助成”皇太极的“大业”，建立了功勋。

## 二 多尔衮之拥立福临

多尔衮在皇太极去世之前，其地位已跃居诸王之上。正当清军对明战争节节胜利，即将由东北一隅发展成为全国政权的重要时刻，崇德八年八月初九日，皇太极暴崩，满洲贵族内部在皇位继承问题上，发生了尖锐的矛盾。

入关以前，嗣君的继承不是由皇帝生前在皇子中指定，而是由贵族诸王议立。皇太极未死之前，即已“诸王辈皆分党，多有乖争之事”，所以有人早就预见到“他日必有争立之举”[2]。当时有力量争夺皇位者，为多尔衮和皇太极的长子豪格。皇太极刚死，双方的拥立者立即展开了活动。皇太极自将的正黄、镶黄两旗誓立豪格（他又是正蓝旗主旗贝勒）。图尔格、索尼、图赖、巩阿岱、鳌拜、谭泰、塔瞻八人往豪格家，“私相计议”，“欲立肃王（豪格）为君”。索尼等六人又“共相盟誓，愿死生一处”。于是豪格命何洛会、杨善往告郑亲王济尔哈朗说：“两旗大臣，已定立我为君，尚需尔议。”济尔哈朗表示，“我意亦如此”，但尚需与多尔衮商议。[3]多尔衮和多铎所统帅的两白旗，则主张立多尔衮。豫王多铎、英王阿济格“跪劝睿王，当即大位”[4]。多尔衮后来说：“太宗（皇太极）升遐，嗣君未立，诸王贝勒大臣等，率属意于

1 《清太宗实录》卷一〇，第26页。

2 吴晗辑：《朝鲜李朝实录中的中国史料》，第9册，第3627页。

3 《清世祖实录》卷三七，第8～9页。

4 《清太宗实录》卷六三，第17页。

予，跪请予即尊位。”[1]但多尔衮审度形势，未便贸然应允。双方处于僵持不下的紧张态势，黄旗大臣严加戒备，“图尔格等与白旗诸王素有衅隙，传三牛录下护军，备甲胄弓矢护其门”[2]。

八月十四日（皇太极死后第五日），多尔衮召集诸王大臣议立嗣君。当天黎明，“两黄旗大臣盟于大清门，令两旗巴牙喇兵（精锐内兵，即护军）张弓矢，环立宫殿”。摆出兵戎相见之势。会议之前，多尔衮征询黄旗大臣索尼的意见，“索尼曰：‘先帝有皇子在，必立其一，他非所知也。’”会议开始，索尼等首先发言，力主立皇子。礼亲王代善说，豪格“当承大统”。豪格表示辞让。阿济格、多铎“劝睿王即帝位”。代善又表示“睿王若允，我国之福，否则当立皇子”。不再坚持立豪格。两白旗则坚决反对立豪格，认为豪格若立，“我等俱无生理”[3]。多铎又提出立他自己或立代善。多尔衮不同意立多铎，代善以年老固辞，退离会议。[4]这时，两黄旗“将领之辈，佩剑而前曰：‘吾属食于帝（皇太极），衣于帝，养育之恩与天同大，若不立帝子，则宁死从帝于地下而已。’”[5]在这种形势下，多尔衮提出立皇太极第九子六岁的福临为帝，由他和济尔哈朗辅政，“八高山（固山）军兵吾与右真王（济尔哈朗）分掌其事，左右辅政，（福临）年长之后，当即归政”[6]。这一折中方案为双方所接受。

在定议立福临两天之后，代善之子贝子硕托、孙郡王阿达礼，又图谋推翻成议，拥立多尔衮。在事发的当天，多尔衮即下法司诛之[7]，将二人“露体绑缚，并其俊王（阿达礼）母及小退（硕

1 《清太宗实录》卷二二，第 11 页。
2 《清世祖实录》卷三八，第 3 页。
3 《清太宗实录》卷二二，第 11 页。
4 《清史稿·索尼传》。
5 《沈阳状启》，癸未年八月二十六日。
6 《沈阳状启》，癸未年八月二十六日。
7 《沈阳状启》，癸未年八月二十六日。

托）妻即缢杀之”[1]。当时明政府也得到了有关的报告。辽东巡抚黎玉田咨文兵部说:“酋（皇太极）亡之初，九酋（多尔衮）立其幼子，其老大酋（代善）之子（硕托）、之孙（阿达礼）各起争立之心，当为九酋戕杀，此系确耗。”[2]

皇位继承问题的解决，关系重大，因为1643年秋，正是入关的前夕。福临即位，使满洲贵族的公开分裂得以避免，消除了内战的危机，从而在客观上使皇太极所企求的“入主中原”的目的得以实现。因而不少论者在评论多尔衮立福临时，强调他高瞻远瞩，顾全大局，不强自为君，以曲全整个满洲贵族的政治利益。实际多尔衮之不强自为帝，主要的是在与政敌豪格的力量对比上，并不占有明显的优势。豪格为正蓝旗主旗贝勒，又有两黄旗的拥立，这样，他已得到了三旗的支持。济尔哈朗是镶蓝旗主旗贝勒，同意立豪格。代善是正红旗主旗贝勒，他的基本倾向也是立豪格或皇子。在这种情况下，如果多尔衮强立为君，不可能稳操胜券。多尔衮对帝位怀有强烈的欲望，而且在他摄政期间，对顺治帝福临始终是一个严重的威胁，则是有史明证的。第一，崇德八年八月十四日，在议立嗣君的会议上，多铎劝多尔衮即帝位时，“睿王犹豫未允”[3]。可见多尔衮并非以大局为重，他之所以犹豫，还是他的同母弟多铎洞悉其肺腑，说出了原因。多铎问:“汝不即位，莫非畏两黄旗大臣乎?”[4]第二，多尔衮后来说过:“若以我为君，今上居储位，我何以有此病症!”[5]言下对自己未即君位颇有追悔之意。第三，多尔衮还说过:“太宗文皇帝之继位，原系夺立。”以此挟制中外。既然多尔衮认为皇太极是“夺立”，那么皇子福临继

1 《清世祖实录》卷一，第10～11页。

2 《明清史料》，乙编，第573页。

3 《清史稿·索尼传》。

4 《清世祖实录》卷六三，第17页。

5 《清太宗实录》卷六三，第19页。

承大统也就名不正而言不顺，而他正是据此“挟制中外”专权独断，“凡一切政事，及批票本章，不奉上命，概称诏旨，擅作威福”[1]，而认为其来有自。第四，济尔哈朗曾向巩阿岱说：“皇子即帝位，更复何言，惟以他人篡夺为忧。巩阿岱以此言告睿王，遂陷郑亲王于罪。”[2]济尔哈朗与多尔衮同居辅政，自然是有所觉察而发此言，因而忧心忡忡。多尔衮因此而陷济尔哈朗于罪，正暴露其心迹。第五，多尔衮临死前，召其同母兄英王阿济格“语后事，外莫得闻也”[3]。几天后多尔衮灵柩运回北京，顺治帝率诸王、贝勒、文武百官出迎东直门外五里。阿济格不去佩刀，“举动叵测”，张旗纛与其子劳亲所将部队合军，他在事前又胁迫两白旗大臣从己。但由于阿济格为人鲁莽、暴戾，稍拂己意，即大呼“可速来一战”，因而很不得人心。两白旗大臣拒不从命，且“讦阿济格欲为乱”，“必思夺政”。[4]阿济格此举固然有自己的野心，但这与多尔衮同他“语后事，外莫得闻也”，其间不无蛛丝马迹。

综上所述，评价多尔衮拥立福临这一重大历史事件，只能认为，在客观上缓解了满洲贵族的公开决裂，因而彼此之间虽不同心，但在对明战争上却能协力，从而对清军入关夺取全国政权起了重大作用。不应再在主观上有所拔高。

## 三　摄政王时期的多尔衮

崇德八年八月丙戌（二十五），六岁的福临即位，改明年为顺治元年，叔父多尔衮与济尔哈朗同居辅政，继而称“摄政王”。多尔衮拥立福临，争取了两黄旗部分大臣的支持，如固山额真谭泰、

---

1 《清世祖实录》，第 22～23 页。

2 《清太宗实录》卷六三，第 17 页。

3 谭迁：《北游录》。

4 《清太宗实录》卷五二，第 2 页。

护军统领图赖、启心郎索尼等，一向支持豪格，“今伊等乃率二旗附和和硕睿亲王”[1]。

多尔衮以摄政王之尊掌握大权，“刑政拜除，大小国事，九王专掌之”[2]。为了进一步限制诸王管理政务的权力，崇德八年十二月，他以“盈庭聚讼，纷纷不决，反误国家政务”为由，罢诸王贝勒管理部院事务，宣布自己“身任国政”，所行善与不善概由二摄政王负责。[3]同时，又向各部尚书、侍郎和都察院分别发布谕令，要前者“克矢公忠”，听命于摄政王，否则“决不尔贷”；令都察院纠察诸王贝勒，有事应纠参者，必须据实奏闻，倘若徇私隐匿，“必不少贷”[4]。随后，又规定各衙门办理事务，凡应奏闻或记入档案者，皆先启知多尔衮。这样，诸王预政的权力既被削弱，济尔哈朗也退居多尔衮之下了，“王由是始专政”[5]。为了尊崇多尔衮的地位，顺治元年一月，由礼部议定摄政王居内及出猎行军的仪礼，诸王不得平起平坐，于是多尔衮实际上享有皇帝的尊荣和权力。

豪格是多尔衮的主要政敌。顺治元年四月初一，原来支持豪格的何洛会告讦豪格图谋不轨，又语侵多尔衮:“我（豪格）岂不能手裂若辈之颈而杀之乎！”[6]于是多尔衮毫不留情地加以打击。豪格心腹俄莫克图、扬善、伊成格、罗硕等，均以“附王为乱”处死；豪格本人也差一点送命，“诸将请杀虎口王（豪格)”，只是由于福临涕泣不食，才得以免死[7]，被罚银五千两，废为庶人。

---

1 《清世祖实录》卷四，第 1 页。

2 《沈阳状启》，癸未年八月二十六日。

3 《清世祖实录》卷二，第 17～18 页。

4 《清世祖实录》卷二，第 19 页。

5 《清史稿·多尔衮传》。

6 《清世祖实录》卷四，第 1～3 页。

7 吴晗辑：《朝鲜李朝实录中的中国史料》，第 9 册，第 3725 页。

多尔衮在短短的几个月内，便集大权于一身。

崇祯十七年（顺治元年）三月，李自成大顺军攻占北京，崇祯帝自缢，当时清尚未得到确报。可是，大顺军向北京迅猛进军，范文程已看到形势将发生突变。四月初四，他上书多尔衮，指出明亡在即，“我国虽与明争天下，实与流寇角也”。范文程认为，这就需要从策略上有一个根本的转变，一反清军过去对明战争的烧杀屠掠，应“严申纪律，秋毫无犯”，以收揽人心。凡投降者，官仍其职，民复其业，以此招降笼络明王朝各级官吏。同时，应不失时机地派大军直趋燕京。[1]遇事敏捷果断的多尔衮，立即觉察到时间的紧迫，数日之内，急聚兵马，男丁七十以下十岁以上，无不从军。[2]四月初九（范文程上书后五天），他率满洲、蒙古军的三分之二，汉军孔有德、耿仲明、尚可喜各部，向山海关进发。

四月十三日，清军抵达辽河。明山海关总兵平西伯吴三桂遣副将杨坤至清军乞降，多尔衮获知李自成军攻占北京及崇祯已死的确实消息后，立即兼程前进[3]，并咨询洪承畴的意见。洪承畴除了范文程上书中提出的意见外，特别指出，应“先遣官宣布王令，示以此行，特扫除逆乱，期于灭贼”，有首倡内应及立大功者，破格封赏。为了争取时间，应计算里程，精兵在前，辎重在后，限以时日，直趋北京。[4]范文程、洪承畴的建议均为多尔衮所采纳。十九日，清军抵达翁后，吴三桂再遣杨坤致书，请速进兵。多尔衮复信吴三桂，声称对崇祯帝的惨亡，“不胜发指”，乃“率仁义之师，期于亡贼，出民水火”。从此，清在政治上、军事上实现了重大的策略转变，从“伐明”转而以农民军为其对手，牢牢抓住“吊民伐罪”的“仁义之师”这一旗号。多尔衮还向吴三桂宣布，

1 《清世祖实录》卷四，第4～5页。

2 吴晗辑：《朝鲜李朝实录中的中国史料》，第9册，第3726页。

3 吴晗辑：《朝鲜李朝实录中的中国史料》，第9册，第3727页。

4 《清世祖实录》卷四，第11～12页。

今日“惟有底定国家，与民休息而已”[1]。明确表示由他来收拾山河，统一中国，俨然以全国最高统治者自居。然而，仅仅在两个多月前，即顺治元年正月二十六日，清廷还曾以“大清国皇帝”的名义致书大顺军诸帅，“欲与诸公协谋同力，并取中原，倘能混一区宇，富贵共之矣，不知尊意如何耳？”[2]可见多尔衮机变的迅敏。

二十二日，清军入山海关，击溃李自成亲率的二十余万大军，于是令山海关军民尽行剃发。多尔衮封吴三桂为平西王，树立了一个降清后加官晋爵的样板，以广招徕。又谕令全军，“勿杀无辜，勿掠财物，勿焚庐舍，不如约者罪之”[3]。清军每日奔行一百二三十里，未遇任何抵抗。五月初二日多尔衮乘辇由朝阳门进入北京城，明文武官员出迎五里外。多尔衮至武英殿升坐，接受众官拜贺，宣布定都燕京。

多尔衮定都北京，目的是要统一全国，所谓“既得中原，势将混一，自此事无可疑”[4]。然而，一些满洲贵族却无此政治眼力和抱负。多尔衮同母兄英王阿济格主张“今宜乘此兵威，大肆屠戮，留置诸王以镇守燕都，而大兵则或还守沈阳，或退保山海，可无后患”，遭到了多尔衮的严厉驳斥。他说，既得北京，“当即徙都，以图进取”[5]。于是为了统一全国，多尔衮大刀阔斧地采取了一系列措施。

多尔衮首先下令军民人等为崇祯帝服丧三日，以展舆情，以此来证明清“抚定燕京，乃得之于闯贼，非取之于明朝也”[6]。同

1 《清世祖实录》卷四，第 15 页。

2 《明清史料》丙编，第 1 册。

3 《清世祖实录》卷四，第 17 页。

4 吴晗辑：《朝鲜李朝实录中的中国史料》，第 9 册，第 3739 页。

5 吴晗辑：《朝鲜李朝实录中的中国史料》，第 9 册，第 3735 页。

6 蒋良骐：《东华录》，第 66 页。

时遣人招抚各州县，归降者地方官各升一级。凡投降官民皆令剃发，衣冠悉依清制，否则就是狐疑观望，定行问罪，发兵征讨。为了巩固北京，多尔衮派出大将重臣着力招抚平定山东、山西，进击西走西安的大顺军。又积极准备迎接顺治帝福临由沈阳来北京，并从辽沈大量迁徙满人入关。十月一日，福临在北京“定鼎登基”，宣告“以绥中国”，“表正万邦”。从此，清王朝取代明王朝。

以武力统一全国是多尔衮坚定不移的方针。然而，主力退保西安的大顺军，仍然拥有久经沙场的数十万军队。四川则有张献忠的大西军。明朝在江淮以南的力量基本上未受损失，各镇总兵共有数十万部众。清军要在辽阔的中国腹地同诸多对手作战，其兵力是不足的。

多尔衮审度形势，根据柳寅东的建议，制订了如下的策略：

> 今日事势莫急于西贼（按：指农民军），欲图西贼，必须调蒙古以入三边，举大兵以攻晋豫，使贼腹背受敌。又需先计扼蜀汉之路，次第定东南之局。[1]

这一作战布署，把攻击的锋芒首先指向农民军，以达到一箭双雕的目的：第一，可以看做是多尔衮宣称的得天下于“流贼”的军事实施；第二，清军便能集中主力各个击破敌人，避免东西两面作战，取得政治上和军事上的主动地位。于是命英王阿济格经土默特、鄂尔多斯，由绥德攻击西安。又密令豫王多铎攻打南京，先便道追击大顺军。命肃王豪格征大西军。当时，明福王朱由崧即住南京，建立南明弘光政权。多尔衮为了迷惑南明小朝廷，实现其“次第东南”的意图，传檄江淮等地曰：“其有不忘明室，

1 《清世祖实录》卷五，第 19 页。

辅立贤藩，戮力同心，其保江左者，理亦宜然，予不汝禁。但当通和讲好，不负我朝，永怀继绝之恩，共敦睦邻之谊。”[1]这使弘光政权抱着“继绝存亡”的幻想能与清南北分治。他们派陈洪范、左懋第、马绍瑜为使臣北上，携带大批金银缎绢到北京与清当局谈判，一厢情愿地希望效法宋朝战事，“许岁币不过十万”[2]以求和；同时，“相约杀贼”[3]，希望联合清军，“合师进讨，问罪秦中，共枭逆贼之首，以泄覆天之愤”[4]，共同镇压农民军。

顺治元年七月，随着清军不断的胜利和北京形势日趋稳定，多尔衮对南明弘光政权的态度陡然转变，他致书史可法，命令福王“削号归藩”，“若拥尊号，便是天有二日，俨为劲敌”。那么，“予将简西行之锐，转旌东征”，“兵行在即，可东可西，南国安危在此一举”[5]，威胁福王政权投降。同月，南明弘光政权使臣陈洪范等抵达北京。多尔衮发布令旨：“陈洪范经过地方，有司不必敬他，着自备盘费。”[6]清廷收纳陈洪范等所带银十万两、黄金一千两、蟒缎二千六百匹，而待以藩属朝见之礼，将福王的“御书”视为“进贡文书”。[7]大学士刚林奉多尔衮之命严询南明使臣：“尔福王奉何人之命僭位？”[8]当堂朗读檄文，历数“擅自福王之罪”，宣布“旦夕发兵讨罪”。[9]陈洪范“以江左情实告清，而心卖（左）懋弟”[10]。十一月，陈洪范自请回江南策反南明诸将投降，并请扣

1 顾炎武：《明季实录》。
2 陈洪范：《北使纪略》，《崇祯长编》，第 119 页。
3 陈洪范：《北使纪略》，《崇祯长编》，第 122 页。
4 蒋良骐：《东华录》，第 69 页。
5 《清世祖实录》卷六，第 18 ~ 19 页。
6 陈洪范：《北使纪略》，《崇祯长编》，第 119 页。
7 陈洪范：《北使纪略》，《崇祯长编》，第 121 页。
8 钱䵍：《甲申传信录》卷一〇，《使臣碧血》，第 156 页。
9 陈洪范：《北使纪略》，《崇祯长编》第 124 页。
10 钱䵍：《甲申传信录》卷一〇，《使臣碧血》，第 159 页。

留另外两名使臣左懋第、马绍瑜。多尔衮依计而行，并遣人告知多铎。

顺治元年十二月，多铎军在潼关与大顺军激战近月，重创大顺军。顺治二年正月十八日，多铎军攻占西安。多尔衮立即命多铎“恪遵前旨，往定南京”[1]，责成阿济格率吴三桂等追击大顺军。五月底，阿济格追击大顺军于湖北通山县，杰出的农民军领袖李自成在九宫山遇害。顺治二年四月，张献忠在四川凤凰山与豪格率领的清军相遇时，不幸牺牲。以后，大顺军和大西军的余部继续抗清。

顺治二年四月十七日，多铎率大军抵扬州，明大学士史可法死守。十八日，城破，史可法死于难。扬州城经历了空前浩劫，史称“扬州十日”。五月八日，清军渡江，弘光军队不战而溃。十日，清军占领南京，福王出逃太平，旋被俘，弘光政权的大批文武官员及二十余万军队投降。于是清军继续向南方各省进军。到顺治七年底多尔衮死时，南方各省的战事虽有反复，但大半个中国都在清统治之下了。

多尔衮对边疆地区的统一也很注意。清军攻占西安后，顺治二年四月，他曾下令对嘉峪关外新疆地方“三十八国部落之长，投诚归顺者，抚按官查实具奏，以便照例封赏”。对西藏，允许茶马照旧贸易，“一切政治悉因其俗”，“番僧”可由陕西入贡。[2]

多尔衮也采取了一系列措施，使清王朝从中央到地方的政权机构不断完善，以适应统治全国的需要。他依据范文程、洪承畴、冯铨等人的建议，大体上依明制建立中央各机构；又“依准明律”，颁行《大清律》等，尤其注意网罗汉族士大夫、官僚、地主。他深知“古来定天下者，必以网罗贤才为要图”[3]，“故帝王

1 《清世祖实录》卷一〇，第12页；卷一四，第8页。
2 《清世祖录实》卷一〇，第17页。
3 《清世祖实录》卷一〇，第17页。

图治，必劳心于求贤”[1]。所以他对大学士说："知人一事，我也颇用功夫。"[2]由于"治理需人"，凡明朝降官，一律加官晋爵，对他们过去的种种不法，也"不必苛求"[3]。在多尔衮看来，只要对清王朝本着"人臣事君全在清白一心，不在面貌上"[4]，也就是说只要对清王朝实心忠顺，他都加以任用，并树立了吴三桂、冯铨（阉党）等作为降官降将的榜样。同时又提倡尊孔读经，以科举取士。这一切措施，吸引了大批北方官僚地主投降，在清军占领省份迅速建立起统治机构。目睹这一情况的意大利传教士卫匡国对此深表惊异，他在《鞑靼战纪》中写道："在鞑靼人的战事中，应该特别注意一件罕见的事，他们在占领某地之前就选派了那里的总督和所有准备占领的城镇官吏。"[5]但是，凡降官、降将绝不能与南明政权再有任何往来，其法令甚严，虽新贵如吴三桂者，亦不敢稍有违抗。弘光使臣陈洪范等抵达北京，任务之一是册封吴三桂为蓟国公，"永镇燕京，东通建州"[6]，并有赏银万两、绢两千匹。当南明使臣遣人告知吴三桂时，吴三桂答曰："清朝法令甚严，恐致嫌疑，不敢出见。"[7]当即将册书封奏多尔衮，连开启都不敢，至于赏银等则更不敢收受了。

在多尔衮的同意下，在京畿、河北、山东一带大量圈占土地，组成在庄头管理下的各类田庄，又强迫汉人投充或带地投充为奴，用暴力手段把落后的农奴制移植到封建经济高度发展的汉族地区。《青县志》卷十二说："顺治二年（这一年大规模圈地开始），摄

1 《清世祖实录》卷六，第21页。
2 《多尔衮摄政日记》，第9页。
3 《清世祖实录》卷五，第19页。
4 《多尔衮摄政日记》，第2页。
5 卫匡国：《鞑靼战纪》（油印本），《清史译文》1980年第3期，中国人民大学清史研究所编，第30页。
6 《甲申传信录》，第156页。
7 陈洪范：《北使纪略》，《崇祯长编》第121页。

政王调关东旗奴万余户为庄头，圈占民田，人心大恐，多徙他方以避之。”很多农民“田地被占，妇子流离，哭声满路”，“良民失业，铤而走险；富室无产，渐亦为非”。[1]在北京城内尽圈东城、西城、中城为八旗营地，只留南城、北城为民居。房屋被圈占者限期逐出城外，人心惶惶，致使屠城之说一月数起。同时，又实行一些民族压迫和民族歧视政策，令军民尽行剃发，这是作为“新朝制度”、顺民的标志而严厉执行的。多尔衮曾向大学士直接下命令“传旨叫官民尽皆剃发”[2]，“遵依者为我国之民，迟疑者同逆命之寇，必置重罪”[3]。各州县奉到本府限期剃发的火票后，官吏“遍历村庄，细加严查”，“违旨蓄发，罪在必诛”。[4]当时是留发不留头，留头不留发。因而士民大愤，纷纷起兵反抗。一个目击当时情况的外国传教士写道：“当他们宣布剃发令之后，士兵和老百姓都拿起武器，为保卫他们的头发拼死斗争，比为皇帝和国家战斗得更英勇。”[5]

多尔衮“代天摄政，赏罚拟于朝廷”[6]，其爵位也愈来愈尊崇，被尊为“皇父摄政王”。他高下在心，排除异己，“凡伊喜悦之人，不应官者滥升；不合伊者滥降”[7]。深为多尔衮所嫉视的豪格虽镇压张献忠有功，也终于被罗致罪状，置之死地；济尔哈朗虽同居辅政，只因曾主张立豪格为君，也以“擅谋大事”等罪名，罢其辅政。反之，其同母弟豫王多铎曾力主立多尔衮，则待之甚厚，顺治四年晋封为“辅政叔德豫亲王”，取代济尔哈朗。多尔衮

1　卫周胤：《陈治平三策》，《皇清奏议》卷二。

2《多尔衮摄政日记》，第 9 页。

3《清世祖实录》卷一七，第 8 页。

4　顺治三年六月二十二《(保定）巡抚郝晋为党国宾抗旨不剃头事揭帖》，《历史档案》1982 年第 1 期，第 7 页。

5　卫匡国：《鞑靼战纪》，《清史译文》1880 年第 8 期，第 33 页（油印本）。

6《清世祖实录》卷一六，第 4 页。

7《清世祖实录》卷五三，第 23 页。

勉励他说:“汝继予辅政，益加勤勉，斯名誉非小矣。”[1]以多铎先多尔衮而死未果。他又将应贮大内的“信符”贮于自己府中[2]，顺治帝后来说:“睿王摄政，朕惟拱手以承祭祀。凡天下国家之事，朕既不预，亦未有向朕详陈者。”[3]

多尔衮摄政时期，正是明清变革，各种矛盾错综复杂的大动荡年代。多尔衮善于观察形势的发展演变而制定对策，表现了他的精明和才干。“多尔衮是满清帝国实际上的创立者”[4]，这话应是对多尔衮的定论。而他实行的一些落后、反动的政策，如剃发令、圈地、投充、逃人法，等等，则加剧了当时已经十分尖锐的民族矛盾和阶级矛盾，延长了统一的过程，加剧了社会的动乱。这样的过错当然也应由多尔衮来承担。

## 四　多尔衮的生活和性格

恩格斯说:“人的愿望是由激情或思虑来决定的，而直接决定激情或思虑的杠杆是各式各样的。有的可能是外界的事物，有的可能是精神方面的动机，如功名心、‘对真理和正义的热忱’、个人的憎恶，或者甚至是各种纯粹个人的怪癖。”[5]一个历史人物自然主要是由于阶级和时代原因所形成，但是，生活和性格这个侧面，无疑是研究历史人物的重要依据。这里将有关多尔衮生活和性格的记载，略作集纳。

多尔衮身材细瘦[6]，虬须[7]，素患风疾，入关后病情日重，常

1 《清世祖实录》卷三三，第 2 页。

2 《清世祖实录》卷二六，第 9 页。

3 《清世祖实录》卷八八，第 4 页。

4 魏特：《汤若望传》，第 1 册，第 224 页。

5 《马克思恩格斯选集》，第 4 卷，第 244 页。

6 《鞑靼漂流记》，《清史研究集》，第 1 辑，第 378 页。

7 《建州和志》卷下。

常"头昏目胀，体中时复不快"。刚到北京时，又复一度"为疾颇剧"[1]。顺治四年以后，由于风疾加重，跪拜不便[2]，使他时感"几务日繁，疲于应裁"，因而烦躁愤懑，容易动怒。[3]"上上下下都怕他，据说就是达官显贵往往也不能直接同他说话，要趁他外出过路时借便谒见。"[4]但他始终以全副精神经营清王朝的"大业"，牢牢控制着"军国重务"。为此他一再令臣下，令"章疏都须捡择切要者以闻"，在文字上则要求简明扼要，不允许有"浮泛无据"之辞，以免"徒费精神"[5]。据多尔衮自己说，他之体弱神疲，是由于松山之战时亲自披坚执锐，劳心焦思种下的病根[6]。

多尔衮厚自奉养，睿王府宏伟壮丽，甚过帝居。据当时人杨义说："墨尔根王府，袭飞鸟萃，虎踞龙盘，不惟凌空挂斗与帝座相同，而金碧辉煌，雕镂奇异，尤有过之者。"[7]他"服皇帝之服装"[8]。由于感到北京暑热，曾下令在古北口外筑城避暑，为此加派钱粮，福临亲政后才令"此工程着即停止"[9]。李自成退出北京时，皇宫曾毁于火，多尔衮命令修复，"工部还自京外弄来工人七百名，俱皆铁锁所系"。汤若望曾以"天象与各地方不顺"进行规谏。[10]

满洲贵族酷好放鹰围猎，多尔衮亦如此。礼部议定有摄政王出猎的仪礼。顺治二年，有几个在北京的日本人曾目睹他出猎时的盛大场面，鹰就上千只，"街上的人和其他人等都要叩头在地

1 《清世祖实录》卷三五，第 20 页。
2 《多尔衮摄政日记》，第 6 页。
3 《多尔衮摄政日记》，第 6 页。
4 《鞑靼漂流记》、《清史研究集》，第 1 辑，378 页。
5 《多尔衮摄政日记》，第 6 页。
6 《多尔衮摄政日记》，第 10 页。
7 杨义：《特纠越职冒滥疏》，《皇清奏义》卷四。
8 《汤若望传》，第 1 册，第 246 页。
9 《清世祖实录》卷五三，第 17 页。
10《清世祖实录》卷五三，第 248 页。

等候他通过”[1]。顺治七年十一月，多尔衮出猎古北口外，可能堕马受伤，膝创甚，涂以凉膏，太医傅胤祖认为用错了药。[2]十二月初九日死于喀喇城，年仅三十九岁，“八成是因打猎跌伤致死的”[3]。其灵柩运回北京，被追尊为“诚敬义皇帝”。但是，由于他生前满洲贵族内部明争暗斗一直很激烈，死后仅两月，顺治八年二月十五日，苏克萨哈、詹岱即首告多尔衮曾“谋篡大位”。于是以郑亲王济尔哈朗为首，巽亲王满达海、端重亲王博洛、敬谨亲王尼堪及内大臣等合词追论其罪，说他“僭妄不可枚举，臣等从前威畏吞声，今冒死奏明”[4]。诏削爵，财产入官，平毁墓葬。有的记载说，福临“命令毁掉阿玛王华丽的陵墓……他们把尸体挖出来，用棍子打，又用鞭子抽，最后砍掉脑袋，暴尸示众，他的雄伟壮丽的陵墓化为尘土”[5]。坐落在明南宫的睿王府同时被废。其亲信多人先后被处死或被贬革。至乾隆四十三年，弘历认为，多尔衮“分遣诸王，追歼流寇，抚定疆陲。创制规模，皆所经划。寻奉世祖车驾入都，成一统之业，厥功最著”，被“诬告以谋逆”[6]，构成冤狱，下诏为其昭雪，复睿亲王爵，由多尔衮五世孙淳颖袭爵。并配享太庙，重修茔墓，又修建新睿王府。[7]其封爵“世袭罔替”，成为清代八家铁帽子王之一。

（原载《社会科学战线》1982 年第 4 期）

1 《鞑靼漂流记》，《清史研究集》第 1 辑，第 378、379 页。
2 谈迁：《北游录·纪闻下》，摄政王。
3 《汤若望传》，第 1 册，第 249 页。
4 《清史稿·多尔衮传》。
5 《鞑靼战纪》，《清史译文》1980 年第 3 期，第 57 页。
6 《清史列传》卷二，《和硕睿亲王多尔衮》。
7 新旧睿王府地址，见《啸亭杂录》续录卷四；又俞正燮：《癸巳存稿》卷九，《墨尔根王府》。

# 康熙简论

爱新觉罗·玄烨，清世祖顺治帝福临第三子，生于顺治十一年三月十八日，八岁继位，是清入关后的第二代皇帝。康熙帝是一位雄才大略的封建君主，自幼好学不倦，意志坚毅，目光敏锐，从青年时起就处大事而不惊，敢作敢为。康熙帝在位六十一年，其前期致力于国家的统一，经过对内对外的长期斗争，战胜了一次又一次的分裂危机，使中国统一的多民族国家在历史长期发展的基础上，进一步巩固和发展。在完成国家统一之后，康熙帝集中精力，孜孜以求治，对政策进行调整，社会经济因之从清初凋敝状态中得以复苏和发展，出现了所谓的“康乾盛世”。他的孙子乾隆帝弘历称颂乃祖是“以守还兼创，居安不忘危”[1]。《清史稿》卷八《圣祖本纪·论》曰：“圣祖（康熙帝）……经文纬武，寰宇一统，虽曰守成，实同开创焉。”康熙帝既是守成之君，更是开创之主。曾国藩则称颂康熙帝是“自古英哲非常之君”。他认为“惟周之文王，及我圣祖仁皇帝（指康熙帝），乃越数百载而风流未沫。周自后稷十五世集大成于文王，而成康以洎东周，多士济济，皆若秉文王之德。我朝六祖一宗，集大成于康熙，而雍、乾以后，英贤辈出，皆若沐圣祖之教”[2]。曾国藩视康熙帝犹周之文王，可与古之圣王比肩。周文王经十五世而集其大

1 《避暑山庄百韵诗》，见《热河志》卷二五。

2 曾国藩：《国朝先正事略·序》。

成；康熙帝则是继清人（除始祖布库里雍顺外）肇祖猛哥帖木儿、兴祖福满、景祖觉昌安、显祖塔克世、太祖努尔哈赤、太宗皇太极、世祖福临之后，集“六祖一宗”之大成。而雍正、乾隆时之英贤辈出，皆得益于康熙帝之文教，受其遗泽。因此，在曾国藩看来，康熙朝乃有清一代继往开来、承前启后的关键时期，其影响清代历史进程且深且巨。

康熙朝是清代历史发展进程的重要时期，康熙帝辉煌的历史功业，留下了引人注目的历史篇章。

## 一

顺治十八年正月初二日，顺治帝发病。他染上了当时认为十分可怕的出痘之症（天花）。初六日，顺治帝病势垂危，召学士麻勒吉、王熙至养心殿，命撰遗诏，降旨一一自责，立皇三子玄烨为皇太子，年八岁。命内大臣索尼、苏克萨哈、遏必隆、鳌拜为辅政四大臣。翌日（初七日）子夜顺治帝病逝，年仅二十四岁。正月初九日，寅时，玄烨升太和殿，即皇帝位，改明年为康熙元年，尊祖母博尔济吉特氏（孝庄文皇后）为太皇太后。

孝庄文皇后苦心孤诣，先后扶持她的六岁儿子福临和八岁孙子玄烨两个幼君即位。鉴于顺治时以近支宗室亲王摄政，摄政王多尔衮“代天摄政，赏罚等于朝廷”[1]，威权自专，对幼君和皇权构成严重的威胁，故康熙帝幼年即位，孝庄文皇后果断地对祖制进行更张。清太祖努尔哈赤曾规定由八王贝勒“推举不拒绝你们八王的话的人，继承你们的父为国主”。同时由“八王贝勒共议”，“商议处理国事”[2]，确立了八王共议推举国君的汗位

1 《清世祖实录》卷一六，华文书局，影印关外本，第 4 页。

2 中国第一历史档案馆、中国社会科学院历史研究所编：《满文老档》（上册），天命七年三月初三日，中华书局，1990。

(皇位)继承原则。故太宗皇太极、世祖福临均由诸王议立(议立过程矛盾尖锐),遵循太祖所定遗规。而康熙帝之嗣位却不由诸王议立,而是沿袭历代立太子为储君继帝位之制,清人八王共议推举国君之制从此终结。努尔哈赤规定八王商议处理国政,所以"从来国家政务,惟宗室协理"[1]。故顺治帝六岁继位,由宗室近支亲王睿亲王多尔衮、郑亲王济尔哈朗两位叔父摄政。多尔衮摄政,一切政务、批票本章,"不奉上命,概称诏旨,擅作威福"[2],幼君只是傀儡。为惩摄政王之太专,确保皇权与皇位,孝庄文皇后决定以皇帝所属的上三旗异姓四大臣辅政,取代近支宗室亲王摄政体制。索尼、苏克萨哈、遏必隆、鳌拜四大臣辅政。鳌拜日益专横,施威震众,结党营私,忤己者辄置之死地。康熙五年,鳌拜制造镶黄旗与正白旗圈换土地事件,以户部尚书苏纳海、直隶总督朱昌祚、直隶巡抚王登联阻挠圈换的罪名,将三人处以绞刑,家产籍没。康熙六年七月初七日,康熙帝"躬亲大政",辅政大臣仍行佐理。鳌拜欺凌冲主,更加专横,甚至罗织罪名,诛杀同居辅政的苏克萨哈及其族人,而置康熙帝反对于不顾。康熙帝深感鳌拜"欺朕专权,恣意妄为"[3],于是用青壮太监习"布库"(摔跤)计擒鳌拜。康熙八年五月,将鳌拜幽禁,不久,死于幽所。康熙帝亲政不到两年,辅政大臣"仍行佐理"便告完结。清除鳌拜集团后,康熙帝才真正掌握大权。其时,康熙帝年仅十六岁,少年天子果毅决断,遇大事沉着冷静,敢作敢为的魄力,在有清一代受到高度称颂。用"布库"计擒鳌拜也被编成剧目,以后每年,"宫中年节宴,必习演之"[4],以展示康熙帝的英武决断。而少年皇帝用计擒鳌拜,"声色不动而

1 《清圣祖实录》卷一,第 6 页。
2 《清世祖实录》卷五三,第 22~23 页。
3 《清圣祖实录》卷二九,第 4 页。
4 梁章钜:《归田琐记》卷五,《鳌拜》。

除此巨慝”[1]，也预示着一位杰出的封建君主登上了历史舞台。

## 二

顺治十八年，平西王吴三桂与征西将军爱星阿率清军入缅，擒拿兵败逃亡缅甸的南明永历帝朱由榔。缅人将永历帝执送吴三桂军营。康熙元年四月二十五日，永历帝及其太子在昆明被“用弓弦勒死”[2]，南明政权最后覆亡。清军入关后，全国大陆有组织的抗清斗争完全失败了。夔东十三家及太湖地区一些零星的抗清斗争，坚持到康熙三年，也以失败而告终。

康熙帝亲政之初，清廷虽然基本上统一了大陆，但国家的完全统一远未完成，各种分裂势力仍然严重地存在。南方，有业已坐大的“三藩”；东南海上，有台湾郑氏抗清力量；东北，沙皇俄国侵扰我国黑龙江流域长达三十余年；西北，厄鲁特蒙古准噶尔部上层分裂势力日益嚣张，其影响波及喀尔喀蒙古、漠南蒙古、青海和西藏。总之，在中国境内仍然存在的各种分裂势力，严重地威胁着清王朝的统治和国家的统一，而威胁最大的首先是“三藩”。亲政伊始的康熙帝对“三藩”势力忧心忡忡，日夜难安，他说:“朕自听政以来，以‘三藩’及河务、漕运为三大事，夙夜廑念，曾书而悬之宫中柱上。”[3]

“三藩”是指云南平西王吴三桂、广东平南王尚可喜、福建靖南王耿精忠，而以吴三桂势力最强。康熙帝鉴于历史上藩镇势力强大，屡屡称兵作乱，危害国家统一，认为必须撤藩。他说:“朕自少时以‘三藩’势焰日炽，不可不撤。”[4]又说:“朕以‘三藩’

1　昭梿：《啸亭杂录》卷一，《圣祖拿鳌拜》。

2　刘苣：《狩缅纪事》。

3《清圣祖实录》卷一五四，第10页。

4《清圣祖实录》卷九九，第9页。

俱握兵柄，恐日久滋蔓，驯至不测，故决意撤回。”[1]康熙十二年三月，尚可喜因年老请归故里辽东（尚为辽宁海城人），以其子尚之信嗣封，留镇广东。康熙帝不允，趁机令其撤藩归辽东。七月，吴三桂、耿精忠分别上疏佯请撤藩，以试探康熙帝旨意。康熙帝下廷议，诸王大臣慑于吴三桂的军威，多主勿撤，只有户部尚书米思翰、兵部尚书明珠、刑部尚书莫洛等少数人主张撤藩。康熙帝力排众议，断然下令撤藩，他说："吴、尚等蓄彼凶谋已久，今若不及早除之，使其养痈成患，何以善后？况其势已成，撤亦反，不撤亦反，不若先发制之可也。”[2]果然，撤藩令下，康熙十二年十一月二十一日，吴三桂举兵反叛。靖南王耿精忠、平南王尚之信（尚可喜之子）先后于福建、广东响应，是为“三藩之乱”。吴三桂主力出湖南，其旧部在他省任提督、总兵者，纷纷倒戈反清，半个中国陷入战火，清王朝面临着生死存亡的挑战。康熙十四年吴三桂已据云南、贵州、广东、湖南、四川及江西部分地区，兵锋正锐，吴军已抵达长江南岸。福建耿精忠已攻占福建及江西、浙江部分地区；陕甘绝大部分地区落入王辅臣叛军之手。正当清军在各个战场处于困难之际，察哈尔蒙古布尔尼乘京师劲旅南调，禁卫空虚，于康熙十四年三月十五日举兵反，一时间辽河以西风声鹤唳，南北烽烟并起。四月，吴三桂授意达赖喇嘛上奏云："若三桂力穷，乞免其死；万一鸱张，莫若裂土罢兵。”吴三桂意欲利用清军战局失利，康熙帝处境艰难，公然要求“裂土罢兵”，割据南方，其分裂中国之心暴露无遗。康熙帝对此分裂中国的建言，痛加驳斥，谕曰："朕乃天下人民之主，岂容裂土罢兵！但（三桂）果悔罪来归，亦当待以不死。”[3]康熙帝维护国家统一，经过八年

1 《康熙起居注》，第1册，中华书局，1984，第791页；《清圣祖实录》卷九九，第8页。

2 昭梿：《啸亭杂录》卷一，《论三逆》。

3 《清圣祖实录》卷五四，第17页。

战争，平定了“三藩”之乱，战胜了一次严重的分裂危机。

“三藩”之役后，清政府立即进行统一台湾的斗争。台湾自古以来是中国的领土。明天启四年，荷兰侵略者占领台湾。顺治十八年，民族英雄郑成功驱逐荷兰侵略者。翌年二月，收复台湾，作为抗清基地。五月，郑成功病逝，年三十九岁，其子郑经嗣位。康熙三年、四年，清福建水师提督施琅两次率军征台，遇飓风，无功而还。于是清廷循于招抚，以总兵官孔元章任招抚之责。康熙六年，郑经致书孔元章，对清廷许以“八闽王及沿海各岛”，认为是以“二说相饵”，断然拒绝，公然宣称：“东宁（郑成功改称台湾为东宁）远在海外，非属版图之中……王侯之贵，固吾所自有。”又说他已“启国东宁”，“今日东宁，版图之外另辟乾坤”，他已在台湾自立为国。清廷若以“外国之礼见待”[1]，“比同朝鲜”，便可谈判，否则拒绝谈判。康熙帝严正指出：“朝鲜系从来所有之外国，郑经乃中国之人……至于比同朝鲜，不便允从。”[2]郑经胡说“台湾非属中国版图”，要比同“外国”，完全是一派胡言，既违背了台湾自古以来是中国领土的历史事实，又是对其父郑成功的背叛。郑成功曾当面向荷兰侵略者郑重声明：“该岛（台湾）一向属于中国的……来自远方的荷兰客人，自应把它归还原主，这是理所当然的事。”[3]又说：“此地先人故物。今珍宝听尔（荷兰人）载归，地乃还我。”[4]在致科涅特的信中，郑成功重申：“台湾者，早为中国人所经营，中国之土地也。”[5]郑成功一再向世人宣告，台湾从来就是中国的领土，而郑经却自绝于中国，要“比同外国”。因此，清政府与台湾郑氏的矛盾，由抗清一变而为维护国

1 《郑经复孔元章书》，见《康熙统一台湾档案史料选辑》，福建人民出版社，1983。

2 《敕谕明珠、蔡毓荣等》，见《明清史料》丁编，第3册，商务印书馆，1951。

3 C.E.S：《被忽视的福摩萨》卷下，见《郑成功收复台湾史料选编》。

4 范咸等：《重修台湾府志》卷一，《封域》。

5 《郑成功致科涅特书》，转引自汤子炳《台湾史纲》。

家统一的斗争。

康熙十三年三月，福建耿精忠响应吴三桂反。耿精忠与郑经通使，“请郑经以作声援”[1]，郑经复“猖獗海上”，一度占据漳州、泉州、厦门、金门及潮州、惠州。康熙帝为消除沿海兵燹，在“三藩”战争即将取得胜利之时，就如何进兵台湾，咨询廷臣，谕曰：“向来海寇窜踞台湾，出没岛屿，窥伺内地，扰害生民，虽经剿抚，余孽犹存，沿海烽烟时警。迩者滇黔底定，逆贼削平，惟海外一隅尚梗王化，爰以进剿方略，咨询廷议。”[2]鉴于郑经坚持“比同外国”，分裂中国的荒谬立场，且不断骚扰沿海地区，循于招抚已不可能，康熙帝决心武力统一台湾。

康熙二十二年六月，福建水师提督施琅率师规取台湾，与刘国轩所率郑军主力激战于澎湖海面。经过七天鏖战，郑军惨败，台湾郑克塽（郑经之子，其时郑经已死）投降。如何管理台湾，清廷发生激烈争论。有人主张“空其地，任夷人居之，而纳款通贡，即为贺兰有，亦听之”[3]。在会议台湾弃留问题时，有人主张“弃其地，迁其人”。施琅坚决反对“弃台”，他说：“会议之际，臣虽谆谆极道，难尽其词。在部臣、抚臣等耳目未经，又不能尽悉其概，是以于会议具疏之外，不避冒渎，以其利害详细披陈。”[4]于是上著名的《恭陈台湾弃留疏》，疏云：“此地原为红毛（荷兰人）住处，无时不在涎贪，亦必乘隙以图。一旦为红毛所有……必合党伙，窃窥边疆，迫近门庭。以乃种祸后来，沿海诸省，断难晏然无虞。”总之，“弃之必酿大祸，留之则永固边圉”，台湾“断断乎不可弃”。福建总督姚启圣亦主张留台。康熙帝起初对台湾的战略地理位置认识不足，曾说：“台湾属海外地方，无甚关

1　江日昇：《台湾外纪》卷六。

2《圣祖御制文集》卷一四，《谕吏兵二部》；《清圣祖实录》卷一一二，第9页。

3　李光地：《榕村续语录》卷一一，中华书局，1995，第709页，。

4《靖海纪事》（下），《恭陈台湾弃留疏》。

系。”[1]又说：“台湾仅弹丸之地，失之，无所损。”[2]施琅《恭陈台湾弃留疏》使康熙帝改变了原先的看法。御门听政时，大学士李霨等支持施琅，说：“据施琅奏内称……其地甚要，弃之必为红毛所踞，奸宄之徒窜匿其中亦未可料，臣等以守为便。”[3]康熙帝对外国人（西方早期殖民主义者）素来怀有戒心，他曾说：“外国人（按：指荷兰人）不可深信。”[4]他同意施琅的主张，认为台湾对海防关系重大，谕曰“台湾弃取所关甚大”，“弃而不守，犹为不可”[5]，决定“且置郡县”[6]。根据康熙帝的命令，清政府在台湾设置一府三县，又依施琅所请，设总兵官一员、副将二员、兵八千，驻防台湾；澎湖设副将一员，兵两千驻守；隶属于福建省。台湾的行政区划从此与内地划一。以后又增设厅治、县治。光绪十一年九月，设台湾巡抚，建省。

清政府统一台湾后，康熙帝立即把注意力转移到北方。康熙帝亲政伊始，即准备抗击沙皇俄国对我国黑龙江流域的长期侵扰。他说：“罗刹（指沙俄）扰我黑龙江、松花江一带三十余年，其所窃踞距我朝发祥之地甚近，不速加剪除，恐边境人民不获休息。朕亲政之后，即留意于此，细访其土地形胜，道路远近，及人物情形。”[7]从各方面深入了解东北边疆地区的情况，积极为反击沙俄的侵扰做准备。康熙二十二年九月，清政府决定“其在黑龙江上，建城永戍”[8]，建筑黑龙江城（瑷珲），派兵戍守，以便与沙俄哥萨克远征军对垒。同时，设置黑龙江将军，由宁古塔将

1 《清圣祖实录》卷一一二，第9页。
2 《清圣祖实录》卷一一二，第21页。
3 《康熙起居注》，第2册，第1127页。
4 《康熙起居注》，第1册，第666页。
5 《康熙起居注》，第2册，第1129页。
6 李光地：《榕村续语录》卷一一，第709页。
7 《清圣祖实录》卷一二一，第11页。
8 《清圣祖实录》卷一一二，第7页。

军（后称吉林将军）属下独立出来，管辖黑龙江地区，任命抗俄名将、宁古塔副都统萨布素为黑龙江将军。黑龙江将军、古林将军、盛京将军，各有辖区，清代在东北的行政军事区划从此奠定。康熙帝本来希望和平解决沙俄侵扰的问题，为此，清政府多次通过外交途径行文沙俄当局，希望俄国远征军从侵占的中国领土自动撤离，并交还逃人，但毫无结果。于是，于康熙二十四年、二十五年，被迫进行了收复中国领土的两次雅克萨之战，于康熙二十八年与沙皇俄国签订了《中俄尼布楚条约》，划定了中俄东段边界，制止了沙俄的侵扰，使这一地区维持了一百多年和平。

在《中俄尼布楚条约》签订前后，准噶尔部噶尔丹分裂势力，在沙俄支持下，血洗喀尔喀蒙古，清政府又立即进行平准战役。平准战役是与强大的分裂势力展开的一场关系重大的艰苦斗争，历康熙、雍正、乾隆三朝，前后近 70 年，清政府才取得最终胜利。康熙年间，主要是平定噶尔丹，康熙帝曾三次亲征。康熙五十五年后，又进行了驱准保藏之役。

准噶尔是我国漠西厄鲁特蒙古（清人又称卫拉特）四部之一，“为元臣孛罕裔”[1]。康熙二十七年六月初，正当清政府派出以索额图为首的使团，路经喀尔喀蒙古，前往色楞格斯克与俄国戈洛文使团谈判签约之时，准噶尔部汗噶尔丹率三万铁骑，越杭爱山，分路向喀尔喀左翼土谢图汗部、车臣汗部进攻，铁骑狂飙，席卷漠北，残破喀尔喀蒙古。土谢图汗战败后和喀尔喀宗教领袖哲布尊丹巴，率部众南奔漠南蒙古苏尼特，请求清政府保护与支援。康熙二十九年，噶尔丹以追击土谢图汗和哲布尊丹巴为名，率三万大军进入漠南蒙古蒙乌珠穆沁。六月，击败理藩院尚书阿喇尼。七月，再败安北大将军常宁（康熙帝之弟）。噶尔丹横行西北、漠

1　祁韵士：《皇朝藩部要略》卷九，《厄鲁特要略一》。

北，所向无敌。在击败常宁之后，更是不可一世，居然向康熙帝的使者提出："圣上（康熙）君南方，我长北方。我与中华一道同轨，宜遣之来议。"[1]噶尔丹一方面承认自己是中华民族的成员（"我与中华一道同轨"），但又提出南北分治——康熙帝君南方，而由他雄长北方，作为"讲信修好"的谈判条件，而且气势凌人，大言曰："今虽临以十万之众，亦何惧之有！"[2]根本不把清军放在眼里。扬言："若他们能打败满洲人，他们将直接进军北京，若他们征服了皇朝，他们将伙分地盘。"[3]中国又一次面临着分裂的强大威胁。因此，清政府进行的平准战役，既是为了清王朝的统治，也是维护国家统一的严肃斗争。

噶尔丹气焰嚣张，使康熙帝认识到："噶尔丹者，赋性凶残……其势日张，其志益侈……朕深知此人之势盛志大，必舍命觊觎中原地方，万难置之度外。"[4]于是命三品以上大员会议，然而，"举国请征者，不过三四人"，虽口称"贱贼不足一提"，而心实畏惧。康熙帝大为不满，"决定不避寒风雨雪，不畏习战劲敌，务必亲征"[5]。康熙二十九年、三十五年、三十六年，康熙帝三次率军亲征，远涉穷荒，与士卒同甘苦，亲临漠北，至拖诺山（今蒙古人民共和国境），与"习于战斗之劲寇"噶尔丹周旋。康熙二十九年乌兰布通之战，清军重创噶尔丹军。康熙三十五年昭莫多血战，噶尔丹主力被歼灭。翌年，噶尔丹途穷路尽，穷蹙而死。

噶尔丹死，其侄策妄阿拉布坦继为准噶尔部长。康熙五十五

1 《亲征平定朔漠方略》卷九，第34~35页。

2 《清圣祖实录》卷一四七，第17页。

3 《张诚日记》，见《清史资料》，第6辑，中华书局，1985。

4 康熙帝：《御制征讨噶尔丹书》，见《康熙朝满文朱批奏折全译》，中国社会科学出版社，1996。

5 康熙帝：《御制征讨噶尔丹书》，见《康熙朝满文朱批奏折全译》。

年，策妄阿拉布坦派其堂弟、大将策凌敦多布率军突袭西藏。翌年十月，攻占拉萨，杀拉藏汗，厄鲁特蒙古和硕特部在西藏建立的蒙藏联合统治瓦解。策凌敦多布建立起以达孜巴为首的西藏傀儡政权，与清廷分庭抗礼，并出兵攻打青海。同时，在西藏实行残暴统治，当地人民“昼夜悬望大军救援”。于是清政府进行了驱准保藏之役。康熙五十七年二月，额伦特、色棱率清军第一次进藏征讨，战不利，额伦特阵亡，色棱被俘，清军几乎全军覆没。同年十月，康熙帝命皇十四子允禵为抚远大将军，驻西宁，平逆将军延信副之。康熙五十九年，清军号称三十万，分北、中、南三路进军西藏，在藏人的支持下，击败准噶尔军，其大将策凌敦多布率残部逃回准噶尔。

清军取得胜利后，清政府对西藏政体进行了改革，废除第巴藏王体制。康熙六十年，正式设置噶伦（噶厦）体制，任命有功藏人为噶伦（噶布伦，大臣），分工负责西藏地方政务。噶伦之上是达赖喇嘛，并由清军将领策妄诺尔布、阿宝、武格三人组成最高权力机构（存在到雍正元年，是为雍正五年设置驻藏大臣的先期准备）。在建立噶伦体制的同时，又派蒙古兵三千驻藏镇守，建设由四川进藏的驿站交通。清政府在西藏的施政，翻开了新的一页，加强了对青、藏的统治。

完成国家统一后，康熙帝对反映全国版图的舆图的绘制十分重视，因为“国家抚有疆宇，谓之版图。版言乎其有民，图言乎其有地”[1]。康熙四十七年，命传教士白晋、杜美德、雷孝思等偕同中国官员前往除西藏、天山南北外的十五省，及关外、漠南蒙古地区，实地测绘，历时十年，至康熙五十七年，编绘成中国国家版地图《皇舆全览图》。实地测绘全国地图，并以经纬网作图，这是前所未有的。1929年，沈阳故宫据康熙图版重印，中国地质

1 《清史稿》卷二八三，《何国宗传》，中华书局，1976。

图书馆等单位有收藏。[1]

康熙、雍正、乾隆时期，完成了国家的大统一，周恩来总理说：“清代以前，不管是明、宋、唐、汉各朝代，都没有清代那样的统一。”[2]

## 三

明清鼎革，满洲贵族代明而成为中原主，一些人藏身于残山剩水之间，以“遗民”自诩。他们对被视为“异类”的满洲贵族君临天下，其排斥之情深入骨髓。然而，在明亡三四十年之后，进入康熙朝，遗民队伍便发生了明显变化，多数人逐渐放弃了反清立场，其子弟更是如此，或出仕，或参与各类图书的编纂，故曰“遗民不世袭”。

遗民反清态度的转变，表明汉族士大夫中那些奉朱明为正朔的人，其“华夷之辨”的传统观念已然改观，逐渐承认清王朝的统治。康熙帝时期的这种变化，对于清王朝最终完成统一大业，从而使我国统一的多民族国家进一步巩固和发展，无疑具有重要意义。

### （一）清初的遗民

清初遗民以江南居多。清军下江南，严令剃发易服，江南士子军民以“头可断，发不可剃”[3]的誓言奋起抗清。然而，随着江阴城守，嘉定抗战，以及江南各地血战抗清的相继失败后的清军屠城、滥杀，在遗民的心目中已是神州陆沉，天下沦亡了——“汉

1　参见张尔平：《〈皇舆全图〉不是中国人编绘的》，载《北京晚报》，2001年12月26日。

2　周恩来：《关于我国民族政策的几个问题》，载《人民日报》，1979年12月31日。

3　温睿临：《南疆逸史》卷三六。

仪不复见，何时变中华”。他们既无回天之力，便以故国遗民自诩，所谓“故君（崇祯帝）已逝，故友已亡（死于战乱），吾将安归，敬附首阳”[1]。他们将效法周革殷命、耻不食周粟饿死首阳山的伯夷、叔齐，抱定终生不与清朝合作的决心，或遁迹山林，或逃禅寺院，或佯狂终身，或著述明志，以种种生活方式表达对故明的哀思和对清朝的敌视。

由悲愤转为避世是遗民的一种选择。他们说：“吾不忍先朝，逃深山穷谷以全吾发。”[2]愿长为农夫以殁世，或终于涧上草堂，以求得“幸是家留清白字”[3]，“剩得干干净净身”[4]。他们避世于深山穷谷，“以全吾发”，因为“清白”“干净”，不辱名节而甚感欣慰。

逃禅为僧是遗民的又一选择。陈去病《明遗民录·自序》云：“一旦衣冠更制，发肤惨刑，其所以拂郁人心，铄伤志气者，弥益切至。夫是故有出家披鬀，服僧袈衣以终身者。”故“僧之中多遗民，自明季始也”[5]。遗民逃禅而着僧衣，是为了拒绝“满装”，因为“世上威仪都改尽，看来不改是僧家”[6]。故逃禅一途是遗民以此抗争清朝的统治，而故国山河破碎的隐痛却深埋于胸中。

某些曾为抗清战士的遗民往往转而佯狂疯癫，昆山名士归庄可谓突出一例。归庄与顾炎武为挚友，二人齐名，人称“归奇顾怪”。清军南下，归氏一门多人死难，归庄于抗清失败后，亡命江湖间，事缓返回故里，筑茅屋于先人墓侧，自此佯狂终身。归庄死，顾炎武作《哭归高士》诗四首，诗中有云：“峻节冠吾侪，危

1 《夏完淳集》（附编 2），《绝命词》。
2 刘献廷：《广阳杂记》卷二。
3 卓尔谌：《明末四百家遗民诗选》卷一，张怡《六十初度》。
4 陈鼎：《留溪外传》卷六，《王螺山传》。
5 邵廷寀：《明遗民所知传·自序》。
6 吴幡：《羡僧》，转引自陈垣《明季滇黔佛教考》。

言警世俗。”[1]称誉其高风亮节，而佯狂以警世俗。归庄的孤愤之作，是流传颇广的《万古愁》曲子，此曲恣意驰骋于往史，对历代兴亡、桑海变迁，痛哭流涕。尤其是对明朝沦亡，更是“痛痛痛！痛的是十七载圣明天子横尸在长安道”[2]。崇祯十七年，明亡。归庄对崇祯帝之死，万般悲痛，发出了“那堪生而事逆夷”[3]的呐喊，绝意仕清。

著书立说，是某些遗民的立身方式，所谓“明末遗逸，守志不屈，身虽隐而心不死，至事不可为，发愤著书，欲托空文以见志”[4]。他们或为探索明清易代的历史巨变而孜孜不倦，“当是时，士人身经丧乱，多欲追叙缘因，以显来世”[5]。在“哀其所败”的思想指导下，以求经世致用。顾炎武所精心撰著，便是“意在拨乱涤污，法古用夏，启多闻于来学，待一治于后王”[6]。因此，遗民们于荒江老屋中发奋著述，是他们抒发情怀、不甘屈从的表现。

由上述可见，明亡清兴，清王朝虽靠武力建立起全国政权，清帝已君临天下，然而，遗民们无论在思想或行动上，都在节节抵抗。

### （二）“博学鸿词科”的开设与遗民反清态度的转变

清初，遗民之所以不承认清人的统治，是基于对“夷狄”代华夏的民族褊狭观念。陈去病《明遗民录·自序》云：“自（明）太祖攘除胡虏，恢复中原，夷夏之防，普天同喻。”故王夫之说：“即

1 《顾亭林文集·诗集》卷四。
2 《归庄集》，第 159 页。
3 《归庄集》，第 38 页。
4 《清史稿》卷五〇一，《谈迁传》。
5 《清史稿》卷五〇一，《谈迁传》。
6 《顾亭林文集》卷六，《与杨雪臣书》。

令桓温功成而篡，犹贤于戴异类以为中国主。”[1]东晋穆帝时，桓温三次北伐，先伐前秦，后伐前燕，虽先胜而后以败归，回建康后，阴谋篡夺，然不久死去。王夫之引此典故，是说如有人能北伐成功，驱逐满洲而后篡夺，也比“异类”为中国主好得多。在遗民的心目中，“夷狄”成为中原主，便是“公私倾覆，天地崩离”[2]，其义愤与悲痛是更甚于“亡国”的“亡天下”。于是，对清统治者心存抗拒，抱定不合作的宗旨。

因此，满洲贵族要在全国建立起全国政权，还必须打破汉族士民心目中的“夷夏之大防”，使之诚心归附。然而，顺治时期由于统一战争正在进行，故从政策制定上收揽人心，还未受到重视；反之，剃发易服令下，凡抗拒不从者，则施以屠戮滥杀，继而又大兴“科场案”“哭庙案”“奏销案”，以摧抑汉族士大夫，尤其是江南士绅的反清意识，这对遗民更起到离心的作用。阎尔梅就冷冷地说:“诸生自说咸阳好，临到坑时始怨秦。”[3]虽是讽刺降清的士子，实则更疾清统治者对汉族士人的摧残。

康熙帝亲政后，局面才逐渐有所改观。其时，大规模的抗清斗争已经过去，民族矛盾渐趋缓和。康熙帝强调“满汉一体，无分彼此”，“满汉皆朕之臣子”；重视汉文化，尊儒，推崇理学；青睐山林隐逸、负海内名望者，以收揽人心。康熙帝进一步认识到人心向背关系到清王朝统治能否稳定，还是在“三藩”反清之后。他说:“吴三桂初叛时，散布伪札，煽惑人心，各省兵民相率背叛，此皆德泽未孚洽，吏治不能剔厘所致。”[4]又说:“三桂背恩倡乱，荼毒生灵……皆朕德之薄，不能绥抚之故也。”[5]于是，康

1　王夫之：《读通鉴论》（中册），中华书局，1975，第416页。
2《夏完淳集》卷一，《大哀赋》。
3《阎古古全集》卷首，《年谱》。
4《清圣祖实录》卷九九，第10页。
5《圣祖御制文初集》卷三三。

熙帝在以武力平叛的同时，便开始调整政策，以争取汉族士大夫，乃至广大汉族人民的支持。

康熙十七年正月，清廷从“三藩”战事的危急局面中摆脱出来，康熙帝便下令开“博学鸿词科”，至翌年三月，共集“名儒硕彦”一百四十三人，所荐之人“未仕”多于“已仕”，“未仕”中又多遗民，所谓“与其选者，山林隐逸之数，多于缙绅”[1]。对入试的遗民与名士则取之甚宽，如严绳孙仅作一诗，并未完卷，竟被列于中卷取之；彭孙遹卷中有“意圆语滞”之病，亦被录取；朱彝尊诗中有不佳之句，康熙帝认为“斯人固老名士，姑略之”，令其通过。[2]而李因笃与顾炎武的高足潘耒，皆以布衣高中，成为身着满装的翰林；是科共取五十名，分别授翰林编修、检讨等职，入史馆修《明史》。康熙十八年，《明史》再开馆，以“遗贤”而修《明史》，述故国之事，意在迎合其孤臣孽子之心，以收揽人心，故清人说：“鸿博科之初开，以议修《明史》始，自高等者授官过优。”“可见当时法律之宽，圣心爱贤之笃。”[3]

顾炎武、黄宗羲等虽以死相拒不与试，但康熙帝并无嗔怪之意。傅山被强令畀京，但仍坚不执笔与试，康熙帝却以其年高而授予中书舍人。可见，开“博学鸿词科”，重在网罗山林遗贤，正如孟森先生所说：“是时高才博学之彦，多未忘明，朝廷以大科罗致遗老，于盛名之士，无不揽取，其能荐士者，虽杂流卑官，亦许荐呈。”故“康熙之制科，在销兵有望之时，正以此网罗遗贤，与天下士共天位，消海内漠视新朝之意，取士民之秀杰者作兴之”[4]。所谓“消海内漠视新朝之意”，就是一反顺治朝以来，

1 《清史稿》卷一〇九，《选举四》。

2 参见陈康祺：《郎潜纪闻二笔》卷一六，《康熙朝试博学鸿辞之宽》。

3 陈康祺：《郎潜纪闻二笔》卷一六，《康熙朝试博学鸿辞之宽》；卷五，《鸿博主试之被嘲》。

4 孟森：《明清史讲义》（下册），中华书局，1981，第424页。

用惩创手段压制遗贤士人的反满情怀，而示以怀柔，以获取“士民之秀杰者”的拥戴，故此等“纯为圣祖定天下之大计”[1]。

为时望所归的“遗贤”纷纷应试，标志着他们对满洲贵族君临天下，转而合作与支持，这是清代历史进程中的一个转折点。清人说：“康熙丁巳（十六年）、戊戌（十七年），入赀得官者众（指“捐科”），继复荐举博学鸿儒，于是隐逸之士亦争趋辇毂，惟恐不及。”[2]争趋京师而唯恐不及，表明了隐逸之士所标榜的风尚已然改观。“博学鸿词科”成为遗民改变对这个“异族”王朝认识的契机，时人和今人都有所论及。如黄宗羲在当时就说，自博学鸿词科以后，出现了“庶几同学之士共起讲堂，以赞右文之治”[3]。近人萧一山说：“圣祖于三藩削平，大势已不虑蔓延而日就结束，即急急以制科震动一世，巽词优礼以求之，就范者固不少，即一二倔强彻底之流纵不俯受衔勒，其心固不以夷虏绝之矣。”[4]

康熙帝提倡理学，一批理学名臣应运而生。康熙帝在《御制朱子全书》的序中说：“朕读其书，察其理，非此不能知天人相与之奥，非此不能治万邦于衽席，非此不能仁心仁政施于天下，非此不能内外一家。”儒家的纲常名教和政治理论，被公认为普遍的原则，从而形成了比较一致的文化心理状态——“非此不能内外一家”，清王朝逐渐为广大汉族士大夫和人民所接受。

同时，有清一代也存在反清思想和活动，这就是酝酿于康熙朝而成立于乾隆时的秘密会党，如天地会。其创始之初，本是下层民众互助互济，自卫抗暴，而后发展成与清政府对抗，以及从明流传至清的秘密宗教。

---

1 孟森：《明清史讲义》（下册），第423页。

2 王应奎：《柳南随笔》卷四。

3 黄宗羲：《南雷文定三集》卷二，《董古中墓志铭》。

4 萧一山：《清代通史》，商务印书馆，1972，第774页。

# 四

康熙朝的吏治较为清廉。清初的统治者鉴于明季吏治败坏招致国家败亡，常常引以为诫。摄政王多尔衮说："崇祯帝也是好的，只是武官虚冒功赏，文官贪赃枉法，把天下失了。"[1]顺治帝指出明季官场种种劣迹，认为绝不能重蹈覆辙，谕六部、都察院："明季诸臣，窃名誉，贪货利，树党羽，肆排挤，以欺罔为固然，以奸佞为得计……以致寇起民离，祸乱莫救，覆辙在前，后人炯鉴，亟宜痛加悛改，岂容仍袭故套，以蹈颠蹶。"[2]殷鉴不远，亲身经历、目睹了明朝败亡的清初君臣，对明末吏治败坏与"寇起民离，祸乱莫救"的关系，其了解与认识应该说是深刻的。为了革除积习、整饬吏治，"世祖恶贪吏，犯赃十两以上籍没"[3]。

康熙帝踵法其父，亲政以后，奖廉去贪，对吏治民生尤为关注。他说："朕临御以来，孜孜图治，夙夜不遑，惟期吏治肃清，民生康豫。"[4]而吴三桂倡乱，多省从叛，与吏治不清关系甚大，康熙帝深受震动。他说："当吴三桂初叛时，散布伪札，煽惑人心，各省军民，相率背叛，此皆德泽未孚，吏治不能剔厘所致。"[5]"三藩之乱"平定后，康熙帝更加关注吏治，他说："凡吏治之淑慝，民生之休戚，无晷刻之顷，不切于怀。"[6]于是大力奖廉惩墨，对督抚人选尤其注意。因为督抚是封疆大吏，是各省的最高长官，"统率群僚"，其操守如何，关系一省或二三省之吏治，"为督抚

1 《多尔衮摄政日记》，故宫博物院影印本，第 3 页。
2 《清世祖实录》卷一八，第 14 页。
3 《清史稿》卷二四四，《王命岳传》。
4 《清圣祖实录》卷一九八，第 18 页。
4 《康熙起居注》，第 1 册，第 793 页。
5 《清圣祖实录》卷二一二，第 1 页。

者不以利欲动其心，然后能正身以董吏”。康熙二十四年九月，左都御史陈廷敬疏言：“上官廉则吏自不敢为贪，上官贪则吏虽欲为廉而不可得。”[1]故时人说：“民生安危视吏治，吏治贪廉视督抚。”[2]康熙帝对督抚人选特别强调“简选贤能”，注意其操守，据经常与康熙帝见面的传教士白晋（法国人）说：“皇帝为了选拔重要官员，尤其是各省巡抚所费苦心以及为了监督他们的行为而费的心机，达到了令人难以想象的程度。皇帝并不满意吏部提供的情况及他们推荐能尽职守的人，而派了他的亲信去进行秘密调查，然后亲自向他们查问了解到的情况，所以皇帝根据各个人的才能任命一些与被吏部推荐完全不同的人。”[3]故而康熙帝说：“简任督抚之时，又必详加察访，盖一方大吏贤能，自足表率僚属。今贪墨之风，未必尽除，然激劝澄清，正欲使之潜移默化也。”[4]康熙“简任督抚之时，又必详加察访”，而不轻信吏部及九卿会推之人选，兹举一例以明之。

康熙三十三年六月，江南江西总督傅拉塔卒于任，员缺。以吏部尚书熊赐履为主，九卿保举吏部左侍郎布彦图等人，请康熙帝裁定简任。江南乃财赋之区，康熙帝对两江总督人选特别慎重，他说：“朕以江南地方紧要，欲得一端方之人，命尔等大臣保举。”他心目中的人选首先是“端方”，即操守清廉，前任总督傅拉塔就能“仰体朝廷委用之意，爱恤军民，甚属可嘉”。此前之两江总督于成龙，更是被康熙帝称为“天下第一清官”。康熙帝对布彦图之贪婪早已知晓，而众人竟然保举，于是命大学士究问何人主使。越日，大学士等复奏：“系吏部尚书熊赐履保举。”康熙帝对众人妄行保举痛加申斥，并予惩处。

1 《清史列传》卷九，《陈廷敬传》。
2 《清圣祖实录》卷三〇，第 117 页。
3 白晋：《康熙帝传》，见《清史资料》，第 1 辑。
4 《康熙起居注》，第 2 册，第 1250 页。

康熙帝首先责问吏部满尚书库勒纳，“布彦图与尔同旗”，既然知道“布彦图品行秽恶，非可保举之人”，众议时“何不阻之”，“布彦图贪婪秽恶，举国共知，何得听人妄行保举？”库勒纳叩头请罪。康熙帝对众官说：“因布彦图任职理藩院时，塞外犹能效力，渐升为侍郎，其人不思图报，所行贪婪秽恶，朕甚恶之。”而众人保举，“意欲欺朕？”显然是“结为党类，各援引同党之人，以欺其上”。康熙帝经察访，对布彦图之恶劣官风，已然知之甚悉，因此众人保举“焉能欺朕！”命将布彦图革去侍郎，降调理藩院员外主事，“服劳以愧之”。同时谕侍郎等，如不奋勉尽职，如布彦图者，必加惩处，断然不予宽待。[1]

两江总督人选，康熙帝早有定见，谕曰：“原任云贵总督、今升左都御史范承勋，行事坚定，为人平易，着补授江南江西总督，令驰驿速赴就任。”[2]时范承勋自昆明赴京就任左都御史，行至贵阳，“改命总督江南江西”，于是改道驰驿江宁。[3]

此次两江总督简任过程，足见康熙帝访察督抚人选，慎之又慎。康熙帝又命部院大臣时时察访督抚之“贤否贪廉”，谕九卿等曰：“尔等俱为大臣，天下督抚之贤否贪廉，俱应平日留心细访，以备顾问，秉公奏陈，虽门生故旧，不少庇护，庶督抚等皆知畏惧而勉励矣。”[4]因而在康熙朝出现了一批颇有政声的廉能督抚，如号称“天下清官第一”的于成龙，以及张伯行、汤斌等人。康熙帝巡行各地，也注意考察吏治民风，勉励各官公忠尽职，如下江南，“往者浙江、山东等处地方，以朕不时巡幸，各加勉力，操守皆优”。对贪官，则是“国法具在，必不轻恕”[5]。康熙三十

1 《清圣祖实录》卷一六四，第2~4页。

2 《清圣祖实录》卷一六四，第3页。

3 参见方苞：《兵部尚书范公承勋墓表》，见《碑传集》卷一九。

4 《清圣祖实录》卷二五六，第8~9页。

5 《清圣祖实录》卷二五六，第25页。

九年陕西发生众多官员贪污政府借给农民的“籽粒银”大案，牵连多人。知州蔺佳选，知县关琸、王宗旦，“俱侵扣籽粒银入己”，着监候，秋后处决；已病故知县，“其侵扣之银，俱应照数追还原项”；巡抚党爱，未能将属员贪赃情弊确查题参，革职；川陕总督佛伦“不将各官侵扣挪用等项确查，即列名会题”，着以原官致仕；其余如西安知府等多人，分别降级、罚俸，或调用。[1]负责办理此次案件的刑部尚书傅腊塔，受到康熙帝嘉奖，称其“所办案件，靡不得当”，勉励他“尔当坚持此心，勤勉不二”[2]。康熙帝鼓励执法大员严惩贪官，正如他所说：“此等贪官，不加诛戮，众不知警。”[3]康熙三十六年四月，康熙帝在得知噶尔丹已死的消息后，使他联想到贪官之可恶，说：“朕恨贪污之吏，更过于噶尔丹，此后澄清吏治，如图噶尔丹则善矣！”[4]康熙帝希望将贪官除恶务尽，当然是不可能的，但在康熙朝的中前期，相对说来吏治较为清廉。

康熙二十三年，康熙帝下令仿《唐六典》编纂《大清会典》，历时六年完成，凡一百六十二卷，“会典所载，皆系现行条规”[5]。这是清朝正式颁布的具有行政法典性质的康熙会典。康熙帝御制序云：“夫朝廷之规制，损益无一不关乎黎庶，大中之轨立，则易而可循；画一之法行，则简而可守。致治保邦之道，惟成宪是稽，不綦重欤！”[6]康熙帝十分重视国家行政管理的建制立法，认为“致治保邦之道”是从制度立法上保证封建专制政体的正常运作，要求各级官员“惟成宪是稽”，依法行政，尽职尽责。雍正、

1 参见《清圣祖实录》卷一九八，第4~5页。
2 《清圣祖实录》卷一九八，第7页。
3 《清圣祖实录》卷一八三，第21页。
4 《清圣祖实录》卷一八三，第28页。
5 乾隆帝：《大清会典》卷首，《条议》。
6 康熙帝：《大清会典·御制序》。

乾隆、嘉庆、光绪各朝，再修《大清会典》，有清一代凡五修。

康熙四十一年，编纂了《六部现行则例》，其中吏部三百三十一条，户部三百零九条，礼部一百零三条，兵部二百五十七条，刑部三百七十一条，督抚衙门一百三十二条，详细规定了各部门的办事规则、程序和权限，以及对各级官员履行职责的规定与违反职责的惩处。乾隆七年，在《六部现行则例》的基础上，编纂成《六部处分则例》，"颁行天下，各衙门谨遵恪守"，成为清代最重要的行政法规。[1]

康熙朝为了整肃吏治，虽在典章制度方面有所建树，然而康熙帝御下"失之宽"，也纵容了官吏的贪污，他承认"外边汉官有一定礼规，朕管不得"。曹寅密折请禁革两淮盐课浮费，其中有"省费，系江苏督抚司道各衙门规礼，共三万四千五百两有零"。康熙帝朱批："此一款去不得，必深得罪于督抚，银数无多，何苦积害。"[2]河道总督靳辅是治河能臣，干练大员，曾直言不讳向康熙帝承认："清廉二字，人所难能……古人一介不取，一介不与，远愧不能。臣自揣如此，何敢保其僚属清廉，以欺圣明。"清代河工是肥缺，贪污之渊薮。靳辅承认自己中饱私囊，其属员更不可问，康熙帝却并不深究，说："此语正见汝之不欺尔！"于是一笑置之。[3]

## 五

康熙帝亲政后，对政策进行了调整。尤其是"三藩"乱起，吴三桂以民族矛盾相号召，各地响应，康熙帝认为"此皆德泽素未孚洽"，于是采取一系列措施，以改善满汉关系，缓和阶级矛

1　参见吴吉远：《清代地方政府的司法职能研究》，第 36~37 页。

2 《关于江宁织造曹寅档案史料》，第 27 页。

3　参见《康熙起居注》，第 2 册，第 1252 页。

盾，发展社会生产。主要有：

第一，宣称“满汉一体”，同时对汉族官僚、士人加强防范。康熙一再声称“满汉皆朕之臣子”，宣称“满汉一体”。时满汉官员职掌相同，而汉官品级低，故多怨望，康熙帝谕令“满汉官员职掌相同，品级各异，应行画一”[1]，以消除汉官之不满。康熙十三年，因“三藩”用兵，开捐纳，以补军需。实行三年，“知县捐至五百人”，所谓“搜集异途人才，补科目所不及”[2]。捐纳制度给汉族士子开辟了科举之外的进身之阶，从而扩大了满汉联合统治的政治基础（捐纳也造成官僚素质低下，吏治大问题，且愈到后来愈烈）。康熙十六年，设置南书房，选品学兼优的翰林院汉官入值（有个别满员），称“南书房行走”，或“内廷翰林”，陪皇帝读书赋诗，供奉书画，也承旨撰写诏旨。康熙帝对入值南书房的汉官“不时咨询，可以知其人之能否，以备擢用”[3]。于是南书房当值成为汉官跃登高位的阶梯，所谓“为木天（翰林院）储才之要地也”[4]。大学士张英、尚书魏廷珍等多人“皆出其间，当代荣之”，而高士奇更是“权势赫奕一时”。又吸收大批学者编纂各种图书，著名的有《古今图书集成》一万卷、《康熙字典》等等，前者是中国最大的一部类书。康熙时期所刻书籍最善，清人说：“本朝所刻之书，以康熙间最为工整，至当时钦定诸籍，其雕本尤为精良，然大都出自臣工输资承办。”[5]如江宁织造曹寅奉命于扬州开局写刻经订补的《全唐诗》，为求字迹工整画一，择笔迹近似者，“令其习成一家，再为缮写”。故字迹相近，十分秀丽，写刻皆精美，被称为“康版”，成为康熙时期所刻书籍的代表。

1 《圣祖御制文一集》卷二，《谕吏部》。
2 《清史稿》卷一一二，《选举七》。
3 蒋良骐：《东华录》卷一八，第 267 页。
4 昭梿：《啸亭续录》卷一，《南书房》。
5 朱彭寿：《安乐康平室随笔》卷一。

康熙帝对汉族官吏、名士、士人，分别采取不同措施，罗致所需人才，既扩大了满汉地主阶级的统治基础，也缓和了矛盾，改善了满汉关系。国家统一的政治基础大大加强，清王朝的统治也因之进一步稳定。

然而，在康熙帝心灵深处，满汉畛域仍然是根深蒂固的，他说："朕临御多年，每以汉人为难治，以其不能一心之故。国家承平日久，务须安不忘危。"[1]又说："汉人胆大，无所不为。"[2]于是用心腹之人（如包衣曹寅、李煦）监视地方官吏和当地民情。始于顺治的清代密折制度，康熙帝更多加应用，他公开声言："天下大矣，朕一人闻见岂能周知？若不用密奏，何由洞悉？"规定：所闻所见，"若不可露章者，应当密奏。所奏之事，惟所奏之人知之，朕独知之，方可言密"。由于实行密折制度，康熙帝耳目众多，能洞悉隐情。他说："朕听政有年，稍有暧昧之处，皆能洞悉之。人不能欺朕，亦不敢欺朕。密奏之事，惟朕能行之。"[3]现存康熙朝密折三千余件。

清代严酷的文字狱始于康熙朝。康熙朝大小文字狱不下十余次，其中牵连较广的大案有康熙二年的庄廷鑨《明史》案，死者七十余人，以及康熙五十一年的戴名世《南山集》案。文字狱是因触犯清廷忌讳而兴大狱，用高压手段钳制士人思想，不得排满、反满。

第二，恢复和发展生产，"滋生人丁，永不加赋"。清初由于长期战乱，社会生产极其凋敝，顺治年间，虽采取了一系列鼓励垦荒的措施，但收效甚微。康熙帝亲政之初，全国不少省份仍然是"所在萧条"，"人逃田荒"，"有可耕之田，而无耕田之民"。因此，招民垦荒成为当务之急。康熙帝亲政后，十分注意发展社

1 《清圣祖实录》卷二七〇，第 16 页。
2 《清圣祖实录》卷二七五，第 21 页。
3 《清圣祖实录》卷二七五，第 20~21 页。

会生产，安定民生，稳定统治。他说："自古国家久安长治之谟，莫不以足民为首务。"而"足民"之道则在于垦荒。为了招徕垦荒，康熙十三年十一月修订了顺治年间的垦荒条例，由原来最高限六年起科，"俱再加宽限，通计十年，方行起科"[1]。又规定地方官能招徕垦荒者升，否则罢黜；贡、监、生员人等，能招徕三百户垦荒者，即以知县用。同时，又实行"更民田"，自康熙八年三月始，将原明藩王土地"给以原种之人，既为民户，号为更民地，承为世业"[2]。明藩王在各省共有土地十七八万顷，更民田后，使耕种藩田的农民成为合法的所有者，成为自耕农。

在京畿一带，由于清统治者大量圈占土地，强迫汉人投充，农民"田地被占，妇子流离，哭声满路"，"良民失业铤而走险，富室无产，渐亦为非"[3]，造成了社会极大不安，激化了矛盾。康熙八年六月，康熙帝下令停止圈地，谕户部："比年以来，复将民间房地圈给旗下，以致生民失业，衣食无资，流离困苦已极，深为可悯。以后圈占民间房地，着永行停止。其今年所圈房地，俱着退还民间。"[4]延续20多年的清初圈地弊政，终于停止了。

康熙帝初政时，由于生产凋敝，国家财政十分困难。"三藩"乱起，"各处用兵，禁旅征剿，供应浩繁"[5]，清廷不得不预征钱粮，加征盐课等多项税收。康熙帝深知，如此一来，百姓困苦，他说："自用兵以来，百姓供应烦苦，朕前屡言，俟天下荡平，将钱粮宽免。"蠲免钱粮是康熙帝舒展民力、促进农业生产的又一重要措施。蠲免的种类有：免荒征熟，灾荒蠲免，普免钱粮，等等。康熙二十四年，"三藩"之乱业已平定，"国用稍裕"。至康熙二

1 《清圣祖实录》卷四四，第3页。
2 《清朝通典》卷一，《食货典》，第2024页。
3 卫祚周：《陈治平三策》，见《皇清奏议》卷二。
4 《圣祖御制文一集》卷一，第6页。
5 王先谦：《东华录》卷一。

十六年，先后将河南、直隶、湖北等九省地租额赋“三载之内，布惠一周。后来普免之典，实肇于此”[1]。康熙五十年，将全国各省钱粮分三年轮免一周。康熙帝对此十分得意，认为“蠲免乃古今第一仁政，荒谷荒陬，皆沾实惠。然非宫廷力崇节俭，不能行此”[2]。康熙朝蠲免次数很多，“有一年蠲及数省，一省连蠲数年者。前后蠲除之数，据户部奏称，共计已逾万万”[3]。蠲免宽赋受益最大的虽然是地主，但对恢复和发展农业生产产生了积极作用。

在赋税征收上，康熙二十四年重订顺治十四年编成的《赋役全书》，二十六年完成，名曰《简明赋役全书》。康熙四十九年，户部存银达 45 881 072 两，“国库充裕”。康熙五十一年二月，康熙帝谕令“滋生人丁，永不加赋”。规定以康熙五十年全国著籍人丁 2 462 万余人为准，“勿增勿减，永为定额。其后所生人丁，不必征收钱粮，编审时止将增出实数察明，另造清册题报”[4]。从此，清代前期丁银征收为 335 万余两便成为定额。用政策法令规定了不增加丁银，从而防止了官吏多收丁银溢额，以及在编审、征收时虚报丁数形成的负担加重，特别是官绅勾结，使编审、征收中舍富就贫，将富户人丁嫁接贫户，出现“贫富偏累”，从而减轻了农民的负担，有利于社会生产的发展。

由于康熙帝实行一系列鼓励垦荒、发展生产的政策，使社会矛盾得以缓和。平定“三藩”之乱后，国家逐步统一，安定的政治局面为生产的恢复与发展提供了重要前提。清人说：“康熙二十年（是年“三藩”战争结束）以后，海内始有起色。”[5]经过数十年的努力，社会生产发展起来，到康熙五十二年，已然是“今天

1　王庆云：《石渠余记》卷一，《记蠲免》。

2《清史稿》卷一二一，《食货二》。

3《清圣祖实录》卷二四四，第 3 页。

4《清圣祖实录》卷二四九，第 15 页。

5　陆陇其：《论直隶兴除事宜书》，见贺长龄等辑《清经世文编》卷二八。

下户口甚繁，地无弃土”，“湖广、陕西人多地少，故百姓皆往四川开垦……今四川之荒田开垦甚多”[1]。四川、云南、贵州、广西等省，即使是“山谷崎岖之地，已无弃土，尽皆耕种矣！”[2]边远地区也有移民开垦，“口外地肥，山东等省百姓往彼处耕种者甚多，朕去年差官去查，共有六万余人，纳钱粮者只二万余人。查出者虽有六万，其未经查出者更不知几万矣”[3]。由于人口增长，地价竟至猛涨十数倍，“先年人少田多，一亩之田，其值银不过数钱。今因人多价贵，一亩之值，竟至数两不等。即如京师近地，民舍市廛日以增多，略无空隙”[4]。清王朝出现了经济繁荣，进入了所谓的“康乾盛世”。但同时，人口迅速增长的压力与日俱增，康熙帝说：“如此丰年而米粟尚贵，皆由人多地少故耳！”[5]

第三，治河。康熙帝亲政以后，治理黄河是他自己列出的三大要务之一（其他两项是“三藩”“漕运”）。这是因为，黄河流经西北黄土高原，挟带大量泥沙，进入河南后，地势平缓，河沙沉淀，河床日高。黄河在江苏淮阴、清河县附近与淮河、运河交汇，这一带经常泛滥，仅康熙元年至康熙十六年，黄河大的决口67次，不仅河南、苏北广大地区深受水患之苦，而且严重影响漕运。当时，每年有四百万石漕粮由数千艘粮船经运河运至京师，供官俸和士兵军饷。漕运一旦受阻，京师便“危急异常”，影响到局势的稳定，所以有人说：“国家之大事在漕，漕运之务在河。”[6]由于治理黄河关乎漕运甚巨，故康熙帝十分重视，前后费时数十年，多次亲临视河。

1 《清圣祖实录》卷二五六，第14页。
2 《清圣祖实录》卷二四九，第15页。
3 《康熙起居注》，转引自庄吉发《清世宗与赋役制度的改革》，学工书局，1985，第60~70页。
4 《清圣祖实录》卷二五六，第15页。
5 《清圣祖实录》卷二五六，第15页。
6 徐越：《敬陈淮黄疏浚之直疏》，见《皇清奏议》卷一七。

康熙十六年，时黄河连年泛滥，“河患孔棘，黄水倒灌，高堰溃决，黄淮合并东下，淮扬大困，州县所在告灾”[1]。康熙帝决定任命实心任事的安徽巡抚靳辅为河道总督，治理黄河。然而，其时“三藩”战争正处于紧张时刻，康熙帝不可能集中精力于治河。康熙二十二年，继平定“三藩”之后，统一了台湾，国内形势业已稳定，治河与发展生产便置于头等重要地位，历史逐步走向所谓的“康乾盛世”。

康熙帝认真研读了有关河防诸书，命河督绘制河图及险工决口之处进呈，他“时加探讨”，但终感“未曾亲历河上，其河势之汹涌漶漫，堤岸之远近高下，不能了然”[2]。于是自康熙二十三年至康熙四十六年，先后六次南巡视河。经过用水平仪实地测量，康熙帝提出“治河上策以深浚河身为要”[3]。如何“深浚河身？”明代治河专家潘季驯总结治河理论为“以堤束水，借水攻沙”。康熙帝亲自主持加以试验，在多次视察经常泛滥的永定河后，认为“永定河虽小，仿佛黄河”。于是指导官员“筑堤束水，借水攻沙”。试验取得一定成效后，康熙帝认为“今永定河修筑之法甚善，河身直，河底深，所以淤沙尽皆冲刷，今治黄河亦用此法为益”[4]。因此，黄河两岸堤防，必须修筑坚固，使河水“顺轨东下”，不致四溃，同时“使洪泽湖与淮河并力敌黄，冲刷淤沙，关系最重”[5]。康熙帝指出，如此，“水行沙刷，永无壅决”，“沙去河深，堤岸益可无虞”[6]。康熙帝深知治河之难，他说“河道实属难知”，故不时召集御前会议，命各抒己见，认为“此等大事，

1 靳辅：《靳文襄公奏疏·序》。

2 《康熙起居注》，第 2 册，第 1242 页。

3 《清圣祖实录》卷一九二，第 14 页。

4 《圣祖仁皇帝圣训》卷三四，《治河二》。

5 《康熙起居注》，第 2 册，第 1251 页。

6 《康熙起居注》，第 2 册，第 1242~1243 页。

议须至公，方有当于理耳”[1]。靳辅与于成龙二人意见相左，在御前辩难，各持己见，寸步不让，彼此恶语相加。康熙帝虽说二人互相诋诟，殊失大臣之体，但仍让其畅所欲言；二人均系干练大员，仍委以重任。康熙帝治河的求实精神及善于用人，使清代治河专家靳辅（及陈潢）、于成龙都能实心任事，故康熙朝治理黄河取得了显著成效，他本人也成为行家里手。

在历任河道总督中，靳辅治河成效最著。靳辅的治河原则是：“黄河之水裹沙而行，水合则流急，而沙随水去；水分则流缓，沙停河底日高。故全赖各处清水并力助刷，始能奔趋归海而无滞。”[2]于是筑堤，建减水坝，使泛滥之黄河，“河归故道”，因而“治河著有成效”。尤其是开中河，使治黄与漕运、商贾兼利。原来，运河至江苏清河县（今清江市）之清口，与黄河交汇，漕船由清口入黄河，需于黄河中逆行一百八十里，抵张庄运河口，再入运河北上。此段黄河水路艰险。靳辅奏请于清河县西之仲家庄建闸，于黄河北岸自宿迁、桃源、清河三县，“接连二堤内加挑中河一道，俾漕船既出清口，截流径渡北岸，避黄河一百八十里之险溜，由仲家庄闸内进入中河，历皁河、伽河北上”[3]，名曰“中河”。工程告竣后，“开中河以束水，兼令漕船避黄河险溜”，“中河商贾舟行不绝”，“河身渐次刷深，黄水迅流入海”。同时，使拦马河减水坝所出之水不再淹没民田。故时人论曰，开中河“杀黄河之势，洒七邑之灾，漕艘扬帆若过枕席。说者谓中河之役，为国家百世之利，功不在宋礼开会通、陈瑄凿清江之下”[4]。康熙三十一年，靳辅卒于任上，于成龙继任河督。于成龙虽然与靳辅每每意见牴牾，为争是非而说靳辅“罪不胜诛”，“江南百姓欲食伊之肉”，

1 《康熙起居注》，第 3 册，第 1742 页。

2 《清史列传》卷八，《靳辅传》。

3 《清史列传》卷八，《靳辅传》。

4 王士禛：《靳文襄公辅墓志铭》，见《碑传集》卷七五。

但他继任之后，其治理黄河也依靳辅之规而行。康熙帝问他："尔前言减水坝不宜开，靳辅糜费钱粮，今竟何如？"于成龙曰："臣前诚妄言也，今所办皆照靳辅而行。"[1]于成龙为人好胜，但能实事求是地治河，承认错误，勤于职守，实干苦干。他曾立于淤泥之中督促河工，身为河道总督而能如此，实属不易。正因为康熙帝君臣于治河尽心尽力，又具有相当的求是的科学精神，因此，在康熙朝 30 多年治河的基础上，黄河在清代直到 19 世纪中期铜瓦厢改道之前，一直较为稳定。

## 六

康熙帝为政崇尚"宽仁和平"，而满汉官僚中结党营私者却始终不断。其始也，有辅政大臣鳌拜之党；其终也，有诸皇子结党以谋储位。其间则先后有大学士明珠、余柱国"背公结党，纳贿营私"[2]；少詹事高士奇"自立门户，结王鸿绪为死党"[3]；高士奇的亲家刑部尚书徐乾学"植桃李于一门，播腹心于九州，横行聚敛"[4]；以纠参高士奇等耿直敢言立身于朝的左都御史郭琇也与太常寺卿赵仑等"明系党附，殊为可恶"[5]。而影响最为深远且巨者，则是索额图党。康熙一朝，部分满汉官员，以朋党始，以朋党终。

索额图，姓赫舍里氏，满洲正黄旗人，首席辅政大臣索尼第三子，因助康熙帝清除鳌拜集团有功，授大学士，入阁柄政，权势日赫，贪纵日盛。索额图与大学士明珠，各结党羽，相互倾轧。

1 《清史稿》卷七，《圣祖本纪》。
2 《清史稿》卷二六九，《明珠传》。
3 《清史列传》卷一〇，《高士奇传》。
4 《清史列传》卷一〇，《徐乾学传》。
5 《康熙起居注》，第 3 册，第 1906 页。

索额图是太子允礽外叔祖父，善事太子，且因出身名门贵族，为人倨傲，有不附己者辄加排斥，人多畏之。明珠则相反，表面谦和，以招徕新进，“异己者以阴谋陷之”[1]。

康熙帝对索额图之结党曾加以告诫，谕曰：“如或分立门户，私植党羽，始而蠹国害政，终必祸及家身。”国法莫逭，“理宜痛戒”[2]。又御书“节制谨度”赐索额图[3]，对其贪纵示以戒饬。康熙十九年八月，索额图以病请解大学士任，康熙帝立即允准，其实是因贪纵被革退。

索额图既罢阁，然其骄纵之习不改。康熙二十三年三月，谕议政王大臣曰：“索额图巨富，通国莫及。朕以其骄纵，时加戒饬，并不悛改。”命革其议政大臣、内大臣、太子太傅。然而，索额图在闲居两年半之后，又复起用，这与其参与擒拿鳌拜的机密、又是太子的外叔祖父有关。康熙二十五年八月，授索额图领侍卫内大臣。康熙二十七年，索额图与都统佟国纲被任命为钦差大臣，索额图居首，率清政府使团前往色楞格斯克与俄国政府戈洛文使团谈判中俄东段边界。至喀尔喀境，因厄鲁特蒙古准噶尔部噶尔丹突袭喀尔喀左翼土谢图汗及宗教领袖哲布尊丹巴，使团奉命撤回。翌年，中俄谈判地点改在尼布楚举行，索额图率清政府使团，于康熙二十八年七月二十四日，与俄方全权大使戈洛文，签订了《中俄尼布楚条约》，划定了中俄东段边界。

康熙四十年，索额图借口年老乞休，但心意怏怏，多怨言，结党议论国是，事皇太子愈谨，引阿迷达、麻尔图、额库里、温待、邵甘、佟宝等为党羽。其中有的也是因获罪而心怀怨愤之人，他们“与索额图结党”，居然口称能杀人，施威震众，“妄论国

1 《清史稿》卷二六九，《明珠传》。

2 《康熙起居注》，第1册，第318~319页。

3 参见《清史稿》卷二六九，《索额图传》。

事，妄自怨尤”[1]，心怀叵测。索额图助太子为虐，康熙帝早已留心，说“朕皆访知”，于是断然处置。康熙四十二年五月十八日，颁发上谕云：“伊之党内，朕皆访知……伊等结党议论国事，威吓众人……愚昧无知之徒，被伊等恐吓，遂极畏惧……至索额图之党，汉官亦多，朕若尽皆指出，俱至族灭。朕不嗜杀人，嗣后尔等若与索额图绝交，将伊所行之事举出，尚可；不然，被索额图株连，必如噶褚哈、阿思哈，被族灭之祸。”[2]

索额图结党所议国是者何？为什么被牵连者又皆是族诛之罪？康熙四十七年上谕云：“从前索额图助伊（皇太子）潜谋大事，朕悉知其情，将索额图处死。”[3]索额图助皇太子“潜谋大事”，说明清宫内发生了一次未遂政变。康熙帝在拘禁索额图时说：“朕若不先发，尔必先之，朕亦熟思之矣。”[4]可见“潜谋大事”已然是箭在弦上之势；同时“被牵连之人甚多”，又可窥见从者不少，故康熙帝先发制人，令各官与索额图绝交，并揭发其所行所为。索额图党助皇太子“潜谋大事”，在康熙四十二年五月有如黑云压城笼罩着紫禁城，影响康熙朝后期政局匪浅。

索额图虽死，然其助皇太子“潜谋大事”一案非但未了结，且愈演愈烈。康熙帝与皇太子允礽父子间矛盾日益深化，允礽“鸠聚党类，窥伺朕躬，起居动作，无不探听”[5]。康熙四十七年八月，康熙帝行围围场，允礽与诸皇子扈从。甚可怪异者，允礽每夜逼近康熙所居幔城，“裂缝向内窥伺”，使康熙帝惊惧不安。“今朕未卜今日被鸩，明日遇害，昼夜慎戒不宁”，日夜提心吊胆。父子之间视若寇仇。允礽行踪如此诡异，康熙断定：“从前索额图

1 《清圣祖实录》卷二一二，第 14 页。
2 《清圣祖实录》卷二一二，第 13~14 页。
3 《清圣祖实录》卷二三四，第 3 页。
4 《清圣祖实录》卷二一二，第 15 页。
5 《清圣祖实录》卷二三四，第 2 页。

助伊潜谋大事，朕悉知其情，将索额图处死。今允礽欲为索额图报仇，结成党羽”[1]。允礽不孝不仁，九月二日，将允礽废黜，其党羽索额图之二子格尔芬、阿尔吉善，同党暨二格等多人，“俱立行正法”[2]。二十四日，诏告天下，废皇太子，咸使闻知，诏书有云：“向因索额图、常泰，交通设谋，朕洞知其情，置索额图于死，而允礽时蓄愤于心，近复有逼近幔城，裂缝窥伺，中怀叵测之状。”[3]允礽既然是“中怀叵测”，故太子之废非但其为索额图报仇而已，实乃“潜谋大事”之赓绪。

太子既废，诸皇子结党希冀储位，事变迭出。十月，皇长子允禔嘱喇嘛巴汉格隆用术镇魇废皇太子事发，使康熙帝相信：“朕从前将其（允礽）诸恶，皆信为实，以今观之，实被魇魅而然，无疑也。”[4]允礽更进一步奏称，向时悖乱，皆因索额图父子煽惑，将自己的恶行推给死鬼索额图父子，使康熙帝相信“一切暗中构煽，悖乱行事，俱系索额图父子”[5]。于是“每念皇太子被废之事，甚为痛惜”，而有复立之意。但此时皇子之间争夺储位更趋激烈，不但皇长子允禔“希冀储位”[6]，而“太子允礽既废，（皇八子）允禩谋代立”[7]，诸皇子允禟、允䄉、允禵及大臣多人俱附之。皇子之间争夺储位之争，一波未平，一波又起，康熙帝郁结成疾，深怀忧虑，恐“日后朕躬考终，必至将朕躬置于乾清宫内，尔等（诸皇子）束甲相争”[8]，出现大行皇帝尸骨未寒，诸皇子为争立而兵戎相见的严重局面。在将“允禔严加看守”，“断不可轻

1 《清圣祖实录》卷二三四，第 3~4 页。
2 《清圣祖实录》卷二三四，第 5 页。
3 《清圣祖实录》卷二三四，第 19 页。
4 《清圣祖实录》卷二三五，第 17 页。
5 《清圣祖实录》卷二三四，第 16 页。
6 《大义觉迷录》卷一，见《清史资料》，第 4 辑。
7 《清史稿》卷二〇〇，《允礽传》。
8 《清圣祖实录》卷二三五，第 9 页。

纵”，将允禩锁拿之后（后释出），康熙四十八年三月九日，授允礽宝册，正位东宫。允礽之复立，一是诸皇子希冀储位斗争激烈；二是允礽被魇魅而染狂疾，已然痊愈；三是允礽前此诸恶皆系索额图父子构煽，今已悔悟。故太子之废与复立，均有索额图之阴魂不散。

太子复立之后，为恶更甚，在廷臣中广植党羽。兵部尚书耿额等多人党附太子。康熙帝说，“尔等谓朕年高，邀结党羽，肆行无忌”，“其附皇太子者意将何为？”显然是居心险恶。而耿额本是索额图属人，本应将其在索额图案内处死。被特宥之后，反而负恩造谋结党，“伊等所行，皆由耿额”，耿额乃造谋结党以附太子的主使之人。而耿额一贯“谄媚索额图”。康熙帝因而断定：“索额图之党竟不断绝，俱欲为索额图报复。”[1]命将诸人锁拿，首要耿额、刑部尚书齐世武、步军统领托合齐（即九门提督，犹京师卫戍司令），俱论绞。

允礽党羽剪除后，康熙五十一年十月，复将太子允礽废黜，从此不再复出。雍正二年二月，允礽病卒，年五十有二，追封为理亲王，谥曰“密”。允礽之再废，亦因“索额图之党竟不断绝，俱欲为索额图报复”。索额图助皇太子“潜谋大事”，是太子废立反复之肇端，故康熙帝说：“昔立允礽为皇太子，索额图怀私倡议，凡太子御用诸物俱用黄色，所定一切仪注，几与朕相似，骄纵之渐，实由于此。索额图诚本朝第一罪人也。”[2]

清人入关后皇位继承制度由此又一变，康熙帝不再立太子，终清之世亦然。中国古代历朝实行的皇位继承储君之制从此终结，而有雍正帝之秘密建储制度。历史演进的这一结局，是康熙帝和索额图始料未及的。

---

1 《清圣祖实录》卷二四八，第17页。

2 《清圣祖实录》卷二四八，第8页。

康熙帝为政崇尚宽仁和平，亲政不久即指出“国家政治，首在崇尚宽大”[1]。康熙五十年三月，谕大学士等曰:“宽则得众，信则民任焉。治天下之道，以宽为本。”[2]“以宽为本”是康熙帝一生所遵循的行政原则，故而自称:“持身务以敬诚为本，治天下以宽仁为尚，虽德之凉薄，性之不敏，此心此念兢守五十年，夙夜无间。”[3]因此，康熙帝要求臣工，尤其是督抚也应宽仁和平，他说:“大凡居官，固贵清廉，尤必和平，始为尽善……总之，为督抚者，以安静不生事为贵。”康熙帝初政之时，行“宽仁之政”的重要内容便是“惟在休养抚息”，采取宽赋等一系列政策措施，恢复和发展社会生产，以稳定清初脆弱的统治（见前述），其积极的成效是清代社会逐步走向所谓的“康乾盛世”（“康乾盛世”的主要内涵是：政治上国家大一统的完成，封建经济的高度繁荣，传统文化的集大成之势）。然而，在康熙朝后期，特别是其晚年，由于对臣下的宽纵，加上疾病缠身，吏治因之败坏，这是封建官僚政治的痼疾。

康熙四十七年第一次废皇太子之后，康熙帝因愤懑过度，随即生了一场大病，几乎不起，使他的身心受到极大的损伤，产生无法逆转的影响，成为他一生的转折点。康熙帝自幼习武，骑射娴熟，身体强健。壮年时驰骋沙场，冲风而行，不避寒暑，亲征不臣，但到晚年，他“心神恍惚，身体虚惫”，转动都需有人扶掖。右手颤抖不能写字，以左手批答奏章，兼之视力衰退和重听，“以致目不辨远近，耳不分是非”，时时健忘，故深惧颠倒是非，万机错乱。康熙帝说自己“心为天下尽其血，神为四海散其形”[4]，对政务已是精力不济，而皇子间储位之争，更使他心力交瘁。他

1 《清圣祖实录》卷四三。

2 《清圣祖实录》卷二四五，第 16 页。

3 《圣祖御制文三集》卷一七，《敕谕》。

4 《清圣祖实录》卷二七五，第 10~11 页。

虽屡加训诫，一再宣谕："诸阿哥中如有钻营谋为皇太子者，即国之贼，法断不容。"[1]然而却无济于事。康熙帝对身后之事实在放心不下，萦萦系念，其心境悲凉凄楚。康熙五十七年朝鲜使清冬至副使南就明说："归时得见皇帝所制歌词，语甚凄凉，其志气之衰耗可见矣！"[2]康熙帝说自己担心"福尽祸至，泰去否来"，一旦天灾人祸杂然并至，出了大乱子，而自己却"振作不起，呻吟病榻，死不瞑目，岂不痛恨于未死"。他说，唯愿"倘得终于无事，朕愿已足"。垂暮的老皇帝十分担心各级官吏"见朕精神血气渐不如前，因以为奸，亦未可定"[3]。然而，他的担心不幸言中，封建官僚政治的种种痼疾，在康熙帝晚年日趋严重，钱粮亏空，吏治日益废弛。"圣祖（康熙）政尚宽仁，世宗（雍正）以严明继之。"[4]雍正帝继位，严申"整纲饬纪"，综核名实，整饬吏治，以纠康熙帝晚年出现的种种弊端。

（原载《清朝通史·康熙朝》（上），第1~38页，紫禁城出版社，2002。原题为"导言"）

---

1 《清圣祖实录》卷二三四，第23页。

2 吴晗辑：《朝鲜李朝实录中的中国史料》，第4344页。

3 《清圣祖实录》卷二七五，第10~13页。

4 《清史稿》卷九，《世宗本纪·论曰》。

# 康熙帝继位与四大臣辅政

康熙帝玄烨是清入关后第二代皇帝。清代皇位继承制度，入关前后有所不同。入关前，清太祖努尔哈赤于天命七年三月，向诸子宣布，由八王共议推举国君，故清太宗皇太极、顺治帝福临均由诸王议立。清军入关，建立起全国政权，皇位继承制度为之一变，沿袭历代立太子为储君之制。康熙是在顺治弥留之际被立为太子，八岁继位，在位61年。

康熙之所以能够承缵帝位，原非出自顺治之意，而是其祖母太皇太后博尔济吉特氏（孝庄文皇后）之抉择，经由顺治帝所同意。

## 一　顺治帝“遗诏”立玄烨为太子

清制：每年元旦，黎明，清帝遵循满族习俗，先去堂子行礼，礼毕回宫拜神，然后到慈宁宫给皇太后拜年。诸事毕，皇帝登太和殿，升御座，诸王、贝勒、群臣及外藩蒙古上表行庆贺礼。皇帝则赐宴、颁赏，而后礼成。

顺治十八年元旦，清宫内却一片肃静，每年举行的朝贺庆典，因皇帝身体不适，免于举行。正月初二日，顺治帝发病，他患上了当时认为十分可怕的出痘之症（天花）。顺治帝笃信佛教。当日，太监马公前往万善殿造访素为顺治帝尊礼的高僧玉林琇，告以“圣躬少安”。玉林琇集众僧做法事，祈求佛祖为顺治帝保平安。翌日，有李近侍前来，传语众僧：“圣躬不安之甚。”[1]顺治帝病情加重。是日，九卿大臣闻知皇帝病重，众人齐集，叩请“圣安”。此时有太监向大臣耳语，神色仓皇。时宫殿各门所悬门神对联，尽行除去[2]，又传谕民间：勿许炒豆、燃灯及泼水，因为这在当时为出痘之禁忌，于是皇帝病痘传遍京城。

其时，顺治帝年少，未立太子，皇储虚位。如今病情凶险，立太子事为朝廷上下所关注，顺治帝本人更是如此。颇受宠信的学士王熙奉诏至寝宫养心殿御榻前，与卧病的皇帝“讲论移时”。二人长时间反复论说，所谈论者与立太子有关，故王熙说：“是日，奉天语面谕者关系重大，并前此屡有面谕，及奉谕询问密封奏折，俱不敢载。”由于王熙不敢记载，顺治帝临终前“关系重大”之谕旨，将永不得复见天日。但从“奉谕询问密封奏折”一语中，可知在顺治时重大事件已用“密封奏折”，故“密折”非自康熙、雍正始，此其一；其二，至少在重臣中曾奉命以“密封奏折”推荐太子人选，而王熙因是皇帝之“心腹”，得与闻其事。顺治帝因而屡屡询问，王熙并申说己见。他说：“惟自念身系汉官，一介庸愚，荷蒙高厚，任以心腹……岂敢顾惜身家，不持正论，以抒诚悃也。吾子吾孙，其世世铭心镂骨，以图报效。”[3]王熙少年登第，素为顺治帝所器重，认为是辅弼之才，“命供奉内廷，亲教以满文，兼习释典，与孙学士承恩、麻文僖公勒吉，日侍西清（清宫南书房之别称）”[4]。王熙以汉官而深受眷宠，日侍帝左右，因而感激莫名，他自表忠诚，不顾身家性命，“以持正论”，所持者自是顺治帝身后嗣君之事。看来，直到世祖病情危重之时，太子为谁，

1 《玉林国师会谱》。

2 张宸：《杂记》，转引自孟森《明清史论著集刊续编》，第 221 页。

3 王熙自撰《年谱》，见《王文靖公集》。

4 《清稗类钞·恩遇类》，《世祖赞王熙为公辅器》。

尚属朦胧。

初六日，顺治帝病势垂危，命内大臣苏克萨哈传谕京城内外，除十恶死罪外，其余死罪及各项罪犯，悉行释放，希望此举能上乞天和，可是非但病情毫无起色，且更趋危急。入夜，召王熙、麻勒吉至养心殿，命撰遗诏，降旨一一自责。王熙在其自撰《年谱》中记述其经过说，初六日三鼓，他奉诏入皇帝寝宫养心殿，顺治帝病卧于御榻，谕曰:“朕患痘，势将不起。尔可详听朕言，速撰诏书，即就榻前书写。”王熙闻言，惊恐不能成语，“五内摧崩，泪不能止”。顺治帝说:“朕平日待尔如何优渥，训尔如何详切！事至今日，皆有定数……尔不必如此悲痛。此何时？尚可迁延从事，致误大事！”王熙蒙谕之后，勉强拭泪吞声，就御榻前书写诏书首段，顺治帝已然体力不支，于是奏明恐“圣体”过劳，请顺治帝口谕之后，再仔细撰拟进呈。王熙等退至乾清门下西围屏内撰拟，“凡三进览，三蒙钦定”。通宵达旦，日出时遗诏始撰毕。当天（初七日）晚上，“圣驾宾天”，顺治帝便与世长辞了，年仅二十四岁。

顺治帝遗诏今藏于第一历史档案馆，载于《清世祖实录》卷一四四，其中有关立太子事云:

> 朕子玄烨（康熙帝），佟氏妃所生，年八岁，岐嶷颖慧，克承宗祧，兹立为太子。即遵典制，持服二十七日，释服，即皇帝位。特命内大臣索尼、苏克萨哈、遏必隆、鳌拜为辅政大臣。

《清圣祖实录》记载立太子事云:

> 世祖章皇帝不豫，丙辰（初六），遂大渐，召原学士麻勒吉、学士王熙至养心殿，降旨一一自责，定皇上御名（康熙

帝玄烨），命立为皇太子，并谕以辅政大臣索尼、苏克萨哈、遏必隆、鳌拜姓名。[1]

《清世祖实录》与《清圣祖实录》均载立玄烨为太子，是在顺治十八年正月初六日命王熙、麻勒吉撰拟遗诏之时，由此可知，嗣皇帝玄烨是在顺治帝弥留之际才最后确定下来的。《清圣祖实录》只是叙述立太子事，不载顺治帝遗诏原文，但有“定皇上(康熙帝）御名（玄烨)”一语，由此可知，定皇三子汉名玄烨，也是在王熙、麻勒吉撰写遗诏时才明确的。太子是储君，古人视为“国本”，乃国脉之所系。如此关系重大的问题，在顺治帝病势垂危之际，方才决定，可见此前之不确定与当时之惶急。而孝庄文皇后（顺治帝生母）处变不惊，毅然作出改变有关皇位继承制度的两项重大决定：一是改变清太祖所定的汗（皇）位继承制度；二是改变“从来国家政务，惟宗室协理”，即由亲王摄政改为异姓四大臣辅政。

## 二　孝庄文皇后改变皇位继承祖制

顺治帝病危，命在旦夕，由谁继承皇位、如何继承，是迫在眉睫的首要问题。

根据王熙自述，顺治帝遗诏的首段是在御榻前撰写的，余皆奉面谕后由王熙在乾清门下西围屏内草拟。立玄烨为皇太子，嗣皇帝位，载于遗诏之末。有关定议玄烨为皇太子的材料，今仅一见。从这条颇为珍贵的材料中，可以窥见议立的过程。《清圣祖实录》卷二三第 11 页载：

1 《清圣祖实录》卷一，台湾影印本，第 4 页。

苏克萨哈供称:"议立皇上(康熙帝玄烨)时,诸臣在东间内,我在主(顺治帝)前,恭送御讳(玄烨名),止我独送。其不令宫人殉死,亦独谕我一人,其图海授为都统,亦独谕索尼一人"等语。今据鳌拜、遏必隆供称:"所奉各旨,皆我等共奉者,惟送御讳,止令伊送"等语。苏克萨哈将四人共奉之旨,以为伊身独宠,巧供自奉,罪九。

以上所引,是康熙六年七月,鳌拜置苏克萨哈于死地时,议政王大臣会议所拟苏克萨哈罪状之一。苏克萨哈所说议立玄烨为皇太子及送"御名"的过程,鳌拜虽为政敌,亦证实其言不诬,但未说明主持议立者为谁。孟森先生说:"此遗诏颇由世祖(顺治帝)太后(孝庄文皇后)主持,以辅政大臣同意发布。"[1] 由于顺治帝病势垂危,主持议立玄烨者为顺治帝生母孝庄文皇后,参与议立的"诸臣"主要是辅政四大臣。其时(顺治十八年正月初六日夜),顺治病卧于养心殿西间,苏克萨哈一人侍于帝侧,王熙退至乾清门西围屏下撰拟遗诏,孝庄文皇后在养心殿东间主持议立嗣君,定议后将皇太子玄烨名送顺治帝同意,而诸王却未参与议立。这从宣示遗诏于诸王贝勒的过程可以证明,"(世祖)谕曰:'诏书着麻勒吉怀收。俟朕更衣毕,麻勒吉、贾卜嘉尔二人捧诏书奏知皇太后(孝庄文皇后),宣示诸王贝勒大臣。'至是(顺治帝驾崩),麻勒吉、贾卜嘉尔捧诏书奏知皇太后,即宣示诸王、贝勒、贝子、公、大臣、侍卫等"。正因为诸王贝勒是与大臣、侍卫等同时聆听宣示遗诏,事先未得参与议立嗣君,更不知设置索尼等四大臣辅政体制,故而"(遗诏)宣讫,索尼等跪告诸王贝勒等曰:'今主上遗诏命我四人辅佐冲主。从来国家政务,惟宗室协理。索尼等皆异姓臣子,何能综理?今宜与诸王贝勒共任之。'诸王贝

1 孟森:《明清史讲义》,第 409 页。

勒等曰:‘大行皇帝深知汝等四人之心，故委以国家重务，诏旨甚明，谁敢干预？四大臣其勿让。’索尼等奏知皇太后，乃誓于皇天上帝、大行皇帝灵位前，然后受事”[1]。

诸王贝勒是在宣示遗诏之后，始知嗣君为谁，而事前未得与闻议立，这是孝庄文皇后对清人祖制的更张。清太祖努尔哈赤曾规定八王推举国君和八王“共理国政”。天命七年三月初三日，努尔哈赤对诸子说：

> 继承父为国主时，不要立强有力的人为主。如果强有力的人为国主时，仗恃他的力为生，恐怕天以为非。一人的有些见识能及众人的共议吗？你们八子为八王……推举不拒绝你们八王的话的人，继承你们的父为国主。如不听你们的话，不行正道，你们八王就更换你们立的汗，拥立不拒绝你们话的好人……如果集会在你们八王任命的国主那里，不要一二(人) 集合，要众人全都集合商议处理国事……无论什么事都要告诉众人再去，八王贝勒共议。[2]

努尔哈赤明确规定了八王共议推举国君的汗位继承原则和八王“共议处理国事”的政治体制。故太宗皇太极、世祖福临继位，均经由诸王议立（议立过程矛盾尖锐），遵循太祖所定的遗规。太宗时皇权日益加强，入关后更为强化，故在顺治帝崩逝时，孝庄文皇后才能沿袭历代立太子为嗣君之制，而以辅政四大臣为主参与议立太子。太子虽经“议立”，而保有“共议”的遗意，但已不同于诸王共议拥立国君，努尔哈赤规定的八王共议推举国君的清人皇位继承制度至此终结。

---

1 《清圣祖实录》卷一，第 4 页。

2 《重译〈满文老档〉》，天命七年三月初三日。

孝庄文皇后在顺治帝弥留之际敢于作出改变祖制的重大决定，以维护幼君的皇位与皇权，足见其政治上的大智大勇，对有清一代政治的影响是深远的。

孝庄文皇后对清人祖制的又一更张是幼君继位不用亲王摄政，而是建立异姓四大臣辅政体制，有关情况将在《四大臣辅政的由来》中叙述。

## 三　顺治帝立太子过程之曲折

孝庄文皇后苦心孤诣扶持她的儿子顺治帝福临和孙子康熙帝玄烨两个幼君继位，而康熙帝之所以得以嗣位，则是经过一番曲折的。

顺治帝于顺治十八年正月七日逝世，外间尚不得而知。有一京官记述初八日京城各衙门及街巷的情景云：

> 初八日，各衙门开印。予（张宸，官兵部督捕主事）黎明盥洗毕，具朝服入署。长班遽止之曰："门启后复闭，止传中堂及礼部三堂入，入即摘帽缨，百官今散矣。"余错愕久之。盖本朝制度，有大丧则去缨。讵上春秋富，有此变也？[1]

清制：每年十二月中旬，由钦天监择日奏准各衙门封印，不办公事，次年正月择日开印办理政务。顺治十八年正月初八日，为开印之日，张宸本应入署办理公务，其长班遽止之。张宸止于家，疑惧重重，早饭后，出门探消息，众皆茫然，一时无确音。时外城门俱闭，列卒戒严，大街寂寥无人，众人甚惶骇。至午，召百官携朝服，令赴户部领帛，然后至太和殿西阁门，此时众人

1　张宸：《杂记》，转引自孟森《明清史论著集刊续编》，第222页。

始知顺治帝已然宾天。张宸遇同官魏思齐，问嗣君为谁，答曰："吾君之子。"张宸闻言，心中一块石头落地，说："心乃安。"[1]可见，在此之前，由谁人主神器？官僚中颇存疑虑，而这却是事出有因。

顺治十一年三月十八日，康熙帝玄烨生于紫禁城内景仁宫，生母佟佳氏（孝康章皇后），时年十五岁，顺治帝十七岁。玄烨是顺治帝第三子。顺治十六年，玄烨六岁，与皇二子福全、皇五子常宁同往宫中向父皇问安。顺治帝问各人长大后的志向，皇五子常宁仅三岁，不能答，皇二子福全以"愿为贤王"对。玄烨答曰："待长而效法父皇，黾勉尽力。"《清圣祖实录》记载说，"世祖章皇帝于是遂属意焉"[2]。早在玄烨六岁时，顺治帝似乎已经属意玄烨为嗣君，然而，这不过是嗣君出于先帝之意的溢美之词，老生常谈，其实并非如此，玄烨生而未得父皇的钟爱。

清制：皇子、皇女出生后，不由额娘（生母）抚养，而是由乳母、保姆哺育服侍。玄烨幼时因未出痘，由保姆护视迁往宫外长安街路东的住所（雍正继位后改为喇嘛庙福佑寺），大约在五六岁时，玄烨出痘后才重回紫禁城。在他外居的几年间，自然与父皇和额娘都很少见面，因而与顺治帝的感情也不深厚。半个多世纪后，康熙帝回忆说："世祖章皇帝（顺治帝）因朕幼年时，未经出痘，令保姆护视于紫禁城外，父母膝下，未得一日承欢，此朕六十年来抱歉之处。"[3]康熙帝因幼年时未能得到父皇的宠爱，直到暮年仍深以为憾。然而，玄烨幼时之所以未能得到父皇的欢心，不只是数年间父子各居一处，更主要的是顺治帝另有情之所钟。

顺治十三年，玄烨两岁。是年，董鄂氏进宫。

内大臣鄂硕有女董鄂氏，姿色艳丽，年十八入侍内廷，时顺

1 张宸：《杂记》。
2 《清圣祖实录》卷一，第3~4页。
3 《清圣祖实录》卷二九〇，第12~13页。

治帝年十九。这位青年皇帝本是多情种子，宠爱董鄂氏独深，入宫当年封其为贵妃。“这位贵妃于一六六〇年（顺治十七年）生一子（按：时间有误——引者），是皇帝（顺治）规定他为将来的皇太子的。”[1]爱母及子，子因母贵，顺治帝本来是一心要宠妃董鄂氏之子继承皇位，不幸的是，其子生“三月而殇”，尚未命名便夭亡了。孟森先生说：“董鄂氏之奇宠，世祖之滥恩，若使荣亲王（董鄂妃之子）不殇，端敬（按：董鄂妃死后追封为端敬皇后）不夭，母爱子抱，神器恐非圣祖（康熙帝）所能有。”[2]所以太子的第一位人选，原来是董鄂妃所生的夭亡之子，这从顺治帝对这位皇子死后的特殊荣宠，可以得到进一步的印证。

董鄂氏于顺治十四年十月生皇四子（前引《汤若望传》误为1660年），翌年正月夭亡，存活不足四个月。“上（顺治帝）以皇子生甫四月而薨，悼之，追封为和硕荣亲王。”[3]一个不足四月的乳儿，且非皇后所生，更谈不到有功于社稷，死后追封为和硕荣亲王，这是前所未有的。不仅如此，而且又广为圈占土地，为其营建园寝而大兴土木。顺治十五年四月，“以和硕荣亲王园寝成，设神碑，遣官谕祭”。礼部领会“圣意”，奏称：“和硕荣亲王坟园圈丈土地内，所有寺庙坟墓，宜令迁移。”[4]顺治帝虽说不必迁移，但其圈丈的土地内有寺庙，足见其规模之大。上述一切，使人有理由相信，倘若此皇子不死，皇太子非他莫属。

顺治十七年八月，董鄂妃也死了。在不到三年时间内，爱子与爱妃相继而亡，使多情的少年天子陷入极大的悲痛之中。尤其是董鄂妃之死，更使顺治帝“深为痛悼”[5]。祭葬殊典，隆重非

1　魏特：《汤若望传》，第 323 页。
2　孟森：《世祖出家事实考》，《明清史论著集刊续编》，第 241 页。
3《清世祖实录》卷二五，第 21 页。
4《清世祖实录》卷一一六，第 6 页。
5《清世祖实录》卷一三九，第 17 页。

凡。顺治帝亲撰董鄂妃行状数千言[1]，怀念昔日恩爱相处，一往情深。董鄂妃临终时对顺治帝言曰："妾殁后，陛下圣明，必爱念祖宗大业，且皇太后在上，或不至过恸，然宜节哀自爱。"生离死别的遗言，劝以祖宗大业为重而节哀自爱，情意凄楚，从此天人相隔，人鬼殊途，更使顺治帝悲恸欲绝。他说自己"五内摧痛"，在追封董鄂妃为皇后的册文中，又说自己"益重鉴亡之痛"。董鄂妃之死，使顺治帝五内摧崩，痛彻肺腑，因而不能自已。他坦陈胸臆说："露泫风颤，感凄清于素节。帏虚殿迥，帐莫邈于云程。"[2]人去殿空，触景生情，唯有仰望云端天际，苦苦思念伊人，他真想上天入地去寻找自己的爱妃了。有记载说，这位年轻的皇帝"竟至寻死觅活，不顾一切，人们不得不昼夜看守着他，使他不得自杀"[3]。

顺治帝本好佛。礼亲王昭梿说："章皇帝（顺治帝）……其于禅语，尤为阐悟。尝召玉林（琇）、木陈（忞）二和尚入京，命驻万善殿，机务之暇，时相过访，与二师谈论禅机，皆通彻大乘……真天纵夙悟也。"[4]玉林琇，讳通琇，号玉林，清初临济宗著名高僧，江南蓉城（江苏江阴）人，湖州（浙江吴兴）报恩寺住持。顺治帝崇佛，闻其名，顺治十五年九月，遣使宣诏，请玉林琇入京说法。玉林琇以种种借口，或谓母未葬，或称病，辞不应命，但在皇命差官的敦促下，终于来到北京。顺治帝礼尊有加，待以禅门师长之礼，请其为自己取法名"行痴"，自称弟子，常亲至玉林琇所驻万善殿，聆听玉林琇说道。顺治帝自觉如聆佛语，于是封玉林琇为"大觉禅师"。一个月后，玉林琇返湖州报恩寺，顺治帝派钦差至报恩寺晋封玉林琇为"大觉普济禅师"。顺治十七

1　顺治帝撰：《董鄂妃行状》，见《清稗类钞·宫闱类》。

2　《清世祖实录》卷一三九，第 21 页。

3　魏特：《汤若望传》，第 323 页。

4　昭梿：《啸亭杂录》卷一，《世祖善禅机》。

年八月，董鄂妃去世。十月，玉林琇再应召入京。

顺治帝所敬礼的又一高僧木陈忞，讳道忞，号木陈，广东茶阳（广东大埔）人，明末清初临济宗高僧，宁波天童寺住持，足迹遍浙东诸名寺，门下弟子甚多，其中得法而为一方寺院住持者，多达二十余人。木陈忞虽为高僧，身在佛门清净之地，但却关心世事。明清鼎革，崇祯帝自缢，木陈忞曾痛哭“千邦丧统御之尊，万姓失大明之照”[1]。然而，入清之后，木陈忞却又认为必须“参之运会，酌诸时宜”，承认清的入关是奉天承运，故须因时制宜，借帝王命官以护法，方能弘扬佛法。他说：“伯夷将弹冠入周，安事首阳清饿哉。”[2]木陈忞视清之取明代之犹如周之革殷，殷亡，伯夷、叔齐耻不食周粟，饿死首阳山，而木陈忞，则是“弹冠入周”，没有必要饿死首阳，于是以高僧之名往来于当道者之间。京师海会寺憨璞和尚，系木陈忞之侄孙。顺治帝曾向憨璞询问禅门高僧，憨璞以木陈忞对。顺治帝始知其名。顺治十六年九月，玉林琇第一次应召来京南还之后，木陈忞应召入京，他在京八个月，深得顺治帝尊礼，多次前往万善殿与木陈忞议论佛门道法。木陈忞对顺治帝领悟禅机称赞不已，说当今皇上是“夙世为僧”，乃是和尚转世。顺治帝对木陈忞说：“朕想前身的确是僧，今每常到寺，见僧家明窗净几，辄低回不能去。”“若非皇太后一人恚念，便可随老和尚出家。”顺治帝自视为木陈忞之弟子，说：“勿以天子视朕，当如门弟子旅庵相待。”并封木陈忞为“弘觉禅师”。顺治十七年五月，木陈忞南还，顺治帝依依不舍，说：“老和尚一旦还山，教朕如何忍得？”[3]命留弟子二人，以便随时应对。木陈忞留高徒本月旅庵及本月山晓二人，分别住持善果、隆安二寺。

顺治十七年八月，董鄂妃死后，顺治帝陷于极度悲痛之中，

---

1　纪荫：《宗统编年》。

2　木陈忞：《百城集》。

3　木陈忞：《北游集》。

使他更加沉迷于佛法，甚至想遁入空门，以求解脱。自九月至十月的两个月中，他访问高僧茆溪森、本月旅庵竟达38次，而频繁的召见尚在其外。[1]茆溪森是玉林琇的大弟子。顺治十六年三月，玉林琇奉召进京，六月南还湖州报恩寺，顺治命茆溪森来京，深得帝欢心。董鄂妃死，玉林琇奉召入京尚在途中，木陈忞已南还，在京高僧惟有二人之弟子茆溪森、本月旅庵、本月山晓。三人奉命为董鄂妃在景山作大道场，将“所服簪耳衣裘及诸王勋戚赙赠之物，做大道场追严极土”。茆溪森更是主要筹划人，多次被召入董鄂妃原住的承乾宫，为死者诵经。顺治帝沉迷于释道，成天与和尚在一起。有记载说，他“竟成了僧徒手中的一个傀儡”[2]，决意遁入空门。在董鄂妃死后的一个月，即十月中，顺治帝请茆溪森为其净发，欲“披缁山林，孑身修道”。此时玉林琇进京，闻知其徒茆溪森为顺治帝落发，大怒，将积薪烧死茆溪森。顺治帝为求茆溪森不死，同意蓄发，但他仍未灰心，问玉林琇：“朕思上古惟释迦如来舍王宫而成正觉，达摩永舍国位而为禅祖，朕欲效之如何？”[3]玉林琇劝以“永作国王帝主”，以帝王之尊护法，“外以护持诸佛正法之轮”。皇太后更是坚决反对顺治帝落发为僧，“如果没有他的理性深厚的母后加以劝阻，他一定会充当僧徒的”[4]。

顺治帝在董鄂妃死后，先是寻死觅活、痛不欲生，继而又皈依佛门未成。由于对爱妃的怀念而陷入深深的悲痛之中，皇太后十分焦虑，催促他早立太子，“皇帝想到了一位从兄弟，但是皇太后和亲王们的意见，都是愿意从皇子中选择一位继承者”[5]。据魏特《汤若望传》记载，顺治帝曾遣人征询汤若望的意见。汤若

1 林毓辉：《茆溪森》，王思治主编《清代人物传稿》（上编），卷一。

2 魏特：《汤若望传》，第327页。

3 《大觉普济能仁国师年谱》。

4 魏特：《汤若望传》，第323页。

5 魏特：《汤若望传》，第325页。

望支持皇太后，认为“皇太后选择的一位太子，为最合适的继位者”。顺治帝最后同意，“舍去一位年龄较长的皇子（福全），而封一位庶出的、还不到七岁的皇子（玄烨）为帝位继承者”[1]。

顺治帝欲将帝位传与的从兄弟系何人？今已不得而知。但太子虚位，且王熙不顾身家性命，“以持正论”。所谓“正论”，即宗法制所规定的皇位继承“有嫡立嫡，无嫡立长”原则。王熙据此与顺治帝“讲论移时”，又“不敢载”，则顺治帝曾坚持传位于从兄弟之意甚明，廷臣中对此已有风闻，故张宸在顺治帝崩逝后，闻知嗣位者为“吾君之子”，其心始安。

顺治帝于顺治十八年正月初七夜崩逝，初八日京师各衙门的情景见前述。是日，二鼓过后，宣遗诏于百官，有呜咽失声者。宣毕，令各官勿退，等候新天子登极。各官露坐于午门外，冬夜漫漫，寒风凛冽，紫禁城笼罩在哀戚幽暗之中。

初九日，寅时，八岁的皇太子玄烨升太和殿，即皇帝位，以明年为康熙元年，一位雄才大略的君主登上了历史舞台。康熙帝登极大典所用卤簿仪仗，无一是顺治帝用过的旧物，灿然一新[2]，于哀戚之中显示了天家富丽。

## 四　康熙帝何以得立

孝庄文皇后坚持立皇子为帝。顺治帝有子八人，早殇者四人，存者四人，乃皇二子福全、皇三子玄烨、皇五子常宁、皇七子隆禧。常宁、隆禧尚在襁褓，福全与玄烨是择立太子的人选。

福全年长于玄烨，根据“有嫡立嫡、无嫡立长”的原则，福全处于优势地位；福全是宁悫妃栋鄂氏所生，玄烨是佟氏（孝康

1　魏特：《汤若望传》，第 325 页。

2　张宸：《杂记》。见前引。

章皇后）所生。佟氏本汉军，因此从二人的生母看，福全又胜一筹。然而，孝庄文皇后经过慎重考虑，决定立玄烨，舍去福全，经顺治帝同意，原因是：

当时为促成这一决断所提出的理由，是因为这位年龄较幼的太子，在髫龄时已经出过天花，而那位年龄较长的皇子（福全），尚未出过天花，时时都得小心着这种可怕的病症。这样这位被选择的皇帝，后来在康熙的年号之下，竟成为中国伟大的君主。[1]

康熙之所以被择立，就是因为他已出过天花，获得免疫能力，不至于像他的父亲那样英年早逝。

康熙出天花时，可能由于护理不善，他的脸上留下了不太显眼的痘痕，在他成年之后，并未因此而影响他的威仪。一位常见到他的传教士白晋（法国人）写道：

他（康熙帝）威武雄壮，身材匀称而比普通人略高，五官端正，两眼比本民族的一般人大而有神。鼻尖稍圆，略带鹰勾状，虽然脸上有天花留下的痘痕，但并不影响他英俊的外表。[2]

康熙二十八年，《中俄尼布楚条约》签订后，沙俄为通商事，派雅兰布为使前来北京，康熙三十一年抵京。康熙在皇宫接见来使。俄使见到的康熙的容貌和着装是：

宝座高二尺，以貂皮为褥，皇上盘膝而坐。仰视御容，

---

1 魏特：《汤若望传》，第325~326页。

2 白晋：《康熙帝传》，《清史资料》，第1集，第196页。

非必秀出人寰，然视之令人忠爱之心油然而生。黑睛奕奕有光，隆准，头微向上，须黑而短，颏下颇疏，面多细麻。身适中，衣青缎袍，蓝青缎褂，出银鼠风，项挂珊瑚朝珠，垂于胸腹，冠貂皮冠，红绒结顶，后披孔雀翎数层，发后结一辫，无他金宝之饰，足登元色绒靴。用膳时，合殿寂然，惟见各大臣以目下视，皆若忘于言也。[1]

这是康熙近四十岁时的容貌。

另一位传教士南怀仁（比利时人）在《鞑靼旅行记》中，对康熙帝近五十岁时的容貌有如下的描写：

今日君临中国的鞑靼族君主，年近五十岁，身材魁伟，黑黑的大眼睛，鼻子稍高，黑色的连鬓胡须很厚密，几乎没有下髯，脸上有点痘痕。

耶稣会士李明曾经这样描绘中国皇帝康熙的风度：

据我所见，皇帝身材比普通人稍高，堪称姿态优美，比我们稍胖些，但还达不到中国人所谓的“富态”的程度。脸也稍宽，有痘痕，前额宽大，鼻子和眼睛比中国普通人小些，嘴美，颐和蔼，动作温柔，一切容态举止，都像是位君主，一见便引人注目。[2]

传教士们对康熙容貌的描绘尽管各有不同，与今天人们所见到的康熙帝的画像也有差异，但都记述他脸上有痘痕或细麻，但

1 （俄）雅兰布：《聘盟日记》，《小方壶舆地丛钞》，第3帙。
2 杜文凯：《清代西人闻见录》，第84页。

这并不影响他“英俊的外表”和仪态。有关的记述未谈到他急躁自用。康熙是一个性格较为温和的人，也重感情，对多年相处的老臣，眷顾颇深，闻有谢世者，往往痛哭流涕。

## 五　康熙帝的祖母、生母皆非满族

康熙祖母孝庄文皇后，姓博尔济吉特氏，蒙古科尔沁贝勒寨桑之女，清太祖天命七年，与太宗皇太极成婚，年十三。在太宗皇太极和世祖福临时期，皇后都是出自蒙古科尔沁博尔济吉特氏，这是基于满蒙联盟的国策而实行的联姻政策（清廷则以皇室之女下嫁蒙古王公）。

孝庄文皇后聪明能干，多谋善断，是蒙古族妇女中的佼佼者，是具有远见卓识的政治家。她一生经历了清太宗皇太极、顺治帝福临、康熙帝玄烨三朝错综复杂的矛盾与政局变更。她曾“佐太宗文皇帝肇造丕基”[1]，“赞助内政，越既有年”[2]，在清开国过程中表现出卓越的政治才能，以后又苦心孤诣扶立她的儿子（顺治帝）和孙子（康熙帝）两个幼君即位，“启世祖章皇帝式廓大业”[3]，为清王朝建立全国政权费尽心血。为了巩固皇权和清王朝的统治，在康熙继位时，她大胆改变祖制，建立四大臣辅政体制。康熙四年，十二岁的康熙帝，奉祖母孝庄皇太后慈谕，举行隆重的大婚典礼。孝庄文皇后一反太宗、世祖时皇后出自蒙古科尔沁博尔济吉特氏的传统，选择索尼子、内大臣噶喇布之女赫舍里氏为康熙皇后。索尼位居辅政四大臣之首，以其孙女为少年天子之后，显然具有政治联姻的性质，目的是使首席辅政大臣忠

1 《康熙起居注》，第 2 册，第 1693 页。

2 《清圣祖实录》卷一三二，第 8 页。

3 《康熙起居注》，第 2 册，第 1693 页。

于幼君，忠于皇室。

康熙生母佟佳氏死时，康熙帝年仅十岁。幼年皇帝由祖母孝庄文皇后抚育。为了教养少年天子早日成立，孝庄文皇后费尽心血，时时告诫康熙勿忘“祖宗骑射开基，武备不可弛。用人行政，务敬以承天，虚心裁决”。又作书勉励康熙：“古称为君难，苍生至众，天子以一身临其上，生养抚育，莫不引领，必须思得众得国之道，使四海咸登康阜。”[1]对康熙说：“人主居四海臣民之上，所关甚巨。然代天理物，端在恭行；致治兴化，必先修己。”[2]以“敬天法祖，勤政爱民”的清人祖训家法勉励康熙。她希望康熙能本此而光大祖宗基业，俾使清王朝“绵历数于无疆”[3]。时人称：“这孩子是立于他祖母的影响之下。”[4]幼年皇帝在祖母孝庄文皇后教诲、熏陶下，学习帝王之道。他曾召大学士等至懋勤殿，对诸臣说：

> 朕自五龄即知读书，八龄践阼，统莅万邦。太皇太后尝问朕何欲？朕敬对曰：“臣无他欲，惟愿天下乂安，生民乐业，共享太平之福而已。”当时左右，实共闻知。自兹迄今，谨持此心，兢兢业业，恒如一日，可以质诸寤寐。[5]

康熙对祖母孝庄文皇后的教诲始终奉命唯谨。他说：“忆自弱龄，早失怙持，趋承祖母膝下三十余年，鞠养教诲，以致有成。设无祖母太皇太后，断不能致有今日之成立，罔极之恩，毕生难报。”[6]康熙帝对祖母尽心尽孝，祖孙两人感情甚笃。

康熙的祖母是蒙古族，其生母则是汉军。

1 《清史稿》卷二一四，《孝庄皇后传》。
2 《康熙起居注》，第1册，第82页。
3 《清史稿》卷二一四，《孝庄皇后传》。
4 魏特：《汤若望传》，第497页。
5 《清圣祖实录》卷八七，第6页。
6 《清圣祖圣训》卷一，《圣孝》；《清圣祖实录》卷一三二，第2页。

康熙帝生母佟氏，太子太保、定南将军、都统佟图赖之女。佟氏原居佟佳（佟佳江），善业商。佟图赖曾祖因贸易寓居开原，后迁抚顺，族大人众，为辽东巨族。清太祖努尔哈赤时，佟图赖族叔佟养性，以贸易与后金往来，见后金日益强盛，乃暗与交通，被明边官觉察，被捕下狱，后越狱逃投后金。努尔哈赤妻以宗室女，称“西屋里额驸”。天命三年，后金军由佟养性向导，攻打抚顺，明守将李永芳举城降。时佟图赖与其叔佟养正等在抚顺，由于族叔佟养性之故，携全家并族属投归后金，隶汉军。

佟图赖女佟氏入宫为顺治帝妃（即孝康章皇后）。顺治十一年生康熙帝玄烨。佟图赖子一等公佟国维之女，于康熙十六年为康熙帝贵妃，后册为皇后（孝懿仁皇后）。佟氏姑侄为两代清帝之后。康熙二年，康熙帝生母佟氏病逝。康熙二十七年，康熙帝生母孝康章皇后之兄佟国纲（佟国维之兄）疏言：“臣先世本系满洲，曾蒙太祖高皇帝谕令与佟佳氏之巴都哩、蒙阿图诸大臣考订支派，叙族谱，今仍请归满洲。”[1]下部议，以佟姓官职甚多（当时有所谓“佟半朝”之说），不准，仍应隶汉军。康熙帝因其生母之故，推恩所生，又因自己的皇后乃其母之侄女，特准佟国纲本支入满洲，命改佟氏为佟佳氏，隶满洲镶黄旗。“后家佟氏，本汉军，上（康熙帝）命改佟佳氏，入满洲。后族抬旗，自此始。”[2]佟国纲本支因为皇室贵戚，由汉军改隶满洲镶黄旗，是为后族抬旗之始。

## 六　四大臣辅政的由来

前已述及，康熙帝八岁继位，孝庄文皇后对清人祖制的又一

1 《国朝耆献类征》，《佟图赖传》；《国朝先正事略》卷二，《佟襄勤公事略》。

2 《清史稿》卷二一四，《孝康章皇后传》。

更张是建立四大臣辅政，以取代近支亲王摄政的政治体制。

根据清太祖努尔哈赤所定八王“共理国政”的政治原则，清初幼帝继位，“从来国家政务，惟宗室协理”[1]。故顺治帝六岁继位时，由睿亲王多尔衮、郑亲王济尔哈朗两位叔父摄政。然而，康熙八岁继位，却不遵循国家政务由宗室协理的祖制，一变而为非宗室的异姓四大臣辅政，故索尼等以“异姓臣子，何能综理”为词，请与诸王贝勒共任之，而诸王贝勒则以“诏旨甚明，谁敢干预”，力劝辅政大臣索尼等不必谦让，索尼等乃奏明皇太后之后，宣誓受任。

辅政四大臣虽明知以异姓臣子辅政是有违祖制，却又勇于任事，可知这是与孝庄文皇后商定于事前。孝庄文皇后之所以决定建立四大臣辅政体制，而不是由亲王摄政，是鉴于此前多尔衮摄政时，对幼君和皇权的严重威胁，故辅政大臣在誓词中特别强调：“不私往来诸王贝勒等府，受其馈遗，不结党羽，不受贿赂，唯以忠心仰报先皇帝大恩。”[2]此誓词用意甚明，即杜绝辅政大臣与诸王贝勒深相结纳，结成党羽。孝庄文皇后如此深谋远虑，其用意就在于一改此前亲王摄政威权自专的政治格局。

### （一）摄政王多尔衮专权对皇权的严重威胁

多尔衮是清太祖努尔哈赤的第十四子，“聪慧多智，谋略过人”[3]。在清开国过程中，战功赫赫，“倡谋出奇，攻城必克，野战必胜”[4]。因此，深得清太宗皇太极的信任，“凡所谋议，无不得参”[5]。崇德元年晋封为和硕睿亲王。在清入关前，多尔衮的地

1 《清圣祖实录》卷一，第 6 页。

2 《清圣祖实录》卷一，第 6 页。

3 《碑传集》卷一，《睿亲王多尔衮传》。

4 《清世祖实录》卷九，第 22 页。

5 《沈阳状启》，乙卯年五月初四日。

位已逐渐跃居诸王之上。崇德八年八月初九日，皇太极暴崩，满洲贵族内部在皇位继承问题上，发生尖锐的矛盾。当时有力量争夺皇位者，为多尔衮与太宗长子肃亲王豪格。两黄旗大臣索尼、鳌拜（此二人顺治遗诏任命为辅政大臣，与其拥立有关，故略述其拥立过程）等八人“共相谋誓，愿死生一处”，“欲立肃王（豪格）为君”[1]。而反对立豪格者则对多尔衮说：“若立肃王，我等俱无生理。”[2]多尔衮及其胞兄英王阿济格、胞弟豫王多铎所将两白旗坚决拥立多尔衮。阿济格、多铎二人“跪劝睿王（多尔衮）当即大位”[3]。据多尔衮自己说：“太宗（皇太极）升遐，嗣君未立，诸王贝勒大臣等，率属意于予，跪请予即尊位。”[4]如此说来，当时多尔衮很有可能即大位成为皇帝。然而，两黄旗大臣却决定以武力胁迫多尔衮立皇子为君。

崇德八年八月十四日，诸王贝勒齐集崇政殿，议立嗣君。黎明，两黄旗大臣索尼等盟于大清门，誓立皇子，令精锐护军张弓矢，环立宫殿。会议开始，索尼等首先发言，声称定立皇子。会上，主张立多尔衮或豪格以及其他人者，各执一词，莫衷一是。此时，两黄旗大臣佩剑而前曰：“吾属食于帝（皇太极），衣于帝，养育之恩与天大，若不立帝之子，则宁死从帝于地下而已。”[5]两黄旗大臣以死相争，多尔衮若强自为君，势必爆发满洲贵族内部的大断杀。足智多谋的多尔衮当机立断，黜政敌豪格，立六岁的福临（顺治帝）为君，由他和郑亲王济尔哈朗摄政，为众人所同意。多尔衮集大权于一身，“王由是始专政”[6]。顺治四年二月，

1 《清世祖实录》卷三七，第 8、9 页。
2 《清世祖实录》卷二二，第 12 页。
3 《清世祖实录》卷六三，第 19 页。
4 《清圣祖实录》卷二二，第 11 页。
5 《沈阳状启》，第 514 页。
6 《清史列传》卷二，《多尔衮传》。

多尔衮“不令郑亲王（济尔哈朗）预政”。五月三日，又以济尔哈朗曾支持同情豪格，罗织罪状十余条，将其降为多罗郡王，于是“关内关外咸知有睿王一人”[1]。

多尔衮摄政期间，大权独揽，小皇帝完全是傀儡。“凡一切政事，及批票本章，不奉上命，概称诏旨，擅作威福。”[2]多尔衮实际上享有皇帝的权威，每当他入朝时，“诸臣皆跪”[3]，有如帝尊。而明臣投降仕清者，“胜国旧臣之所奉，止知有摄政王”[4]。臣工奏事，尊之为“上”。多尔衮每有赏赐，则曰：“钦赐出自圣恩。”[5]其用语与皇帝无区别。他出行的排场也与皇帝毫无二致。“其所用仪仗，音乐及卫队之人，俱僭拟帝尊。盖造府第，亦与宫阙无异。”[6]他“服皇帝之服装”[7]。当他出现在北京街头时，“街上人和其他人等都要叩头在地等候他通过”[8]。总之，无论是权威或生活起居，多尔衮都是实际上的皇帝。近支宗室亲王摄政的结果，首先就是皇权的旁落，顺治帝对此是有切肤之痛的。他说：“睿王摄政，朕惟拱手以承祭祀。凡天下国家之事，朕即不预，亦未有向朕详陈者。”[9]

不仅如此，更为严重的是摄政王篡位的可怕阴影时时笼罩着帝座。多尔衮公然宣称：“太宗文皇帝（皇太极）之即位，原系夺立。”以此挟持中外。[10]既然多尔衮认为皇太极是“夺立”，那么皇子福临继承大统，也就名不正言不顺，而他正是据此“挟持中

1 《清世祖实录》卷八八，第29页。
2 《清世祖实录》卷五三，第22、23页。
3 《清世祖实录》卷一六，第16页。
4 《清世宗实录》卷一〇四三，第9页。
5 《多尔衮日记》，第7页。
6 《清世祖实录》卷五三，第22页。
7 魏特：《汤若望传》，第246页。
8 《鞑靼漂流记》，见《清史研究集》，第1集，第379页。
9 《清世祖实录》卷八八，第4页。
10《清世祖实录》卷五三，第22页。

外”，作为自己独断专权的根据，不奉上命，处理政务，批票本章，“概称诏旨，擅作威福”。多尔衮不承认顺治帝福临嗣位的合法性，进而扬言“若以我为君，今上（顺治帝）居储位，我何以有此病症”[1]。肆无忌惮地公开表露其觊觎帝位之意。因此，与多尔衮同居摄政，支持拥立皇子的郑亲王济尔哈朗说：“皇子（福临）即帝位，更复何言，惟以他人篡夺为忧。”济尔哈朗对宗室巩阿岱直抒自己的忧虑，可见多尔衮篡夺皇位的严重威胁已使满洲高层贵族深为不安。业已投靠多尔衮的巩阿岱，闻听济尔哈朗之言，遂向多尔衮告密，多尔衮“遂陷郑亲王（济尔哈朗）于罪”。而巩阿岱既然献媚于多尔衮而告密，其意乃是：“此非巩阿岱等阴谋劝进之故欤！”[2]

多尔衮无所顾忌地宣称“若以我为君”，又有人劝进，幼年皇帝的帝位危如累卵。总之，幼君嗣位，以近支宗室亲王长辈摄政，幼君非但只是傀儡而已，且帝位岌岌乎不可保，这对顺治帝及其母孝庄文皇后来说乃是亲身经历，因而当康熙帝又是年仅八岁即位时，孝庄文皇后毅然决定改变“惟宗室协理”的祖制，经顺治帝同意，不再由宗室近支亲王摄政，而代之以异姓四大臣辅政体制。

### （二）四大臣辅政与亲王摄政之区别

在体制上，宗室近支亲王摄政与四大臣辅政有着重大的区别。

首先，亲王摄政与四大臣辅政，二者的权势根本不能相提并论。从政体上说，摄政王是“代天摄政，赏罚等于朝廷”[3]，是代行皇权，因而小皇帝不参与大政，即使在形式上也是如此。而四大臣辅政则不然，他们只是“辅佐政务”[4]，不是代行皇权，因而

1 《清世祖实录》卷六三，第 13 页。
2 《清世祖实录》卷六三，第 17 页。
3 《清世祖实录》卷一六，第 4 页。
4 《清圣祖实录》卷一，第 5 页。

小皇帝仍是至尊。四大臣所处的地位仅在于辅佐，君臣名分昭然，故军国大事辅臣必须向小皇帝奏闻。康熙后来说："昔听政时，每令读本，朕与辅政大臣共听之。"这与多尔衮摄政时，小皇帝既不与闻天下国家大事，"亦未有向朕（顺治帝）详陈者"，两相对照，则康熙虽同样是幼帝，但却与闻大政，且皇权凌驾于辅政大臣，因此小皇帝也能批驳辅政大臣的意见。康熙说他与"辅政大臣共理政事时，红本已发科抄，有取回改批者。冯溥为给事中，奏云：'凡一切本章，既批红发抄，不宜更改。'辅政大臣等，欲罪冯溥。朕以为冯溥所言亦是，因嘉奖之，并谕辅政大臣等，此当益加详慎批发"。"红本已发科抄，有取回改批者"，这说明辅政大臣在处理政务时草率而欠慎重。清制：掌发"科抄"是六科的主要任务。吏、户、礼、兵、刑、工六科，每日各派一人赴内阁接收经皇帝批红的题本，按其内容，抄发各有关衙门承办，此即所谓"科抄"。"科抄"分"正抄""外抄"两类，抄给直接承办衙门者为"正抄"，给有关衙门者为"外抄"，而原题本则于年终缴存内阁。所以"科抄"乃是中央行政实施最重要的环节，即将皇帝的旨意传达给承办衙门。而辅政大臣则在红本已发科抄后，又取回更改，如此，自然容易引起混乱，故给事中（六科职官）冯溥奏称："一切本章，既批红发抄，不便更改。"而辅政大臣认为冯溥此奏是指斥其办理政务不慎，他们非但不反躬自省，反而欲加罪冯溥。康熙则不然，他认为冯溥所言极是，非但不加罪，而是"嘉奖之"，并谕辅政大臣，处理政务，对本章"当益加详慎批发"。幼君不但可以批驳辅政大臣的意见，而且还时时加以训诫。例如在处理人命案件时，由于辅臣皆久经沙场，"皆经行间效力"，因而"不以杀人为意"。康熙说"朕必慎焉"，故而训谕辅政大臣："此内有关系民命者，尤不可不慎。"[1]即使是鳌拜擅权，欺

1 《清圣祖实录》卷二五五，第24页。

凌冲主，他也必须矫诏以行其私，诛杀异己，而不能如同多尔衮摄政时那样，“不奉上命，概称诏旨，擅作威福”。可见，辅政大臣体制与亲王摄政之区别，首先就是要保证皇权的威严。

其次，摄政王、辅政大臣与小皇帝的关系，使二者地位悬殊。摄政王是宗室近支亲王，从家人礼而言，小皇帝是子侄辈。身为长辈的摄政王多尔衮，被尊为“皇叔父摄政王”“皇父摄政王”，自然就不能不尊长幼之序而礼敬有加。皇帝尚且如此，臣工视“皇父摄政王”多尔衮为“上”，俨然帝君，就是难以防范的了。同时，作为长辈的亲王，往往容易藐视幼君。英王阿济格就称顺治帝福临为“孺子”，“目为八岁幼儿”[1]，毫不礼敬。辅政四大臣则不同，他们皆异姓臣子，与小皇帝的关系首先是君臣关系，根本不存在长辈与子侄辈的关系。同时，四大臣都是上三旗的元老重臣，上三旗隶属于皇帝，他们与身为旗主的皇帝又有严格的主子与奴才的隶属关系。这种君臣加主奴的关系，使辅政大臣根本不可能有觊觎皇位的非分之想，从而在体制上保证了皇位不会被篡夺，故辅政四大臣誓词有云:“遗诏寄托保翊冲主，誓竭忠诚，共生死，辅佐政务。”四大臣辅政之用意，乃是惩于前此摄政王之太专，而以异姓臣子当重任，以期“誓竭忠诚”，从而确保皇权与皇位。

### （三）辅政四大臣是反对摄政王多尔衮的上三旗元老重臣

索尼等四人之所以遗命为辅政大臣，是因为他们一贯忠于皇室，不阿附多尔衮，而且在清开国过程中战功卓著，实乃开国重臣。

索尼，姓赫舍里氏，满洲正黄旗人。自幼随父戎马生涯，通晓清、蒙、汉文字，能文能武，历事清太祖努尔哈赤、清太宗皇

1 《清史稿》卷二四九，《索尼传》。

太极、清世祖福临三朝，屡立战功。天聪三年八月，皇太极率大军第一次毁边墙从龙井关深入关内，进逼北京。宁远巡抚袁崇焕、锦州总兵祖大寿，率军驰援，屯广渠门外；明大同总兵满桂、宣府总兵侯世禄，屯德胜门外，后金军与明军在北京城下摆开攻防大战态势。皇太极遣索尼传令左翼大贝勒莽古尔泰、豪格攻打袁崇焕部。豪格先驱入阵，陷入重围，危急不能脱。索尼奋不顾身，“跃马突入，东西冲击，遂拔贝勒（豪格）于重围”[1]。索尼舍命救出皇太极长子豪格。索尼经历军国大事甚多，阅历深，深受倚重，为人足智多灼见，“商议大事，无出索尼右者”[2]，是黄旗大臣中的智囊。索尼矢忠皇室，太宗皇太极逝世时，他与黄旗大臣始而拥立皇太极长子豪格，反对多尔衮继承大统。时多尔衮召索尼议册立，索尼曰：“先帝（太宗皇太极）有皇子在，必立其一，他非所知也。”态度坚决，除立皇子外，无回旋余地。六岁的福临即位，索尼等六人又“盟于三官庙，誓辅幼主，六人如一体”。多尔衮摄政时，千方百计分化瓦解黄旗大臣，于是曾盟誓拥立皇太极之子的“谭泰、巩阿岱、锡翰皆背盟誓”。多尔衮又多方拉拢索尼，然而，“索尼不附”[3]，且直言多尔衮每每行事不端，多尔衮因之“愈憾索尼”，屡加摧抑。然而，索尼始终忠于皇室。多尔衮胞兄英亲王阿济格藐视顺治帝，“目为八岁幼儿”，索尼奏请多尔衮治其罪。索尼敢与多尔衮抗争。多尔衮认为，索尼“意向参差，难以容留”[4]，于顺治五年三月，将其“褫职，输赎锾，遣守（沈阳）昭陵，追夺赏赐”[5]。顺治七年十二月，多尔衮出猎古北口外，死于喀喇城。翌年正月，顺治帝亲政。三月，索尼“自昭陵

1 《八旗通志初集》卷一四七，《索尼传》。
2 《清世祖实录》卷六三，第 20 页。
3 《清史稿》卷二四九，《索尼传》。
4 《清世祖实录》卷六三，第 19 页。
5 《八旗通志初集》卷一四七，《索尼传》。

召还”，复世职。九年，擢内大臣，兼议政大臣，晋一等伯，总管内务府，任以内外大事，依为心膂。索尼“以其勋旧忠贞，堪受重托”[1]，遗命居辅政大臣之首，但索尼年事已高，于政事已是精力不济。

苏克萨哈，姓纳喇氏，满洲正白旗人，以军功显，本隶多尔衮，然未被重用。顺治七年十二月，多尔衮一死，顺治帝即颁谕旨，命苏克萨哈承袭父职，意在分化多尔衮所将的白旗大臣。顺治八年二月五日，顺治帝以“口称亡主（多尔衮）遗言，欲乱国政”[2]的罪名，将多尔衮在白旗大臣中的心腹博尔辉、罗什等人处死，拉开了追论摄政王多尔衮谋逆大罪的序幕。十天后（八月十五），苏克萨哈与睿王府护卫詹岱等首告，多尔衮生前与亲信密谋，欲将两白旗移驻永平（河北省卢龙县）“阴谋篡逆”[3]，并暗中备制八补黄袍、大东珠、素珠、黑貂褂等御用服饰，及殡殓服色违制。以郑亲王济尔哈朗为首，巽亲王满达海、端重亲王博洛、敬谨亲王尼堪及内大臣等合词上疏追论多尔衮生前谋逆之罪，诏削爵，财产入官。多尔衮的坟墓被挖掘，将其尸体“用棍子打，又用鞭子抽，最后砍掉脑袋，暴尸示众”[4]。多尔衮亲信多人被处死或贬革。多尔衮的属下正白旗，收归皇帝自将，与两黄旗合为上三旗，苏克萨哈转隶顺治帝。由于苏克萨哈首告多尔衮谋逆，深得顺治帝信任，擢为议政大臣，后又授领侍卫内大臣，加太子太保，晋三等子。顺治帝遗诏命为辅政大臣，位次索尼。

遏必隆，姓钮祜禄氏，满洲镶黄旗人，出身簪缨世家。其父额亦都是清开国勋臣，为和硕公主额驸。其兄车尔格、图尔格、伊尔登等，均为清初重臣。清太宗皇太极时，遏必隆兄弟本属镶

1 《清史列传》卷六，《索尼传》。

2 《清世祖实录》卷五三，第 23 页。

3 《清史稿》卷五三，第 19 页。

4 《鞑靼战纪》，《清史译文》1980 年第 3 期，第 57 页。

白旗，其兄固山额真图尔格与旗主英王阿济格（多尔衮胞兄）不睦。阿济格斥责图尔格云："欲背我，而投圣汗（皇太极）!"图尔格告于法司，皇太极命"图尔格带三牛录补放闲散，任便随旗"[1]。遏必隆与其兄遂投入皇太极亲将的镶黄旗。明清松锦大战时，遏必隆随皇太极出征。崇德六年八月二十二日，皇太极将御营屯驻于松山城东南五里外，围困松山明军。夜三鼓，明骁将总兵曹变蛟突围，闯袭皇太极御营。时御营空虚，"军中大惊"，情况危急，皇太极亲自披坚迎战。遏必隆死战坚守门垒，击败明军，皇太极始转危为安。明军失去了一次歼灭清军统帅扭转战局的绝好机会。次日，验箭，遏必隆射杀明军十余人，皇太极当众称赞说："巴图鲁（勇士）之子，仍巴图鲁也。"[2]崇德八年八月初八日，皇太极暴崩。遏必隆兄弟与白旗诸王阿济格、多尔衮等积怨已深，于是命所率三牛录护军，各备甲胄弓矢，环卫其家门，以防白旗诸王。在图尔格、遏必隆兄弟的带动下，两黄旗大臣鳌拜等亦纷纷集兵丁守门[3]，摆开与白旗诸王兵戎相见的架势。多尔衮摄政时，顺治五年遏必隆曾因此论死，虽免死，但籍其家之半，革世职。多尔衮对遏必隆与其兄图尔格（时已死）率三牛录由镶白旗转投镶黄旗一直耿耿于怀，强令遏必隆率三牛录属人返回镶白旗英王阿济格属下。多尔衮死，顺治帝亲政，遏必隆等向吏部"诉其革职解牛录任及籍没家产，悉冤枉"[4]。顺治帝以遏必隆因不附多尔衮蒙冤，命发还抄没的所有家产，袭爵一等公，任议政大臣。遏必隆深怀感激，声言愿率所属牛录重回皇上亲统的镶黄旗。后擢为领侍卫内大臣，掌銮仪卫，加太子少保兼太子太保、太子少傅兼太子太傅，终日出入内廷，殷勤效力。顺治帝遗命为辅政大

1 《盛京刑部原折》，第169页。
2 《八旗通志初集》卷一四二，《遏必隆传》。
3 《清世祖实录》卷三八，第3页。
4 《清世祖实录》卷五三，第26页。

臣，名列第三。

鳌拜，姓瓜尔佳氏，满洲镶黄旗人，出身将门，一门显赫。父卫齐，清太宗皇太极时，任盛京（沈阳）八门提督；兄卓布泰，顺治时任镶黄旗固山额真（都统）；弟巴哈任领侍卫内大臣。鳌拜自青年时起即驰骋疆场，弓马娴熟，武艺高强，勇猛善战，“夙荷太宗皇帝宠眷”[1]，赐号“巴图鲁”（勇士）。清廷定鼎燕京，顺治二年鳌拜随英王阿济格追击农民军领袖李自成率领的大顺军，至湖北通山县，李自成在九宫山遇害，大将刘宗敏被俘死。顺治三年，鳌拜随靖远大将军豪格往四川征讨农民军领袖张献忠所率大西军。鳌拜率精锐护军为前锋，至西充县凤凰山，与大西军相遇。清军发箭，张献忠中箭死。明末农民军两大领袖先后死于鳌拜之追击。肃王豪格奏:“鳌拜等奋击，大破之（大西军），斩献忠于阵。”[2]鳌拜忠于皇室，皇太极死时，与索尼等坚决拥立皇子福临，“共立盟誓，愿死生一处”。多尔衮摄政，鳌拜不附摄政王，曾三次论死，有功不显。顺治帝亲政，鳌拜上书“自陈劳绩，因忤睿亲王（多尔衮）意，屡抑战功”[3]。顺治帝又闻知鳌拜与索尼等“一心为主，生死与共”，矢忠幼帝，于是视为心膂，晋一等公，任议政大臣，领侍卫内大臣，加少傅兼太子太保。又因其武艺高强，命教习武进士，甚宠信，遗命为辅政大臣，名列第四。

由上述可知，辅政四大臣人选的确定，首先是他们始终不附多尔衮，或告其谋逆，矢忠皇室，“一心为主”，而且在清开国过程中，战功卓著，是位高爵显的重臣。他们又是清帝所属上三旗人，与皇帝既有君臣、又有旗主与属员（主子与奴才）的既定关系，从而保障幼年皇帝的至尊地位，皇位不被篡夺，惩前此近支亲王摄政的严重弊端。孝庄文皇后作出这一更改祖宗成法的决定，

1 《清世祖实录》卷一三，第51页。

2 《清世祖实录》卷二九，第8页。

3 《清世祖实录》卷六三，第6页。

是颇费了一番苦心的。

## 七 鳌拜专权与康熙帝擒拿鳌拜

辅政四大臣虽经由精心挑选而后确定，然而彼此却不能同心协力，于是而有鳌拜擅权。

位居辅政大臣之首的索尼，虽然忠贞不渝，多智谋，但年事已高，精力不济。索尼门户偏见甚深，而位居辅政大臣第二的苏克萨哈，原属多尔衮所隶的正白旗，索尼因深衔多尔衮，于是“索尼恶苏克萨哈”[1]，遇事多支持鳌拜。遏必隆庸懦无主见，每议军国大政，常常随众然诺。遏必隆在辅臣中名列第三，本在鳌拜前，某日上朝时，他故意后退数步，俯首对鳌拜说：“我怎好上坐。”[2]鳌拜粲然而前，毫不谦让。遏必隆之庸懦自称“软弱”，自然多附和鳌拜；同时，又因是黄旗大臣，同样憎恶原隶正白旗的苏克萨哈。苏克萨哈被黄旗大臣索尼、鳌拜、遏必隆视为代表白旗的异己力量。鳌拜与苏克萨哈虽有姻娅之谊，但“论事辄龃龉”[3]，积怨成仇。鳌拜在辅政四大臣中，战功最著，为人居功自傲。既然辅政大臣事权在握，在索尼、遏必隆的支持下，逐渐形成鳌拜擅权自专的局面，这是孝庄文皇后始料不及的。

孝庄文皇后用异姓大臣辅政，本意在保护幼帝。然而，由于祖孙“早失扶持”，因而难与权臣抗衡。鳌拜等甚至与太皇太后直接冲突。孝庄文皇后欲立内大臣噶布喇之女为康熙后，鳌拜等“心怀妒忌”，居然声称：“若立噶布喇之女为皇后，必动刀枪。满洲下人之女，岂有立为皇后之理。”[4]言辞激烈，气势汹汹。辅臣

1 《清史列传》卷六，《苏克萨哈传》。
2 《明清史料》丁编，第 8 本，第 715 页。
3 《清史列传》卷六，《苏克萨哈传》。
4 《清史列传》卷六，《苏克萨哈传》。

对康熙有时也失礼敬。康熙欲出狩猎，未经辅臣传旨意，即命人选鹰。鳌拜、遏必隆不满，厉声斥责近侍说："这成何朝廷？"言辞之间，俨然以朝廷自居。于是康熙及其祖母孝庄文皇后与鳌拜等的矛盾日益深化。

鳌拜日益骄横，"意气凌轹"，朝中大臣"多惮之"。他与内大臣费扬古有隙，费扬古子倭赫因之不敬礼鳌拜，鳌拜深衔之。康熙三年四月，倭赫在景山、瀛台擅骑御马，又用御弓射鹿，鳌拜遂将倭赫论斩，罪及其父费扬古，并其子尼侃、萨哈廉处绞，籍没其家产给予鳌拜弟都统穆里玛。鳌拜网罗羽翼，朋比结党，其弟穆里玛、内大臣班布尔善、尚书塞得本、阿思哈等为其心腹，忤己者辄置之死地。而对同居辅政的正白旗人苏克萨哈更是必欲除之而后快。康熙五年，鳌拜制造镶黄旗与正白旗换地事件，诛杀白旗官员，以断苏克萨哈的手足。事情的经过是：顺治初圈地时，八旗各按左右翼秩序分给土地。多尔衮欲移驻永平，故将镶黄旗地给予正白旗，而给镶黄旗的土地于右翼之末，保定、河间、涿州等处。20余年来，旗民各安生业。康熙五年正月，鳌拜以镶黄旗地为正白旗所占，立意更换。索尼因恶苏克萨哈，支持鳌拜，遏必隆随声附和。鳌拜遂命户部及直隶总督、巡抚主持其事。总督朱昌祚会同巡抚王登联，经实地勘察，旗人与民人均反对圈换，"妇子老幼环泣马前"，士民千百上书呈请停止圈换。"一闻圈丈，自本年秋收之后，周遭五百里，尽弃而不耕。""京东各州县合计旗民失业者不下数十万。"民人"知旧业难守，有米粮者已粜卖矣，无积蓄者将轻徙矣"。总之"田荒粮竭，无以资生，岂无铤而走险者！"[1]朱昌祚、王登联二人交章申说圈换土地一事已引起旗人、民人极大恐慌，造成了严重后果，请立即停止。户部尚书苏纳海也以"候明旨进止"，对圈地事不行办理。鳌拜大怒，认为三

1 《清史列传》卷六，《王登联传》、《朱昌祚传》。

人阻挠圈换。且苏纳海属满洲正白旗，朱昌祚隶汉军镶白旗，鳌拜认为他们“与苏克萨哈系一体之人，将他灭戮，坏去苏克萨哈一手一足”[1]。于是将苏纳海、朱昌祚、王登联三人逮系入狱，“必欲置之死地”[2]。康熙知苏纳海等不附鳌拜，召集辅政四大臣入宫面询，苏克萨哈独坐不语。鳌拜、索尼、遏必隆三人“坚奏苏纳海等应置重典”，于是三人均被处以绞刑，籍没家产。此次换地，迁移壮丁六万余人，圈换土地三十一万余垧，对生产造成严重破坏，激化了社会矛盾。

索尼辅政后期，因年老体弱多病，不预朝政，鳌拜擅权，更行骄横。苏克萨哈自知将不容于鳌拜，终必祸至，于是多次向孝庄文皇后说：“夕归政于皇上，朝即具疏恳往陵寝居住。”[3]一再表示退出权势纷争，前往守先帝陵寝，终老此生。鳌拜闻知，对其心腹曰：“今日归政皇上，明日即将苏克萨哈族灭。”[4]鳌拜因积怨于多尔衮而及白旗，隶属正白旗的苏克萨哈又与鳌拜因议事不合积怨成仇，其欲隐居陵寝而不可得，只有一条路：必死无疑。

康熙六年正月，康熙帝玄烨十四岁。索尼上书云：“世祖章皇帝（顺治帝）亦十四岁亲政，今上（康熙）年德相符。”奏请亲政。六月，索尼病故。七月初七，康熙“躬亲大政”[5]。辅政大臣“仍行佐理”。十三日，苏克萨哈上疏请解辅臣任，愿往守顺治陵寝，有云：如蒙皇上允准，则“如线余息，得以生全”[6]。苏克萨哈如此说，本是鉴于正白旗人户部尚书苏纳海等人之死，而鳌拜逼迫日甚，故而请解辅臣任，不预政事，以求生全。鳌拜见疏，大怒，以康熙名义发布上谕，质问苏克萨哈：“奏请守陵，如线余

1 《明清史料》丁编，第 8 本，第 713 页。
2 《明清史料》丁编，第 8 本，第 713 页。
3 《清圣祖实录》卷二三，第 12 页。
4 《明清史料》丁编，第 8 本，第 715 页。
5 《清圣祖实录》卷二三，第 3 页。
6 《清圣祖实录》卷二三，第 7、8 页。

息，得以生全。不知有何逼迫之处？在此何以不得生，守陵何以得生？朕所不解，着议政王大臣会议具奏。”[1]鳌拜与遏必隆，大学士班布尔善、图海等连夜在遏必隆家的马圈内密谋，拟定罪状，指斥苏克萨哈不愿归政，论其“怨望”“有异志”等二十四款，立刻将苏克萨哈及其本族所属兄弟子侄全部逮系入狱（苏克萨哈七月十三日上疏，十五日被逮）。鳌拜奏称，苏克萨哈罪情重大，“本朝无犯此等之例”，请将苏克萨哈及其长子、内大臣查克坦凌迟处死，其余诸子穗黑等六人，孙侉克札、侄图尔泰、海兰，“无论已到岁数未到岁数，皆斩立决”[2]。苏克萨哈族人白尔黑图等多人，被鳌拜指为苏克萨哈心腹，亦应斩决。奏入，康熙“知鳌拜等怨苏克萨哈数与争是非，积以成仇，与其党班布尔善等构成其罪，必欲置之极刑，坚持不允所请”[3]。鳌拜竟然气势汹汹，与康熙攘臂强争累日，竟将苏克萨哈处绞，诛其族。鳌拜如此恣意妄为，使亲政后的少年皇帝颇感威逼。

鳌拜权势炎赫，阿附者众，与其弟都统穆里玛、侄侍卫塞木特、纳费，大学士、公班布尔善，吏部尚书阿思哈，户部尚书马尔塞，兵部尚书噶褚哈，吏部侍郎泰壁图，都统济世哈等结党营私。诸人为其羽翼，凡事在家定议后施行，欲文武百官出其门下，不把已亲政的康熙放在眼里。鳌拜经常在康熙面前或高声质问，或呵斥部院大臣，施威震众；且将部院衙门各官启奏之后已经康熙同意者，再带回另议。侍读学士熊赐履上书谓“内臣者外臣之表也”。又曰：“急功喜事，但知趋目前尺寸之利，以便其私图。”鳌拜闻之，曰：“是劾我也。”于是禁言官不得上书陈奏。有人窃其马，鳌拜捕杀盗者，竟然“并杀御马群牧长”[4]。蒙古都统俄讷、

1 《清圣祖实录》卷二三，第 7、8 页。
2 《清圣祖实录》卷二三，第 16、17 页。
3 《清圣祖实录》卷二三，第 17、18 页。
4 《清史列传》卷六，《鳌拜传》。

喇哈达、宜理布，在议政时不附鳌拜，不经皇帝批准，即令三人不准再参与议政。其党羽户部尚书马尔塞死，部臣请谥，康熙不允，鳌拜违旨令仍给与谥。鳌拜欺凌年轻的皇帝，嚣张跋扈，康熙深感其“欺朕专权，恣意妄为”[1]，决意清除鳌拜集团。

然而，要清除鳌拜及其同党，又谈何容易！这是因为鳌拜党羽遍布内外，把持要津；更令人不安的是鳌拜的势力已深入负责皇帝安全的侍卫处。侍卫处额设领侍卫内大臣六人（上三旗各二人），内大臣六人，一、二、三等侍卫四百八十人，蓝翎侍卫九十人。清制重领侍卫内大臣，初制一品，后改从一品，由皇帝简任。鳌拜自顺治九年起，其子那摩佛自康熙三年起，父子二人并为领侍卫内大臣。鳌拜弟巴哈，其侄塞本得，二人任内大臣。王士祯说：“本朝官制，满洲勋旧别有内大臣，不为阁部院官，及八旗都统等官，有军国重事，在禁中与满洲大学士、尚书等杂议，谓之黑白昂邦。”[2]领侍卫内大臣、内大臣，因负责侍卫处而权重，因负责皇帝人身安全而责重。身任内大臣的鳌拜侄塞本得：“在内廷行走，背负国恩，依附鳌拜，引用恶党。”“与附合者，即为引荐，不与附合者，即加陷害。”[3]塞得本在内廷侍卫处如此结党妄为，对康熙帝人身安全隐然构成威胁。正如清人所说，若明降谕旨，外廷拿问，“恐不免激生事端”[4]。也就是说，其时鳌拜势力盘根错节，党羽占据要津，仅凭一道谕旨拿问，将激而生变，康熙因而不动声色，欲擒故纵。六年，命鳌拜于二等公外加赐一等公，以其子那摩佛袭二等公爵；七年，加太师，其子那摩佛加太子少师。鳌拜尝托病，要康熙亲往问候。康熙临其府第，至寝榻前，御前侍卫和公托见鳌拜色变，乃急趋榻前，揭开卧席，见藏

1 《清圣祖实录》卷二九，第 4 页。

2 王士祯：《池北偶谈》卷二，《内大臣》。

3 《清圣祖实录》卷二九，第 14 页。

4 姚元之：《竹叶亭杂记》卷一，第 1 页。

有利刃。康熙神色不变，笑曰："刀不离身乃满洲故俗，不足异也。"因即回宫。鳌拜举止乖异，使康熙深感不安，决意早日擒拿鳌拜。可是鳌拜武艺精湛，孔武有力，久经战阵，捉拿亦非易事。康熙"以弈棋故，召相国索额图入谋划（索额图当时任侍卫）"[1]。康熙之所以召索额图共谋清除鳌拜，视其为心腹，是因为索额图是名列辅政大臣之首的索尼第三子，而索尼忠于皇室；康熙四年七月，索尼孙女被康熙册封为皇后，索额图是康熙的舅父。索额图与康熙密计，选青壮小内监，日习布库为戏，康熙则佯为好此戏乐，以掩人耳目。布库是满语，谓相斗争力，徒手相搏，以脚力决胜败，也就是摔跤。鳌拜或入奏事，康熙命小内监相搏，故意不回避。鳌拜以为少年皇帝仍然幼稚，弱而好弄，乐此不疲，于是心益恬然，不以为意。一日，鳌拜入内，康熙即命布库擒之，十数小童一拥而上，将鳌拜摔倒在地，一介武夫擒于小儿之手。康熙八年五月十六日，命议政王大臣勘问，谕曰："鳌拜等倚仗凶恶，弃毁国典……贪聚贿赂，奸党日盛。上违君父重托，下则残害生民，种种恶迹，难以枚举。"[2]议政王大臣会议，审实鳌拜罪状三十款，认为"逆恶种种，所犯重大，应将鳌拜革职，立斩。其亲子兄弟，亦应斩；妻并孙为奴，家产籍没；其族人有官职及护军者，均应革退，各鞭一百，披甲当差"[3]。康熙召鳌拜至，问其有何话说。鳌拜自知罪行重大，希冀不死，他恳请"皇帝看他为救他的祖父太宗（皇太极）留下的伤疤"[4]。康熙看到鳌拜创伤，念其历事太宗、世祖，效力有年，战功颇著，为救皇太极奋不顾身，于是不忍加诛，命革职，籍没拘禁，其子亦免死拘禁。同党内大臣班布尔善、尚书塞得本、阿思哈等多人处斩。鳌拜旋死于幽所。康熙五十二年，

1　昭梿：《啸亭杂录》卷一，《圣祖拿鳌拜》。

2《清圣祖实录》卷二九，第 4、5 页。

3《清圣祖实录》卷二九，第 10 页。

4　白晋：《康熙皇帝传》，第 5 页。

康熙帝复念鳌拜战功多，追赠一等男，以其弟巴哈、孙苏赫袭爵。苏赫死，以鳌拜孙达福袭爵。雍正复赐鳌拜一等公，世袭罔替，加封曰“超武”。

康熙清除鳌拜集团后，才真正掌握大权，这是他亲政后处置的第二件大事（第一件大事是建《孝陵神功圣德碑》，见后）。其时，康熙年仅十六岁，少年皇帝果毅决断，遇事沉着冷静、敢作敢为的魄力，在有清一代受到高度的称颂。用“布库”计擒鳌拜，也被编成剧目，以后每年，“宫中年节宴，必习演之”[1]，以展示康熙帝英武决断。而少年皇帝用计擒鳌拜，“不动声色而除此巨慝”[2]，也预示着一位杰出的封建君主登上了历史舞台。

1　梁章钜：《归田琐记》卷五，鳌拜条，第 81 页。

2　昭梿：《啸亭杂录》卷一，《圣祖拿鳌拜》，第 5 页。

# 康熙帝继位与四大臣辅政的由来

康熙帝玄烨得以继位，原非出自顺治帝福临之意，实际上是由其祖母博尔济吉特氏（孝庄文皇后）所抉择，而经福临同意；至于四大臣辅政，则是一反“国家政务，惟宗室协理”的清人成规，自然有其不得不变更的原因。

## 一

顺治十八年正月初二日，世祖福临病发，他染上了当时认为十分可怕的出痘之症（天花）。越五日（初六），福临病势垂危，召原学士麻勒吉、学士王熙至养心殿，命撰遗诏，降旨一一自责。王熙自撰年谱记述其过程云：

> （顺治十八年正月）初六日，三鼓，奉诏入养心殿。谕："朕患痘，势将不起，尔可详听朕言，速撰诏书，即就榻前书写罢。"恭聆天语，五内摧崩，泪不能止，奏对不成语。蒙谕："……尔不必如此悲痛。此何时？尚可迁延从事，致误大事！"随勉强拭泪吞声，就御榻前书就诏书首段。随奏明恐过劳圣体，容臣奉过面谕，详细草拟进呈。遂至乾清门下西围屏内撰拟，凡三次进览，三蒙钦定，日入时始完。至夜，圣

驾宾天。[1]

王熙记述甚详，遗诏凡三次进览，顺治帝三次钦定。遗诏有关立太子事曰：

> 朕子玄烨，佟氏妃所生，年八岁，岐嶷颖慧，克承宗祧，兹立为皇太子。即遵典制，持服二十七日，释服，即皇帝位。特命内大臣索尼、苏克萨哈、遏必隆、鳌拜为辅臣。[2]

《清圣祖实录》记载立太子事及定玄烨之名，有云：

> 世祖章皇帝不豫，丙辰（初六），遂大渐，召原任学士麻勒吉、学士王熙至养心殿，降旨一一自责，定皇上（康熙帝玄烨）御名，命立为皇太子，并谕以辅政大臣索尼、苏克萨哈、遏必隆、鳌拜姓名。[3]

由此可知，定皇三子名玄烨，是在顺治帝命王熙、麻勒吉草拟遗诏时才明确的，此其一；其二，立皇三子玄烨为皇太子，这是直到福临弥留之际方在遗诏中最后确定下来。其所以如此，是因为八岁的玄烨之所以在福临诸子中得以嗣位，是经过一番周折的。

福临崩逝时年仅二十四岁。这位年轻的皇帝，本是多情种子。内大臣鄂硕有女董鄂氏，姿色艳丽，年十八入侍，福临眷爱独深，宠冠后宫，顺治十三年封为贵妃。“这位贵妃于 1660 年（顺治十七年）生一子，是皇帝规定他为将来的皇太子的。”[4] 子因母贵，

1　转引自孟森：《世祖出家事实考》，《明清史论著集刊续编》，第 219 页。

2　《清世祖实录》卷一四四，第 5 页。

3　《清圣祖实录》卷一，第 4 页。

4　魏特：《汤若望传》，第 323 页。

福临本来是一心要宠妃董鄂氏之子继承皇位的，不幸的是，其子“生三月而殇”，尚未命名便夭亡了。孟森先生说：“董鄂氏之奇宠，世祖之滥恩，若使荣亲王（董鄂妃子）不殇，端敬（董鄂妃）不殀，母爱子抱，神器恐非圣祖（康熙）所能有。”[1]所以皇太子的人选原本是夭亡了的董鄂妃之子，这从顺治帝对这位皇子死后的特殊荣宠，可以得到进一步的印证。

董鄂妃于顺治十四年十月生皇四子（前引《汤若望传》误为1660年），翌年正月夭亡，存活仅三月余。福临召内大臣表示不为此子之逝而“过为伤念”。[2]其实不然。两个月后，是年三月，“上以皇子生甫四月而薨，悼之，追封为和硕荣亲王”[3]。一个三月乳儿且非皇后所出，死后追封为和硕亲王，这是前所未有的；而且又广为圈占土地，为其建造园寝而大兴土木。四月，“以和硕荣亲王寝园成，设神牌，遣官谕祭”[4]。礼部领会“圣意”，奏云“和硕荣亲王坟园圈丈地内，所有寺庙坟墓，宜令迁移”。[5]顺治帝虽令不必迁移，但圈地内有寺庙多处足见其坟园规模之大。这一切使人有理由相信，倘若此子不死，皇太子非他莫属。

顺治十七年八月十九日，董鄂妃也死了。爱妃与爱子的相继去世，使多情的皇帝陷入了极大的悲痛之中，特别是董鄂妃之死，更使福临不能自已。他亲自撰董鄂氏行状数千言，追念昔日朝夕恩爱相处、一往情深。董鄂妃临终时对福临言曰：“妾殁，陛下宜自爱。”生死离别的遗言，情意凄楚，从此天人相隔，人鬼殊途，更使福临悲恸欲绝。有记载说，这位年轻的皇帝“竟至寻死觅活，不顾一切，人们不得不昼夜看守着他，使他不得自杀”[6]。皇太后

1　孟森：《明清史论著集刊续编》，第241页。
2《清世祖实录》卷一一四，第11~14页。
3《清世祖实录》卷一一五，第21页。
4《清世祖实录》卷一一六，第6页。
5《清世祖实录》卷一一六，第6页。
6　魏特：《汤若望传》，第323页。

自然十分担心，为了抚慰福临“深为痛悼”的心情，太后同意追封董鄂妃为皇后（孝献端敬皇后）。福临又亲撰册文，说他“益重鉴亡之痛”，“恫音容之遂隔”，无时无刻不沉浸在悲痛之中，因而每当“露泫风回，感凄清于素节；帏虚殿回，帐莫邈于云程”。人去殿空，触景情生，唯有仰望云际苦苦思念爱妃：“顾醽翟（皇后之服）而增悲。”[1]睹物神伤，悲不能抑，他真想上天入地去寻找自己的爱妃了。

极度的悲恸使福临十分消沉，因而更加笃信佛说，以求解脱，立太子一事早已置之脑后。他成天与高僧茆溪森在一起，董鄂妃八月死后，自九月至十月的两个月中，福临前往丈室造访茆溪森、本月旅庵等高僧竟多达三十八次，而频繁的召见尚在外。[2]他们说佛论经，作彻夜之谈。福临又想起了曾奉诏入京，已归浙东天童寺的高僧木陈忞（福临称他为“木陈师兄”），特书唐人岑参“春梦”诗一首相赠，诗云：“洞房昨夜春风起，遥忆美人湘江水。枕上片时春梦中，行尽江南数千里。”[3]唐人春梦诗为思念友人之作，福临借此以示董鄂妃之死而念念不忘美人，又深切思念及于“木陈师兄”，枕上一梦神驰数千里，与木陈相合。为什么福临在怀念董鄂妃时又想到木陈忞？原来他曾对木陈说过：“朕思前身的确是僧，今每常到寺，见僧家明窗净几，辄低回不能去。”“若非太后一人罣念，便随了老和尚出家。”[4]福临决意超脱尘俗，遁入空门，请茆溪森为其净发。茆溪森师玉林琇适由杭州赶来北京，闻知，大怒，命人积薪烧死茆溪森。玉林琇乃著名高僧，顺治十六年奉诏入京时，福临对他敬礼有加，以禅门师长相待，并请为自己取法名为“行痴”，“后凡请师（玉林琇）说戒等玉札，悉称弟子某

1 《清世祖实录》卷一三八，第 21 页。

2 林毓辉：《茆溪森》。王思治主编：《清代人物传稿》（上编），第 1 卷。

3 木陈忞：《北游录》。

4 木陈忞：《北游录》。

某，即玺章亦有‘痴道人’之称”。[1]福临对玉林琇本执弟子礼，因鉴于玉林琇之盛怒，为使茆溪森不死，勉强同意蓄发，但仍未打消出家的念头，希望取决于玉林琇落发为僧。他访玉林琇时问道:“朕思上古惟释迦如来舍王宫而成正觉；达摩亦舍国位而成禅祖，朕欲效之如何?”玉林琇答曰:“若以世法论，皇上宜永居正位，上以安圣母之心，下以乐万民之业；若以出世法论，皇上宜永作国王帝王，外以扶持诸佛正法之轮，内住一切大权菩萨智所住处。”[2]经过玉林琇勉励福临以帝王之尊扶持佛法的开导，他才稍释出家之念。其母皇太后当然更是坚决阻止福临削发为僧，“如果没有他的理性深厚的母后加以劝阻，他一定会充当僧徒的”[3]。

福临皈依佛门未成，但却信佛弥深，据《汤若望传》记载，此后他“竟又成了僧徒手中的一个傀儡”[4]。立太子一事早已置之脑后。由于沉浸于对爱妃的怀念，他的心身一天天恶化，皇太后对此十分担心，催促他早立太子。这时“皇帝想到一位从兄弟，但是皇太后和亲王们的意见，都是愿意由皇子中选择一位继承者”[5]。由于母后的坚持，福临同意在年幼的皇子中选择嗣君。皇长子钮钮，乃庶妃巴氏所生，两岁夭折。皇五子常宁、皇七子隆禧俱太年幼，皇次子福全与皇三子玄烨是择立皇太子的人选。皇太后慎重考虑之后，决定立皇三子为太子，福临同意。“当时为促成这一决断所提出的理由，是因为这位年龄较幼的太子，在髫龄时已经出过天花，不会再受到这种病症的伤害了。而那位年龄较长的皇子（福全），尚未出过天花，时时都得小心着这种可怕的

1 《大觉普济能仁国师年谱》。

2 《大觉普济能仁国师年谱》。

3 魏特：《汤若望传》，第323页。

4 魏特：《汤若望传》，第324页。

5 魏特：《汤若望传》，第325页。

病症。这位这样被选择的皇帝，后来在康熙年号之下，竟成为中国伟大的君主。”[1] 由于玄烨已经出过天花，不致因这种可怕的疾病像他父亲那样早逝，于是太后决定立玄烨，但他的脸上却因此留下了不太显眼的痘痕。在他成年以后，麻脸并未影响他的威仪，一位常见到康熙的传教士写道：“他威武雄壮，身材匀称而比普通人略高，五官端正，两眼比他本民族的一般人大而有神。鼻尖稍圆，略带鹰勾状，虽然脸有天花留下的痘痕，但并不影响他的英俊的外表。”[2] 另一传教士南怀仁在《鞑靼旅行记》“附记”中对康熙帝也有类似的充满敬慕的描述。[3]

康熙二年二月，玄烨生母佟佳氏（孝康章皇后）逝世，年二十有四。佟佳氏本姓佟，太子太保定南将军一等公赠少保都统佟图赖之女。佟氏原居佟佳（佟家江），擅业商。佟图赖曾祖以贸易寓居开原，后迁抚顺，族大人众，为辽东巨族。清太祖努尔哈赤初年，佟图赖族叔佟养性，因贸易时与后金往来，见后金日益强大，乃暗与交通，被明边官觉察，被捕下狱，佟养性越狱逃投后金，努尔哈赤妻以宗室女，称为西屋里额附。天命三年，后金军由佟养性响导，攻打抚顺，明守将李永芳举城降，佟图赖随其父佟养正，因族叔养性的缘故，携全家并族属投归后金，隶汉军。后佟图赖女佟氏入宫为顺治帝妃，顺治十一年三月生康熙帝玄烨。康熙二十七年，佟图赖子佟国纲疏言：“臣先世本系满洲，曾蒙太祖皇帝（努尔哈赤）谕令与佟佳氏之巴都哩，蒙阿图诸大臣考订支派，叙族谱，今仍请归满洲。”[4] 下部议，以佟姓官职甚多，仍应隶汉军。康熙因其母之故，推恩所生，特准佟国纲本支入满洲，

1 魏特：《汤若望传》，第 325~326 页。

2 白晋：《康熙皇帝传》，见《清史资料》，第 1 辑，第 196 页。

3 杜文凯编：《清代西人见闻录》，第 84 页。

4 《国朝耆献类征》卷四二，《佟图赖传》；又见《国朝先正事略》卷二，《佟襄勤公事略》。

命改佟佳氏，隶满洲镶黄旗。“后家佟氏，本汉军，上（康熙）命改佟佳氏。后族抬旗，自此始。”[1]

佟佳氏死时，康熙时年十岁。幼年皇帝由祖母太皇太后抚育。十分能干而又有政治远见的孝庄文皇后（太皇太后），为教养玄烨早日成立，费尽心血，“这孩子是立于他祖母的影响之下”[2]。即使在康熙亲政之后，太皇太后仍时时告诫他勿忘“祖宗骑射开基，武备不可驰。用人行政，务敬以承天，虚心裁决”[3]。康熙对祖母的教诲奉命惟谨，自幼刻苦练习百般武艺，弓马娴熟，能开强弓，“无论徒步或骑马，立定射击或快跑射击，他都能左右开弓。箭射飞禽走兽，很少虚发。各种武器，包括人们现在已不再使用的，他都件件精通”[4]。即使是传教士带来的西洋火器，他也能使用自如。康熙身为表率以重武，继承其列祖列宗骑射开基的尚武精神，为的是使八旗劲旅常备不懈，以确保清王朝的统治。孝庄文皇后又作书勉励他说，古称为君难，天下苍生至众，天子一人君临天下，故须时时深思如何得民心，方能得国之道。只有使四海安居乐业，清王朝的统治才能“绵历数于无疆”，所以为君者“当宽裕仁慈，温良恭敬，慎乃威仪，慎尔出话，夙夜恪勤”。[5]孝庄文皇后期望康熙光大祖宗基业，自幼就从各方面对他进行精心的教养，这对康熙一生的行政设施有着十分明显的影响，他后来常常对臣下说：如“无祖母无以成立”，如“无祖母无以致今日”。康熙自幼受其祖母教诲，祖孙二人感情甚笃，而他对其祖母更是敬礼有加，谨慎爱护，备尽孝道。

---

1 《清史稿》卷二一四，《孝康帝皇后传》。

2 魏特《汤若望传》，第 497 页。

3 《清史稿》卷二一四，《孝庄文皇后传》。

4 〔法〕白晋：《康熙皇帝传》，第 4 页。

5 《清史稿》卷二一四，《孝庄文皇后传》。

## 二

孝庄文皇后苦心扶立她的儿子福临和孙子玄烨两个幼年皇帝继位。按照清人祖制，幼帝即位，“国家政务，惟宗室协理”，母后不得预政。故世祖顺治帝福临六岁即位时，由睿亲王多尔衮、郑亲王济尔哈朗两位叔父摄政。康熙帝八岁即位，却一反祖制，福临遗诏由四大臣佐理政务，这是对宗室近支亲王摄政的更张。孟森先生认为，“此遗诏颇由世祖太后主持，以辅政大臣同意发布”[1]。故四大臣辅政这一变更祖制的决定，乃出自世祖与太后二人之意，非一人之决定。福临崩逝后，太后锐意于此，这从四大臣受任辅政过程便可了然。

《清圣祖实录》卷一载四大臣受任辅政过程云:

> （福临）谕曰:“诏书著麻勒吉怀收，俟朕更衣毕，麻勒吉、贾卜嘉尔二人捧诏奏知皇太后，宣示诸王贝勒大臣。”至是（福临死），麻勒吉、贾卜嘉捧诏书奏知皇太后，即宣示诸王贝勒贝子公大臣侍卫等，宣讫……索尼等跪告诸王贝勒等曰:“今主上遗诏，命我四人辅佐冲主，从来国家政务，惟宗室协理。索尼等皆异姓臣子，何能综理？今宜与诸王贝勒等共任之。”诸王贝勒等曰:“大行皇帝深知汝四人之心，故委以国家重务，诏旨甚明，谁敢干预，四大臣其勿让！”索尼等奏知皇太后，乃誓于皇天上帝、大行皇帝灵位前，然后受事。[2]

四大臣辅政载在遗诏，自然是出自福临之意。当宣布四大臣

1　孟森：《明清史讲义》，第409页。

2 《清圣祖实录》卷一，第4~5页。

辅政后，索尼等以祖宗成法非宗室不得协理跪请诸王，相辞让，诸王以遗诏甚明相劝，索尼等四大臣奏闻皇太后欣然受事，可见索尼等对变更祖宗成法早有准备，否则不敢贸然应允。故孟森先生说，遗诏经“辅政大臣同意宣布”，确乎可信。这从以下事实可以得到进一步的印证。世祖福临死前一天（初六），“上大渐，遣内大臣苏克萨哈传谕，京城内除十恶死罪外，其余死罪，及各项罪犯，悉行释放”[1]。苏克萨哈在四辅政大臣中排列第二，他以内大臣身份随侍病重的福临，在福临弥留之际奉命宣谕最后一道上谕，以其所处地位和受信任来看，他对福临身后的安排事先有所风闻是完全可能的。皇太后同意迅速建立四大臣辅政政体，也足以说明太后也是事先成竹在胸的决策者。

福临与皇太后之所以决意变更“惟宗室协理”，代之以四大臣辅政，是鉴于前此摄政王多尔衮之专权对皇位所构成的严重威胁。

多尔衮摄政期间，独揽大权，小皇帝福临完全是傀儡。多尔衮以近支宗室亲王，又是幼帝长辈的身份摄政，被尊为皇父摄政王，位高权重，享有皇帝的权威，他“代天摄政，赏罚拟于朝廷”[2]。每当他入朝时，“满洲诸臣皆跪”[3]，犹如帝尊。臣工奏事或尊之为“上”，与皇帝无别；多尔衮的旨意则称为“王上曰”，如顺治二年闰六月初七日，《多尔衮日记》载：

> 大学士等入见。奏署廷（延）绥巡抚赵兆麟本，为销算钱粮事。王上曰：“钱粮事宜，只须知会户部奏缴，何必一一奏告。”大学士启曰：“钱粮关系国家重务，凡有支销，自当奏闻，若径咨户部，不经上闻，恐后滋弊，不可为训。”

---

1 《清世祖实录》卷一四四，第2页。

2 《清世祖实录》卷一六，第44、16页。

3 《清世祖实录》卷一六，第44、16页。

多尔衮不止是被臣下尊为“上”，视同皇帝，凡有赏赐则曰“钦赐出自圣恩”[1]。当他出行时，与皇帝行在相埒。顺治六年，多尔衮往征大同姜緖，临行“谕礼部曰：‘予行师在外，所出政令，必关六部，都察院、銮仪卫等各衙门，其原设邸信，不便携行，今仿古制，每衙门各另铸印一颗，加一行字，着礼部作速造办，各该衙门携用。以后差遣侍卫，俱用銮仪卫印信。’”[2]多尔衮出行时六部官员扈从，一切政令操于多尔衮之手，另铸有印信，与皇帝行在无异。特别是銮仪卫，本是皇帝之舆卫，职掌“供奉乘舆，秩序卤簿，辨其名数，与其班列”，以供帝、后出入警跸，由侍卫服务。多尔衮出行的排场也与皇帝毫无二致。“其所用仪仗、音乐及卫从之人，俱僭拟帝尊。盖造府第，亦与宫阙无异。”[3]他“服皇帝之服装”[4]，王府之壮丽甚至胜过帝居，“翚飞鸟革，虎踞龙蟠，不惟凌空斗拱与帝位相同，而金璧辉煌，雕镂奇异，尤有过之者”[5]。当他出现在北京街头，“街上人和其他人等都要叩头在地等候他通过”[6]。多尔衮在各方面都是实际上的皇帝，当时“关内外咸知有摄政王一人”[7]，“胜国旧臣之所奉，止知有摄政王”[8]。福临后来说：“睿王摄政，朕惟拱手以承祭祀。凡天下国家之事，朕既不预，亦未有向朕详陈者。”[9]宗室近支亲王摄政的结果，是皇权的旁落，顺治帝对此是有切肤之痛的。

不仅如此，更为严重的是摄政王篡位的可怕阴影时时笼罩着

---

1 《多尔衮日记》，第 7 页。
2 《清世祖庆录》卷四四，第 24 页；卷五三，第 22 页。
3 《清世祖庆录》卷四四，第 24 页；卷五三，第 22 页。
4 魏特：《汤若外传》，第 246 页。
5 《皇清奏议》卷四，《特纠越制冒滥疏》（杨义）。
6 《鞑靼漂流记》，见《清史研究集》，第 1 集，第 379 页。
7 《清世祖实录》卷八八，第 29 页。
8 《清高宗实录》卷一〇四三，第 9 页。
9 《清世祖实录》卷八八，第 4 页；卷五三，第 22、23 页。

帝座，有如悬在福临头上的一把利剑。多尔衮公然宣称："太宗文皇帝（皇太极）之即位，原系夺立。从此挟持中外。"[1]既然多尔衮认为皇太极是"夺立"，那么皇子福临继承大统，就名不正言不顺，而他正是据此"挟持中外"，作为自己独断擅权的根据，"凡一切政事，及批票本章，不奉上命，概称诏旨，擅作威福"[2]。多尔衮不承认福临嗣位的合法性，进而扬言"若以我为君，今上（福临）居储位，我何以有此病症？"[3]公然有觊觎帝位之意。因此，与多尔衮同居摄政的郑亲王济尔哈朗对宗室巩阿岱说："皇子（福临）即帝位，更复何言，惟以他人篡夺为忧。"[4]济尔哈朗直抒自己的忧虑，可见多尔衮"篡夺"皇位的严重威胁已使满洲高层贵族深为不安。业已投靠多尔衮的巩阿岱，将济尔哈朗所言向多尔衮告密，多尔衮"遂陷郑亲王于罪"。而巩阿岱则是媚于多尔衮，意在劝进。[5]

多尔衮肆无忌惮地宣称"若以我为君"，又有人劝进，使福临的母亲博尔济吉特氏（孝庄文皇后），不得不采取果毅的行动，以保幼年皇帝的帝位。多尔衮无子，以其胞弟"豫亲王（多铎）子多尔博为后"[6]，孝庄文皇后按照满族父死妻其后母，兄死妻其嫂的习俗，下嫁多尔衮。太后下嫁之后，福临本是多尔衮之侄，如今则犹如子息，多尔衮也被尊为皇父摄政王。这是一次由于政治需要的婚姻。孝庄文皇后的目的是以此羁縻多尔衮，使其不致公然篡夺。结果也确实如此，终多尔衮之世，他始终没有以皇帝自为。然而，当其临死之时，对后事的安排，又使其兄英亲王阿济

1 《清世祖实录》卷八八，第 4 页；卷五三，第 22、23 页。
2 《清世祖实录》卷八八，第 4 页；卷五三，第 22、23 页。
3 《清世祖实录》卷六三，第 19、17 页。
4 《清世祖实录》卷六三，第 19、17 页。
5 《清世祖实录》卷六三，第 19、17 页。
6 《清史稿》卷二一八，《多尔衮传》。

格发动了一次未遂政变。

顺治七年十一月，多尔衮出猎古北口外，可能因坠马负伤，膝创甚，涂以凉膏，太医傅胤祖认为用错了药。据谈迁《北游录》记载，多尔衮“自度不支”，急召“英王（阿济格）语后事，外莫得闻也。英王即遣三百骑驰入京，大学士刚林知其意，立策马行，日夜驰七百里，先入京，闭九门，遍告诸王、固山等为备。俄三百骑至，皆裹甲，尽收诛之，英王未知也，寻至，被幽，辛卯（顺治八年）十月四日死”[1]。英王阿济格“预谋夺政”的过程，《实录》记载较详。顺治七年十二月初九日，多尔衮死于喀喇城，“摄政王薨之夕，英王阿济格赴丧次，旋即归帐”，积极进行准备。他先胁迫两白旗附己，然后，“必强勒诸王之从彼，诸王既从，必思夺政”[2]。同时，阿济格“又谓端亲王曰：‘原令尔等三人理事，今何不议一摄政之人。’又遣穆哈达至端亲王处，言曾遣人至亲王满达海所，王已从我言，今尔为国政，可速议之”[3]。意在胁迫诸王奉己为摄政王。然而，阿济格因为人粗暴，不得人心，白旗大臣拒不从命，端重亲王等也不拥戴其摄政。于是阿济格遣人召其子劳亲，命他不要告诉诸王，多率兵来会，准备在顺治帝福临出东直门迎多尔衮丧时有所举动。十二月二十七日，多尔衮柩车至，郑亲王济尔哈朗见阿济格身有佩刀，谓众人曰：“英王有佩刀，上来迎丧，似此举动叵测，不可不防。”[4]命诸王严加戒备。“是日，劳亲王率人役四百名，将至，英王在后见之，重张旗纛，分为两队，前并丧事而行，及摄政王丧既停，劳亲王居右坐，英王居左坐，其举动甚悖乱。”[5]诸王见阿济格父子如此，立即分拨

1 谈迁：《北游录·摄政王》，中华书局，1960年，第363页。
2 《清世祖实录》卷五二，第4、5、6页。
3 《清世祖实录》卷五二，第4、5、6页。
4 《清世祖实录》卷五二，第4、5、6页。
5 《清世祖实录》卷五二，第4、5、6页。

兵丁将阿济格逮捕，“监至京师”。众议其罪是“预谋夺政大罪”，将其幽禁。参与其事者前锋统领席特库等俱处死。阿济格政变未遂，固然有自己的野心，但与多尔衮同他“语后事，外莫得闻”，以及接踵而来的一系列举动，其间蛛丝马迹甚明。

总之，幼君嗣位，以宗室亲王长辈摄政，幼君非但只是傀儡而已，且帝位岌岌乎不可保，对福临及其母孝庄文皇后来说乃是亲身经历，因而当康熙又以幼君即位时，福临与孝庄文皇后乃决定改变“惟宗室协理”的祖制，而代之以四大臣辅政的体制。

## 三

四大臣辅政与摄政王摄政的区别，从体制上来说，首先是二者的权势根本不能相提并论。摄政王是“代天摄政，赏罚拟于朝廷”，小皇帝不参与大政，即使在形式上也是如此。而四大臣辅政则不然，他们只是“辅佐政务”[1]，不是代行皇权，因而小皇帝仍是至尊。四大臣所处的地位只在于辅佐，君臣名份昭然，故军国大事辅政大臣必须向幼君奏闻，康熙后来说：“昔听政时，每令读本，朕与辅政大臣共听之。”[2]这与多尔衮摄政时福临既不与闻天下国家大事，“亦未有向朕（福临）详陈者”两相对照，则皇帝虽是孩提但皇权却凌驾于辅政大臣，所以小皇帝也能批驳辅政大臣的意见。康熙说他与“辅政大臣共理政事时，红本已发科抄，有取回改批者。冯溥为给事中，奏云：‘凡一切本章，既批红发抄，不便更改。’辅政大臣等欲罪冯溥，朕以为冯溥所言亦是，因嘉奖之。并谕辅政大臣等，此当益加详慎批发”[3]。康熙对辅政大臣也

1 《清圣祖实录》卷一，第5页。

2 《请圣祖实录》卷二五五，第24、25页。

3 《请圣祖实录》卷二五五，第24、25页。

时加训诫，如处理人命案件时，“或因一时言论，往往忽略，朕谕伊等（辅政大臣），此内有关系民命者，尤不可不慎。伊等皆经行间效力，不以杀人为意，朕必慎焉”[1]。即使后来鳌拜擅权，欺凌冲主，他也必须矫诏以行其私，诛杀异己，如诛杀户部尚书苏纳海、直隶总督朱昌祚、巡抚王登联，而不能如同多尔衮摄政那样“不奉上命，概称诏旨，擅作威福”。可见，辅政大臣的体制是要保证皇权的威严。

其次，摄政王与辅政大臣同皇帝的关系，二者地位悬殊。前者是宗室近支亲王，从家人礼而言，小皇帝是子侄辈，身为长辈的摄政王处于凌越地位，容易藐视幼君。故英王阿济格称福临为“孺子”，目为“八岁幼儿”，毫不礼敬。多尔衮以叔父长辈身份，被尊为“皇叔父摄政王”“皇父摄政王”。既然如此，小皇帝之于“皇叔父摄政王”“皇父摄政王”自然不能不遵长幼之序，因而摄政王时“凡一切政事，及批票本章，不奉上命，概称诏旨”，臣工也视其为“上”，俨然帝君，这就是难以防范的了。辅政四大臣则不然，他们皆异姓臣子，与小皇帝的关系首先是君臣关系，根本不存在父辈与子侄辈的关系。同时，四大臣皆是上三旗的元老重臣，上三旗隶属于皇帝，他们与身为旗主的皇帝又有严格的主子与奴才的隶属关系。这种君臣加主奴的关系，使辅政四大臣根本不可能有非分之想，从而在体制上保证皇位不会被篡夺。四大臣誓词云：“先皇帝不以索尼、苏克萨哈、遏必隆、鳌拜等为庸劣，遗诏寄托，保翊冲主，誓竭忠诚、共生死，辅佐政务……不私往来诸王贝勒等府，受其馈遗；不结党羽，不受贿赂，惟以忠心，仰报先皇帝大恩。”[2]孟森先生指出：“誓词‘不私往来诸王贝勒等府，受其馈遗’之语，是亦以太后为中心，遗诏为根据，惩于前

1 《清圣祖实录》卷二五五，第24~25页。

2 《清圣祖实录》卷一，第5~6页。

次摄政之太专，以异姓旧臣当大任，而亲王贝勒监之，其用意可见。”[1]这是颇有见地、十分深刻的。

## 四

索尼等四人之所以遗命为辅政大臣，还因为他们一贯忠于皇室，而且在清开国过程中战功卓著，实乃开国重臣。

索尼，满洲正黄旗人，姓赫舍里氏，通晓清、蒙古、汉文字，历事太祖、太宗、世祖三朝，经历军国大事甚多，阅历深，深受倚重，为人足智多灼见，“商议大事，无出索尼右者”[2]，是黄旗大臣中的智囊。索尼矢忠皇室，太宗皇太极逝世时，他与黄旗大臣坚决拥立皇子，反对多尔衮继承大统。时多尔衮召索尼议册立，索尼曰：“先帝（太宗皇太极）有皇子在，必立其一，他非所知也。”[3]除立皇子外，无回旋余地。六岁的福临即位，索尼等六人又“盟于三官庙，誓辅幼主，六人如一体”[4]。多尔衮擅政时，索尼始终不附多尔衮，忠于皇室，因而屡遭摧抑，曾论死，终遣守沈阳昭陵。福临亲政，始回北京，擢为内大臣，兼议政大臣，晋一等伯世袭，依为心膂，任以内外大事。索尼“以其勋旧忠贞，堪受重托”[5]，遗命居辅政大臣之首，但索尼年事已高，于政事已是精力不济。

苏克萨哈，姓纳喇氏，满洲正白旗人，以军功显，本隶多尔衮。顺治七年冬，多尔衮出猎古北口外，苏克萨哈随从。十二月，多尔衮死于喀喇河屯，苏克萨哈与王府护卫詹岱等首告多尔衮殡

---

1　孟森：《明清史讲义》，第 410 页。

2 《清世祖实录》卷六三，第 20 页。

3 《清史稿》卷二四九，《索尼传》。

4 《清史稿》卷二四九，《索尼传》。

5 《清史列传》卷六，《索尼传》。

殓服色违制，生前欲迁永平谋逆等状，于是追论多尔衮罪。睿亲王多尔衮所属正白旗，收归皇帝自将，与两黄旗合为上三旗。苏克萨哈由于首告多尔衮谋逆获得顺治信赖，命为议政大臣，后又任领侍卫内大臣，加太子太保，晋三等子，受命为辅政大臣，位次索尼。

遏必隆，姓钮祜禄氏，满洲镶黄旗人。太宗皇太极时，其兄弟本属镶白旗，其兄固山额真图尔格与旗主英王阿济格（多尔衮胞兄）不睦，阿济格斥责图尔格云："尔欲背我，而投圣汗（皇太极）。"图尔格告于法司，皇太极命"图尔格带三牛录补放闲散，任便随旗"[1]。遏必隆与其兄图尔格遂投入皇太极亲将的镶黄旗。松锦之战时，明总兵曹变蛟夜三鼓闯袭皇太极大营，情况危急，遏必隆等死战坚守门垒，击败明军。皇太极转危为安，遏必隆受优赏。皇太极暴死，遏必隆与其兄图尔格等黄旗大臣坚决拥立皇子，因"与白旗诸王（多尔衮、阿济格、多铎）有隙，设兵护门"[2]。多尔衮摄政时，顺治五年遏必隆曾因此论死。虽免死，但籍其家之半，革世职。福临亲政，以遏必隆不附多尔衮蒙冤，令袭爵为一等公，任议政大臣，擢领侍卫大臣，掌銮仪卫，加少保兼太子太保，再加少保兼太子太傅，遗命为辅政大臣。

鳌拜，姓瓜尔佳氏，满洲镶黄旗人，出身将门，一门显赫。他自青年时即驰骋沙场，弓马娴熟，技艺高强，勇武善战，"夙荷太宗皇帝宠眷"[3]，赐号巴图鲁（勇士），任镶黄旗护军统领，位列大臣。皇太极死时，与索尼等坚决拥立皇子福临，"共立盟誓，愿死生一处"。顺治二年六月，随英王阿济格追击大顺农民军至湖北通山县，杰出的农民领袖李自成在九宫山遇害。翌年，与肃亲王豪格攻四川大西军，至西充，他率精锐护军为前锋，直抵

1 《盛京刑部原稿》，第 169 页。

2 《清史列传》卷六，《遏必隆传》。

3 《清世祖实录》卷一三，第 51 页。

大西军营前。豪格奏报说:"鳌拜等奋击，大破之，斩献忠于阵。"[1]鳌拜在辅政大臣中，战功最著，因不附多尔衮，曾三次论死。福临亲政后，鳌拜上书"自陈劳绩，因忤睿亲王（多尔衮）意，屡抑战功"[2]。福临知其与索尼等"一心为主死生与共"，矢忠皇室，晋一等公，任议政大臣，领侍卫内大臣，加少傅兼太子太保，又因其技艺高强，命教习武进士，甚宠信，遗命为辅政大臣。

由以上所述可知，辅政四大臣始终不附多尔衮，或者告其谋逆、矢忠皇室，"一心为主"，且在清开国过程中战功卓著，因而是位高爵显的重臣。这就表明辅政四大臣人选的确定，是鉴于他们对皇帝的忠心，更有君臣与旗主和属员（即主子与奴才）的既定关系，从而以保障幼年皇帝的至尊地位，皇位不被篡夺，惩前此宗室近支亲王摄政的严重弊端。孝庄文皇后与福临作出这一更改祖宗成法的决定，是颇费了一番苦心的。

然而，虽有忠贞的索尼，但已年老多病，更因苏克萨哈原隶多尔衮，"索尼恶苏克萨哈"[3]，遇事支持鳌拜，四大臣不能同心协力。遏必隆遇事庸懦无主见，多附和鳌拜，而鳌拜自恃功多，又以公爵先苏克萨哈为内大臣，骄横跋扈，"意气凌轹"，人多畏之，与苏克萨哈议事每每不合，积怨成隙。既然辅政大臣事权在握，又有一专横之鳌拜，必然日积月累，终于形成鳌拜"恣意妄为"，"欺凌幼君"的局面，这是孝庄文皇后所始料不及的。于是年仅十六岁的少年皇帝康熙与索尼子索额图（其时索尼已死）设计用布库（摔跤角力）擒拿鳌拜，清除专横跋扈的鳌拜集团。

（原载《史学月刊》1986年第6期。收编时作了修改补充。）

---

1 《清世祖实录》，卷二九，第8页；另据《圣教入川记》载，张献忠乃中箭死。

2 《清世祖实录》卷六三，第6页。

3 《清史列传》卷六，《苏克萨哈传》。

# 顺治、康熙两朝战争的同与异

清军入关后，顺治、康熙两朝为实现统一，前后进行了数十年的战争。然而，康熙前期的军事斗争与清初有所不同，不应因为统一就一概而论。

清军入关，清王朝的建立，重建统一的封建政权，结束当时中国腹地上各种政治军事力量鏖战的局面，在西方早期资本殖民主义势力业已东来的前所未有的国际形势下，从历史的大局着眼，是应该肯定的，这在拙稿《清代前期历史地位论纲》等文章中已申说过了。然而，随着清军的胜利，满洲贵族强制推行一系列民族歧视和民族压迫政策，都是不能肯定的。顺治年间出现了如火如荼的抗清斗争，广大人民投身其中，形成了广泛行动的社会力量，这在中国历史上是罕见的。顺治二年六月，清廷严厉推行剃发令之后，激化了民族矛盾——“宁为束发鬼，不作剃头人”。“头可断，发不可剃。”于是江南人民奋起抗战，形成抗清高潮，是大家熟知的。农民军遗部也是因反对剃发令起而抗争。顺治二年五月，李自成牺牲后，大顺军群龙无首。七月，当时由西安退至荆襄、岳州一带的大顺军各部主要将领，如刘体纯、郝摇旗、吴汝义、刘芳亮、袁崇第、张鼎、党守素、蔺养成、王进才、牛万才等，都曾与清总督八省军门、统属文武的佟养和进行谈判，有受招抚之意。田见秀在其《“投清”书》中说:“具禀田见秀，倾耳天恩，仁威远布，向化之心已非一日。今见王（王允成）、马

(马进忠) 二镇蒙谕招抚各营，秀敢不谨遵。”[1]郝摇旗则云:“前承札谕，敢不如命，即差官修候，并讨地方。”表示“倘立寸功，少酬尊台之德”。[2]吴汝义云:“具禀吴汝义，伏承仁德，避迩具（俱）瞻，率土归服，咸往争先。切念汝义叨沐覆帱天，敢不倾心。近见王、马二镇遍宣圣意，各营乐从。”[3]据佟养和奏报，自顺治二年闰六月至七月，光山伯刘体纯、泽侯田见秀、总兵郝摇旗等农民军各部先后差官员到佟养和处“投顺”，向清政府报明所部马步官兵人数，清政府分别给予官职札付，赏蟒衣银两。佟养和共招农民军“侯四员、伯二员、总兵二员、副将三员、官兵二十二万四千另五十员名”[4]。佟养和拟将田见秀等各部分别安置于荆州和长江以南，但大顺军“各侯伯为剃头迟回观望”[5]，农民军各部提出条件是不剃发，部队不改编，给地安插。

其时，与李自成誓同生死、被清廷称为“闯孽”的一只虎李锦（李过，自成之侄）与高一功所部“态度迥异，佟养和多次遣人招抚，均被拒绝。梅勒章京屯代又六次派人前往，人信不还”[6]。时李过、高一功部驻荆州、当阳间。十一月，李过在“伊母（高氏）再三劝谕”下，也“投札到省，似有归顺之意”[7]，李过提出的条件仍然是“不肯剃发”，由其所部“指取湖南”[8]，“并请旨封爵”[9]。至此，大顺军各部均已与清方接谈，准备“归顺”。

---

1 《田见秀“投清”书》，《清代农民战争史资料选编》，第 1 册（上），中国人民大学出版社，第 39 页。
2 《郝摇旗“投清”书》，同上书，第 40 页。
3 《吴汝义“投清”书》，同上书，第 40 页。
4 佟养和：《揭帖》，同上书，第 40 页。
5 《清代农民战争史资料选编》，第 1 册（上），第 51 页。
6 《清史编年》，第 1 卷，第 91~95 页。
7 《清代农民战争史资料选编》，第 1 册（上），第 49、51、50、40、70、53、57 页。
8 《清代农民战争史资料选编》，第 1 册（上），第 49、51、50、40、70、53、57 页。
9 《清代农民战争史资料选编》，第 1 册（上），第 49、51、50、40、70、53、57 页。

农民军各部与清官方谈判前后半年有余，由于清方坚持民族压迫的剃发令，谈判终于破裂。屯代谕李过曰："我朝新制，为臣子能遵奉顺从，方见归顺之诚。"[1]李过等断然不肯剃发，而清方则寸步不让。佟养和谕令："如体纯真诚投顺，我朝新制度剃发为一统，倘不然，而不剃，是溷之也。""若能剃头，当即允抚。"[2]大顺军杀清方来使，"不遵剃发，咫尺判为二民"，"语殊无状，不堪上闻"。[3]举兵抗清。清镇守湖广荆州府总兵官郑四维、巡抚何鸣銮奏报说：大顺军"以不剃发为名，号召叛党，聚众亡命"，"一只虎复叛于荆（荆州）、承（承天），逆抚何腾蛟抚兵于长（长沙）、衡（衡州）"。[4]李过等拥众数十万，因剃发令缘故，终于由有降清之意转而联合南明何腾蛟、堵胤锡，"冲突荆襄辰常之间，兵力甚盛"。清总督佟养和战败，以致"督臣佟养和、抚臣何鸣銮，殚心竭力，无不顾此失彼之虞，日望大兵如饥渴"[5]。又一次出现了抗清高潮，而清廷以佟养和"招服八省官民"的原定计划也随之大坏。

江南士民和农民军为反对民族压迫，先后奋起抗清，英勇悲壮，可歌可泣，是应该肯定的。正如一位目击江南人民抗清斗争悲壮情景的外国传教士所说"鞑靼人（指清统治者）对服装和头发的式样要求很严格，谁不接受这种装束就被判为最大的叛国罪。……中国人（指汉族）为保护他们的头发和服装所表现出来的悲愤和战斗勇气，甚于保护国家和皇帝"[6]。清统治者施行的民族压迫政策，激化了民族矛盾，清军的屠戮造成了历史的灾难，

1 《清代农民战争史资料选编》，第 1 册（上），第 49、51、50、40、70、53、57 页。
2 《清代农民战争史资料选编》，第 1 册（上），第 49、51、50、40、70、53、57 页。
3 《清代农民战争史资料选编》，第 1 册（上），第 49、51、50、40、70、53、57 页。
4 《清代农民战争史资料选编》，第 1 册（上），第 45、57 页。
5 《清代农民战争史资料选编》，第 1 册（上），第 53 页。
6 杜文凯编：《清代西人闻见录》，第 31 页。

也“多次使他们陷入危险，打乱了他们整个计划”[1]，因而延缓了统一过程。

康熙前期的军事斗争则不然。一些归附清朝的降将如三藩，他们在镇压抗清斗争的过程中，为新主竭尽了全力，同时也发展壮大了自己的势力。留镇云南、广东、福建之后，更进一步壮大，形成为封建割据势力，不受朝廷节制，终于称兵叛清。台湾郑氏抗清力量，在民族英雄郑成功死后，当权者竟然向清廷提出将台湾比同朝鲜等外国[2]，公然声称“台湾非中国领土”，明目张胆地要将中国领土台湾、澎湖从祖国分裂出去。噶尔丹在沙皇俄国的支持下，在漠北草原点燃了战争的熊熊大火，其野心是要称雄西北、漠北，甚至包括西藏，民族分裂势力十分嚣张，并意图窥伺中原。因此，康熙前期所进行的这些战争，是当时历史所面临的统一与分裂的矛盾。事实上，三藩之乱、平准战役，首先是由吴三桂、噶尔丹发难，康熙才不得不命将出征，亲临塞北。至于清政府和康熙为抗击沙皇俄国对我国黑龙江流域的侵扰，组织了两次雅克萨之战，则是为了收复中国领土，更是人所熟知的。

清政府和康熙经过长期的军事斗争取得了胜利，消除了分裂，巩固了国家的统一，捍卫了祖国的领土，解决了历史发展所提出的时代任务。清政府和康熙对周边地区实行建制管辖和有效的行政管理（新疆、西藏到乾隆时才最后完成，西藏于雍正五年设置驻藏大臣），使我国统一的多民族国家，在历史长期发展的基础上，进一步巩固和发展，在清代前期终于最后完成，我国领土疆域也最后稳定下来。清代前期对祖国历史的这些重大建树，应该说是可以彪炳史册的。

历史的辩证法发展表明，一个落后的民族在军事上的胜利，

1 杜文凯编：《清代西人闻见录》，第 31 页。

2 《清圣祖实录》卷一〇九。

起初会给经济发展较高的地区带来巨大的灾难。随着时间的推移，以后又不得不适应比较高的经济状况，“征服者被征服”，——这是历史上一种带规律性的现象。满族从努尔哈赤时起处于急剧上升时期，但与汉族相比，仍然远为落后。一个落后的民族入主中原，建立起全国政权，不可避免地会把某些落后的经济形式强行移植到经济发展较高的关内。清统治者用暴力圈占大量土地，建立起具有农奴性质的各类庄田，以及强迫汉人投充，等等，既有民族压迫的形式与内容，又有阶级统治和剥削的内涵。由此而造成的社会动荡不安，实质上是先进与落后两种生产形式的冲突。康熙亲政以后，对政策进行了调整，以缓和民族与阶级矛盾，尤其是在平定三藩叛乱之后，国家逐步实现了统一，安定的政治局面为社会生产的发展提供了重要的前提，正如清人所说：“自康熙二十年（是年三藩战事结束）以后，海内始有起色。”[1]经过几十年的努力，社会生产从清初凋敝状态中恢复和发展起来，出现了所谓的“康乾盛世”，清王朝发展到了鼎盛时期。恩格斯说：“每一次由比较野蛮的民族所进行的征服，不言而喻地阻碍了经济的发展，摧毁了大批生产力。但在长期征服中，比较野蛮的征服者，在绝大多数情况下，都不得不适应被征服后存在的比较高的‘经济状况’，他们被征服者所同化，而且大部分甚至不得不采用被征服者的语言。”[2]清代历史的客观进程的确是如此。

康熙帝执政时期，他无疑是居于历史舞台的中央，处于极其引人注目的地位。他被清人称誉为“经文纬武，寰宇一统，虽曰守成，实同开创焉”[3]。自从汉代的董仲舒倡言“天人感应”的“君权神授”的神学体系以后，封建帝王是“天纵之圣”，便成为历代封建统治者反复说教的口头禅。康熙同样被说成是“智勇天

1 陆陇其：《论直隶兴除事宜书》。贺长龄辑：《皇朝经世文编》卷二八。

2 《马克思恩格斯选集》，第3卷，第222页。

3 《清史稿·圣祖本纪》。

锡”。康熙本人虽然也认为“凡帝王自有天命”[1]，又说“朕为上天之子，朕所仰赖者惟天”[2]，但他却不认为身为“上天之子”的自己与凡人有什么不同之处。这反映了他天道观的矛盾。在其晚年，他发布上谕，明白宣示廷臣：“朕之生也，并无灵异，及其长也，亦无非常。八龄践祚，迄今五十七年，从不许人言祯符瑞应，如史册所载，景星庆云麟凤芝草之贺，及焚玉于殿前，天书降于承天。此皆虚文，朕所不敢，惟日用平常，以实心行实政而已。”[3]康熙以八岁孩稚即位，十四岁亲政，数十年“以实心行实政”，取得了巨大的历史业绩。他在完成国家统一，发展社会生产，推动社会历史前进中发挥了突出的作用。如前所况，这是解决了历史提出的矛盾，顺应了历史发展的趋势。同时，也是由于他好学敏求，勤于政务，从实际斗争的磨炼中，由一个八岁幼童成长为一代杰出的封建君主。康熙既代表了他所处的那个历史时代，也是他那个时代造就了康熙这一历史人物。

1 萧奭：《永宪录》卷一。

2 《清圣祖实录》卷二三四，第 15 页。

3 《清圣祖实录》卷二七五。

# 简论清代的国家统一

有清一代，国家统一大业的完成，使清王朝幅员辽阔，气势恢宏，成为亚洲头等强国，也是世界强国之一，并且奠定了近代中国的版图，留给今人一份宝贵遗产。应该说，清代的国家统一，既是历史的必然趋势，又与清统治者特别是康雍乾三帝顺应这一趋势，坚持与分裂势力做斗争，实行有利于统一大业的方针和政策相关。

## 一　清代国家统一的完成是与各种分裂势力长期斗争的结果

顺治元年清军入关，清王朝建立了全国政权。至顺治十八年南明永历帝桂王朱由榔被俘而死，清王朝虽然基本上统一了大陆，但国家的完全统一还远未完成。康熙帝继位之初，南方有日益坐大的三藩势力；东南海上有台湾郑氏抗清力量；在东北，沙皇俄国侵扰黑龙江流域已 30 余年；在西北，厄鲁特蒙古准噶尔部上层分裂势力日益嚣张，其影响波及喀尔喀蒙古、内蒙古、青海和西藏。总之，各种分裂势力仍然存在，严重威胁着清王朝的统治和国家的统一。为此，清王朝统治者采取了一系列制止分裂、完成统一的行动。

## 二　平定三藩之乱

康熙十二年，康熙帝下令撤藩。云南平西王吴三桂举兵造反，福建靖南王耿精忠、广东平南王尚之信先后响应，是为三藩之乱。吴三桂旧部任他省提督、总兵者也纷纷倒戈反清，半个中国陷入战火，清王朝处于生死存亡的危急关头。吴三桂自立为帝，并授意达赖喇嘛上奏清廷，劝说康熙皇帝“裂土罢兵”，让他割据南方。康熙帝对此痛加驳斥：“朕为天下人民之主，岂容裂土罢兵?!”经过八年的战争，于康熙二十年最终平定了三藩之乱。

## 三　统一台湾

台湾自古以来就是中国的领土。明天启元年，荷兰侵略者占领台湾。顺治十八年，民族英雄郑成功驱逐荷兰侵略者，收复台湾，作为抗清基地。翌年，郑成功病逝，子郑经嗣位。康熙三年、四年，清福建水师提督施琅两次率军征台，遇飓风无功而返，于是清廷决定招抚。康熙六年五月，清廷对郑经许以“八闽王及沿海诸岛”，郑经予以拒绝，宣称“东宁（台湾）远在海外，非属版图之中”，要求清廷仿照朝鲜的成例处理台湾与中央政权之间的关系。郑经完全背叛了乃父关于台湾自古以来就是中国领土的原则，他的言行使台湾郑氏集团与清廷的矛盾从抗清一变成为分裂祖国。康熙帝对郑经的要求给予严厉的驳斥，指出“朝鲜系从来之外国，郑经乃中国之人”。为了维护国家统一，康熙帝任命施琅为福建水师提督，于康熙二十二年武力统一台湾。这之后，就如何管理台湾的问题，又引发了清廷内部一场“弃留”之争。康熙帝明确指出：“台湾弃取关系甚大。”“弃而不守，尤为不可。”据此，清廷在台湾设置一府三县，总兵官一员，兵八千；澎湖设副将一员，兵两千，隶属于福建省。从此，台湾和大陆统一起来，其行政建制与内地划一。

## 四　抵抗沙俄

明清之际，沙皇俄国持续侵扰我国黑龙江流域达数十年之久。康熙帝亲政之后，曾多次通过外交途径敦促俄国远征军从中国领土上自动撤离，未果。康熙二十四年、二十五年，清朝发动了抗击沙俄入侵、收复中国领土的两次雅克萨之战，于康熙二十八年与沙皇政府签订了《中俄尼布楚条约》，划定了中俄两国东段边界，制止了沙俄的侵扰，使这一地区保持和平一百余年。雍正五年，清廷与沙俄政府签订《布连斯奇条约》以划分中俄中段边界，经勘界后，翌年签订了《恰克图条约》。对此，法国学者加恩评价说："借助于《尼布楚条约》，它（清廷）已经遏止了俄国紧逼黑龙江流域；借助于《恰克图条约》，它又使俄国人远离北京，并且用条约阻止俄国人的进展。"（加斯东·加恩《彼得大帝时期的俄中关系（1689—1730年）》）

## 五　与准噶尔分裂势力的斗争

准噶尔是明清时期我国西北地区厄鲁特蒙古四部之一。噶尔丹为首领时，准噶尔部称雄于蒙古诸部，横扫漠西漠北。在《中俄尼布楚条约》签订前后，噶尔丹在沙俄的支持下，进犯喀尔喀蒙古，以追击喀尔喀蒙古土谢图汗和宗教领袖哲布尊丹巴为名，率大军进入内蒙古，并击败了前来迎战的清军统帅阿喇尼和常宁。噶尔丹挟其势向康熙帝的使者提出："圣上君南方，我掌北方。"以南北分治作为"讲信修好"的条件，公然要分裂中国。在这种情况下，清王朝为了自己的统治，也是为了维护国家统一，进行了艰苦卓绝的斗争。康熙帝于二十九年、三十五年、三十六年三次亲征朔漠，终于在昭莫多将准噶尔主力歼灭。噶尔丹亦穷蹙而死。继噶尔丹之后的策妄阿拉布坦、噶尔丹策凌又先后称兵，妄图分裂中国。康熙末年，清王朝进行了“驱准保藏”之役。雍正九年、十年，清军与准噶尔军进行了和通淖尔与额尔德尼昭两次大战。至乾隆二十年、二十二年，清军两次进军伊犁，先征达瓦齐，后征阿睦尔撒纳，使达瓦齐被俘，阿睦尔撒纳兵败走死俄国。经历康雍乾三帝，历时约70年的平准斗争，至此大功告成。由乾隆帝撰文的两通平定准噶尔碑，今天仍然矗立在承德普宁寺，它是清王朝统一西北决心的真实写照。

此后，乾隆二十四年，清军平定南疆回部大小和卓之乱，最后完成了天山南北的统一。

## 六　清朝对边疆地区的有效管理与我国近代领土疆域的奠定

清王朝在完成国家统一的同时，对黑龙江流域、蒙古地区、新疆、西藏、台湾和南海诸岛实施了有效的管辖与统治。主要包括：明确的行政区划、有效的民政管理以及边防制度的建立，并且实行了远较历代成功的民族政策，从而使领土主权的基本内涵在历史长期发展的基础上得以完备。

在东北和北方，由于与沙皇俄国长期接触，清廷不仅通过《中俄尼布楚条约》和《恰克图条约》，与沙俄“划疆分界”，确定领土归属，同时也十分重视边疆地方政府的建设与边防。在中央，设立了专门管理少数民族事务（包括宗教、户政、民政、荒政、驿传以及行政区划、牧场划分）的机构——理藩院，其地位与六部平行。在边疆，设立“将军”一职，集军政、民政、司法于一身，是当地的最高军政长官，负责镇守地方，防卫边疆。因此，从中央到边疆各级政府完备而严密，对边疆各族加强了统治与行政管理，对国土进行了有效的管辖与防卫。

清王朝对西藏行政体制的改革具有十分重要的意义；而西藏与接壤国家边界的划定，也是在与外来侵略势力的斗争中完成的。康熙晚年“驱准保藏”之役胜利后，为了防范分裂势力，废除了独揽西藏政务大权的“第巴”（俗称藏王），建立了由四人组成的噶伦（政务官）西藏地方政府。噶伦的任免权归中央，从而加强了对西藏的管辖。雍正五年，设置驻藏大臣，西藏直接隶属中央，清朝对西藏的管理进入了新的阶段。乾隆十五年，西藏郡王珠尔墨特那木札的叛乱被清军平定之后，清廷颁布了《西藏善后章程》。乾隆五十七年，清军驱逐第二次入侵西藏的廓尔喀（尼泊尔）军，于次年颁布《钦定西藏章程》，从制度上对驻藏大臣的地位与职权作了明确的规定。同时，实行了“金奔巴瓶”制度，规定达赖、班禅圆寂后，将寻认的转世灵童的姓名、生年月日用满、汉、藏三种文字写在签牌上，放入金瓶内，在驻藏大臣监督之下掣签认定。这说明清廷对西藏的统治与管理进一步制度化和法律化。乾隆五十九年，清廷派员经实地勘界后，划清了西藏与西南邻国的疆界，明确了领土主权。

清王朝对西藏的有效管辖，制止了英国人早期对西藏的侵略。乾隆二十二年，清王朝只许广州一口对外通商，英国人不能从沿海打开中国大门，准备从西藏进入中国。乾隆三十九年，英国东印度公司总督赫斯汀派东印度公司秘书波格尔到日喀则见班禅六世。当时，达赖因年幼由班禅摄行政事。波格尔先提出与西藏签订通商条约，西藏官员答复：“一切须（听）命中国皇上。”波格尔又提出“藏人与英方建立某种形式上的联盟”，妄图将西藏变成英国的殖民地，当即遭到班禅六世的严词拒绝。班禅回答说，“西藏是中国的领土”，一切“需候北京政府的回示”。波格尔要求班禅六世介绍他到北京，也被拒绝。班禅六世拒绝波格尔提出的种种诱惑，维护祖国统一，使这位英国密使挑拨西藏与祖国关系的阴谋未能得逞。这也从一个侧面反映出清朝对西藏管理的有效性。

清王朝统治者完成国家统一后，在抗击外来势力和与周边国家的交涉过程中，认识到必须加强边防建设。其具体措施包括：划疆分界，设置“卡伦”（哨所）、“鄂博”（石块垒成的界标），严格的巡边制度，重要关卡设兵防守。清朝有关边防建设的措施，形成了对领土疆域较为严密的防卫制度，这是前所未有的。

统一大业完成后，清统治者对反映版图的全国舆图的绘制十分重视，所谓“国家抚有疆宇，谓之版图。版言乎其有民，图言乎其有地”。康熙帝任命传教士白晋等经实地测绘，历时十年，编绘成《皇舆全览图》。乾隆时完成新疆统一后，又令传教士蒋友仁等对新疆、西藏进行实地测绘，在康熙《皇舆全览图》的基础上，完成全国实地测绘的《乾隆十三排地图》（又名《乾隆内府舆图》），全图由104块铜版组成。在全国经实地测量绘制成地图，这在中国历史上也是第一次。

清廷对海防和海疆也十分重视，沿海各省专设水师提督，有严格的巡哨制度。琼州府（今海南省）南琼崖州水师营“南面直接暹罗（泰国）、占城（越南南部）夷洋”。广东水师管辖南海诸岛礁及广大南海海面。清廷对海岛沙洲实行了有效管辖，正如乾隆帝所指出的：“天朝尺土俱归版籍，疆址森然，即岛屿沙洲，亦必划界分疆，各有所属。”清朝“疆址森然”，表明了领土疆域即使是“尺土”，也是神圣不可侵犯的。

为了维护国家领土主权的完整，清王朝多次反击外国入侵者，同时也进行边界谈判。清统治者从中总结出极其重要的教训，清军击败廓尔喀第二次侵藏后，乾隆皇帝指出：“示之必克，其和乃固。”也就是说，必须有强大的国防，战则必胜，边界和平才能巩固。乾隆帝因之喟然叹曰：“乃知守中国者，不可徒言偃武修文，以自示弱也。彼偃武修文之不已，必致弃固有而不能守，是亦不可不知耳。”清帝对待领土主权的原则是：“既不强取他国之寸土，亦不无故轻让我寸土于人。”乾隆帝说：“夫开边黩武，朕所不为，而祖宗所有疆宇，不敢少亏尺寸。”清王朝的统治者，特别是康雍乾三帝顺应历史发展的必然趋势，积极维护国家领土主权的完整，奠定了我国近代领土疆域，完成了统一大业，同时也进一步巩固了各民族、各地区经济文化交往的基础。

## 七　李肇星大使致函本报“称赞《简论清代的国家统一》写得好”

我国驻美大使李肇星在读到本报9月29日《历史周刊》发表的《简论清代的国家统一》一文后，致函本报驻美记者薛福康，对该文给予较高评价。现将该信照录于后：

《光明日报》编辑部：

贵报9月29日《历史周刊》所载王思治同志的《简论清代的国家统一》一文很有现实意义，对我馆同志就维护国家主权和领土完整、反对分裂做工作帮助很大，谨遥致谢忱。

文章中间部分提及乾隆五十九年时，括号里标为1798年（应为1794年——编者注），可能有点小误差。顺告。

驻美使馆

李肇星、崔罗生

2000年12月21日

# 施琅与清初统一台湾 *

康熙二十二年，清政府统一台湾，是清代前期完成国家统一过程中极其重要的一环。是役也，施琅居首功，所谓“其功实大”[1]。有关施琅与清初统一台湾，已多有论著面世，今就笔者认为较重要的某些问题，论述如次。

## 一　施琅于康熙三年、四年两次征台湾无功而还，清廷因而猜疑

顺治十八年，郑成功率军驱逐荷兰侵略者，收复台湾。翌年，成功病逝。郑军统帅新殁，清军侦知“彼众贼心未定，又未纠合完备”，人心不稳，海澄公黄梧密陈：“当应趁其荒乱犹豫之际，神速进兵剿灭之……断不宜行招抚。”[2]兵部奉旨议奏：“调集兵马于漳州，大军皆扎于海边，并先调郭义、蔡禄至漳州协力图贼等情，应准行。并请敕靖南王、总督、提督等，相机进剿。”朱批：“依议。”[3]清廷决策征剿郑经。时厦门、金门、铜山（今福建东山）

---

* 本文与香港大学吕元骢教授合著。

1 《康熙起居注》，第 2 册，第 1050 页。

2 《明安达礼等题复海澄公黄梧密陈进攻厦门机宜事本》，见《康熙统一台湾档案史料选辑》。

3 《明安达礼等题复海澄公黄梧密陈进攻厦门机宜事本》，见《康熙统一台湾档案史料选辑》。

等沿海诸岛，尚为郑氏所有。

康熙元年七月二十七日，同安总兵施琅升任福建水师提督，驻军海澄，所辖左路水师总兵驻闽安，右路水师总兵驻同安，对厦门展开兵力进攻态势。康熙二年十月，清军分路攻取厦门。靖南王耿继茂、福建总督李率泰奏称："十月二十一日，臣等统率大军，渡海攻克厦门，贼众惊溃登舟。水师提督施琅会荷兰国夹板船邀击之，斩首千余级，乘胜取浯屿、金门二岛。逆贼郑锦（经）、周全斌等，势穷宵遁。"[1]攻取厦门之役，施琅战功卓著，但陆路提督马得功坐船遭郑军围攻，马得功苦战不得脱，落水死。

清军十月攻占厦门，十一月施琅移驻于此。郑经与周全斌退守铜山。康熙三年三月初，郑经返台湾。十四日，清军攻取铜山。[2]郑军所踞沿海诸岛先后被清军攻克后，一些重要将领纷纷向清投降，如总兵陈辉、林顺等，尤其是周全斌自铜山败走至广东南澳，具呈向将军王国光投降。广东总督卢崇峻奏称："臣查得周全斌乃贼中最为凶悍者，此贼纳降，至关重大，当应亲往办理。"[3]卢崇峻行至惠州，周全斌已前往福建，"差人与靖南王议降"。清廷加周全斌承恩伯，于是周全斌转而与清军共同对郑军作战，形势对清军更为有利。

康熙三年八月，施琅"奉命佥同承恩伯周全斌、太子少师左都督杨富、左都督林顺、何义等"原郑军降清水师军官，约定征剿台湾日期。十一月，施琅统领以上众官，"进发台湾，舟师行至洋面，骤起飓风，难于逆进而还"[4]。第一次征台湾被风所阻，

1 《清圣祖实录》卷一〇，第 14 页。

2 参见《清圣祖实录》卷一〇，第 2 页。

3 《卢崇峻题报周全斌自南澳逃逸事本》，见《康熙统一台湾档案史料选辑》。

4 《施琅题为舟师进攻台湾途次被风飘散拟克期复征事本》，见《康熙统一台湾档案史料选辑》。

清廷命有关将弁酌情妥为商议，“伺机进取”，再攻台湾。施琅奉命后，益加战兢惕厉，加紧整治战船。四个月后，施琅会同周全斌、杨富、林顺、何义等，于康熙四年三月二十二日第二次出征台湾。二十九日，舟师已驶入外洋，又遇飓风，“迫于无奈，返回蓼罗”。继而，连日狂风大作，施琅等只得驶回金门，暂避风浪。四月十六日，施琅率军再“进发台湾”。十七日，军至澎湖口，“骤遇狂风大作，暴雨倾注，波涛汹涌，白雾茫茫，眼前一片迷漫。我（施琅自称）舟师不及撤回，皆被巨浪凌空拍击，人仰船倾，悲号之声，犹如水中发出，情势十分危急。臣所乘战船，亦漂流至南方，于十八日巳时，方驶至广东省潮州府属表卫”[1]。二十六日，施琅返回厦门，收集飘散各船，仅有小船两只沉没。其余各船虽有损伤，只须加以整修，便可作战，故损失不大。

施琅“二度出海远征，均受风涛所阻”，他表示“竭诚效命，矢志灭贼”，“挑选精兵，候有南风信息，即将约期复征”[2]。然而，清廷对施琅所请再征台湾，态度已然与前不同，不再是令其“伺机进剿，勿以日久为虑”，而是朱批“知道了。进兵与否，已有旨。兵部知道”。[3]施琅本郑氏部将降清者，与新降清的郑氏大将周全斌、杨富、何义、林顺等两征台湾，至郑军所据之澎湖口而未与敌接战，奏称骤遇飓风，战船被巨浪“凌空拍击”，但只损失小船两只，清廷因之疑其有“二心”。全祖望说：“成功殁，琅以平台自任，出兵不克，疑其贰。”[4]靖南王耿继茂、福建总督李率

1 《施琅题为舟师进攻台湾途次被风飘散拟克期复征事本》，见《康熙统一台湾档案史料选辑》。

2 《施琅题为舟师进攻台湾途次被风飘散拟克期复征事本》，见《康熙统一台湾档案史料选辑》。

3 《施琅题为舟师进攻台湾途次被风飘散拟克期复征事本》，见《康熙统一台湾档案史料选辑》。

4 全祖望：《会稽姚公（启圣）神道第二碑铭》，见《碑传集》卷一五。

泰等详询总兵以上出征官员数十人，“特将所有被风缘由，合词密题”。其所上《耿继茂题为密报进攻台湾舟师被风事本》长达近万言，足见清廷之亟于了解事情的真相。

清军大举征台，被飓风所阻，“此次被风飘散情形，至关征剿台湾事宜”[1]，影响了清军规取台湾。清廷决定派员招抚，以总兵官孔元章、道员刘尔贡、知州马星任招抚之责，前往台湾进行招抚。孔元章先遣刘尔贡、马星赴台，传述招抚之意。二人回闽后，孔元章于康熙六年八月二十六日起航赴台，十月二十五日回到海澄。施琅会同巡察章京科尔坤、西山、纳尔赛等，“将孔总兵自台湾带来馈送礼物，逐件查勘明白”。计有：檀香、降香、鹿筋、鹿脯、大盐、鳜鱼、程仪银等。[2]

孔元章回闽后，有关招抚情形由其本人具题，对福建总督祖泽溥、水师提督施琅等只称台湾郑氏已有“允从确据”，而未道其详。施琅密询随孔元章赴台官员，认为台湾郑氏已允受抚之说不足凭信，于是在孔元章回闽一月后，即康熙六年十一月二十四日，上《边患宜靖疏》，疏云:“兹总兵官孔元章招抚回归，只称有的确公移。臣密询押船官林功勋，渡载孔元章往台湾，探贼中情形，未必有归诚实意。”于是建议:“乘便进取，以杜后患。”他说：前此两征台湾，固然是因风涛之阻，但“人谋亦未允臧”，谋虑不周也是无功而还的原因，总结经验教训，“兵在精，不在多”，选拔精锐，“臣将此二万之师，分为水陆，躬督操练，加之数月，将得兵心，兵知将意”。届时一本“矢志报国”之素心，身先士卒，剿抚并用，先“据澎湖以扼其吭，大兵压近，贼必胆寒。遣员先宣朝廷德意，如大憝势穷，革心归命，抑党羽离叛，望风趋附，则善为渡过安插，可不劳而定。倘执迷不悔，甘自殄灭，乃提师

1 《耿继茂题为密报进攻台湾舟师被风事本》，见《康熙统一台湾档案史料选辑》。

2 参见《祖泽溥题为孔元章出洋已回业经查验回船事本》，见《康熙统一台湾档案史料选辑》。

进发，次第攻克，端可鼓收全局矣”[1]。康熙七年四月，施琅再上《尽陈所见疏》，他说：“逆孽郑经逃窜台湾，负嵎恃固。去岁朝廷遣官前往招抚，未见实意归诚。”倘若不讨平台湾，而严迁海之令，必定“赋税缺减，民困日蹙”；又因海防所需钱粮浩繁，“输外省有限之饷，年年协济民食，何所底止？”且郑氏在台，“惧罪之弁兵及冒死之穷民以为逋逃之窟，遗害叵测”；更有甚者，倘若郑氏“收拾党类，接连外国，联络土番耕民”[2]，窥伺边场，则更将后患无穷。疏上，奉旨：“渡海进剿逆贼，关系重大，不便遥定。着提督施琅作速来京，面行奏明所见，以便定夺。其施琅之缺，着施琅自行择人暂令代管。兵部知道。”[3]

施琅奉召至京，面询方略。然而，鉴于康熙三年、四年两征台湾，为风浪所阻，而八旗劲旅虽长于骑射野战，却不习海战，清军北方将领亦然，因而人多畏难，“事下部议，以风涛莫测，难以制胜，寝其（施琅）奏”[4]。施琅平台之议未被采纳，“朝议循于招抚，撤水师提督，授公（施琅）内大臣，晋伯爵”[5]。撤福建水师提督，授施琅内大臣，其实还有更深层次的原因，这就是清廷对施琅的疑虑未消。全祖望说：“方施琅之叛成功而归附也，世祖即以为水师提督，驻海澄。成功殁，琅以平台自任，出兵不克（指康熙三四年与郑军降将周全斌等征台），疑其贰，召入京，不复用，而水师亦罢。”[6]满洲八旗不习海战，清廷用降将两攻台湾。施琅率郑军降清水师将领周全斌、杨富、林顺、何义等未战而还，颇疑之，故而水师亦罢。

1 施琅：《边患宜靖疏》，见《靖海纪事》（上卷）。
2 施琅：《尽陈所见疏》，见《靖海纪事》（上卷）。
3 施琅：《边患宜靖疏》，见《靖海纪事》（上卷）。
4 李元度：《国朝先正事略》。
5 施德馨：《施襄壮公传》，见《碑传集》卷一五。
6 全祖望：《会稽姚公（启圣）神道第二碑铭》，见《碑传集》卷一五。

## 二　清廷派员招抚与郑经欲分裂割据台湾

清廷“循于招抚”台湾，如前所述，在施琅未进京前已经进行。

康熙六年五月，清廷派总兵孔元章等前往台湾招抚。回闽后，其给施琅等人咨文称：“窃照本镇亲诣台湾，仰仗朝廷威福，业取逆等允从确据，文移在案。”据此，福建总督祖泽溥题称：“伪逆就抚有确据之诚。”[1] 事情看来似乎已有眉目，其实大谬不然。

孔元章先遣刘尔贡、马星赴台，携带孔元章书信传达招抚之意。郑经复书孔元章，逐一反驳，开篇即谓：“又遣刘、马二君，备达委曲。然窃怪麾下未亮不佞之心，而犹从流俗之末议也。”“而贵介（刘、马）所传犹述前日之套语，削发之高谈。”对清廷许以“八闽王及沿海各岛”，郑经认为不过是以“二说相饵，是岂知识者之论乎”。郑经对清提出的剃发、登岸，斥之为“套语”；对所许诺的“八闽王”等，认为是诱饵，不屑一顾。其所恃者有二。他在复孔元章书中说：“曩者思明（厦门）之役，自以粮尽而退，非战之失也。”即是说，康熙二年十月清军攻克厦门，郑经不承认是被击败，乃是因粮尽自行撤走，自认为军力尚足以与清军周旋。他说：“风帆所指，南极高、琼，北尽登、辽，何地不可以开屯？何地不可以聚兵？”北起辽东、山东，南至海南，郑军处处可以用兵，任其驰骋，此其一。其二，郑经居然声称：“东宁（台湾）远在海外，非属版图之中，东连日本，南蹴吕宋，人民辐辏，商贾流通。王侯之贵，固吾所自有。”郑经胡说“台湾非属中国版图”，而他已然是“横绝大海，启国东宁”，已“开国台湾”，而且

---

1 《祖泽溥题为孔元章出洋已回业经查验回船事本》，见《康熙统一台湾档案史料选辑》。

是“万世之基已立于不拔”。并说这是前来台湾的刘尔贡、马星二人所亲见目睹者。因此他断然拒绝清廷所许的“八闽王”及“沿海各岛”招抚条件，声称：“不佞（郑经自称）亦何慕于爵号，何贪于疆土！”[1]郑经公然宣称“启国东宁（开国台湾）”，与清抗衡，要求彼此“互市通好”，俨然以“外国”自居。他在致其舅董班书中，对此更是直言不讳，说清廷“能以外国之礼见待，互市通好，息兵安民，则甥亦不惮听从，不然未有定说，恐徒费往返耳”。并再一次重申“台湾非属中国版图”的谬论，说：“今日东宁，版图之外另辟乾坤……又何慕于藩封，何羡于中土哉！”[2]郑经业已自绝于中土，自视为“外国”，如清廷不允，则拒绝谈判。

郑经完全背叛了乃父郑成功。郑成功曾多次声明，台湾自古以来就是中国领土。

民族英雄郑成功于顺治十八年收复台湾时，据荷兰驻台湾长官揆一说，郑成功曾当面向荷兰侵略者严正指出：“该岛（台湾）一向属于中国的……来自远方的荷兰客人，自应把它归还原主，这是理所当然的事。”[3]在致科涅特的信中，郑成功重申：“台湾者，早为中国人所经营，中国之土地也。”[4]又说：“此地先人故物。今珍宝听而（荷兰人）载归，地乃还我。”[5]

郑成功一再向世人宣告，台湾从来就是中国的领土。郑经却背反其父，胡说“台湾非属中国版图”，其意在分裂割据。而其分裂为王的思想，却是由来有自。为此，在郑成功去世之前，父子二人几乎兵戎相见。

顺治十八年，郑成功率军渡海收复台湾，郑经留守厦门各岛。

---

1 《郑经复孔元章书》，见《康熙统一台湾档案史料选辑》。

2 《郑经复董班舍书》，见《康熙统一台湾档案史料选辑》。

3 C.E.S：《被忽视的福摩萨》（卷下）。

4 《郑成功致科涅特书》，转引自汤子炳《台湾史纲》。

5 范咸等：《复修台湾府志》卷一，《封城》。

翌年五月，成功病逝，郑经返台湾，“自称世藩。凡台湾属文武各官所用旗纛，均更书为世藩属下字样”。同时，又“将厦门提督所辖文武官员职衔，均改为世藩属下字样”[1]。郑经“自称世藩”，虽有承袭其父嗣封之意，但其父新丧，自己嗣藩伊始，就急于命所有文武官员均“改为世藩属下”，其所作所为有自立为主以别于其父之意。郑成功去世前，父子反目。康熙元年五月，施琅向福建总督李率泰报称，探知郑成功派周全斌回厦门，密令斩陈巧、黄昌等各镇，用计调军队往台湾。又“为（伪）国姓（郑成功）差洪卯、黄副来取董氏及郑锦（经）首级，被郑锦枭斩”。郑经为防其父来厦门，“中左日夜有船百余号出浯州海外，以防郑成功过来”。又日夜整备战船，大小民船“尽令拦回搬空，以为兵船”，“郑锦随拨大舰二十余只，把守青水乾，令其遇有船将进厦门，只准其伪镇头目单只入见，若要多进，便发铳攻杀”。康熙元年五月十五日，清军“探得伪国姓于初二日澎湖差船二只到青水边”，被郑经部将“林顺追杀俱没”。郑经大规模招兵备战，以抗拒郑成功调厦门官兵前往台湾，竟然歼灭郑成功派来的船两只，大战似有一触即发之势。父子二人视若寇仇，如此激烈冲突的原因何在？盖因郑经乘其父渡海收复台湾之际，欲据厦门、金门、铜山（东山）诸岛，自立门户，即所谓“今公议（五月）初六日筑坛，拜郑经为平国公，换旧太师旗号，祭江。新立十三镇营分拨要地”[2]。郑成功因之遣人取郑经及其母董氏首级。此外，郑经与其弟之乳母有染，私生子，郑成功闻知，愤甚，也激化了父子矛盾。

康熙六年，当清廷派员招抚，郑经宣称自己已“横绝大海，启国东宁（台湾）”，自成“一国”，实质上不过是他早年“更改旗号”的再现。郑经要清廷待以外国之礼，“比同朝鲜”。康熙帝断

1 《卢崇峻密题探知郑经在台厦等地造船招兵等事本》，见《康熙统一台湾档案史料选辑》。

2 《李率泰题为密报郑氏内乱事本》，见《康熙统一台湾档案史料选辑》。

然不允。康熙八年九月，谕明珠、蔡毓荣等曰:“朝鲜系从来所有之外国，郑经乃中国之人……至于比朝鲜、不剃发、愿进贡投诚之说，不便允从。”[1]于是清政府与台湾郑氏的矛盾，也因之由抗敌一变而为维护国家统一的斗争。

## 三　李光地、姚启圣之荐与康熙帝释疑，施琅复任水师提督

康熙七年，施琅奉召入京，任内大臣，隶镶黄旗汉军。

康熙六年七月，康熙帝玄烨亲政。康熙八年五月，清除鳌拜集团，康熙帝才真正掌握实权。同年十一月，以“施琅投诚后劳绩甚多”，加伯爵衔。

施琅任内大臣凡13年，不忘规取台湾，常与福建籍在京官员论海上形势，“公以内大臣奉朝请，即慨然有澄清之志。每蒿目时艰，歔欷扼腕，声泪俱下……时吾闽先生人士在都者，群诣公，仅请平海方略。公指画明悉，凡征战机宜，以及绝岛巨浸，险阻阨塞之处，如列诸掌”[2]。但因他前此两次征台无功而还，人有谓其“骄狂”者，认为他好大言而难以成事，即使是后来力荐施琅的李光地最初即作如是观。他说:“施将军时来说他的本事，海上可平。予亦不在意，以为此人骄狂，未必能成事，亦未知其实际若何。”[3]李光地后来之所以改变对施琅的看法，是“三藩”乱起后，一次与施琅讨论顺治十六年郑成功率水师溯长江而上，围南京，但终于失败的原因何在。李光地云:

> 余素未深知公（施琅）。一夕，就公烛下话，道及顺治乙

1 《敕谕明珠、蔡毓荣等》，见《明清史料》丁编，第3本，第272页。
2 《靖海纪事》（上卷），曾炳“序”。
3　李光地:《榕村续语录》卷一一，《本朝时事》。

> 亥（十六年）事。余曰："社稷之灵也。令贼（指郑成功）不屯兵城（南京）下，驱而径前者，是诚可危。"公笑曰："宜何所向？"余曰："循山而东，奈何？"公曰："南北马步不相若，人矣众寡劳逸又悬，所在虽响应作声，实观望不能为之助也。才涉北地，与官军交，贼立尽耳。"徐又曰："向彼舍短用长者，委坚城，溯江而上，所过不留，直越荆襄，呼召滇粤三逆藩，与之联结，动摇江以南，以挠官军，则祸甚于今日矣。弃舟楫之便而敝围攻，故知贼无能为也。"[1]

施琅直指李光地书生之见，论势谈兵，指出郑成功屯兵南京坚城之下，是舍长用短，终致失败，使李光地口服心服，始知施琅并非"骄狂"之辈，实乃将帅之材。他说："余以是知公能……后余力保其平海。"[2] 康熙帝也曾召施琅于内廷赐宴，问海上事。施琅"度己度彼，指掌条奏甚悉。上大悦"[3]。康熙帝因之对施琅的军事才能有较深的了解，且颇为赏识。

康熙十二年，云南吴三桂反。翌年，福建耿精忠响应，与郑经勾结。郑经"复猖獗海上"，一度占领漳州、泉州、潮州、惠丰等地。闽浙成为平定"三藩"叛乱的战场之一。

康熙十五年，福建总督郎廷相请复设水师提督，以便专对入闽之郑军。清廷先后以海澄公黄芳世、提督杨捷兼管。康熙十七年，复设水师提督，又先后调京口将军王之鼎、湖广岳州水师总兵官万正色为福建水师提督，而不用施琅。在此期间，福建总督姚启圣于康熙十七年保举施琅任水师提督[4]，此后又多次举荐施

1 李光地：《施将军逸事》，见《碑传集》卷一五。

2 李光地：《施将军逸事》，见《碑传集》卷一五；又《榕村续语录》卷一一，《本朝时事》。

3 施德馨：《施襄壮公传》，见《碑传集》卷一五。

4 参见《议政王等题复姚启圣荐举施琅事本》，见《康熙统一台湾档案史料选辑》。

琅。清廷以万正色任水师提督后，姚启圣建议，靖海将军施琅“以将军总统水师，则将军、提督并收得人之效”。但每次荐举，议政王会议均题复“应无庸议”，康熙帝同意。[1]其时，急需对郑军作战的水师帅才，正如姚启圣所说：“今水师提督愈选愈难。”[2]而康熙帝对施琅习知海上事及其军事才能又颇为赏识，为何不用施琅复任水师提督？原因是施琅长子施世泽叛清降郑，这就加重了康熙帝的猜疑，后又因施世泽全家被郑经所杀而释疑。

施琅任内大臣，长子施世泽随侍在京。康熙十年，施世泽回福建晋江衙口原籍完婚。康熙十二年，“三藩”乱起。康熙十三年郑军攻占漳、泉，施世泽为郑军所获，郑经授世泽为女宿镇。[3]后因风传施琅复出为水师提督，世泽解兵权。康熙十六年，施世泽叛郑归清，授副将，奉康亲王杰书之命，随提督段应举征海澄，“城破被执”，世泽再次被郑军俘获。“郑经仍授为监提督”，世泽再叛清降郑。因此之故，使康熙帝不能不加重对施琅的怀疑。再则，施琅曾于顺治三年随郑芝龙降清，后又投归郑成功；由于与郑成功发生矛盾，再于顺治八年降清。今长子施世泽又一再叛降，故康熙帝对施琅说：“尔前为内大臣十有三年，当时因尔系闽人，尚有轻尔者。”[4]直到康熙二十七年七月，其时统一台湾已经五年，施琅入觐，康熙帝于乾清门召见，对施琅说：“今尔来京，又有言当留尔勿遣者。朕思寇乱之际，尚用尔勿疑，况今天下太平，反疑尔勿遣耶！今命尔复任，自宜益加敬慎，以保功名。”[5]这说明廷臣中猜疑者始终不乏其人。

---

1 参见《议政王等题复姚启圣疏请施琅以将军总统水师事务本》，见《康熙统一台湾档案史料选辑》。

2 《议政王等题复姚启圣荐举施琅事本》，见《康熙统一台湾档案史料选辑》。

3 参见江日昇：《台湾外纪》卷六。

4 《康熙起居注》，第 2 册，第 1786 页。

5 《康熙起居注》，第 2 册，第 1786 页。

康熙帝释去对施琅的怀疑，是因施世泽全家被郑经所杀。

康熙十九年，施世泽（即施齐）与族兄施亥（郑经部将）谋擒郑经，献俘清军。密谋败露，郑经杀施世泽、施亥全家73口。施世泽子士轩述其过程云：

> 祖镶黄旗伯原任水师提督施（琅）叨受国恩，父施齐舍（世泽）矢志忠孝，缘从前任提督段（应举）死守海澄，城陷被执。父抱忠矢死，隐忍蓄谋，屡奉将军（杨捷）密谕，与伯施亥舍密图大事，将擒郑逆（郑经）献厦门，以报本朝。不幸被左右吕远首发其谋，二月十八日，父齐舍及伯亥舍被郑逆擒拿，囚禁金门蓼罗地方，至二十三日未时，父与亥舍俱被磔杀，极惨。[1]

施琅孙施士轩，以及副将施琦、知府王麟、同安总兵王英等，均以施世泽受昭武将军杨捷密谕，“抱忠密谋”，欲擒献郑经，谋泄被杀，请“优加恤典”，以慰忠魂。福建总督姚启圣认为，施世泽、施亥“虽擒献之功未遂，而郑经因之内变，内外夹攻，贼众奔走，金、厦全收，揆厥所由，二人之功似不可泯”[2]，也请优加恤典。

施世泽、施亥全家73口被郑经所杀，姚启圣再荐施琅任水师提督，说：“臣愿以百口保琅无他。天子始遣之。”[3]全祖望此说，施琅复出任水师提督，乃姚启圣以全家百口担保其无二心，其实，李光地之力荐，起了关键作用。

康熙二十年，是清廷决计解决台湾问题的关键之年。这一年发生了两件大事。先是正月二十八日，郑经病死，长子郑克臧嗣。

1 《姚启圣题为优恤施齐、施亥以慰忠魂事本》，见《康熙统一台湾档案史料选辑》。
2 《姚启圣题为优恤施齐、施亥以慰忠魂事本》，见《康熙统一台湾档案史料选辑》。
3 全祖望：《会稽姚公（启圣）神道碑第二碑铭》，见《碑传集》卷一五。

郑克臧非嫡派，两天后，即三十日，被冯锡范绞杀，立次子郑克塽，年十二。克塽乃冯锡范之婿，人心不稳，所谓“贼势内乱，机实可乘”。姚启圣奏称：“郑经已伏冥诛，长子缢死，冯侍卫自立其婿，乃天亡海贼之时也。”[1]同年的又一件大事是：五月，定远平寇大将军贝子彰泰率军进抵昆明城下，平定“三藩”之乱即将取得全胜。于是康熙帝决计解决台湾问题。

康熙二十年六月七日，御门听政时，大学士等以将军哈喇达、福建总督姚启圣奏郑经已死，其下互相猜疑，宜乘此机会，令水师“剪除根诛”事请旨，康熙帝谕曰：“进取台湾事情，关系重大，着将军、总督、巡抚、提督等同心速乘机会，灭此海寇。”[2]下令曰：“郑经已伏冥诛……务期剿抚并用，底定海疆，毋误事机。”[3]

规取澎湖、台湾，全靠水师。然而，福建水师提督万正色却认为，郑军澎湖守将刘国轩“智勇不可当”，台湾难以攻取，更有《三难六不可疏》。康熙帝怒斥之曰：“我仗他有本事，委之重任，而他却畏服贼将，不成说话。”[4]康熙知万正色不足以任平台之责，有起用施琅之意。

康熙二十年二月，康熙帝玄烨问李光地：“施齐（世泽）果以内附为海上（郑经）杀耶？”意在进一步证实其事。李光地知康熙帝尚存疑虑，答曰：“施琅既来（指降清），琅，海上所畏也，恐我朝用之，故彼用其子，以生我疑，不用其父耳！”指出郑经用施世泽，乃是使用离间之计。接着又说：“施齐后得便来降（指康熙十三年叛郑降清），复为海上所得（指海澄城破再降郑），知其必不能一心，故杀之。”李光地分析了施世泽被郑经所杀之不可避免，于是康熙帝问：“施琅果有什么本事？”李光地答：“琅自幼在行间，

1 《姚启圣题为报明郑经病故克臧被杀等事本》，见《康熙统一台湾档案史料选辑》。

2 《康熙起居注》，第1册，第709页。

3 《清圣祖实录》卷九六，第14~15、29页。

4 李光地：《榕村续语录》卷一一，《本朝时事》。

经历得多，又海上路熟，海上事他亦知得详细，海贼甚畏之。”康熙帝点首表示同意，因问：“汝胸中有相识人可任为将者否？”又说：“就汝所见，有可信任者，何妨说来。”敦问再三。李光地知康熙帝对施琅可否信任，一定要他明确表态，因而对曰：“此事非小，容臣思想数日后，斟酌妥即复旨。”数天后，康熙帝命明珠往问，于是李光地力荐施琅，说：“他（施琅）全家被海上杀，是世仇，其心可保也。又熟悉海上情形，亦无有过之者。又其人还有些谋略，不是一夫之勇。又海上所畏，惟此一人，用之则其气先夺矣。”[1]李光地知人论世，针对康熙帝的疑虑，指出施琅与郑氏“是世仇”。施琅降清，郑成功杀其父施大宣、弟施显，如今郑经又杀其子施世泽全家，故“其心可保”。进而指出施琅的军事才能足以平台。康熙帝打消了疑虑（康熙帝后来说“朕思寇乱之际，尚用尔勿疑”），七月二十八日，任命施琅“仍以右都督充福建水师提督总兵官，加太子少保”[2]，万正色改任陆路提督。

## 四　“剿抚并用”统一台湾与力主“留台”

康熙二十年十月，施琅抵厦门到任，立即着手备战，一面整治战船，一面练兵，制造器械，躬亲督促。郑军获知施琅复任水师提督，知清军将大举，也积极备战，“自去年（康熙二十年）逆艘纠集澎湖，欲抗我（清）师”[3]。郑军大将刘国轩守澎湖，在备战的同时，于康熙二十一年十一月，遣黄学持书到闽议抚：“请照琉球、高丽外国之例，称臣进贡……在台湾者求免削发登岸。”[4]康熙帝断然不允，再一次指出：“查台湾贼寇俱系闽地之人，不可

1　李光地：《榕村续语录》卷一一，《本朝时事》。

2 《清圣祖实录》卷九六，第14~15、29页。

3　施琅：《密陈专征疏》，见《靖海纪事》（卷上）。

4 《姚启圣题为遣员赴台议抚事本》，见《康熙统一台湾档案史料选辑》。

与琉球、高丽比。”又说：“若贼知我大兵进剿，故智差员冀图缓兵，亦未可定。”[1]命令施琅勿失机会，随时进兵。施琅收到兵部密札后，上书表示决心统一台湾，“臣非灭贼不足以报皇上之殊恩也”[2]。

施琅为免掣肘，能独专指挥规取台湾，他以福建总督姚启圣“生长北方，虽有经纬全才，汪洋巨浪之中，恐非所长”为由，而福建巡抚吴兴祚“见在升任”，请求由他一人负责专征。姚启圣则一再请求与施琅共同进兵台湾。“十月初六日，大学士、学士随奉折本面奏请旨，为议政王大臣会议准提督施琅请自行进剿台湾事。上曰：‘尔等之意如何？’大学士明珠奏曰：‘若以一人领兵进剿，可得行其志，两人同往，则未免彼此掣肘，不便于行事。照议政王所请，不必令姚启圣同往，着施琅一人进兵似乎可行。’上曰：‘然。进剿海寇关系紧要，着该督抚同心协力，攒运粮饷，毋敢有误。前经姚启圣题定武弁功罪条例，着专交施琅遵行。’”[3]康熙帝以施琅“深知水性贼情，专畀以进剿海逆之责”[4]。继而施琅与姚启圣又有乘南风抑或乘北风进兵之争。

康熙二十一年，李光地乞假送母回福建安溪故里，与施琅邂逅，二人谈及南风或北风进兵，以及攻取澎湖事。李光地述二人谈话云：

> 余请急家居，邂逅公（施琅）于小店中，雨甚，稍憩。余曰：“公出师在此月，然众言南风不利，公必犯之，何也？”公曰：“贾竖之言也。夫北风日夜猛，夜则更甚。自此至澎湖，舟载星行，就能鱼贯相尾，幸而不散。然岛屿悉贼据，到彼

1 《清圣祖实录》卷一〇九，第26页。

2 施琅：《舟师北上疏》，见《靖海纪事》（卷上）。

3 《康熙起居注》，第2册，第905页。

4 施琅：《密陈专征疏》，见《靖海纪事》（卷上）。

未能一战夺之，舟无泊处。坐与行殊，风浪飘泊，军不能合也，将何以战？夏至前后二十余日，风微夜静，海水平如练，可以抛舟泊洋，聚而观衅，不过七日举之必矣。用北风者，徒幸万一，南风则十全之算也。”[1]

“用南风则十全之算”，故施琅在上疏中强调：“盖北风刚硬，骤发骤息，靡常不准，难以逆料。南风柔和，波浪颇恬，故而南风破贼，甚为稳当。”[2]以求得朝廷的支持。

康熙二十二年六月十四日，施琅率水师两万余人，大小战船两百余号，由铜山（东山）开驾，进取澎湖。刘国轩统领郑军两万余人，大小战船两百余号迎敌，澎湖各岛要紧之处或筑炮台或筑矮墙，以防敌船登岸。十六日，清军开始进攻澎湖，“冲锋破敌。直入贼艨攻杀”[3]。施琅右眼被铳击伤，蓝理受重伤。十七门，清军总结初战得失，施琅“严中军令，查定功罪，赏罚官兵”，激励将士破敌。十八日，清军攻占外围岛屿。十九日，施琅乘小快船亲往澎湖外堑、莳内“细观形势”，制订破敌方案。二十日、二十一日，清军佯攻外堑、莳内，以分郑军之势。二十二日，施琅指挥全军与郑军决战。清军分三路，左、右各路船五十只；施琅居中，有大小战船五十六只，又以八十余只为后援，直攻娘妈宫郑军主阵地。清、郑双方“四面齐出迎敌”，展开激烈海战，“炮火石矢交攻，有如雨点，烟火蔽天，咫尺莫辨”。施琅指挥各路清军，“抵死戮力击杀”，郑军则“并力死斗”[4]。清总兵官朱天贵战死。郑军主力大战船每船有三四千斤红衣炮一位，两侧有铳一两百门，发炮二十余门，火力甚猛。清军用火桶、火罐猛攻，焚毁其大战船、大炮船

1 李光地：《施将军逸事》，见《碑传集》卷一五。
2 施琅：《海逆日蹙疏》，见《靖海纪事》（卷上）。
3 施琅：《飞报大捷疏》，见《靖海纪事》（卷上）。
4 施琅：《飞报大捷疏》，见《靖海纪事》（卷上）。

二十余只，其余船只一百有奇。两军自辰鏖战至申，郑军损失巨大，“势穷难支”，终于战败。刘国轩乘小快船，逃回台湾，清军一举攻占澎湖。正如施琅战前所料，澎湖海战历时七天。

清军澎湖大捷，郑军战船损失殆尽。被击毙将军以下各级军官三百余员，杀伤及郑军自焚战船跳海溺死者共一万两千有奇，“尸浮满海”。郑军力屈降者五千余人。“扼守澎湖巨魁，巨镇精锐、逆贼巨舰，不数日而全军覆没。”[1]清军死伤官兵两千余人。

清军攻克澎湖，台湾失去屏障，郑军军事力量损失惨重，“台湾兵民闻风俱各解体”。败将刘国轩首倡投降。闰六月初八日，郑克塽、刘国轩遣人至澎湖施琅军前，表示愿意纳款投降。施琅指示，必须刘国轩、冯锡范前来面降，“将土地人民悉入版图”，遵制剃发，移入内地安插。[2]然而，兵部却不允，票拟“知道”。康熙帝决定颁敕招抚，他说：“若不允其投诚，则彼或窜处外国，又生事端，不若允之为善。”[3]康熙帝在敕谕中说，“朕体上天好生之心，普海内外，率俾安全”，为避免战斗伤亡，“特颁敕旨，前往开谕”。宣布：“将尔等从前抗违之罪，尽行赦免。仍从优叙录，加恩安插，务令得所。”[4]七月二十七日，郑克塽、刘国轩、冯锡范各将印册上缴施琅，向清军投降。八月十三日，施琅率水陆官兵抵达台湾鹿耳门，刘国轩、冯锡范等迎接。施琅“宣布皇仁”，赏赐投诚人员。[5]台湾与祖国大陆重新统一起来。康熙帝封郑克塽为汉军公；冯锡范、刘国轩为汉军伯；任命刘国轩为天津总兵官，勉励他“尽职以副朕怀”[6]。

1 施琅：《飞报大捷疏》，见《靖海纪事》（卷上）。
2 参见施琅：《赍书求抚疏》，见《靖海纪事》（卷下）。
3 《康熙起居注》，第2册，第1030、1034页。
4 《清圣祖实录》卷一一一，第11页；《清圣祖实录》卷一一五，第2页。
5 参见施琅：《舟师抵台湾疏》，见《靖海纪事》（卷下）。
6 《清圣祖实录》卷一一一，第11页；《清圣祖实录》卷一一五，第2页。

台湾统一后如何管理，又引起了一场争论。李光地主张“应弃”。他说：“空其地，任夷人居之，而纳款通贡。即为贺兰有，亦听之。”[1]在会议台湾“弃留”时，有人主张“弃其地，迁其人”。施琅坚决反对弃台，他说：“会议之际，臣虽谆谆极道，难尽其词。在部臣、抚臣等耳目未经，又不能尽悉其概，是以于会议具疏之外，不避冒渎，以其利害详细披陈。”[2]于是施琅于康熙二十二年十二月二十二日上《恭陈台湾弃留疏》。此疏逐一驳斥“弃台”之说，有力地论证了必须“留台”“守台”，因而脍炙人口。施琅在疏中首先指出，台湾“乃江、浙、闽、粤四省之左护”，故“台湾一地，虽属外岛，实关四省之要害”，其地理战略位置十分重要。他回溯历史教训：荷兰人占领台湾时，“红毛遂联络土番，招纳内地人民，成一海外之国，渐作边患”。以后郑成功收复台湾作为抗清基地，“窥伺南北，侵犯江浙”。朝廷顾念甚深。因此，守台湾便是“东南之保障，永绝边海之祸患”。施琅特别指出，若弃台湾而不守，“此地原为红毛（荷兰）住处，无时不在涎贪，亦必乘隙以图。一为红毛所有，则彼性狡黠，所到之处，善能鼓惑人心。重以夹板船只精壮坚大，从来海外所不敌。未有土地可以托足，尚无伎俩，若以此既得数千里之膏腴复付依泊，必合党伙，窃窥边疆，迫近门庭。此乃种祸后来，沿海诸省，断难晏然无虞”。总之，“弃之必酿大祸，留之则永固边圉”。因此，台湾“断断乎不可弃”[3]。

施琅虽然不可能从西方早期殖民主义来认识问题，但他对外国侵略势力的分析论断，如一旦有机可乘，必将危害中国，可谓真知灼见。而他指出，若台湾一旦弃而不守，曾经侵占台湾的荷兰人必将再度侵占，却并非无稽之谈。

---

1　李光地：《榕村续语录》卷一一，《本朝时事》。

2　施琅：《恭陈台湾弃留疏》，见《靖海纪事》（卷下）。

3　施琅：《恭陈台湾弃留疏》，见《靖海纪事》（卷下）。

康熙元年七月，荷兰将军苗焦沙吾，“率领夹板船驶抵闽省，其船上竖有支援大清国字样”。苗焦沙吾到省城拜会靖南王耿继茂，“自称出海王”，奉命“前来协助大清剿灭逆郑”。与清官方相约，翌年率舰队前来。康熙二年七月，荷兰战舰17只如期驶抵福建。十月，清军攻取厦门，荷兰战舰偕同清军水师对郑军作战，“放炮击贼，尚能舍命效力”，“水师提督施琅会同荷兰国夹板船邀击之（郑军）”。施琅与荷兰人早就打过交道。清军攻克厦门，准备进攻铜山，再邀荷兰战舰助战，却遭拒绝。荷兰人表露了真实意图：“反请我（清）派船兵进取台湾，伊等相助。”清军考虑到退守铜山的郑军兵力尚盛，若远攻台湾，郑军必从后进击，因而不同意攻台。荷兰人又提出：“可行文招降台湾兵民，伊等可派船运回闽省。”耿继茂说：“外夷禀性贪利，察其来意，一则欲取台湾，二则以图通商。”[1]荷兰人处心积虑蓄谋再侵占台湾，在当时已然是不争之事。因此，施琅力主“留台”“守台”，对国家民族作出了极其重大贡献。福建总督姚启圣也主张“留台”。

施琅请于台湾设总兵一员、副将两员、参将两员、兵八千；澎湖设副将一员、兵两千；镇守其地。议政王会议：准行。御门听政时，大学士李霨、王熙说：“据施琅奏内称，台湾有地数千里，人民十万，则其地甚要，弃之必为红毛所踞，奸宄之徒窜匿其中亦未可料，臣等以为守之便。”[2]议政王会议、大学士一致同意施琅必须守台，否则定为“红毛所踞”，种祸后来。康熙帝对外国人（西方早期殖民主义者）素来怀有戒心。在此之前，荷兰人曾请于福建通商，礼部不允。康熙帝同意，说：“外国人不可深信。在外官员奏请互市，各图私利耳。”[3]康熙帝认为，台湾对海防关系重

1 《耿继茂题报荷兰船助攻并窥伺台湾事本》，见《康熙统一台湾档案史料选辑》。

2 《康熙起居注》，第2册，第1127页。

3 《康熙起居注》，第1册，第666页。

大，谕曰："台湾弃取所关甚大……弃而不守，尤为不可。"[1]决定"且置郡县"[2]。根据康熙帝的命令，清政府在台湾设一府三县，总兵官一员、副将两员、兵八千，驻防台湾；澎湖设副将一员、兵两千驻守；隶属于福建省。台湾的行政建制从此与内地划一，以后又陆续增设县治。

## 五　余论

刘国轩本是郑军骁将，万正色称其"智勇不可当"，施琅称其为"魁杰""好汉"，其所部皆精锐，熟稔海汛，长于海战。施琅认为，郑军将领能与自己争锋者，只刘国轩一人。然而，澎湖一战，刘国轩全军覆没，继而"倡率归诚"，力主向清投降，其原因究竟何在？

海战占风者利。正因为刘国轩熟知海事而成为招致失败的重要原因之一。

施琅率军于康熙二十二年六月十四日由铜山起航出征，十五日到猫屿、花屿。郑军哨船发现，奔回澎湖报告。当晚，清军泊船八罩水垵澳。刘国轩闻报施琅军至，调军迎敌，后知施琅泊于八罩垵屿，刘国轩说："所寄泊垵屿，悉无遮拦之澳，咸是石浅礁线，早晚风起，定不战自溃。"[3]对众将曰："谁谓施琅能军，天时地利莫能识，诸军但饮酒，以观其败耳！"[4]刘国轩以施琅犯泊舟之忌而轻之，欲俟飓风至飘没清军或毁其船。十六日初战后，十七日，施琅"将全艅舟师，复收八罩水垵澳湾泊"[5]。郑军望见，

1　《康熙起居注》，第2册，第1127页。

2　李光地：《榕村续语录》卷一一，《本朝时事》。

3　江日昇：《台湾外纪》卷九。

4　阮旻锡：《海上闻见录》卷二。

5　施琅：《飞报大捷疏》，见《靖海纪事》（卷上）。

大笑，曰："此不足烦吾兵，潮至自碎耳。"[1]施琅习知海事，亦自知战船所泊处实乃危地，但因澎湖三十六岛凡可泊舟的军事要地，均为郑军所占有，无可奈何，他说："三军命悬，悉听之天。"王熙说："敌悉众拒战，胜负未决，日暮，（清军）泊舟八罩岛，水急不利，舟不得住，海潮骤长，忽与岛平，飓风欲作，遽止。公（施琅）以手加额曰：'天佑我师也。'"[2]李光地叙述二十二日决战说："（施琅）十七日与刘国轩打了一仗，互有损伤，蓝义甫（蓝理）腹受七枪，肠皆流出。众兵不力，施欲斩副将以殉总兵，叩求方止。施申明约束，每日挑探。至二十一日晚进兵，刘国轩方整兵御敌，望见一点黑云从天末起，刘云：'不用排兵，但排酒来作戏。'曰：'立见来船（清军）漂没矣。'盖黑云乃起风之征也。酒筵方设，而有殷殷之声，刘愕眙顾众将，曰：'何声遽鸣遽息？'饮酒自若。移时，声复作，刘云：'岂雷声耶？'语未毕，而轰然一声大作，盖云起必飓风起，雷声作则风云立散。刘用是将筵席踢翻，长叹曰：'此天也，非人也。罢！罢！速具舟辑。'乃自乘小船，而常所坐大船有纛者，以别人乘之。其全军覆没，惟国轩遁逸。"[3]刘国轩欲待飓风而轻敌，是清军战胜郑军的原因之一。云起飓风将至，闻雷声而散，在当时人看来，这就是"天意""天命"所在。施琅在《飞报大捷疏》中说："稽古以来，六月时序，澎湖无五日和风，即骤起飓台，怒涛山高，变幻莫测，三军命悬，悉听之天。今抵澎旬余日，海不扬波，俾臣得以调度，七日破贼克捷。且二十二日进师，午刻潮涨多四尺，莫非上天垂佑，皇上弥天之福，故使扼守澎湖巨魁，巨镇精锐，逆贼巨舰，不数日而全军覆没。""天"不佑郑，此刘国轩所以长叹"此

1 施琅：《飞报大捷疏》，见《靖海纪事》（卷上）。
2 王熙：《施公琅墓志铭》，见《碑传集》卷一五。
3 李光地：《榕村续语录》卷一一，《本朝时事》。

天也，非人也”。刘国轩认为无力回天，故而回到台湾后，倡议降清，说“天命有归”[1]。因其首倡投降，康熙帝于常例之外，再厚加赏赐，谕曰:“朕嘉尔（刘国轩）海外倡率归诚。”[2]古人信“天命”。六月澎湖旬余日无飓风这一偶然气象，成为清军不战而下台湾的原因之一。

当然，台湾郑氏不战而降，主要是郑军主力于澎湖海战丧失殆尽。军事力量的对比是关键。其实，当郑经欲割据台湾，自称“启国东宁”，实则举步艰难。原因如下。其一，台湾地小人少，郑军难以从当地土著居民中扩军；若单从大陆移民或逃亡者补充军力，又十分有限，郑军实力自然与时俱减，故以“台湾仅弹丸之地（康熙语）”[3]与清抗衡，力量相差悬殊。其二，事实证明，“三藩”乱起，郑经与耿精忠勾结，虽曾嚣张一时，但是，康熙十五年耿精忠降清后，即会同清军转而进讨郑军，于是郑军连连败北，退出漳、泉、惠丰、潮州。既然当“三藩”叛乱、福建沿海糜烂之际，郑军尚无大的作为，那么，清政府平定“三藩”乱后，郑军就更不可能有所作为了，而事实是澎湖一战即溃。故郑经说，北起辽东，南至海南，处处可以用兵，不过是口出大言、虚张声势而已。其三，郑经所谓“台湾非中国版图”的谬论，背叛其父郑成功，故而大失人望。因此，无论在政治上，或者军事上，台湾郑氏都是注定要失败的。

（原载《清史研究》1997年第1期）

1　李光地：《榕村续语录》卷九，《本朝人物》。

2《清圣祖实录》卷一一五，第2页。

3《康熙起居注》，第2册，第1078页。

# 施琅评议

康熙二十二年六月十四日，福建水师提督总兵官、右都督施琅率师规取澎湖、台湾。自六月十六日至二十二日，清、郑两军在澎湖海面展开激战，刘国轩所率郑军被击败，战溺死者一千二百余人，降者五千余人。清军攻占澎湖三十六岛。

澎湖既失，台湾无所屏障，“台湾兵民，闻风俱各解体”[1]。闰六月初八日，郑克塽、刘国轩遣郑平英等至澎湖施琅军前，纳款请降待命，并请允准郑克塽、冯锡范等人仍留居台湾，“承祀祖先，照管物业”。施琅指示：必须刘国轩、冯锡范亲来面降，“将人民土地悉入版图。其伪官（郑氏官员）遵制剃发，移入内地，听遵朝廷安辑”[2]。郑克塽等不得仍留在台湾。同时，与总督姚启圣题请康熙颁敕招抚。康熙颁敕郑克塽等，曰：“将尔等从前抗违之罪，尽行赦免，仍从优议叙，加恩安插。煌煌谕旨，炳如天日，朕不食言。”[3]七月，郑克塽等再遣官员前来澎湖，接受招抚，清廷统一台湾。兹将有关评说施琅历史功业的几个关键问题论说如下。

1 施琅：《赍书求抚疏》，《靖海纪事》（卷下）。

2 施琅：《赍书求抚疏》，《靖海纪事》（卷下）。

3 《清圣祖实录》卷一一一，第10页。

## 一　施琅决定不杀郑氏一人

康熙对台湾郑氏的剿抚方针之所以能够顺利实施，郑克塽、刘国轩等人之所以顺利款降，是因为在清军攻占澎湖后，施琅弃私怨而以“国事”为重，妥善处置。

施琅与郑氏有杀父、杀弟、杀子之仇，曾一再声言：“与贼（台湾郑氏）仇不共戴，视此逆贼跳梁，能无扼腕，虽躬履险阻，身历波涛，亦必灭此朝食。”[1]他向康熙奏称：自己“心切父弟之仇，故靡刻不以灭贼为念”[2]。故平台后，施琅如何对待郑氏及刘国轩等人，是一个十分令人关注的敏感问题。施琅决定不杀郑氏一人，他说：

> 凡吾不伤郑氏一人者，亦有意。吾欲报怨，彼知必不能全首领，即不能守，亦必自尽。郑贼虽不成气候，将来史传上也要存几张纪传，至此定书某某死之，倒使他家有忠臣孝子之名。不如使他全家皆为奴囚、妾妇于千秋，其报之也不大于诛杀乎？因大笑。且成功亦得防祸，若郑氏尽，万一有嫉妒腾谗谤之口，谓施琅得郑家珠宝若干、美女若干，郑氏无人，谁将与辩？今郑氏全在，可以质问，为自己祸患计，亦当如是。[3]

施琅不杀郑氏一人，不尽是为个人计，难能可贵的是，他能公而忘私，从而有利于实施剿抚并用的既定方针，使郑氏纳款请降不再出现波折。当澎湖海战清军取得全胜，郑军守将刘国轩乘

1　施琅：《边患宜靖疏》，《靖海纪事》（卷上）。

2　施琅：《边患宜靖疏》，《靖海纪事》（卷上）。

3　李光地：《榕村续语录》卷一一，《本朝时事》，第705~706页。

小快船遁归台湾后，施琅立即采取了以下的措施：

> 于是命人捞救贼军（郑军）之落水半死者，共得数百人，医疗亟遣之回。曰："何为用此？"（施琅）曰："吾料刘国轩计无复之，惟有扬言于众，吾将报杀父之仇，到台湾鸡犬不留，悚恐众人，尽力死守。吾捞起之人问知谁为藩下（郑氏）人，谁为冯侍卫（锡范）人，谁为刘（国轩）将军人。"云："断不报仇，当日杀吾父者已死，与他人不相干，不特台湾人不杀，即郑家肯降，吾亦不杀。今日之事，君事也，吾敢报私怨乎？"因折箭为誓，厚赏之银钱而去。
>
> 又访得刘国轩亲信之人，厚结之，令与刘说，我绝不与为仇，他肯降，吾必保奏，而封之公侯。前此各为其主，忠臣也。彼固无罪，吾必与之结姻亲，以其为好汉也。亦折箭立誓。
>
> 刘归，果以此恐动其国人，方为固守计，而此辈归，众人闻之，遂无固志，关隘不闭，倾国纳款矣！[1]

施琅说："今日之事，君事也，吾敢报私怨乎？"又说："绝岛新附，一有诛戮，恐人情反恻。吾所以衔恤茹痛者，为国事重，不敢顾私也。"[2]足见其胸襟与以国事为重，志向高远，深受康熙赞许，有云："戢兵而宣德意，受降而不复私仇。调度周详，朕深嘉叹！"[3]施琅又结好于刘国轩，台湾郑氏因之顺利款降。施琅可谓勇略兼备的帅才。

1 李光地：《榕村续语录》卷一一，《本朝时事》，第705~706页。

2《清史稿》卷二六〇，《施琅传》。

3 康熙《敕建碑文》，《靖海纪事》（卷下）。

## 二　康熙决策与施琅力主“留台”“守台”之功不可没

台湾郑氏投降，施琅立即向康熙奏报。

康熙二十二年，岁在癸亥，中秋之夜，“上（康熙）衣锦袍，看月宫景物”，与大臣共度良宵佳节，“登楼宴赏”。此时，施琅题奏台湾投降捷报飞递而至，康熙喜甚，即脱所衣锦袍赐施琅，又赋诗一首，御笔亲书，命裱褙赐施。

岛屿全军入，沧溟一战收。
降帆来蜃市，露布彻龙楼。
上将能宣力，奇功本伐谋。
伏波名共美，南纪尽安流。[1]

诗中对施琅平台之功给予高度褒奖，南国海疆从此安宁。称赞施琅可与东汉安定南疆的伏波将军马援享有共同的美名。

然而，台湾统一后，清廷决策当局却发生了台湾“弃”“留”之争，历时约半年。台湾或“弃”或“留”，其关系之巨大，影响之深远，不言而喻。值得注意的是，康熙对规取台湾，其初心重在平定“海寇”，安定沿海及海疆，而对台湾的战略地位与形势缺乏了解与认识。历史证明，是施琅力主“留台”“守台”，才使康熙改变初衷。今据有关史料，述其过程。

中秋夜到京的施琅捷报，即《台湾就抚疏》。该疏主要内容有三。第一，七月十五日，郑克塽与台湾军政大权在握的刘国轩、冯锡范遣人前来澎湖，受抚投降；驻守南北淡水的郑军左武将军

1　施琅：《赍书求抚疏》，《靖海纪事》（卷下），第703~704页。

何祐也差人向施琅“纳款，是台湾南北地方，俱已效顺”，台湾全岛归清。第二，台湾“土地千余里，户口数十万”，是极其富庶之岛。第三，台湾地处外海，且郑氏官兵众多，当如何安插，台湾“或去或留”，“事关重大，所当亟请皇上迅赐睿裁”。同时，请差户、兵二部才能大员迅速前来，会同督抚料理一切事宜。[1]康熙颁发谕旨，对平台有功人员“一并从优议叙”；对台湾弃留问题，“令议政王大臣会议以闻”。议政王大臣等议得：台湾“应弃应守”，俟郑克塽等率众登岸后，令侍郎苏拜会同福建总督姚启圣、巡抚金鋐、提督施琅“酌议具奏”。康熙同意。因此，清廷首先关注的是办理郑氏所部登岸及安插事宜，消弭郑氏的军事力量，然后才会议台湾“应弃应留”的问题。本来，台湾统一后，“如何管理”乃当务之急，之所以未能及时议定者，盖因康熙当时态度所使然。

八月十三日，施琅率军抵达台湾，由鹿耳门登岸。刘国轩、冯锡范等到军前迎接，“其各乡社百姓及土番，壶浆迎师，接踵而至”，受到台湾人民及高山族的热烈欢迎。施琅“宣布皇仁，酌量给赏”。郑氏文武官员悉行剃发。施琅立即着手将郑成功之子辅国公郑聪等六人，郑经之子郑克塽（郑成功之孙）及其弟恭谨侯郑克塈等九人，武平侯刘国轩、忠诚伯冯锡范等及其子弟，故明监国鲁王世子朱桓及明裔巴东王朱江等十七人，续顺公下官兵家口、海澄公家口等紧要人员，“俱拨船配载官兵，陆续护送，移入内地”，交由侍郎苏拜、总督姚启圣、巡抚金鋐安插。其余官兵家口，将“趣令起行”。[2]康熙得知施琅已将郑克塽等“移入内地”后，于九月初九日，御笔亲书《褒章》赐予施琅：“海氛之不靖，艨艟出没，波涛震惊。滨海居民，鱼盐蚕织耕获之利，咸失其业，朕心恒悯恻焉！……蕞尔台湾，险阻负固。尔施琅衔命徂征，决策进取。……

1　施琅：《台湾就抚疏》，《靖海纪事》（卷下）。

2 《清圣祖实录》卷一一一，第33~34页；施琅：《舟师抵台湾疏》，《靖海纪事》（卷下）。

捷书到阙，时值中秋。……用纾南顾之忧，惟尔丕绩！即解是日所御之衣驰赐，载以褒诗。（见前引）”[1]《褒章》的主旨也是平定台湾后，康熙所关注者重在消弭沿海兵燹，民人得以安居乐业，使皇帝“用纾南顾之忧”，而对台湾之地位却未明确说明。

翌日（九月十日），康熙谕吏部、兵部，加授施琅为靖海将军，封为靖海侯。上谕云：

向来海寇窜踞台湾，出没岛屿，窥伺内地，扰害生民，虽经剿抚，余孽犹存，沿海地方，烽烟时警。……朕念海氛不靖，则沿海兵民弗获休息。特简施琅为水师提督，前往相度机宜，整兵征进。该提督忠勇性成……（台湾郑氏）慑服兵威，乞降请命。已经纳土登岸，听候安插……濒海远疆，自此宁谧。……施琅着加授靖海将军，封为靖海侯，世袭罔替。[2]

此上谕褒奖施琅平定台湾，其所强调关注者仍然是“平定海寇”，而对台湾统一后之地位同样未予重视。此后不久，康熙对台湾地位有十分明白的宣谕。

十月十日，九卿詹事科道以“海寇底定”请上尊号，康熙不允。他说：

加上尊号，典礼甚大。台湾属海外地方，无甚关系。因从未向化，肆行骚扰，滨海居民，迄无宁日，故兴师进剿，即台湾未顺，亦不足为治道之缺。[3]

1 施琅：康熙《御制褒章》，《靖海纪事》（卷下）。

2 《清圣祖实录》卷一一二，第 9~10 页。

3 施琅：《边患宜靖疏》，《靖海纪事》（卷上），第 20 页。

此上谕足见康熙对台湾地位认识不足。他认为台湾位居海外，故“无甚关系”，即使不归顺清廷，也不是什么缺陷。只因郑氏“肆行骚扰”，故而才“兴师进剿”。如此说来，在康熙决策过程中，平定“海寇”是其主要目的，至于台湾地方的归属则考虑不多。康熙再次拒上尊号时所说，证明了这一点。

康熙第一次拒上尊号后，诸臣认为“皇上功德实越古昔帝王。非上尊号，无以慰臣民仰戴之愿”，于是再请上尊号。康熙再次下谕曰：

> 海贼乃疥癣之疾。台湾仅弹丸之地，得之无所加，不得无所损。若称尊号，颁赦诏，即入于矜张粉饰矣！不必行。[1]

康熙坚拒上尊号是经过慎重考虑的，他认为台湾乃弹丸之地，得与不得都无关紧要。若上尊号，则是“矜张粉饰”，小题大做，夸耀功业，故不必行。康熙二十二年十月十一日御门听政时，康熙对大学士明珠等重申了“台湾仅弹丸之地”之说。[2]正因为康熙对台湾有如此认识，故“弃”与“留”便成为争论的焦点。康熙曾询问李光地的意见，据李光地说：

> 海上初平时，予（李光地自福建）赴官进京，上（康熙）即问云：“如今台湾已平，姚启圣、施琅欲郡县其地，如何？汝来时曾见之否？”奏云：“来时曾见之，臣议论与之不合。”上问云：“如何不合？”曰：“台湾隔在大洋之外，声息皆不通，小有事则不相救。使人冒不测之险，为其地之官，亦殊不情。”上云：“然则弃之乎？”曰：“应弃。”上曰：“如何弃法？”

1 《清圣祖实录》卷一一二，第 21 页。

2 《康熙起居注》，第 2 册，第 1078 页。

曰:"空其地，任夷人居之，而纳款通贡。即为贺兰所有，亦听之。"[1]

从康熙与李光地的对话中，仍可见康熙对台湾是"弃"是"留"，仍无定见。而促使康熙改变对台湾的认识者，正是施琅。

前已述及，当施琅平台捷报于中秋夜到京后，康熙依议政王大臣会议所奏，命侍郎苏拜前往福建与总督姚启圣、巡抚金鋐、提督施琅会议台湾"应弃应留"具奏。由于清廷首先处理郑克塽[2]，二十五日才班师过澎湖[3]，故会议大约到十二月才举行，此时距台湾投降已逾四月。会议中"有议迁其人，弃其地者"[4]，于是引发了激烈争论。施琅坚决反对"弃台"，极力加以驳斥:"如仅守澎湖，而弃台湾，则澎湖孤悬汪洋之中，土地单薄，远隔金门、厦门，岂不受制于彼而能一朝居哉?"[5]然而，"部臣苏拜，抚臣金鋐以未履其地，莫敢担承"[6]，不同意施琅"留台""守台"的主张。施琅说:"会议之际，在部臣、抚臣等耳目未经，又不能尽悉其概，是以于会议之际，臣虽谆谆极道，难尽其词。在部臣、抚臣等耳目未经，又不能尽悉其概，是以于会议具疏之外，不避冒渎，以其利害详细披陈。"[7]于是，于康熙二十二年十二月二十二日上《恭陈台湾弃留疏》，此疏逐一批驳"弃台"之说，有力地论证了"留台""守台"，因而脍炙人口，成为不朽的名篇。施琅在疏中首先指出:"台湾地方，北连吴会，南接粤峤，延袤数千里，山川峻峭，港道纡回，乃江、浙、闽、粤四省之左护。"故"台湾一

1　李光地:《榕村续语录》卷一一，《本朝时事》，第709页。
2　施琅:《赍书求抚疏》，《靖海纪事》(卷下)，第1101页。
3　施琅:《班师（过澎湖）祭阵亡官兵文》。
4　《清史列传》卷九，《施琅传》。
5　施琅:《恭陈台湾弃留疏》，《靖海纪事》(卷下)。
6　李光地:《榕村续语录》卷一一，《本朝时事》，第705~706页。
7　李光地:《榕村续语录》卷一一，《本朝时事》，第705~706页。

地，虽属外岛，实关四省之要害”，其地理位置十分重要。他回溯历史教训：荷兰人侵占台湾时“红毛遂联络土番，招纳内地人民，成一海外之国，渐作边患”，沿海地区不得安宁。以后郑成功收复台湾作为抗清基地，郑经（成功子）“窥伺南北，侵犯江浙”。朝廷顾念甚深。因此，守台便是“东南之保障，永绝边海之祸患”。施琅强调指出：台湾“地方既入版图，土番、人民均属赤子”。若弃而不守，将后患无穷。他说：

> 此地（台湾——引者）原为红毛住处，无时不在涎贪，亦必乘隙以图。一为红毛所有，则彼性狡黠，所到之处，善能鼓惑人心。重以夹板船只，精壮坚大，从来乃海外所不敌。未有土地可以托足，尚无伎俩；若以此既得数千里之膏腴复付依泊，必合党伙，窃窥边场，迫近门庭。此乃种祸后来，沿海诸省，断难晏然无虞。

总之，“(台湾）弃之必酿成大祸，留之诚永固边圉”，“盖筹天下之形势，必求万全”，因此，台湾“断断乎不可弃”。[1]同时进呈台湾地图一张，请康熙“御览”。

施琅主张“留台”“守台”是始终如一的。当郑军澎湖惨败，于闰六月初八日请降时，施琅即宣称必须“将（台湾）土地人民悉入版图”。此后在《台湾就抚疏》《谕台湾安民生示》《祭台湾山川后土文》以及《恭陈台湾弃留疏》中，都一而再、再而三地重申“(台湾）土地既入版图，则人民皆为赤子，保乂抚绥，倍常加意”。而施琅“弃之（台湾）必酿成大祸”的深刻分析与论述，虽然不可能是从西方早期殖民主义来认识问题，但他对外国侵略势力的分析论断，一旦有机可乘，必将危害中国，可谓真知灼见。

1 以上引施琅：《恭陈台湾弃留疏》。

而他指出，如台湾一旦弃而不守，曾经侵占台湾的荷兰人必将再度侵占，更非无稽之谈。

康熙元年二月，侵占台湾的荷兰长官揆一签字向郑成功投降，民族英雄郑成功收复祖国领土台湾。但荷兰人并不甘心失败，企图借清军之力再占台湾。同年七月，荷兰将军苗焦沙吾，“率领夹板船驶抵闽省，其船上竖有支援大清国字样旗纛”。苗沙焦吾到省城拜会靖南王耿继茂，“自称出海王”，奉命“前来助大清剿灭逆郑”。[1] 与清方相约，翌年率队前来。康熙二年，荷兰战舰 17 只如期驶抵福建。九月十六日，“荷兰舰队驶入泉州湾。耿继茂、总督李率泰根据朝廷旨意……乃设筵礼待有加。寻荷兰舰队指挥官博尔特提出合兵进攻金、厦协议十一项，其中有清方战船应由荷兰指挥；荷兰东印度公司在中国享有贸易之自由，不受任何干涉；在克复金、厦两岛后，联军应驶往台湾。攻下台湾后，清军应将该岛及一切城堡，交给荷兰，等等”。清、荷双方对某些条款持有异议。李率泰致信荷方，声称：“虽先禀报皇上，等候御批。”“然朝廷迟迟不予理睬。”[2] 故无结果。荷兰人被郑成功驱逐出台湾后，欲借清军之力重新侵占台湾，直言不讳，明目张胆地向清当局提出如“联军”攻占台湾则须将其交给荷兰。

十月，清军攻取厦门，荷兰战舰偕同清军水师对郑军作战，“放炮击贼（郑军——引者），尚能舍命效力”，“水师提督施琅会同荷兰国夹板船邀击之（郑军）”。施琅与荷兰人早就打过交道，知其意图。清军攻克厦门，准备进攻铜山（福建东山），再邀荷兰战舰助战，却遭拒绝。荷兰人再次要求，“请我（清）派兵船进取台湾，伊等相助”。清军考虑到退守铜山的郑军兵力尚盛，若远攻台湾，郑军必从后攻击，因而不同意。荷兰人又提出：“可行文

1 《耿继茂题报荷兰船助攻并窥伺台湾事本》，《康熙统一台湾档案史料选辑》，第 20 页。

2 章开沅主编：《清通鉴》，第 1 册，第 531~532 页。

招降台湾军民，伊等可派船运回闽省。”耿继茂说：“外夷禀性贪利，察其来意，一则欲取台湾，二则以图通商。”[1]三藩乱起，郑经复“猖獗海上”，一度占领厦门、金门、泉州、漳州、潮州、惠丰等地。康熙十九年正月，郑经悉调战船齐集海坛，“贼”甚多。清军决定进行一次大战役，由总督姚启圣、巡抚吴兴祚、提督杨捷各率所部，水师提督万正色率巨舰，水陆夹攻郑军。荷兰人又欲以战舰助清军对郑军作战[2]，只因荷兰船未到，万正色“不俟荷兰国船，领水师先行出洋，驱逐海逆，克奏肤功”。[3]荷兰人处心积虑图谋再度侵占台湾，于此可见。故施琅力主“留台”“守台”，对国家、民族作出了极其重大的贡献。

正是施琅对“弃台”必为荷兰人所占，将后患无穷的分析使康熙深受触动。本来，康熙对外国人（荷兰早期殖民主义者）素来怀有戒心。此前，荷兰人曾请于福建通商，康熙说：“外国人不可深信。在外官员奏请互市，各图私利耳。”[4]后来又说：“海外如西洋等国，千百年后，中国恐受其累。此朕逆料之言。”[5]《恭陈台湾弃留疏》对荷兰侵略者的分析与康熙的思虑相合，康熙因之改变了对台湾地位的认识。康熙能及时改正自己认识之不足，表明了他是一位杰出的封建君主。

康熙二十三年正月二十一日，是决策台湾“弃”“留”之日。施琅请于台湾设总兵官一员、副将一员、参将两员、兵八千，澎湖设副将一员、兵两千，镇守其地。议政王、贝勒、大臣、九卿、詹事、科、道会议准行，一致同意施琅“留台”“守台”的主张。

---

1 《耿继茂题报荷兰船助攻并窥伺台湾事本》，《康熙统一台湾档案史料选辑》，第20页。

2 《清圣祖实录》卷八八，第24页。

3 《清史列传》卷九，《万正色传》。

4 《康熙起居注》，第1册，第666页。

5 《清圣祖实录》卷二七〇，第16页。

御门听政时，大学士李霨、王熙奏："据施琅奏内称，台湾有地数千里，人民十万，则其地甚要，弃之必为外国所据，奸宄之徒窜匿其间亦未可料。臣等以为守之便。"康熙说："台湾弃取所关甚大。""弃而不守，尤为不可。"[1]根本改变了三个月前"台湾属海外地方，无甚关系"，"台湾仅弹丸之地，得之无所加，不得无所损"的认识。康熙命令大学士会同议政王、贝勒、大臣、九卿、詹事、科、道会议如何管理台湾具奏。于是，此前不同意施琅"留台""守台"的侍郎苏拜等"亦从琅议"。[2]康熙二十三年四月，差往福建的侍郎苏拜，会同福建督抚、提督疏言，请于台湾设一府三县，巡道一员，隶属于福建省；从施琅所请设总兵官、副将等镇守台湾、澎湖。[3]台湾与祖国大陆重新统一起来，其行政区划也与大陆划一。康熙、施琅对国家、民族所作出的历史功业，永远彪炳于史册。

## 三　郑成功抗清与郑经"启国东宁（台湾）"

郑成功驱逐荷兰侵略者，收复祖国领土台湾，作为抗清基地，其功业永垂青史。而清军平定台湾，康熙、施琅完成国家统一，其功业同样彪炳于史册。对抗争的双方都充分肯定，粗粗看来，似乎矛盾。那么，应该如何认识这一历史客观存在？

台湾自古以来是中国的领土。明末，郑成功父郑芝龙曾居台湾，时福建大旱，百姓饥甚，巡抚熊文灿谋于郑芝龙。郑芝龙建议招饥民赴台，"乃招饥民数万，人给银三两，三人给牛一头，用海舶载至台湾"[4]，形成福建沿海向台湾移民的一次高潮。福建移民

1 《康熙起居注》，第 2 册，第 1129 页。
2 《清史列传》卷九，《施琅传》。
3 《清圣祖实录》卷一一五，第 4~5 页。
4 黄宗羲：《行朝录》卷四，《赐姓始末》。

到台湾后，“开垦荒土，厥田为上，秋成所获，倍于中土”。[1]

17世纪初，荷兰继葡萄牙之后，成为当时最强大的殖民主义国家。1602年，荷兰东印度公司成立，这是一个在东方进行贸易与扩张殖民势力的公司，公司有权以荷兰国家的名义向东方各国宣战、媾和、订约；享有在东方航运和贸易的垄断权；公司拥有强大的武装和舰队。

1601年，荷兰人第一次侵占中国澎湖，旋被驱逐。1622年，荷兰人再次侵占澎湖，“红夷自天启二年六月入我澎湖”。[2]进而骚扰福建沿海，对厦门、海澄“夷人久垂涎，又因奸民勾引，蓄谋并力，遂犯中左所（厦门），盘踞港内，无日不搏战。又登岸攻鼓浪屿，烧洋商黄金屋船只区，遂泊圭屿，直窥海澄”。[3]明兵与之进行了激烈战斗。荷兰侵略者如此猖狂，明军决定“渡澎湖捣巢”。天启四年，明军出师攻击；六月，明军登陆澎湖，荷兰人“竖白旗”，退出澎湖。“独渠帅高文津等十二人据高楼自守。诸将破擒之，献俘于朝。”荷兰侵略者退出澎湖后，转而侵占台湾，在台湾南部地区先后建起热兰遮城（又称台湾城）、普罗文查炮楼（又称赤嵌楼、红毛楼）。西班牙人看到荷兰人侵占台湾南部，于天启六年也派加凌奴率舰队在台北鸡笼港（基隆）强行登陆，筑鸡笼城，并侵占淡水。崇祯十五年，荷兰人打败西班牙人，占领了台湾南北。荷兰殖民主义者在台湾实行残暴统治，激起了台湾各族人民的反抗。顺治九年，郭怀一率众起义，是台湾最大的一次反对荷兰殖民统治的斗争。起义失败后，荷兰当局“屠杀了八千名起义的汉人和无辜的妇女儿童，用火烙等最野蛮的方法将被捕起义者处死，挂人头向居民示众”。[4]对台湾土著高山族人民，

1 黄宗羲：《行朝录》卷四，《赐姓始末》。

2 《明熹宗实录》卷三〇。

3 《明史·荷兰传》。

4 丁名楠：《郑成功收复台湾，驱逐荷兰殖民者的胜利斗争》。

既残酷剥削，又横加屠戮。“自红毛（荷兰人）始据时，平地土番（高山族），悉守约束，力役输赋不敢违，犯法杀人者，剿灭无孑遗。”[1]因此，台湾各族人民对荷兰侵略者郁积满腔仇恨。

顺治三年八月，福建南明隆武政权兵权在握的郑芝龙（郑成功之父）尽撤闽浙交界各关口之兵，于是“关口无一守兵”。[2]清军由天险仙霞关长驱直入福建。隆武帝取道汀州向江西出逃。清军攻占延平、福州后，追击隆武帝，攻占汀州。隆武帝被杀于汀州府堂。清军破泉州，郑芝龙不听其子郑成功劝阻，向清投降。于是郑成功毅然与其父决裂，率部下陈辉、张进、施郎（降清后改“郎”为“琅”）等九十余人，招集余部于南澳起兵抗清。

南明永历十三年，清顺治十六年五月，郑成功率战船两千余只，士卒十余万入长江，围南京，欲与清军一决雌雄，然而不幸战败。八月，郑军退出长江，兵力、军械损失惨重。郑成功回到金门、厦门。翌年（顺治十七年）五月，清廷命将军达素调集南北水师，甲士万骑，自漳州出击，欲乘成功新败，趁势攻下金门、厦门。两军战于金、厦海面，清军败绩，达素返福州后自杀。郑军虽胜，但郑成功深知，清军必将再倾力来攻，对诸将说：“去年虽胜达虏（达素）一阵，伪朝未必遽肯悔战。”而且，闽、浙沿海因连年战争，民力维艰，郑军粮食供应十分困难，“南北征战，眷属未免劳顿”。年前，何斌自台湾来，向郑成功力陈台湾可取，民心可用，又密绘台湾鹿耳门一带水道地图，向郑成功“密进地图，劝赐姓（郑成功）取之”。[3]何斌说：“台湾沃野千里，四通外洋，横绝大海，足与中国（指清朝——引者）抗衡。土番（高山族）受红夷（荷兰殖民者）欺凌，每欲反噬。以天威临之，如猛

1　郁永河：《采硫日记》（卷下）。

2　计六奇：《明季南略》卷八。

3　阮旻锡：《海上见闻录》卷一。

虎逐群羊也。得其地足以广国，取其财足以饷兵，进战退守，无逾于此！”成功与诸将议，于是决定“开辟荆榛逐荷夷”，驱逐荷兰入侵者，收复台湾，作为抗清基地。他说：

> 我欲平克台湾，以为根本之地，安顿将领家眷。然后东征西讨，无内顾之忧，并可生聚教训也。[1]

顺治十八年正月初七，顺治帝病逝，“赐姓（郑成功）以清世祖薨，未暇征战，遂决意取之（台湾）”。[2]三月二十三日，郑成功率军由金门料罗湾开驾，攻取台湾。四月初一日，黎明，至台湾鹿耳门，郑成功首先“随下小哨，徭（由）鹿耳门登岸，踏勘营地”。“午后，大船齐进鹿耳门……是晚，我军（郑军）齐到，泊乐寮港，登岸扎营。”[3]饱受荷兰殖民主义奴役的台湾人民，见郑成功率军到来，欣喜若狂。荷兰人承认：“Bepontok（即郑军提督亲军骁骑镇马信），将船只分布于大员（一鲲身）与福摩萨（台湾）之间的广阔海湾中，并派士兵登陆。随即有几千中国人出来迎接他们，用货车和其他工具帮助他们登岸。这样，不到两小时，大部分敌军已进入我们（荷兰殖民者）的海湾，几千士兵已经完成登陆。”[4]在台湾人民的大力支援下，郑军很快完成登陆。四月三日，台湾城（热兰遮城）的荷兰长官揆一派出三路殖民军攻击郑军，又派舰队攻击郑军水师，均被击败。荷兰人“战斗结果是很悲惨的”。四月初四日，被郑军围困的“赤嵌城（普罗文查楼）夷长猫难实叮以孤城援绝，城中乏水，欲降。……遂赴藩（郑成功）前纳降，仍令原驻城中，并厚赐唐山（指中国——引者）土

1 杨英：《从征实录》。

2 夏琳：《海纪辑要》。

3 杨英：《从征实录》。

4 C.E.S：《被忽视的福摩萨》，《郑成功收复台湾史料选辑》，第142页。

仪。藩遂遣实叮往台湾城招揆一来降”。揆一拒不投降。许以“劳师银十万”，以后每年输税银“若干万，并土产货，年年照例贡纳”。请郑成功撤军。成功严词却之。于是郑军围困台湾城。1662年2月1日，揆一签字投降，率领五百众荷兰人，分乘八船，退离台湾。台湾在被荷兰人侵占38年后重新回到祖国怀抱。郑成功赋《复台》诗一首，诗言志，以明其收复祖国领土的过程与心声。诗曰：

开辟荆榛逐荷夷，
十年始克复先基。
田横尚有三千客，
茹苦间关不忍离。[1]

康熙元年，南明永历帝朱由榔兵败逃亡缅甸后，缅人执永历帝送吴三桂军营。四月，永历帝死于昆明，大陆有组织的抗清斗争失败了。郑成功已是孤军抗清，仍奉永历年号，自称“孤臣”。[2]上引《复台》诗，原注“十年始克复先基”曰：“太师（郑芝龙，成功父）会兵积粮于此，出仕后为红毛荷兰夷酋弟揆一王窃踞。”郑成功经十年筹划，终于驱逐荷兰侵略者，收复中国领土台湾。诗的后两句，引田横典故，以明其抗清之志。田横本齐王田氏族。秦亡，楚汉相争，汉将韩信破齐，齐王田广死，田横自立为齐王。汉高祖刘邦灭项羽，称帝，田横“与其徒属入海，居岛中”。田横以事汉为耻，后自刎。田横死，汉高祖遣使者至海岛招田横徒属。使者至，众人“闻田横死，亦皆自杀”，五百人无一降者。[3]郑成

1 《延平二王遗迹》，C.E.S《被忽视的福摩萨》，《郑成功收复台湾史料选辑》，第1页。

2 夏琳：《海纪辑要》。

3 《史记》卷九四，《田儋列传》。

功引田横入海岛典故，是说他尚有含辛茹苦却生死不离的部众，表明自己在台湾抗清之志至死不渝。不幸的是，当年（康熙元年）五月初八日，郑成功病逝。临死叹曰，起兵抗清枕戈泣血十有六年，壮志未酬，大呼："天乎，天乎！何使孤臣至于此极也。"[1]年三十有九。

郑成功英年早逝，子郑经嗣位。清廷得知郑成功逝世，于康熙元年七月及次年八月，两次派员前往厦门招抚，喻以"朝廷诚信待人，若释疑遵制，削发登岸，自当厚爵加封招抚之"。[2]郑经提出不剃发，仿朝鲜例，称臣入贡，于是清廷招抚失败。

康熙二年十月，清军攻克厦门、金门，郑经退守铜山（今福建东山）。靖南王耿继茂、总督李率泰再派员往铜山招抚，仍告失败。康熙三年、四年，施琅两次率军征取台湾，被飓风所阻，无功而返。于是清廷循于招抚，以总兵官孔元章、知府马星、道员刘尔贡任其事。康熙六年四月，孔元章至福州；五月，遣马星、刘尔贡携带孔元章致郑经的招抚信和郑经舅父董班的劝降书，前往台湾；七月，马星、刘尔贡返回福建，带回郑经复孔元章和董班的两封书信。此二书是郑经决意分裂割据的明证，兹录于下：

《郑经复孔元章书》云：

> 嗣封世子复书于都督孔将军麾下：侧闻英猷，倾慕日久，顷荷惠书，教以不逮。又遣？
>
> 贵介刘（尔贡）、马（星）二君，备达委曲，幸甚，幸甚！
>
> 然窃怪麾下未亮不佞之心，而犹从流俗之末议也。曩者思明之役，自以粮尽而退，非战之失也。而况风帆所指，南极高、琼，北尽登、辽，何地不可以开屯？何地不可以聚兵？

1　夏琳：《海纪辑要》。

2　江日昇：《台湾外纪》卷五。

不佞所以横绝大海，启国东宁者，诚伤士女之仳离，干戈之日滋也。是以区区鄙怀，曾见于往岁复贵藩院之书。而贵朝犹未深察，高严迁界之禁，遂使百姓流离，四省丘墟，坐损数千里之租赋，岁糜亿万之军粮，斯非贵朝之失策哉？今麾下计深虑远，欲为贵朝建久安之术，谋万民之命。而贵介所传犹述前日之套话，削发之高谈，欲以八闽王及沿海各岛二说相饵，是岂真知识者之论乎？自昔贵朝之议和者屡矣，从先王以至不佞，只缘争此二字。况今东宁远在海外，非属版图之中，东连日本，南蹴吕宋，人民辐辏，商贾流通。王侯之贵，固吾所自有，万世之基已立于不拔。此贵介所目睹者。不佞亦何慕于封号，何贪于疆土，而为此削发之举哉！

倘麾下以滨海为虑，苍生为念，则息兵安民，诚不佞之素志。或命一介之使，通互市之好，彼此无口，波浪不惊，沿海渔农，复归故业，使老幼男女皆得遂其生育，而贵朝亦可以岁赢数百万之赋。此仁人之心，即不佞亦有同怀也。缅缕膈言惟麾下亮之，不一。[1]

郑经此信词婉而意坚，其主旨有三：第一，对清提出的剃发、登岸，斥之为“流俗之末议”，“前日之套语”，不过是“高谈”而已；第二，对清许诺的“八闽王及沿海各岛”，郑经认为不过是以“二说相饵，是岂知识者之论乎？”不屑一顾；第三，郑经居然声称：“东宁（台湾）远在海外，非属版图之中。”他已然是“横绝大海，启国东宁”。郑经胡说“台湾非属中国版图”，他已“开国台湾”，而且是“万世之基已立于不拔”，“王侯之贵，固吾所自有”，又“何慕于爵号，何贪于疆土，而为此削发之举哉”，这就断然拒绝了清廷的招抚。

1 《康熙统一台湾档案史料选辑》，第 70 页。

郑经在致其舅董班的信中，公然更进而以外国自居。

《郑经复董班舍书》云：

五载契阔，久绝音问。读翰教，有如面谈，所云造福苍生，此固素志。但据孔都督来启，未有实指，而刘尔贡、马星所传，又皆虚谈。自昔先王及于甥，清朝来议者不啻再三，曩者各岛全盛之时，犹以剃发不肯。今日东宁，版图之外另辟乾坤，幅员数千里，粮食数十年，四夷效顺，百货流通，生聚教训，足以自强。又何慕于藩封，何羡于中土哉？倘清朝以海滨为虞，苍生为念，能以外国之礼见待，互市通好，息兵安民，则甥亦不惮听从，不然未有定说，恐徒费往返耳。道远不欲虚言，聊尽于此。惟舅教之，此复。[1]

郑经在此复书中，再一次宣称“今日东宁，版图之外另辟乾坤”的谬论，这是他复孔元章书中所说“台湾非中国版图”，他已“启国东宁”，在“台湾开国”的另一种表述。于是要求清廷“以外国之礼见待，互市通好”。又说自己“何慕于藩封，何羡于中土哉！”这样，郑经便自绝于中土，自视为“外国”，要求“比同朝鲜”，如清廷不允，则拒绝谈判，即所谓“不然未有定说，恐徒费往返耳！”

郑经完全背叛了乃父郑成功。郑成功曾多次声明，台湾自古以来就是中国的领土。

郑成功于顺治十八年收复台湾时，曾当面向荷兰侵略者严正指出：

该岛（台湾——引者）一向是属于中国的。……来自远

1 《康熙统一台湾档案史料选辑》，第 69 页。

方的荷兰客人，自应把它归还原主，这是理所当然的事。[1]

郑成功在致荷兰台湾长官揆一的劝降信中，再一次指出：

台湾者，中国之土地也，久为贵国所据，今余既来索，则地当归我，珍瑶不急之物，悉听而归。[2]

在致科涅特的信中，郑成功重申：

台湾者，早为中国人所经营，中国之土地也。[3]

郑成功又说：

此地先人故物，今珍宝听而（荷兰人）载归，地乃还我。[4]

郑成功一再向世人宣告，台湾从来就是中国的领土。郑经却背反其父，胡说“台湾非中国领土”，其分裂割据之心直言不讳。郑经要清廷待以外国之礼，“比同朝鲜”，康熙断然不允。康熙八年九月，谕明珠、蔡毓荣曰：“朝鲜系从来之外国，郑经乃中国之人。”“至于比同朝鲜，不剃发，愿进贡投诚之说，不便允从。”[5]康熙二十一年，福建水师提督施琅准备规取台湾的前夕，郑军澎湖守将刘国轩，遣黄学诗持书到闽议抚，又“请照琉球、高丽外

1 C.E.S：《被忽视的福摩萨》，《郑成功收复台湾史料选辑》，第 153 页。
2 连横：《台湾通史》卷一。
3 汤子丙：《台湾史纲》，引《郑成功致科涅特书》。
4 范咸等：《重修台湾府志》卷一，《封域》。
5 《敕谕明珠、蔡毓荣》，《明清史料编》丁编，第 3 本，第 272 页。

国之例，称臣进贡”，“在台湾者求免削发登岸”。[1]康熙再一次批驳将台湾“照外国之例”的谬说，指出:“查台湾贼寇俱系闽地之人，不可与琉球高丽比。”[2]

清廷虽多次招抚而未果，但康熙仍然希望通过招抚解决台湾问题，问李光地（光地福建安溪人，以其熟知海上事）曰：

海贼（台湾郑氏——引者）可招安否？予（李光地）曰：“不能。”上问:“何故?”曰:“彼恃海上风涛之险，一闻招安，他便说不削发，不登岸，不称臣，不纳贡，约为兄弟之国。岂有国家如此盛大，肯与为兄弟之理？明珠当日现住在那里一年，便知其至呆至狡之状。”明珠亦奏云:“果然是如此。”上问曰:“然则此时可用兵否?”予曰:“闻郑经死，其军师陈永华亦死，此其时已。”[3]

由于台湾郑氏坚持“照琉球、朝鲜外国之例”，声称“台湾非属中国版图”，又有与清廷“约为兄弟之邦”一说，因此，台湾郑氏与清的矛盾，便由抗清一变而为分裂国家的严重斗争。康熙谕曰:“或贼闻知我大兵进剿，计图缓兵，亦未可定。”[4]命令施琅勿为郑氏派员到闽所惑，应不失时机，随时进剿。康熙二十二年，清政府统一台湾。

民族英雄郑成功驱逐荷兰侵略者，收复祖国领土台湾；康熙、施琅使台湾与大陆重新统一起来。前者是战胜外侮，后者是克服分裂，从而完成国家统一，他们对祖国历史同样作出了巨大贡献，

1 《姚启圣为题遣员赴台议抚事本》，《康熙统一台湾档案史料选辑》，第253~254页。

2 《清圣祖实录》卷一〇九，第26页。

3 李光地：《榕村续语录》卷一一，《本朝时事》，第702页。

4 《清圣祖实录》卷一〇九，第26页。

其丰功伟绩，一样彪炳于史册。

## 四　关于施琅与郑成功反目再度降清

施琅与郑成功反目后，再度降清，是评说施琅其人必然要涉及的问题，故略做说明。

施琅，福建晋江衙口村人，幼年入塾，读经习举子业。“年未及冠，学书未成，弃而习战阵击剑诸技，于兵法无不兼精，智勇为万人敌。”[1]施琅以武事见长，自少年已崭露头角，故颇为自负，这成为他日后与郑成功矛盾激化的重要原因之一。

明末，时局动乱。施琅因其族叔施福故投身郑芝龙部下，后任左冲锋。南明隆武政权的左冲锋相当于总兵。明制：总兵为镇守或分守一方的高级将官。初非常设，有事，以公、侯、伯、都督充之。宣德后，设总兵官于要害处，逐渐成为定制。隆武时之左冲锋虽不必如此，但施琅应是郑芝龙部下之高级武官。

顺治三年（隆武二年），清军入闽，“定福建，琅随郑芝龙投诚，遂随大军（清军）征广东”。[2]施琅第一次降清后，随清军入广东，在顺德、东莞、三水、新宁等地作战。郑成功起兵抗清后，因“久悉其（施琅）智勇”，因而多方网罗施琅，史称“郑成功罗致之”。施琅自己说：“余随武毅伯（施福）承当道（清当局）委任，领兵东粤。……亡何，值粤师之乱（指李成栋反清——引者），余历险间关驰归，适为郑成功遮之入海。”[3]据此，施琅是在广东李成栋反清事起，历险间道返回福建途中，于黄岗被郑成功遮道邀入成功军的。而成功之所以于施琅回闽道中，拦其归路，

1　施德馨：《施襄壮公传》，《碑传集》卷一五。

2 《清史列传》卷九，《施琅传》。

3　康熙五十四年《靖海施氏族谱》（荒本）卷二四，《都阃安侯施公行述》，转引自施伟青《施琅评传》，第16页。

“遮之入海”，正如施德馨所说：“郑成功托故明藩封，栖海上，素闻公（施琅）英名，欲倚以为重，遮入海。”[1]可见，成功之于施琅，不仅“悉知其智勇”，更“欲倚以为重”，希望施琅共襄抗清大业。

施琅归郑成功后，与其父施大宣、弟施显“一家聚首，欢如也”。施琅与郑成功的关系也十分融洽，自谓有如“鱼水之欢”，二人“相得甚，军储、卒伍及机密大事，悉与谋”。[2]然而在相处过程中，因对某些军事行动二人意见相左，且因施琅“恃才倨傲”，二人矛盾日益激化。

“(施）琅之事成功也，年最少，风宇魁梧，号知兵，自楼橹、旗帜、伍阵相离之法，琅皆启之，然颇恃才自傲。”[3]施琅生于明天启元年，郑成功生于明天启四年。施琅投入郑成功军是在清顺治六年，是年施琅二十八岁，郑成功二十五岁，小于施琅三岁。施琅既年长于成功，又以知兵启教成功有关海战事，故而“恃才自傲”，自然有失礼敬，在意见不一致时，“多忤成功”。

施琅“恃才自傲”，不让他人，这在后来他自恃善海战，向康熙帝坚请“专征”，对总督姚启圣并不稍让，亦可窥见。

康熙七年四月，施琅上《尽陈所见疏》，请征台湾。疏上，命施琅来京，面陈所见。施琅奏召入京，授内大臣，免其福建水师提督职。水师提督亦撤，施琅亦留京13年。三藩乱起，福建靖南王耿精忠通于台湾郑经。康熙十七年，复设福建水师提督，专对入闽之郑军。总督姚启圣多次力荐施琅为水师提督，“愿以百口保琅无他，天子始遣之”。可见，姚启圣之力荐对施琅之复出确实尽了力（李光地力荐亦起了相当大的作用)。康熙二十年，施琅再任福建水师提督，准备攻取台湾，上《密陈专征疏》，说总督姚启

1　施德馨：《施襄壮公传》，《碑传集》卷一五。
2　陶元藻：《靖海侯施琅传》，《碑传集》卷一五。
3　黄宗羲：《赐姓始末》。

圣“生长北方，虽有经纬之才，汪洋巨浪之中，恐非所长”。[1]清制：总督为该管地方之最高军政长官。提督受总督节制。而施琅却力请独专指挥清军规取台湾之全权，成为施与姚生隙的重要原因之一。于此或者亦可窥见施琅因长于海战而自负。20多年前，施琅与郑成功相处时，正是年轻气盛，其“恃才自傲”不让他人，绝不会稍减壮年，故李光地说：“郑国姓（成功）用施琅如手足，其致衅也，亦由施琅。”[2]

然而，这只是问题的一个方面。问题的另一方面是，郑成功之严于治军，而多诛杀部属。

郑成功以“孤臣”之痛，奉南明隆武、永历为正朔，奋起抗清，率一旅孤军奋战于东南海上。由于形势艰难，他不得不严于治军，以整肃部伍，所谓“成功自起兵以来，军纪严明，禁止淫掠，犯者立斩”。[3]同时，清、郑双方都推行招降纳叛方针，彼此策反对方军官率部叛降，因此，清之军官投降郑军者不少，如后来成为郑军主帅的刘国轩便是其中之一。反之，郑部军官降清者也比比皆是，其中如黄梧、陈辉、周全斌等人，皆是手握重兵的镇将，甚至是更高级的重要将领。面对严肃军纪与惩叛之需要，郑成功“用法峻严，果于诛杀”。[4]如援剿前镇黄大振便是因通清嫌疑被杀。然而，郑成功立威止叛的严厉手段，其效果并不理想，甚或适得其反，正如朱希祖说：“（郑成功）滥用权威，人多思叛。”[5]而施琅之叛成功再度降清，与此亦大有关系。

施琅有亲兵曾德，据载犯法当死，逃投郑成功处，成功擢为亲随。施琅侦擒之。郑成功驰令勿杀，“琅言：‘法非琅出，不敢

1　全祖望：《会稽姚公神道碑第二碑》，《碑传集》卷一五。
2　李光地：《榕村续语录》卷一一。
3　夏琳：《闽海纪要》。
4　阮旻锡：《海上见闻录》卷一。
5　朱希祖：《明延平王户官杨英〈从征实录〉序》。

私。'促令斩之"。[1]施琅抗命不遵，"成功疑其背己"[2]，大怒，命逮捕施琅，及其父施大宣与弟施显，拘系于巨舰中。"会有以危状白公（施琅）"，施琅获悉郑成功将杀己，于是设计逃脱于旧部苏茂处。成功遍索施琅，搜捕者至苏茂所，情急之下，苏茂"匿公（施琅）床被中，茂妻坐其前，故褰帏示之，搜者视无有，乃去"。当晚，施琅扬帆北渡，其族叔施福（已降清）驻安平，"闻公信，潜驾舟相待，得入内地"。[3]

郑成功搜捕施琅不得，杀其父施大宣、弟施显，于是施琅于顺治八年再度降清。苏茂也因纵施琅北渡，"终以脱公故，杀茂"。负责看守施琅的吴芳，其妻、子五人亦被杀。成功"果于诛杀"。据杨英《从征实录》统计，自永历三年九月至永历十五年正月，被成功所诛杀的将吏，有姓名者凡七十五员。[4]

---

1 倪在田：《续明纪事本末》卷七。

2 陶元藻：《靖海侯施琅传》，《碑传集》卷一五。

3 施德馨：《施壮襄公传》，《碑传集》卷一五。

4 张雄潮：《郑成功对将吏的统御才略》，《台湾郑成功研究论文选》，第161页。

# 王思治教授对学术讨论会的小结

各位领导、各位学界同仁：

研讨会组委会让我做学术小结，由于学识、学力所限，实难胜任，只能勉力为之。

在“纪念施琅暨清政府统一台湾三百二十周年”之际，同时举行“施琅与海峡两岸”学术研讨会，是十分有意义的。大陆、台湾、海外学者，济济一堂，群贤毕集，共同探讨、切磋施琅将军其人其事，畅所欲言，氛围热烈而融洽。

有关施琅的研究，已有专著和论文集出版。本次研讨会，在已有研究的基础上，取得了新的重要的进展，这集中表现在与会学者对施琅的历史定位取得了共识：施琅是清代著名的爱国将军，从而明确了作为杰出历史人物的施琅的历史地位。

已有的研究，对施琅平台、完成国家统一的丰功伟业，虽然做了较为周详的论述，但对施琅的历史定位却不甚明晰。本次学术研讨会，学界同仁本着历史研究求真求实的根本要求，以史为证，多视角、多方面阐释施琅其人其事，在翔实论证的基础上，取得了施琅是清代著名爱国将军的共识。为了慎重起见，我在会下又征求了部分台湾和大陆学者的意见，大家认为这一结论是令人信服的。因此，我相信各位先生为研讨会提供的论文发表后，对施琅的历史定位，或许会被史学界认同，若然，则本次施琅研讨会所取得的重要进展，对清史研究也是重要的贡献。正如有的学者所说，在今后的相关研究中，民族英雄郑成功、爱国将军施琅——这两位同历史时代的杰出历史人物，他们的历史功业同样彪炳千古，永垂青史，应该相提并论。

既然施琅是清代著名的爱国将军，在史学界何以又存在不同的看法，有人甚至完全否定？在会上的发言中，许多先生对此进行了分析，归纳起来，有四方面的原因：一是宋儒理学道德观与价值观判断的影响；二是对历史人物的评价存在民族偏见；三是辛亥革命时“排满”思想的影响；四是表彰郑成功而压抑施琅。与会学者认为，评价历史人物的标准应与时俱进。陈旧的、不准确的历史人物评价标准应该摒弃，偏见应予以纠正。与会学者强调，评价历史人物的功过是非，应以是否符合国家民族的根本利益，是否有利于社会发展、人民生活安定为标准。我国自古以来是一个多民族国家，历史是各族人民共同创造的。从多元一体的多民族国家的高度来观察郑成功与施琅分别对国家民族作出的重大贡献，正如有的学者所说，这样就能摆脱“汉贼不两立”的思维模式。

本次讨论会的又一新的进展，是对施琅的海洋意识、海防观念、海防建设有较为深入的探讨。

施琅生于海边，长于海边，驰骋于海疆，一生与台湾结下了不解之缘。给研讨会提供的论文，有多篇专论施琅的海防观念各方面。有学者认为，施琅所说“盖筹天下之形势，必求万全”，他是从国家的安全着眼，来论述台湾的战略地位，指出台湾乃江、浙、闽、粤四省之门户，“弃之必酿成大祸，留之诚永固边圉”，“台湾断断乎不可弃”。正如有的学者所说，施琅的精辟分析，表明了他是转变中国重陆轻海传统国防观念的先行者，这在西方早期殖民主义势力东来的形势下，尤其难能可贵。施琅的远见卓识，与当时主张“弃台”的大臣所说“任夷人居之”，“即为荷兰所有，亦听之”，两相比较，其见识之高下，真是有如天壤之别。

在国防建设方面，施琅的真知灼见也是同时代的人所不能企及的。他指出：“荷兰夹板船只，精壮坚大，从来乃海外所不敌。”即是说，清的水师战船，与“精壮坚大”的荷兰人的战船相比，处于不能抗衡的弱势地位。早在鸦片战争及其后清军接连屈辱战败，惊呼外国侵略者“船坚炮利”的一百多年前，施琅就已经指出外国人“船坚炮利”（“精壮坚大”），应当加强清军水师建设。遗憾的是，没有引起清廷的重视。

从当时西方早期殖民势力东来的国际环境研究施琅“平台”“开台”，是有的学者论文的主旨。他们指出，施琅平台，完成国家统一的意义重大，同时，也阻断了早期殖民主义北进的道路，其影响所及关乎日本、朝鲜，开拓了研究的视野。

本次研讨会在一些具体问题上也取得了新的进展。例如，厦门是如何由军港向海港（商港）演进的论述；引用契约文书研究“施侯租”；台湾规复后闽台区域文化的形成；闽南大族巨室的论述，等等。同时，对某些有争议的史料进行了考订。考订史料是求真求实的历史认识论的基本要求，体现了诸位学者的科学追求。

台湾和大陆的青年学者，为本次研讨会贡献了多篇有见地的学术论文，给大家留下了深刻的印象。他们的思路和研究方法颇具开拓性。早在两千多年前，荀子就说过，青出于蓝而胜于蓝，冰成于水而寒于水。后来者必定居上，是科学发展的规律。海峡两岸有如此之多的青年学人，潜心学业，孜孜以求，施琅研究的前景，一片光明，必将会有更多、更好的成果问世。

也有的学者提出了很好的建议，现转述如下。

学无止境。常言道：“书山有路勤为径，学海无涯苦作舟。”研究历史人物，既要将其历史事迹置于其生活的历史环境中来考察，评说其功过是非，同时，又要通过对历史人物的认知，进而了解把握其活动的历史年代，这就是所谓的“知人论世”。“知人”是认知与评价历史人物的前提。要能“知人”则必须对历史人物的重要事迹，在丰富史料的基础上有如实而准确的了解，也就是说微观研究是基础。历史学从本质上说是实证科学，即所谓“言必有据”。顾炎武说:“孤证不立。”唯其如此，方能“知人”而“论世”。奠基在求真求实之上的“知人论世”，就能“鉴古知今，继往开来”，获得有益的历史启示。本次研讨会有了良好的开端，愿与学界同仁共勉，百尺竿头，更进一步。

我的发言，如有不妥之处，请批评指正。谢谢！

# 《中俄尼布楚条约》的签订

康熙二十一年三月十八日，是康熙帝二十九岁生日，即所谓的“万寿节”。将届“而立”之年的青年皇帝，业已平定三藩之乱，使清王朝从生死存亡之中振作起来；而统一台湾之举，也已成竹在胸，正在积极筹划，次第部署。在统一全国的征途中，清廷已取得了重大的胜利，英气勃发的青年皇帝，同时又把注意力集中到北部边疆。

当时，在辽阔的三北（东北、北部、西北）地区，面临着威胁国家统一的两大力量：在东北，沙皇俄国对我国黑龙江流域的侵扰已达数十年，俄国哥萨克远征军甚至深入到松花江流域，清统治者祖宗发祥之地长白山处于威胁之中；在北方，喀尔喀蒙古地区，由于土谢图汗与扎萨克图汗不和，局势动荡，而沙皇俄国势力正伸向这里；在西北，厄鲁特蒙古准噶尔部噶尔丹民族分裂势力与沙俄勾结，日益嚣张。三北地区由于外国势力的存在与介入，民族分裂势力日炽，形势错综复杂。能否解决三北地区的问题，不仅关系到清王朝的基业能否巩固，而且关系到国家能否统一。康熙筹度思维，决定的方针是：首先驱逐沙俄在黑龙江的军事力量，然后次第解决噶尔丹、喀尔喀蒙古的问题。

为实施上述决策，康熙决定在自己二十九岁生日这一天，起程前往盛京（沈阳）祭祀祖宗陵寝，告以平定三藩叛乱大功告成，然后“巡视边疆，远览形胜，省睹祖宗开创之艰难”[1]，进行实地考察，为反击沙俄入侵者做准备。

## 一　沙俄侵略军对我国黑龙江流域的侵扰

早在康熙亲政之初，即对黑龙江形势十分关注。他说："罗刹（俄国）扰我黑龙江、松花江一带，三十余年，其所窃据，距我朝发祥之地甚近，不速加剪除，恐边境人民不获安息。朕亲政之后，即留意于此。"[2]然而，由于当时三藩叛乱，康熙却不能集中力量于此。在此期间，俄国哥萨克远征军的侵扰，变本加厉，侵占中国领土，建筑城堡，作为据点，四处骚扰。

俄国本来是一个欧洲国家，与中国并不接壤，16世纪下半叶，其势力越过乌拉尔山，开始了“俄罗斯在西伯利亚的殖民运动”，以极其迅猛的势头向东扩张。1643年，波雅科夫率领一百三十二人的远征队，由雅库茨克出发侵入我国领土黑龙江支流精奇里江（今结雅河），其目的是要远征富饶的黑龙江，寻找银矿、紫貂，“征服居住在阿穆尔地区（即黑龙江流域）的部落”，“为沙皇收取贡税”。[3]

波雅科夫率领的哥萨克是第一支侵入我国领土的俄国远征军。在精奇里江居住的是我国边境居民达斡尔族，他们不了解入侵者的意图，以好客的友好态度接待他们，供给粮食和牲畜，但俄国人却反而扣留达斡尔头人作为人质，强行进入他们的村庄。被激怒了的达斡尔人猛烈反击俄国人，将他们包围在树林里。后来俄国人乘机逃脱，进入黑龙江，顺流而下到达松花江口，沿途与黑

---

1　高士奇：《扈从东巡日录》。

2《清圣祖实录》卷一二一，第11页。

3　巴赫鲁申：《哥萨克在黑龙江上》。

龙江的我国达斡尔族居民多次发生冲突，以后越过奇勒尔人居住的地区，到达黑龙江入海口。1646 年夏天，波雅科夫返回雅库次克，向当地长官提供了黑龙江流域（俄国人称为达呼尔地区的阿穆尔地区）的初次可靠材料。波雅克夫在报告中认为“俄罗斯用三百人的兵力就可以轻易地征服达呼尔地区”[1]。他竭力主张“有占领这个富饶地区的必要”，“这将使（俄国）君主获得很多利益”，“君主的军队在那个地区绝不会有缺粮之虞”。[2]波雅科夫的报告引起了俄国当局的强烈兴趣。1649 年，以哈巴罗夫为首的远征军，从雅库次克出发前往黑龙江流域。雅库次克将军弗兰茨别科夫按照沙皇的训示和他本人的意志，命令哈巴罗夫在向达斡尔人征收皮毛实物税的同时，要建立起俄国对该地区的统治，“要使俄罗斯在阿穆尔河（黑龙江）的权力成为持久的和固定的”[3]。训令明确侵占我国领土，建立俄国的统治。1650 年，哈巴罗夫侵入黑龙江支流鄂尔河谷地及黑龙江沿岸。这里有达斡尔人的五座村屯，归头人拉夫凯管辖，第三个村屯便是头人阿尔巴西居住的雅克萨。达斡尔居民鉴于波雅科夫的暴行，在得知哈巴罗夫到来的消息后，早已转移，村屯一空。哈巴罗夫便在雅克萨停留下来，俘虏了前来探听消息的头人拉夫凯，强迫达斡尔人交纳贡税，声称“沙皇愿意把他们置于他的强大保护之下”[4]。拉夫凯断然拒绝并乘机逃脱。哈巴罗夫从一个达斡尔老妇人那里了解到达斡尔人向清朝皇帝进贡，“她以激动的口气谈到在嫩江上的首府看到的精美商品和火枪”[5]。哈巴罗夫在获悉中国政府对该地区的管辖，清军装备有大量火枪之后，回到建筑坚固的第一村屯拉夫凯城，

1 雅科夫列娃：《1689 年第一个俄中条约》，第 20 页。

2 雅科夫列娃：《1689 年第一个俄中条约》，第 21 页。

3 雅科夫列娃：《1689 年第一个俄中条约》，第 21 页。

4 拉文斯坦：《俄国人在黑龙江上》，第 15 页。

5 拉文斯坦：《俄国人在黑龙江上》，第 15 页。

留下一部分人由斯捷潘诺夫指挥，自己匆忙回到雅库次克招募援军。哈巴罗夫向雅库次克将军弗兰茨别科夫呈送勒索来的毛皮和达斡尔地方的略图，提出要征服黑龙江，需要有一支六千人的军队，但他实际上只招募到一百一十七人，携带大炮等火器，再次前往黑龙江。弗兰茨别科夫根据沙皇的旨意，颁发给哈巴罗夫新的训令，命令他“远征达斡尔地方”，另有两封给“博克达汗”（即清朝皇帝）的信件，其中一封规定由哈巴罗夫直接向“博克达汗”宣布，指令中国皇帝臣服于沙皇，永为奴隶。信件说：

> 要博克达汗率领他的民族、部落和全体的人接受全俄沙皇阿列克塞·米哈伊洛维奇大公的统治，永远做奴隶。……博克达汗本人和他的同族应向沙皇进贡金银、宝石和刺绣织物。如果博克达汗率领他的民族和全体的人服从沙皇阿列克塞·米哈伊洛维奇大公的统治，沙皇将派军队保护他们。
>
> ……
>
> 如果博克达汗和他们的民族、部落、全体的人不服从沙皇，不向沙皇交纳实物税和交出人质。那么，叶罗菲（即哈巴罗夫）应率领服役人员和渔猎人员去秘密地用战争镇压他们。……把他们统统杀死、绞死、毁灭掉，打到最后，把他们的妻子、儿女抓起来做俘虏。如果这些没有纳实物税的人都服从了沙皇，那么就让这些人按照他们的宗教信仰宣誓，要他们一个一个地发誓，接受沙皇的统治，处于终身纳实物税的奴隶地位，保证他本人和他统治下的人年年交纳实物税。[1]

在另一封由哈巴罗夫转交“博克达汗”的信件说：哈巴罗夫

1　齐赫文斯基：《十七世纪俄中关系文件集》，第一卷，转引自清史研究小组《一六八九年的中俄尼布楚条约》，第53~54页。

奉命出使中国，宣示沙皇“伟大威严，拥有众国，国君之征战，所向无敌”。“伟大沙皇”给予博克达汗的“恩宠”，中国皇帝应归顺沙皇，永为臣仆，否则将用武力将中国的男女老幼“斩尽杀绝”[1]。哈巴罗夫携带着这两份文件，赶回黑龙江流域，前往“征服中国”，开始了侵占中国领土、残杀我国边境居民的暴行。

1650年9月底，哈巴罗夫与留驻原地的斯捷潘诺夫用火器猛攻雅克萨，头人阿尔巴西率众抵抗，伤亡甚大，被迫撤离，于是位于石勒喀河（黑龙江上游）的雅克萨被哈巴罗夫远征军侵占。他们加固工事，取名阿尔巴津，作为俄国侵略黑龙江流域的据点。康熙指出：“雅克萨系我国虞人阿尔巴西等故居，后为（俄罗斯）所窃据。”[2]

当时，在精奇里江（今俄罗斯境内结雅河）以上的黑龙江沿岸是我国达斡尔人居住的地区，“他们都是清朝皇帝沙姆沙汗(顺治帝）的进贡者”。哈巴罗夫一面向雅库次克请求增援，一面向黑龙江进犯，沿途烧杀劫掠，在古伊古达村遭到达斡尔人的坚决抵抗。沙俄侵略军用大炮轰击村庄，而达斡尔人只有弓箭长矛。村屯被攻破后，“一整夜的战斗激起了哥萨克们嗜血的兽性，他们的喊杀声淹没在儿童和妇女的哭声中”。一场激战，有四百二十七个达斡尔人被杀，以后又屠杀了大人和小孩六百六十一人。未死者全部成为俘虏，马匹牛羊被掠夺一空。[3]随后，哈巴罗夫把袭击的目标指向位于精奇里江与黑龙江汇合口的旧瑷珲城。这里是清朝额附达斡尔族杰出领袖巴尔达齐管辖的地区。巴尔达齐迁居北京后，由其女婿多伦禅、托尔加、乌穆奇管理。哈巴罗夫用突

1　齐赫文斯基：《十七世纪俄中关系文件集》，第一卷，转引自《沙俄侵华史》第1卷，第95页。

2 《清圣祖实录》卷一四三，第14页。

3　戈尔特：《俄国在太平洋的扩张（1641~1850)》，第45页，转引自《一六八九年的中俄尼布楚条约》。

然偷袭，在达斡尔人事先一无所知、毫无准备的情况下，攻占了瑷珲旧城，托尔加拔刀自尽。人们为了纪念这位不屈于侵略者、为国捐躯的首领，又称瑷珲城为托尔加城。

哈巴罗夫远征军沿黑龙江而下，于1651年10月来到了乌苏里江口以下六百多里赫哲人居住的乌扎拉村。赫哲人奋起抗击，俄国远征军用血腥屠杀对付反抗者。他们修筑了“阿枪（赫哲）斯克”据点，作为过冬营地，四出蚕食，我国边疆居民深受其害。赫哲人抗击失利之后，纷纷前往清朝在东北的重镇宁古塔（今黑龙江宁安）告警求援。正如苏联历史学家巴赫鲁申所说：“中国皇帝是达斡尔地区的最高君主，当地酋长们为了表示臣服，以貂皮向他交纳比较起来是很轻微的贡赋。这位皇帝是他们惟一的、天然的保护者。”[1]当时，整个黑龙江流域归宁古塔章京管辖，宁古塔章京海色立即将情况上报。其时，清政府在东北未做任何反击沙俄侵略军的准备，这是因为，清王朝入关之后，清军主力也随之入关。为了夺取全国政权，清廷正集中全力与南明政权战斗。东北地区已远离战场，设盛京（沈阳）总管（1646年改称盛京昂帮章京），管辖东北全境，其下设宁古塔章京，管辖黑龙江流域，两处只有为数不多的兵力驻守，但其管辖范围十分辽阔，故沙俄侵略军肆虐于黑龙江上，并未与清军遭遇，因而能得逞于一时。一位俄国史学家写道：“北京政府全力以赴地忙于平定内乱（指在南方与抗清力量的战争），自然无法顾及人数不多的匪帮——出没在伟大帝国边陲的，迄今不为人所知的罗刹（俄罗斯）。”[2]清政府对沙皇俄国扩张主义者侵占我国领土的险恶意图毫无所知，因而对哥萨克远征军的侵略也毫无认识，认为只是一批出没边境杀人越货的匪帮，正如一位西方史学家所说，清朝官吏“既不了解敌

1 巴赫鲁申：《哥萨克在黑龙江上》，第31页。

2 冈索维奇：《阿穆尔边疆史》（中译本），第42页。

人的性质，也不懂得这场战争并不是简单的边境骚扰，而是俄国殖民主义者组织的前锋”[1]。总的说来，顺治年间，对东北边境面临的形势还没有足够的了解和认识。

清廷在得到海色的奏报之后，立即作出了反应，命师出击。“顺治九年驻防宁古塔章京海色，率所部击之（哈巴罗夫），战于乌扎拉村。”[2]清军出动约六百人，当地各族人民，“五百名达斡尔人，四百二十名从满泾站来的人，一百零五名从松花江来的杜切尔人（女真人）”，协同清军作战。四月三日，黎明，清军到达乌扎拉村。海色一开始指挥失误，清军在很远的距离便鸣放枪炮，以为如此便能吓唬敌人。哈巴罗夫及其部下从睡梦中惊醒，仓促应战。清军奋勇攻击，两百多俄军被压缩在一隅。海色以为俄军已被困，不敢再战，命令不准杀死敌人，要活捉。哈巴罗夫乘机组织火力反击，“一支不准还手的军队是坚持不下去的，中国军队被打败了”[3]。中国军队先胜后败，责任全在海色指挥失误。乌扎拉之战，是中国正规军与沙俄侵略军的第一次战斗。

清军的失利，引起了清廷的注意。为了改变抗击沙俄远征军不力的局面，清政府决定从建制上加以调整，将宁古塔章京的管辖区从盛京昂帮章京的属下划出，设置宁古塔昂帮章京，与盛京昂帮章京平行，成为有其专责的军事行政区，任命沙尔虎达为驻防宁古塔昂帮章京。沙尔虎达，姓瓜尔佳氏，其先苏完部，世居黑龙江中游虎尔哈地区，清太祖努尔哈赤时，随其父归后金。他从青年时便驰骋沙场，骁勇善战。在清统一黑龙江流域过程中，沙尔虎达于天聪九年“与白奇超哈将领巴兰奇等徇黑龙江”。崇德七年，再次奉命往征黑龙江，回到自己的故乡收编虎尔哈部。顺

1　曼考尔：《俄国与中国》，哈佛大学，1971，第 25 页。

2《平定罗刹方略》卷一。

3　戈尔特：《俄国在太平洋的扩张（1641~1850）》，第 48 页。

治元年，他第三次率师往黑龙江。后随清军入关，转战南北，战功显赫。顺治七年，擢镶兰旗满洲梅勒章京真。乌扎拉战斗失利之后，清廷决定任命生长在黑龙江畔，熟知当地民风习俗，后又多次出征黑龙江，了解当地军事形势的这员战将到抗击沙俄军的前线。顺治九年七月，沙尔虎达奉命“率师驻防宁古塔”，全面负责抗击俄军。为了加重其职权，“十年，擢固山额真，仍留镇，赐冠服，鞍马”[1]。

沙尔虎达于顺治九年七月莅任之后，秉承清政府旨意，首先检讨乌扎拉失利的原因和责任。九月，“以驻防宁古塔章京海色遣捕牲翼长希福等，率兵往黑龙江，与罗刹战，败绩，海色伏诛，希福革去翼长，鞭一百，仍命留于宁古塔”[2]。处死海色，震动了宁古塔，驻防官兵抗敌意气大振。但是，由于宁古塔昂帮章京辖区辽阔，兵力不足，俄军又出没无常，难以处处设防，沙尔虎达遵照朝廷旨意，大力整顿军备，加强抗击俄军的战略力量。其一，扩建满洲八旗驻军。宁古塔原设置有上三旗（镶黄、正黄、正白），又增置下五旗（正红、正蓝、镶红、镶蓝、镶白），补充火器，严加训练。其二，将黑龙江上游沿岸及精奇里江一带易受俄军蹂躏的达斡尔、鄂伦春、鄂温克等各族居民，内迁至嫩江流域，陆续编入旗，称“伊彻满洲”（新满洲），以扩大兵员。其三，将黑龙江下游的虎尔哈、赫哲等部分居民，内徙松花江、牡丹江一带，编为佐领，实行统一指挥。这些部署既可使边境居民处于安全地带，免遭沙俄侵略军的骚扰，也使俄国哥萨克远征军没有掠夺对象，无法得到粮食等生活必需品的补给而自陷困境。同时，经过编制之后，他们便成为有组织的抗俄力量。所以“这次移民是清政府用来制止俄罗斯人征服阿穆尔河（黑龙江）沿岸地区的

1 《清史稿》卷二四三，《沙尔虎达传》。

2 《清世祖实录》卷六八，第24页。

一个军事手段”[1]。

经过整备之后，黑龙江前线斗争形势已大大改观。清军等待时机，准备出击。朝鲜也派出炮手协助清军。

其时，奥努里夫·斯捷潘诺夫接替哈巴罗夫指挥黑龙江上的俄国远征军，肆虐于黑龙江沿岸。顺治十一年六月，斯捷潘诺夫率领三百七十人的哥萨克远征军，乘大小船约四十只，居然进入松花江掠夺，与清军遭遇。清军所乘船只较小，于是清将根据朝鲜将领边岌的建议，舍舟登陆与哥萨克远征军接战。战斗经过是：

> （清军所乘之船）小者仅容四五人者百四十只，大者可容十七人者二十只。臣（边岌）到日哈（虎尔哈），始遇贼（俄军）舡，大舡十三只，可载三百石，小舡二十六只，似倭舡矣。清将欲以臣为前锋，臣谓之曰："岂可乘此皮舡（小船）以御彼巨舰乎？"清将然之，遂令日哈兵三百及清兵三百，择占江边地势高处结阵，因以柳棚列置岸上，令我军依蔽而放炮，贼舡渐退。……贼舡男女不满四百，所持惟火器耳。[2]

俄国侵略军凭借精良火器，“贼初欲战”，企图寻找并击败清军所乘的小船队。中朝军队临机应变，舍舟登陆，于高处结阵，放炮痛击，俄军船队被击败。朝鲜“北虞侯边岌与清兵击破罗禅（罗刹，即俄军），领兵回到宁古塔”[3]。边岌返回朝鲜后，向朝鲜国王陈述了战斗经过。斯捷潘诺夫在向雅库次克督军的报告中说，这次遭遇战，“许多军役人员受了伤，他们已不能同博克达人（中国人）作战了”[4]。俄军战败后被迫退出松花江，“他们丧失

1 雅科夫别娃：《1689年第一个中俄条约》，第31页。
2 吴晗辑：《朝鲜李朝实录中的中国史料》，第9册，第3844页。
3 吴晗辑：《朝鲜李朝实录中的中国史料》，第9册，第3839页。
4 转引自《一六八九年的中俄尼布楚条约》，第86页。

了自信，害怕中国军队从各方面来进攻”，于是在呼玛河与黑龙江汇流处的小岛上，构筑呼玛城堡，修筑炮台、墙垣、双层栅栏和壕沟，铺设铁蒺藜和布满尖刀的陷坑，储备大量的粮食。呼玛城堡成为当时俄国在黑龙江上最坚固的据点。

顺治十一年底，清政府“命固山额真明安达礼，自京师统率官属兵丁，往征罗刹于黑龙江”[1]。翌年春，“尚书都统明安达礼，自京师率师往讨，进抵呼玛尔诸处”[2]。三月二十四日，清军抵达后，先在呼玛城堡外围与俄军战斗，扫荡外围，进围城堡，施放大炮轰击，但未能轰开墙垣。四月五日夜，清军强攻，“整夜肉搏”，未攻下。清军决定后撤扎营，将俄国船队破坏，战斗呈僵持局面。实际上俄军已十分狼狈，“围城期间，俄国戍军进行了祈祷和斋戒，以寻求经受由于他们被包围而遭受到的艰难困苦的力量”[3]。

然而，清军也面临巨大困难。清军长途奔袭，由于明安达礼事前对后勤补给无妥善措施，只是“裹粮而行”，因而粮饷匮乏，难以持久，结果是清军“攻其城，颇有斩获，旋以饷匮班师”[4]。后来，康熙在组织雅克萨之战时，汲取了呼玛之战清军无功而还的教训，指出：“向者尚书明安达礼轻进，至粮不继。”[5]

呼玛战斗之后，斯捷潘诺夫仍然没有摆脱困境，因为无处掠夺，粮食告罄，只能吃草根、树皮，更主要的是中国各族人民奋起抵抗，使侵略者不能立足。斯捷潘诺夫在给雅库次克督军的求援信中写道：“中国皇帝的军队，以及他统治下的达斡尔人，杜尔切人及其他各族人则人数众多，就在跟前，哪里也不让我们这些

1 《清世祖实录》卷八七，第 18 页。

2 《平定罗刹方略》卷一。

3 拉文斯坦：《俄国人在黑龙江上》，第 27 页。

4 《平定罗刹方略》卷一。

5 《平定罗刹方略》卷二。

国君的奴仆久留。”[1]这时，流窜于黑龙江上的还有其他一些散股哥萨克，“有多伙无法无天的匪徒抢掠村庄，蹂躏田园……他们一直抢到黑龙江一带”[2]。我国各族人民奋起抗击，侵略者有的全部被歼，如索罗金率领的三百人，在松花江口与我国朱舍里人发生战斗，全部被歼；洛吉洛夫率领的三十人，则被我国费雅克人歼灭；也有一些散股哥萨克投归斯捷潘诺夫。沙皇政府为了鼓舞已陷入困境的斯捷潘诺夫一伙留在黑龙江上继续其侵略事业，给他颁发了沙皇的谕旨，勉励说："今后要慎重、勇敢，要相信沙皇会赐予恩典。”在沙皇的命令下，斯捷潘诺夫又率队肆虐黑龙江。他在离开呼玛之前，把劫掠来的皮毛等实物，不经雅库次克，直接送往莫斯科，以表忠诚。斯捷潘诺夫率领五百名哥萨克沿江而下，目的在寻找居民点，抢夺粮食。他们发现所有村子的居民已经内迁，看到的只是被烧毁的俄国船，以及散股哥萨克的尸体，然而饥饿迫使他们不得不冒险前进。顺治十四年，斯捷潘诺夫一伙来到尚坚乌黑（今松花江口）[3]，与清军遭遇，“镇守宁古塔昂帮章京沙尔虎达败之尚坚乌黑”[4]。

美丽富饶的黑龙江流域，由于俄国哥萨克远征军的不断侵扰，田野荒芜，给我国边境各族居民带来了巨大苦难。俄国史家冈索维奇写道："黑龙江两岸居民，一部分被俄国人的索贡和收粮弄得一贫如洗，一部分四散奔逃，一部分由于（清）政府下令向满洲内迁。富饶的黑龙江变成一片废墟，俄国人足迹所至，到处都发现被烧毁的当地人的住宅。”[5]因此，在尚坚乌黑之战后，清政府

1　齐赫文斯基：《十七世纪俄中关系文件集》卷一，第 213 页，转引自《沙俄侵华史》卷一，第 116 页。

2　拉文斯坦：《俄国人在黑龙江上》，第 24 页。

3　尚坚乌黑，一说其地在今佳木斯市郊大赉一带。

4《平定罗刹方略》卷一。

5　冈索维奇：《阿穆尔边疆史》，第 48 页。

决心讨伐斯捷潘诺夫，彻底消灭这支侵略军。

顺治十五年，沙尔虎达奉命出征，消灭沿江抢劫粮食的斯捷潘诺夫。七月，斯捷潘诺夫带领五百名哥萨克，因黑龙江已无抢劫对象，公然溯松花江而上，入侵我东北腹地。沙尔虎达率领由四十七只船组成的船队于松花江与牡丹江会流处拦截敌船，发炮轰击。斯捷潘诺夫一伙被迫舍舟登岸，陷入清军包围，一片慌乱，有一百八十人，不敢迎战，离队夺路往回逃窜。斯捷潘诺夫与三百余侵略军，逃奔无路，负隅顽抗，经过一场激战，二百七十余名侵略军被打死或被俘，凶悍骄横的斯捷潘诺夫被击毙。侥幸逃命者四十七人，斯捷潘诺夫军被完全歼灭。沙尔虎达向清廷疏报："击败罗刹兵，获其人口甲仗等物。"顺治帝"命兵部察叙，以所俘获，分赐有功将士"[1]。

顺治十六年，沙尔虎达卒，其子巴海继任。顺治帝谕吏部曰："宁古塔边地，沙尔虎达驻防久，得人心，巴海勤慎，堪代其父，授宁古塔总管。"[2]巴海由京赴任，遣斥候，侦察俄军残部动静，捕捉战机，"十七年，巴海大败之（俄军）古法坛村"[3]，再一次重创斯捷潘诺夫残部。此后，俄军分合不定，如一群饿狼出没于黑龙江上。巴海与梅勒章京尼哈里等率师至黑龙江与松花江交汇处以待敌，侦知敌军在费雅克境，率军疾趋赴敌，"至使犬部地方，伏兵船于两岸，有贼艘奄至，伏发，贼即四遁，我兵追袭。贼弃舟登岸败走，斩首六十余级，淹死者甚众。获妇女四十七口，并火炮、盔甲、器械等物。招抚费牙喀部落一十五村，一百二十余户。奏闻，命所司察叙"[4]。至此，黑龙江中下游的俄国侵略军被全部肃清。

然而，在此之前，即顺治十五年，俄国人重新占据了黑龙江

---

1 《清世祖实录》卷一一九，第4~5页。

2 《清史稿》卷二四三，《巴海传》。

3 《平定罗刹方略》卷一。

4 《清世祖实录》卷一三八，第16页。

上游位于石勒喀河支流的尼布楚，“从1658年起，尼布楚成为独立的将军辖区的中心和俄罗斯对阿穆尔河（黑龙江）沿岸地区施加影响的主要根据地”[1]。以尼布楚为中心，建立起一批城堡。康熙四年，切尔尼果夫斯基集合一支八十余人的队伍重占雅克萨，随后划入俄国尼布楚将军辖区。俄国人以此为据点，又开始了对黑龙江流域的侵扰。

康熙九年，改宁古塔昂帮章京为宁古塔将军，授巴海为将军。在此之前，即1655年呼玛战斗之后，清政府开始认识到，由于作战基地距前线太远，清军出击和后勤补给均甚感困难，于是陆续向前推移于乌喇（吉林）、卜魁（齐齐哈尔）以及黑龙江城（瑷珲），使作战基地更接近前线。乌喇原有船厂旧址，重新恢复，建造战舰和船只，以供军需。经过调整和军事部署，清政府在黑龙江上的防务与以往漫无章法的局面相比，有所改变，对俄国远征军的入侵，能较快作出反应。

康熙三年，有一伙俄国远征军进扰黑龙江下游，“侵黑斤（赫哲）、非牙哈（费牙喀）”。将军巴海闻警，“治师东伐”，战于黑龙江畔的黑喇苏密。抗俄名将萨布素初次出征，“以骏骑抗击鄂罗斯于黑喇苏密，有功，署防御”[2]。这次战斗，清军击败俄军。据吴兆骞记载：“老羌（俄国）侵掠黑斤，非牙喀诸种，宁古塔岁出大师救之。康熙三年五月，大将巴公（巴海）乘大雪袭破之于乌龙江（黑龙江），自是边患稍息。”[3]然而，时隔不久，俄国人又卷土重来，“康熙四年乙巳，鄂罗斯率八十余人入索伦部，取貂皮而淫其妇女，卧未觉。宁古塔将军巴海轻骑往袭之，尽歼其军，脱者四人耳”[4]。尽管巴海屡创俄国哥萨克远征军，但由于

1　雅科夫列娃：《1689年第一个俄中条约》，第13页。

2《碑传集》卷一一五，陈仪《萨布素传》。

3　吴兆骞：《送阿使领奉使黑斤》诗注，见《秋笳集》卷二。

4　杨宾：《柳边纪略》卷一。

哥萨克是分头窜扰，因而“未获翦除，以故罗刹仍出没不时”[1]。

## 二　清廷和平解决中俄争端努力的失败

康熙七年，康熙帝亲政后，即对北部边防十分关注。拉文斯坦写道：“在中国，满清最伟大的皇帝康熙已在1662年（即康熙元年）登基。俄国人再次出现在黑龙江上的情况立即引起了他的注意。”[2]康熙八岁即位，说他继位伊始就注意到俄国人在黑龙江上的动向，自然为时过早。据他自己说：俄国人扰我国黑龙江、松花江一带，30余年，“朕亲政之后，即留意于此”[3]。白山黑水是满族“龙兴”之地。康熙十五岁亲政之后，对俄国人的侵扰，使边境居民不得安宁，又威胁着清朝的发祥之地，深感不安，他决心要剪除这种威胁，将窃据中国领土的俄国侵略者驱除。为此，康熙深入了解当地的实际状况，“细访其土地情形，道路远近，及人物情性”[4]，以制定对俄斗争的方针。

康熙的初意是希望通过交涉，俄国人能自行撤离侵占的中国领土。这一方针的制定，是因为康熙亲政之时，面临着许多棘手的问题：其时社会生产十分凋敝，恢复和发展生产是当务之急；在政治军事方面，“三藩”坐大于南方，构成对清王朝统治的严重威胁。康熙的精力更多地注意于此，他说：“朕听政以来，以三藩及河务，漕运为三大事，夙夜廑念，曾书而悬之宫中柱上。”[5]同时，康熙也汲取了顺治年间清军与俄国侵略军交战的经验教训。由于路途远险，沿途人烟稀少，清军奔袭俄军城堡，拔除俄国侵

1《平定罗刹方略》卷一。

2 拉文斯坦：《俄国人在黑龙江上》，第31页。

3《清圣祖实录》卷一二一，第11页。

4《清圣祖实录》卷一二一，第11页。

5《清圣祖实录》卷一五四，第10页。

略据点的军事行动，往往因后勤不继，难以克敌。康熙曾指出，明安达礼长途奔袭呼玛，其重大失策就在于，在无充分后勤支援的情况下“冒进”，以致无功而还。因此，康熙对用兵十分慎重。为了促使俄国人自行撤离，和平解决两国边境争端，清政府与俄方进行交涉，前后长达十余年之久。

17世纪60年代，也就是康熙开始执政的年代，俄国的侵扰策略较之以往有了明显的变化。在50年代，波雅科夫、哈巴罗夫、斯捷潘诺夫都是无据点依托，在黑龙江、松花江上流窜掠夺，深入我国国境抢劫扰骚。特别是斯捷潘诺夫一伙经我国各族人民和清军的抗击而覆灭后，俄国哥萨克军在60年代采取了建筑堡寨为依托中心，在我国境内修筑了尼布楚、雅克萨、色楞格斯克（楚库伯兴，我国喀尔喀蒙古土谢图汗辖地）等重要据点。这些据点工事坚固，配备有强大火力，改善了据点之间以及与后方道路的交通，以便联络支援。这些据点成为俄国在黑龙江上的殖民中心。他们建立起农庄，对四周范围内的居民勒索实物税，镇压他们的反抗，强迫我国边境居民“向沙皇陛下纳贡臣服”。同时，又从中心堡寨派出军队，向前推进，建立新的据点。故康熙指出俄国人步步侵占中国领土——“其所窃据距我朝发祥之地甚近”。俄国人在用武力建立堡寨的同时，又引诱、收买某些当地民族上层分子，许以种种特权、厚赏，给他们征收贡赋的权力，但要宣誓效忠沙皇，加入俄国国籍，接受东正教的洗礼，皈依俄国，背叛祖国。根特木儿便是其中最突出者。

根特木儿原是我国索伦族一部头人，居住放牧于石勒喀河和音果河一带，曾内迁至根特河和海拉尔河一带。顺治十一年，根特木儿率部属随明安达礼出征，参加清军攻打俄国据点的呼玛战斗。清政府将其部属编为三个佐领，根特木儿本人被封为四品官，按月支俸。康熙六年根特木儿在俄国人的引诱下，率其亲属部族，叛逃尼布楚，成为俄国人凶恶的走狗和帮凶。他率部随俄军侵扰边陲，对喀尔喀人、布里亚特人作战，十分卖力，因而深受俄国人器重，被封为贵族。华西里耶夫在其著作中写道："根特木儿有九个妻子，三十个儿子和三百名武装以长矛、盔甲的战士。他的人是'善战的人'。在某种程度上成为达斡利亚各城堡的依靠力量。"[1]根特木儿背叛祖国，清政府称之为逃人，一定要缉拿归案。康熙对此十分重视。在中俄两国历次交涉中，中方要求俄方将根特木儿引渡交还中国，沙俄政府却拒不交出，因而成为两国的一个重要争端。

康熙五年，清政府指派索伦人切普切乌尔等前往尼布楚了解边境情况，希望日后能通过和平谈判解决争端，但切普切乌尔却被俄方拘禁长达三个月之久，未能完成使命，俄国人侵扰如故。当时居住于宁古塔的吴振臣在《宁古塔纪略》中记述说，康熙七年，"时罗刹国人造反（原注："又名老羌"，即俄国），到黑龙江诸处抢貂皮，锋甚锐。其国在大洋东，相去万里……人皆深眼高鼻，绿睛红毛，其猛如虎，善放鸟枪"。俄军还携有大炮，"有名西瓜炮者，其形如西瓜（按指炮弹），量敌营之远近，虽数里外，必到敌营始裂，遇者必死"。俄军持其优势火力，横行无忌。宁古塔将军巴海上奏朝廷，清廷不得不下令备战，巴海"即奉部檄，凡流入随旗下及逾六旬者，着一律当役。选二百名服水者为水军，习水战；又立三十二官屯，屯积粮草"。宁古塔将军巴海奉命备战之后不久，康熙获知根特木儿叛逃尼布楚，投靠俄国，认为事态严重。为加强前线兵力，康熙八年，康熙命理藩院郎中马喇"带六千人和十门炮去抵抗。那时候，我（马喇）还是一个郎中。于是盖奈帖木儿和我集合了六千人，带着两门炮，从北京到卜魁（齐齐哈尔）"[2]。尽管康熙采取了这些防范措施，而他的着眼点仍

1 华西里耶夫：《外贝加尔湖哥萨克史纲》卷一，第132页。

2 巴特雷：《俄国·蒙古·中国》卷二，第339页，转引自《一六八九的中俄尼布楚条约》，第131页。

然是希望通过谈判解决争端，故廷议征伐罗刹，康熙未予允准。张玉书说："康熙八年秋，（罗刹）复来寇。廷议乘江冻时彼不能返，可袭击之。朝廷以路远劳民而止。"[1]是年冬，清廷派沙拉岱等四人前往尼布楚交涉。翌年（康熙九年）四月，沙拉岱等九人携带清政府信件，再次奉命前往尼布楚，质问俄方"在雅克萨的哥萨克的入侵"[2]，并邀请俄方派人到北京谈判。俄国尼布楚总管阿尔申斯基派米洛瓦诺夫（中文史料称英那蒂）前往北京，他到北京后，向清政府官员宣读了由阿尔申斯基签署的答复文件，居然宣称中国皇帝应臣服于沙皇，"处于俄皇陛下最高统治之下，永久不渝，并向大君主纳入贡赋"。对中国要求引渡根特木儿则一味推托。由于清政府没有精通俄文的译员，对信件内容及其含意不甚了然，米洛瓦诺夫受到友好的接待。康熙决定接见他，"他觐见了皇帝，得到了丰盛的赏赐"[3]。八月，清政府派索伦总管孟格德等六十六人护送米洛瓦诺夫等人回尼布楚，带去《康熙帝为索还逋逃根特木儿给俄罗斯察罕汗（沙皇）敕谕》。在给沙皇的信中，康熙指出"罗刹国之宵小劫扰我捕貂之朱舍里、达呼尔等，并有我根特木儿叛逃，投靠罗刹等情"。由于清政府缺乏外交经验，与外国办交涉一无所知，误以为米洛瓦诺夫来北京，便是"愿求永远和好"，甚至以为是"罗刹投诚"。因而康熙在信中指出两点：一是"应归还叛逃之根特木尔"，一是"此后勿起边衅"。如此，两国便得安宁。

俄国当局对康熙的信件根本不予答复。这一事实使康熙获得启示，对侵略者的狡诈有所警惕，开始意识到谈判不一定能解决问题。

康熙十年九月，十八岁的康熙帝，决定"躬诣太祖、太宗山

---

1　张玉书：《外国记》，《昭代丛书》（辛编补编）。

2　拉文斯坦：《俄国人在黑龙江上》，第 35 页。

3　拉文斯坦：《俄国人在黑龙江上》，第 35 页。

陵展祭”，并巡视盛京和东北边防。二十三日，告祭福陵（太祖努尔哈赤）、昭陵（太宗皇太极）礼成，康熙入盛京，于清宁宫大清门召见盛京将军阿木儿图以下各级官员，赐宴并颁赏蟒缎貂裘、弓箭、宝刀等，面谕将军、副都统、侍郎等曰：“卿等膺莅委任，惟抚戢军民，爱养招徕。满汉人民悉赖农桑，须多方劝谕，开垦耕种，俾各遂生计，以副朕重念发祥故地之意。钦哉！”[1]康熙“重念发祥故地”，勉励各级官员和熙军民，鼓励开垦，民人生计有赖，如此，作为宁古塔后方的盛京自可支援前方。为了鼓舞宁古塔兵丁，康熙命赏银两万两。又谕户部、刑部、奉天府、宁古塔等处，除十恶不赦外，其余死罪俱减等，轻罪豁免。并将山海关至奉天府属地方康熙十年、十一年钱粮豁免。豁免钱粮，罪人减等，虽是帝王巡幸所至的惯例，然而，康熙在发布这些谕旨时，必称“以示朕轸恤发祥故地人民之意”。康熙视发祥故地为神圣。又说，俄国的侵扰，“其所窃据距我朝发祥之地甚近”。故抚戢其地是与康熙剪除俄国的威胁分不开的。

康熙部署初定之后，“欲周览盛京畿内地方形胜”，开始了巡视活动。九月二十四日由沈阳北上，越铁岭、开元，十月初二至达溪达尔巴，宁古塔将军巴海奉命来朝。康熙召巴海入行在，详细询问黑龙江沿岸居民瓦尔喀、虎尔哈等民物风俗，指示巴海“善布教化，以副朕绥远至意”[2]。于行在赐巴海午膳，饭后，命巴海射箭，观宁古塔将军武备情况。在接见巴海之后，康熙起驾回程，十一日回到盛京，巴海随从。十四日，康熙在离盛京回京的前夕，再次单独召见巴海，面谕曰：“朕向闻卿贤能，今侍朕左右，朕益知卿矣。”巴海侍从左右十有余日，康熙对他有了更多的了解，勉励他勇于任事，再一次指出对黑龙江少数民族、居民

1 《康熙起居注》，第1册，第3页。

2 《康熙起居注》，第1册，第5页。

“尤须广布教化，多方训迪，以副朕怀远之意”。同时指出：“罗刹贼寇虽曰投诚，尤当加意防御，操练士马，整备器械，毋堕狡计。至于地方应行大事，即行陈奏，毋得疑畏。卿膺边地重任，尚其黾勉，以报朕知遇之恩。钦哉。”[1]康熙所说“罗刹寇贼虽曰投诚”，即指米洛瓦诺夫等人奉尼布楚总管阿尔申斯基之命来北京一事，鉴于俄方对康熙要求引渡根特木儿不予答复，引起了警觉，特召巴海指示他严加戒备，“毋堕狡计”，以边地任重，谆谆勗勉。巴海表示“臣唯有领奉纶音，拮据勗勉，以报殊恩”。“边外有墨尔哲族，累世输贡，巴海招之降。其长扎努喀布克托等请内徙，巴海请徙置宁古塔近地，置佐领四十，以授扎努喀布克托及其族属，分领其众，号为新满洲。”[2]内徙边境居民，是清政府抗击沙俄侵略的重要措施。由于巴海抚戢黑龙江少数民族有功，受到康熙的嘉奖赏赐，“于世职一等阿达哈哈番兼拖沙喇哈番”。

康熙已然认识到仅仅通过交涉，不经一战，俄国侵略者不可能自行撤走，“勿起边衅”的愿望难以实现。然而，这时中国内部的矛盾却日渐尖锐。康熙十二年十一月，吴三桂在云南举兵反，半个中国陷于战火，而东北地区也“因吴三桂造逆，调兵一空”[3]。康熙不得不集中全力以平定三藩叛乱，对东北边防已无暇顾及，更不可能用兵。严峻的国内形势，使康熙和清政府只能与俄国继续交涉，舍此别无选择。

康熙十四年，俄国政府由尼果赖率领的一百五十多人使团来华，其目的要求通商贸易，打开中国市场，并了解远东形势，搜集情报，摸清楚清政府对俄意图及力量。在来华途中，尼果赖获悉中国因三藩叛乱正进行大规模内战，清廷处境艰难，立即向沙皇报告：“现在博克多汗（指清朝皇帝，即康熙）极为衰弱，非常

1 《康熙起居注》，第 1 册，第 6 页。

2 《清史稿》卷二四三，《巴海传》。

3 吴振臣：《宁古塔纪略》。

害怕哥萨克。”他认为这是进一步扩张侵略，向清政府施加压力的极好时机。他说：“北京的俄国逃人秘密地说：‘如果达斡利亚地区现在有两千名陛下的正规军，那么，不仅达斡利亚地区，而且中国长城以外的所有土地都可能臣服于陛下的统治。’”[1]尼果赖在中俄边境时，接见了根特木儿，向他保证“俄皇决不会抛弃他”。

清廷出于通过交涉解决争端的愿望，十分重视尼果赖使团来华，康熙命礼部右侍郎马喇专程到卜魁（齐齐哈尔）迎接。康熙十五年五月，尼果赖使团到达北京，他态度傲慢，声称在觐见康熙时中国皇帝必须起立向沙皇问安，清廷自然不能应允。但为了解决争端，康熙愿意接见俄国使团，并派人翻检古籍，查找古代接见外国使团的仪礼，并与廷臣商议，最后康熙同意由尼果赖在御案前向大学士呈递国书而皇帝本人则不莅临。尼果赖呈递国书后，向清政府递交了一份照会，提出“自由贸易”等要求，却闭口不谈根特木儿逃人等问题。《清实录》记载：“鄂罗斯察汉汗（沙皇）遣其臣尼果赖罕伯理尔鄂维策，入贡方物。奏称鄂罗斯僻处远方，从古未通中国，不识中国文义，不谙奏疏仪式，今特向化输诚，愿通贡使。得旨：鄂罗斯国，所处甚远，诚心向化，特遣其臣贡献方物，甚属可嘉，所奏之处，议政王大臣等议奏。”[2]议政王大臣等遵旨会议具奏：“鄂罗斯察汉汗，向化入贡，应行赏赉。其使臣尼果赖不娴典礼，不便给与敕书，应令理藩院谕来使，云：‘尔主欲通和好，应将本朝逋逃根特木儿遣还，另简使臣，遵中国礼行，方许照常贸易。从之。’”[3]康熙批准的议政王大臣会议的意见，包括三个方面的内容：第一，尽管尼果赖态度傲慢，清政府以“不娴典礼”而不予深究，仍然给予友好接待，“应行赏

1　巴特雷：《俄国、蒙古、中国》卷二，第257页，转引自《一六八九年的中俄尼布楚条约》，第137页。

2《清圣祖实录》卷六一，第3~4页。

3《清圣祖实录》卷六二，第3页。

赉”；第二，只要俄方引渡根特木儿，中国愿意两国和好，并允通商贸易；第三，由理藩院负责交涉。康熙的这一决定，表明了通过交涉和平解决争端的愿望。为此，康熙在太和殿和保和殿两次接见尼果赖，以茶酒招待，“博格德汗（指康熙）给了使臣以优渥的接待，请他与自己同桌进餐”[1]。又“赐鄂罗斯察汉汗使臣鞍马袍服等物”[2]。

康熙十五年七月，尼果赖离开北京回国。清政府以为经过这次谈判，俄方将会对中国方面提出的合理又善意的要求给予明确答复，然而，事与愿违，俄军以尼布楚、雅克萨为据点，分路推进，向黑龙江中下游进一步扩张，正如帝俄史学家华西里耶夫所说:“一六七六年（康熙十五年，是年正是尼果赖到北京）是在东西伯利亚推行积极政策的开端。”[3]所谓的“积极政策”，就是改变过去流窜劫掠，选择适宜地点建立堡寨，向附近居民强迫征税，不断推进。到康熙二十一年，俄国人所建立的军事据点已分布到黑龙江支流及其下游，直到鄂霍次克海边，主要有“黑龙江上游的雅克萨和尼布楚附近的一些村庄。结雅河（精奇里江）上的新塞斯克、塞林宾斯克堡和多隆斯克。阿姆贡河（即亨滚河）上的杜基顷斯科伊；在图古尔河和乌第河流入鄂霍次克海地方的图古尔斯克和乌德斯克”[4]。

俄国人知道，他们向中国领土肆无忌惮地扩张，必然会引起清政府的反击，因此，早在 1680 年，沃耶伊科夫被派往尼布楚任将军时，便“奉命集中和加强达呼尔所有各城堡的驻军，储备一旦清军实行军事进攻时所需要的粮食。沃耶伊科夫还奉命调查适于耕种的新地区，采取一切方法协助农民迁移和开辟‘君主的什

1 雅科夫列娃：《1689 年第一个俄中条约》，第 115 页。

2 《清圣祖实录》卷六二，第 3 页。

3 华西里耶夫：《外贝加尔哥萨克史纲》卷一，第 146 页。

4 拉文斯坦：《俄国人在黑龙江上》，第 38~39 页。

一税耕地’。所采取的方法应详细呈报西伯利亚衙门”[1]。由于采取了这些措施，俄国人自以为有恃无恐，完全能够战胜清军，所以“在1689年条约（指尼布楚条约）签订之前，尼布楚县和阿尔巴津（即雅克萨）所有俄罗斯人，包括一般人和将军在内，始终确信俄罗斯能够保有阿穆尔河（黑龙江）沿岸地区”[2]。因此，沙皇政府决定对清政府提出的引渡根特木儿的要求不予答复，对康熙希望“勿起边衅”的要求也置之不理。

即使如此，康熙仍然没有放弃和平解决争端的努力。康熙二十年，“上（康熙）复命大理寺卿明爱等谕令（俄罗斯）撤还”[3]。明爱与郎中额尔塞等遵旨前往卜魁（齐齐哈尔），派佐领罗尔木等二十人至雅克萨，与俄方交涉。罗尔木指出俄方言行不一，侵占中国领土，“违不相扰害之言，使尔二十人居我多伦禅所居之地，不亦谬乎？”严正要求“尔等速撤回尔国之人”。雅克萨俄军头目竟断然拒绝，声称“令人居多伦禅地方，乃出我刹汉汗（沙皇）之言而驻之者，未可撤回”[4]。并声言，没有沙皇的命令，不能与中国官员进行谈判。事后，俄方派米洛瓦诺夫到齐齐哈尔，说已向莫斯科报告，“且差人禀明我刹汉汗矣”。清政府官员再一次指出：“多伦禅原系我地。尔等造庐舍令人居住，殊为不合。尔等应徙尔人，如不徙，则边境起争，我以众力，必驱尔等，彼时悔无及矣。”[5]俄方对清政府的警告置若罔闻，反而向黑龙江下游扩张，到康熙二十一年，抵达鄂霍次克海。正如康熙所指出：“向者罗刹无故犯边，收我逃逋（指根特木儿），后渐越界而来，扰害索伦、

1 雅科夫列娃：《1689年第一个中俄条约》，第64页。

2 雅科夫列娃：《1689年第一个中俄条约》，第67页。

3 《平定罗刹方略》卷一。

4 《命遣大臣宣谕罗刹退还侵地探彼情形》（康熙二十五年五月十一日），转引自《一六八九年的中俄尼布楚条约》，第154页。

5 《命遣大臣宣谕罗刹退还侵地探彼情形》（康熙二十五年五月十一日），转引自《一六八九年的中俄尼布楚条约》，第157页。

赫哲、飞牙喀（费雅喀）、奇勒尔诸地，不遑宁处，剽劫人口，抢掳村庄，攘夺貂皮，肆恶多端。是以屡遣人宣谕，复移文来使，罗刹竟不报命，反深入赫哲、飞牙喀一带，扰害益甚。”面对俄国的不断侵扰，康熙谕议政王大臣等：“兵非善事，不得已而用之。”[1]决心进行收复中国领土的雅克萨之战。

## 三　设置黑龙江将军，“建城永戍”

康熙二十年十月二十八日，清军攻克昆明，吴世璠自杀。经过八年的艰苦战争，清廷取得了平叛的胜利。在平定三藩之乱后，康熙在部署统一台湾的同时，立即关注北部边疆。

平定三藩之乱，对清王朝来说，是生死存亡之战；清军的胜利，对清王朝也有如再造。康熙二十一年的年节，是胜利后的第一个年节，康熙心情欢畅，意气风发，打破内殿筵宴、诸臣不与的惯例，于上元节在乾清宫大宴群臣，他说：“今因海内乂安，时当令序，特于乾清宫赐宴，君臣一体，共乐升平，用昭上下泰交之盛。”[2]臣工依次至御座前，康熙亲自赐饮，今日内殿嘉宴，笑语无禁，诸臣可开怀畅饮，饱饮尽量。康熙与诸臣边饮酒边观鳌山灯，音乐大作，“斯时也，蟾光鳌炬，焜耀堂廉；彩树琼葩，杂罗樽俎”。辉煌的灯火照耀着乾清宫，帘外则是耀眼的鳌山灯；在彩树奇花之间，佳肴美酒杂陈，罗满几案。“宽仪法之不纠”——不拘泥于君臣日常相见时的仪礼法度，于是满座欢畅，笑语欢声充斥乾清宫。康熙情绪高涨，“复令次登文陛，渥以金卮”，再次赐饮，“咸俾有三爵油油之色”[3]。人人酒足饭饱，红光满

1 《清圣祖实录》卷一一九，第6、7页。

2 《清圣祖实录》卷一〇〇，第3页。

3 《清圣祖实录》卷一〇〇，《御制升平嘉宴诗序》，第6页。又见《康熙起居注》，第2册，第808页。

面，甚至有醉酒蹒跚者，康熙命太监扶掖而行。君臣同乐，共庆平叛战争的胜利，欢度了正月十五的上元节。而此时如何反击俄国侵略军已在康熙的思虑之中。

上元节过后仅一天，正月十七日，康熙谕礼部，由于荡平三藩，决定前往盛京（沈阳）展祭太祖、太宗山陵，以告功成，命礼部速行筹办一应事宜。康熙这次东巡的目的，据随行的耶稣会士比利时人南怀仁说:“这次巡访祖宗陵寝，依照惯例行参谒之礼，同时也是为了亲自巡视统治下的东部鞑靼，即女真方面的边疆地方。”[1]高士奇在《扈从东巡日录》中写道，康熙东巡的又一目的，是“巡视边疆，远览形胜，省睹祖宗开创之艰难”。也就是说，他将亲临边境，了解北部边防及沙俄侵扰情况，为反击沙俄的侵扰做准备，因此，又“谕乌喇将军巴海等，今以云南等处底定，躬诣盛京告祭三陵，意欲于扈从人等喂养马匹之暇，省观乌喇地方，将军应从何处带领兵丁候迎，可与盛京将军定议行之”[2]。乌喇即今吉林市，康熙十五年，清廷命宁古塔将军移驻吉林。吉林乌拉明代称船厂，在此造船，以航行松花江、黑龙江，直到黑龙江口的奴儿干都司，是明代经营、管辖黑龙江流域的基地。顺治年间，巴海父沙尔虎达曾在此造船。顺治十五年，沙尔虎达率战舰于松花江与牡丹江会流处，全歼深入中国内地的斯捷潘诺夫哥萨克五百余名。康熙初年，于乌拉设立水师营。康熙十五年，宁古塔将军移驻乌拉后，“建木为城，倚江（松花江）而居”。“所统辖新旧满洲兵二千名，并徙直隶各省流人数千户居此。造战船四十艘……又有江船……日习水战，以备老羌（指沙俄侵略者）。”[3]乌拉，在康熙十五年之后，已成为清政府抗俄的前线指挥中心，也是清军针对俄国哥萨克凭借战船肆虐黑龙江上而建造的战船基地。康熙巡视乌拉，就

1　南怀仁：《鞑靼旅行记》，见《清代西人闻见录》，第 70 页。
2 《清圣祖实录》卷一〇一，第 7 页。
3　高士奇：《扈从东巡日录》。

是了解前线基地的战备情况，亲自掌握沙俄入侵者的动向。

康熙二十一年二月十五日，康熙帝由京师起程东巡，晨时，诣太皇太后、皇太后宫问安，率皇太子命驾东行。帝王出巡，排场极盛，由皇帝指定的王公及内阁、六部扈从大臣随行，八旗前锋护军统领前导，皇帝穿行衣，乘马出宫。后妃则乘肩舆。留京诸王，文武群臣采服于午门外跪送，随行王公大臣、侍卫前护后拥，从者数千人，各级官员又有随员，“一行总共约有七万人”[1]，旌旗猎猎，前后络绎二十余里。北方初春，虽说春寒料峭，然而阳春已动。康熙在《东巡诗二首》的序中写道：“八年征剿喜见澄平……爰于二月十五日，命驾东巡。”是日“天气晴和，微风动旆，从者满路，观者夹途，顾瞻远迩，莫不欢跃”[2]。其时，康熙年仅二十八岁，正当年富有为之时，他目睹这一空前盛况，心情分外好，有诗云：

顺动因时豫，东风引翠旗。
鸣銮万骑出，执事百僚随。
日暖草初茁，烟轻柳未丝。
春光无限好，应有上陵诗。[3]

诗中所说“春光无限好”，也是年轻皇帝的自况；而“顺动因时豫”，字义虽说的豫游，则可能隐含在平定三藩之后因时而动的下一步打算。二十三日，出山海关，沿途行围（共打虎六十余），游历了清入关前明清交战的古战场，颂扬祖宗的战绩而谈兵。如《松山》一诗云：“鸣笳伐鼓速兵机，百胜谋成夜合围。月黑风高神

1　南怀仁：《鞑靼旅行记》，《清代西人闻见录》，第 71 页。
2 《圣祖御制文一集》卷三六，第 1 页。
3 《圣祖御制文一集》卷三六，第 2 页。

鬼注，金戈白马识天威。”[1]明清松锦决战，明军精锐丧失殆尽，统帅洪承畴为皇太极所俘后投降。康熙称颂先人威烈而大谈兵贵神速，对敌须谋算，成竹在胸，如此，敌军“十万健儿皆解甲，一时大帅皆成禽”。而今，清王朝已一统天下，需有良将猛士固守边陲。三月初四，康熙至沈阳，初六日祭陵，初八日礼成。宴诸臣于盛京旧宫，他有诗一首，抒发了这时的心情。其中有句云：

铿锵剑佩千官集，曼衍鱼龙百戏陈。
功定舞干歌靖乱，恩留过沛乐国民。
大风猛士何烦忆，仗下班联绛灌臣。[2]

康熙在此用汉高祖刘邦的典故。刘邦以沛公起兵，取得全国政权之后，还过沛，召故人父老子弟饮。刘邦自击筑，歌曰：“大风起兮云飞扬，威加海内兮归故乡，安得猛士兮守四方。”命众人和而习之。殷切期望有猛士为新建的汉王朝守疆卫土，是为《大风歌》。而康熙的诗，则是“功定舞干歌靖乱”，取得了平定三藩叛乱战争的胜利后，回到祖宗龙兴故土，他本人已从战争中，成长为杰出的统帅。良将猛士如云，破敌擒将如绛侯周勃、灌婴者联班于仗下，比比皆是，守疆卫土者不乏其人，故而“大风猛士何烦忆”，反映了康熙对巩固边疆、抗敌御侮充满了必胜的信念。翌日（三月九日），后妃们留于沈阳，康熙前往兴京告祭永陵（即肇祖猛哥帖木儿、兴祖福满、景祖觉昌安、显祖塔克世之陵。塔克世是清太祖努尔哈赤之父），一路风雪弥漫。祭毕，经萨尔浒古战场，沿西北山路行，虽冰冻特甚，仍然行围。十八日，于库鲁地方度过了他的二十九岁生日（所谓万寿节），因在旅途，一切从简，扈从诸王大臣

1 《圣祖御制文一集》卷三六，第 7 页。
2 《圣祖御制文一集》卷三六，第 13 页。

众官及蒙古诸王、台吉等行三跪九叩礼，以表庆贺，随即前行。二十日，康熙至乌拉吉林，将军、副都统及众武职官员跪迎。康熙立即到松花江畔，驻防乌拉地方将军巴海迎候康熙于阿尔滩讷门地方。二十五日，面南向长白山方向登山三叩首。

在长途跋涉中，康熙一直是骑马，“为了使皇帝骑马，后妃们乘轿能够通行，从北京城到东边的终点（乌拉），凡要经过的最偏辟的地方，全部开筑了崭新的道路”[1]。新修的道路，立有标柱，以标示里程。

康熙在侍卫和众人的簇拥中进入吉林城，全城空巷，“他们的眼光表明一切喜悦是为迎接皇帝而跑来的。对他们来说，中国皇帝亲临此地，是前所未闻之事”。当地居民对康熙的崇敬，使他深受感染，命令“尽行撤去一切尊严的表示，让（臣民）靠近，以此向臣众显示祖宗的朴素”。

在乌拉吉林稍事休息之后，二十七日，康熙率部分官员登舟，沿松花江下航至大乌拉虞村（今乌拉街）。“吉林城的居民能制造一种特殊结构的船，装上索具，能航向东北九百里，出没于这些河川之中。这种船是为了对付来吉林盗捞珍珠的俄罗斯人的。”[2]康熙率领由两百多艘船只、甲士数千人组成的船队，诗兴勃发，写下了《松花江放船歌》。歌的下半阕唱道：

浮云耀日何晶晶，
乘流直下蛟龙惊，
连樯接舰屯江城。
貔貅健甲皆精锐，
旌旗映水翻朱缨，
我来问俗非观兵。

1　南怀仁：《鞑靼旅行记》，《清代四人见闻录》，第 73 页。
2　南怀仁：《鞑靼旅行记》，《清代西人见闻录》，第 77 页。

松花江，江水清，

浩之瀚瀚冲波行，

云霞万里开澄泓。[1]

这首歌，歌颂了松花江水及两岸的秀色和祖国的锦绣河山，又满怀豪情地纪录清军舰队“连樯接舰”的威壮，赞赏“貔貅健甲”的高昂士气。水与军容一色，水波翻映旌旗和战士头上的朱缨，令人耀眼。盛大的船队冲波怒行，斗志昂扬，一定能廓清疆宇，驱逐入侵者。

康熙到达距吉林 16 公里的大乌拉虞村之后，“不巧昼夜连下大雨，江水不顾他的尊严继续地涨着，无法战胜水势，皇帝不能有所活动了”[2]。康熙有诗记述道:“烟雨连江势最奇，漫天雾黑影迷离。掀翻波浪三千尺，疑是蛟龙出没时。”[3]弥天乌云，雨势狂暴，松花江大浪滔天，康熙被困于此达八天之久。他时时与大学士明珠、学士库勒纳及部院大臣处理政务。大宴乌拉将军以下各武职官员，赏赐丰厚，“兵丁均赐银两。赉乌拉致仕官员及中伤残疾病退年老甲士人等”[4]。赐兵丁银两，是对乌拉驻防军队战备精良、士气高昂的鼓励，说明了康熙对“貔貅健甲皆精锐”的满意；对在战争中负伤致残、疾病年老退役甲士军人的赏赐，则是对他们的慰藉，肯定他们守卫祖国边疆的功绩。

四月初七，天放晴，康熙已不可能久留，起程南旋。“由于多日连续下雨，所谓道路，均已不能通行，这个旅行的艰难辛苦，非几句话能说尽。短暂时间，必须横越山岳，一切溪谷都成滔滔激流，原有的桥梁全部冲毁。”数以千计的人马、车辆拥挤在道路

1 《圣祖御制文集》卷三六，第 15 页。

2 南怀仁：《鞑靼旅行记》，《清代西人见闻录》，第 77 页。

3 《圣祖御制文集》卷三六，第 16 页。

4 《康熙起居注》，第 2 册，第 833 页。

上无法前进，“皇帝、小皇子及全体贵戚，不得不常常在泥水中徒步前进”。旅程是如此艰难辛苦，“在宫廷中三十多年的人都说，这样的事还是第一遭”，但却丝毫没有挫伤正当奋发有为之年的康熙的情绪。白天，他不放弃每一次行围的机会，跃马弯弓，与数千甲士驰骋逐猎。行围同时也就是习武。当夜空清澈时，则召随行的耶稣会士南怀仁观察天象，“皇帝看着半圆形的天空，让我（南怀仁自称）用中国话和欧洲话把主要的星一个不剩地读给他听。他通过这件事，表示他有着无限的知识”[1]。康熙能依据星座位置计算出时刻，并讲解给其他人听。四月十六日，康熙至盛京。二十日，自盛京回銮。皇太子率部分官员、侍卫回京，康熙则率诸王经辽阳回京。驻跸辽阳之夜，皓月当空，康熙深夜对月，思绪起伏，赋《望月诗》一首。诗中有云:“怀古听行漏，素心良蕴结。旷然望九霄，妖氛尽殄灭。”[2]此诗自注:“用唐太宗辽城望月诗原韵。”贞观十八年，征高丽，自将精骑数万至辽东城。指挥李世勣以精兵围之，克其城，以为辽州，即辽阳。康熙旷然望九霄，长空如碧洗，发思古之幽情，蕴结于胸，萦萦于怀，而不能稍释。其所自思之深者，乃是“妖氛尽殄灭”。所谓“妖氛”，当然不是指昔日之高丽，即当时之朝鲜，因为朝鲜问题早在太宗皇太极时已然解决。其时“妖氛”而为边境之患者，乃是俄国哥萨克。唐太宗抗敌御侮，统一边疆，而有盛唐，为一代英主。康熙怀古及今，决心要解除边患。

五月初四，端午节前一天，康熙回到北京。这次东巡自二月十五日起行，往返共 78 天，在乌拉吉林停留的时间较长，对驻防清军战备了解较多。为了掌握俄国人的动向，康熙回到北京后，开始筹划有关事宜。八月十五日，命正白旗蒙古副都统郎坦与公

---

1 南怀仁：《鞑靼旅行记》，《清代西人见闻录》，第 78~79 页。

2 《圣祖御制文集》卷三七，第 1 页。

彭春，以捕鹿为名，率参领、侍卫、护军，沿黑龙江行围，直抵雅克萨城，进行侦察。又命毕力克图率科尔沁兵百人，驻宁古塔副都统萨布素率乌拉、宁古塔兵八十人与之同行。临行，康熙召郎坦等面授机宜。第一，去时详视陆路远近，勘察雅克萨城形势。第二，如遇俄国人以食物馈赠，可受而酌情回答。康熙说，“度罗刹断不敢出战”，万一出战，姑勿交锋，可率众引还，“朕别有区画”。第三，回程时，详细考察自黑龙江至额苏里的舟行水陆，至额苏里（黑龙江北岸）后，派参领偕同萨布素详勘由此直通宁古塔（黑龙江宁安）道路。赐郎坦、彭春等御衣、弓矢，以资鼓励。

郎坦，姓瓜尔佳氏，满洲正白旗人，出身将门，年十四任三等侍卫，随侍内廷。顺治十八年，升头等侍卫。康熙即位，晋升为侍卫首领。以战功，于康熙十九年升正白旗蒙古副都统，后为抗俄名将。

萨布素，姓富察氏，满洲镶黄旗人，生于宁古塔，任职于宁古塔将军巴海麾下。康熙三年，青年将领萨布素以骁骑校随将军巴海出征罗刹有功，从此投身于抗俄战场。康熙十五年，宁古塔将军巴海移驻吉林乌拉，萨布素以协领留守宁古塔。康熙十七年，升副都统，成为抗俄的主要将领。

彭春，姓栋鄂氏，满洲正红旗人，清开国重臣何和礼之曾孙，袭爵一等公。康熙十五年，授正红旗蒙古副都统，调本旗满洲副都统。

彭春，郎坦等奉命后，出山海关北上，至吉林与萨布素会合，经墨尔根（今黑龙江嫩江）越兴安岭，向雅克萨进发。萨布素生长于边陲，身任要职，长年与俄国人进行斗争，熟悉边疆形势。抵达雅克萨城后，萨布素“遂与郎坦等，至其城下，指画言可图状，附郎坦以闻”[1]。同年十二月，郎坦等回到京师，以侦察雅克

1 钱仪吉：《碑传集》卷一一五，陈仪《镇守黑龙江将军傅察公萨布素传》。

萨罗刹军情具奏。他认为，“攻取罗刹甚易，发兵三千足矣”[1]。其所上“平罗刹之策”云：

臣等谨密奏：如雅克萨可下，罗刹可破事。臣等奉旨从达湖里墨尔根（齐齐哈尔）诸边围猎而行，共十六日，至雅克萨城。途间细察地形，虽无险山，而林木丛杂，冰坚沙结。自兴安（岭）至雅克萨城，大概如一。料冬雪之时，未可前进。夏时雨潦，淤泥阻路，除轻装疾行外，其百载重，一概难行。臣等由黑龙江顺流而回，共十五日至瑷珲城。观水势，从瑷珲至雅克萨，舟棹可通，无险阻之患，两岸俱可牵缆而行。从瑷珲至黑龙江、松阿里江（松花江）会合处，马行可半月程。从西江会口至雅克萨，马行可一月程，舟行逆流可三月程。舟行虽稍迟时日，凡军饷重器，皆可致于雅克萨。[2]

郎坦根据实地勘察情况，对军力配置及需事前做好准备者，作了如下建议：

臣等愚意：欲取雅克萨诸城，非红衣炮不可破。……得二十炮，即可济用。俟来春冰未融化之时，预运于吉林江口。……应再造小船五十六只。除用兵事宜，粮用几何，应候旨裁定外，红衣炮必趁地冻时，预运至湖勒河河口，俟来春冰解时，水陆军刻期齐发。[3]

康熙对郎坦奏报中所说能够击败俄国人表示同意，说：“朕亦以为然。”但考虑到前线作战基地吉林乌拉、宁古塔离雅克萨路途

1 《清圣祖实录》卷一〇六，第23页。

2 《八旗通志》（初集）卷一五三，《郎坦传》。

3 《八旗通志》（初集）卷一五三，《郎坦传》。

遥远，道路难行，因此必须在战前作好充分准备，因而不同意郎坦来春水陆军刻期进发，即行攻取的意见，谕议政王大臣等曰：“兵非善事，宜暂停攻取。”[1]康熙有一张黑龙江流域的机密军事地图，上面画有“整个西伯利亚地区，标明了所有的城堡，每个城堡有多少人”[2]。他反复详阅地图，俄国侵略者“恃雅克萨为巢穴”，“肆掠黑龙江边境，又侵入精奇里乌喇诸处，筑室盘踞”，“数扰索伦，赫哲、飞牙喀、奇勒尔居民，掠夺人口”[3]。俄国人的侵略足迹远至黑龙江口，针对这种形势，康熙作出了重要决策，决定将前线作战基地由宁古塔向前推进，“命宁古塔将军巴海，副都统萨布素，统兵往驻黑龙江（瑷珲城）、呼玛尔”。如此，不仅清军的前线营地至雅克萨的距离，较之宁古塔减少了一半里程，而且拦腰斩断了雅克萨与黑龙江下流俄国哥萨克的联系，便于歼灭入侵的单股敌人。康熙曾将此意晓谕群臣，他说：“（俄罗斯）反遣其部下于飞牙喀、奇勒尔等处，肆行焚杀（俱在黑龙江下游）。又诱索伦、打虎儿（达斡尔）、俄罗春（鄂伦春）之打貂人额提儿克等二十人入室，尽行焚死。此曾虽经晓谕，藐不畏法，因特遣将军统兵驻黑龙江、呼玛尔等处，不许罗刹仍前恣意妄行，遇即擒杀。”[4]康熙命令郎坦与大学士觉罗德勒洪、理藩院，及户、兵二部“观图详议以闻”[5]。

康熙命将抗俄前线基地推进到黑龙江，实现“建城永戍”的战略方针。为此，他命令“于黑龙江、呼玛尔二处建立木城，与之（指俄国入侵者）对垒”。这样，在军事态势上形成与俄国人针锋相对的局势。为了解决驻防清军的粮饷，康熙同时又命令，进

1 《清圣祖实录》卷一〇六，第 23 页。

2 转引自《一六八九年的中俄尼布楚条约》，第 145 页。

3 《清圣祖实录》卷一〇四，第 8 页。

4 《清圣祖实录》卷一一二，第 5 页。

5 何秋涛：《平定罗刹方略》卷一。

驻清军“即行耕种”，屯田自给，以便能长期驻守。但农业生产需要有周期，不能马上解决进驻清军所需粮草。为了解决当前急需，康熙命令：“所需军糈，取诸科尔沁十旗，及席北、乌喇之官屯，约可得一万二千石，可支三年。且我兵一至，即行耕种，不致匮乏。黑龙江城（瑷珲）距索伦村不远，五宿可到，其间设一驿，俟我兵将至净溪黑乌喇（精奇里江），令索伦接济牛羊，甚有裨益。”[1]礼部侍郎马喇奉命前往索伦地方购买牛羊，积储军粮，以供所需。

从科尔沁运粮到黑龙江，路途遥远，如何迅速、安全地将粮饷运送前方，康熙对此十分重视，甚至亲自验证。运输最困难的地段首先是怎样运至松花江，由松花江水运至瑷珲则较为容易。康熙指授：“乌喇军糈，自辽河溯流，运至等色屯（又称邓家屯，今吉林双辽县），随用蒙古之力，陆路运至伊屯门（今长春市），自伊屯门船载，顺流运至松花江，甚善。”大学士觉罗德勒洪奉命与户工二部、理藩院，及郎坦“观图详议”。觉罗德勒洪等共议应造运粮船只大小及运载量上奏，康熙认为不够周详，因其未经测试，放心不下。于是派遣内府营造司郎中佛宝、户部侍郎宜昌阿等，以瀛台通州船载米进行试验；又令盛京刑部侍郎噶尔图至巨流河至等色屯测量辽河深浅；宁古塔副都统瓦礼祜验视自伊屯口至伊屯门水势水流情况。根据诸人实地观察后的奏报，康熙始批准建造运粮船只的规划，并对如何交接军粮作出明确规定。[2]康熙又命尚书伊桑阿前往乌喇吉林督造战船及运粮船只。在三藩战争时，伊桑阿曾到江南、湖广督造战舰，如期监造完毕，以济清军，受到康熙嘉奖。此次到乌喇吉林造船，奉命携同江南有经验的造船工匠数百人同往，以期所造战船坚固实用。齐齐哈尔、墨尔根

1 《清圣祖实录》卷一〇六，第 24 页。

2 《清圣祖实录》卷一〇八，第 4~6 页。

(嫩江)、黑龙江城(瑷珲)“三城共船一百二十只，皆康熙二十二年吉林造出”[1]。这些新造战船，其中大战船二十只，二号战船六十一只，此外尚有运粮船多艘。

康熙二十二年二月，巴海、萨布素遵旨调乌喇、宁古塔兵一千五百，并制造船舰、红衣炮、鸟枪，及演习之人，前往黑龙江城、呼玛尔二处驻守。[2]四月，巴海上疏，提出于七月率大军乘船攻取雅克萨城的作战方案。他认为不宜于黑龙江城、呼玛尔两处分兵驻守，理由是“虽雅克萨城辽远，若驻兵两处，则势分道阻，难于防御”。倘若尼布楚俄军水陆运粮，增兵救援雅克萨，则更难有取胜的把握，因此主张“速行征剿”[3]。巴海主张直接攻取雅克萨，与郎坦前此的建议一致，违背了康熙“建城永戍”、加强边防、与俄军对垒的战略意图，也违背了康熙必须经过周密的准备，才能攻取雅克萨的决策。只有如此，方能不致重蹈顺治年间清军长途奔袭无功而还的覆辙。巴海的奏疏表明，他不能贯彻康熙的作战意图，但议政王大臣会议同意巴海的作战方案。康熙严加申斥，指出:“所议进征罗刹军务，殊为疏略。”“七月进兵，即行攻战，亦属未可。”巴海显然已不宜任前线最高统帅，且与萨布素不和。康熙下令“巴海着留守乌喇，萨布素、瓦礼祜俱以副都统领兵前往”[4]。同年六月，巴海免去宁古塔将军。[5]康熙果断地将他撤换。八月，正红旗蒙古都统殷图继任宁古塔将军。康熙谕殷图曰:“我兵逼近罗刹，须时加操练，以修武备。”[6]

议政王大臣会议再议驻兵何处，奏曰:“上谕深中事宜，固应

1 西清：《黑龙江外纪》卷四。

2 《清圣祖实录》卷一〇七，第19页。巴海、萨布素所率官兵、装备情况见卷一〇六，第23页、第24页。

3 《清圣祖实录》卷一〇九，第7页。

4 《清圣祖实录》卷一〇九，第8页。

5 《清圣祖实录》卷一一〇，第3页。

6 《清圣祖实录》卷一一二，第8页。

祇遵。但前奉暂停攻取，相机举行之旨，尤为切当。”[1]经过康熙多次指授，说明己意，清廷最高决策当局统一了抗俄战略部署的认识。在此之前，廷议时不少人持反对态度，正如诸王大臣等所说：“征剿罗刹，众皆难之。我皇上独断兴师。”[2]而郎坦、巴海等将领，则又要求在尚未有充分准备之前，“速行进剿”。康熙说自己“运饷用兵机宜，不徇众见”，原因是“向者明安达礼轻进，致粮饷不继，将军沙尔虎达、巴海等失计，半途而归，遂致罗刹骄恣”[3]。战而不胜，敌人必然更加骄横，故康熙强调一定要有充分准备，始能一战而克敌。

由于黑龙江城与呼玛尔相距辽远，议政王大臣会议请于二城之间的额苏里地建立木城驻扎，因此处既可以藏船，又适宜屯种。康熙允准。

萨布素率清军推进至黑龙江，肩负着与俄军对垒、抗敌御侮的重任。他就何时攻取雅克萨较为妥当上奏说：“冬时进征，炮具军糈，输送艰难，倘遇大雪，未便用兵。今冬可暂住额苏里，俟来年冰解，即往攻雅克萨城。”[4]驻兵额苏里，康熙业已批准。萨布素上奏后，康熙进一步考虑是永戍额苏里，抑或只是为了攻取雅克萨时暂驻？于何处建城永戍更为妥当？于是令郎坦驰驿速往，与萨布素确议奏闻。康熙二十二年九月，郎坦与萨布素会商后上奏：“应于来春，就近于打虎儿（达斡尔）兵五百人，先赴额苏里耕种，量其秋收，再迁家口。以乌拉、宁古塔三千余兵，分为三班，将军、副都统等更番统领驻防。”提出永戍额苏里更番驻防方案。康熙认为，轮番更戍，士兵必致困苦，“非长久之策”，于是决定“其在黑龙江，建城永戍”。放弃在距宁古塔、吉林较远的额

1 《清圣祖实录》卷一一二，第9页。
2 《清圣祖实录》卷一二一，第11页。
3 《清圣祖实录》卷一二一，第12页。
4 《清圣祖实录》卷一一二，第6页。

苏里驻城永戍，选择瑷珲（黑龙江城）为城建永戍之地，这一决定是考虑到距后方较近，便于支援。康熙又对“建城永戍”有关事宜一一指授，主要有：筑城屯田、迁移家口安置；预备炮具船舰；由水路陆续运粮至黑龙江城积贮，所贮粮食应足支二年之用；设将军、副都统驻守。于呼玛尔设置斥候为前哨。从黑龙江至吉林乌拉，置十驿，传递军情，与后方联系，“有警乘蒙古马急驰”。康熙指出：“如此一一区划，则罗刹自穷蹙归诚矣。”“如罗刹船由黑龙江下，我师尾击甚易。”经康熙指授，萨布素对“建城永戍”战略方针体会更深，决心锐意贯彻，他上疏说：“永戍黑龙江诸务，上谕周详，悉宜遵奉。”为加速“筑城”基地建设尽早完毕，康熙下令副都统穆泰率盛京兵六百人，“于来年三月抵彼处，筑城器具，悉备以行”[1]。同时，又广开屯田，至康熙二十四年，盛京官兵至黑龙江垦地一千一百余垧。[2]清军在此屯田，康熙注意将农业生产技术传授索伦、达斡尔等少数民族，促进了黑龙江流域的早期开发，当地出现了最早的农业居民点。据记载：“索伦、达呼尔不谙农事，康熙间特遣部院课其耕种，尝以郎中博奇课耕百法，禾稼大收，奉旨褒美。事在康熙二十五年。”[3]

黑龙江地势辽阔，为了使前线将领能有效地完成所肩负重任，同年（康熙二十二年）九月，清廷决定设置黑龙江将军[4]，由宁古塔将军属下独立出来，管辖黑龙江地区。黑龙江将军、宁古塔将军（后称吉林将军）、盛京将军，各有辖区，清代在东北的行政军事区划从此奠定。十月，“升宁古塔副都统萨布素为黑龙江将军”[5]，礼部右侍郎温代为黑龙江左翼副都统，雅齐纳为右翼

1 《清圣祖实录》卷一一二，第7~8页。
2 《盛京通志》卷二四，《田赋·旗田》。
3 西清：《黑龙江外纪》卷四。
4 钱实甫：《清代职官年表》，第3册，第2239页。
5 《清圣祖实录》卷一一二，第28页。

副都统。萨布素被任命为首任黑龙江将军，是由康熙亲自指定。康熙认为，萨布素“为人甚优”，他生长边陲，兼通文武，壮年有为，又有与俄国哥萨克作战的实战经验，是任此职的合适人选，故当兵部开列副都统、打牲乌拉总管席库忒职名请旨补授时，“上（康熙）顾大学士等曰：‘宁古塔副都统萨布素为人甚优，以补此缺何如？’明珠奏曰：‘萨布素甚优，与将军职任相宜。’上命以萨布素补授将军”[1]。

康熙擢升出身行武的萨布素为首位黑龙江将军，提拔壮年将领，委以重任，知人善任，决策果断，所谓“上知公可大任，乃擢授镇守黑龙江等处将军，经略鄂罗斯之事，悉以委焉”[2]。作为首任黑龙江将军，萨布素首先要建设好基地，完成“永戍黑龙江诸务”，清除黑龙江流域的俄国入侵者，攻取俄军恃以为巢穴的雅克萨城，以靖边疆。

瑷珲旧城原址在精奇里江入黑龙江口的黑龙江东岸。顺治九年被哈巴罗夫劫掠焚毁。康熙十三年，在原址上建筑木城，规制狭小，俄国人曾拟在此建筑堡寨，清军的到来，使俄军的计划未能得逞。萨布素最初扩建旧城，但城在江之对岸，与宁古塔交通联络不便，如遇紧急情况，清军驰援则须渡江。翌年，在旧瑷珲城稍下游处，新建黑龙江城于江之南岸，即今之瑷珲，“其地势则左枕龙江，右环兴岭，允为东省屏藩，北门锁钥”[3]。城“西南北三面，排木为外廓，方十里。南一门，西、北各二，东临江，康熙二十三年筑”[4]。萨布素又遵照康熙指示，于黑龙江城西北三百二十里，筑呼玛尔城。徙达呼尔五百人驻此，为日后进军雅克萨的前进基地。[5]

---

1 《康熙起居注》，第 2 册，第 1090 页。

2 《碑传集》卷一一五，陈仪《萨布素传》。

3 何秋涛：《北徼形势考·黑龙江城形胜》。

4 西清：《黑龙江外纪》卷二，第 15 页。

5 西清：《黑龙江外纪》卷二，第 16 页。“在黑龙江城西北者……三百二十里曰呼玛尔城，将军萨布素征罗刹时筑。”

## 四 清除精奇里江、黑龙江流域的俄国据点

康熙二十二年，当萨布素率军一面扩建旧城之时，便开始清除精奇里江、黑龙江流域的俄国人据点。我国沿江居民，由于清军的到来，大受鼓舞，纷纷拿起武器抗击，擒杀俄国入侵者。这年七月，由米尔尼科夫率领的一支六十七人的哥萨克队伍，准备前往阿姆贡河，支援在那里的弗洛罗夫。当这批入侵者行至精奇里江时，被清军的船队和骑兵包围，米尔尼科夫被俘，“其中一些人自愿向中国人投降，被当作俘虏送到北京去了”[1]。只有少数人逃回雅克萨，他们立即报告了大批中国军队已经到来的消息，俄国人在精奇里江上的多隆斯克和塞林宾斯克据点，闻风丧胆，放弃城堡逃亡一空。清军溯精奇里江而上，将这些俄国城堡焚毁。在新塞斯克堡的俄国驻军，没有撤离，清军一举将其攻克，救出人质，俄国驻军投降。萨布素奏报说：“夸兰大鄂罗舜等，今年正月十一日抵罗刹地方，遣宜番等造其居，并谕之。先取其鸟枪二十具，并鄂罗春留质子三人。招抚罗刹米海罗等二十一人。上命递送米海罗等至京，交户部安插。”[2]我国沿江各族人民也起而响应清军的军事行动，擒杀入侵者。据萨布素疏报，牛满江之奇勒尔人奚鲁噶奴等“杀十余罗刹，携其妻子来归”。进征雅克萨必经鄂伦春人地区，萨布素遣人与鄂伦春族长朱尔铿格联系。朱尔铿格等于精奇里江，“杀五罗刹，并获其鸟枪，来报”。“又闻飞牙喀人击杀罗刹甚众。”[3]在清军和我国各族人民的打击下，俄国人

1 拉文斯坦：《俄国人在黑龙江》，第 40 页。

2 《清圣祖实录》卷一一四，第 18 页。

3 《清圣祖实录》卷一一三，第 9 页。陈仪《萨布素传》说：朱尔铿格等“杀俄罗斯四十余人，送赠为验，公厚赏之，则复杀二十余人”。

的据点被扫除，零星单股遭擒杀，“到 1683 年（康熙二十二年）末，除了雅克萨一处还存在外，俄国人在黑龙江中游及其支流所有驻地都被摧毁了”[1]。

清军在对黑龙江中下游及其支流的俄国人据点采取军事行动的同时，十分注意招抚，并授予投降者官职，以瓦解敌人的抵抗。康熙颁布谕旨：“宜番近已授骁骑校，鄂噶番、席图颁，及新投诚之吉礼过里、鄂佛那世、马克西木，俱授七品官，令驰驿至萨布素处，酌遣招抚。”[2]时正值严冬，特以裘帽赏赐诸人，给投降者以优渥，而宜番等在招降俄军方面发挥了作用。

俄国哥萨克侵扰黑龙江的行径，使康熙深知他们对清军在黑龙江中下游的军事扫荡，绝不会不作出反应，就此善罢甘休，他对此是十分警惕的，故而“谕理藩院：‘罗刹增发人众，亦未可料，其移文马喇，令加意防御，不时侦探，应奏事宜，速行奏闻。’”[3]工部尚书马喇，习知蒙古边情，当清军向黑龙江推进时，奉命前往索伦积储军粮，其地接近雅克萨，便于了解敌情，故命侦探俄国人动向，随时奏闻。

事情果如康熙所料。清军推进到瑷珲、呼玛尔，黑龙江中游及其支流精奇里江的俄国务城堡被次第扫荡，雅克萨与黑龙江下游的俄国城堡被截断，俄国人于是绕道经“北海”增兵黑龙江下游各城堡，企图巩固这些据点，以牵制清军对雅克萨的压力。萨布素决计先扫荡这些俄国城堡，以除后顾之忧。

早在康熙二十年，一队俄国哥萨克兵由雅克萨出发来到黑龙江下游，“在恒滚河（阿姆贡河）流域建立乌斯奇德村寨，在尼美兰河流域建乌斯奇美亚寨，在兹古尔河流域建兹古尔寨，占领

---

1　拉文斯坦：《俄国人在黑龙江》，第 41 页。

2《清圣祖实录》卷一一三，第 10 页。

3《清圣祖实录》卷一一三，第 7 页。

黑龙江北岸一带地方，征收土人毛皮充作贡赋”[1]。康熙二十二年冬，清军在黑龙江中游采取军事行动，黑龙江下游的我国少数民族费雅喀等各族人民也起而与俄国入侵者战斗。黑龙江将军萨布素决定派出一支重兵前往支援。康熙二十三年正月，萨布素奏报：俄国人由牛满（黑龙江北岸，布列亚河入黑龙江口），又经北海派出两支援军，抵达黑龙江下游的恒滚河，在今特林，即明奴尔干都司所在地，亦即日人间宫林藏在《东鞑纪行》中称为“山靼卫”的地方，“与费牙喀战，退居河洲。若不速计剿抚，则赫哲、飞牙喀、奇勒尔人民必被残害，且恐罗刹复增发前来，宜乘四月冰解时，即遣夸兰大二员，率官兵三百人，并发红衣炮四具，令附近恒滚口飞牙喀噶克当阿等向导，抵罗刹所据地，先行招抚，不即归降，则进兵剿灭；如罗刹闻风先遁，所发之兵，即乘机安辑”[2]。根据萨布素的这一奏报，俄国派往恒滚河的两支援军定然为数不少，清军才决定派官兵三百，携红衣大炮四具前往，准备进行一次规模较大的战斗。康熙批准萨布素的作战计划，“命将军遣官兵剿抚牛满（原注：牛满江，在精奇里江之东）罗刹”[3]。1808年，日本人间宫林藏奉德川幕府之命前往库页岛探察，至黑龙江下游一带，目击当年中俄战斗的古战场。他在七月二十六日的日记中写道：

此日经过名为山靼卫之地方（译者注：即今特林），从前俄罗斯强盗曾沿亨滚河下航，来此地盘踞。他们招抚附近夷人并掠夺其产物，企图蚕食这一带土地，后为满洲人讨伐，兵败归国（原编者注：康熙二十三年）。当时贼夷（指俄国人）所建房屋尚在。在此江岸高处，有黄土色石碑两座（原

1　间宫林藏：《东鞑纪行》，第47页。

2《清圣祖实录》卷一一四，第3页。

3　何秋涛：《平定罗刹方略》卷二。

编者注：两座石碑为明永乐十一年敕修永宁寺碑及宣德八年重修永宁寺碑）。[1]

岛田好为此书写的《解说》，释《山靼卫的俄清战迹》云，间宫林藏所记，“是 1684 年（康熙二十三年）清兵对俄兵的征伐事件”。“据间宫氏所记，清国派兵到黑龙江下游，在阿姆贡河口击败俄国人，迫其北逃。间宫氏关于垒浩高（现今之垒巴夫）也有所载：‘据说此地也曾被俄罗斯强盗掠夺，后被满洲人讨伐，经恶战败退，为一古战场。’因此清兵确实远征到黑龙江的拐弯处附近。这些记载对于原来只靠两国历史记载而比较暧昧的俄、清当初黑龙江下游争夺史，将带来一线光明。”[2] 关于垒浩高的地理位置，宫间的日记是七月二十七日到达，以特林顺流而下“四里半许”，距黑龙江入海口已经不远。清军扫荡特林地方的俄军，经过一场恶战，“获四十七人，送京师”[3]。

清军取得全胜，贯彻了康熙“剿抚罗刹”的指导方针。当年俄军建造的堡寨房屋，宫间于 1808 年探察其地时尚存，他在日记中写道：“当时贼夷所建房屋尚在。”[4]

清军进行的特林战役，是雅克萨之战前的一次较大规模战役。至此，除雅克萨外，俄国在黑龙江流域的据点已全部被扫除。康熙下一步的部署就是攻克俄军恃以为窠穴的雅克萨。

## 五　雅克萨之战

雅克萨的俄军得知清军在黑龙江中下游的军事行动之后，加

1　间宫林藏：《东鞑纪行》，第 18、19 页。
2　间宫林藏：《东鞑纪行》，第 48 页。
3 《碑传集》卷一一五，陈仪《萨布素传》。
4　间宫林藏：《东鞑纪行》，第 19 页。

强了备战。康熙二十二年四月二十日，沙皇颁布特别诏书，“命令急速在托波尔斯克，叶尼塞斯克和西伯利亚其他城市征集哥萨克一千名派往达呼尔地区。……命令由沙皇国库拨五千卢布和五百支枪（火绳枪）给这支达呼尔部队，在叶尼塞斯克，粮食供给由叶尼塞斯克所种的粮食和专为供应新征哥萨克而购买的储备粮里拨发”。根据沙皇的命令，托波尔斯克派出六百名军职人员去黑龙江。由于供应不善，这支援军在途中发生暴动，未能及时赶到雅克萨，而西伯利亚各城的长官也声言兵力有限。西伯利亚事务衙门根据各地将军的报告，编造了现存武器和弹药以及兵员的材料，上报莫斯科，“俄罗斯在西伯利亚所拥有的兵力共约四千至五千人”，防守着众多的城市和堡寨。沙皇政府与西伯利亚军事长官讨论之后，沙皇向叶尼塞斯克及达呼尔所有各地将军们发出了训令，“命令他们防备中国军队和蒙古军队的进攻”。同时，命令在当地居民中招募新的哥萨克，进行军事训练。在此之前，为了抗击清军，1682 年，军事经验丰富的伊尔库茨克将军伏拉索夫被任命为尼布楚将军，他被授权可以不通过叶尼塞斯克而直接与莫斯科联系。伏拉索夫和叶尼塞斯克将军谢尔巴迪公爵，奉命“以军队保卫达呼尔地区和贝加尔地区的一切城堡”。同年，雅克萨从尼布楚县划分出来，成为单独的“阿尔巴津（雅克萨）将军管区”。尼布楚将军之子托尔布津“在达呼尔地区的哥萨克和居民中间享有威信”，被任命为“阿尔巴津将军”。他一到任，即针对清军加强雅克萨的军事部署，并“立刻报告说清军对阿尔巴津（雅克萨）的进攻已迫在眉睫”[1]。于是沙皇于 1683 年特颁诏书，命令加强备战，用武力保卫达呼尔地区（黑龙江流域）。

康熙的基本方针是“剿抚并施”，也就是说命令清军驱逐俄国入侵者的同时，不放弃通过谈判、交涉，和平解决边境争端，这

1　雅科人列娃：《1689 年第一个俄中条约》，第 123、124、125 页。

一方针贯穿始终。

康熙二十三年四月，驻防瑷珲的清军积极准备进军雅克萨。将军萨布素请拨发四月后官兵一年行粮，户部不同意。康熙谕令增发瑷珲官兵行粮，“上谕官兵劳苦，半年行粮令行发给”[1]。康熙对前线军粮的筹划运输，每每躬亲指授，十分留意。五月，在索伦地方购买牛羊、积贮军粮，奉旨密探俄军军情的马喇向康熙报告了所探重要情况：

> 臣（马喇）至索伦，屡行密询罗刹情形，皆云：见在雅克萨、尼布潮（尼布楚）二城，各止五六百人，其得以盘踞多年者，惟赖额尔古纳河口至雅克萨十余处，雅克萨至布尔马大河口十余处，筑室散居，耕种自给，因以捕貂。尼布潮田亩不登，但取资米雅尔诸姓贡赋。喀尔喀巴尔虎人，时贩牲畜等物至尼布潮，尼布潮人亦捕貂与之交易，得以生存。臣请敕喀尔喀车臣汗，收其所部附近尼布潮者，兼禁止交易。再请敕黑龙江将军，水陆并进，作攻取雅克萨状，因取其田禾，则罗刹不久自困，量遣轻骑，剿灭似易。[2]

马喇的建议，康熙十分重视，因为这一建议提出“割其田禾”，使“罗刹自困”。康熙在进军之前，仍然希望能不战而使俄军撤离中国领土，能和平解决问题。因此，康熙谕兵部：

> 据马喇等奏，取罗刹田禾，当不久自困。又侍卫关保来奏，将军萨布素等，亦以取田禾为然。则罗刹盘踞雅克萨、尼布潮，惟赖耕种，若田禾为我所取，诚难久存。其令萨布

1 《平定罗刹方略》卷二。

2 《清圣祖实录》卷一一五，第 19、20 页。

素等酌议，或由陆路进，或水陆并进，尽割其田禾，不令收获。由陆路进，以所割之禾，投江下流；水陆并进，以所割之禾，船载以归。

康熙同时下令，清军于未进军之时，先派人至雅克萨，宣示俄军："尔等据我雅克萨、尼布潮，多历年所，屡令撤还，迁延不去，且收我逃人，侵我边民，今大兵水陆进剿，尔其速退，以保余生。"[1]又命令将马喇的建议，移文喀尔喀车臣汗，禁其所部与俄国人交易。康熙这些部署，着眼点在断绝尼布楚、雅克萨俄国驻军的经济供给，使其陷入困境，以期"尔其速退"，俄国人能自行撤离中国领土。

康熙"取罗刹田禾"，收割雅克萨一带俄国人庄稼的命令是五月十九日下达的。由京师至黑龙江，萨布素接到命令已是五月底或六月初。萨布素认为时间已晚，提出暂停进兵，等到来年四月再行挥军雅克萨割取其田禾。其理由是：驻瑷珲清军的军粮自六月初三日才陆续运到，给士兵粮饷及战前治装等准备工作，最快也要七天，这样清军六月初十才能启行。问俄罗斯降人，俱言雅克萨禾早熟，已渐收割。清军溯流而上，又值夏日雨季，江水泛滥，而陆路又泥泞，因此，即使疾行军也非一月不能到，彼时俄国人早已收割完毕，取田禾已不及，徒使士马劳困。同时，瑷珲新城及庐舍房屋的建筑尚未竣工，若此时进军，回军之时已是冬季，一切兴作筑城已难以进行，故奏请康熙允准来年进兵。

七月初，康熙收到萨布素的奏疏。萨布素的意见打乱了他的作战部署，甚感不快。这时他正出古北口避暑，驻跸温泉地方，在行幄中与扈从官员处理政务。康熙说，前此据马喇和萨布素奏，割取雅克萨一带田禾，踏毁其庄稼，"罗刹不久势必自困，且罗

1 《清圣祖实录》卷一一五，第20、21页。

刹部人栖止地方亦必迫狭小，引精兵往剿亦易”，因谕伊等统兵前往割其田禾，“旨意甚明”。然而，“今萨布素等坐失机会，更借端题请，殊属不合！”康熙指责萨布素本人曾奏请“将罗刹田禾尽行踏毁”，却又坐失良机，不及早准备。将来领兵攻取雅克萨城时，或将借口“罗刹收获极多”，一旦“围守日久，势必推托罗刹粮多，不能遽克，故致迁延长久”。命将萨布素奏本发还大学士，将旨意悉传谕议政王大臣等，严议申饬。[1] 康熙申饬萨布素实际上是着眼于未来的攻城之战，不许借口俄军粮多而迁延日久，于申斥之中包含着激励前线将领戴罪立功奋力作战，以赎前愆的意味。然而，季节已过，时机已失，本年度已不能进军雅克萨，这样收复雅克萨之战只能推迟到来年（康熙二十四年），比康熙原订计划晚了一年。

半个月后，七月十七日，康熙收到马喇有关雅克萨俄军军情的第二次奏报。马喇说：“臣等遣打虎儿（达斡尔）副头目倍勒儿等侦察雅克萨城情形。”路遇俄罗斯人，杀其二人，生获一人名费要多罗。费要多罗供称：雅克萨俄军在清军向黑龙江推进之前，已将该城加固修造。守将托尔布津于去年（康熙二十二年）获知清军进驻黑龙江城[2]，扫荡俄国在黑龙江中下游据点，更加积极奋战，“城外复增木栏，所在农人尽调入城内，打猎收貂亦皆罢止，田禾未熟即行获割”。今年（康熙二十三年）春，未见清军到来，仍旧遣人耕种，于昂古墨阿山顶设置哨所，五人更番瞭望。今夏尼布楚派来增援部队四百人，雅克萨现共约有九百人，并积极造船运粮。清军扫除黑龙江中游俄国据点时，吉礼过里投降，“其党内人逃回雅克萨云：‘大兵（清军）势盛，战舰络绎不绝，众惊失措。’”托尔布津向尼布楚求援，现援兵已至，因此，清军进取雅克

1 《康熙起居注》，第 2 册，第 1196、1197 页。

2 何秋涛：《平定罗刹方略》卷二。

萨时，“不知时势若何？”马喇关于雅克萨守备情况的奏报，康熙十分注意。为使康熙能进一步询问俘虏，马喇将费要多罗解送入京。康熙命理藩院照例奖赏侦察有功的倍勒儿等人，费要多罗由户部安插。命萨布素加强对敌侦察，“上谕：‘雅克萨增发罗刹，或欲侵害我虞人。其移文萨布素等，时加侦探，相机以行。’”[1]

这年（康熙二十三年）秋，由于俄国增兵雅克萨，黑龙江前线形势趋于紧张，康熙担忧俄军再次入侵，因而再三筹划。而严冬即将来临，军粮储备为当务之急，否则一旦冰冻封江，瑷珲驻军军粮必然后继艰难。户部核算两年军粮共计需要四千八百余石。康熙命令，乌喇存米九百七十石，在冰冻之前立即由等色屯经松花江输运黑龙江，以济目前之需；存于伊屯门之米一千五百石，俟明年冰解时再发船运往。

九月，萨布素因失误军机，上疏请罪。议政王大臣遵旨会议：萨布素等本应严加议处，但现领大兵与俄罗斯对峙，俟战事告竣再行议处。至于明年如何进取雅克萨，应悉遵前旨而行。康熙批准议政王大臣暂不处分萨布素的意见，但考虑到黑龙江前线的形势变化，俄国守备业已加强，原订割其田禾使俄国人自困的作战方案，是否仍然可行，需要进一步研究，听取作战将领的意见，再行决策。康熙谕议政王大臣：“令都统公瓦山、侍郎郭丕，前往黑龙江，会同该将军，将雅克萨地方应否攻取，作何行事方克有济，逐一详明议奏。”[2]康熙对于用兵，思虑周详。由于形势变化，前线将领又坐失时机，一度考虑“雅克萨地方应否攻取”的问题。但这并非收复雅克萨的决心已经动摇，而是选择有利时机，经过充分准备，一战而克之。因此，康熙一面派瓦山等前往黑龙江与萨布素详议，一面筹划调集能攻善战的军队派往黑龙江前线。

1　何秋涛：《平定罗刹方略》卷二。

2《清圣祖实录》卷一一六，第22、23页。

康熙二十三年九月二十八日，康熙帝第一次南巡视河，至江宁(南京)。在南京，他对扈从官员高士奇说："朕于政事无论大小，从未草率，每于宫中默坐，即以天下事经营筹划于胸中。"[1] 十一月二十九日，康熙回到北京。此次南巡，历时两月，在此期间对调集军队加强黑龙江驻军的攻击力量，已然经营筹划，成竹在胸。十二月十四日，康熙谕兵部，分遣官员至山东、河南、山西三省，于安插垦荒的三藩平定后投诚的福建耿精忠官兵内，挑选五百善用藤牌及滚被片刀官兵，地方官给以银两赡其家室兼治行装。又传令八旗汉军，查明福建等处投诚官兵内善用藤牌及滚被片刀者，开列名数并器具送部。在天津的台湾投降的郑克塽、将军冯锡范诸处，亦派人察取上述人员。同时，命福建水师提督施琅，选取双层坚好藤牌四百及所用片刀，速送来京，勿误军机。[2]

康熙二十四年正月二十三日，都统瓦山等与萨布素会商详议的奏本送到北京，建议于四月末，清军水陆并进，"抵雅克萨招抚，不行纳款，则行攻取，倘万难克取，即遵前旨，毁其田禾以归"[3]。这一建议修改了原来拟定的毁踏雅克萨一带庄稼，使俄国人陷入困境而自行撤离中国领土的计划，而是在俄国人拒不投降时以武力攻其城，加以驱逐，如其不克，再遵前旨毁其田禾。议政王大臣会议，同意瓦山、萨布素二人的主张，并建议增派火器及官兵二百五十人协助攻城。康熙经过慎重考虑后，同意进军攻克雅克萨，谕议政王大臣曰："用兵所关甚钜，宜周详筹划，期于必克。倘谋事草率，复以明安达礼退兵，罗刹将益肆披猖。"[4] 如攻而不克，敌人势必更加嚣张。而萨布素建议中有"倘万难攻克"之语，康熙对此颇为担心，指出，萨布素的本意"不过割取田

1 《康熙起居注》，第 2 册，第 1250 页。

2 《清圣祖实录》卷一一八，第 8 页。

3 《清圣祖实录》卷一一九，第 4、5 页。

4 《清圣祖御制文二集》卷一，第 7 页。

禾”，如此，则攻城之“事必无成”，康熙对萨布素的攻城意志很不放心。指出：“所指示之事，必不能奏效也。”为确保攻则必克，康熙决定对清军攻城力量重新加以部署：

第一，“自京城遣一贤能大臣，总领军事，俟克取雅克萨之日班师”。即是由京师能征善战的将领中任命一位全军统帅。

第二，由盛京派兵五百人代黑龙江守城耕种，如此，黑龙江驻军可全部出征，而又不致因出师之故荒废一年耕作，户部侍郎萨海任督耕大臣。

第三，藤牌兵给马两千匹，带往盛京；然后由盛京马两千匹替换北行。在索伦的马喇所养之马，集中于齐齐哈尔，作为预备，以补沿途倒毙之马。

第四，藤牌兵各带炮弹十至二十枚。

第五，行军路线，走直且近的新设驿站，由盛京经乌喇，径抵黑龙江。[1]

尽管康熙对攻克雅克萨作了进一步的部署，但他仍然希望不战就能收复中国领土，并能奠定边境的永久安宁。因此，他再一次谕大学士勒德洪、明珠及议政王大臣，说明己意及诸多考虑：

> 征战本非佳事，不得已而后用之。向者，俄罗斯无故侵我边陲，后复渐入，越我疆界，索伦、黑真（赫哲）、费雅喀、奇勒尔等处之人，皆被侵害，不获宁居，掠其家口，收其逋逃，抢其村落，夺其貂皮。彼频年肆害，曾屡行晓谕……欲令撤还尔众，归我逋逃，各居疆土，互相贸易，宁静无事，以安生业。数次遣人，亦于来使处屡有文移，俄罗斯总无一次回报，反于黑真、费雅喀之地，仍行抢夺。用是发兵于爱浑（瑷珲）地方，以堵截俄罗斯所行之路。乃俄罗斯仍居我边

1 《清圣祖实录》卷一一九，第4~6页。又见《清圣祖文二集》卷一，第4~6页。

界，不归我逋逃，今虽应行剿灭，但念用兵本非佳事，我惟顺天而行，将大兵前临哥克萨，以朕谕旨，遣人宣布俄罗斯，谕之曰："屡次令尔退回。归我逋逃之人，遣使驰书者数矣，数年以未有一次信息回报。既不归我逋逃，反入我境内，扰害地方，抢劫人民妻子，肆行不止。为此，遣发大兵前往堵截尔等所行之路，于恒滚（河）等处之俄罗斯，许其归顺，待以不死而生养之，汝等仍不退离牙克萨地方，故发大兵往行征讨。……普天之下，率土之人，朕皆恻然仁爱，咸欲令其静宁无事，各遂休养，故不忍将尔等遽行殄灭。屡次晓谕尔等，欲各安生业，共享太平，则当即返雅库地方，以雅库（雅库次克）为界。于彼处捕取貂皮，于彼土收其物产，勿入我边界恣意妄行。汝能将已纳之逋逃归还，则降我之俄罗斯亦发还于汝。如此则边塞贸易可通，咸安乐利而兵革偃息，生民无所扰害矣。[1]

康熙在谕旨中，历说两国争端的起因乃是俄罗斯之入侵，数年来清政府希望和平解决争端的愿望。如今即使兵临城下，只要俄国人自行撤离，交换逃人和降人，边境便可永远安宁，然后互通贸易，民人安居乐业。康熙着重指出，两国应以雅库茨克为界。只有在俄国人拒不接受清政府提出的和平条件，“仍行抗拒”的情况下，清军方可攻城。康熙指出，“若不如此周详区划，今虽取雅克萨，我兵进则俄罗斯退，我兵还则俄罗斯又进，用兵无止息之日，而生民亦不获安矣”[2]。康熙所期望的是以事实求是的说理，晓以利害，求得和平，而用兵的根本目的在于制止侵略，确

1 《清圣祖御制文二集》卷一，第 8~10 页。此谕为康熙二十三年十二月十六日发。《清圣祖实录》卷一一九第 6~7 页载此谕旨，文字稍有不同，时间则是康熙二十四年正月二十三日，与《文集》相距一月有余。

2 《清圣祖御制文二集》卷一，第 11 页。

定雅库茨克为两国之边界。议政王大臣会议认为“上谕周详，遵此奉行，甚裨于事”，恭请钦简统兵大臣。康熙任命满洲正红旗都统、公彭春为统兵大臣，蒙古正黄旗副都统班达尔沙、护军统领佟宝参赞军务。彭春抵达黑龙江后，有移会雅克萨文书，用黑龙江将军印。

正当康熙调兵遣将，并部署黑龙江城春耕之际，发生了一件不幸事情。黑龙江耕牛倒毙殆尽，田器毁坏。康熙闻奏十分震怒，他说："凡于政务，朕存之于心，殚竭思虑，是以于事不致废旷。若以谓有职司之人，而专倚若辈，听其为之，则军机之事，必至于贻误矣。"[1]他怀疑是萨布素有意为之，目的是“令其离黑龙江而归”。因此，本应严治，但目前即将进军雅克萨，故暂停处分，日后再议。[2]这一耕牛倒毙事件，加重了康熙对黑龙江前线的关注。正月底至二月，尤其是正月二十七、二十八两天，他接连发布了数道谕旨，主要是有关军粮，以及派往黑龙江的藤牌兵的有关问题：

第一，命令将科尔沁十旗今年应进贡的牛羊、乳酒、酥油诸物，悉转送黑龙江，以给军需，仍照例给赏。谕大学士及议政王大臣："黑龙江兵食所关最为重要，必当谋恒足之道。尔等与议政王贝勒大臣详议以闻。"[3]

第二，于山东等三省选拔的藤牌兵已到，任命林兴珠、何佑（尚未到）为统兵官，加以编制，百人为一队。除军官外，士兵共四百人，经蒙古前往黑龙江，归彭春指挥。

第三，林兴珠系侯爵，勇猛敢战有战功，特谕“可令参谋，着彭春等恒爱敬而厚视之”[4]。以防止满洲将帅傲视汉人绿旗兵，

1 《清圣祖御制文二集》卷一，第 13 页。
2 《清圣祖实录》卷一一九，第 11 页。
3 《清圣祖御制文二集》卷一，第 11 页。
4 《清圣祖御制文二集》卷一，第 14 页。

爱敬则彼此和衷共济，方能克敌制胜。

第四，马喇奉命往索伦地方后，实心任事，效力良多，又熟悉雅克萨一带情形，授以副都统品级，令其参与谋议军务。

第五，康熙亲自验看福建送到的藤牌，双层者不多，因而命令“双层者加旧绵一层，单层者加旧绵二层，庶坚固可用”。林兴珠与营造司郎中佛保负责监造，再进呈验看，完毕后由兵部派专人送盛京，由盛京派员送乌喇转致黑龙江。

第六，彭春等与林兴珠率官兵择日起程。[1]

第七，特旨授郎坦为监军副都统，与彭春、萨布素等统兵往征。谕：“郎坦兵至雅克萨城，罗刹或迎降，或战而后降，慎勿杀戮，告以恩旨遣归……再勿如前犯我边界。”[2]

彭春、郎坦等抵黑龙江后，与萨布素奏报做好出征准备。为了进一步探明雅克萨俄军情形，清军统帅部再派达斡尔副头目倍勒尔等率三十余人往雅克萨侦察。他们在雅克萨一带活动了一月有余，主要目标是捕捉俘虏，询问敌情。三月五日，倍勒尔等“生擒罗刹七人回”。马喇等将审讯口供上奏云：“雅克萨城垣庐舍如故。又据生擒罗刹噶瓦力喇等云，去岁雅克萨城内，设立重木，中实以土。闻大兵至额苏里，即遣人各处求援，援兵千人，今年二月前队已至，后队未来。去岁新到头目额黑克舍（托尔布津）……雅克萨兵众，不满千人，后增发者，未知其救等语。”[3] 康熙得报，命嘉奖倍勒尔等，所俘俄国人送萨布素处，俟清军进抵雅克萨时，悉行释放，以示宽大。

康熙二十四年初夏，黑龙江城一派紧张繁忙，康熙已批准清军于四月出征。而军情的迅速传递至关紧要，若经前此设置的驿站，由雅克萨至额苏里，经黑龙江城至乌喇、盛京，送至北京，

---

1 《清圣祖实录》卷一一九，第 20 页。

2 《八旗通志》初集卷一五三，《郎坦传》。

3 《清圣祖实录》卷一二〇，第 19、20 页。

定然递送迟延。康熙命令:“黑龙江兵于是月起行,五月中旬可至雅克萨城……令理藩院侍郎明爱,于杜尔伯特、扎赖特派兵五百人,并索伦兵,酌自墨尔根(嫩江)至雅克萨设驿,奏报军机,庶免贻误。”[1]所有马夫保证其需要,并谕异日加恩,以资鼓励。

在清军进发之前,康熙仍然没有放弃争取和平解决两国争端的最后努力。为此,他直接致书沙皇,希望俄军撤离雅克萨,提出以雅库次克为两国分界。信件名为《康熙帝为使俄国速撤罗刹、停止滋扰致察罕汗敕谕》,内容是:

> 尔罗刹人入我境内,骚扰地方,抢掠百姓妇孺,滋事不止。为此,朕欲即刻出大兵征讨,惟念有损原来之友好相处,军旅相争有害于边民,不忍出兵兴讨,而将陈述此一情由之谕旨,交付尔使臣,亦曾派遣专人前往雅克萨、布尼楚,至今未见派人,也未覆文。尔反愈加派罗刹窜入我内地,抢掠滋事,纳我逃人。朕仍不忍即刻征讨,只派官兵堵截尔罗刹所行之路,招抚亨滚等地之罗刹,未加杀害,予以收养。尔若以为兵戎者并非好事,欲求边民安宁,仍旧和睦相处,望尔撤回罗刹,以雅库地方为界,于该处捕貂纳税,不入我界。俱行放还我逃往尔处之逃人,朕亦将投降之罗刹俱行放回。
>
> 兹因尔罗刹人骚扰滋事不止,朕方出大兵征讨。虽然如此,朕愿天下万邦均享安乐之福,一切生灵各得其所。又屡次降谕:倘若尔怜悯边民,使其免遭涂炭流离之苦,不犯发动兵革之罪,即当迅速撤回雅克萨之罗刹,以雅库等地为界居住,望明确覆文或遣使,朕即令征讨大兵停止前进,撤至边界地方。如此,则边界地方永得安宁而无侵扰之忧,互相

1 《清圣祖实录》卷一二〇,第16页。

贸易遣使，和睦相处。[1]

这件文书的俄译本载于班蒂什一卡缅斯基《一六一九~一七九二年俄中外交文件汇编》。据中国文献记载，该件特交被俘的六名俄国人，由喀尔喀蒙古出境，驰驿送致俄方。此信件的日期是康熙二十四年三月十七日。同日，康熙谕大学士勒德洪、明珠："遣往俄罗斯之彼土六人，各赏以衣帽等物。可传谕理藩院。"[2]而六人中之一的雅基姆科则说："该国书系用汉文、蒙文、俄文三种文字书写。中国皇帝派遣多名俄国人取道四路前往莫斯科递送国书：取道雅库次克三人；经卡尔梅克（喀尔喀蒙古）地区取道托波尔斯克三人；取道阿尔巴津（雅克萨）的也是三人。派我雅基姆科等三人经蒙古地方由呼图克图（哲卜尊丹巴活佛）驻地附近，取道色楞格斯克堡，前往莫斯科。"[3]依雅基姆科说，这封信件是取道四路送往莫斯科，可见康熙唯恐一路有误，因而多途致送，务必达到莫斯科，充分显示了和平解决争端的诚意，希望能在清军进击之前，最终能避免战争。

清政府由于没有收到俄国的回复，四月，清军水陆并进，向雅克萨进军。五月二十日，军至杭屋莫地方，距雅克萨仅两日路程。彭春、郎坦、萨布素等，"先遣费咬多罗等三人往雅克萨，遵旨谕其酋长厄里克什（托尔布津）"[4]，送交康熙致沙皇的信件。费咬多罗等三人，可能就是雅基姆科所说取道雅克萨送递康熙信件的一路。在此之前，康熙已命令"骁骑校尉伊番等于三月初旬，令驰驿由内路直往黑龙江"[5]。即在清军出征之先赶到军前，以便

1 中国第一历史档案馆藏，转引自《一六八九年中俄尼布楚条约》，第 193~195 页。

2 《清圣祖御制文二集》卷二，第 4 页。

3 帕尔申：《外贝加尔湖边区纪行》，转引自《一六八九年的中俄尼布楚条约》，第 195 页。

4 《八旗通志》初集卷一五三，《郎坦传》。

5 《清圣祖御文二集》卷一，第 18 页。

随清军而往。康熙对如何能将致沙皇的信件保证送达，可谓安排周密。五月二十二日，清军抵雅克萨城，先“谕以皇上好生，不嗜杀戮等语”[1]，并交送《都统彭春为使罗刹撤至雅库遣还逃人致雅克萨头目咨文》（现藏中国第一历史档案馆）。咨文基本上复述了康熙致沙皇信件的内容，强调“我圣主钦命我等率官兵征讨尔等……尔等若撤至雅库地方，以雅库为界，于该地方捕貂纳税，不入我界，俱行放还我逃人，则我亦将尔投降之人员悉予遣回。若以雅库或某地为界，捕貂谋生，则将尔等之意，行文奏请我圣主，我等将予转奏。若仍执迷顽抗，则大兵进剿，将雅克萨城毁尽杀绝，彼时追悔莫及矣”[2]。然而，在双方对话中，“罗刹负固，出言不逊”[3]，毫不妥协，于是清军决定攻城。彭春、郎坦与诸将帅周览其城，环视地形地势，以制订作战方案，商定夜袭其城，由北门主攻，南门佯攻，东西夹击，又于城之东南布置水师，各部依所攻方位积极准备。

二十四日清晨，有四十余俄军乘筏顺江而下，欲闯入雅克萨城，支援守军。郎坦等派出护军参领雅勒泰率部前往堵截，招之使降。俄军非但不从，且即刻向清军发起攻击。两军短兵相接，展开激战。雅勒泰直跃上筏，奋勇先登，杀伤俄军三十余人，俘掳其筏及子女十五人而归。这次前哨战揭开了雅克萨之战的序幕。清军统帅部决定，于当日晚攻城。命令副都统雅钦、营门校尉胡布诺等佯攻南门，设挡牌土垒，施放弓弩，作欲攻之势，以迷惑敌人；命护军参领瓦哈纳率精锐与汉军提督刘兆奇等，将红衣大炮隐蔽移抵近城，届时猛轰，主攻北门；命护军参领博里秋、营门校尉乌沙、绿旗兵左都督何佑，于东西两翼施放神威将军炮夹攻；命副都统雅齐纳、镇守达斡尔提督向克等率战舰进至城东南，

1 《八旗通志》初集卷一五三，《郎坦传》。

2 转引自《一六八九年的中俄尼布楚条约》，第197~198页。

3 《八旗通志》初集卷一五三，《郎坦传》。

以备水战。清军彻夜猛攻，“炮声震天地”[1]，毙敌百余人，城内多处起火，守城俄军丧魂落魄。翌日巳时，清军于城下三面（雅克萨城南临黑龙江上游石勒喀河）积薪，将焚城。俄国督军托尔布津“莫知为计”，已无力抵抗，于是遣人至清营，请求投降。清军统帅部立即召开紧急会议，“议以皇上体天地好生之心，欲以征服外国人，临行上谕，正宜钦遵，遂受其降”[2]。在雅克萨唾手可得的情况下，清军决定接受投降。双方谈定的投降条件是：俄军必须全部撤离雅克萨，保证绝不重来；清军释放全部俄军，其武器、财产可全部带走。

清军受降的唯一条件是俄军必须撤离中国领土，这对业已战败，且行将全军覆灭的俄军来说是很宽大的。为了保证投降条件的实行，举行了投降仪式。托尔布津宣誓绝不重返雅克萨。清军将六百余俄国人（其中部分妇女儿童），及其兵器、财物遣返回俄国。彭春、郎坦等向众人宣布:“我皇上视天下如一家，万方如赤子，不忍剿灭尔等。从今以后，勿萌异念。”[3]再次警告托尔布津等不得再生侵扰之心。托尔布津表示接受，“稽颡而去”。清军遣副都统班达里沙等，将俄国人送至厄尔古纳河口，视其离去。另有俄军巴里什等四十五人及其妻子不愿回国，请求留居中国，他们随清军回到瑷珲。被俄国人掳劫的索伦、巴尔虎男女一百六十余人，尽遣回本地。清军将雅克萨城郭庐舍焚毁，割其田禾，撤回到一千多里远的瑷珲。

其时，京师酷暑，康熙正出巡古北口外避暑。六月初四日，他正在古北口，雅克萨捷报飞驰而至。康熙规定：遇紧急军情，由雅克萨至京师必须十日内送到。雅克萨前线红旗报捷按此限程

1 《碑传集》卷一一五，陈仪《萨布素传》。

2 《八旗通志》初集卷一五三，《郎坦传》。

3 《八旗通志》初集卷一五三，《郎坦传》。

送到。理藩院尚书阿尔尼奏："侍郎明爱遣拨什库席纳尔图疾驰报称：'大兵于五月二十二日抵雅克萨城，遵谕旨将皇上不忍加诛洪恩，悉着于书致罗刹。罗刹恃其巢穴坚固，不肯迁归。……二十四日夜，将神威将军火器移置于前。二十五日黎明，并进急攻，城中大惊，内乱。少顷，罗刹守城头目额里克舍等出城，军前稽首愿降，乞贷犬豕微命。都统公彭春、黑龙江将军萨布素等，将皇上恩德逐一宣谕。罗刹头目额里克舍所部官兵皆垂涕，望阙稽首。于是，遵皇上谕旨，将罗刹所部官兵及妇女童稚，立视迁归，收回逃人，恢复雅克萨城。'"康熙闻报，大喜说："征罗刹之举，众心皆以路远为难，朕独断兴师致讨。今荷天眷，遂尔克之，朕心喜悦。"命传知诸王、大臣，诸臣欢欣雀跃。康熙在行宫接受臣工庆贺，就治国之道、用兵之事作了一次重要的讲话。他说：

治国之道，当期久安长治，不可苟安一时。朕于天下承平无事之时，常殚心筹度。即今征罗刹之举，似非甚要，然所关甚钜。罗刹扰我乌龙江、松花江一带地方三十余年。其所窃据之地，距我朝发祥之地甚近，若不加剪除，边境疆隅何能宁辑？朕自十三岁亲政之后，即留意于此。将其土地险易，山川形胜，人物情性，道途远近，备细访问，以酌定天时地利，馈运道路，进剿机宜，不徇众见，决意命将出师，深入挞伐。然兵贵相机而动，变化无穷，恐所遣诸将，违朕指授，致失机宜，深以为虑。今承天眷佑，如朕之意，俾克雅克萨地，乃遂初心。至于绥抚外国之道，惟在使人心服，不在加之以威。近遣亲随侍卫关保等前往罗刹时，谆谆谕之曰：兵凶器，战危事，古人不得已而用之。朕以仁治天下，素不嗜杀，尔至其地，严谕将士，毋或有违朕意。今我军士马精强，器械坚利，敌人断不能敌，势穷之际，必献地归诚。此时一人勿杀，尽迁归故土，俾称述朕柔远至意，今悉如朕言而行，朕甚嘉焉。[1]

康熙虽在途次，而庆贺之典仍然隆重，诸王率文武官员吉服行三跪九叩礼。彭春等正式捷奏至，康熙下令嘉奖，所有人员从优议叙。“萨布素向来逗留不进兵之罪，也概从宽免。”

第一次雅克萨之战取得胜利之后，康熙认为，“雅克萨城虽已克取，防御决不可疏”[2]。于是进一步筹划北部边防。首先是整顿驿站。康熙指出：“驿递关系紧要。”应详加丈量自乌拉吉林至黑龙江的距离，命郎中包奇等前往，测量结果是一千三百余里，较前此多一两百里，因而驿站由原来的十四驿，增设为十九驿，每驿站壮丁三十名，马二十匹，牛三十头，以保证驿递迅速畅通。由于黑龙江距吉林乌拉路途遥远，康熙考虑应加强清政府在该地区的军事行政建设，以便有效地进行统治管理，于是命大学士勒德洪与议政王大臣及郎坦、关保等会议“应于何地永驻官兵弹压，此时即当定议”[3]。同时派尚书伊桑阿和郎坦前往黑龙江与萨布素详议驻兵之地，筑城事则与马喇商议，议定后，马喇一同回京复命。[4]九月，伊桑阿等奏，经实地勘察纳都尔河口（汇入嫩江）至温察尔屯，其间可耕之地甚多，而空鄂尔进屯距黑龙江城较近，建议于此处及纳都尔筑城驻守。此外，濒临墨尔根河的墨尔根屯（嫩江）应于以上二城筑毕后一年后筑城驻守。议政王大臣会议认为可行，“应如所请”。康熙认为所议不够周详，命议政王大臣会议再议上奏，云：“墨尔根地方最为紧要，应筑城设兵，令将军萨布素及副都统一员，驻扎于此。”经康熙批准，黑龙江将军移驻墨尔根。黑龙江城设黑龙江副都统管辖，驻防兵五百。墨尔根筑城

1 《康熙起居注》，第 2 册，第 1334、1335 页。

2 《清圣祖实录》卷一二一，第 16 页。

3 《清圣祖御制文二集》卷二，第 11 页。又见《清圣祖实录》卷一二一，第 16 页。

4 何秋涛：《朔方备乘》，《平定罗刹方略》卷二。

设兵之后，设置由吉林乌喇至墨尔根，由墨尔根至黑龙江城的驿站。黑龙江副都统、墨尔根副都统隶属于黑龙江将军。筑城兵丁及役夫，兼令耕种。康熙三十二年，黑龙江将军移驻齐齐哈尔。

康熙对黑龙江建制的规划，使地域辽阔的黑龙江的军事行政设施日趋完整，从而能更有效地进行统治和管辖，这是有着重要意义的，它表明与唐代的羁縻州相比较，黑龙江已是中央政府设官镇守，直接隶属于中央政府的一级地方政府，为而后的建省奠定了基础。同时，在墨尔根、齐齐哈尔等地筑城设兵，进行屯种，这是当地最早出现的一些城镇，以后日益发展为繁荣的城市。士兵和筑城役夫实行屯种，将农业生产引进黑龙江，逐渐形成了最早的农业居民区，以后逐渐扩大到原来以渔猎为主的各少数民族。黑龙江的开发正是从这时期开始的。

康熙虽然对黑龙江的建置规划十分关注，但是，由于“破四十年盘踞之俄罗斯于数日之间，获雅克萨城”[1]，因而使他轻信“罗刹归诚”。清军不仅在雅克萨没有留下一兵一卒，而且黑龙江将军驻地也由瑷珲后撤至墨尔根，在举朝庆贺胜利欢呼声中，以为从此“疆域帖然”，俄国人不敢再犯边陲。然而，俄国侵略者却很快就撕毁了不再重来雅克萨的誓言。

托尔布津被遣返回俄国，途遇由尼布楚派来的一百名援军，他们一同返回尼布楚。这时由拜顿率领的六百人也来到了尼布楚，尼布楚俄军的力量因而大大增强。尼布楚督军符拉索夫立即派出一支七十人的侦察队伍，于七月潜入雅克萨，发现清军已全部撤离，城堡虽已被摧毁，但庄稼并未全部收割踏毁。符拉索夫决定不顾誓言，重占雅克萨，派拜顿率二百人先住。八月，托尔布津率大批后续部队继至，这时距离他战败宣誓永不重返雅克萨不过两月有余。他们吸取了失败的教训，在重建雅克萨城时，城墙、

1 《清圣祖实录》卷一二一，第 16 页。

工事、火力都大大加强，可以防备炮击和火攻；储备了足供两年的粮食，挖掘水井，一切都着眼于能够长期固守。

正当俄国人全力以赴重建雅克萨的时候，清政府则在讨论修筑墨尔根城，丝毫没有注意到俄国人的行动。直到当年底，萨布素才派骁骑校硕格邑等前往探察。硕格色等行至旁卧地方，人困马乏，未至雅克萨而还。他们于途中遇到奇勒尔人勤定尔吉，得知“罗刹复来雅克萨，筑城盘踞”[1]。萨布素立即向康熙奏报，这才知道俄国人去而复返，而此时俄国人已在雅克萨大兴土木数月之久了。萨布素奏“请于冰消时，督修船舰，亲率官兵，相机进剿”[2]，再次出兵雅克萨。

康熙二十五年正月十九日，康熙谕大学士勒德洪等:“今萨布素等奏言:‘俄罗斯复来城雅克萨地，今当即往征之耶？抑或缓之，以待黑龙江、墨尔根地将士移家定，然后进兵为宜耶？’令议政王、贝勒、大臣，及与俄罗斯之役彭春、佟保、班达尔沙、郎坦，同尔等会议以闻。”[3]二月初十，康熙命令兵部，将黑龙江驻军所需之火药炮弹及新铸之炮，并藤牌兵百人，于草青之时，用两百匹骆驼运送，由班达尔沙、郎坦率往。康熙指出，火药炮子，“所关最重”[4]。他已在筹划第二次进军雅克萨，为此，首先要加强黑龙江驻军的攻击火力和兵力。但是，康熙考虑到萨布素所派往探雅克萨之人，未亲至其地，为确证俄国人重返雅克萨筑城的消息属实，特命萨布素和理藩院郎中丕满，“确探情形以闻”。二月十四日，丕满等奏报至，说他们派遣索伦副头目乌木尔代等，前往雅克萨侦察，擒获罗刹鄂克索木果，经审讯，供云:“尼布楚头目宜番（符拉索夫），令大兵（指清军）释归之额礼克谢（托尔

---

1 《清圣祖实录》卷一二四，第 15 页。

2 《清圣祖实录》卷一二四，第 15 页。

3 《清圣祖御制文二集》卷三，第 5、6 页；《清圣祖实录》卷一二四，第 4 页。

4 《清圣祖实录》卷一二四，第 12 页。

布津）率五百余人，复至雅克萨，依旧址筑城。讯及粮米可食几月，又云所获足支二年。”[1]康熙立即感到事态较前严重，俄国人“势必积粮坚守，图之不易”，因此应在他们未完成修筑之前，“速行扑剿”。命令将军萨布素，暂停迁移家口，照其所请，速修战舰，统率乌拉、宁古塔官兵，由墨尔根城驰赴瑷珲，率所部两千人攻取雅克萨。又选福建藤牌兵四百名，由林兴珠率往萨布素军前。[2]然而，此时正当北国冰封，千里行军道路艰难，清军不可能马上出击。俄国人因而有整整一年的时间经营雅克萨，清军势必将遇到更为顽强的抵抗。

郎坦、班达尔沙在第一次雅克萨之战时，有功，且谙悉其地形势。四月初六日，康熙命二人赴黑龙江军前，参赞军务。[3]临行前一日，康熙召郎坦至乾清宫，面谕郎坦："尔等此行宜慎之。当如前降旨晓谕：'尔罗刹外国人，贪利弃命，扰我边疆。今大兵复至，当速降，如不降，则尽诛之。'”鉴于清军撤退后，俄国人去而复至，康熙指示："若得雅克萨城，即往尼布楚。事毕，还兵驻于雅克萨过冬，勿毁其城，亦勿损其田禾，俟禾熟收为我饷。”[4]赐郎坦内帑银三百两，又赐萨布素《孙子兵法》，期望马到成功。五月初三日，郎坦等至黑龙江城，与萨布素等遵旨出兵，由平武向雅克萨推进。十四日，清军至门第田地方，召开领兵将领会议。郎坦、萨布素、班达尔沙、马喇、关保等众议：自厄尔令河水陆分兵，进攻雅克萨。当日擒获俄国侦察兵四人。二十八日，清军水陆兵齐集查克丹，进逼雅克萨城，遣人将康熙旨意告之，俄军拒不投降。守军显然吸取了第一次雅克萨战败的教训，他们出城迎战，凭借城壕工事，施放枪炮，遥击清军，迫使清军不能直抵

1 《清圣祖实录》卷一二四，第15页。
2 《清圣祖实录》卷一二四，第16页。
3 《清圣祖实录》卷一二五，第15页。
4 《八旗通志》初集卷一五三，《郎坦传》。

城下进攻。清军以龙炮还击，两军展开炮战，俄国人才退入城中。六月初一，郎坦进兵于江之西岸，又令水师据其上流，截断了由尼布楚增援的通道，形成对雅克萨的包围。清军于初四日夜开始攻城，由南门主攻。郎坦指挥清军用红衣火炮轰击北门，副都统班达尔沙、雅钦率主力猛攻南门，俄军开门迎战，被击败。清军直抵城下，城坚不能克，而城南土阜制高点上的俄国守军，对攻城清军威胁极大。初八日，清军乘夜夺取城南土阜，经过激战，占领了这一制高点。翌日，清军即由此直逼城下俄军工事，守军于城上发炮。清军"以炮矢仰攻"，奋勇筑垒，设兵坚守。俄军既失城南制高点，清军新垒又已筑成，大炮可以于垒上轰击城内。翌日，俄军乘雾派出部队争夺制高点，被击退。此后一连几日，俄军不顾伤亡进行反扑，均被击退。清军诸将领商议，郎坦说："若不断其水道，则持久难为力。"[1]决定掘长堑，筑垒围城。俄军为打破清军围困，阻止清军筑垒，不分昼夜出城挑战。经四昼夜，垒始筑成。托尔布津在激战中被击毙，余部由拜顿指挥。初八日，俄军又一次出城反扑，被清军击退。俄军伤亡惨重，"罗刹自此败后，不复出战"。清军合水陆军，筑长围困之，又在城南北筑高台，架设大炮，准备长期围困。

康熙分析前线形势，指出："我兵围困雅克萨城，罗刹势迫死守。"[2]阴历七月，雅克萨已是寒风凛冽，严冬将要降临。康熙关注驿站的畅通及驿马的饲养，命令由当地居民索伦、达斡尔夫役饲养驿马，筑城官兵负责驿递，俾能及时了解军情。康熙认为，俄军之所以死守，或是沙皇命令，或者是有罪之人不敢回国。而以往致送沙皇的信件，也许未能送达，因而沙皇不了解中国政府驱逐入侵者，为的是求得两国的和好安宁。其时，有荷兰使臣来

1 《八旗通志》卷一五三，《郎坦传》。
2 《清圣祖实录》卷一二七，第8页。

北京，康熙决定再次致书沙皇，申说己意，交由荷兰使臣转致沙皇。康熙谕议政王大臣等曰：

> 今闻荷兰国使臣称：伊国与俄罗斯接壤，语言亦通。其以屡谕情节，备悉作书，用兵部印，付荷兰国使臣，转发俄罗斯察罕汗处，收回雅克萨、尼布潮罗刹。于何处分立疆界，各毋得逾越，则两界人民，均得宁居，不失永相和好之意。察罕汗复奏时，令其使由陆路直来，若陆路难通，即以来疏付荷兰国代奏。再依此作书，发西洋国转达之。[1]

这封信的主旨，是希望沙皇命令俄军撤离中国领土，明确提出划定两国边界，表达了“永相和好”的诚意。

八月，雅克萨严寒逼近。康熙指授前线将领战守机宜，谕萨布素等说，今天时日趋寒冷，河将断流结冰，应细心筹划战守，早为之备。他指出：“罗刹死守雅克萨，必待援兵之至，且冀我兵于流断时撤回耳。”[2]因此，必须做好两方面的防备：其一，“敌兵来援，若何扑剿，勿令人城？”其二，“我兵虽掘壕防御，至隆冬冰合后，船舰若何收藏，马匹若何饲秣？”均需妥筹安排。康熙命令萨布素、郎坦等“详加筹划，密以奏闻”。为使军情不致泄漏，康熙明确指出必须密奏。萨布素等遵旨进一步对雅克萨作如下部署：

第一，根据康熙的指授，“凛遵谕旨”，于城三面掘壕、筑垒，壕外设置木桩、鹿角，分兵防守；

第二，城西临江，对江另部署一军，以防敌军由江上逃逸；

第三，于城上流六七里设一军，堵截尼布楚援军，兼令护卫

1 《清圣祖实录》卷一二七，第10、11页。

2 《清圣祖实录》卷一二七，第15页。

藏船；

第四，军马发回黑龙江城、墨尔根饲秣。

康熙批准萨布素等的布置，命马匹交索伦总管洪吉与黑龙江官兵饲秣。萨布素所部两千一百人，由于围城与设防分驻，康熙恐兵力不足，命副都统傅定率兵两百增援。雅克萨严密围困，俄国守军插翅难逃。由尼布楚来的七十名俄军，欲潜入雅克萨，见清军壁垒森严，防守严密，不敢偷袭，甚至不敢接近清营便返回尼布楚了。

从七月开始，至九月底，城内俄军大部分战死、病死，生存者仅一百五十余人，而尼布楚援军已经无望，危城旦夕可下。这时，俄国政府接受清政府举行谈判的倡议，派信使米起佛儿·魏中高（尼基弗尔·文纽科夫）为首，及宜番·法俄罗瓦（伊万·法沃罗夫）等，驰至北京递交国书，告知清政府俄国政府将派使团与中国政府谈判。九月二十七日，俄使在午门呈递沙皇约翰（即伊凡）和彼得给康熙的信件，由明珠等接受，转呈康熙。明珠等交给俄使“一封朱笔信函”，告知俄使托尔布津已在雅克萨中弹身亡，雅克萨被清军包围。康熙指派大学士明珠、户部尚书科尔坤、工部尚书佛伦与俄使谈判。他们告诉俄使，“汗（康熙）及近臣欢迎圣明的沙皇陛下派出使臣以平息争端。博格德汗已经命令派近臣到阿尔巴津（雅克萨）城下的中国军队中去，传谕军队长官撤离阿尔巴津，对困守阿尔巴津的人员不加任何迫害”[1]。然而，沙皇在致康熙的信件中，却反而质问“中国皇帝之军队来我边界，我属下人并未作恶滋事。中国皇帝为何缘故，抛弃祖先之互相和睦相处，事先未通晓缘由，即行出兵”，并以俄国“方派出不可胜数的精兵”相威胁。[2]俄使要求清军撤离雅克萨。尽管俄使无理取

1 《十七世纪俄中关系》，第二卷，第1册，商务印书馆，1975，第179页。

2 《俄皇约翰和彼得为请解雅克萨围遣使会议致康熙帝国书》，转引自《一六八九年的中俄尼布楚条约》，第214页。

闹，态度蛮横，甚至要求中国单方面从中国领土雅克萨撤军，康熙仍然命明珠与俄使耐心谈判，充分表现出对和平的诚意。康熙指示明珠："谕俄罗斯察罕汗敕书中情事，前命晓谕其使，以敕书稿晓谕之。若授敕书时，则跪受之礼宜令其知之。"[1]明珠依据康熙致沙皇书中所列举俄军侵扰中国边境，劫掠边民，收纳逋逃的事实，逐一驳斥俄使，"俄罗斯使臣无言以对"[2]。中方建议："令（俄方）人员携执照与我人员一同驰驿，速往止兵，以迅速了结双方之事。"希望尽早停战，以待俄国政府派出使团谈判定议。

康熙力争早日结束战争，一方面是他一贯希望和平解决两国争端，划定边界，互通贸易，"永远和好"，而俄国政府已"遣使定议"，使团正在途中；另一方面，则是因为这时喀尔喀蒙古土谢图汗与札萨克图汗不和，喀尔喀左右两翼矛盾日益扩大，而厄鲁特蒙古准噶尔汗噶尔丹又伺机鲸吞喀尔喀蒙古，蠢蠢欲动。俄国势力也已伸入喀尔喀。西北和北部的局势十分微妙，严重动荡不安。康熙命理藩院派员尽力调解喀尔喀内部的纷争，又颁发敕谕给喀尔喀各部，希望"令其和协，照旧安居"，而"尔等以兄弟之亲，互相吞并，异日必至交恶生乱。朕心恻焉"，故而"遣使谕和"，各部应"仰副朕命"[3]。对噶尔丹的动向，康熙更是密切关注，因此，尽早结束与俄国的战争，使东北边境能够稳定下来，是康熙高瞻全局，在完成国家统一的斗争过程中，作出的正确决策，以便集中精力处理山雨欲来风满楼的西北局势。康熙决定清军单方面停战撤军，"谕大学士等曰：'鄂罗斯察汉汗，以礼通好，驰使请解雅克萨之围。朕本无屠城之意，欲从宽释，其令萨布素撤回雅克萨之兵，收集一所，近战舰立营。并晓谕城内罗刹，

1 《清圣祖御制文二集》卷四，第15页。

2 《大学士明珠等为俄使奏文仪式及撤围雅克萨与文纽科大交涉记事》，转引自《一六八九年的中俄尼布楚条约》，第216页。

3 《清圣祖实录》卷一二五，第12页。

听其出入，毋得妄行攘夺，俟鄂罗斯后（沙皇）使至定议。'" [1] 御前侍卫马武奉命驰往雅克萨传达命令。文纽科夫派出沙拉科夫和布什科夫随马武同至雅克萨，向俄军传达康熙令清军解围的命令。清军单方面解围撤军，为两国边界谈判创造了条件。

其时，严冬已降临，清军水师船队冻结于河中。萨布素撤下围城军队及大炮、防盾和各种攻城设施，遵照康熙指示，集中清军于战舰立营；并通知俄军，允许其出城取水，雅克萨至尼布楚亦准通行。雅克萨原有俄军八百二十六人，生存者已寥寥无几。十二月十一日，拜顿派人至清营求饮食。清军满足了俄军的要求，送饮食至城中的清军人员，"因察其虚实动静，人还，言杯顿（拜顿）已病危，惟余二十余人，亦皆羸病" [2]。雅克萨俄军幸存者实际上不只二十余人，而是六十六人，他们都病弱不堪。康熙二十六年正月，"谕黑龙江将军萨布素军，自雅克萨城解围以来，闻军士间有患疾者，此皆属满洲精兵，朕甚悯焉。今特遣太医院官二人，赍药前往治之。至于罗刹，虽与我兵对垒……如城中有患疾之罗刹，亦应听其就医" [3]。允准太医院医官给雅克萨俄军治病，以及清军接济垂危的俄军，说明了康熙始终是抱着和平的诚意解决两国争端。四月初六，清军又奉命后撤二十里，于雪克丹驻营。七月，清军奉命撤回瑷珲，以等待俄国派出的戈洛文使团前来谈判。与此相反，俄军却利用清军撤围停战之机，不断向雅克萨增派军队及物资，再次加固城防。这年秋，雅克萨俄军又增至约三百人。

## 六　《中俄尼布楚条约》的签订

文纽科夫等作为先遣信使被派往北京之后，1686 年 1 月 30

1 《清圣祖实录》卷一二七，第 24 页

2 《八旗通志》卷一五三，《郎坦传》。

3 《清圣祖实录》卷一二九，第 2 页。

日，沙皇任命费奥多尔·阿列克谢耶维奇·戈洛文为全权大使，率领使团与中国政府谈判。使团副大使是尼布楚督军弗拉索夫和秘书官谢苗·科尔尼茨基。俄国使团的人选是经过精心挑选后组成的，为显示其声威，由莫斯科派出火枪兵及炮兵五百余人，又从西伯利亚各城堡抽调哥萨克骑兵、龙骑兵、火枪兵、哥萨克步兵等组成共计一千九百三十八人的战斗部队，归戈洛文率领指挥。1686 年 2 月 5 日，戈洛文由莫斯科起程，在途中得到了先遣信使文纽科夫等人的报告。文纽科夫详细叙述了俄方派出的人员，随同康熙派御前侍卫马武至雅克萨传达撤围谕旨时亲眼所见的情况："他们到达中国军队驻地后，下达了汗（康熙）关于撤离阿尔巴津（雅克萨）的谕旨，于是军队长官命令军役人员撤离阿尔巴津，命令立即撤下围城的防盾、筐垒、拒马和所有的炮。……军队长官高高兴兴地执行了主上谕旨。"……戈洛文说："汗命令中国军队长官停止进攻阿尔巴津，以待臣（戈洛文）等遵照陛下谕旨抵达边境后同他们举行谈判，中国军队长官遵照汗的谕旨将不再进攻阿尔巴津。"[1]

戈洛文又将清政府交文纽科夫的康熙致沙皇的信件译出，信中说："朕已遣使传谕撤除雅克萨之围。并降旨止息兵戈，以待尔方使臣前来议定边界，共修和好。"[2]因此，戈洛文已深悉清政府的和平愿望，但他仍然指示加强雅克萨的俄军力量，并依据莫斯科的指示，确定了以黑龙江划分中俄边界的无理要求。戈洛文甚至企图策反喀尔喀蒙古的土谢图汗及其兄弟宗教领袖哲卜尊丹巴呼图克图（活佛）支持俄军，共同对付清政府。他在给沙皇的呈文中建议：

---

1　苏联科学院远东研究所：《十七世纪俄中关系》，第 180 页。

2　苏联科学院远东研究所：《十七世纪俄中关系》，第 200 页。

陛下，在臣（戈罗文）为进行使臣谈判停留边境期间，如果蒙古斡齐尔赛音汗（即土谢图汗）派人前来臣等处商谈他的逃亡的布里亚特人（蒙古人）一事，而中国博格德汗殿下（康熙）经臣等派人敦促仍不同意派使臣来边境，也不允许他的军队长官就和谈平息边界争端事宜进行谈判，臣等有必要派人去见斡齐尔赛音汗和呼图克图（哲卜尊丹巴），请他们援助沙皇陛下军队，联合军队共同对付中国博格德汗（如同陛下致斡齐尔赛音汗的书信中所写明的那样，如果中国人不准备举行使臣谈判，就请他给予援助。这封信已由臣带来，臣受命在适当时机派专使给他们送去）。[1]

戈洛文企图策反土谢图汗和哲卜尊丹巴的图谋最后未能得逞，但清政府面对的却是一位老谋深算，一意要侵占中国黑龙江以北领土，且富有外交谈判经验的对手。

康熙在下达雅克萨撤围命令之后，期待着俄国使团到来，早日举行谈判，和平解决争端，划定边界。他谕令土谢图汗“侦察鄂罗斯分界使臣消息”，及时奏闻。康熙二十六年七月十一日，土谢图汗奏报，“鄂罗斯遣使请和，已抵臣境”。康熙闻知俄国使团已至喀尔喀蒙古，立即进行准备。时黑龙江清军已撤回宁古塔，康熙“命萨布素等，统率官兵，乘天时未寒，还至黑龙江、墨尔根，修整器械，休息马匹，以度隆冬，仍于要地严设斥候”[2]。并将清军的行动通知雅克萨俄军，说明是为了准备与俄使谈判，而不是对雅克萨采取敌对行动。

前此清军进驻黑龙江，是作为收复雅克萨的前进基地。清军此次移驻黑龙江后，康熙回顾了数十年来俄国侵扰黑龙江流域的

1 《十七世纪俄中关系》卷二，第 192 页。
2 《清圣祖实录》卷一三〇，第 23 页。

历史，以及清军多次与俄军战斗的经验教训，为了巩固北部边防，有利于谈判，康熙作出了重大的决策：决定驻兵永戍黑龙江。在给兵部尚书鄂尔多和郎中伊尔克图、漫保的上谕中，康熙阐述了永戍黑龙江的必要性：

黑龙江至为要地，兵丁劳苦，朕罔不知。曩者，俄罗斯渐次入犯，占据我打虎儿（达斡尔）、索伦等处，扰害边疆四十余年，未经安辑。后备足军食，永戍黑龙江以困逼之，俄罗斯遂窘迫至极，乃屡次求和。

今彼之使臣已来，尚未曾至。苟粮储不足，则如沙尔虎达、巴海等之往征而不能成功矣。此事尚未年远，朕亲所闻知，且亦众所共悉也。朕所委曲区划，自盛京等处转输粮食，及令所种米谷积贮至裕。彼地大臣官员皆不思撙节，滥给于无用之人，苟且草率，希图军储罄尽，势必将彼等撤回。彼等诚能以身家性命力保俄罗斯断不来犯，朕自撤回之也。我之官兵撤回，俄罗斯大众难以齐来，彼地将军官员固皆稔知，然或一二人、或十余人，陆续聚集于黑龙江、松花江之间，构造木城，盘踞其地，则我取之维艰，是俄罗斯为主兵，我反为客兵也。

今我惟多贮粮食，永戍官兵，则我兵得逸，而俄罗斯兵为劳矣。如此，则俄罗斯轻兵来犯，断所不能；欲大队侵入，则彼粮食何能挽运耶？若黑龙江我兵不行永戍，自黑龙江、松花江以外，所居人民，皆非吾所有矣！尔等皆系选择差遣往至彼处，殚心竭虑，务期为久远充裕之计，详加筹议。[1]

康熙明确训谕有关人员，只有驻兵戍守黑龙江，黑龙江、松

1 《清圣祖实录》卷一三一，第16~17页。

花江以外的中国领土才能有保障。然而，其地早寒，驻兵艰苦，粮食之有无乃能否驻兵永戍之关键，若仅靠后方转输，难以确保。驻军屯田之外，康熙说他进一步周详区划，决定再设官庄，命令彼处汉军皆着查出披甲当差、游手无事之人，可分设官庄，广开田亩，以为恒产。令户兵二部贤能司官，迅往逐一察明，到日确议具奏。在黑龙江广开田亩，设置官庄，同时也就促进了这一地区的早期开发。

由于戈洛文为首的俄国使团即将到来，康熙在命令黑龙江前线作好准备的同时，更主要的是派出中国谈判使团。

康熙任命索额图为钦差大臣、中国使团首席代表。索额图是辅政大臣索尼之子，又是康熙皇后的叔父，曾与康熙设计擒拿鳌拜，前期深受康熙信任。领侍卫内大臣、都统、国舅佟国纲位居第二。佟国纲，汉军镶黄旗（后抬旗人满洲镶黄旗）人，康熙生母佟佳氏之兄。佟氏本辽东巨族，入关后，佟氏族人多居要津，时人有“佟半朝”之称，地位显赫。使团成员还有理藩院尚书阿尔尼（时理藩院掌管俄罗斯事务），左副都御史马齐，护军统领马喇（雅克萨之战时，在达斡尔地区负责后勤，侦探俄军消息）。都统郎坦率骑兵千人为使团警卫。使团中还有两名汉官，即兵部督捕理事官张鹏翮，兵科给事中陈世安。耶稣会士法国人张诚和意大利人徐日升担任翻译。康熙给使团下达的谕旨，指示了谈判的原则：

上谕领侍卫内大臣索额图等曰：……其黑龙江之地，最为扼要。由黑龙江而下，可至松花江；由松花江而下，可至嫩江，南行，可通库尔瀚江及乌喇、宁古塔、席北、科尔沁、索伦、达呼儿诸处；若向黑龙江口，可达于海。又恒滚、牛满等江，及净溪里江口，俱合流于黑龙江。环江左右，均系我属鄂罗春、奇勒尔、毕喇尔等人民，及赫哲、飞牙喀所居之地，若不尽取之，边民终不获安。

朕以为尼布潮、牙克萨、黑龙江上下，及通此江之一河一溪，皆我所属之地，不可少弃之于俄罗斯。我之逃人根特木尔等三佐领，及续逃一二人，悉应向彼索还。如鄂罗斯遵谕而行，即归彼逃人，及我大兵所俘获招抚者，与之划定疆界，准其通使贸易。否则，尔等即还，不便更与彼议和矣。[1]

康熙所坚持的是维护中国领土不容侵占，以及交换逃人。然而，为了和平解决争端，后来仍然作了让步。

五月二日，是中国使团起程日期。前一天，康熙“接见了两位钦差大臣和他们随员时，他和国舅（佟国纲）、索三老爷（索额图）、马老爷（马齐）进行了秘密谈话”[2]。给予他们最后的指示，赐御马、宝剑和衣服，又特给索额图望远镜一架（以后要归还）。五月二日，中国使团出德胜门北上，经内蒙古、喀尔喀蒙古，前往色楞斯克与戈洛文谈判。在德胜门外，举行了盛大的起程仪式，康熙特派十四岁的皇太子允礽前往送行，以昭慎重。以索额图为首列队迎接皇太子，“索三老爷背后一面金线织锦画着帝国蟠龙的大旗”迎风招展，一千骑兵和六七十名官员，各按八旗左右翼方位排列大道两旁，旌旗猎猎，盛况空前。钦差大臣及官员遥向皇帝行九叩礼，与皇太子告别后，率队北行，经宣化、张家口，至归化城（呼和浩特），然后北上，进入喀尔喀蒙古地区。由于将穿行沙漠，沿途缺乏水草，大队人马行动不便，使团“决定分为三队，每队取不同路线行进。这样做是为了进行更为方便，也更便于在有足够的水和牧草的地方扎营”[3]。由于长途跋涉，气候十分炎热，使团所经又是砂碛缺少水草的地区，人马困

1 《清圣祖实录》卷一三五，第 14、15 页。

2 《张诚日记》，《清史资料》，第 5 集，第 80 页。

3 《张诚日记》，《清史资料》，第 5 集，第 109 页。

顿，日有死亡。

正当使团北进之时，塞北大漠风云突变。六月初，厄鲁特蒙古准噶尔部汗噶尔丹率三万骑越杭爱山，分路突袭喀尔喀蒙古左翼土谢图汗、车臣汗及宗教领袖哲卜尊丹巴。铁骑狂飙，席卷漠北。土谢图汗之子噶尔旦台吉于特木尔地方迎战噶尔丹，大败，部众被击溃，仓皇南奔，请求清政府保护与支援。

六月初八日，使团进入车臣汗境内七百余里克勒阿祭拉莫地区，已预感到不祥。“了解到厄鲁特王（噶尔丹）统率他的军队正沿着一条河向东”挺进。使团遇到了大批南奔的喀尔喀人。使团成员目睹“溃卒满山谷，行五昼夜不绝”。使团随员张鹏翮“询之，喀尔喀与喀诺德（厄鲁特）战败，而部落南奔”[1]。使团另一随员钱良择说：“徙者蚁聚蜂屯，其色惊惶。”“初九日，噶尔噶（喀尔喀）国人追随驼马，络绎而南，不下数万，奔忙倥偬，若有蹑其后者。”[2]准噶尔汗噶尔丹在沙皇俄国的支持下，突袭土谢图汗及其兄弟哲卜尊丹巴呼图克图，攻占了库伦和厄尔德尼招（意为宝寺），大肆掳掠烧杀，“他的军队造成的恐怖使得所有鞑靼人（喀尔喀蒙古）逃离此地。不但如此，喀尔喀汗的兄弟大喇嘛（哲卜尊丹巴）他自己，被迫也逃到中国的边界（按：指内蒙）”[3]。整个喀尔喀地区已陷入一片混乱。索额图立即决定分路行进的各路向自己集中，并向皇帝奏报，以候谕旨。使团成员理藩院尚书阿喇尼派人飞驰入奏：“噶尔丹率兵掠厄尔德尼沼，直抵喀伦卓尔之地，距哲卜尊丹巴所居，仅一日程。哲卜尊丹巴携土谢图汗妻与子媳，及喇嘛班弟等夜遁。喀尔喀通国，各弃其庐帐器物，马驼牛羊，纷纷南窜，昼夜不绝。土谢图汗不知存亡。”[4]康熙下令

1 张鹏翮：《奉使俄罗斯日记》。

2 钱良择：《出塞纪略》。

3 《张诚日记》，第 121 页。

4 《清圣祖实录》卷一三五，第 25 页。

沿苏尼特一带紧急布防，严加戒备；命令使团撤回内蒙古境内；同时，由钦差大臣写信将使团不能如期前往色楞斯克的缘由通知戈洛文，并另商定谈判时间和地点。信的内容如下：

> 我们已深入喀尔喀的领地。我们发现喀尔喀人正与厄鲁特人交战。由于我们这次旅行完全是为了会见您，所以按照您的使节斯捷潘的请求，我们来此仅带很少的卫兵。但是，如果我们带着这样少的军队前往交战地点，战争双方中的一方可能要求我们的保护避难，在这种情况下，我们将难以决定怎么办。而且关于处理两国作战的分歧，我们并没有取得我们皇上的旨意，因而如果我们主动去干涉，那将是不恰当的。因此，我们已经转回到我们自己的边界（按指内蒙古。张诚用“自己边界”是翻译不妥，应是汛界——引者），在那儿停留，同时我们给您发出这封快信，使您了解这一情况。在这一方面如果您有什么建议或解决办法，您可以以书信告诉我们。但是，如果我们之间的路途现在不可通行，请约定时间和会见地点，对此，我们等待您的答复。[1]

八月十四日，中国使团信使返回使团驻地，带回戈洛文的复信，当晚被译成中文，上奏康熙。复信说，戈洛文本人“整个冬天将继续留在边境地带”，要求“立即就打算召开这次会议的时间和地点向他发出通知”，并将派出代表来中国。[2]七月十六日，康熙出巡古北口外。八月，他在行宫一带行围。八月二十日，传来了康熙的谕旨，命索额图乘快马前往康熙行围驻地骅骝峪，佟国纲、马齐等随后前往。理藩院官员留驻原地，注意喀尔喀地区的

1 《张诚日记》，《清史资料》，第 5 集，第 130 页。又见《十七世纪俄中关系》卷二，第 512 页，译文不同，文意相同。

2 《张诚日记》，《清史资料》，第 5 集，第 149 页。

局势变化，及时奏报并传达谕令。其余人员撤回北京。

康熙二十八年四月初五，戈洛文派洛吉诺夫等到达北京，由索额图接见，商定谈判地点改在尼布楚。中方告知俄国信使中国使团奉皇帝之命将在二十天后起程。

康熙二十八年四月二十六日，中国使团起程前往尼布楚与俄使谈判。临行，索额图奏言："尼布潮、雅克萨既系我属所居地，臣等请如前议，以尼布潮为界，此内诸地皆归我朝。"清政府最初的划界方针是以雅库茨克为界，使团第二次起程时，索额图请将尼布楚划归中国。康熙说："今以尼布潮为界，则鄂罗斯遣使贸易，无栖托之所，势难相通。尔等初议时，仍当以尼布潮为界，彼使者若恳求尼布潮，可即以额尔古纳河为界。"[1]康熙决定谈判划界的最后方案以额尔古纳河为界，在领土上作了明显的让步，其所以如此，是因为北部形势与一年前中国使团第一次出使时，发生了重大的变化。由于噶尔丹在俄国支持下向喀尔喀蒙古的突然进攻，土谢图汗和宗教领袖哲卜尊丹巴被击溃，南徙进入内蒙，请求清政府保护。康熙竭力调解，而噶尔丹气焰嚣张，坚持要清政府将土谢图汗和哲卜尊丹巴交出。康熙因而深知，"噶尔丹者，赋性凶残，中怀狡诈，戕害其兄弟，兼并四部，蚕食邻封，其势日张，其志益侈"[2]。他指出："此人力强志大，必将窥伺中原，不至殒命不止，岂容泛视，置之度外！"[3]由于噶尔丹发动的分裂战争，使康熙再一次在北方、西北地区面临着严重的挑战，国家统一与分裂的矛盾日益尖锐，一场平叛战争又迫在眉睫，而噶尔丹的背后又有沙皇势力插手，康熙因此决定在领土上作一定的让步，以实现与俄国签订条约，划定疆界。这样，既可集中力量对付噶尔丹，同时，也可以用签约后两国和好来约束俄国人不敢明目张

1 《清圣祖实录》卷一四〇，第 30 页。
2 《清圣祖实录》卷二七三，第 14 页。
3 康熙：《御制亲征朔漠纪略》。

胆地支持噶尔丹。

中国使团仍然是由第一次的成员组成。由于谈判地点改在尼布楚，黑龙江将军萨布素奉命率一千五百人由水陆赴尼布楚与索额图相会，参加使团。

索额图、佟国纲率领中国使团经过四十九天的长途跋涉，于六月十五日抵达尼布楚，先期到达的萨布素迎接使团于黑龙江（石勒喀河）南岸扎营。尼布楚城在河的北岸，隔河相望。中国使团各级官员拥有众多的家人、夫役、侍从，人员庞杂，骆驼达三四千头，马约有一万五千匹。“索三老爷（索额图）独自一人就有三百头骆驼、一千五百匹马，还有侍候他的一百个家人。国舅（佟国纲）不会少于三百匹马，一百五十头骆驼和八十个仆人。”[1] 此时，戈洛文尚未到达尼布楚，俄国人在“尼布楚城堡之前布防”[2]，戒备森严，所有人员都撤入城堡之内。为了避免发生误会，索额图等命令士兵远离尼布楚城安营。而戈洛文此时还在乌的柏兴，忙于使蒙古人臣服沙俄的征服侵略。中国使团到来后，他才匆忙赶来，然而已经比中国使团迟到十九天。经过磋商，双方同意会谈在野外帐幕中举行，帐幕设在距离尼布楚城二百俄丈处，处于尼布楚城至河岸的正中。中国使团渡河后由河岸前往帐幕，双方距离相等。谈判时各方可带三百人卫队，他们只准佩带刀剑，不得携带其他武器（俄国人却口是心非，俄国士兵“暗中带着手榴弹”）。[3] 由于中国钦差大臣必须渡过黑龙江到达谈判帐幕，“中国钦差大臣方面在木船上可有五百人（士兵）”[4]，而戈洛文则强硬要求这五百人不准上岸。

七月初八（阳历 8 月 22 日），中俄开始第一次谈判。中国使

1 《张诚日记》，商务印书馆，1973，第 22 页。

2 《张诚日记》，第 22 页。

3 《十七世纪俄中关系》，第 2 卷，第 3 册，第 769 页。

4 《十七世纪俄中关系》，第 2 卷，第 3 册，第 765 页。

团因缺乏外交经验，又由于“不敢相信俄国人太深”[1]，“特别是皇上所派镇守东鞑靼的将军（萨布素），此人在与俄国人办事时曾一再受欺”[2]，因此疑心很重。他们唯恐渡河后有不测难以应变，因此，命令只准停留在船上的五百名士兵登岸。戈洛文对此提出强烈抗议，经过反复磋商，最后，俄国人同意五百名中国士兵登岸，但不得执械列阵，而且距离谈判帐幕要远一些。同时，戈洛文采取了严密的备战措施，派出军人隐藏于树林中监视中国士兵，加强警戒；命令科温特人昼夜放哨，准备迎战。“上校安东·冯·施马伦贝格、少校雅科夫·佩捷尔松、莫斯科火枪兵大尉瓦西里等率领其余各团留在涅尔琴斯克（尼布楚），作好战斗准备。”[3]中国使团对此一无所知。他们只是出于自身的安全考虑，不仅派耶稣会士前去向戈洛文说明士兵登岸绝无别的用意，而且派出清军军官（俄国人说是一名上校和一名扎尔固齐）请俄方将他们扣留作为人质，以保证“博格德汗（康熙）殿下钦差大臣对全权大使（戈洛文）不会进行任何欺骗”[4]。谈判在外驰内张的气氛中开始。

中、俄使团在七月初八、初九举行了头两次谈判。戈洛文指责中国政府“突然派兵侵犯沙皇陛下国界”，“制造流血事件”，要求赔偿损失。[5]索额图列举俄国哥萨克侵入黑龙江、松花江流域烧杀掳掠的事实，予以驳斥，强调指出尼布楚、雅克萨是中国领土。双方唇枪舌剑，辩论激烈。戈洛文态度傲慢，甚至质问：钦差大臣“或许是想放弃使臣会谈而诉诸武力，但沙皇陛下全权大使绝不害怕中国军队”。并声言俄国能派出数不胜数的军队，公然以战争相威胁。索额图严正指出，中国使团是奉皇帝之命，前来

1 《张诚日记》，第 30 页。
2 《张诚日记》，第 30 页。
3 《十七世纪俄中关系》，第 2 卷，第 3 册，第 769 页。
4 《十七世纪俄中关系》，第 2 卷，第 3 册，第 766 页。
5 《十七世纪俄中关系》，第 2 卷，第 3 册，第 770、773 页。

与俄使谈判划定边界，签订永久和好条约，“希望沙皇陛下的全权大使不必再提过去发生的纠纷”[1]。最后，“双方议定不谈已过去的事，也不谈任何无关紧要的事，只确定两个帝国之间的边界，这是谈判的主题”[2]。这样，由于中国使团的努力，才使谈判回到了主题。

然而，在谈判如何划界时，戈洛文却提出了以黑龙江为界，江以北划入俄国。中国使团则提出了自己的第一个方案，以勒拿河和贝加尔湖作为中俄国界。双方就此又一次展开了激烈的交锋。在第二天的会议上，中国使团由于缺乏外交经验，便将康熙放弃尼布楚的谕旨作为划界方案提出，从贝加尔湖一下退到额尔古纳河，在领土上作了重大让步。戈洛文欣喜已极，然而，富于外交谈判经验的俄国大使，却坚持不同意，希望中国使团作出更大的让步。

索额图等已无路可退，又不了解俄国人谈判中的策略，他们商量了很长时间，只好声明“没有博格达汗（康熙）的谕旨，他们钦差大臣不能照办”。如果俄使一定坚持自己的划界主张，只有散会，并请俄方将自己的主张写入散会声明中，钦差大臣将转奏皇帝。中方也将写出相应的声明。戈洛文见讹诈不能得逞，提出了以结雅河为界（精奇里江），“中国钦差大臣听完，相顾而笑，之后说道，此方案他们无法接受”。“除涅尔琴斯克（尼布楚）之外，再无别的边界可以接受，他们已无话可说。”[3]戈洛文则声明，俄国人不能接受以尼布楚为界，企图迫使中国再作让步。

七月初十日，休会，双方转入会下磋商。中国使团商量了一整天，决定第二天（十一日）派翻译耶稣会士张诚、徐日升向俄方声明，“他们遵照皇上的明白谕旨，打算坚持不让边界”，并再

1 《十七世纪俄中关系》，第 2 卷，第 3 册，第 773 页。

2 《张诚日记》，第 31 页。

3 《十七世纪俄中关系》，第 2 卷，第 3 册，第 786 页。

一次要求双方写出散会声明。“可是俄国人却又提出再举行一次会议。”七月十二日，戈洛文派代表来到中国使团驻地，了解中国使团的最后决定。索额图等拿出一张地图，将中方的边界划分方案指给俄方代表看，“一边是一条名为格尔必齐河的小河流，它发源于一道大山脉（外兴安岭）附近。这道大山脉从那里在萨哈连乌拉（黑龙江）以北一直伸向东海。格尔必齐河在尼布楚以下三十或四十里处流入萨哈连乌拉。在格尔必齐河以西，和前述山脉峰顶以北的土地，他们都划归俄国人，而把对面的地方划归中国人。在另一边，即在萨哈连的南面，他们指定以额尔古纳河作为边界……在这条河东面和南面的土地应留给他们（中方），而在它之外的土地则划归俄国人”[1]。

索额图等向俄方出示的这条国界线，就是康熙谕令中所说中方的最后方案。然而，狡猾精明的戈洛文，尽管奉有雅克萨应归中国的沙皇训令，但他却秘而不宣，他向中国使团派去的翻译张诚和徐日升出示俄方所划国界线，仍坚持将雅克萨划归俄国。索额图等因而十分沮丧和绝望，他们召开了会议，决定撤除设于河对岸用于谈判的帐幕，并通知俄方前来营地的代表，他们只能遵行上谕，再没有新的方案可以传达的了，俄方可以写出散会声明。“谈完之后，钦差大臣怒气冲冲地令他们（俄方代表）回去。”[2]这时已是夜晚，戈洛文鉴于欺诈不能得逞，第二天清早，派贵族安德烈·别洛鲍茨基和书吏谢苗·瓦西里科夫到中国使团营地，向索额图等说明：“钦差大臣认为沙皇陛下方面全权大使似乎在进行种种欺诈……现派贵族和书吏，授命他们向钦差大臣宣布：大君主沙皇陛下为了与汗殿下建立牢不可破的友谊与亲善，同意按照汗殿下的意旨，在阿尔巴津（雅克萨）城之地划分边界。”[3]“总之，

1 《张诚日记》，第 33~35 页。

2 《十七世纪俄中关系》，第 2 卷，第 3 册，第 803 页。

3 《十七世纪俄中关系》，第 2 卷，第 3 册，第 805 页。

他们（俄方）差不多全部答应了我们钦差大臣们在会议破裂前提出的每一项重要条件。”[1]当时，有许多受过俄国人“压迫的蒙古或喀尔喀鞑靼部众派代表告诉钦差大臣们说，他们愿意退入中国境内归顺中国皇帝。代表们恳求收容他们”。成千的蒙古部众驱赶着牛羊，准备渡过黑龙江。索额图等为了不致妨碍和议，只给他们以希望。以后的几天，是商量条约的细节，达成最后协议。双方商定：条约分别用拉丁文、满文、俄文三种文字写成三个文本。

喀尔喀蒙古地区与俄国的划界，即中俄中段边界问题，在谈判中也曾涉及，但被搁置未议。诺斯山与乌底河地区，经过争论未达成协议，留作待议地区。

康熙二十八年七月二十四日，是中俄双方签订条约的日子。签约场据说在距尼布楚地五十俄丈的一个帐幕里。

当日早晨，中国使团成员朝服盛装率随员卫兵前往会场。这时，俄方突然又节外生枝，对条约文本是将中国皇帝抑或沙皇写在前面，以及签字的方式、签几份条约文本等提出异议。俄使声称：他们不能够在中方缮写的文本上签字盖章，更不能缮写把中国皇帝置于沙皇之前的字样。中国使团则声明：他们当然不可能只带回一个只有中方签字的条约文本向皇帝奏报。

中国使团被迫停留在尼布楚城附近的一座小山包上，双方使者频频往来，阐述各自的主张，彼此辩驳。使团翻译徐日升说：“我对于他们（指俄方——引者）竟不能解决这个问题感到有些恼火和惊讶，因为这个问题是在前一天就已经决定了的。而且，我们的钦差大臣们已经到来，在小山上等候，这是俄国人可以亲眼见到的事。钦差大臣们在那里仰望着即将下雨的天空，就在这个时候，雨对他们毫无顾忌地开始下了。”[2]索额图等钦差大臣只

1 《张诚日记》，第 37 页。

2 《耶稣会士徐日升关于中俄尼布楚谈判日记》，第 47 页。

得挤在一个临时搭起的小帐幕内，其他人只能在雨中伫立，颇为狼狈。

经过整整一天的磋商，双方最后商定：各方分别缮写一个拉丁文本作为正式文本，缮写一个母语（满文或俄文）文本作为副本，各自把本国君主写在前面；双方只在正式文本即拉丁文本上签字盖章，满文本与俄文本只由本国盖章签字；条约文本进行互换。协议达成后已经是傍晚了。双方使团进入会场，签字仪式开始，双方先后宣读条约正式文本（拉丁文本），彼此进行核对。中方由译员传教士张诚宣读。副本（满文本、俄文本）不再宣读，彼此说明与拉丁文正式文本一致。然后，双方在拉丁文正式文本上签字盖章。索额图与戈洛文分别代表两国使团宣誓：永远遵守所订条约。誓毕，互换条约文本，中方将缮写的拉丁文本与满文本副本交给俄方；俄方将自己缮写的拉丁文本与俄文本副本交给中方。彼此相互致敬，签字仪式结束。戈洛文以茶点招待中国使团。中国使团成员对条约的签订甚感欣慰。

《中俄尼布楚条约》基本上是一个平等条约，中国在领土上作了一定的让步。条约共六条，主要内容是：中俄东段边界的划分；有关越界侵扰与逃人的处理；中俄贸易等。条约明文规定：以格尔必齐河、大兴安岭（外兴安岭）和额尔古纳河为两国分界，按河流、山脉的自然走向划分。格尔必齐河以东、外兴安岭以南、额尔古纳河以东及南为中国领土。格尔必齐河以西、外兴安岭以北为俄国领土。

针对沙俄哥萨克对我国黑龙江流域的侵扰，条约明文规定：双方严禁越界侵扰，凡有越界者，立即械系送还本国惩处；如果数十人持械越界，杀人掠夺者，捕拿送回本国，处以死刑。

条约有关逃人的处理规定：订约之后，两不收逋逃，凡订约以前的逃人则不必遣返。这样，原属中国领土的尼布楚地区及其以西的中国各族居民，由于尼布楚划归俄国，便不能返回祖国，因而引起了当地居民的不满、恐慌和反抗。条约还规定：两国人民持有护照者，允许越界往来，互市贸易。

条约签订两天后，即康熙二十八年七月二十六日，中国使团起程回国。

《中俄尼布楚条约》是清政府与西方国家在平等基础上签订的第一个条约，主要是划分中俄东段边界。根据条约的规定：俄方撤出雅克萨及其他侵略据点；中方则承认尼布楚及其以西原为中国各族居住的地方划归俄国。条约签订后，清政府于额尔古纳河口，格尔必齐河口立有用满、汉、蒙古、拉丁文、俄文五种文字镌刻的石碑，又于国境线设立众多卡伦（哨所），每年派官兵巡边，并将巡边的有关事宜通知俄方。

康熙抗击俄国的侵扰，收复了中国领土雅克萨，制止了沙俄对我国黑龙江流域数十年来的侵略，从此使这一地区保持了一百多年的和平。在这一过程中，清政府对黑龙江流域的建制管理大大推进了一步，促进了这一地区的早期开发。

《中俄尼布楚条约》签订后，康熙便集中力量与厄鲁特蒙古准噶尔汗噶尔丹民族分裂势力进行斗争。为了维护国家的统一，他三次出塞亲征，驰骋于大漠草原，讨平噶尔丹叛军。

明清史学术文库

# 清史述论

下

王思治 著

故宫出版社
The Forbidden City Publishing House

# 《明清史学术文库》编辑委员会

**主编**

郑欣淼　戴　逸　朱诚如

**编委会**

（以姓氏笔画为序）

王天有　王戎笙　王亚民

王思治　白新良　冯尔康

朱诚如　刘凤云　杜家骥

张玉芬　陈连营　陈祖武

何　平　何孝荣　林铁钧

周远廉　郑克晟　郑欣淼

赵国英　南炳文　晁中辰

郭成康　高　翔　阎崇年

常建华　戴　逸

王思治（1929 ～ 2012），四川自贡人。中国人民大学清史研究所教授、博士生导师，国家清史编纂委员会专家。著有《清史论稿》《承德避暑山庄与外八庙》《康熙大帝》等。主撰《清代通史·康熙朝》，主编《清代人物传稿》上编第一、三、五、八卷等，并为联合国教科文组织撰写《人类科学与文化发展史》五卷中国部分。发表学术论文百余篇，多次获得国家及省部级学术奖项。

有清一代，康熙、雍正、乾隆三帝在位时期，清王朝由清初人口锐减、生民困苦、社会动荡不安、经济极端凋敝的状态，恢复发展到鼎盛时期，史称“康乾盛世”。“康乾盛世”下的清王朝以其经济繁荣、国库充裕、在传统文化方面有集大成之势，尤其是国家大一统完成，气势恢宏，国力强盛，成为亚洲头等强大的国家，也是世界强国之一。

王思治

2011年10月24日

# 17世纪末西北边疆局势述论*

## ——噶尔丹分裂势力的兴亡

17 世纪末，西北边疆局势错综复杂。从 17 世纪中叶至 18 世纪 60 年代，清政府为解决西北厄鲁特蒙古准噶尔部问题，前后历时一个世纪，其间经历了多次大战，如若从康熙二十九年乌兰布通之战算起，至乾隆二十二年阿睦尔撒纳走死俄国，也有 70 年，历康、雍、乾三帝，始告结束。康熙二十九年、三十五年、三十六年，康熙帝三次出塞亲征，驰骋于大漠草原，指挥大军与噶尔丹周旋，实施大空间的分路合击，决意击灭噶尔丹。草原枭雄噶尔丹，数十年马背生涯，身经百战，战绩赫赫，绝非平庸之辈，或铁骑长驱，或东奔西突。两军在广阔无垠的草原上展开规模浩大的激战。这是一场维护国家统一而进行的与民族分裂势力的大战，其间有政策目的、政治手腕、谋略设计。这场斗争的主战场在塞外与漠北，却牵动着漠南蒙古、天山南北、青海、西藏，影响之大深且远。当时在中国北方大地上两雄角逐，其势波澜壮阔，惊心动魄。由于噶尔丹与沙皇俄国相勾结，清政府为平定噶尔丹民族分裂势力，维护国家统一而战，也就具有抗御外来势力的内涵。本文就噶尔丹的兴亡与康熙帝的决策论述其原委，并对某些关键问题申说己见，以就正于方家。

---

* 本文与香港大学吕元骢教授合著。

## 一　厄鲁特蒙古与清廷臣属关系的建立

明洪武元年，元朝灭亡之后，元顺帝妥欢帖木儿退据蒙古草原，蒙古族分为几个大的集团。斡亦喇部据西北，明人称为瓦剌。瓦剌在脱欢和也先时期，日益强大，成为明朝北方的严重威胁。正统十四年，“土木堡之变”，明英宗朱祁镇被俘，五十万明军被瓦剌击溃。也先死后，东西蒙古陷入长期战争，瓦剌逐渐向西北迁移。至明中叶，蒙古形成三大部：漠南内蒙古（察哈尔蒙古），漠北外蒙古（喀尔喀蒙古），漠西蒙古（厄鲁特蒙古）。漠西厄鲁特蒙古即瓦剌，清人称其为“卫拉特”。

厄鲁特蒙古分为四部，即和硕特、准噶尔、杜尔伯特、土尔扈特。和硕特部为元太祖成吉思汗之弟哈布图哈萨尔的后裔，游牧于乌鲁木齐地区。准噶尔部与杜尔伯特部是元臣勃罕后裔，姓绰罗斯。[1]准噶尔部游牧于天山以北，巴尔喀什湖和伊犁河流域；杜尔伯特部游牧于额尔齐斯河流域。土尔扈特部为元臣翁罕之后，游牧于雅尔（今乌尔扎尔）和塔尔巴哈台地区。厄鲁特蒙古四部虽然形成了联盟，产生了“达尔加”（盟主），但仍然是“各统所部，不相属”，“部自为长”，“部各有汗”。[2]因此，各部之间因争夺牧场及其他各种原因经常发生冲突。17世纪初，四部中势力最强大者是和硕特部。崇祯十年，和硕特首领顾实汗（名图鲁拜琥）进军青海，其势力随之进入西藏。

满族崛起于东北后，漠南蒙古科尔沁等部最先与清结盟。天聪八年，清太宗皇太极击败察哈尔，林丹汗走死青海大草滩。翌年，林丹汗妻囊囊太后，子额尔克孔果尔额哲投降，于是，察哈

1　参见祁韵士：《皇朝藩部要略》卷九，《厄鲁特要略一》。

2　张穆：《蒙古游牧记》卷一一，《厄鲁特蒙古总叙》。

尔各部皆归附后金。崇德元年，皇太极称帝于盛京，改国号曰“大清”，漠南蒙古十六部四十九旗共同推奉清太宗为“博克达·彻辰汗”（意为宽温仁圣皇帝），承认清太宗皇太极为蒙古各部大汗，漠南蒙古成为清的藩属。漠南蒙古的归附，影响及于喀尔喀蒙古和厄鲁特蒙古。崇德三年喀尔喀蒙古三部“遣使来朝，定岁贡”。三汗各贡白马八，白驼一，谓之“九白之贡”。[1]“九白之贡”表明喀尔喀蒙古与清建立了臣属关系。厄鲁特蒙古与清建立关系早于喀尔喀蒙古一年。崇德二年，和硕特顾实汗进军青海后，派使至沈阳觐见清太宗，奉表入贡。其后，准噶尔部首领巴图尔浑台吉之弟墨尔根岱青遣使见清太宗，“表贡马匹”。崇德六年四月，“以墨尔根岱青使臣诺垒，送拜山至。赐诺垒及其从役银两有差”[2]。明朝末年，局势极其动荡，明廷腐朽，农民战争的烽火席卷中原大地。崇德六年四月，清军正围困锦州，明清松锦大战已然揭幕，满洲贵族意欲问鼎中原，气势正盛，而明廷已无力也无暇顾及西北，于是厄鲁特蒙古各部在清入关之前，先后与清建立了臣属关系。崇德七年，皇太极在总结自己的辉煌业绩时说：

> 予缵承皇考太祖皇帝之业，嗣位以来，蒙天眷佑。自东北海滨（鄂霍茨克海），迄西北海滨（贝加尔湖），其间使犬使鹿之邦，及产黑狐黑貂之地，不事耕种，渔猎为生之俗，厄鲁特部落，以至斡难河源，远迩诸国，在在臣服。[3]

太宗明确指出，厄鲁特蒙古已与清建立了臣属关系。清军入关建立全国政权后，厄鲁特蒙古和硕特顾实汗上表称臣，表示对清廷“臣等无不奉命”。顺治三年，以顾实汗为首的厄鲁特各部首

1 张穆：《蒙古游牧记》卷七，《喀尔喀蒙古总叙》。

2 《清太宗实录》卷五五，第28页。

3 《清太宗实录》卷六一，第3页。

领台吉向清朝奉表贡。准噶尔部首领巴图尔浑台吉及其弟墨尔根岱青等人“附名以达”[1]。此后巴图尔浑台吉不断派使臣向清廷入贡。《清文献通考》载:“巴图鲁台吉（巴图尔浑台吉）于顺治七年曾遣使入贡，其子僧格继之。”[2]僧格即噶尔丹的异母兄。

在这一时期，沙皇俄国扩张主义势力，也积极向我国西北和北部边陲伸展触角，派使团至蒙古各部，或纵横捭阖，从中渔利，或以贸易，或威胁利诱，要求蒙古各部宣誓臣属沙皇，缴纳实物税，引起了厄鲁特蒙古等各部关系的变化，局势动荡不安而又错综复杂。

## 二　噶尔丹的崛起

准噶尔部至巴图尔浑台吉时，日益强盛。噶尔丹是巴图尔浑台吉的第六子。

明崇祯八年，准噶尔部长哈喇忽喇死，长子多和沁继为部长，达赖喇嘛授予多和沁“额尔德尼巴图尔浑台吉”称号。巴图尔浑台吉对沙皇俄国的侵扰在交涉无结果的情况下，起而以武力反击。崇祯十三年春俄使明索伊“携带皇上（沙皇）的赏物、礼品”来见巴图尔浑台吉，“另一方面，俄国人却在攻打我（巴图尔浑台吉）的居民”[3]。因之，与俄国的关系急剧恶化。为了抗击外来侵扰，同年九月，由巴图尔浑台吉倡导，在塔尔巴哈台（今新疆塔城），召开厄鲁特蒙古与喀尔喀蒙古各部首领参加的会议，“可以把1640年的厄鲁特会议看作是东蒙古和西蒙古团结的会议”[4]。这次会议调整了厄鲁特各部之间的关系，改善了厄鲁特蒙古与喀尔

1　祁韵士：《皇朝藩部要略》卷九，《厄鲁特要略一》。

2《清文献通考》卷九，《舆地》。

3　兹拉特金：《准噶尔汗国史》，第188页。

4　帕里莫夫：《卡尔梅克族在俄国境内时期的历史概况》，第5页。

喀蒙古的关系，制定了《1640 年蒙古——卫拉特法典》。在改善厄鲁特蒙古各部之间的关系后，巴图尔浑台吉态度坚决地反击沙皇俄国的侵袭，“巴图尔浑台吉已经用火与剑威胁西伯利亚各边境城市”[1]。顺治六年，所部攻打托木斯克。

顺治十年，巴图尔浑台吉去世，其子僧格（噶尔丹异母兄）继汗位，与叔父楚琥尔乌巴什台吉共同统率准噶尔部。僧格继承乃父的方针，不断遣使向清廷奉表贡，与清政府保持臣属关系。对沙俄的侵袭，僧格对俄使说：“继我父浑台吉之后，目前由我僧格掌管全部兀鲁思（领地）。我僧格的克什提姆（属民），惕列乌特兀鲁思科卡的卡尔梅克（厄鲁特）属民由于饥荒流落到托木斯克城，至今还在托木斯克。而俄国沙皇的将军们没有交出我的那些克什提姆。”坚决要求俄国当局归还属民。其叔父楚琥尔乌巴什台吉警告俄使，如不归还属民，“我楚琥尔就把他（俄国）的各城镇和托木斯克夷为平地”[2]。康熙六年，僧格为向俄国当局索还属民，派出一支数千人的部队包围克拉斯诺雅斯克城。俄国将军派兵半夜偷袭，僧格的部下奋起反击。

噶尔丹是僧格同父异母弟，约生于顺治元年至顺治二年。僧格执掌准部期间，他在西藏为僧，“投达赖喇嘛，习沙门法”[3]，颇受达赖五世之赏识，授予他“呼图克图”称号。噶尔丹因之与西藏上层人物往来密切，尤其与实权人物第巴桑结嘉措过从甚密，参与西藏与准噶尔部之间的政治活动。噶尔丹虽身着袈裟，却“不甚学梵书”，好舞枪弄棒。由于黄教（藏传佛教）在蒙藏地区的崇高地位，蒙古牧民笃信黄教，而达赖又是他们心目中的神王，噶尔丹以喇嘛的身份，有达赖五世授予的“呼图克图”（活佛）

1 巴特雷：《俄国·蒙古·中国》卷二，第 126 页。

2 转引自王宏钧、刘如仲：《准噶尔的历史与文物》，第 18 页。

3 《亲征平定朔漠方略》卷一。

称号，其对蒙古牧民的号召力自然倍增。

康熙十年，僧格因准噶尔内部为争夺权力与属产的斗争，被其异母兄车臣台吉、卓特巴巴图尔所杀。僧格子索诺木阿拉布坦立。消息传到西藏，噶尔丹在西藏上层人物的支持下，返回准部，“外假达赖喇嘛为援，内以结其父兄旧属”[1]。声称为兄僧格报仇，与僧格旧部鄂齐尔图汗联军，同车臣、卓特巴巴图尔激战于阿尔山。杀车臣，卓特巴巴图尔逃往青海，“噶尔丹遂为所部长”[2]。噶尔丹“性凶狡”[3]，为人多计谋，勇猛敢战，野心勃勃。他攫取准部大权后，三管齐下：一是假达赖喇嘛之名以施其伎；二是对厄鲁特各部及四邻则发动一系列掠夺战争；三是在其羽毛尚未丰满之时，对清政府貌示恭顺，不断遣使入贡贸易，请求清政府承认其为准噶尔部长。噶尔丹夺取准部统治权之翌年，即康熙十一年正月，噶尔丹上疏清廷，请求入贡。“理藩院议复，厄鲁特噶尔丹台吉疏言，伊兄僧格台吉时，曾遣使入贡，今请亦照常遣使入贡。应如所请。从之。”[4]康熙帝批准噶尔丹继僧格入贡，实际上就是承认了他是准噶尔部长，同时也明确了与清政府的臣属关系。

这时，中国腹地形势骤变。康熙十二年，“三藩”乱起，南中国及秦蜀陇兵火连天，而战争之初清军处于被动困难境地，清朝统治面临着生死存亡的挑战。风云际会的形势，噶尔丹以为时机已到，蠢蠢欲动。“是时诸夏有滇黔变，秦蜀间蜂起。嘎尔旦（噶尔丹）谋所向，达赖喇嘛使高僧语之曰：‘非时！非时！不可为。’嘎尔旦乃止。其谋臣曰：‘立国有根本，攻取有先后，不可紊也……’嘎尔旦善其言，乃为近攻计。”[5]噶尔丹本想利用时机

1 《亲征平定朔漠方略》卷一。

2 《皇朝藩部要略》卷九。

3 何秋涛：《朔方备乘》卷四，《准噶尔荡平叙略》。

4 《清圣祖实录》卷三八，第7页。

5 梁玢：《西陲今略》卷七，《嘎尔旦传》。

窥伺中原，因力量尚不足，乃定“近攻计”，锐意兼并各部，先为“立国之根本”，为日后实现其政治野心做准备。

噶尔丹所定“近攻计”，立即在各部之间引发战乱，使甘肃、青海形势吃紧；西藏的参与又使问题复杂化，而平定“三藩”叛乱的战争正处于紧张阶段。如何妥善处理西北局势，如何对待噶尔丹，康熙帝颇费心思。

康熙十二年，噶尔丹把攻击的矛头首先对准支持他上台的叔父楚琥尔乌巴什，失利后求庇于岳父（一说是岳祖父）和硕特部的鄂齐尔图汗。康熙十五年，噶尔丹再次进攻楚琥尔乌巴什台吉，杀其子巴噶班弟。楚琥尔乌巴什被俘。翌年（康熙十六年），在西藏第巴桑结嘉措的支持下，噶尔丹反戈袭击其岳父鄂齐尔图汗，“戕鄂齐尔图汗，破其部”[1]。鄂齐尔图汗侄济农及部属墨尔根阿喇奈多尔济台吉、布第巴图尔、厄尔德尼和硕齐等，纷纷率部民向甘州、凉州溃逃。善于诡计的噶尔丹，在击破和硕特鄂齐尔图汗之后，立即遣使向清廷奉表入贡报捷，献所俘战利品，意在向青海和硕特部进军，试探清政府之旨意。康熙帝对噶尔丹攻伐同类，大不以为然，但因“三藩”战事吃紧，不能操之过急，谕大学士索额图、尚书明珠等：“厄鲁特鄂齐尔图车臣汗与噶尔丹台吉，向俱进贡。今噶尔丹台吉与鄂齐尔图汗，内自相残，噶尔丹攻破鄂齐尔图汗，以阵获弓矢等物来献，若径收纳，朕心不忍，可止收其常贡之物，以此旨传谕来使。”[2]康熙帝拒收噶尔丹阵获之物，是以比较缓和的形式警告噶尔丹不得进攻青海之和硕特部。同年十月，靖逆侯甘肃提督张勇、川陕总督哈占、凉州提督孙思克奏报，厄鲁特济农被噶尔丹击败后，闯入汛界，“济农等言：我等皆鄂齐尔图汗之侄，穷无所归，故至此。闻噶尔丹逞兵不已，或

1 《清圣祖实录》卷六七，第6页。
2 《清圣祖实录》卷六七，第6页。

来迫我，或趋喀尔喀，俱未可知”[1]。张勇等认为应“严饬守汛官兵驻护”。由于清政府在甘肃、凉州严加戒备，于是噶尔丹转旗北向，喀尔喀蒙古地区形势急剧险恶。

## 三　噶尔丹“向有侵西海（青海）之意”与康熙帝的对策

康熙十六年十月，理藩院疏言，据张家口报称，厄鲁特与喀尔喀交恶兴兵，形势紧张。此时因“三藩”战争，清政府无力顾及噶尔丹逞兵于喀尔喀，然而，北部边疆不宁，南中国战斗正炽，平叛战争将受到牵制。康熙帝权衡大局，决定的方针是：调解厄鲁特与喀尔喀的矛盾纷争，令其罢兵息争，不使事态扩大，稳定北部边疆。为此，对噶尔丹所求，适当允准，使其“毋致生衅”[2]，以免分散精力于平叛战争。同时，加强戒备，密切注意其动向。康熙十六年十月十一日，谕大学士等：

> 闻厄鲁特、喀尔喀，交恶兴戎，虽虚实未确，朕统御寰宇，一切生民，皆朕赤子，中外（边疆）并无异视。厄鲁特、喀尔喀，倘因细故交恶，至于散亡，朕心大为不忍。伊等向相和好，贡献本朝，往来不绝，若交恶果实，当遣使评其曲直，以免生民于涂炭，如仰副朕一视同仁之意，仍前和好，相与优游太平，朕大嘉悦焉。但天寒路远，若遣使往回，无饲马驰驿之所，或致有误。今厄鲁特、喀尔喀使至，其令理藩院，明白备檄，发来使传谕之。[3]

1 《清圣祖实录》卷六七，第19~20页。

2 《清圣祖实录》卷七〇，第20页。

3 《清圣祖实录》卷六九，第20页。

同年十二月，形势为之一变。张勇奏报，甘州、凉州近南山一带，有被噶尔丹击败的西海（青海）墨尔根阿喇奈多尔济台吉等庐帐千余；肃州境内，有济农布第巴图尔等庐帐万余。他们是从黄河西套逃奔而来，大草滩之地处处充斥，所在告警，甘肃汛界受到极大威胁，请旨如何处置。康熙帝立即命令驻扎西安负责西北平叛战事的图海，统筹一切。谕曰："大将军图海，身在陕西，其沿边流番，或令提督等率兵往逐，或严饬边汛官兵，各固守汛地。选干练人员至番人头目处，开诚晓谕，令彼退回。着大将军酌量指授而行，毋致生衅。"[1] 图海奉命后，一方面遣郎中拉笃祜前往济农布第巴图尔等处，传谕令其"退归故巢"；同时建议派一重臣"驻扎兰州以西地方，固守三边"。此时，因甘肃沿边与喀尔喀地区同时告急，而噶尔丹"向有侵西海（青海）之意"[2]，康熙帝一时不知噶尔丹兵锋所向，决定在西北加强戒备，命令张勇"自兰州移驻甘州，固守沿边地方"[3]。又命拉笃祜驰驿来京，面承密旨，然后"赴凉州，探噶尔丹消息，不时以报"[4]。康熙帝十分关注噶尔丹在西北的动向，是因为吴三桂旧部陕西提督王辅臣叛，陕甘战乱年前始平定。局势初定，若噶尔丹逞兵于甘肃、青海，局面可能逆转。而噶尔丹将征青海厄鲁特墨尔根台吉之传言又甚嚣尘上，若然，必将进入清军汛界，趋大草滩。张勇据此奏报请示，康熙帝迫于"三藩"战事，决定有条件地对噶尔丹让步通融，谕令张勇、孙思克"一面放噶尔丹过往（大草滩），一面奏闻"，但必须"令其坚立盟誓，不许骚扰民人"。若噶尔丹"强欲入边"，则"坚拒止之"[5]，星夜速奏。为防噶尔丹逞兵于西北，

1 《清圣祖实录》卷七〇，第20页。
2 《清圣祖实录》卷七六，第2页。
3 《清圣祖实录》卷七二，第15页。
4 《清圣祖实录》卷七二，第22页。
5 《清圣祖实录》卷七二，第23页。

康熙帝命大将军图海就如何加强甘肃清军兵力与张勇、总督哈占“公议酌行”，大将军则应注意用兵之“轻重缓急”，反映了康熙帝对平定“三藩”与防备噶尔丹应如何统筹兼顾的思虑。噶尔丹威胁的存在，使康熙帝不敢稍有疏忽。康熙帝这时的方针是有条件的通融，避免与噶尔丹接战。

噶尔丹欲进军青海，并非是一场虚惊。“噶尔丹举兵欲侵西海，行十一日撤归。”[1]噶尔丹之所以中途折回，主要是得知清军有备，他致书甘肃提督张勇说：“西北一带地方，皆得之矣，惟西海（青海）向系我祖与伊祖（和硕特顾实汗）同夺取者，今伊等独据之，欲往索取，因系将军所辖之地，不敢轻举。”[2]崇祯九年，和硕特顾实汗自塔尔巴哈台率军远征青海却图汗，由于兵力不足，与噶尔丹之父准噶尔巴图尔浑台吉联军。准噶尔军有大批火器，战斗力强。顾实汗与巴图尔浑台吉率军至青海，血山一战，捕杀却图汗，击溃其军三万余。顾实汗据有青海，将己女嫁于巴图尔浑台吉，致送大批礼物，以谢其联军助战之功，随后巴图尔浑台吉率部返回准噶尔。噶尔丹以此为理由，处心积虑欲进军青海，康熙帝令甘肃清军严加防范，固守汛地，使噶尔丹无机可乘，制止了他向青海攻掠的野心。同时，准噶尔部内部也意见不一，担心大军远行，“西海路远，恐一动而本地有事”[3]。于是，噶尔丹才在进兵青海的途中返回。

康熙十八年，噶尔丹自以为“西域既定，诸国咸奉为汗……乃请命于达赖喇嘛，始行博硕克图汗事，额鲁特雄长于西北”[4]。噶尔丹称雄于西北，羽毛已丰，居然命令“驻屯甘州（今甘肃张

1 《清圣祖实录》卷八三，第 19 页。
2 《清圣祖实录》卷八三，第 19 页。
3 《清圣祖实录》卷七六，第 3 页。
4 梁玢：《西陲今略》卷七，《嘎尔旦传》。

掖）地方附近的军队征收硫黄、倭铅等贡赋”[1]，敛取作战物资，准备扩大战乱。同年九月，噶尔丹意欲清廷承认其“博硕克图汗”称号，以此号令蒙古各部，“胁诸卫拉特，奉其命”[2]。理藩院题：“噶尔丹称为博硕克图汗，遣使贡锁子甲、鸟枪、马、驼、貂皮等物。来使云：‘达赖喇嘛加噶尔丹以博硕克图汗之号，是以奉贡入告。’”[3]向例是：喀尔喀、厄鲁特有奏请敕印来贡者，准予纳贡，授予敕印，并加赏贡，“从无擅自称汗号者，准其纳贡之例”[4]。但为了羁縻噶尔丹，清政府“准其献纳”。此后，噶尔丹便以“博硕克图汗”称号遣使进贡，清政府则“赏贡如例”，承认其汗号。

噶尔丹既得汗号，不能逞兵于青海，便转向征服南疆回部。

天山南路，在清王朝建立后即奉表贡，顺治初，“每奉表贡皆叶尔羌汗署名”[5]。康熙十八年，即噶尔丹从征青海途中返回之次年，噶尔丹领兵三万，占领了哈密、吐鲁番。其时，南疆白山派（白山宗）首领和卓伊达雅图拉（即阿伯克和卓）与黑山派（黑山宗）斗争失败，流浪中亚近十年后，至西藏请求达赖喇嘛写信给噶尔丹支持自己，和卓伊达雅图拉携达赖的信至伊犁，投身噶尔丹门下。达赖在信中说：“和卓阿伯克是一位伟大的人物，他的故乡是叶尔羌和喀什噶尔，他是那个国家的穆斯林的和卓。伊斯迈尔汗（即伊斯玛拉汗）强占了他的国家，并把他赶了出来，你（噶尔丹）应该派支军队，收复他的国家，并交还给他。”[6]康熙十九年，噶尔丹派十二万铁骑进攻叶尔羌与喀什噶尔，白山派教徒纷纷响应配合，于是轻而易举地征服了南疆地区。和卓伊达

---

1 佐口透：《俄罗斯与亚细亚草原》，第 111 页。
2 祁韵士：《皇朝藩部要略》卷九，《厄鲁特要略一》。
3 《清圣祖实录》卷八四，第 4~5 页。
4 《清圣祖实录》卷八四，第 5 页。
5 魏源：《圣武记》卷四，《乾隆勘定回疆记》。
6 转引自马汝珩、马大正：《厄鲁特蒙古史论集》，第 74 页。

雅图拉被扶植上台，称“阿伯克和卓”（意为世界之王），其子亚赫亚分管喀什噶尔。从此，南疆地区处于准噶尔统治之下达80年，与清政府的关系亦随之中断，“逮准噶尔强盛，攻破回子千余城，自后无复表贡”[1]。准噶尔贵族采取“执其酋，收其赋”[2]的政策，对维吾尔族人民进行残酷的压榨，“征发期会，惟其所使”[3]。魏源说：“当准噶尔时，竭泽而渔，喀城岁征粮至40 898帕特玛（即普特，一普特合四石五斗），他税称是。叶尔羌岁征匠役户口、棉花、红花、缎布、金矿、铜、硝、牛羊、猞猁、毡毯、果园、蒲桃（葡萄）之税十万腾格（五十钱谓之一腾格），他城称是。且不时索子女，掠牲畜。”[4]乾隆二十四年，清政府统一回疆，才结束了准噶尔贵族在这一地区的统治。

噶尔丹在康熙十九年一举征服南疆之后，随即挥戈西向，连年征战，至康熙二十三年先后攻打哈萨克、诺盖、吉尔吉斯、费尔干等部族。接连不断的胜利，加强了噶尔丹的军事统治。以伊犁河谷为其中心，噶尔丹雄据西北，其野心也与日俱增。

## 四　噶尔丹与沙俄的勾结

至康熙二十三年，噶尔丹“攻破回子千余城”，其游牧地区，北自鄂木河，沿额尔齐斯河至阿尔泰山，西至巴尔喀什湖以南，东至鄂毕河的广大地区，并控制天山南路，雄长西北，无人敢与之抗衡。与此同时，噶尔丹与沙俄的勾结日益加深。

噶尔丹是城府颇深之人，“性凶狡”[5]。他既利用达赖喇嘛的

1　魏源：《圣武记》卷四，《乾隆勘定回疆记》。

2　龚柴：《天山南北路考略》。

3《西域图志》卷三九，《风俗》。

4　魏源：《圣武记》卷四，《乾隆勘定回疆记》。

5　何秋涛：《朔方备乘》卷四，《准噶尔荡平叙略》。

支持以令蒙古部众，同时，又力图利用沙俄力量来实现其军事政治目的。早在他执政之前，康熙七年，当其兄僧格执掌准部时，要求俄方交还准部贡民，并警告俄使，如不交出，“他们一定要攻打托木斯克和库兹涅茨克”之时，噶尔丹却声言：“我们卡尔梅克人和台吉们在任何地方都不要发动对沙皇的战争。没有什么必要保护那些已迁往沙皇陛下那边去的捷列乌特人（贡民）。”[1]沙俄当局对噶尔丹的言行大感兴趣，十分关注其动向。噶尔丹一上台，立即遣信使通知俄国将军，请将自己已控制准部转告沙俄当局。

由于噶尔丹一反其父兄（巴图尔浑台吉和僧格）反对沙俄侵略的立场，沙俄当局认为，噶尔丹的对俄政策与以往已经不同，于是从他上台的当年（康熙十年）至康熙二十一年间，几乎年年派使团到噶尔丹驻地活动，噶尔丹则“希望保持接壤邻邦的联盟关系”[2]。康熙二十一年，清军开始在黑龙江中下游及其支流精奇里江扫荡沙俄军事殖民据点，为收复中国领土雅克萨做准备。沙俄入侵者节节败退，据点被摧毁，然而，却力图卷土重来，黑龙江局势日趋紧张。这年，噶尔丹派出一个七十余人的庞大使团，携带致沙皇的信件，到达伊尔库茨克，向沙俄当局说，噶尔丹“已经听到俄国与中国在黑龙江流域发生摩擦的消息，特地派他们到莫斯科来”[3]，以示支持沙俄国同清军作战。噶尔丹“试图采取吸引俄国人的政策，为此，他准备牺牲克什提姆（属民）和实物税，只求巩固与俄国的友好关系，而且以后还力求与这个国家结成军事同盟”[4]。噶尔丹认为，只有“和俄国结盟才可能征服蒙古”[5]，进而窥伺中原，正如《西陲今略·嘎尔旦传》所说，噶尔

1 兹拉特金：《准噶尔汗国史》，第 220 页。
2 兹拉特金：《准噶尔汗国史》，第 248 页。
3 加恩：《彼得大帝时期俄中关系》，第 132 页。
4 兹拉特金：《准噶尔汗国史》，第 249 页。
5 转引自马汝珩、马大正：《厄鲁特蒙古史论集》，第 98 页。

丹“北通好于俄罗斯”，此人“志大势强，能败善胜，并吞四极，窥伺中原”[1]。噶尔丹寻求沙俄的支持，是要实现其勃勃野心。由于他支持沙俄在黑龙江流域与清军进行军事较量，因而被沙俄视为“天然同盟者”。

噶尔丹民族分裂势力的强大，使中国面临着分裂的严重威胁。由于有沙俄侵略势力的支持，使多民族国家在封建时代一直存在的民族问题的性质已然不同。康熙帝三次出塞亲征，清政府与噶尔丹的斗争，既是维护国家统一，同时也是抗击外国侵略势力的斗争。

## 五　康熙力图稳定西北部局势的措施

康熙二十三年，噶尔丹征服哈萨克等部之后，转旗东向，把打击的矛头指向喀尔喀蒙古。

喀尔喀蒙古（漠北蒙古）分为三大部：东是车臣汗部，中是土谢图汗部，西是扎萨克图汗部。其地东至额尔古纳河和贝加尔湖，与沙俄接壤；西达阿尔泰山，与厄鲁特蒙古相邻；南至沙漠，与漠南蒙古（内蒙古）相连接。

早在清太宗崇德三年，喀尔喀蒙古即已向清廷进“九白之贡”，“岁以为常”，表明与清建立了臣属关系。康熙十六年，噶尔丹欲进兵于青海未能得逞，与喀尔喀蒙古发生冲突。当时“三藩”战争正急，康熙帝为集中力量平定“三藩”叛乱，不使两部事态扩大，决定派员调解其纷争。康熙二十二年以后，噶尔丹兵锋所指由西而东，喀尔喀地区风云骤变，统一与分裂势力、沙俄侵略势力与反侵略势力交错并存，形势错综复杂，斗争十分激烈，形势令人忧心。此时黑龙江抗击沙俄入侵的斗争正日趋紧张。喀

1　梁玢：《西陲今略》卷七，《嘎尔旦传》。

尔喀地区安定与否，不仅影响清朝北部边疆的安全，也直接影响黑龙江前线的抗俄斗争，因而康熙帝和清政府十分关注喀尔喀地区的局势，采取一系列措施以消除不稳定因素。主要有：

第一，禁约喀尔喀蒙古、厄鲁特蒙古与漠南蒙古相互盗窃马匹牲畜，以免引起纷争。时“诸蒙古盗贼窃发，不安其生”[1]，为防被窃，夜间将马拘于围栅之中，牢笼防护，马匹因而倒毙甚多。盗马贼结伙行窃，甚至夜袭汛哨，牧民不能安生。康熙帝命大学士与蒙古王贝勒集议驱盗之策。众议于漠南北蒙古接壤的形胜要地屯兵，掘壕障守，重在“查缉外贼之人”。康熙帝认为不妥，如此非但不能弭盗，且会引起猜疑。他说：“喀尔喀蒙古向来敬慎职贡本朝，无故添汛置戍，于理未洽。”故不应隔绝，而应加以恩抚。至于弭盗之事，漠南北蒙古应一体严禁约束，方能服众。谕曰：“朕思喀尔喀等历世恭顺，往来进贡，殊甚怜悯。应遣贤能大臣，前往喀尔喀、厄鲁特处大加恩赏，以示柔远至意。即令遣往之大臣，谕以前此内地蒙古，盗窃马畜，以致喀尔喀、巴尔虎亦行报复，彼此互相盗窃不已。”[2]漠南蒙古已经严查禁饬，喀尔喀亦应严加约束。康熙帝无所偏倚的弭盗措施，重在使彼此消除纷争，无疑会使喀尔喀心服，这对日后讨伐噶尔丹产生了直接的影响。

第二，康熙二十一年七月，因“三藩”荡平，清政府决定派大臣前往厄鲁特、喀尔喀，宣谕“武功底定”。同时，厚加赏赐，期望蒙古诸部能和睦相处，恭奉清中央政府，敬慎职贡。康熙帝谕令使臣，在交授敕书和赏物时，不必拘于朝廷礼仪，可以随俗用蒙古礼，尊重其习俗。同时，将“尔等所言，彼等所言，及一切传闻事件，俱备录来奏”。要求使臣慎言慎行。与厄鲁特汗、喀

1 《亲征平定朔漠方略》卷二，第5页。

2 《亲征平定朔漠方略》卷二，第8页。

尔喀汗交谈时，“勿致失言”[1]。内大臣奇塔特奉命前往噶尔丹处，在给噶尔丹的敕谕中，康熙帝特别强调“尔噶尔丹博硕克图汗，自尔父兄历世相承，虔修礼好，敬贡有年，延及尔身，笃尽悃忱，往来不绝，殊为可嘉”。对噶尔丹之礼敬清廷大加称赞，故当“三藩”平定之际特遣大臣侍卫等重要官员前来，颁赐重赏，希望噶尔丹“惮心敬顺，以副朕柔远同仁、协和万邦之至意”[2]，不要起衅事端。奇塔特返回北京后，向康熙帝奏报与噶尔丹相见的情形。噶尔丹问:“闻中国有寇贼，今已平定，信乎?”清廷本为底定“三藩”之乱而遣使告捷，噶尔丹却仍持怀疑态度，意在探听虚实。清使答曰:“比年曾有寇盗窃发，我皇上仁慈，恐用兵扰民，故渐次收服者有之，剿灭者有之，今已底定矣。”[3]清使又说:“若似尔地旷野，何至持久也!”[4]隐然警告噶尔丹倘若叛乱，定然速行剿灭。噶尔丹不复再问。

第三，噶尔丹袭杀其岳父和硕特鄂齐尔图汗，并有其部。鄂齐尔图汗子衮布阿喇卜坦、侄济农等逃奔至宁夏、甘州边外，前已述及。噶尔丹以追索和硕特为由，欲逞兵青海。故衮布阿喇卜坦与济农等在甘州边外，噶尔丹随时可以找到借口而逞兵。妥善处理衮布阿喇卜坦和巴图尔额尔克济农，以杜绝噶尔丹寻衅滋事，对稳定西北局势，颇为关键。为此，康熙帝虽有意抚恤衮布阿喇卜坦等，却多次遣人告噶尔丹，衮布阿喇卜坦等如系厄鲁特所属，则应收取，不然清政府将“伊等归并一处，安插于可居之地”，并将此决定告知噶尔丹和达赖喇嘛。噶尔丹每有攻伐，多假达赖为旗号，故康熙帝必令达赖知晓。康熙帝深思熟虑，为的是稳定西北局势，不给噶尔丹借口以生事。《亲征平定朔漠方略》对此记

1 《清圣祖实录》卷一〇三，第13~16页。
2 梁玢：《西陲今略》卷七，《嘎尔旦传》。
3 梁玢：《西陲今略》卷七，《嘎尔旦传》。
4 《亲征平定朔漠方略》卷二，第25~26页。

述甚详："皇上念其鄂齐尔图汗，职贡恪勤，故加意抚纳（衮布阿喇卜坦等），虽有劫掠之罪，亦贳而不治。仍畀以名号敕印，俾择善地而安插，兴灭继绝，不啻泽及枯骨矣；前既以此谕噶尔丹，兹复令达赖喇嘛为之度地定居，欲令耦俱不猜，且使噶尔丹不得借口为辞，更生嫌衅也。"[1]

康熙帝步步周密安排，使噶尔丹不能制造借口逞兵于西北。然而，这时喀尔喀蒙古右翼扎萨克图汗与左翼土谢图汗却矛盾激化，康熙帝唯恐噶尔丹插手其间，发生变乱，决定派出大员调解两部纠纷。

康熙二十三年二月，扎萨克图汗与土谢图汗关系日渐紧张，起因是，康熙元年扎萨克图汗旺舒克为部属罗卜藏台吉额林因私怨所杀，发生内乱。部民逃奔土谢图汗者甚众。康熙九年，清廷命旺舒克弟成衮袭汗号，收辑其部众。成衮向土谢图汗索还部民，"屡索不还"，于是成衮往诉于达赖喇嘛。达赖喇嘛认为，"其变乱以来，（扎萨克图汗）子弟人民流入左翼者，俱应发还"。派人前往两部会盟，土谢图汗拒不参加。扎萨克图汗因而又多次上疏清廷，请求归还其部民。康熙帝决定调解两部纷争，避免兵戎相见，否则"生事互杀，交相战争，兵戎一起，姑不论人民困苦，即两汗亦岂能并存？"[2]已隐然指出噶尔丹的威胁。若战争一起，噶尔丹将插手，两汗定然俱伤。

康熙二十三年二月，清廷派阿齐图格隆前往达赖处，令其遣使与清廷官员共同主持两部和议。同年，扎萨克图汗成衮卒，其子噶尔旦袭。达赖先遣巴陈布活佛为使，至归化城（呼和浩特）而途中病故。康熙帝命达赖喇嘛再遣一有声望者为使，特别强调"朕恐两翼不和，必致有攻战之患"[3]，希望速行解决纠纷。达赖

1 《亲征平定朔漠方略》卷三，第14~15页。

2 《亲征平定朔漠方略》卷三，第2页。

3 《亲征平定朔漠方略》卷三，第6页。

再遣“无有尊于噶尔亶西勒图者”为使，康熙帝命理藩院沿途供给米面茶及食用羊只，以示对达赖所遣使人的重视。康熙二十五年四月，理藩院尚书阿喇尼等奉命前往喀尔喀，与噶尔亶西勒图活佛主持两部和议。康熙帝在给喀尔喀七旗的敕谕中，谆谆告诫：“尽释旧怨，将兄弟人民各归本扎萨克，令其协和，照旧安居。不但仰副朕命与达赖喇嘛之意，即尔七旗永无离散之苦、争斗之害，福禄所绥，亦无疆矣！”[1] 八月十六日，阿喇尼与噶尔亶西勒图召集喀尔喀两翼汗及济农、诺颜、台吉等王公贵族，于枯冷白尔齐尔会盟，宣读康熙帝敕谕，令众人“言归于好”。两部贵族表示谨遵圣旨，说：“我等竭力谏诤（两汗），自当言归于好。”土谢图汗察珲多尔济、扎萨克图汗沙喇说：“皇上令我等和睦，圣旨谆谆，所以开示愚昧者甚矣，我等敢不祗遵。”[2] 于是由理藩院尚书阿喇尼主持，两汗行相问抱见大礼。然后，两部台吉行相问抱见礼。二十三日，举行宣誓仪式，两部汗以下济农、台吉、宰桑六十余人，齐集达赖使者噶尔亶西勒图活佛和喀尔喀地区大活佛哲布尊丹巴（土谢图汗之弟，名温都尔根格）前，悬挂佛像，设立重誓：“自今以往，当永远和协。”两部互相侵占的台吉人民，各归本主。和议达成，康熙帝甚感欣慰，谕曰：“喀尔喀左右两翼汗，及济农、诺颜、台吉等，俱遵朕谕旨，即行设誓和睦，可嘉！所司其知之。”[3]

康熙帝始终坚持调解的方针，是因为只有喀尔喀两部和睦，才能不给噶尔丹以可乘之机，正如《亲征平定朔漠方略》所说：“凡立国者，必先有内衅而后外侮生。喀尔喀、厄鲁特，境壤相接，强邻洊食，已浸浸乎有不支之势，乃迷而不悟，兄弟阋墙，日寻干戈，内自仇敌……皇上于其未败之前，先几洞烛，宣示诏

1 《亲征平定朔漠方略》卷三，第 19 页。

2 《亲征平定朔漠方略》卷三，第 25 页。

3 《亲征平定朔漠方略》卷三，第 26 页。

书，劝谕婉切，欲使敦原在急难之义，以并力捍御，毋或骨肉相残，致为他人所吞噬也。”[1]

然而，康熙帝这一深谋远虑的处置，只维持了暂短的和平。噶尔丹处心积虑寻衅，制造借口，加上土谢图汗与扎萨克图汗深埋于胸臆的积怨并未完全消除，不久，噶尔丹便在喀尔喀蒙古草原点燃了战争的熊熊烈火，一场统一与分裂的大决斗开始了。

## 六　噶尔丹以细故为借口毁弃喀尔喀两部盟誓，俄使戈洛文的插手

土谢图汗与扎萨克图汗会盟设誓，息兵修好后不久，同年十一月，噶尔丹妻阿奴率兵千人，声言往谒达赖喇嘛，道经嘉峪关外。阿奴此行可能为其下一步举动进行谋议。

翌年（康熙二十六年）四月，噶尔丹致书主持喀尔喀和议的理藩院尚书阿喇尼，认为哲布尊丹巴与达赖使者噶尔亶西勒图相见时，二人平起平坐，是不尊礼噶尔亶西勒图，乃是对达赖的大不敬，提出质问，言辞激烈。他在信中说：“达赖喇嘛遣西勒图与天使偕往，会盟七旗。是役也，哲布尊丹巴与西勒图相见之礼，殊属未当……万无是理也。据云：圣主之意，以为法门者，黄帽法门；喇嘛者，达赖喇嘛也。诸使臣当视有裨于黄帽法门者而行之。我等乃黄帽之施主，故以所闻之言，致书于诸大臣，大约道法以何者为善？其明白致复。”[2]指责阿喇尼在主持和议时不尊黄教与达赖，要求明白答复。同时，又致书哲布尊丹巴，说：“枯冷白尔齐尔之盟，尔与西勒图抗礼踞坐，大为非礼。达赖喇嘛道法遍及十方，西勒图者，系宗喀巴坐上之喇嘛，特遣以主盟议事者

1 《清圣祖实录》卷七六，第 3 页。

2 《亲征平定朔漠方略》卷四，第 5~6 页。

也，若竟行钧敌之礼，于礼顺乎？”[1]噶尔丹以黄教（藏传佛教）护法人自居，抬出宗喀巴、达赖旗号，以细枝末节，横生事端，为其进攻土谢图汗与哲布尊丹巴，大造舆论。

噶尔丹同时又以争礼仪之是非，引诱扎萨克图汗毁弃和议。派人与喀尔喀右翼会盟，以看重扎萨克图汗为诱饵，将其拉到自己一边，宣布：“汝右翼人等，毋得违扎萨克图汗号令，违者即为叛教。”[2]令众设重誓。随即率部由阿尔泰山向喀尔喀推进，与扎萨克图汗会兵。土谢图汗当即备战，并向清廷奏闻，说噶尔丹来信诘责哲布尊丹巴与噶尔亶西勒图以敌礼相见，“甚属非礼”，且“词即凶狠”，今又与扎萨克图汗所部会兵一处，“欲加兵于我，倘不备则坐受攻伐”，“我界上人等惊惶，屡促我等赴彼”。[3]风云骤变，战争迫在眉睫。康熙帝一面急令土谢图汗“当以日前誓和为重，永归和好”，不得与扎萨克图汗构难；另一方面，敕谕噶尔丹与喀尔喀罢兵。敕书云：“尔两部如果兴兵，必有一方至于败亡，不但重负朕向来一视同仁之至意，群黎之死亡离散，朕心深为悯恻。敕书到日，即息争修好，则尔恭顺之心，朕实嘉之。已敕谕土谢图汗，令其罢兵矣！”[4]同样的敕书同时送致达赖喇嘛。然而，噶尔丹鲸吞喀尔喀的方针已定，对康熙帝的调解置若罔闻。他派人诱扎萨克图汗及其台吉等会于固尔班黑尔格。土谢图汗以扎萨克图汗背弃和誓而与噶尔丹会兵，执而杀之。又杀噶尔丹之弟多尔济扎卜，于是形势急转直下。康熙二十六年九月，噶尔丹入据喀尔喀右翼扎萨克图汗部，准备对土谢图汗与哲布尊丹巴发起突袭。

正当喀尔喀形势极其紧张之际，参加中俄东段边界谈判的俄

1 《亲征平定朔漠方略》卷三，第6~7页。
2 《亲征平定朔漠方略》卷三，第7页。
3 《亲征平定朔漠方略》卷三，第8页。
4 《清圣祖实录》卷一三一，第10页。

国全权大使戈洛文到达喀尔喀接壤之地。戈洛文的到来，立即加剧了形势的动荡。戈洛文为了在中俄边界谈判中加强自己的地位，决定先解决土谢图汗的抗俄斗争，使贝加尔湖地区处于沙俄的有效控制之下，以便提出与喀尔喀蒙古划界的问题。土谢图汗抗俄立场最不妥协，戈洛文的策略是能拉则拉，否则予以打击。为了牵制土谢图汗的力量，戈洛文竭力怂恿噶尔丹，准备与之建立联盟，共同对付土谢图汗。这正好符合噶尔丹准备作战的意图。

戈洛文到达贝加尔湖以东的乌的柏兴后，与土谢图汗及其弟哲布尊丹巴的代表进行谈判。土谢图汗的代表质问戈洛文，既然俄国与中国举行和平谈判，为什么要带领大批军队和军用物资。表示不允许俄军深入中国国境，并对“俄国人曾杀害大量蒙古人”，“毁坏了许多帐幕，掠走了牲畜和人丁”[1]，提出抗议，坚决要求戈洛文做出保证，今后不再发生类似事件，挑起纠纷。戈洛文发现“蒙古领主和中国人（指清廷）之间十分情投意合”，拉拢土谢图汗的计谋不能得逞，便派军队分路侵入喀尔喀蒙古各领地。他本人则前进到靠近蒙古牧民聚集的楚库柏兴（色楞格斯克），以便指挥，并向土谢图汗发出威胁说，如不接受俄国人的条件，他“势必要去袭击他们的兀鲁思（领地）”，“大军一到，蒙古人就要遭殃”。[2]面对沙俄入侵者的战争威胁，喀尔喀蒙古部民奋起抵抗，土谢图汗在鄂尔珲河一带集结军队，以防俄军大规模进攻。康熙二十六年底（应是 1687 年，是年底为 1688 年 1 月末），喀尔喀蒙古抗俄斗争进入高潮，戈洛文被数千蒙古军民围困在楚库柏兴城堡，一筹莫展。其时，入据喀尔喀右翼扎萨克图汗部的噶尔丹，正虎视眈眈地注视着局势的发展，突然从背后向土谢图汗猛砍一刀，率兵攻打喀尔喀。俄国文献记载：喀尔喀人已

1 《十七世纪俄中关系》，第 2 卷，第 188 页。

2 《十七世纪俄中关系》，第 2 卷，第 222~223 页。

得到消息，“卡尔梅克的博硕克图汗（噶尔丹）进攻蒙古地区是同沙皇陛下的军队联合行动的”[1]。“蒙古领主们得到消息说，卡尔梅克博硕克图汗是根据（沙皇）陛下的谕旨发动战争的。有大批俄国军人，并有大量火器大炮协同他作战。在战场上相遇时，卡尔梅克人（准噶尔）就以皇家部队的名义来恫吓他们。”[2]沙俄唆使噶尔丹进攻喀尔喀蒙古是戈洛文早就积极谋划的。“戈洛文在给外务衙门的报告中提出建立俄国—厄鲁特联盟的想法”，“建议由托波尔斯克派出使团去见厄鲁特汗（噶尔丹），对向蒙古人武装进攻一事取得一致意见。去年曾向与布哈拉人一起来伊尔库茨克的他们的使者就此事提出过建议，并多次召见过他们”。[3]噶尔丹则是力图“依靠俄国人的援助同土谢图汗和清帝作斗争”[4]。

## 七　噶尔丹残破喀尔喀蒙古

康熙二十七年六月初，噶尔丹率铁骑三万，越杭爱山，分路向喀尔喀左翼土谢图汗、车臣汗进攻，铁骑狂飙，席卷漠北。此时，土谢图汗的部队正在楚库柏兴（色楞格斯克）围困戈洛文，噶尔丹从背后杀来，解救了戈洛文。土谢图汗之弟西地西里，被迫立即从色楞格斯克抗俄前线撤军，增援土谢图汗。土谢图汗之子噶尔旦台吉于特木尔地方迎战噶尔丹，大败，仅以身免。噶尔丹侄丹津温卜率领的另一路骑兵，直奔厄尔德尼召，攻掠其地，距哲布尊丹巴仅二日程，意在歼灭之。六月初八日，以索额图为首前往色楞格斯克与戈洛文谈判的中国使团，已进入车臣汗境内

1 《十七世纪俄中关系》，第 2 卷，第 307 页。

2 《十七世纪俄中关系》，第 2 卷，第 360 页。

3 《十七世纪俄中关系》，第 2 卷，第 621 页。

4 米亚斯尼科夫：《满人入侵阿穆尔河沿岸地区和 1689 年的尼布楚条约》，见《十七世纪俄中关系》，第 1 卷。

七百里，驻克勒阿祭拉汉地方，他们目睹了喀尔喀被击溃的狼狈惨景。使团成员张鹏翮逐日记载甚详：

> 初八日……时方亭午，道上见喀尔喀国人挈孥载帐而去者，询知喀尔喀与额诺德（噶尔丹）战败，而部落各奔。
>
> 初九日……是日，道上见喀尔喀人奔溃数千，因询知其国王（土谢图汗）及喇嘛（哲布尊丹巴）俱败逃无踪。其部落各鸟兽散。夫喀尔喀塞外雄藩，地大人众……遁卒踉跄，一败涂地至此。
>
> 初十日，（清）军还克勒阿际拉汉……喀尔喀汗战败犹存，喇嘛败遁无踪。又理藩院尚书阿尔尼，发笔帖式赴京奏阅……
>
> 十一日、十二日，仍驻军。喀尔喀溃卒布满山谷，五昼夜不绝。[1]

使团另一成员钱良择所记初八日至十二日所见云：

> 是日（初八日），见土人有负襁迁徙者。主帅（索额图）遣通事询之，传说噶尔噶（喀尔喀）国主与厄鲁特接战而败，其人皆逃，未得其实。
>
> 初九日，屯斋尔兔地……喀尔喀国人男妇追随驼马，络绎而南，不下数万，奔忙倥偬，若有蹑其后者。通事讯之，乃知其主徒失也兔汗（土谢图汗）提兵数十万与厄鲁忒国主战于边界，大败，全军奔溃……（哲布尊丹巴所居土拉河地方）亦为厄鲁忒所烬……
>
> 初十日……（喀尔喀）迁徙者蚁聚蜂屯，其色惊惶……

1 张鹏翮：《奉使俄罗斯行程录》。

晚车臣汗使至，以败状闻于我军……是日，传闻厄鲁特兵至，三军狼狈而逃，虽严禁不能止，合营不得食者竟日。主帅（索额图）躬擐甲胄，以备不虞……

十二日，屯营不行，待佟（佟国纲）、马（马齐）二帅合兵之信。抵夜，理藩院喇员外驰至，喘息流汗云：四日之内奔走千里有奇，订二帅于前途合兵，遂束马待旦。[1]

担任中国使团拉丁文翻译的法国人张诚也记述了他所看到的情景：

8 日……（喀尔喀人）他们向北边逃难，是为了躲避以大批军队开进他们国土的厄鲁特的汗。

9 日……他（噶尔丹）的军队造成的恐怖使得所有的鞑靼人逃离此地。不但如此，喀尔喀汗的兄弟大喇嘛（哲布尊丹巴）他自己，被迫也逃避到中国的边界。

16 日……路上又遇到很多喀尔喀鞑靼人携带家眷和牲畜逃难。厄鲁特的入侵使他们非常惊慌，以致他们只知道汗和他的兄弟喇嘛已经逃走。[2]

从三位目击者逐日的记述中，可以看出，六月初噶尔丹分路进攻喀尔喀，到初八、初九日，喀尔喀损失惨重，陷入一片混乱，几乎全面崩溃。这就说明，噶尔丹经过充分准备、精心谋划，以突然猛袭，横扫漠北，致使喀尔喀残破。

当时，正在土拉河的理藩院尚书阿喇尼，首先派人驰奏告变，疏报云："噶尔丹率兵掠厄尔得尼召居民（此为哲布尊丹巴驻地，掠其地者是噶尔丹侄丹津温卜等。噶尔丹本人率军攻土谢图汗，

1　钱良择：《出塞纪略》。

2　《张诚日记》，见《清史资料》，第 5 辑。

与其子战于特木尔），直抵喀喇卓尔浑之地，距哲布尊丹巴所居，仅一日程。哲布尊丹巴携土谢图汗妻与子息，及喇嘛班第等夜遁。喀尔喀通国各弃其庐帐器物马驼牛羊，纷纷南窜，昼夜不绝，土谢图汗不知存亡。”[1]“其（噶尔丹军）杀掠喀尔喀，收降台吉，焚烧寺庙，毁坏经典佛像俱实。”[2]告变奏章接踵而至。侍卫阿南达由车臣汗处疾驰返京，面奏噶尔丹军“焚厄尔得尼沼，取土谢图汗之居，土谢图汗奔翁音。哲布尊丹巴携其妻孥遁至车臣汗旗下额古穆尔地方，本欲募兵往援，因车臣汗部众亦各奔窜，恐为厄鲁特所追及，舍克鲁伦河而南，向我苏尼特喀伦而来。详视喀尔喀举国震惊，见一影响，随以为敌至，无一人敢北向抗拒者。臣于六月十九日至苏洛地方，见哲布尊丹巴营中，纷纭扰乱，驱逐马驼。又车臣汗属下四阿霸哈纳尔等部众，俱各奔入我卡伦”[3]。根据亲历者与目击者的奏报，康熙帝对喀尔喀遭突袭残破后的漠北局势有了确凿的了解。

噶尔丹军分路焚掠厄尔德尼召，攻取土谢图汗所处之后，未能俘获土谢图汗和哲布尊丹巴，于是追击哲布尊丹巴至车臣汗境。此时哲布尊丹巴正在招募军队支援土谢图汗，噶尔丹军风驰电掣而来，哲布尊丹巴营帐大乱，车臣汗部也随之溃乱。哲布尊丹巴奔逃之际，即向康熙帝告急求援。六月癸丑（十二日），哲布尊丹巴遣使告急。七月初二日，使者到京，禀报土谢图汗战败，情况危急，请求康熙帝“念我喀尔喀向蒙圣主大恩，安居乐业，今事在危急，仰祈睿鉴，速为救济”[4]。七月初，哲布尊丹巴率大批喀尔喀部民至漠南蒙古苏尼特边外。

此时，土谢图汗尚在漠北。他退至翁音，迅速集结军队，准

1 《清圣祖实录》卷一三五，第25页。
2 《亲征平定朔漠方略》卷四，第19页。
3 《亲征平定朔漠方略》卷四，第20~21页。
4 《亲征平定朔漠方略》卷四，第15~16页。

备与噶尔丹决战。其弟西地西里，由色楞格斯克抗俄前线撤军增援，哲布尊丹巴也拟募兵往援而未果。其时噶尔丹军横扫车臣汗境，进抵呼伦贝尔，威震科尔沁草原，仍未得哲布尊丹巴，于是以“秉教博硕克图汗”的名义，“檄授车臣汗大小台吉”，气势凌厉，曰：“土谢图汗，哲卜尊丹巴，吾仇也！故追彼至此……此二人来投，拒勿纳，否则执以畀我。汝等及其余喀尔喀，皆应属于我矣，汝等其降哉！”[1]俨然以鲸吞喀尔喀蒙古全境的主宰自居。七月中旬，噶尔丹挥军回师漠北，搜索土谢图汗。八月三日、四日，两军主力会战于鄂罗会诺之地，“鏖战三日，厄鲁特兵夜袭善巴额尔克带青之营，破之，喀尔喀属下台吉星散”[2]。会战失败，至此喀尔喀被完全击溃。“土谢图汗独身力弱，乃越瀚海，奔至哲卜尊丹巴所。”九月，土谢图汗、哲布尊丹巴率所属三十余台吉，众数万，正式请降。康熙帝允准，存其汗号，赈济穷困，命理藩院尚书阿喇尼前往整顿其部众，有违法、劫夺、盗窃、放火者，照清律治罪。

这里需要辨明一个重要问题，即喀尔喀被击溃后，何以举国南奔投向清廷？松筠在《绥服纪略图诗注》中，记述其过程是：

> 康熙二十七年，喀尔喀众议就近投俄罗斯，因请决于哲卜尊丹巴胡图克图。胡图克图曰：“俄罗斯素不奉佛，俗尚不同我辈，异言异服，殊非久安之计。莫若全部内徙，投诚大皇帝，可邀万年之福。”众欣然罗拜，议遂决，余在库伦时，有头等台吉格吉多尔吉者，乃额驸惇多尔济之孙，年近八十，广记故实，此事乃其所述云。

张穆《蒙古游牧记》卷七《喀尔喀蒙古总叙》引录松筠的记

1 《亲征平定朔漠方略》卷四，第31~32页。

2 《亲征平定朔漠方略》卷四，第38页。

述。研究此段历史的中外学者多从此说。但从前面已论述的喀尔喀南奔来看，所谓“众议就近投俄罗斯”，似无可能，原因是：

其一，六月初七、初八日，喀尔喀溃败，十二日哲布尊丹巴即向清廷告急求援。康熙帝当即表示“汝等果不得已来归，当收而养之”[1]。清政府接纳喀尔喀来归被视为当然，是因为早就建立了臣属关系。

第二，从六月初八至十二日，土谢图汗与哲布尊丹巴二人并不在一起，一退翁音，一奔车臣汗境。兵荒马乱，喀尔喀台吉部众惊惶南奔，故由哲布尊丹巴主持“众议”之说，显然不可能。

第三，八月初，土谢图汗集结军队与噶尔丹决战，喀尔喀台吉率部参战。土谢图汗请兵于清政府助讨噶尔丹，奏言：“今噶尔丹兴兵攻我，事势危急，我兵虽少，且与噶尔丹一战决之，恐不能御，伏乞天朝发兵救援。”[2]

其四，土谢图汗抗俄态度坚决，噶尔丹突袭之时，正在与之作战，故危难之际也不可能投俄罗斯。

总之，喀尔喀遇难便向清政府求援，而后南来，是由于早在清太宗皇太极时期，喀尔喀就与清建立了“九白之贡”的臣属关系，故张鹏翮在《奉使俄罗斯行程录》中称为“塞外雄藩，地大人众，在中国习闻之矣”。其为“塞外雄藩”已是众人共知，年代久远，这就表明，喀尔喀之所以南来，是我国统一的多民族国家在清进一步发展的必然。

## 八 喀尔喀溃败后康熙帝再次调解的失败

从康熙二十七年六月初至八月的两个月时间内，噶尔丹军狼

1 《亲征平定朔漠方略》卷四，第 19 页。

2 《亲征平定朔漠方略》卷四，第 32~33 页。

奔豕突，横扫漠北。哲布尊丹巴和土谢图汗率溃败的喀尔喀部众南来，进入苏尼特卡伦内外，为防噶尔丹追袭，漠南蒙古沿线吃紧。康熙帝根据噶尔丹骑兵飘忽不定、奔袭作战的特点，命令漠南蒙古沿线加强戒备。张诚写道："陛下命令，从辽东至长城之末的全部臣属于他的蒙古王爷都拿起武器，在边境上安营驻守。另外还派了部分御林军，在一些王爷的统率之下，开往长城一线的重要山口之外，准备挫败厄鲁特人的进犯，如果他们胆敢进犯中国的话。"[1]哲布尊丹巴等所在地苏尼特卡伦内外，是防卫的重点，张诚看到："由于厄鲁特人与喀尔喀人之间的战争，陛下已经将这里的人全部武装起来了。"[2]侍郎温达奉命率兵一千五百，以两百护卫哲布尊丹巴，一千三百人往戍瀚海，以备噶尔丹追兵。哲布尊丹巴深为感激，奏言："圣上向来恤我，感刻五内，我亦仗天朝以自存。今又蒙如此洪恩，何能酬报，惟有旦夕颂祝而已。"[3]为了确保苏尼特防备无虞，康熙帝又命安亲王岳乐、简亲王喇布（二人均为平定"三藩"之主帅），各率军赴苏尼特卡伦驻防。七月，康熙帝巡行边外，八月，在苏尼特巴颜沟接见由喀尔喀返回的中国使团钦差索额图等及翻译张诚、徐日昇，询问消息。

九月，土谢图汗、哲布尊丹巴率喀尔喀部众向清政府请降，形势因之一变。噶尔丹倘若肆无忌惮穷追此二人，必将进入漠南蒙古，清廷自然不能坐视。狡诈过人的噶尔丹，一时尚不能贸然南犯，而又必欲得哲布尊丹巴与土谢图汗，于是施展伎俩与康熙帝周旋。康熙帝则借此进行调解，希望噶尔丹能"罢兵修好"，喀尔喀能返回故土。

康熙命侍卫阿南达、喇嘛商南多尔济前往噶尔丹处。噶尔丹对二人说："（清使）谕我以礼法，我甚喜悦，我并无自外于中华皇

1 《张诚日记》，见《清史资料》，第5辑。

2 《张诚日记》，见《清史资料》，第5辑。

3 《亲征平定朔漠方略》卷二，第30页。

帝、达赖喇嘛礼法之意。”声称自己是中华皇帝的臣属，并以贸易事相请，以示善意。同时，又竭力为自己残破喀尔喀辩护，说：“今若灭此，想中华皇帝与达赖喇嘛之心，亦得安矣。”[1]噶尔丹貌似恭顺，实则阳奉阴违。康熙帝决定不放弃再一次调解的可能，敕谕达赖喇嘛派一高僧与清廷所遣大臣，召集噶尔丹与土谢图汗等“大集会阅”，由土谢图汗自陈其过，“永议和好”。土谢图汗以难与噶尔丹亲会自陈。康熙帝体谅其苦衷，想出一折中办法，一面敕谕噶尔丹，“将土谢图汗背盟兴戎之过，一一申明”；一面命达赖遣使告噶尔丹，令其息战罢兵。康熙帝在给达赖的敕谕中说，由于土谢图汗袭杀扎萨克图汗，又杀噶尔丹之弟多尔济扎卜，因而两部兴兵，“朕不以之责噶尔丹也”。如今喀尔喀已请降，已予收养，“朕欲使厄鲁特、喀尔喀，尽释前怨，仍前和协，各守地方，休兵罢战”[2]，望达赖遣使往谕。在给噶尔丹的敕谕中，康熙帝明白指出，两部战争“其过在喀尔喀，不在尔也”，“朕欲尔等解释前仇，互市贸易，安居辑睦，永息战争”。[3]理藩院尚书阿喇尼、一等侍卫阿南达前往噶尔丹处颁给敕谕。

康熙二十八年八月初七日，阿喇尼一行抵达噶尔丹驻地。噶尔丹仔细询问哲布尊丹巴现住何处，又反复盘问与俄国谈判的中国使团为何带兵至喀尔喀境。摒人而后于其庐帐中告阿喇尼曰，必得土谢图汗和哲布尊丹巴，“前此再三陈奏，为此两人耳！”阿喇尼婉言相劝，说：“哲卜尊丹巴、土谢图汗等，穷迫亡命来归(清廷)……圣上明鉴，久已晰彼之曲，谅尔之直，始降敕书，谕止战争，仍旧和好，尔又何必屡以此事为言耶！”[4]越日，噶尔丹遣大将丹济拉告阿喇尼曰，达赖喇嘛使者与伊拉古克三、商南多

1 《亲征平定朔漠方略》卷五，第 14 页。《清圣祖实录》卷一三七，第 25 页。

2 《清圣祖实录》卷一三九，第 8 页。

3 《十七世纪俄中关系》卷一四〇，第 26~27 页。

4 《十七世纪俄中关系》卷一四二，第 25 页。

尔济（此二人为康熙帝派往达赖处谕达赖遣使噶尔丹）将至，“如达赖喇嘛所言之事，若与敕谕相同，我自无他说也”[1]。然而，达赖与执政的第巴桑结嘉措偏徇噶尔丹，与康熙帝调解之旨意相悖，遣使者至京密奏："达赖喇嘛令奏圣上，但擒土谢图汗、哲卜尊丹巴呼图克图畀噶尔丹，则有利于生灵。此两人身命，我当保之。"[2]康熙帝断然不允，说："擒二人而畀噶尔丹，是偏于一家矣！"[3]由于达赖的支持，或早有默契，噶尔丹拒不奉诏。

康熙二十九年正月，噶尔丹复又肆掠喀尔喀地区，气焰嚣张，漠北形势再度紧急，战争大火因之燎原。

## 九　乌兰布通之战

康熙帝尽力调解、息兵止战的努力，因噶尔丹一意孤行而无法实现。事实使康熙帝认识到："噶尔丹者，赋性凶残，中怀狡诈，残害其兄弟，兼并四邻，吞食邻封，其势日张，其志益侈。"[4]"朕因知此人力强志大，必将窥伺中原，不致殒命不止，岂容泛视！"[5]与沙俄支持下的民族分裂势力噶尔丹的斗争，其内涵已然不是仅仅局限于边疆地区，噶尔丹之"大志"将是问鼎中原，同康熙帝一决高低，故康熙帝说："深念此寇断宜速灭。"[6]然而，康熙帝也深知，噶尔丹所部乃百战精锐，对手是"习于战斗之劲寇"，不能轻敌。因之，当噶尔丹将战火引向漠南蒙古时，康熙帝决计亲征。

康熙二十九年正月，噶尔丹由科布多起兵，再掠喀尔喀，喀

1 《十七世纪俄中关系》卷一四二，第25页。
2 《清圣祖实录》卷一四三，第11~13页。
3 《十七世纪俄中关系》卷一四二，第25页。
4 康熙帝：《亲征平定朔漠方略·序》。
5 康熙帝：《御制亲征朔漠纪略》。
6 康熙帝：《御制亲征朔漠纪略》。

尔喀拖多额尔德尼台吉为其所败。四月，噶尔丹于巴颜乌兰诵经三日，进行战斗动员，率万余骑沿克鲁伦河而下，掠昆都伦博硕克图，再掠车臣汗部众。车臣汗纳木扎尔，集众于近漠南蒙古的古尔班哈达，康熙帝命侍郎温达率兵四千往会。

正当噶尔丹东掠喀尔喀之时，其侄策妄阿拉布坦渐徙入其故巢，占据伊犁地区，叔侄二人矛盾激化。原来，当策妄阿拉布坦父僧格被车臣台吉、卓特巴巴图尔杀害时，策妄阿拉布坦年幼。噶尔丹杀车臣攫取汗位后，曾将已许配给策妄阿拉布坦的噶尔旦木巴之女阿海（噶尔丹妻阿奴之妹），“噶尔丹自取之”[1]，将策妄阿拉布坦之未婚妻霸占。噶尔丹又虑策妄阿拉布坦兄弟成年后，对自己汗位构成威胁，于康熙二十七年，杀策妄阿拉布坦弟索诺木阿拉布坦。策妄阿拉布坦“率兵五千而逃”。康熙二十九年，策妄阿拉布坦乘噶尔丹东掠喀尔喀，潜袭科布多，掠其牲畜，噶尔丹所属多逃归策妄阿拉布坦。康熙帝闻知二人交恶，于四月命侍读学士前往敕谕策妄阿拉布坦，颁赐物，命将“尔等交恶之由，明告使臣，毋隐”[2]，欲利用二人的矛盾，断噶尔丹之后路。策妄阿拉布坦则希望有清军的力量灭噶尔丹，自己能继汗位，得敕书，大为振奋，派入贡方物，“奏与噶尔丹交恶始末”[3]。但因交通不便，其使臣至京已是翌年（康熙三十年）二月，在此之前，噶尔丹已向漠南蒙古进逼。

康熙二十九年五月，理藩院尚书阿喇尼自科尔沁姚赖河（姚儿河）奏报：“噶尔丹于五月初三日，率兵渡乌尔扎河，将击昆都伦博硕克图、车臣汗及土谢图汗。其兵四营，号四万，实不过三万耳。又将请兵于鄂罗斯，会攻喀尔喀。”[4]噶尔丹大军南下，形

1 《清圣祖实录》卷一八四，第 17~18 页。

2 《清圣祖实录》卷一四五，第 11 页。

3 《清圣祖实录》卷一五〇，第 9 页。

4 《清圣祖实录》卷一四六，第 6~7 页。

势剧变，科尔沁草原形势尤为紧急。康熙帝命科尔沁等部蒙古王公率兵同禁兵速赴阿喇尼军前。同时，在外交上采取行动，召索额图谕曰：汝曾至尼布楚，俄国人认识汝，可晓谕在京俄使吉里古里、伊法尼齐等，噶尔丹因迫于内乱（指与策妄阿拉布坦的矛盾），食尽无归，内向行劫，今扬言会同俄罗斯国兵，同侵喀尔喀。喀尔喀已归顺本朝，“倘误信其言，是负信誓而开兵端也”[1]。康熙帝向俄使明确指出，不得助兵噶尔丹，否则是“负盟誓”——违背年前签订的《中俄尼布楚条约》，挑起兵端。索额图当天命张诚将致沙俄尼布楚总督信函译成拉丁文，要求俄使携信函立即驰驿回尼布楚。索额图在致沙俄尼布楚总督的信函中说：“此间探悉厄鲁特国王（噶尔丹）向俄国求援，为此函达俄国，切勿堕入厄鲁特王奸计，为他败定所牵累。”[2]由于康熙帝和清政府及时警告沙俄当局，而沙俄当局也碍于刚刚签订的《中俄尼布楚条约》，不敢明目张胆派兵助噶尔丹，却派出使者赴噶尔丹军，怂恿其扩大战乱。

五月二十九日，阿喇尼有关噶尔丹日益向南逼近的奏报至，请命阿南达等速率军携炮赴其驻地。康熙帝立即命“星驰赴阿尔尼军”。六月初，派往噶尔丹处的喇嘛商南多尔济奏至，他曾“见厄鲁特与俄罗斯使同行，厄鲁特言已请兵二万于俄罗斯矣。俄罗斯使曰：‘请则有之，允发则未也。’”[3]六月十九日，阿喇尼奏报再至，言噶尔丹已逾呼伦贝尔草原向南深入，阿喇尼率军前往呼伦贝尔南防御，伺机而行。在阿喇尼奏报未到之前，即六月十四日，噶尔丹声称追击土谢图汗与哲布尊丹巴，已深入乌珠穆沁，大掠人畜。贝勒博木布遣人往见噶尔丹弟憨都台吉，被送至噶尔丹处，噶尔丹仍狡称：“我攻我仇喀尔喀耳，不敢犯中华界。闻尚书阿喇

---

1 《清圣祖实录》卷一四六，第 8 页。

2 《张诚日记》，第 87 页。

3 《亲征平定朔漠方略》卷六，第 33 页。

尼率兵而北，何故？”严词询问哲布尊丹巴、土谢图汗、车臣汗三人现在何处。[1]噶尔丹来势汹汹，肆无忌惮地进军漠南蒙古，康熙帝下令亲征，谕兵部：“噶尔丹追喀尔喀，已入汛界，朕将亲征视师。”[2]议政王大臣详议有关出征事宜以闻。

噶尔丹掠乌珠穆沁，而尚书阿喇尼往戍呼伦贝尔南，反在其后，闻噶尔丹已向乌尔会河（今芦河），于是率兵追蹑其后。六月二十日，阿喇尼追及噶尔丹军，侦知“厄鲁特兵二万余，掠乌珠穆秦男女牲畜辎重，徐行，溯水（乌尔会河）上流游牧”。不待康熙帝命令，急功进战，于二十日“分兵二队，乘夜往袭”。二十一日黎明，阿喇尼选蒙古勇士两百余人向噶尔丹发起攻击，又令喀尔喀兵五百往夺噶尔丹所劫人畜财物。漠南蒙古各部闻命大乱，争先恐后夺取子女牲畜，阿喇尼军阵一片混乱，.不能制止，尚未与噶尔丹接战就不得不下令退军。噶尔丹立即分军为两翼阵而立。清军重整队伍前进，噶尔丹军发鸟枪击退清军进攻，左右两翼发起反击，阿喇尼军大败，退驻鄂尔招伊图。[3]

噶尔丹之所以敢于歼击清军，是由于有沙俄的支持。经清政府警告沙俄当局，俄国虽未派兵助噶尔丹，却派出格里戈里·基比列夫等前往噶尔丹处（前引喇嘛商南多尔济曾在噶尔丹军中见到他们）。戈洛文在给基比列夫的训令中指示：噶尔丹应“集中自己的全部兵力，前去攻击敌人，悉心进行军事搜索”。并将军事行动进展情况及时向戈洛文报告，“以便从色楞格斯克、乌丁斯克、涅尔琴斯克及其他城堡对这些敌对的蒙古人进行军事搜索”。至于噶尔丹要求两军会同作战，戈洛文表示“由于相距甚远，实不可能”[4]。乌尔会河战斗一开始，噶尔丹便“带上俄国使者去‘观战

1 参见《清圣祖实录》卷一四六，第 18~19 页。
2 参见《清圣祖实录》卷一四六，第 17 页。
3 参见《清圣祖实录》卷一四六，第 24~25 页。
4 《十七世纪俄中关系》，第 2 卷，第 628 页。

佐证'"。让俄使亲见他是如何敢于同中国皇帝的军队交锋，而基比列夫则大肆吹捧噶尔丹军的勇猛善战，说："卡尔梅克博硕克图汗把中国兵杀得一个不剩。"[1]

乌尔会河初战，清军失利，形势更趋紧张。噶尔丹因获胜气焰更炽，自以为所向无敌，深入乌珠穆沁，横行肆掠。康熙帝急调各路大军迎敌，为羁縻噶尔丹不使其逸去，待各路军兵齐集合围歼击。康熙帝遣理藩院郎中满丕等前往告噶尔丹，尚书阿喇尼不请旨而战，非朝廷意。皇上已令蒙古诸扎萨克勿再击汝。"汝（噶尔丹）言与中华同一轨道，我但索土谢图汗、哲卜尊丹巴而已，至边之内，不敢纤芥犯。而我尚书阿喇尼等剧加以兵，甚为过当，其以此晓谕之。"[2]

康熙二十九年七月初二日，康熙帝任命其兄和硕裕亲王福全为抚远大将军，皇长子允禔副之，率清军主力出古北口。命其弟和硕恭亲王常宁为安北大将军，和硕简亲王雅布、多罗信郡王鄂扎副之，率军出喜峰口。重臣、大臣皆从军，参赞军务。康熙帝发布军令，严申军纪，虽王、贝勒、贝子、公、大臣，违者决不稍贷；统兵将领对敌之时，务必奋勇杀敌，兵部刊布，晓谕全军。

七月初六日，抚远大将军福全率师启行，在太和殿举行隆重的出师典仪。康熙帝临太和门，大学士伊桑阿捧敕，大学士阿兰泰捧印，授予福全。敕曰："厄鲁特噶尔丹，阳顺阴违，反侵我部属，掠乌珠穆秦四佐领，兹因发大兵，声罪致讨……务将厄鲁特歼剿廓清，安静边围，斯称委任。"福全跪受敕毕，率队启行。康熙帝送至东直门外，又赐福全手书《命裕亲王帅师征厄鲁特》诗，希望清军马到成功，"遐荒安一体，归奏慰予情"[3]。

福全一军出古北口后，从宽城、平泉、滦平一线向北挺进。

1　兹拉特金：《准噶尔汗国史》，第281页。

2《清圣祖实录》卷一四六，第26页。

3　王宏钧、刘如仲：《准噶尔的历史与文物》，图片6。

常宁一军出喜峰口沿青龙河、滦河向北运动。时噶尔丹步步向南逼进，为遏其南下之路，康熙帝命福全全军疾赴巴林，命各军齐集巴林，归福全指挥。

七月十四日，康熙帝率禁军启行，继福全之后，出古北口，亲临视师，“以躬近行间，便指示也”[1]。七月二十日，康熙帝前进至青城。其时，只索额图一军至巴林，各路清军尚未齐集，而善于用兵的噶尔丹“狡诈多端，踪迹难定”，已南下至和尔图，巴林反在其后。康熙帝急令诸军疾驰赴会大将军福全。恭亲王常宁所率清军又一主力为右翼，“右翼兵遇贼乌珠穆秦，战复不利，收军”[2]。噶尔丹再败安北大将军常宁，更是不可一世，遣使告驻军于木西峡的内大臣阿密达，闻清军诸路兵云集，且尚有在途中未至者，大言曰:“今虽临以十万之众，亦何惧之有!”[3]藐视清军不堪一击。这是噶尔丹一生战争生涯发展的顶点，而其嚣张之态更盛，他再一次遣使告阿密达曰:“圣上（康熙）君南方，我长北方。我与中华一道同轨……今讲信修好，宜遣之（阿南达）来议，否则亦当遣尊于（一等侍卫）阿南达者。”[4]时康熙帝为羁縻噶尔丹，不使其逃逸，以利围歼，表示与之谈判修好。噶尔丹提出的条件是南北分治——康熙君南方，而由他雄长北方，公然要分裂祖国，而且气势凌人，要清廷派出大员与之谈判。

时福全率大军驻于土尔埂伊扎尔之地（今克什克腾旗与围场县交界的土力根河，又名四道河），前有乌兰布通（蒙语，意为红山）。这里是出古北口赴巴林、乌珠穆沁必经之地，南距北京七百里。福全集重兵于此，以控扼噶尔丹南下要道。七月二十四日，康熙帝前进至波罗河屯（今隆化县城），距福全军约三百里。

1 《清圣祖实录》卷一四七，第 16 页。

2 魏源：《圣武记》卷三，《康熙亲征准噶尔记》。

3 《清圣祖实录》卷一四七，第 17 页。

4 《亲征平定朔漠方略》卷七，第 34~35 页。

噶尔丹率军向南进逼，与福全相距约四十里。福全与允禔秉承康熙帝不使噶尔丹逃逸而羁縻之，以便实现一举围歼之旨意，致书噶尔丹云："我与汝协护黄教，和好有年。今汝追喀尔喀，入我汛界，圣上特命我等，论决此事，永久和好。今汝使人，言我汗已敬尊达赖喇嘛之谕。夫讲信修好，所关重大，此役既就，则一切皆宜矣。今将于何地会议，以决大事？"[1]表示准备约定地点与噶尔丹进行谈判。而噶尔丹非等闲之辈，他一面拜佛诵经，准备大战；一面又与福全虚与委蛇，"以书问王（福全）与皇子（允禔）内大臣安"，坚持"以土谢图汗、哲卜尊丹巴畀我"，寸步不让。达赖所遣往噶尔丹处的济隆活佛则支持噶尔丹，说："达赖喇嘛所以遣我者，为圣上与噶尔丹向来和好，急欲定此大事，以早复命耳。此事非王及皇子内大臣亲身就我，或我亲身来面议，不能定也。"[2]噶尔丹与济隆活佛使者往返于清营，真实意图在窥探清军虚实，故"来人行状，甚觉怆皇，有窥探大军意"。噶尔丹军已集结于乌兰滚一带，"觅山林深堑，倚险结营，又闻其祭旗诵经"[3]，进行战前动员。

大战迫在眉睫。然而，不巧的是康熙帝于此时染病。本来，七月十六日，康熙帝至鞍匠营，"御体违和"，已感不适，仍抱病力疾前进。二十日至波罗和屯，病情加重，更因天气炎热，行幄蒸暑，高烧不退，夜不能寐，心烦意躁。扈从诸臣甚惶惧，齐集行幄前，深夜不敢离去。二十二日黎明，诸大臣、侍卫环跪于行幄，恳请皇帝回銮调摄，"以养圣躬"。康熙帝不允，诸臣长跪不起。康熙帝垂涕而语众人曰："朕来此地，欲克期剿灭噶尔丹，以清沙漠。今以朕躬抱疾，实难支撑，不获灭此贼，甚为可恨！"[4]

1 《清圣祖实录》卷一四七，第25页。
2 《清圣祖实录》卷一四八，第1~2页。
3 《清圣祖实录》卷一四八，第2页。
4 《清圣祖实录》卷一四八，第23页。

叹息欷歔，泪流满面，于是下令回銮。二十四日，康熙驻鹰庄停留，希望病情能好转。至二十七日，仍不见好转，始徐徐返京。此时前线形势紧迫，福全拟将清军分为三队出战，请示奏报。康熙帝任命各领队将领，谕令“军机事宜，不时奏闻”。康熙帝与前线联系的驿马来往飞驰，大量军用物资沿着运输线日夜送往前线，人喧马腾，昼夜不绝。

七月二十九日，噶尔丹沿萨里克河而进，于乌兰布通结阵，与清军对峙。清军“凡营盘四十座，连营六十里，阔二十里，首尾联络，屹立如山”。福全令各营掘壕筑垒，戒严防御。[1]

乌兰布通，是一赭色山峦。当年，这里林木葱葱，山前有小河环绕。噶尔丹凭借有利地形，“贼骑十万（实为二万余），依山阻水”，连营列阵。八月初一日，清军统帅福全号令三军整列队伍。黎明，清军迎敌出击。日中，两军相接。为防噶尔丹骑兵冲击，清军设鹿角，排列枪炮，列兵徐进。噶尔丹军以成千上万的骆驼，缚其足，卧于树林中，驼背置箱垛，蒙以湿毯，环列如栅，号曰“驼城”[2]。士卒则伏于箱垛隙处，施放枪铳弓箭，兼用钩矛，以阻清军接近，欲俟挫清军锐气之后，再以骑兵反击。未时，清军发起进攻。由于敌军驼城结阵严密，且有林木掩护，前又阻于河，清军先隔河施放枪炮，轰击驼城，随即步兵发起攻击。噶尔丹军铳矢齐发，猛烈还击，清军正面攻击被阻于河，损失惨重，传教士白晋（法国人）在《康熙帝传》中写道：“清军与厄鲁特蒙古交战时受到巨大损失。在这次战斗中，敌军得以避免彻底失败的原因，据说就是由于厄鲁特蒙古人利用出色的齐射，使清军遭到猛烈的袭击，致使清军骑兵在交战前即被击退的缘故。”康熙帝后来也说：“斯时诸王大臣，及国家谙悉军务之人，不在行间者少

1　参见张宸：《内大臣马思哈出师塞北纪程》，见《圣武记》卷三，《康熙亲征准噶尔记附录》。

2　张穆：《蒙古游牧记》卷三，《翁牛特部》注。

矣。适朕躬以违和还京。左翼虽能胜敌，而右翼不能制胜，大臣而下，以至军士，阵亡被创者甚众。”[1]第巴桑结嘉措以达赖五世名义派出的使者济隆活佛张盖于山顶观战，为噶尔丹助阵。[2]战至黄昏，清军未能克敌制胜，国舅都统佟国纲与其弟佟国维率左翼兵投入战斗。佟国纲率火器营，沿河进击，临阵激励所部曰：“今正男子扬名报国之秋！我与若父子兄弟也，我不敢爱身而先之，尔曹其勉旃！”[3]身先士卒冲击驼城。敌军以密集鸟枪和俄国滑膛枪迎击，佟国纲不幸被击中，殁于阵。“他是被敌人滑膛枪打死的。”[4]噶尔丹军猛烈反击，使某些清军将领胆落。“原正白旗副都统色格印善射，且相貌魁伟，善于管辖兵马。乌兰布通之战，则彼大惧，故推受暑下马。其家人俱愤曰：‘身为二品大臣，如此临阵退怯，归去何颜见他人也！’扶之上马。色格印后下马，卧于草内，及回营，犹战栗不已，身披甲胄，蒙被达旦。”[5]

当佟国纲率部沿河跃进、敌军集中兵力抗击之时，佟国维分领的左翼兵由山腰疾驰冲入敌阵，噶尔丹军被分割为二，死伤惨重。清军右翼乘时进击，欲与左翼合，全歼敌军，但被阻于河岸泥淖，只得退回原处立阵，噶尔丹军因之逃脱了被歼的厄运。此时天已晚，清军不得不收兵。清军获得胜利，立即奏报。八月初三日，康熙帝回銮至石匣，得报“不胜欣悦”，焚香谢天，传旨嘉奖，命福全“此后当何以穷其根株，平其余党，熟筹始末，一举永靖，勿留余孽，尔等其详议以闻”[6]。

然而，福全却未能贯彻康熙帝歼灭噶尔丹的作战意图。在八

1 《清圣祖实录》卷一八三，第30页。

2 参见《亲征平定朔漠方略》卷一一，第23页。

3 钱大昕：《内大臣一等公谥忠勇佟公国纲传》，见《碑传集》卷一二〇。

4 《耶稣会士徐日昇关于中俄尼布楚谈判的日记》，第215页注①。

5 《清圣祖实录》卷二三五，第10页。

6 乌兰布通战斗过程，系据《清圣祖实录》卷一四八，第2页；《亲征平定朔漠方略》卷八，第2~3页；张穆《蒙古游牧记》卷三，《翁牛特部》注。

月初一日击败噶尔丹之后，第二天却未组织兵力乘胜进击。初二日，福全“见噶尔丹所据险恶坚壁抗拒”，而首战又失都统佟国纲，将领中因战斗激烈有丧魂落魄者，于是命令“将士暂息”。噶尔丹得以喘息，遣人告福全曰，一两日内当遣济隆活佛前来讲礼修好，以缓清军。噶尔丹于当晚乘夜越西拉木伦河逃回科布多，沿途大肆所掠牛羊马以万计，又烧荒以阻追击。初四日，清军已停止战斗三日，济隆活佛始姗姗来到清营，重申噶尔丹要求将土谢图汗、哲布尊丹巴交达赖处置的要求，并说:“余曾语噶尔丹，汝既求以礼修好，不当逼处，宜远驻以待，故使回就水草之地相候。”掩饰噶尔丹已远逸。福全始知已堕噶尔丹缓兵之计，济隆活佛之来实“稽我行事”。然而却一误再误。福全问济隆:“汝往来行说，能保噶尔丹不乘间奔逸，掠我人民乎?”济隆指天发誓，保证噶尔丹“不敢远行”，“断不远去”，“必待我也”。福全又一次轻信其言，给各路领兵大臣发印文一通，如遇噶尔丹移驻，“暂止追击”[1]。这纸命令使噶尔丹死里逃生。当噶尔丹率部分军队奔逃，过盛京、乌拉、科尔沁军营，因有“暂止追击”之命，竟不邀击，纵之使去，“如使苏尔达等邀击之，噶尔丹就擒矣”[2]。

康熙帝在古北口得报，知福全纵噶尔丹使去，大为震怒，命议政王大臣集议，众议:“大将军王等，既大败厄鲁特，乃不即行剿灭，明知济隆所说，以误我军，而听之，岂不坐失事机；请敕大将军王等，作速追剿。”康熙帝谕福全:“大将军王与皇子，失误机宜，众大臣不正言抗阻，军律甚明，归时断不姑宽。”严令迅速追剿。但这已不可挽回，噶尔丹已然远去，追之不及了。《亲征平定朔漠方略》说:“向使诸王大臣同心协力，禀成谕旨，奋迅穷追，何难克期扫荡，以成一劳永逸之功。而乃误失机宜，致使逋

1 《亲征平定朔漠方略》卷八，第 5~7 页；《清圣祖实录》卷一四八，第 3~5 页。

2 《清圣祖实录》卷一四九，第 20 页。

寇稽诛，复烦圣主数年之宵旰。”[1] 康熙帝因此不得不第二次、第三次亲征。

噶尔丹在乌兰布通之战遭受重大挫折，为求得喘息机会，日后卷土重来，于奔逸途中，遣人持书告福全“从此不敢再犯喀尔喀”。噶尔丹跪于威灵佛前，稽首誓曰:“若违此书，惟佛鉴之。”[2] 旋又上疏请罪，“我（噶尔丹）断不敢复违圣旨矣!”承认“深入边界，实我之罪”。[3] 请求康熙帝宥其前罪，今后凡有谕旨，谨遵而行。康熙帝颁敕于噶尔丹，严令今后“不得擅犯我属下部落喀尔喀一人一畜，亦不得有一人与众部落往来通使。尔倘有窘迫，奏闻于朕，朕必如前旨抚养，断不念旧愆。若再违誓言，妄行劫夺生事，朕厉兵秣马，见俱整备，必致穷讨，断不中止”[4]。

康熙帝虽然允准噶尔丹设誓求和，但深知其“人殊狡诈，难以深信”[5]，日后一旦恢复元气，必将背盟以逞。为了将来歼灭噶尔丹，康熙帝决定先处理喀尔喀两翼的矛盾，以及喀尔喀与漠南蒙古的关系，加强对喀尔喀蒙古的管理，如此方能集喀尔喀各部之力量以对付噶尔丹，于是有多伦会盟，同时对乌兰布通之战的得失进行认真的检讨。

## 十　乌兰布通战后检讨与多伦会盟

乌兰布通之战后，康熙帝立即着手抓两件大事：一是细心检讨了此次战役的得失；二是举行多伦会盟。

康熙帝首先追究此次战役指挥失误之罪。十月二十七日，噶

1 《亲征平定朔漠方略》卷八，第 8~9 页。
2 《清圣祖实录》卷一四八，第 7 页。
3 《清圣祖实录》卷一五六，第 15 页。
4 《清圣祖实录》卷一四八，第 11~12 页。
5 《清圣祖实录》卷一四八，第 11~12 页。

尔丹已远去，康熙帝命福全撤军回京。十一月二十二日，福全回至京师，“止朝阳门城外听勘”，不许进城，先行回京的皇长子允禔亦同时取口供。允禔在军中自恃皇长子身份，过恶殊多，与福全不协，意欲于此时攻讦福全。康熙帝谕曰:“裕亲王系汝伯父。议政王大臣取供时，汝若与裕亲王稍有异同，朕必置汝于法，断不姑容。”不许其捏言攻诋福全。而福全也本欲“录皇子允禔军中过恶，于取供时告白”。闻知允禔无异辞，俯首良久，流涕曰:“我复何言，遂直引为己罪。”[1]康熙帝事先制止二人相互攻诋，使指挥得失罪责有归，且能实事求是。多罗信郡王鄂扎等奏福全及诸大臣等贻误军机云:“皇上深虑噶尔丹奸狡，此役不行剿除，必贻后患，多派精兵，尽发火器，以裕亲王福全为大将军，王大臣为参赞，指授方略，务期尽灭根株。乃福全调度无方，既经战胜，不能乘机剿灭，收兵不鸣笳，贼败不行追杀，反行文禁止苏尔达等进兵，以致穷寇遁逃，殊误军机。”[2]因此，福全的最大罪责是奉行康熙帝一举歼灭劲敌的谕旨不力，临阵指挥失度，同时，未经奉旨就擅自撤回哈吗尔岭内驻扎。鄂扎等认为，福全应革去王爵，撤去三佐领；内大臣佟国维、索额图、明珠、阿密达等，俱革职；其他都统、前锋统领、护军统领等虽克敌制胜，亦不得叙功，或罚俸。

康熙帝对此的处置，其用意甚明。在出师之前，康熙帝颁布了严肃军纪的谕令，遍谕出征各部知晓。福全是其兄长，近支宗室亲王，如不明军纪，则难以服众。如此，日后挥军剿灭噶尔丹，或将有奉旨不力玩忽职守者，为惩效尤，故于法不稍贷。但在具体处置时，康熙帝又十分慎重。事前，他召集大学士，告诉诸人，太宗皇太极因二贝勒阿敏（当时的四大贝勒之一），“以弃滦州、

1 《清圣祖实录》卷一四九，第18~19页。

2 《清圣祖实录》卷一四九，第18~19页。

永平之故，曾取口供”。皇太极兄大贝勒代善被差往朝鲜，“以不遵谕旨而行之故，曾取口供”。皇太极弟英王阿济格，“因来京兵丁鼓噪之故，曾取英王口供”[1]。违反谕旨，贻误军机，审讯近支亲王乃列祖列宗成法，福全焉敢怨望。康熙帝命查阅实录及兵部档案，俾援例惩治亲王有所依据。但量罪之时，考虑到“此举已击败厄鲁特兵，噶尔丹远遁”。因之概从宽减，众人免革职，或罢议政，或罚俸，福全撤去三佐领。阵亡都统舅舅佟国维指挥的左翼火器营及将士则叙头等军功。在战胜敌军之后，赏罚严明，不徇近亲，是康熙帝治军的一大特色。

根据战场将领的奏报，康熙帝获知清军临敌奋勇攻杀，不乏感人事迹，如：“裕亲王奏言：‘与贼战时，亲见一将，乘白鼻马，三入敌阵，众皆认为格斯泰也。’”前锋参领格斯泰率部冲锋陷阵，“直入贼营，左右冲突”，三入敌驼城。清军从山腰绕出厄鲁特军后痛击，噶尔丹军大溃。格斯泰乘胜追击，陷河岸泽泥中，敌军蜂拥反击。格斯泰力战，殁于阵。[2]特别是清军炮兵指挥、都统佟国纲身先士卒，马革裹尸，康熙帝甚是震悼，为之辍朝。其灵柩还，命皇子郊迎，又御制碑文，立于墓边，文中有云：“(尔) 乃心存奋激，甘蹈艰危，人尽如斯，寇奚足轸！”[3]尽管清军奋勇杀敌，取得乌兰布通之战的大胜，噶尔丹数万大军一日被击溃，死伤惨重，但清军也遭受重大损失，原因是临阵指挥不当，士兵平时缺少野战训练。康熙帝指出：“我军近与厄鲁特战，排列太密，为贼人乱枪所中，且进退不鸣笳，此皆不习战阵之故也。”因而“大臣而下，以至军士，阵亡被创者甚众”。因此，康熙帝谕大学士伊桑阿等，严格操练禁军，他说：“自古兵法，无不预加训练，前者八旗之兵，春秋校猎，即训练武备之意。但校猎恐疲兵丁之马，今

1 《清世祖实录》卷一四九，第 14 页。

2 参见张穆：《蒙古游牧记》卷三，《翁牛特部》注。

3 钱大昕：《内大臣一等公谥忠勇佟公国纲传》，见《碑传集》卷一二〇。

既停止校猎，其令八旗兵丁，春秋二季集于旷阔之地，布阵鸣笳，教演步伐。”[1]清军自此认真加强训练，康熙帝每年两次躬临检阅，指示训诲，亲自督训，几年后，清军的战斗力大为提高。康熙三十二年谕兵部曰："本朝满洲官兵，从来精锐骁勇，遇寇必克，所向无敌。前厄鲁特噶尔丹之役（乌兰布通之战），官兵不能体朕意即行剿灭，致失机会，罔奏肤功，朕心为不怿。故比年以来，简阅官兵，岁共两举，朕躬临指示训诲。顷阅武时，见诸士卒行列整齐，队伍明晰，进退娴熟，严肃无哗，所有军令无不遵守，该营官员号令约束，既严且善，此皆官兵协志同心备加备励所致，朕心深为嘉悦。”[2]在加强军政训练的同时，康熙帝又强调改善装备，命检查士兵甲胄，务令坚固实用合体，以利战斗。康熙帝指出："此翻出征厄鲁特，兵丁甲胄，既不相称，又不坚固。今传令好为整顿坚固，有欲制护心绵甲者，随便制造。”[3]为了切实总结战斗经验，战后，康熙帝亲临乌兰布通视察，他说："朕巡行塞北，至乌兰布通，观我军排列阵势，俱甚合节，但噶尔丹乃行阵积年之贼，予沙岗之下排列，所以我军火器俱高，未获尽剿。”[4]但是，毕竟“以前征噶尔丹时火铳便利”，于康熙三十一年扩充火器营，“朝鲜国王进乌铳三千杆”。[5]

康熙帝从将帅奉旨不力、指挥失误、必须加强八旗兵丁训练等诸方面认真检讨了乌兰布通之战的得失，为迎接新的战斗做准备。

事情果如康熙帝所料，噶尔丹喘息甫定，便又开始卷土重来。康熙三十年正月，噶尔丹奏言“其下人如狼，有一二妄行者，祈

---

1 《亲征平定朔漠方略》卷八，第 23~24 页。

2 《清圣祖实录》卷一六一，第 14~15 页。

3 《亲征平定朔漠方略》卷八，第 1~2 页。

4 《清圣祖实录》卷二四三，第 10 页。

5 魏源：《圣武记》卷三，《康熙亲征准噶尔记》。

勿介意”[1]，为其再掠喀尔喀掩饰。康熙帝闻知噶尔丹又向喀尔喀地进发，十分警觉，立即部署防务，命都统郎坦率军驻大同，于乾清宫召见面谕郎坦曰：“去岁噶尔丹虽乞降，然此贼险诈，或乘我不备处来扰，不可不预防也。今命尔统兵于大同驻防，授安北将军职。一切事务，可与参赞宗室华善、都统李宗正等商议而行。”并许有关事机，一面施行，一面奏闻。[2]旋据郎坦建议，改令其领兵驻归化城；授都统瓦岱为定北将军，率军驻张家口。同时，命驻西安满兵，川陕督标、绿旗兵，宁夏镇标兵，勇略将军赵良栋，“俱于宁夏（今银川市）备噶尔丹”[3]。这样由张家口，从归化城至宁夏构成防线，可以相互呼应，一方有警，可随时出击。同时，康熙帝又颁敕噶尔丹：“如决计入降，益从优抚养，断不辱汝。”如若不然，能“移近边汛，朕当厚加恩赐”[4]。噶尔丹却拒不受降，正如《亲征平定朔漠方略》所说：“圣度如天，因噶尔丹之冥顽不悟而益显矣。”[5]战斗势将不可避免。而此时策妄阿拉布坦已据伊犁，噶尔丹不能归其故地，大漠以北仍处战争阴云笼罩之中。

康熙三十年二月，噶尔丹复率兵劫掠喀尔喀。正因为喀尔喀两翼不和，才给噶尔丹以可乘之机，以致残破。今噶尔丹又至，康熙帝认为应立即解决喀尔喀两翼纷争，方能集中力量对付噶尔丹，不再给噶尔丹个个击破劫掠之机，谕曰：“喀尔喀案件，宜速断理。拟于清明前后，青草发萌时，出临会阅。”[6]决定亲临塞外，主持会盟。

1 《亲征平定朔漠方略》卷九，第 1 页。
2 参见《八旗通志初集》卷一五三，《郎坦传》。
3 《清圣祖实录》卷一五〇，第 6~7 页。
4 《亲征平定朔漠方略》卷九，第 11 页。
5 《亲征平定朔漠方略》卷九，第 13 页。
6 《亲征平定朔漠方略》卷九，第 2 页。

康熙帝对此次会盟十分重视，命令理藩院会同内大臣详议有关事宜，仔细准备，选定会盟地点在上都河、额尔顿河之间的多伦诺尔（多伦诺尔是蒙语，意为“七水泊”或“七溪”），距北京八百里。之所以选定多伦诺尔，是因为这里“清淑平旷，饶水草，而内外扎萨克之来朝者，道里适中”[1]。便于参加会盟的蒙古各部王公贵族能如期到达，不致有人因道远延误。喀尔喀左翼王公台吉（土谢图汗部、车臣汗部），遵照清政府之令，先期会集于上都（今内蒙锡林郭勒盟正蓝旗昭苏乃木城）、土力根河交界之地；右翼喀尔喀（扎萨克图汗部），会集于上都、黑棚交界之地，以待皇帝的到来。清政府遣大臣先往两翼会集地方做好准备。漠南蒙古四十九旗王公贵族亦先期到达会盟之地。蒙古各部奉命驻于多伦诺尔百里以外，康熙帝到达后，再移营前来御营五十里外。所有会盟所需器物则事先限期运往。

康熙三十年四月十二日，康熙帝率扈从诸大臣及上三旗离京起行，由古北口前往多伦诺尔。黎明，在太和殿前举行了隆重的出巡仪式。“出城时，大路两旁旌旗招展，鼓乐齐鸣。”[2]下五旗官兵则出独石口，会于多伦诺尔。对这次盛会，康熙帝已谋划多时，已然安排妥当，成竹在胸，心情自然颇为舒坦。出古北口后，沿途围猎而行，有时“皇帝陛下不扶缰绳，快马疾驰，穿过山冈，满弓发射，表现了骁勇动作及娴熟技巧”[3]。而围猎老虎的场面最为精彩。有一次，“老虎突然跃起，发出可怕的吼声，直向骑士们冲去”，一名狩猎者死于虎口。在此紧急关头，一群猎犬被放出，它们狂吠着紧随虎后。老虎为防备猎犬，不再追赶猎手，此时，“皇帝射击三四发，因距离太远，老虎仅受轻伤”。猎手们大声呐喊，用滚石乱枪轰赶藏身荆棘中的老虎，“老虎突然惊起，

1 康熙帝：《汇宗寺碑文》。

2 《张诚日记》，见《清史资料》，第5辑。

3 《张诚日记》，见《清史资料》，第5辑。

以极大的速度向皇帝所在的地方冲去，但刚刚到山脚下时，突然转到另一个方向，又逃到它以前藏过的树林中。皇帝跨过山谷紧跟老虎，以便能清楚地看到老虎。他开枪射击了两次，把老虎打死。所有的朝廷大人们都来观看这只很大的老虎，并对皇帝表示钦佩”[1]。张诚也以十分钦佩的口吻写道：在发现老虎时，“由于这种野兽十分凶猛，皇帝不愿叫他的随从离虎过近。至于他自己，在这种场合则无所畏惧，因为他有五十名擅长使用短矛的徒步猎手保卫着”[2]。康熙帝的射击技术也十分娴熟，能够在“跑动中射击”。晚上的时间，好学的康熙帝常常手不释卷，耶稣会士张诚等给他讲解几何学及其他自然科学。康熙帝在去多伦诺尔途中，好像是一次出猎消遣，表明他对会盟的成功充满信心。

为了在会盟时不致使喀尔喀右翼扎萨克图汗与左翼土谢图汗因彼此夙怨而争执不休，康熙帝于未达多伦诺尔之前，先遣内大臣索额图、一等侍卫吴达禅先往传谕土谢图汗、哲布尊丹巴，命其将擅杀扎萨克图汗沙津和阿海，以及在喀尔喀妄为之事，“于朕未到之前，自行具奏请罪”。因为噶尔丹正是利用土谢图汗与扎萨克图汗的不和，出兵喀尔喀。哲布尊丹巴、土谢图汗遵旨上疏请罪并求宽恕云：

> 扎萨克图汗、得克得墨尔根阿海二人，与我喀尔喀乖异，往投噶尔丹，闻彼欲侵取我土地，因而兴兵执此二人杀之。从此起衅，扰害生灵，实臣等之罪，为此自陈。伏乞皇上睿鉴恩宥。[3]

四月三十日，康熙帝到达多伦诺尔，他亲自选定了御营营址。

1 《张诚日记》，见《清史资料》，第 5 辑。
2 《张诚日记》，见《清史资料》，第 5 辑。
3 《亲征平定朔漠方略》卷一〇，第 7 页。

御营共四进，黄幄居于中心。最外一层为八旗前锋、下五旗护军及火器营。共计十六营的营帐连接而成，环卫御营，上三旗精锐护军则居中驻扎。第二层为黄幔围绕的幔城。第三层为网城，随行大臣的帐幕在第一层与第二层之间。第二、三层之间是侍候人员的住地。进入网城就是黄幄，共有两座，二者之间有近道连接，一座供康熙帝寝息之用，另一座为白天处理政务之所。两座黄幄富丽堂皇。御营气势宏伟，旌旗招展，环卫森严，进出行人有序，一派帝尊景象。环绕御营则远设二十四汛哨，警戒四面八方。康熙帝到达多伦诺尔之后，喀尔喀蒙古两翼，漠南蒙古四十九旗王公，按众星捧月的布局，移近御营五十里扎营。

五月初二，是康熙帝预定召见喀尔喀两翼王公台吉的日子。为了妥善解决彼此纷争，康熙帝于召见之前采取了两项收服人心的措施。其一，封受曲的一方扎萨克图汗之弟为亲王，谕曰："扎萨克图汗在日，抒诚进贡，若其子巴朗额尔克阿海尚在，即应袭封，但今已亡故，而现在之子幼稚，扎萨克图汗之弟策妄扎卜，众皆称其贤，意欲封为亲王，明日以此意谕知喀尔喀等。"[1]扎萨克图汗沙津为土谢图汗所执杀，幼子年稚不便袭封，封其弟为亲王，意在安抚扎萨克图贵族和部众，使所受怨痛得以平缓。其二，将土谢图汗请罪之疏"发众喀尔喀议之"[2]。康熙帝将土谢图汗擅杀扎萨克图之罪及吞并其部民的胡作妄为交喀尔喀王公贵族议论，十分高明，如此，使受曲者能一吐胸中块垒，方能求得谅解，从而认识到和衷共济之重要。为此在喀尔喀众议之前，康熙帝又特别先做好车臣汗的工作，使他认识到要扎萨克图汗王公能捐弃前嫌，喀尔喀两翼重归于好的重要性，以便在议论时能善言开导，以大局为重。康熙帝谕车臣汗等曰：

1 《清圣祖实录》卷一五一，第7~8页。

2 《清圣祖实录》卷一五二，第2页。

尔七旗喀尔喀，皆系兄弟，而不相睦，互吞人民，其势不为仇敌不止，朕灼知之，特遣大臣会阅，将所掠人民，皆令归还定誓。土谢图汗违誓，又称讨厄鲁特而兴兵，执扎萨克图汗及得克得墨尔根阿海杀之，自此喀尔喀众志不协，国破家亡。[1]

康熙帝指出，由于喀尔喀内部不和，方招致“国破家亡”，应汲取教训。土谢图汗违誓兴兵，杀扎萨克图汗及阿海，虽罪行严重，但他是喀尔喀最重要的领袖，抗击俄国侵扰态度坚决，对清廷恭敬，“虽困穷已极，尚能忆朕旧恩来归”，今又自陈罪过，权衡其功罪及认罪态度，康熙帝示意车臣汗，“是以责其大过而原其情”[2]。车臣汗得此晓谕，自然领会圣意。经过对各方面深谋远虑的工作之后，复问：“尔众云何？”众人还有何意见？喀尔喀汗、诺颜、大小台吉皆心悦诚服，奏言：

土谢图汗等，既知其非，而陈情请罪，已蒙圣鉴，则亦幸矣！如果治罪，非特皇上不忍，我众复何颜！至扎萨克图汗人民流散，轸恤其遗裔，欲令策旺扎卜袭封，诚非常之举也。我众其何说之辞？但不胜感戴，仰天祝颂而已。[3]

康熙帝根据众人所奏，发布谕旨说：“土谢图汗，自以妄举兵戎，陈情请罪，朕发众喀尔喀议之，皆言加彼之罪，则于我众无光。朕是以宥免其罪，仍留土谢图汗、车臣汗之号。”[4] 表示俯从

1 《亲征平定朔漠方略》卷一〇，第 7~8 页。
2 《亲征平定朔漠方略》卷一〇，第 8~9 页。
3 《亲征平定朔漠方略》卷一〇，第 8~9 页。
4 《清圣祖实录》卷一五二，第 3 页。

舆情，宽恕土谢图汗。康熙帝将自己宥免土谢图汗的意旨，变为众人的请求，喀尔喀两翼的纷争、怨恨，自然圆满解决。康熙帝对喀尔喀贵族晓之以理，动之以情，重在收服人心，便能一致对付强敌噶尔丹，其处理纷乱复杂的部族之间纠纷的政治经验表明他不愧为一位杰出的政治家。

问题已然解决，翌日，举行盛大的会盟大典。会盟大典是以宴会形式进行。

会盟场所布置十分庄重。在御营外十步之遥搭起了皇帝的黄色大帐篷，坐北向南，御座设于帐内铺有华丽的毡毯的平台上。离御座十步远向南两侧，是紫红色的长帐篷，这是为参加会盟的大臣、蒙古王公而设的。正对御座有一帐篷，帐内桌上摆满了金器、瓷酒杯等用具。整个场地呈长方形。在皇帝御帐两侧的长桌上，摆满了丰盛的食物。卤簿分两列排在御座之后直达御营内，其中有特意从北京带来的四只大象，装饰华丽，每侧两只与御马一起排列。八旗禁军佩带武器肃立，军官甲胄鲜明地站在排头，旗手高擎不同色彩绣有金龙代表本旗的旗帜，迎风招展，旌旗猎猎。

五月二日，清晨，各级官员身着朝服，内外王、贝勒、贝子、公、台吉等，俱列坐于左，喀尔喀等俱列坐于右，分七行，共六百六十三人，其余宰桑、护卫等俱环列而坐，喀尔喀总计近千人。哲布尊丹巴、土谢图汗、扎萨克图汗弟策旺扎卜、车臣汗四人坐于第一行。康熙帝着朝服到御营升坐，鼓乐齐鸣。喀尔喀王公贵族由理藩院官员和鸣理官引导，行三跪九叩礼。礼毕，康熙帝宣布宽免土谢图汗之罪，“皇帝准许土谢图汗使用汗衔，所以给他印鉴和所受权力的文件”[1]，将册文和汗印授予土谢图汗。康熙帝应允喀尔喀贵族“请照（内蒙）四十九旗一例编设”的请求，宣

1 《张诚日记》，见《清史资料》，第 5 辑。

布“将尔等与朕四十九旗一例编设，其名号亦与四十九旗同”[1]，“照四十九旗编为旗队，给地安插”[2]，分喀尔喀为三十四旗[3]，下设参领、佐领，从行政建制上与漠南蒙古各旗划一。并宣布实行清朝的封爵制度，革除蒙古贵族自成吉思汗以来实行的济农、诺颜等称号，分别封为亲王、郡王、贝勒、贝子、公、台吉，在爵位上完成了“皆执臣礼”的等级序列，朝见典仪至此结束，“持续了约半小时”[4]，整个过程中实质性问题的处理因而十分紧凑。然后是赐宴，“总共不少于二百桌”[5]。“皇帝陛下亲手把酒递给大喇嘛（哲布尊丹巴），然后三位喀尔喀亲王，再次给二十位主要台吉。他们都跪接酒，一手持杯，同时叩首。”[6]以示对他们特殊恩宠的感激。在宴会过程中，有各种杂技、木偶演出助兴，“喀尔喀人从来没有见过这样的表演，他们非常惊异，绝大多数人都忘记了吃东西”[7]。气氛欢快融洽，与会者尽欢而散，尤其是喀尔喀人。

五月三日，康熙帝再次召见哲布尊丹巴、土谢图汗、策妄扎卜、车臣汗等共三十五人于网城南门前赐宴。他说:“昨日虽已赐宴，朕复欲熟识尔等，故特召入。”命“各陈所欲言，尔等抒怀共语，以飨斯宴，勿因在朕前过于拘束也”[8]。康熙帝特意安排这次宴会，让与宴者无拘无束地边吃边谈，是想在亲切的气氛中，给众人畅所欲言的机会，增进彼此情感。宴会长达三个多小时，在此期间“皇帝和喀尔喀亲王亲切交谈，特别和坐在皇帝旁边的大

1 《清圣祖实录》卷一五一，第12页。
2 《清圣祖实录》卷一五二，第2页。
3 参见《清文献通考》卷一五九，《兵一》。
4 《张诚日记》，见《清史资料》，第5辑。
5 《张诚日记》，见《清史资料》，第5辑。
6 《张诚日记》，见《清史资料》，第5辑。
7 《张诚日记》，见《清史资料》，第5辑。
8 《清圣祖实录》卷一五一，第10~11页。

喇嘛亲切交谈”[1]。这种不拘于君臣之礼的“亲切交谈”，自然能收揽人心，从而使喀尔喀的来归能诚心实意拥戴清中央政府，为此康熙帝又给众人大量的赏赐。康熙帝优渥喀尔喀王公，果然效果斐然，土谢图汗、车臣汗等代表众人说：“圣主如此深仁，臣等恨归顺之晚耳！惟愿圣寿万年，俾臣等仰沐洪恩，长享太平之福。”[2]他们匍匐于“圣主深仁”的“洪恩”之下而感激莫名，山呼万岁。在群情感动的时刻，康熙帝不失时机地宣布了又一项重要谕旨：喀尔喀必须恪遵清朝法纪。他说：“念尔等素无法纪，故颁定例，令尔等遵行。”[3]早在会盟之前，当喀尔喀人南奔进入漠南蒙古之际，清政府已派人“明其法度，昭其典章”，制止喀尔喀“并无法度，不能约束，以强凌弱，自相劫夺”[4]的混乱局面。现在，皇帝莅临会盟，再一次庄严重申：“自今以往，尔等体朕爱养之恩，各守法度，力行恭顺……若违法妄行，则尔等生计既坏，且国法俱在，凡事必依所犯之法治罪。”[5]

按照康熙帝事前批准的会盟日程，下一步是举行盛大的阅兵，展示清王朝强大的军事力量，从而使喀尔喀人在感激“圣主深仁”“皇恩浩荡”的同时，震慑于皇帝的权威和清王朝的军威。这是康熙帝恩威并施、刚柔相济所不可缺少的，其目的在于激励众人以必胜的信念去迎接下一步与噶尔丹的战斗。

五月初四，八旗劲旅全副武装排列于指定地区，等待康熙帝大阅。康熙帝身着戎装，头戴镶有貂皮的头盔，佩带挎刀和弓箭，由皇长子允禔、皇三子允祉陪同，在侍卫、武装的内务府官员簇拥下，乘马检阅部队。据随行的耶稣会士张诚统计，受检阅的

1 《张诚日记》，见《清史资料》，第 5 辑。

2 《清圣祖实录》卷一五一，第 11 页。

3 《清圣祖实录》卷一五一，第 12 页。

4 《清圣祖实录》卷一四二。

5 《清圣祖实录》卷一五一，第 14 页。

“部队包括四千名骑射手，约两千名龙骑兵，一营有七至八百人的步兵和炮手四至五百人。此外，内务府官员和皇帝随从组成了一个七至八百人的马队，另外还有几支由北京都统指挥的全副武装的中队。全部总数共约九千至一万名骑兵和一千二百名步兵”。部队按八旗序列列队，“分列相距二十步远的两列，飘扬的军旗闪烁着金色及银色的龙，每行士兵都紧挨着，伸展长约十里。步兵营和炮兵营在行列中间，骑兵在两翼。炮兵拥有七十门铜炮，其中八门最大的炮镀有金色并饰以凸起的花纹，由红漆马车拉着，其余的放在小轮车上拉着。步兵里有五六门臼炮”[1]。康熙帝乘马由行列之间通过检阅部队，然后登上一座小山包。这里安设有御帐，四周侍卫林立。康熙帝命喀尔喀王公来到帐前，站列于右，大臣、都统站列于左，演习随即开始。低沉雄浑的喇叭发出战斗号令，首先是步兵以作战队形徐徐前进，喇叭声止，队伍亦停。如此再而三，突然高昂的喇叭声大作，所有的部队奋勇冲击，万马奔腾，向着假想的敌人冲锋，“鸣角，众大呼前进，声动山谷”。这时枪炮齐射，声震大地。部队奔驰到康熙帝所在的附近，立即停止，很快整理好队形。整个过程显示了军队训练有素。演习完毕，“皇帝已下了马，在一种很亲切的态度中，把他的护胸和其他武器拿给喀尔喀亲王们观看，喀尔喀亲王们对于这种从未见过的武装感到十分惊异”[2]。炮兵进行了出色的打靶表演，康熙帝“下令向喀尔喀人显示火炮”[3]。被清军强大的军容所震慑的喀尔喀人，无不惕息。多伦诺尔草原上这次空前的大阅，是康熙帝亲自指挥的，“是日，上令八旗满洲，及汉军火器营、总兵官蔡元标下绿旗兵，排列火炮，皆上亲自指示”[4]。它显示了康熙帝将

1 《张诚日记》，见《清史资料》，第 5 辑。
2 《张诚日记》，见《清史资料》，第 5 辑。
3 《张诚日记》，见《清史资料》，第 5 辑。
4 《亲征平定朔漠方略》卷一〇，第 10 页。

亲自统率清军歼灭噶尔丹的决心。

五月初五日，康熙帝巡视了喀尔喀营地，“察其穷困者赏以银币”，又调集大批牛羊赏给喀尔喀三十四旗贵族。康熙帝答应蒙古贵族“愿建寺以彰盛典”的请求，选择“川原平衍，水草滲溢”的上都牧场附近为建寺地址，因为这里距“诸部瀚沙龙堆之东西北者，道里至此亦适相中”。康熙帝题寺名为“汇宗寺”。据康熙帝自己解释，寺名的含义是指蒙古各部“恪守侯度，奔走来归，犹江汉朝宗于海”[1]，意即各部恪守屏藩，共同拥戴清中央，有如江河之归于大海。故乾隆帝在普宁寺碑文中写道：“昔我皇祖之定喀尔喀也，建汇宗寺于多伦，以一众志。”这就是说康熙帝在政治上妥善处理喀尔喀问题的同时，又充分利用蒙古部民笃信的喇嘛教，以收统一众心之效。康熙帝在其所撰写的《汇宗寺碑文》中说：“康熙庚午之秋，大宴赉于多伦诺尔，四十八家名王君长，世官贵族，靡不毕集，拜殇起舞，稽首踊跃。”反映了会盟成功后康熙帝十分得意的心情。

汇宗寺建成之后，由于喀尔喀蒙古原来集会朝拜的宗教中心厄尔德尼召（光显寺）被噶尔丹劫掠，已夷为焦土，汇宗寺便成为寄居漠南蒙古的喀尔喀人朝拜的宗教中心。在喀尔喀返回故土和库伦庆宁寺建成之前，哲布尊丹巴在这里主持宗教活动，康熙帝也“或间岁一巡，诸部长于此会同述职”[2]。汇宗寺成为康熙帝在多伦驻留时召见蒙古王公的场所。

五月初六日，康熙帝起程回京，“他再一次单独会见大喇嘛(哲布尊丹巴)，并建议保持其家族内部亲王间的和睦相处”[3]。将御用帐幕和用品赏赐给哲布尊丹巴。“喀尔喀王公贵族列队跪送皇帝车驾南旋，皇帝以极为和蔼的口吻与他们话别。”[4]临行，康

1　康熙帝：《汇宗寺碑文》；《大清一统志》卷四〇九，《御马场》。

2　康熙帝：《汇宗寺碑文》。

3《张诚日记》，见《清史资料》，第5辑。

4《张诚日记》，见《清史资料》，第5辑。

熙帝命定北将军瓦岱、护军统领马喇率兵赴土拉探听噶尔丹消息。

在多伦会盟过程中，康熙帝显示出一位杰出的封建君主的政治家风采和才能，通过令土谢图汗请罪，众议，赦免，先平息喀尔喀两翼的怨恨和纷争；又通过宴会、封爵、多次召见、大量赏赐，施恩于喀尔喀，建寺以尊崇其信仰；举行大阅，恩威并施，刚柔相济，推行清政府的各项制度；编设旗分，实行清朝的封爵制度和法律制度，完成了对喀尔喀行政体制的全面改革，依照漠南蒙古的成规，重建喀尔喀蒙古的封建秩序，加强了中央集权，从而使清中央对喀尔喀蒙古的统治制度化，这就是大学士伊桑阿所说："（喀尔喀）今仰戴天威，感怀帝德，咸倾心臣服，愿列藩属。"[1]喀尔喀臣属关系的制度化与行政建制的完善，是康熙帝完成国家统一大业过程的又一重要历史业绩。

## 十一　康熙诱歼噶尔丹之计未能实现

身经百战、横行无忌的噶尔丹，血洗喀尔喀是其一生战绩发展的顶点。乌尔河击败清理藩院尚书阿喇尼，又败安北大将军常宁，更使他不可一世。然而，乌兰布通一战的惨败，却是其一生政治军事生涯的转折点。乌兰布通战后噶尔丹逃回科布多，虽然有了喘息之机，休养生息，以图东山再起，但其处境以及在厄鲁特蒙古中的威望，已远不能与昔日同日而语。其侄策妄阿拉布坦乘其东进入据伊犁，并偷袭科布多，使噶尔丹不能回归故土。噶尔丹说："未归之前，凡所留辎重，俱被策妄阿拉布坦劫去，诸物无存。"[2]清政府也不时收到"噶尔丹属裔，牛羊已尽，捕鱼为生"，"在乌郎乌耕种"，依靠收取哈密回族赋税存活的奏报。[3]尤

1 《亲征平定朔漠方略》卷一〇，第 24 页。

2 《清圣祖实录》卷一五六，第 9~10 页。

3 参见《清圣祖实录》卷一六〇，第 8 页。

其是居于甘肃汛界外的厄鲁特务部，在噶尔丹被重创之后，“厄鲁特大半，附策妄阿喇布坦”[1]。叛噶尔丹而投附其侄，即使是在噶尔丹的直属人中，也有怨言者。康熙帝在给噶尔丹的敕谕中指出：“尔前者败于乌兰布通之时，汝属之人，皆惊惧而谤尔。”[2]可见，乌兰布通一战，噶尔丹叱咤风云的形象，在其部属中已经黯然失色了。鉴于此，康熙帝曾希望噶尔丹能释兵归降，多次颁赐谕旨，晓以利害，甚至给以赏赐，济其穷困，谕其来归。噶尔丹非但不从命，反而要求康熙帝将南来的喀尔喀人遣回故土。其部又于哈密杀害清廷派往策妄阿拉布坦的使者马迪一行。为了与清政府对抗，噶尔丹进一步与俄国勾结，乞援于俄罗斯；一面又在漠南蒙古阴谋进行策反，并经常出兵骚扰劫掠喀尔喀蒙古地区。

康熙二十九年，当噶尔丹进军漠南蒙古时，其派往伊尔库茨克和尼布楚请求俄国出兵“并肩作战”的特使达尔汉宰桑，在会见俄国全权大使戈洛文时，根据噶尔丹的训令，向戈洛文表示，愿意将雅克萨“这片土地让给（沙皇）陛下”[3]，企图以出卖《中俄尼布楚条约》明确规定的中国领土雅克萨来换取俄国的军事支援。乌兰布通战后，噶尔丹处境大不如前，更急于求得俄国的援助，与俄国的关系表现出具有乞求的投靠性质。康熙三十年以后，噶尔丹多次派出使节携带致沙皇的信件到伊尔库茨克、尼布楚、莫斯科进行活动。1691年，俄国波尔斯克行政长官派马特维·尤金赴科布多噶尔丹处，与噶尔丹多次长谈。噶尔丹在致沙皇的信函中乞求道：“我等与陛下一向是具有同一事业的兄弟，友好亲善。蒙古乃陛下和我等之敌人。为了贵我双方事业的成功，敬请陛下就兵员、火药、弹铅和大炮等等一切作战所需，给予至善的

1 《清圣祖实录》卷一五八，第15页。

2 《清圣祖实录》卷一五七，第15页。

3 《十七世纪俄中关系》，第2卷，第30页。

谕旨。”[1] 同时这就说明，噶尔丹“誓不犯中华皇帝属下喀尔喀，以及民众”[2] 的誓言，完全是欺人之谈，而是希望在获得俄国人更大的军事支援之后，再发动大规模进攻。因此，对喀尔喀地区日益频繁地进行骚扰。

噶尔丹表面上采取对清廷表示恭顺的策略，一面声称不敢有违康熙帝的谕旨，一面又以进贡为名，自康熙三十年后，每年派出大量人员进关，有时至千人，“阳为修好，潜留人为细作，各处窥探”[3]。且沿途制造事端，并向康熙帝无理要求将喀尔喀“发回七旗故土”[4]。对噶尔丹所遣奸细，凡清政府捕获者，奉旨就地正法。[5] 尤其严重的是，噶尔丹处心积虑打着扶持喇嘛教的名义派“厄尔德尼绰尔济、色尔登额尔克白克等，挟噶尔丹书札，散布内属蒙古”[6]，阴谋进行策反活动。康熙帝获知其阴谋，特颁敕噶尔丹，指出其“阳奉阴违，狡诈百出”。蒙古各部“虽极隐密之事，必来奏闻，无敢欺蔽。今尔所遣贡使人，持尔书来，与朕属下蒙古，告以尔语，皆以奏闻于朕，朕尽知之矣。此等谲诈，止自欺取祸而已，何能欺人！且朕属下蒙古，皆世受豢养厚恩，岂能负朕而堕汝计乎？”[7] 康熙帝指明噶尔丹的阴谋必不能得逞，且是自己取祸之道。然而，决心叛而不服的噶尔丹，尽管遭此当头棒喝，非但毫无收敛之意，且变本加厉施展其阴谋。他把策反的主要对象，一心倾注在科尔沁土谢图亲王沙津和达尔汉亲王班第身上。科尔沁部自清太祖努尔哈赤、太宗皇太极时已归附后金，与清皇

---

1 《卫拉特噶尔丹汗于 1691 年致俄国沙皇的信》，见沙斯季娜：《十七世纪俄蒙通使关系》，第 170 页之附页。

2 《清圣祖实录》卷一五六，第 11 页。

3 《清圣祖实录》卷一六三，第 9 页。

4 《清圣祖实录》卷一五六，第 10 页。

5 参见《清圣祖实录》卷一六七，第 17 页。

6 《清圣祖实录》卷一五七，第 13 页。

7 《清圣祖实录》卷一五七，第 14 页。

室联姻，在蒙古各部中地位显赫，而且军力雄厚，噶尔丹倘能得志，势必动摇漠南蒙古全局。其时，人言汹汹，皆谓科尔沁亲王沙津和达尔汉亲王班第叛清与噶尔丹暗中往来。起因是，乌兰布通之战噶尔丹狼狈奔逃，过内大臣苏尔达与沙津、班第军营，苏尔达奉大将军福全之命勿击，但苏尔达欲阻其逃奔，于是与沙津、班第共商遣阿喇善属下人鄂齐尔等令止噶尔丹。由于沙津、班第遣人往会噶尔丹，“于是众皆疑科尔沁已附噶尔丹”。黑龙江将军萨布素也从鄂尔罗斯台吉等人处闻知有关二人的流言，“亦疑科尔沁，密奏其有异心”[1]。康熙帝因科尔沁与清皇室关系密切，断定必无其事，全然不疑。康熙三十一年十一月，有沙津属下人乌喇佐领毕立克图者，往厄鲁特途中，遇噶尔丹使人济尔哈郎格隆。济尔哈郎格隆得知毕立克图是沙津亲信，即设宴款待，交给他书信一封，转致沙津，并要毕立克图于佛像前设誓，绝不外泄，又送毕立克图厚礼。毕立克图将其事向康熙帝密首。康熙帝得到噶尔丹致沙津的书信，留中，命令保密，不得宣露，决定将计就计，通过沙津诱歼噶尔丹。于是遣内阁学士西拉，往召沙津来京，亲自主持其事，不令其他人知晓这一设计。沙津奉命，星夜来京，被召入大内。康熙帝对他说明众人疑其有二心的原委，如今毕立克图又以噶尔丹之书密首，但“朕思尔科尔沁，自太祖、太宗时归附，世世职贡，相为婣亲，历有年所，尔必无此意，朕略无所疑”[2]，“果有所疑，亦不如是显然宣谕尔等矣”[3]。康熙帝开诚布公地表示对沙津的信任，使沙津深为感动，免冠叩首，对曰:“臣世受隆恩，断无依附噶尔丹之理……愿效死以图报圣恩之高厚。”[4]并说明前者遣鄂齐尔赴噶尔丹营，果有其事，本意是“欲引诱噶

1 《清圣祖实录》卷一五七，第 16 页。

2 《清圣祖实录》卷一五七，第 27 页。

3 《亲征平定朔漠方略》卷一二，第 49 页。

4 《亲征平定朔漠方略》卷一二，第 49 页。

尔丹”，不使其逃逸。康熙帝因而密谕沙津，仍遣鄂齐尔为使去噶尔丹处，表示叛服，“诱噶尔丹至近地可也”[1]，以便一举歼之。然而，康熙帝的设计并未实现，原因是狡诈的噶尔丹新败之后，实力大损，元气未复，不敢轻举，其策反目的在于争取同盟者。清廷旋得奏报“厄鲁特噶尔丹，无所得食，困迫已极，仰食于所属番人，而有来哈密之信”[2]。飘忽不定的噶尔丹已转向西北。康熙帝立即下令部署宁夏、甘肃一线防务。康熙三十二年三月，康熙帝任命郎坦为昭武将军，督大军往甘肃驻防，谕曰:“近闻噶尔丹乏食，有来哈密就食之信。哈密去甘肃诸边甚近，不可不预为之备。”[3]凡军机大事，郎坦与西安将军博齐、宁夏提督孙思克商议而行。

九月，郎坦制订了一个于来年春天，清军“直临科布多”袭击噶尔丹的作战计划上奏。康熙帝十分重视，命护军统领苏丹等赴郎坦军前，与博齐、孙思克等详议可进与否。众议暂不进军，先派人“不时远探消息”[4]。由于原驻归化城的安北将军郎坦已授昭武将军驻甘肃，康熙帝命领侍卫内大臣费扬古为安北将军驻归化城，这样，前后两次歼灭噶尔丹的计划均未能付诸实施。

康熙三十四年以后，噶尔丹侵扰日益频繁，喀尔喀克鲁伦河、土拉地区时传警报。康熙帝命黑龙江将军萨布素于呼伦贝尔（克鲁伦河下游）东南之索岳尔济山一线预备，调集盛京、墨尔根、乌拉三处之兵，有警可及时出击，沿途设驿站。命都统诺穆图总统汉军火器营预备出征。康熙帝调兵遣将，准备第二次亲征噶尔丹，特别是考虑到决胜于千里草原，骑兵尤其重要，“故发帑金，以资购买”[5]马匹，以加强八旗劲旅。八月，康熙帝出巡口外，到

1 《清圣祖实录》卷一五七，第 27 页。

2 《清圣祖实录》卷一五八，第 12 页。

3 《八旗通志初集》卷一五三，《郎坦传》。

4 《清圣祖实录》卷一六〇，第 8~10 页。

5 《亲征平定朔漠方略》卷一五，第 5 页。

木兰围场行猎。此时，噶尔丹有来克鲁伦河的消息传来，康熙帝决定再一次通过沙津诱噶尔丹前来，以迅雷不及掩耳之势，加以歼灭。沙津被召入行宫，康熙密谕曰：

> 噶尔丹为人极其狡猾，朕欲发大兵往征，恐彼闻风远遁，及至撤兵，彼又复来，扰尔蒙古。今毕立克图获噶尔丹遗尔书内，既有乞尔遣人于彼之语，汝可藉此遣人语噶尔丹云："我科尔沁十旗，俱已附尔矣，尔可前来，我等当从此地接应。"以此说之，诱至近地。于时朕亲统大军，风驰电掣，彼不及远遁，断可灭矣。尔可仍前所差鄂齐尔再往，诱噶尔丹至近地。[1]

康熙帝苦心筹划诱歼噶尔丹，命侍郎西喇与沙津前往"密授鄂齐尔说噶尔丹之计"[2]。鄂齐尔衔命再次"往与噶尔丹约"[3]，然而，"噶尔丹生性狡黠，久习战斗，见易则进，知难而退，往来飘忽，踪迹无常，诚非一朝系颈制命之寇也"[4]。噶尔丹堪称劲敌，智勇俱备，长期的实战经验，他绝不会轻就死地。康熙帝认识到要制强敌于死命，势必将在千里草原决战。

## 十二　清廷决策分路合击噶尔丹

噶尔丹进退有度，往来飘忽，踪迹无常，很难捕捉战机，康熙帝"时廑于怀，早夜筹所以图噶尔丹之策"[5]。为了集思广益，

---

1 《清圣祖实录》卷一六八，第 8~9 页。

2 《亲征平定朔漠方略》卷一六，第 9 页。

3 《亲征平定朔漠方略》卷一六，第 11 页。

4 《亲征平定朔漠方略》卷一六，第 9 页。

5 《亲征平定朔漠方略》卷一六，第 11 页。

让作战将领各抒己见，九月，康熙帝命八旗武职大臣官员各陈所见，谕曰：

> 噶尔丹侵扰外藩，去来无定，备师剿寇共当熟筹。着八旗、满洲、蒙古、汉军，凡都统以下，阿达哈哈番、参领以上各官，于各旗聚议，噶尔丹若何剿除，我兵若何设备？议定，由本旗陈奏，苟言有可采，朕即允行。[1]

同时，清政府不断派出人员侦察噶尔丹消息。康熙帝本人尤其重视对敌情的了解，他说："噶尔丹侵扰边疆之事，日廑朕怀，故凡一切遣使，及素所往来之人，不惮咨问。"[2]因而及时掌握噶尔丹兵力及其动向。可是，众议时带兵将领畏难于远涉大漠作战，主张噶尔丹南来时一战，"此时议当征讨者，举朝不过三四人"。康熙帝严加申斥，说："大臣官员，逡巡退缩，无意自效，但云俟彼来前，可与一战。若远在克鲁伦，必待塞草萌达方可前行。"[3]康熙帝指出：前已命沙津诱噶尔丹至近地，由于乌兰布通的教训，"谅其创痛之余，不复再至"，因而，俟噶尔丹南来一战的方案断不可行。鉴于将帅之畏难惧怯，康熙帝说："是以朕深咎之。风寒雨雪，皆所不辞；习于战斗之劲寇，亦所不避，决计亲征。"[4]皇帝甘冒锋镝。时噶尔丹在巴颜乌兰，王大臣和诸将领奉命"公同筹划，作何进退，其详议之"[5]。经过再一次议论，取得了一致的认识，认为"今宜遣发师徒，一举殄灭"。康熙帝远涉大漠与噶尔丹决战的战略决策，最后决定下来。按照这一决策，清政府各部

1 《清圣祖实录》卷一六八，第 75 页。
2 《亲征平定朔漠方略》卷一六，第 33 页。
3 《亲征平定朔漠方略》卷一六，第 33 页。
4 康熙帝：《御制亲征朔漠纪略》，第 1 页。
5 《亲征平定朔漠方略》卷一六，第 34 页。

门积极进行准备，“秣兵厉马，教营伍，练攻战，激励将士，申明赏罚”[1]。考虑到长途奔袭，如何保持战马健壮特别重要，对此做了细致的安排，同时调蒙古兵两路分防噶尔丹，清军主力集中整备出征。十一月，将军费扬古建议，由其率右卫兵于青草萌发之时突袭噶尔丹所在地巴颜乌兰。议政大臣会议，应如所请，将所调兵及战马、子母炮等所需作战物资，送发费扬古军前。奏上，康熙帝反复思考，认为此举关系重大，以一旅孤军制强敌于死命甚难，决定三路大军进剿噶尔丹，实施大范围的战略包围，使噶尔丹无法逃逸，然后合击歼之。康熙帝命令：“我大军进剿噶尔丹，宜分为三路。”东路由黑龙江将军萨布素率盛京、宁古塔及黑龙江兵，并科尔沁兵，沿克鲁伦河进剿。西路由抚远大将军、领侍卫内大臣伯费扬古率领；西路又一军由振武将军孙思克率领，由宁夏北上，断噶尔丹西归之路。两路总辖于费扬古，费扬古由归化城进剿。康熙帝亲率中路大军直袭克鲁伦河，同时命令蒙古各部“务厉兵秣马以待”，准备随大军出征。

正当清军积极准备出征之际，有噶尔丹下属阿穆胡郎等四人由巴颜乌兰来降。康熙帝命议政大臣详询，进一步获得了有关噶尔丹的可靠情报。噶尔丹于八月至克鲁伦河，命其大将阿拉卜滩台吉、丹济拉、丹津鄂木布等分三路，各领兵三千渡克鲁伦河大肆劫掠喀尔喀，后会于巴颜乌兰“遂合家环居其地，作度冬计”[2]。清政府所派探子，在此之前曾在拖诺地方，“立山冈远望”，见噶尔丹营地，“殆三十里，营内巡警之人，皆歌笑巡行”。第二天行军时，头队辎重黎明动身，其尾队至日昃后方毕，“大约人马行踪二万有余”，而百战之兵约六千人。当然，临阵之时，除老弱妇孺外，皆为战士。康熙帝确知噶尔丹在巴颜乌兰过冬后，

1　康熙帝：《御制亲征朔漠纪略》，第 1 页。

2 《亲征平定朔漠方略》卷一七，第 7 页。

又闻“噶尔丹欲举兵内人”[1]，因路远而止，于是命各路军确定起程日期。左都御史于成龙、督捕侍郎李钠、大理寺卿于成龙，督运中路军粮；光禄寺卿辛保、内阁侍读学士范承烈，督运西路军粮。西路军共约八千五百人，合官兵厮役，共计两万四千余人。护军鸟枪兵，每人马四匹，役夫一名，共计马数万匹；东路军九千人，合官兵厮役三万两千九百余人。官兵皆自带八十日口粮。发内帑金六万，命于成龙督造运粮车辆。兵马未动，粮草先行。督运大臣于十一月隆冬季节首先北发，范承烈《北征督运图》题记云：“诸臣恭请训辞后，不及私家，即日就道。于是冰雪载尘，寒风凛冽，然军容整肃，士气百倍，足令敌忾而致胜焉。亲朋设祖帐广宁门外，一一别去子侄，送者亦遣归，马首遂西。”[2]

十一月二十日，康熙帝于南苑大阅誓师，颁敕严肃军纪。是日，南苑西红门旷地上，八旗官兵枪炮排列为三队，两翼设立应援兵，“军兵众多，不见涯际，器械鲜整，旌旗蔽天”[3]，在寒风中猎猎有声，耀日争辉。辰时，康熙帝率皇太子及诸皇子，俱戎装擐甲，张黄盖，由内大臣、侍卫、大学士、兵部大臣护从，众人俱擐甲，其后是豹尾枪侍卫和大纛，上三旗侍卫全副武装随后拥护。康熙帝遍阅八旗兵阵及火器营军容后，立马观看针对噶尔丹的野战操演。清军总结乌兰布通之战的经验，制定了新的战术。在号角的指挥下，首先是步兵举鹿角护送大炮齐进，以防敌军骑兵冲击，鸣金则止，齐发枪炮；如此共九进，至第十次，连发大炮轰击，火器营马步军同时不间断地循环连发鸟枪；经此排击之后，各队抬开鹿角为一门，后二队马兵依列而出，于鹿角前列队整齐，闻号令大举突进，冲向遭枪炮排击后的敌军，鸣金收兵。这时，殿后军兵立即护后而立，冲锋者整队徐行。这是适应在辽

1 《亲征平定朔漠方略》卷一七，第 8 页。
2 王宏钧、刘如仲：《准噶尔的历史与文物》，第 159 页。
3 《亲征平定朔漠方略》卷一七，第 24 页。

阔的草原上野战的战术。清军总结了乌兰布通实战经验，认为“军器之中，无猛于鸟枪火炮者，其势甚烈，其力甚大，诚战阵之利器也。于是建立火器营”，“三十一年，以前征准噶尔时火铳便利，立火器营。朝鲜国王进乌铳三千杆。诏永免朝鲜黄金及蓝青红木棉等贡”[1]。康熙帝尤其重视火器大炮，所谓“皇上深念剿灭噶尔丹，当以火器为要，特广设枪炮，别建一营，不时训练”[2]。每旗增设鸟枪大臣统率管理。除鸟枪大炮外，清军还装备有火箭。[3]操演过程充分显示了队伍训练有素和火器的威力，康熙帝深为满意，问诸将曰：“尔等遇敌，其交战之状，亦如是乎？”众答曰：“虽大略如此，而无此整肃。”[4]厄鲁特降人阿穆胡郎等，见此阵势，骇甚，股慄不已。

康熙帝于军前谕勉众官兵：

> 今噶尔丹，游魂假息于喀尔喀左近，肆行穷掠，朕欲一举立殄……是师之举，与昔不同，兹尔将卒以下，厮役以上，各当勉力。[5]

谕毕，康熙帝驰骋校射，豪气风发，连连中的，大小臣工叩颂“皇上武略绝伦，天纵神奇”。这次大阅誓师，大大鼓舞了士气，官兵“感激奋勇，百倍于常”[6]，“但愿幸遇敌冦，寸磔噶尔丹，以报我皇上之恩”[7]。三军同仇敌忾，人心请战。身为最高统帅的康熙帝，深谙兵心士气乃克敌制胜之本，因而大为振奋，对

1 魏源：《圣武记》卷三，《康熙亲征准噶尔记》。
2 《亲征平定朔漠方略》卷一八，第 13 页。
3 参见《亲征平定朔漠方略》卷一九，第 15 页。
4 《亲征平定朔漠方略》卷一七，第 25 页。
5 《亲征平定朔漠方略》卷一七，第 22 页。
6 《清圣祖实录》卷五五，第 28 页。
7 《亲征平定朔漠方略》卷一七，第 26 页。

内大臣国舅佟国维说："行军以得人心为要，众心悦，则诚为大快矣！"[1]

康熙三十五年正月，康熙帝命西路军统师、抚远大将军、领侍卫内大臣伯费扬古由归化城（呼和浩特）来京，商议进军有关事宜后返回驻地。西路军由于道远，二月十八日由归化城起行，由抚远大将军费扬古率领；又命将军孙思克率甘肃、宁夏、西安兵，于二月二十日由宁夏起程，从西路进剿。断噶尔丹逃往俄国色楞格斯克之路。东路大军由黑龙江将军萨布素率领盛京、乌拉、黑龙江兵，沿克鲁伦河进剿。东路军路途较近，定于四月初六起行，中旬与中路大军会于克鲁伦河。

## 十三　康熙帝亲率中路大军直趋克鲁伦河

康熙三十五年二月三十日，分遣国舅佟国维等告祭于天地、宗庙、社稷、太岁坛，康熙帝诣堂子行礼，排列仪仗祭旗纛，亲率中路大军起行。由安定门大街，出德胜门，八旗按序列依次排列出征，留京官员朝服跪送，鸣炮起程，出独石口。内大臣公福善率中路军另一支出古北口，会于揆宿布喇克地方。事前规划已定，中、西两路大军克期于四月下旬会于土拉。是时如噶尔丹距西路较近，必待中路军至后夹击，反之，亦然。此次出征，集中了清军所有的精兵悍将。中路大军共二十九营，皇三子允祉、皇四子胤禛（雍正帝）、皇五子允祺、皇七子允祐各主一大营，皇长子允禔随驾。皇太子允礽留守。康熙帝兄裕亲王福全，其弟恭亲王常宁、简亲王雅布，以及内大臣、侍卫、各旗都统、前锋统领、护军统领俱从征，阵容空前强大。中路军兵众多，分为两支，一出独石口，一出古北口。康熙帝严格规定了行军纪律和秩序，御

1 《亲征平定朔漠方略》卷一七，第 26~27 页。

营居中，“按队伍前进，不得分散错乱”，各营队相距一二日程。其时，虽已初春，然塞外大风时作，风雪载途，行军十分艰苦。康熙帝身为表率，未曙即起，“每日一餐，凌晨即撤营就道”[1]，而军士尚有在营中眠食者。康熙帝尤其能体贴下情，“上自出京，常以休息士马为念”，每每亲见驮载行李的辎重先发，然后起行。至前方驻地，军兵“行李已毕至矣，于是士马大得苏息”。又令于行军途中，免去常规礼节，谕曰：“朕每日常于野次暂坐，若于朕前过者，俱勿下马。”[2]遇上风雪交加时，如果军士尚未安营，康熙帝则“雨服露立，俟众军士结营毕，始入行宫；营中皆炊，然后进膳”[3]。侍臣以天寒雪大，请入行宫，康熙帝说：“军士未尽安，朕何忍就帐房以自逸。”[4]这些记载，并非溢美之词。随行的耶稣会士法国人张诚是目睹者，他写道，雨雪中行军于傍晚到驻营地时，“皇帝下了马，按照习惯，不进入为他准备的小帐篷里，而是在雨中和皇子们以及其他所有的人站在一起，直到士兵们的帐篷在预定地点全都建起。然后，他又极端仔细地保养牲畜”[5]。人马众多，车载军粮远涉大漠，困难极大，“砂碛之地，朕（康熙）亲身与诸皇子诸大臣，帮车使过”[6]。为了节省口粮，康熙帝命令日食一餐，且自己身体力行。张诚说：“在皇帝的命令下我们又开始每日一餐，皇帝也亲自示范。”“虽然皇帝的儿子年纪幼小，他们都遵守每天一餐的命令，看来他们也乐于这样做。”[7]康熙帝以帝王之尊，忍饥挨饿，一任风吹雨淋，与士卒共甘苦，虽年幼皇子也不稍顾。治军如此，将士自然感服，愿效死命。也有

1 《清圣祖实录》卷一七一，第 27~28 页。

2 《清圣祖实录》卷一七一，第 27~28 页。

3 《清圣祖实录》卷一七一，第 29 页。

4 《亲征平定朔漠方略》卷二一，第 24 页。

5 《1696 年张诚神甫第五次随从中国皇帝去鞑靼地区旅行》，见《清史资料》，第 6 辑。

6 《亲征平定朔漠方略》卷二二，第 11 页。

7 《1696 年张诚神甫第五次随从中国皇帝去鞑靼地区旅行》，见《清史资料》，第 6 辑。

极少数人不能忍受艰苦的行军，“有一虾（侍卫）原为皇帝的牧马官，因感到无力继续旅行而自杀”。对畏难不前者，虽死也不宽恕，“皇帝命令将其所有行李、马匹、骆驼及家奴分配给皇上随从中之牧马者，其财产充公，将其尸体抛弃于露天，以儆效尤”[1]。

费扬古三月十九日奏称，西路军最初行军较顺利，四月初三日可至翁金，二十四日可至土拉，二十七日可至噶尔丹驻地巴颜乌兰。然而，西路军却因雨雪所阻，“断不能于二十四日前至土拉”。康熙帝一面命费扬古调整到达土拉的时间再奏，一面命中路军速进。为了侦探噶尔丹消息，康熙帝命令在原来已有的人员外，新拨七十人，配备快马，及时分批前往侦探，及时奏闻。侦探人员不断奏报，噶尔丹确在土拉河上游。护军参领车克楚“夜行昼伏，相机侦探”，于四月十三日回奏，于伊札尔厄尔几纳地方，见噶尔丹行踪；又遇科尔沁土谢图亲王沙津遣往噶尔丹处的俄七里等十五人，获知惊人的消息。噶尔丹对俄七里等云：“今领俄罗斯炮手、鸟枪兵六万，再俟俄罗斯兵六万至，即顺克鲁伦河而下，直抵科尔沁，致尔二王（沙津、班第），著即为内应。”[2]车克楚等急速返回奏闻。这一消息，在大臣中引起了相当的恐慌。康熙帝却十分镇静，并未因有噶尔丹借兵俄罗斯的传言而动摇歼彼的决心。康熙帝将噶尔丹向克鲁伦河进发的动向通知费扬古，指出：“如此则噶尔丹与中路军相近，中路军将战而胜之。”然后“此贼最为狡诈，溃退时，未必退回土拉”，康熙帝筹度战局，苦思不致使噶尔丹逃脱之策。他估计噶尔丹可能渡克鲁伦河，奔色楞格斯克，投靠俄国；或者绕巴颜乌兰之后逃遁，而西路军将不会与敌相遇。于是“皇帝在半夜召集会议，派出快差，紧急通知行进予我们（张诚自称）西边的另外两个军的统帅，命

1 《1696年张诚神甫第五次随从中国皇帝去鞑靼地区旅行》，见《清史资料》，第6辑。
2 康熙帝：《御制亲征朔漠纪略》，第6页。

令他们一个军由后路压向敌人，另一个军封锁敌军一切逃路”[1]。康熙帝对噶尔丹借俄罗斯兵六万毫不在意，决意歼此劲敌，不使其脱逃。他说：“朕深切忧虑，特遣人谕大将军费扬古，细访彼处地方，凡贼可以脱逃之路，加意堵截，勿以其顺（克鲁伦）河而下，遂轻视之，为此特谕。”[2]然而，不巧的是，西路军途遇风暴雨雪，行军滞迟，且与中路军的联系中断了一个月。其时中路军仍按费扬古三月十九日奏报前行，即西路军将于四月二十七日至噶尔丹驻地巴颜乌兰。

四月二十一日，康熙帝方收到费扬古的奏疏，说明途中因雨雪受阻，军粮不继，道路泥泞，神威等重炮只得留于卡伦，以便轻装前进。即使如此，五月三日方能至土拉，二十七日至巴颜乌兰，比前奏日期推迟一月。西路孙思克一军，更为狼狈，三月二十、二十一日，遇“飚风两昼夜，二十二日大风一昼夜，寒威凛冽，俨若隆冬，马匹既馁且冻，倒毙甚多，自此疲弱不行，沿途日见丢弃”[3]。而军粮又不继。孙思克一军将卒厮役两万余人，于荒漠之中面临如此困境，前途尚远，孙老将军忧心如焚，集诸将会议，曰：“此去彝巢尚远，我兵粮米不继，不但临敌制胜偈能有济，行且深入不毛，悉归于尽矣。”[4]疲困之师面临未遇敌即有全军覆没的危险，孙思克毅然决定由七千兵中挑选精壮者两千人前往，其余遣归。诸将以未奉君命回师且两千人太少为难，孙思克曰：“兵在精而不在多，吾二千人足以破敌。倘朝廷加罪于我，我自当之。且吾与其悉作饿殍而鬼异域也，吾宁以一身之诛戮而博数千子弟以生还，我之愿也。”全军感奋痛哭流涕，跪请同往，纵饥饿而死，亦当心甘。孙思克含泪劝慰曰：“尔等皆我平昔所练之

1 《1696 年张诚神甫第五次随从中国皇帝去鞑靼地区旅行》，见《清史资料》，第 6 辑。
2 康熙帝：《御制亲征朔漠纪略》，第 6 页。
3 俞益谟：《孙思克行述》，见《清史资料》，第 2 辑。
4 俞益谟：《孙思克行述》，见《清史资料》，第 2 辑。

士，谁非捐躯报国之人，但到此马罢（疲）粮尽无可奈何之地，不得不令尔等归尔。”[1] 于是率两千人驰往翁金与费扬古合，一面具疏自罪以闻。康熙帝知其遇暴风，行军艰难，批准所请。

由于西路军迟到，中路军便突前了，且距敌日近。这一事先未料到的变化，使原定两军会合的计划不能实现，形势陡然紧张。而噶尔丹借俄罗斯兵六万，要沙津、班弟为内应，甚至扬言：“若他们能打败满洲人，他们将直接进军北京，若他们征服了皇朝，他们将伙分地盘。”[2] 此消息更增加了大臣们的惊恐不安，“内大臣索额图、大学士伊桑阿等大惊”[3]。众人入奏，请“圣驾徐还，只令西路兵进剿”。康熙帝大为震怒，召佟国维等入行幄，严加训斥，言辞慷慨，至于泪下。他说：

> 朕以噶尔丹侵扰喀尔喀及外藩蒙古，此番秣马励兵，整军运饷，分路进剿，曲尽筹画，告祭天地、宗庙、社稷，务期剿灭噶尔丹，而后出兵。自兵丁以至厮役，无不思灭噶尔丹者，而大臣内有怯懦不实心勇往向前之人……朕惟一意前进，以剿灭噶尔丹为念。况尔大臣俱系情愿效力，告请从军之人，乃不奋勇前往，逡巡退后，朕必诛之。不知索额图、伊桑阿等视朕为何如人？我太祖高皇帝、大宗文皇帝，亲行仗剑，以建丕基。朕不法祖行事可乎？指顾间，噶尔丹可擒可灭，既至此地，而效妇人怯懦退缩乎？
>
> 且大将军费扬古兵，与朕军约期夹击。今朕军失约即还，则西路之兵，不可问矣！将何如还至京城，何以昭告天地宗社乎？[4]

---

1　俞益谟：《孙思克行述》，见《清史资料》，第 2 辑。

2 《1696 年张诚神甫第五次随从中国皇帝去鞑靼地区旅行》，见《清史资料》，第 6 辑。

3 《亲征平定朔漠方略》卷二二，第 22 页。

4 《亲征平定朔漠方略》卷二二，第 23 页；《清圣祖实录》卷一七二，第 5~6 页。

康熙帝激愤怒甚，涕泪满面，诸大臣震慑不已，免冠叩首，恳请息怒，说："臣等真怯懦妄奏，死无地矣！"康熙帝始稍解。然而，中路军下一步如何行动，康熙帝对此却十分慎重，决定将西路军延迟情况向大臣将领说明，听取众人对中路军如何行动的意见。于是命传集前后营诸王、皇子、内大臣、前锋统领、护军统军、副都统以上人员至御营，谕曰："前因大将军费扬古奏称四月二十四日可至土拉，二十七日可至巴颜乌兰，故整齐中路大兵，已逼近敌所。今大将费扬古等途中阻滞，久不启奏，顷忽具奏更改日期。现今朕所统之兵，既已临近噶尔丹，毋庸等待费扬古之兵，欲即行前进。"[1]命众人讨论。据耶稣会士张诚记载，实际上是"举行了大型战前会议"。议论的结果不一，有三种方案。"一些人主张立即火速前进，以便在粮草耗尽之前，向敌人进攻"，这主要是大营皇三子允祉及将领的主张。另一些人"建议先选定有水草之地，在那里安营，等到后续部队到来"，这主要是议政王大臣和多数皇子的意见。他们认为"皇上亲帅征讨，苟非万全，所关非细。费扬古所奏，展期十余日，宜少待之"。第三种意见是，"减慢向克鲁伦河的进军，每隔一天休息"，等待粮草的到来。[2]康熙帝"仔细研究了他们的书面意见之后，决定听取对此事的辩论。后来他说这是一件至关重要的事。这三种不同的意见，未向前方和后方的亲王和大人们提出之前，不作任何决定"[3]。前后各营诸王大臣意见，也是"众见不一，有言即宜进剿者；有言原议两路之兵，约会前进，所关重大者，应少缓我师（中路军），以观局势"。康熙帝说："朕再四筹度，未能适当其可，姑稍为相机徐行。"1这也是多数大臣将领的意见。传教士张诚记述说："我们停下来使

1　康熙帝：《御制亲征朔漠纪略》，第11页。

2　参见康熙帝：《御制亲征朔漠纪略》，第11页；《1696年张诚神甫第五次随从中国皇帝去鞑靼地区旅行》，见《清史资料》，第6辑。

3《1696年张诚神甫第五次随从中国皇帝去鞑靼地区旅行》，见《清史资料》，第6辑。

驮畜休息，皇帝决定等待另外两支军队指挥费扬古、孙思克到来，然后向敌人进攻。”[2]康熙帝原来所拟定的作战方案是，费扬古、孙思克分别指向西北、东北，截其退路，又命萨布素一军遏其沿克鲁伦河东进之路；中路军直抵克鲁伦河，与西路军夹击，将噶尔丹歼灭于该地区。这一作战方案，其前提是在费扬古西路军未到达之前，不使噶尔丹得知康熙帝亲征，“闻风逃窜”。本来，中路军贵在神速以收突击效果，康熙帝曾指出：“朕熟计噶尔丹情形久矣。噶尔丹之心，必以为当今春令，正马匹羸瘦之际，此路既无水草，沙碛瀚海，又其难行，大兵势不能到。至于朕躬亲来，彼万难料及。”[3]因此，中路军制敌之机在噶尔丹未曾料及。而今，中路军距敌已近，约五日程，难免不被噶尔丹觉察，康熙帝决定至拖陵时，遣使噶尔丹羁縻之，不使其逸去，以待西路军。时康熙帝已至西巴尔台，探明噶尔丹在塔尔济尔吉。清军又捕获噶尔丹部属二人，他们是为追逐野驴远离大队至清营附近的。康熙帝亲自审问二人，俘虏说噶尔丹在土拉与克鲁伦河之间，有两万余人，有充足的马和骆驼，不乏给养，“他们若受到攻击，就要决心战斗”，但是对中路军的到来并不清楚。[4]敌人给养充足，兵强马壮，这对经过长途跋涉的清军来说自然是增加了困难。此时西路军奏报至，消息令人担忧。费扬古陈述了沿途遇到的困难，粮食不继，马匹倒毙甚多，噶尔丹又将布特克地方往前十余程之牧草，尽行燔烧。清军为了急速前进只带有一万余人的军队，其余都已留在后方。孙思克一军赶来与费扬古相会者，仅两千人，主要是绿旗兵，已不能单独一军行动，决定二军合而为一。西路军

1 《亲征平定朔漠方略》卷二二，第 60 页。

2 《1696 年张诚神甫第五次随从中国皇帝去鞑靼地区旅行》，见《清史资料》，第 6 辑。

3 《亲征平定朔漠方略》卷二二，第 6 页。

4 参见《1696 年张诚神甫第五次随从中国皇帝去鞑靼地区旅行》，见《清史资料》，第 6 辑。

兵力大为减弱。康熙帝命举行会议，大营“开会议论了一上午”。前后营大臣、将军颇有忧色，“皆以西二路兵，今归一路，甚为劳苦。若噶尔丹人众马健，则深为可虑。且科尔沁沙津王之俄七里，曾有俄罗斯兵六万人之语，关系非轻，因稍有瞻顾”[1]。临敌在即，统兵将领有所瞻顾，乃兵家之大忌。身为统帅的康熙帝深知坚定众人必胜信念的重要，召集议政王大臣，指出西路军虽劳困，而中路军甚盛。谕曰：

> 朕所统大军，不劳而至，人逸马肥，不但满汉官兵，即仆从无一人不到者。以此精锐，人有死志，寇虽十万，朕将用策，亲御以击之。[2]

这就是说，面对兵强马壮的劲敌，即使再有俄罗斯兵六万，康熙帝也决心亲自指挥中路军战胜敌人。同时命令于成龙赶运军粮，以便接济西路军。

五月初一日，康熙帝至拖陵，与前锋部队会合，已逼近噶尔丹，驻地一派临战紧张气氛。康熙帝发布了一系列命令：将星夜驰运到的米粮补给军队；加强对马匹的防护，将病弱马匹留下；御营内增设宿卫，设环营，领侍卫内大臣、护军统领分班昼夜巡察。谕行在兵部：“今已逼近噶尔丹，若遇敌交战时，副将以下，至兵众人等，有退怯违令者，着该总兵正法以闻。”[3]又命内大臣公长泰遵照旨谕所授，绘制作战阵图进呈。鹿角、火器、马步兵、头队、二队俱按旗分，“阵势着分张排列”，摆开大规模决战的阵势。康熙帝在仔细阅看阵图之后，命令“照此遵行”。同时，遣多禅、阿必达等率兵两千人，携带敕书赐物使于噶尔丹，以羁縻

1 康熙帝：《御制亲征朔漠纪略》，第 20 页。
2 《亲征平定朔漠方略》卷二二，第 72 页；《清圣祖实录》卷一七二，第 21 页。
3 《清圣祖实录》卷一七三，第 3 页。

之，不使其闻风而遁。敕谕噶尔丹曰："朕乃不忍生灵横被锋镝，是以抒诚遣使，朕与尔等见面定议……五日内，遣尔使偕我使来复。"[1] 部署已毕，五月五日，康熙帝率队向克鲁伦河挺进。初六日，至枯库车尔地方，距克鲁伦河约百里。傍晚，中路军拟驻营，突有两骑自克鲁伦河方向疾驰而来，乃一等侍卫喀瓦尔达。他是护送多禅往噶尔丹者，奏言：多禅、阿必达一行于当日（六日）晨在克鲁伦河畔遭到噶尔丹的大将丹济拉一千余厄鲁特兵击袭，"他们用步枪打伤三四名放马仆人"，"抢去共约四百匹马，向使臣发起进攻"，"双方各伤数人"。多禅等命侍读学士殷扎纳前去喊话，说"我等系圣朝使臣，不得无礼"，并告以"皇上亲来"。多禅距此不过约一百里。大将军费扬古亦从土拉而来。"丹济拉大骇失声，遂领敕书，收兵急去"，告知噶尔丹，"厄鲁特汗正率领其主力部队驻于距他们三四十里远处"[2]。中路军原拟驻枯库车尔，在确知噶尔丹所在后，康熙帝命令翌日（初七），摆开战斗队形向克鲁伦河急进。"上（康熙）躬率前锋兵在前"，大兵分列队伍，"绿旗居中，汉军火器营排列两旁"，"诸军鳞次翼张而进，兵威之盛，弥山遍野，不见涯际，整齐严密，肃然无声"[3]，"盔甲垣赫，士卒奋勇，旌旗辉耀，掩映山川"[4]。途中侦探来报，有噶尔丹所遣细作数人前来潜窥清军，清军侦察人员追逐未获。康熙帝笑曰："何必追逐，往报，亦足以破噶尔丹之胆也。"[5] 当日，康熙进至燕图库列图驻跸，此地原有水洼均已枯竭，清军乏水，向导惶惧，康熙帝亦甚忧虑，因步兵已行五十余里，前距克鲁伦

1 《清圣祖实录》卷一七三，第7页。

2 《清圣祖实录》卷一七三，第9页；《1696年张诚神甫第五次随从中国皇帝去鞑靼地区旅行》，见《清史资料》，第6辑。

3 《清圣祖实录》卷一七三，第9~10页。

4 康熙帝：《御制亲征朔漠纪略》。

5 《清圣祖实录》卷一七三，第10页。

河尚有四十余里，“无水之地，若遇贼，如何可战”。康熙帝及时派出一支部队掩护大兵侧翼，“若有警，则一面交战，一面奏闻”。是日，遣使噶尔丹处的阿必达返回，奏言噶尔丹已知康熙帝亲自统兵前来，但诡称噶尔丹不在克鲁伦河，尚在土拉（阿必达被人看守，未见到噶尔丹），请缓进兵，勿渡克鲁伦河，若“必欲穷追之，则我亦能抗拒”[1]。康熙帝明白答复，来日必至克鲁伦河，始可缓兵。由于噶尔丹以战争相威胁，清军的前卫在西面二十里处放哨时，又发现对面山上几支敌军人马，以为是敌人的前哨部队。“从一小山顶上，皇帝用望远镜从三十至四十里之外发现敌人的两支队伍。”[2]形势十分紧张，康熙帝命令日暮前不准安营，马不离鞍，以防敌人突袭。入夜，清军始扎营，而掘壕尚未完毕，康熙帝亲自巡视，甚以为虑，一一指示防卫。康熙帝“令皇长子胤禔、领侍卫内大臣索额图彻夜巡视”。他本人及诸臣、侍卫、军士，俱身擐甲胄，营内尽撤去帐房，御用行幄幔城俱不设，各处皆伏兵，空壁以待之，直至天明。当晚清军哨兵与敌人哨兵“相对而驻”。[3]康熙帝深知噶尔丹乃凶悍善战之人，且足智多谋，狂飙风驰而击，是其所长。故近敌之后，他的心情也是十分紧张，深恐遭遇不测，苦心焦思，以策万全。康熙帝在给留守的皇太子允礽的信中说，近敌以来，“将士志气，与在京同，其奋勇情状，未能备述。朕之心思，则非如在京时矣。事体重大。期出万全，非可苟图侥幸，故既殚心力，复默祷苍天以行之耳！”[4]他时时默默祈祷，求上天保祐。康熙帝事必躬亲，凡侦探斥候，遣派人员，“一一书示，不胜其烦”，也不敢稍有疏忽懈怠。他在给皇太子的

1 康熙帝：《御制亲征朔漠纪略》，第25页。

2 《1696年张诚神甫第五次随从中国皇帝去鞑靼地区旅行》，见《清史资料》，第6辑。

3 参见康熙帝：《御制亲征朔漠纪略》，第25页；《亲征平定朔漠方略》卷二三，第35页；《清圣祖实录》卷一七三，第10页。

4 《亲征平定朔漠方略》卷二三，第22页。

信中说自己操劳辛苦，“旋师之日面言之”[1]。大战前夕的紧张而又不安的心情充斥字里行间。

翌日（初八日），清军直指克鲁伦河，康熙帝率前锋而行。康熙帝“以克鲁伦河乃噶尔丹至要必争之地，贼若欲战，必于克鲁伦河拒战矣”[2]。前锋军已接近克鲁伦河，暂止稍停，以待后军。康熙帝率少数扈从登上一山冈，“执圆镜远望，见河不见人形”。出人意料的宁静使人疑虑，康熙帝恐敌人有诈，不敢冒进，于高处仔细观察地形，见东西各有山，而西边的山麓迤逦接河岸，山外不可见，于是命科尔沁土谢图亲王沙津、达尔汉亲王班第等率所部前往占据西边山麓处，佯作全军由此而进，如遇敌前来接战，勿与战，诱其前来大军处；设若敌人早有所备而不出击，康熙帝则分布队伍，指挥大兵“争先据河”，先扼要津，不使其脱逃，占据有利地势，与敌决战。沙津等所负使命实际是“火力”侦察，根据敌人的反应，再决定是诱敌前来，抑或是清军争据有利地势后决战。时已过午后，强烈的东北风使天气转阴。一阵雷雨过后，天空放晴，而西方天际仍然阴云密布”[3]，那里正是沙津等奉命前去的地方，康熙帝焦急地盼望着。这时，早先派出侦察的阿必达遣人疾驰回奏说，阿必达等到达前次与噶尔丹大将丹济拉相遇之处，已空无一人，急追踪而前，于克鲁伦河畔见有厄鲁特七人，他们远远望见阿必达一行，即溯河驰去。从留下的马迹看，噶尔丹已于两日前遁去。这时正好又有一噶尔丹“帐下的名门之子”，前来投降，康熙帝立即召见，询问有关情况。据云“厄鲁特汗（噶尔丹）于几天前曾在克鲁伦河岸扎营”，距康熙帝现在所在地约三四十里，“但他听说皇帝亲自率领军队前来时，他就急忙后

1 《亲征平定朔漠方略》卷二三，第 27 页。

2 《亲征平定朔漠方略》卷二三，第 36 页；《清圣祖实录》卷一七三，第 11 页。

3 参见《1696 年张诚神甫第五次随从中国皇帝去鞑靼地区旅行》，见《清史资料》，第 6 辑。

退，恐怕此时相距已不止二三百里”[1]。消息证实噶尔丹已逃遁，康熙帝急速前进，首先至克鲁伦河，不见敌踪。于是渡河，见有噶尔丹曾安营的遗迹，一片杂乱，敌人撤离尚不久。噶尔丹不战而退，大出康熙帝所料，对左右说："向言噶尔丹熟练戎行，攻拔西方回子千余城，收服四厄鲁特，杀其兄弟，全灭七旗喀尔喀，所向无敌。今观其不据克鲁伦河拒战，则其怯懦显然。所言有俄罗斯六万，亦伪也。”[2]形势这一变化，康熙帝断定中路军已不可能与噶尔丹接战，当务之急是派兵追击。各队领军大臣陆续来到之后，毕集于康熙帝之前。康熙帝简要分析了当前的形势，部署下一步行动，他说："噶尔丹若于克鲁伦河拒战，我兵夺河交战，犹稍费力。今观其不于此拒战，而竟逃窜，噶尔丹于行兵之道，一无所知，是自开门户以与我也，除此地而外，于他处断不能拒我军。审其情形，未必驻扎他处，必连夜逃遁矣，当轻骑急追之。”[3]当天驻于此，向东南西北远设哨位，内立八旗防护。康熙帝与侍卫商议设法擒到活口，则能确知噶尔丹的去向和意图。适前锋统领擒一人至，康熙帝立即审问，供云：噶尔丹起初不相信康熙帝亲征，后细问被释放回的厄鲁特降人，始信为真，又“亲身至北方孟纳尔山，立观大兵营中，见行列规模”[4]，乃大惊，不知如此众多之兵何以能经少水缺草的沙漠迅速而至，急传令乘夜撤退，遗弃庐帐、器物，匆匆而去。康熙帝率部追击三天，至拖诺山，“再欲往追，因尔各路兵会合不远，两军既合，需米甚多，粮必不继，恐致缺乏粮饷，关系重大”，于是授内大臣马思喀为平北大将军，从各部人凑足二十日粮，命率骑兵数千往追。康熙帝

1 参见《1696年张诚神甫第五次随从中国皇帝去鞑靼地区旅行》，见《清史资料》，第6辑。

2 《亲征平定朔漠方略》卷二三，第37页。

3 《亲征平定朔漠方略》卷二三，第37~38页；《清圣祖实录》卷一七三，第12页。

4 《亲征平定朔漠方略》卷二三，第37~38页；《清圣祖实录》卷二四，第33页。

则回军拖陵，以迎粮米，急发土拉，以济缺粮已久的西路军。参与追击的总兵俞益谟说："予亦尾随师来，见（噶尔丹军）沿途帐房釜鬵一切器物尽皆抛弃，狡夷溃遁之状实不堪观。"[1]

噶尔丹何以不经一战便弃其器物迅速西奔？事情并非如康熙帝所说，因获知御驾亲征，便闻风丧胆，溃不成军。身经百战，曾是所向无敌的噶尔丹，虽有乌兰布通之败，也不可能怯懦如此。从厄鲁特降人，特别是噶尔丹的亲信的陈述中，可知噶尔丹乃自有其作战意图。在克鲁伦河前线投降的噶尔丹亲信、曾三次出使北京的丹巴哈什哈在回答康熙帝的询问时说：

> 噶尔丹向来有才，亦得人心。自悔其深入乌兰布通，乃退据克鲁伦、土拉等处，思以言语煽惑喀尔喀及内地蒙古，使首尾不相自顾，彼时可图大事。满洲闻之，必然出兵，少则与之战，师众则委地而退。满兵既旋，复蹑其后，如此不数年，自然财赋耗竭，必致疲敝，是以蓄谋而来，其志本侈。
>
> 今不意皇上统如许大兵，渡人所难行之瀚海，俄顷而至。而厄鲁特之众，望见军容，莫不丧胆。于初七日早溃遁，自此抛弃诸物，连夜循去。
>
> 噶尔丹原欲拒战于拖诺山，而不能止众暂立；又欲于额黑穆布尔哈苏台，在林中卧骆驼接战，闻西路兵声息，噶尔丹乃传令曰：中路军甚猛烈，不当与战，可击西路兵，俘掠之，遂向土拉行。

康熙帝又问满洲八旗战斗力如何，答曰：

> 兹克鲁伦、土拉之来，我厄鲁特举国之人皆预知灭亡，

1　俞益谟：《孙思克行述》，见《清史资料》，第2辑。

仅噶尔丹不悟，自言有成耳。此皆天数，彼因不知其然而然矣。我等四征诸国，向所无敌，如满洲之兵，天下所无，我厄鲁特自当灭矣。[1]

丹巴哈什哈吹捧满洲八旗无敌于天下，自是战败投降者的溢美之词。噶尔丹“自言有成”，可见他并不认为自己不堪一击。噶尔丹本来的战略是：以漠北喀尔喀为根据地，出兵骚扰，对漠南蒙古及喀尔喀进行策反，如清军出击则敌进我退，敌退我进，以疲敝清军，时机成熟时进入中原，“以图大事”，“其志本侈”。然而，康熙帝决计四路大兵，深入难行大漠，分路合击，这是噶尔丹始料未及，在战略决策上败于康熙帝。如今，噶尔丹突然面对迅速来到克鲁伦河的中路军，康熙帝认为，噶尔丹本“宜于我师抵克鲁伦之日，迎而拒之，不以河与我而战为是”[2]。噶尔丹弃河不守，康熙帝说:“其慵懦诚可见矣!”其实不然，乃康熙帝判断失误。因为克鲁伦河两岸皆山，山多险峻，而少平坦，河面甚窄，“较之（北京）南苑中河差大耳”。这样的地形固然有利于据河而守，不利于进攻的一方，但狭窄的河身不能成为不可逾越的坚固屏障，多山的地势更不利于风驰电掣的骑兵作战。以满洲八旗精锐为主的中路军有近两万人，装备有大量的大炮等火器，且在康熙帝的率领下，军威甚盛。噶尔丹实有百战之兵五千余，鸟枪不足两千。清军夺河进战，自然困难较大。然而，噶尔丹渡河击溃清军，双方的军力对比，无此可能，如若出现僵持局面，清军西路军正从后背压来，噶尔丹将难逃腹背受敌的被歼命运。“噶尔丹向来有才”，智勇兼备，于中路军抵达克鲁伦河的前一天西奔，沿途抛弃杂物，示狼狈于清军，然而，其作战意图先是在拖诺山

1 《亲征平定朔漠方略》卷二四，第 39~40 页。

2 《亲征平定朔漠方略》卷二三，第 43 页。

伏击追兵，未果，又准备在额黑穆布尔哈苏台的柳林中设伏，打追兵一个措手不及。只是由于清军西路军已近，又改变主意，舍中路追兵而击西路疲困之师，因而主动转向土拉。噶尔丹的目的是一举击溃清军西路军，“俘掠之”，冲出包围圈，因而有昭莫多的恶战。清军宁夏总兵、战场指挥官殷化行说，当时胜负在呼吸之间。

## 十四　昭莫多之战

五月十三日，清军西路军进至距昭莫多二十里处，前哨侦得噶尔丹军前来，清军严阵以待。久之，敌人不至，费扬古令按战斗队形前进。至昭莫多，已是午后。昭莫多是蒙语，意为“有林木处”。其北是肯特山，山高矗立如屏，蜿蜒逶迤北向。大山之下是一片平川，广约数里，林木繁茂，有小河流淌其间，曲折环绕。森林之南，地势渐坦而下，有马鞍形小山横亘于前。小山右连南山，高约十余丈，成三级梯形，由西可登其巅。东面是缓坡，左右岩如削立，山根水绕之，即土拉河，此乃兵家必争之地。清军于林中布阵，前锋四百人与噶尔丹军接战，佯败而退，诱其前来。噶尔丹军转斗而进，已攻至小山前，形势紧迫。提督殷化行建议应先敌占据林前小山，费扬古说：“日将暮矣，需来日战耳。贼甚近，山上难以夜守。”殷争辩曰：“战即来日，此山宜据。若贼据其上，我军营其下，则危矣。若虑夜难守，何不移山下全阵列此以守之？”并对孙思克说“宜急据此山”。费扬古认为，全军移营必乱，即使噶尔丹军占据此山，明日可用大炮击之。殷化行说：“从来用兵，高处不宜让敌。”费扬古曰：“既如此，君将移兵山上守之。”殷化行急令所部强登。方至山顶，噶尔丹军也已从另一侧攻至半山。殷部居高临下，凭借岩石掩护，以铳击敌。敌军以岩为蔽，举铳还击，两军展开激烈的争夺战。费扬古遂麾全军上山布阵，以宁夏、凉州、肃州兵居中，满洲兵分布左右，蒙古诸部兵分张满洲兵左右。又设一军于山下绕河向北，以防林中敌人伏兵。清军依山布阵。噶尔丹临阵果敢勇猛，见清军已据小山，占有地利，指挥大队强攻争夺。马鞍形小山中部较低，噶尔丹集中力量冲击中坚，“时日已将申，贼氛甚炽”。敌军猛攻恶斗，已近山顶，殷化行命士卒皆下马，以一兵牵五马，余兵皆出步战，两军短兵相接，清军又以子母炮击其后续部队。噶尔丹妻阿奴，也是一员骁勇女将。在此紧急关头，“噶尔丹及其妻阿努娘子等，亦皆冒炮火舍骑而斗，锋甚锐，不可败。（两军）击伤相当，胜负未决”[1]。敌军鏖战猛斗，清军中有人已经动摇，拟后撤，“时日将晡，或有谓俟明日进兵者。公（孙思克）曰：‘贼远来，当乘机扑杀，一战成功，有退缩者，法无赦！’”[2]清军稳住了阵脚，否则一经后撤，必遭溃败。殷化行见天晚事急，急遣人告费扬古曰：“设于河边之兵宜令其依柳林而从左出，拦腰横冲敌军，如此，强攻之敌必乱。”又望见敌军阵后人马甚盛，却不前来助战，殷化行判断必是敌人妇幼辎重所在，因而建议别遣一军从右绕出以劫之。如此，强攻之敌必反顾，山上清军乘其阵乱冲锋奋击，方可败敌。费扬古采纳此建议，两支清军迅速出击。果然，敌军阵乱，山顶清军大呼而进，上下夹击，清兵“据险俯击，弩铳迭发，藤牌继之，每进则以拒马木列前自固”[3]。厄鲁特兵“不知在前者为何物，拥木（拒马木）而进，又以圆且红之物（藤牌）蔽身直前，既到十步内，矢下如雨。噶尔丹先遁，继之丹济喇、丹津俄木布亦遁”。防护辎重妇幼的大将阿拉布滩苦战不退，“满洲骑兵围而攻之，并我（噶尔丹）辎重妻子不遗，驼马无算，牛二万余，羊

1 《提督殷化行西行事纪略》，见魏源《圣武记 》卷三，《康熙亲征准噶尔记附录》。

2 俞益谟：《孙思克行述》，见《清史资料》，第2辑。

3 魏源：《圣武记》卷三，《康熙亲征准噶尔记》。

四万余，尽取而有之”[1]。噶尔丹逃遁，其军大溃。山巅坠岩下者，河沟皆满，所弃仗如蓬麻。“噶尔丹妻阿努中鸟枪而死，战将戴巴图尔寨桑中炮而死，博罗和卓中箭死。”清军乘胜追击，严令勿取所弃物，披星戴月逐北三十余里。噶尔丹军豕突狼奔作鸟兽散，凌晨清军始收兵，清军大胜。翌日，费扬古集众，斩俘祃祭（祃祭，古人行军作战获胜所止之地，祭其山川神祇，出酒劳师，宴祭诸帅）。

事后，殷化行总结昭莫多这场恶战说："是役也，设使我军不据山巅，而反为贼据，则事未可知。又制胜之道，在捣虚攻瑕，使不遣两军一攻其旁，一劫其后，则贼亦未遂溃。胜败之机在呼吸之间。”[2]噶尔丹仅率数十骑脱逸而去，其百战精锐损失殆尽，从此如沙漠之游魂，狼狈不堪。

五月十八日，康熙帝至中拖林，阿南达携费扬古捷报驰至，详询交战情形及战果。阿南达奏："斩贼三千余级，其余被创逃窜，死于山谷中者尸骸枕藉，生获数百人。杀噶尔丹之妻阿奴及贼之渠首甚众，惟噶尔丹引数骑逃出。其零星散逃之贼，投降大将军马思喀者千余人。”[3]康熙帝认为，如此大胜，皆因他默祷苍穹，“上天眷佑，应行叩谢”，于行宫前设香案，率皇子及群臣行礼毕，又于幔城内行庆贺礼。他说："此贼一日不灭，则边陲一日不宁，是以前后周悉思维，不惮一身劳苦，大漠沙碛，多方跋涉，自古迄今，军旅未行之路，冒远徂征。”[4]“(朕) 惟所凭者天理，所恃者人心，故不怀安逸，不恃尊崇，与军士同菲食，日惟一餐，恒饮浊水，甘受劳苦，为此而行。”[5]终于获此大胜，“朕心深切喜

1 《亲征平定朔漠方略》卷二四，第 41 页。

2 《提督殷化行西征纪略》，见魏源《圣武记》卷三，《康熙亲征准噶尔记附录》。

3 《清圣祖实录》卷一七三，第 27 页。

4 《清圣祖实录》卷一七三，第 29 页。

5 康熙帝：《御制亲征朔漠纪略》，第 40 页。

悦”，“从此边境宁谧”，“共享升平之福”。[1]五月二十一日朱谕顾太监曰：

谕顾太监：朕远行朔漠，北渡沙瀚。立心似石，立意如铁，必灭此贼，而后方回，今遂其志，满其愿，岂非天乎！朕之乐极矣，举首加额，焚香谢天而矣。特谕！[2]

六月初九日，康熙帝回到北京，由德胜门入城。诸皇子及在京大臣，朝服跪迎五里外；百姓填塞街道，万人空巷观看入城仪式。康熙帝往返九十九日，行程五千里。老将军孙思克指挥宁夏、凉、肃兵功高，奉诏入京陛见。康熙帝抚其肩慰劳说："将军身子好么？卿这一番委实辛苦了！"又说："卿七十多岁人，在荒徼异域之地，受辛苦半年，建此大功，着实难为你了！"特给予大量赏赐，又手书五言律诗一首赐之。诗云："天讨恭行日，军威战捷时。列营张犄角，扼吭有偏师。立见穷追寇，能承节制奇。鹰扬资远略，宿望在西陲。"诗中虽然称颂孙思克的军功，同时又突出了康熙帝本人节制指授有方。为了表示对有功之臣的宠眷，又命孙思克坐御榻右侧，说："将军但坐，朕正欲使他们大家观看耳！"以示推崇。于畅春园赐宴之日，康熙帝亲自为其斟酒三次。又同登御舟畅游至深夜，内大臣及有功将领作陪。[3]康熙帝对有功之臣论功行赏之外，特予优渥，既是对其战绩的充分表扬，令人心欢畅，也是他善于御下，俾使君臣一心。喀尔喀王善巴曾奏言“不可使噶尔丹据克鲁伦地方，应速行征剿”[4]，否则坐大之后不可收拾。康熙帝因其建议出师奏捷，善巴“劳绩丕著”，

1 《清圣祖实录》卷一七三，第28页。

2 原件藏中国第一历史档案馆。

3 参见俞益谟：《孙思克行述》，见《清史资料》，第2辑。

4 《亲征平定朔漠方略》卷二六，第21页；《清圣祖实录》卷一七四，第4页。

特封其为亲王；其子彭素克从征，亦封为郡王。这种不掠人之美、实事求是的态度，对一个取得巨大业绩的帝王来说，也是难能可贵的。

## 十五 康熙帝第三次亲征与噶尔丹之死

昭莫多大捷，康熙帝最初只知噶尔丹率数十骑落荒而走，已成穷寇，因而大大舒了口气。他说，乌兰布通之战未能歼灭噶尔丹，“朕用是积憾于怀者，六年于兹矣”。如今，“噶尔丹稔恶贯盈，至于已极”，已将其主力歼灭，势穷力竭，不足为虑，此乃“我国家无疆之景福”[1]。然而，接踵而来的消息，却使康熙帝不敢掉以轻心。

噶尔丹脱逃之后，清军一时不知其去向。康熙帝派出分别由侍读学士喇锡、阿尔萨兰宰桑率领的两支数百人队伍，于大漠中搜索。同时命大将军费扬古暂驻科图，派人收集厄鲁特逃散之人；孙思克所率各总兵进京。据降人丹巴哈什哈等说：“我等以为噶尔丹，必往投达赖喇嘛。”[2]其大将丹济拉、丹津鄂木布如与噶尔丹在一处，断然不会相离。康熙帝因而命令驻西宁的副都统阿南达堵御，如得噶尔丹父子确息，即擒而诛之，就地正法。

康熙三十五年七月，奉命率兵搜索噶尔丹的喇锡奏称，噶尔丹已逃至他米尔之台库勒地方，收集流散，遣人召丹津阿拉布坦、丹济拉、丹津鄂木布等与之集合，“大约有兵五千余”，但辎重丧失殆尽，缺少牛羊，生计困难。其下一步行动，首先是往袭清军屯粮重地翁金劫粮，或于沙漠四周有人游牧处劫掠牲畜，以渡艰难。然后往哈密征赋，以度即将来临的冬季；如若哈密反目，

1 康熙帝：《御制亲征朔漠纪略》，第 28 页。

2 《清圣祖实录》卷一七四，第 17 页。

“即攻而取之，以为根基”。噶尔丹与众人议定之后，已于六月二十八日，自他米尔向翁金进发。[1] 大将军费扬古有关噶尔丹向翁金进兵的奏疏也先后至。振武将军孙思克得知噶尔丹奔袭翁金掠劫粮食的消息后，深虑凉州、肃州、宁夏诸镇兵进京，沿边提镇俱未在自己的驻地，噶尔丹或乘虚入内，越各汛地而南，因而上疏“宜令沿边各总兵领兵回汛，以备不虞，此乃万全之策”[2]。康熙帝深以为然。

噶尔丹新败之后，竟能合诸战将收集残部，兵至五千，且清军主力南撤，即南来劫粮。对此顽强之敌，康熙帝当然不敢大意，一面命费扬古由科图率兵前往善巴王诸汛地方，确探消息并相机进剿噶尔丹；一面命孙思克与西安将军博齐来京，其他西北各总兵，立即由十六台地方率领所部回各自防地。其时，负责运送粮米的副都统祖良璧已至巴罕厄里根地方，遇大风雨，牲畜死者千余头，已不能前进，而噶尔丹已向翁金而来。议政王大臣请速派理藩院笔帖式一员，驰驿前往，命祖良璧将所运粮米支发官兵口粮外，悉行焚毁，即行返归，以免遭噶尔丹劫掠。

噶尔丹虽遭惨败，随即又进袭清军储粮之地，确实是顽敌。康熙帝说：“噶尔丹穷凶极恶，不可留于人世，一刻尚存，即为生民之不利，务必剿除。”[3] 因此，决定于九月九日起程，再次亲临塞外，相机而行。其时，康熙帝自昭莫多战后回到北京不到三个月。由于大将军费扬古率左卫军驻于善巴王汛地，康熙帝仅率数千部队简从而往。适喇锡奏报，噶尔丹军内部发生矛盾，大将丹津鄂木布离噶尔丹而去。噶尔丹率兵追赶，丹津鄂木布自知不敌，分散其众，欲往投策妄阿拉布坦。另一大将丹津阿拉布坦，

---

1 参见：《亲征平定朔漠方略》卷二七，第 57~59 页；《清圣祖实录》卷一七四，第 25~26 页。

2 俞益谟：《孙思克行述》，见《清史资料》，第 2 辑。

3 《清圣祖实录》卷一七五，第 16 页。

自行向空奎札巴克而去，不再与噶尔丹之事。由于各部擅自离去，噶尔丹只有千余人，天时渐寒，缺衣少食，度日艰难。据此，康熙帝决定亲临漠南蒙古，务必擒诛首恶噶尔丹，对其余诸人则行招抚。

噶尔丹大将丹济拉迫于饥寒，以为清军凯旋回京，喀尔喀善巴王必出塞游牧，于是率兵一千五百余人，南下劫掠，殊不知费扬古已奉命整军以待。丹济拉闻讯大惊，为免遭覆灭，遣人向清军诈降，连夜逃逸，转向翁金袭击祖良璧运送的粮饷。九月初三日，祖良璧奉到焚粮回汛命令后，立即执行，由翁金起行回返。丹济拉率两千余人突至，将祖良璧军包围。清军枪炮齐发，奋力杀出重围，再整兵进战，因已焚粮无所瞻顾，人人死里求生，奋勇直前。丹济拉虽勇猛敢战，但其部皆饥疲之兵，终被击败。康熙帝行至下花园，得此奏报，大喜，对议政大臣说："前据侍读学士喇锡报称，噶尔丹由翁金之路而去。朕即料其必将劫米，故预遣人谕祖良璧，将米烧毁。丹济拉不知米已烧毁，果至翁金，今为祖良璧击败，朕甚喜悦。"[1]康熙帝料定，丹济拉劫米不成，再遭失败，噶尔丹自然困极，决定加紧招抚，即噶尔丹不降，其属下自然会来投降。噶尔丹南下劫夺粮食既已失算，于是命丹济拉与之会合，欲往札萨克图汗旧居之地度冬。塞外天气日寒，札萨克图汗旧居之地距清军有四十日之程，清军已不可能穷追，决定来年青草萌发之时，再行进兵，将其剿灭。

十月，康熙帝至归化城，始知噶尔丹已向哈密而去，并未北走，于是与大将军费扬古商讨清军如何行动。康熙帝拟将所带之兵开赴宁夏，"有调遣处，可相机行事，必将噶尔丹擒诛，始惬朕志"[2]。但又恐噶尔丹复回漠北，抑或南来，经磋商，康熙帝决

1 《清圣祖实录》卷一七六，第14~15页。

2 《清圣祖实录》卷一七七，第17页。

定将所统率之兵，调拨“火器护军一千，炮手二百四十，前锋二百六十”，共一千五百人归费扬古指挥。康熙帝特别指出：“此系随朕亲兵，故极娴熟，朝闻信息，晚即可行。”[1]十一月十三日，康熙帝至哲固斯台。费扬古奏报，噶尔丹遣其亲信格垒沽英等二十人，前来请求纳款。康熙帝十分重视，命官员将格垒沽英星夜乘驿押来。又命费扬古减从乘驿，星速前来，商议军中机务。格垒沽英至，先由领侍卫内大臣索额图、尚书马齐询问。格垒沽英曾至北京，归时噶尔丹曾问其“天朝兵势如何”，格垒沽英认为清军势强，“以我度之，断不宜轻动。噶尔丹以此疑我”。又说他与丹济拉乃至亲，若降，丹济拉必然归顺。于是康熙帝召见格垒沽英，历数噶尔丹之侵暴，让格垒沽英“第公言之，毋隐”[2]，意在使其心服而非噶尔丹。由于格垒沽英的到来，康熙帝又萌发了招降噶尔丹的希望，谕议政大臣曰：“噶尔丹奸狡，朕惟示以诚信。常览经史云：‘准仁者无敌。’今噶尔丹穷迫已极，遣格垒沽英前来乞怜，朕意仍欲抚之。”[3]遣格垒沽英还，敕噶尔丹、丹济拉，命其“作速来降”，“毋疑毋惧”。若降，“朕必使尔等富贵，各得其所”。又口谕格垒沽英，命其转告噶尔丹，限七十日内还报，逾期，“朕即进兵矣”，“朕必啮雪穷追，断不回师”[4]。其实，噶尔丹决无降意，“其使格垒沽英至，盖微探上旨也”[5]。意在刺探康熙帝意图及观察沿边军情，因而格垒沽英一去，消息全无。

十二月二十日，康熙帝回到北京。康熙帝深知噶尔丹“乃狡诈叵测之人”，见久无信息，知其来降实为骗局。他回到北京后第四天，即下令费扬古备战，“整治器械，牧养马匹，预备明春出

1 《清圣祖实录》卷一七八，第5页。

2 《清圣祖实录》卷一七八，第8~10页。

3 《清圣祖实录》卷一七八，第8~10页。

4 《清圣祖实录》卷一七八，第12页。

5 《清史稿·圣祖本纪二》。

征”。兵分两路，一路由费扬古率领，一路由西安将军博齐与孙思克率领。路各三千人，分道搜索追袭，务期剿灭噶尔丹，不必约定合兵地点与日期，各路相机而行。考虑到这次任务乃再穷追，故兵少且精，马则宜多，以利驰骋奔袭。令孙思克远设斥候，侦探噶尔丹确音。

康熙三十六年正月十六日，传来了使康熙帝大为振奋的消息。负责与哈密维吾尔族首领额贝杜拉达尔汉白克联系，并各路备兵阻截噶尔丹的副都统阿南达，自肃州遣人驰奏：“臣钦遵皇上密旨，传谕哈密额贝杜拉达尔汉白克，遣其子郭帕白克，率兵于巴尔库尔地方，擒逆贼噶尔丹之子塞卜腾巴尔珠尔，及徽特和硕齐等，解至臣军前。”[1]塞卜腾巴尔珠尔是来哈密收取赋税而被擒的。奏疏到京，正值上元（元宵）灯节，康熙帝于畅春园西门，向众蒙古及投降的厄鲁特蒙古宣布此消息，一时欢声雷动。由于擒获噶尔丹之子，康熙帝认为进击的时机更为有利，特别是吸取了自乌兰布通之战后，未能及时剿灭，噶尔丹得有喘息之机，经过六年又复卷土重来的教训，更应乘其穷困已极，一举而灭之，绝不能缓以时刻，使得以复苏。康熙帝谕议政王大臣曰：

> 前既阵斩噶尔丹之妻阿奴喀屯，今又生擒其子，贼之根本已斩。噶尔丹虽各处偷生，其年老迈，能延几何？其子为我所获，是乃天之所赐也。凡用兵之道，要在乘机。噶尔丹穷困已极，宜乘此际，速行剿灭，断不可缓。朕今亲临宁夏，相度机宜，调遣军士，贼闻之必魂魄俱丧，其部属亦必张皇，而别部蒙古，闻朕亲临宁夏，各欲建功，扼噶尔丹而图之，彼若不自尽，亦必为人所擒，克成大事，在此一举。[2]

1 《清圣祖实录》卷一七九，第6页。

2 《清圣祖实录》卷一八〇，第17页。

康熙帝从巡视塞外归来在北京仅两月，康熙三十六年二月初六日即由北京起程，十一日至宣化，十七日抵大同，部署兵马已定，十九日由边内起行赴宁夏。三月初四日，康熙帝至神木县，噶尔丹子塞卜腾巴尔珠尔被解至，侍卫引入。康熙帝问:“尔父穷困已极，降乎否?”塞卜腾巴尔珠尔伏地不敢仰视，只说自己年幼无知，战栗不已。问以他事，皆不能对。康熙帝命将其押解回京，命皇太子及诸大臣、民人阅视，交理藩院拘禁。初六日，康熙帝至柏林堡西南，命孙思克与博齐率军三千，由甘肃出嘉峪关，往萨克萨特呼里克一带搜剿噶尔丹。

三月十八日是康熙帝生日，即所谓“万寿节”。他奉书太皇太后（孝庄文皇后），说自己身在两千里之外，百般思念祖母。然而，自“去年出塞，自春之中月，至夏之中；自秋之杪月，至冬之末，今夏春将尽矣”，一年之中，屡涉大漠，“远在原野，不克侍左右而问安者，亦只为一噶尔丹耳!”[1]为了歼灭噶尔丹，康熙帝不遑宁处，风尘仆仆，接连出塞。有人曾谏止，康熙帝却大不以为然，他说:“朕阅读经史，塞外蒙古，多与中国抗衡，自汉唐宋至明，历代俱被其害。”[2]观往史，历史的教训使他认定“噶尔丹凶恶，一日不可姑留”，否则将遗患无穷。他几乎是以其全部精力倾注于此，集中了清军所有精锐战将、大臣，与习于战斗的劲敌噶尔丹在大漠中周旋，三次亲征，务必根诛。康熙帝为了国家的统一，清朝基业的稳固，深谋远虑地决策，亲身率行，确乎是气度恢宏，很有魄力。

其时，噶尔丹处境日益穷困，丹津阿拉布坦、丹津鄂木布不仅先后离去，且执噶尔丹派往召其复归的使者。而清军在西、北处处有兵，搜剿之兵已然出发。据厄鲁特投降者说，皇上处处屯

1 《清圣祖实录》卷一八一，第 12 页。
2 《清圣祖实录》卷一八〇，第 24 页。

兵，“我厄鲁特，今无路可行矣”[1]。噶尔丹众叛亲离，残部迫于饥寒纷纷逃离，向清军投降，已陷入了绝境。然而，叱咤风云数十年，为塞北之雄的噶尔丹，虽已途穷，仍不肯俯首投降。

康熙三十六年三月二十三日，康熙帝至宁夏（今银川市）。二十九日，于宁夏北门外大阅部队。大将军费扬古的疏报至，奏云：奉命出使噶尔丹的员外郎博什希，于正月二十九日至距噶尔丹所居萨克萨特呼里克二日程处，不令前往，至二月十四日，始令前往相见。噶尔丹于野外坐岩石上，令博什希远坐，左右有人扶持，双方交谈由人传语。噶尔丹说："我之言已在疏内，我之意已语我使人，使人到日，当口奏也。"[2]仅此数语，便乘马而去。博什希又云，他在归途中遇曼济。曼济云，他曾见噶尔丹，并问及清军及归降的厄鲁特情况，“噶尔丹默无一言”。其部人有劝其出降者，噶尔丹终不出一言，因此“视噶尔丹情状，大约不降”，“实无降意”。“视丹济拉情状，有欲降之意。”[3]闰三月十二日，博什希偕噶尔丹使人喇木札卜至御营，向康熙帝述噶尔丹之意："归投皇上者甚多，伏乞发还原所。"康熙帝知噶尔丹决无降意，断然拒绝归还已降的噶尔丹属人，下令出兵进剿。宁夏兵于闰三月十七日起行，费扬古于四月十日至十五日内，率队赴郭多里巴尔哈孙地方；又颁敕招降丹济拉，“尽宥其前罪，敕到速降”[4]。同时，将达赖五世早已圆寂的消息宣示于众，噶尔丹以护法为名，打着已死达赖五世的旗号，恣意横行，实乃勾结第巴桑结嘉措，以欺众蒙古。宣示达赖已死，则是从政治上瓦解噶尔丹的影响，以便对噶尔丹从军事上、政治上发起最后攻势。

从噶尔丹与喀尔喀的纷争开始，及其残破喀尔喀及与清军的

1 《清圣祖实录》卷一八一，第 18 页。
2 《清圣祖实录》卷一八一，第 23 页。
3 《清圣祖实录》卷一八一，第 25~26 页。
4 《清圣祖实录》卷一八二，第 18 页。

历次战役，皆事连达赖。其实，达赖五世早在康熙二十一年已经圆寂。至康熙三十六年，已死 16 年。第巴桑结嘉措密不发丧，清使至，托言达赖坐禅，命人伪居高楼以示之，不令相见。第巴桑结嘉措假达赖之名，派出使者至噶尔丹处，乌兰布通之战时，其使济隆活佛为噶尔丹诵经择战日，后又诡言讲和，使噶尔丹得以逃去。后又使人告噶尔丹东行吉，噶尔丹因至克鲁伦河，欲据此与清军为敌。鉴于此，康熙帝下令搜缴噶尔丹与第巴朋比交通罪证。昭莫多战后，从厄鲁特降人口供中，康熙帝确知达赖早已圆寂，多次遣使责问第巴桑结嘉措密不发丧，指出："尔乃匿而欺众，倚噶尔丹以兴戎，其罪甚大。" "尔阳则奉宗喀巴之教，阴则与噶尔丹朋比。"经康熙帝多次派人严厉斥责，第巴桑结嘉措不得不派尼麻唐活佛向康熙帝密奏，达赖五世确已死 16 年。因此，康熙帝在向噶尔丹发起最后一击之时，将噶尔丹以护法为号、假达赖之名的阴谋加以揭露，从政治上瓦解敌人。为了截断噶尔丹的逃路，康熙帝又敕谕策妄阿拉布坦曰："夫噶尔丹与尔素有深仇，乘其困迫，应起兵复仇进剿。"[1] 策妄阿拉布坦与土尔扈特部长阿玉奇拥劲兵两万阻击噶尔丹于阿尔泰山。这样，策妄阿拉布坦阻其西北，清军分两路由东向西、由南向北挺进，噶尔丹已是途穷路尽，无所逃逸。康熙帝在宁夏驻十余日，"各项事务，议论区划，俱已详尽"。他说："今噶尔丹无所逃矣，噶尔丹或降，或自尽，否，必为我所擒。"[2] 闰三月十五日，由宁夏起程，经贺兰山。四月十五日至布古图地方，而大将军费扬古奏报至，云：四月初九日，费扬古率军至萨尔奇巴尔哈孙地方，噶尔丹侄丹济拉遣人禀告，闰三月十三日，噶尔丹于阿察阿穆塔台地方身亡。丹济拉携噶尔丹尸及其女绅齐等三百户，共千余口，投降，候旨。丹济拉使人齐

---

1 《清圣祖实录》卷一八二，第 20 页。

2 《清圣祖实录》卷一八二，第 25 页。

奇尔宰桑至御营，向康熙帝奏明噶尔丹尸已于死的当天火焚。噶尔丹“身材高大，脸很瘦，看来约五十岁”[1]，这是噶尔丹死的前一年（康熙三十五年）目击者所说。噶尔丹生于顺治元年或顺治二年，康熙三十六年死时，约五十二三岁。这一年，康熙四十四岁。噶尔丹比康熙年长约八九岁。

时丹济拉因缺粮，且马匹瘦弱，驻于巴雅恩都尔候旨。康熙帝命费扬古率精骑前往觅丹济拉所在，其余各路军兵均撤回。康熙帝则渡黄河回銮，五月十六日回到北京。费扬古至巴雅恩都尔，不见丹济拉踪迹，于途次染病，奉命先回。七月，康熙帝以避暑出巡塞外。九月，丹济拉至哈密请降，并请面圣。九月十四日，丹济拉至康熙帝驻跸处特木尔达巴汉地方，召见于御营。康熙帝摒去左右，单独接见，示以不疑。丹济拉身材魁伟，乃一员猛将。大学士阿兰泰等颇为担心，恐康熙帝单独接见，突生不测，因而形之于色。康熙帝不为其所动，令众人出。事后，康熙帝对阿兰泰等说:“尔等偕丹济拉入者，盖以防不测，尔等所见虽是，朕思凡人无不可以诚感。丹济拉虽来降，其心不无疑畏，朕推诚如此，伊必感激，喜出望外，断无妄动之事。且伊倘妄动，数百人朕亦不以为意，况一人乎？朕令尔等俱出，不留毡帷内，欲使丹济拉不疑也。”康熙帝对投降的敌手，虽刚猛如丹济拉者，待之以诚，要在征服其心，令其心悦诚服。康熙帝的智勇，大出丹济拉之所料，深为感动，他说:“我乃叛逆罪人，穷困始来归命，乃皇上略不致（置）疑，尽屏左右，召我入见，且蒙授我显爵。乃知圣主至勇至仁如此，令我诚心感戴，永不敢有异心矣!”[2]侍卫达禅引于成龙谓丹济拉曰:“此运米灭尔国都察院左都御史于成龙也。”[3]

1 《张诚日记》，见《清史资料》，第6辑。

2 《清圣祖实录》卷一八五，第8页。

3 《直隶总督于成龙年谱》，见魏源《圣武记》卷三，《康熙亲征准噶尔记附录》。

丹济拉俯首欠身，殊觉踌躇惭惧。

对投降的厄鲁特部众，康熙帝则给予安插，令父子夫妇完聚。其显贵者分别授以官爵，凡此皆为收拾人心之举。

大功告成，除举行一应典礼之外，康熙帝特撰《平定朔漠告成太学碑》，其文有曰："夫荡寇所以息民，攘外所以安内。边寇不除，则吾民不安，此神人所共愤，天讨所必加，岂惮一人之劳，费贻天下之逸。于是断自朕心，躬亲朔漠……我师三出绝塞，朕皆亲御以行，深入不毛，屡涉寒暑，劳古艰难，与偏裨士卒共之。"其所以甘受艰苦，"惟朕不得已用兵以安民"[1]。这些冠冕堂皇之辞，虽不免有所溢美，但康熙帝不辞艰辛三次亲征，以巩固清王朝的基业，完成国家统一，确实表明他吸取了往史的教训。他在与议臣大臣讨论征讨噶尔丹时说：

> 朕意与尔等之意不同。朕阅经史，塞外蒙古，多与中国抗衡，自汉唐至明，历代俱被其害，而克宣威蒙古，并令归心如我朝者，未之有也。夫兵者凶器，圣人不得已而用之。譬之人身疮疡，方用针灸，若肌肤无恙，而妄寻苦楚，可乎？治天下之道亦然。乱则声讨，治则抚绥，理之自然也。自古以来，好勤远略者，国家元气，罔不亏损，是以朕意唯以不生事为贵。[2]

康熙帝在此说明，他所进行的剿灭噶尔丹的战争，其目的十分明确，并非穷兵黩武；他熟知自汉唐迄明的近两千年不安的北部边塞，使中原王朝深受其苦，所谓"疲中国之力以从事"。康熙帝有诗云："曾闻父老经年战，回首生灵血泪盈。"故而"乱则声

1 康熙帝：《平定朔漠告成太学碑》。

2 《清圣祖实录》卷一八〇，第 24 页。

讨，治则抚绥”，痛下决心，三次亲征，务必除此劲敌。一旦功成，则重在绥抚，令其归心，使之不再有异心，以止动乱之源。他说：“昔秦兴土石之功修筑长城。我朝施恩于喀尔喀，使之以备朔方，较长城更为坚固。”[1]康熙帝讥笑秦始皇专恃长城之失策，所谓“万古堤防笑祖龙”。康熙帝把自己对塞外蒙古政策的基本出发点概述如下：

> 帝王治天下，自有本原，不专恃险阻（指长城）……守国之道，惟在修德安民，民心悦，则邦本得，而边境自固，所谓众志成城者是也。[2]

康熙帝“众志成城”的思想和有关对蒙古的政策，是要使蒙古各部衷心拥戴清中央，“并号雄藩，同奉职贡”。这对于巩固北部边防，发展和巩固统一的多民族国家发挥了积极的作用。

17世纪末，康熙帝亲征噶尔丹，不仅是完成国家统一的重大战役，同时也受到举世瞩目。康熙三十五年昭莫多战后，随行出征的耶稣会士张诚等曾写通讯寄往欧洲，刊载于法国的报纸上。这份报纸现保存于法国巴黎国立图书馆。原件为法文，译文如下：

## 中国皇家军队对厄鲁特王噶尔丹的一次大战及其获得的胜利

1696年10月8日，从中国京城北京发出的信件中有下述消息：该年，中国皇帝曾对离北京西北三百里，位于鞑靼国境内的

1　王先谦：《东华录·康熙五八》，康熙三十年五月丙辰。

2《清圣祖实录》卷一五一，第21页。

厄鲁特王作战。这位鞑靼首领名噶尔丹，是西藏喇嘛的著名弟子，为所有信教的鞑靼民族所推奉的一位教主，因其兄厄鲁特国王突然病逝，不得不放弃僧侣的教职，以继承王位。该王生性骄横，先后战胜叶尔羌王，降伏了位于陕西之西，为撒马尔罕商人同中国经商的必经之路的哈密和吐鲁番国。该王野心勃勃，于 1695 年向正在按常例外出狩猎的中国皇帝的臣属鞑靼国进逼，中国皇帝获悉，噶尔丹还策划纠合另外三位鞑靼首领进攻中国。皇帝决定早作应战准备，在四个月时间内，命令铸造三百尊小火炮，为将军缝制八十套丝质双层防火枪胄甲，以及士兵用的大量棉质防箭棉甲。1696 年，命继承人皇太子在其出征时代摄朝政，率领他的五个儿子及三十万兵马，随同出征的还有耶稣会士张诚神父、徐日昇神父及安多神父。他们从东方出发，第三次去陕西省，向北部方向开辟道路，以便四面包围驻扎在北京以北几百里的克鲁伦河一带的牧兵，并要求色楞格及尼布楚的俄国人截断噶尔丹的逃路。荒芜的沙漠盖满白雪，通过时遇到极大的困难，损失了大量的马匹和装备。行军两个月抵达克鲁伦河岸。噶尔丹得到侦察的情报，向南部逃窜，又与陕西方面的军队遭遇，经过长途跋涉的中国军队主动发动进攻，将其全部击溃。有两千名士兵战死，一万名妻孥被俘。缴获大批辎重、帐篷及畜群，总数为七万头羊，六千头牛，四千头骆驼和四千马匹。残余士兵四处逃窜，大部投降，只剩下四千名躲进深山，估计在越冬季节既无食物又无经费而死于饥饿之中。受监禁十四年的叶尔羌国王在这次溃败中逃脱，并向皇帝投诚，皇帝派一支劲旅护送回国，皇帝班师回京，即准备同年 10 月底前率领军队视察边境。[1]

这篇报告有的地方不够确切，如克鲁伦河与北京的距离、

1 转引自王宏钧、刘如仲：《准噶尔的历史与文物》，第 43~44 页。

僧格之死与噶尔丹攫取汗位、康熙帝所率军队三十万，等等，但它在昭莫多战后数月，即在欧洲刊出，说明了这次战役为世人所瞩目。

（原载《明清论丛》，第 1 辑，紫禁城出版社，1999）

# 图理琛出使伏尔加河

在清代前期，曾经发生过一件中国历史上前所未有、世界历史上也是罕见的重大历史事件，这就是我国土尔扈特蒙古在寄居异域约一个半世纪之后，于乾隆三十六年，从伏尔加河下游重返祖国新疆故土。土尔扈特部民，在其汗渥巴锡等人的领导下，经历了亘古以来少有的艰苦卓绝的斗争，不惜蒙受巨大的牺牲，从起程时的十五六万人，减少到回到故土者仅有其一半，另一半人则死于沿途的战斗、疾病和饥饿。他们向往祖国故土、反抗沙皇俄国的英勇抗争是如此的悲壮，因而引起了巨大的轰动，正如19世纪的一位英国学者所说："从有最早的历史纪录以来，没有一桩伟大的事业能像上个世纪后半期一个主要鞑靼民族跨越亚洲无垠的草原向东迁徙的那样轰动于世和激动人心的了。"[1]

土尔扈特蒙古终于在乾隆时回归祖国故土，是和在此之前，即康熙五十一年五月，清政府派遣图理琛使团出访时在伏尔加河的我国土尔扈特部落分不开的。兹述土尔扈特蒙古西走及图理琛出访始末。渥巴锡领导部民回归则在乾隆朝叙述。

1　德西昆：《鞑靼人的反叛》。

# 一　土尔扈特部的西迁

明末清初，我国蒙古分三大部：漠南蒙古（察哈尔蒙古）、漠北蒙古（喀尔喀蒙古）、漠西蒙古（厄鲁特蒙古）。

厄鲁特蒙古，明人称为瓦剌，清称厄鲁特或卫拉特，“分四部，曰和硕特，姓博尔吉济特，为元太祖弟哈布图哈萨尔裔；曰准噶尔，曰杜尔伯特，姓绰罗斯，为元臣孛罕裔；曰土尔扈特，为元臣翁罕裔，姓不著”[1]。他们“逐水草，无城郭”[2]，“不耕五谷，以游牧为业”[3]，其牧地“初皆聚牧于天山之北，阿尔泰山之南”，巴尔喀什湖以东以南地区。四部分牧而居，各有牧地，“土尔扈特治雅尔”。雅尔即今乌尔札尔，在新疆塔城西北，是土尔扈特主要游牧地区。

厄鲁特各部“部自为长，号四卫拉特”[4]，但他们有松散的联盟，盟主称为“达尔加”，各部首领的代表会议称为“丘尔干”。厄鲁特四部联盟的形成，最初是为了共同防御外来敌人的侵略，在盟主的主持下协调各部的关系，但盟主并没有凌驾于各部之上的权力。在厄鲁特四部“各统所部，不相属”[5]的情况下，四部松散的联盟，是不可能解决诸如人口、牲畜的增长，必然出现因扩大牧场而引发的矛盾和纷争，尤其是不能控制各部实力的发展，从而打破维系联盟原有的平衡，出现各部力量对比的新变化。正因为如此，加之其他各种因素的严重影响，土尔扈特蒙古大约从 16 世纪末 17 世纪初开始迁徙，最初是向额尔齐斯河游牧。1630 年，土尔扈特部

1　祁韵士：《皇朝藩部要略》卷九，《厄鲁特要略一》。
2《西域图志》卷一，《西域全图说》。
3　椿园：《西域记》卷五，《准噶尔叛亡记》。
4　祁韵士：《皇朝藩部要略》卷九，《厄鲁特要略一》。
5　张穆：《蒙古游牧记》卷一四，《额鲁特蒙古新旧土尔扈特部总叙》。

在部长和鄂尔勒克的领导下，并有和硕特和杜尔伯特的一部分，约五万帐，向西越过哈萨克草原，来到伏尔加河的下游。

土尔扈特西迁的最主要原因是厄鲁特蒙古的内部矛盾。乾隆三十六年，土尔扈特部历尽艰辛回归祖国，其汗渥巴锡曾向清政府官员福隆安等述说他的祖先所以西迁的原因。渥巴锡说：

> 我阿玉奇汗（渥巴锡的曾祖，康熙遣图理琛等出访伏尔加河时的土尔扈特部汗——引者）之曾祖和鄂尔勒克，原栖牧于伊犁以远额什尔努拉等处。在巴图尔珲台吉之时，我四卫拉特内部，不甚和睦，且因我所居之地不能容之，对此，和鄂尔勒克遂携其子书库尔岱青、诺雅特等前往俄罗斯之额济勒（伏尔加河——引者）地方栖牧。[1]

身为土尔扈特汗并率领所部返回祖国的渥巴锡，对其先世西迁原因的叙述，当然是最为可信。他所说的“巴图尔珲台吉”，是与渥巴锡的先人和鄂尔勒克同时的准噶尔部长。正是由于巴图尔珲台吉的强暴，导致了“四卫拉特内部，不甚和睦”，矛盾加剧，土尔扈特部才西迁。

本来，16 世纪末，卫拉特四部联盟的盟主是和硕特部的拜巴噶斯，他不仅拥有雄厚的兵力，而且深孚众望。但到十七世纪二三十年代，准噶尔部长哈拉忽拉的“力量和影响不断增长”，准噶尔部势力日渐强大。当时，卫拉特四部“虽各有牧地，而皆以伊犁为会宗处”。伊犁地区是准噶尔牧地，因此，准噶尔“实擅其利，以故最强”[2]。准噶尔部力量超越各部，自然对和硕特部作为联盟盟主的地位带来严重的威胁。哈拉忽剌希望“恢复绰罗斯

---

1　中国第一历史档案馆藏满文档案，乾隆三十六年九月二十八日福隆安等奏折，转引自马汝珩、马大正《漂落异域的民族》，第 44 页。

2　何秋涛：《朔方备乘》卷三八，《土尔扈特归附始末》。

(准噶尔之姓——引者）家族从前的权势，成为厄鲁特联盟中的盟主，他以损害许多弱小领主的利益，极力扩大自己的力量”[1]。1616 年，哈拉忽剌长子巴图尔珲台吉离开其父开始独立游牧，他用武力征服卫拉特中的一些小部落，使之成为自己的附庸，准噶尔势力因之进一步加强。同年，巴图尔珲台吉开始进入额尔齐斯河流域游牧，与早在此地的土尔扈特部长和鄂尔勒克发生冲突，并意图兼并土尔扈特部，两部关系因之十分紧张。于是，和鄂尔勒克率部西走。张穆《蒙古游牧记》说：

初，卫拉特诸酋以伊犁为会宗地，各统所部，不相属。准噶尔部酋巴图尔珲台吉者（原注：噶尔丹之父），游牧于阿尔台，恃其强，侮诸卫拉特，和鄂尔勒克恶之，挈族走俄罗斯，屯额济勒河（伏尔加河——引者）。[2]

俞正燮《癸巳存稿》有相同的记载：

四卫拉特者：绰罗斯特（准噶尔姓——引者）、和硕特、土尔扈特、都尔伯特，而绰罗斯最强。土尔扈特本游牧于额什尔努拉，其汗和鄂尔勒克，与绰罗斯汗巴图鲁珲台吉不合，遂携子书库尔岱青，以众归俄罗斯，而游牧于额济勒河南马努脱哈。[3]

何秋涛《朔方备乘》云：

明崇祯年间，土尔扈特部长和鄂尔勒克与绰罗斯部长巴

1　兹拉特金：《准噶尔汗国史》，第 113 页。
2　张穆：《蒙古游牧记》卷一四，《额鲁特蒙古新旧土尔扈特部总叙》。
3　俞正燮：《癸巳存稿》卷六，《书西域见闻录后》。

图尔珲台吉交恶。巴图尔珲台吉者，噶尔丹父也。和鄂尔勒克遂弃雅尔牧地，挈其族众西走，越哈萨克回部，西抵俄罗斯境之额济勒河（原注：臣秋涛谨按，额济勒河……俄罗斯人呼为伏尔格河，亦日倭尔噶河），屯且牧焉。[1]

祁韵士《皇朝藩部要略》说：

土尔扈特长和鄂尔勒克，又与准噶尔巴图尔珲台吉交恶，徙俄罗斯额济勒河。[2]

有关土尔扈特西迁原因，所有史籍均指出，是准噶尔部长巴图尔珲台吉恃其强，侮诸卫拉特，与土尔扈特部长和鄂尔勒克交恶，矛盾激化。乾隆在其所撰《土尔扈特部纪略》中也说："其时四卫拉特各自为汗，无所统属，又不相和睦，和鄂尔勒克因率其子书库尔岱青至俄罗斯之额济勒地。"乾隆说他是对土尔扈特部的历史、世袭经过详细了解与"再三精核"[3]的。前引土尔扈特汗渥巴锡对其先世西迁原因的叙述，也是与准噶尔部的矛盾。

综上所述，土尔扈特西迁的真实原因是十分清楚的，从而也就有力地驳斥了沙俄学者的某种无稽之谈。他们说，土尔扈特的西迁，是为了"实现卫拉特会议制定的，由卫拉特人去占领新的领土，以恢复成吉思汗的计划"[4]。言外之意是说出于扩张目的而建立"游牧帝国"。这是毫无根据的臆说。早就有学者指出："关于卫拉特封建主在17世纪曾有建立游牧帝国计划的说法，我们只能

1 何秋涛：《朔方备乘》卷三八，《土尔扈特归附始末》。

2 祁韵士：《皇朝藩部要略》卷九，《厄鲁特要略一》。

3 《西域图志》卷三七，《封爵一》。

4 转引自帕里莫夫：《居留俄国境内时期的卡尔梅克人史纲》，第6页。

再说一遍：史料中没有任何一个事实足以确证这种说法。”[1]

与准噶尔部“交恶”是土尔扈特西迁最主要原因，但不是唯一的原因。渥巴锡说“且因我所居之地不能容之”，即是说，由于人口与畜群的增长，原有牧场已然不能容纳，需要寻求新的牧场，否则会加剧各部矛盾，这也是土尔扈特西迁的原因。同时，由于受到沙皇俄国的威胁，也促使土尔扈特西迁。17 世纪初，土尔扈特和卫拉特各部向额尔齐斯河中下游两岸游牧，开始与俄国地方当局接触。1607 年，沙俄塔拉将军根据沙皇的命令，派出了一个“外交代表团”，来到距塔拉不远的厄鲁特蒙古游牧部落，“建议他们转入俄国国籍”[2]。同年九月，俄国塔拉当局又以“不入俄国国籍”，便不准土尔扈特部在额尔齐斯河流域游牧，向和鄂尔勒克进行威胁。[3]同年，沙俄一支两百人的部队，遭到了以杜尔伯特首领达赖台吉为首的卫拉特蒙古的围攻，卫拉特各部起而与沙俄抗争。1609 年，沙俄塔拉当局又派出戈鲁平代表团，要求卫拉特各部首领“发誓忠于沙皇，签订相应条约”，“交纳实物税”。遭到了卫拉特各部首领的一致反对，声称:“他们是游牧民族，不是定居的，想在哪里游牧，就在哪里游牧。”[4]卫拉特蒙古各部虽然暂时抵抗了沙俄的威胁，然而，俄国当局却不断加大压力。1616 年、1617 年、1623 年，俄国托波尔斯克当局三次派出使团到额尔齐斯河卫拉特蒙古各部，“想把卡尔梅克人招抚到俄国方面来”[5]，虽然遭到了卫拉特各部的强烈反对，但此时形势却发生了不利于卫拉特蒙古的变化。1620—1621 年、1623 年，卫拉特蒙古与喀尔喀蒙古先后发生了两次战争，均遭到失败，削弱了卫拉特与沙俄抗争的实力。紧接着，1625 年以

1 兹拉特金：《准噶尔汗国史》，第 133 页。
2 兹拉特金：《准噶尔汗国史》，第 124 页。
3 兹拉特金：《准噶尔汗国史》，第 126 页。
4 兹拉特金：《准噶尔汗国史》，第 127 页。
5 帕里莫夫：《留居俄国境内的卡尔梅克民族史纲》，第 8 页。

后，卫拉特内部又因关系变化而矛盾激化。本来与土尔扈特一起游牧的杜尔伯特台吉达赖，这时转而与准噶尔接近，与和鄂勒克断绝交往。准噶尔部巴图尔珲台吉因意图兼并土尔扈特部，两部关系本来就紧张，当和鄂尔勒克在与杜尔伯特一起游牧时，其处境还好一些，如今情况变化，和鄂尔勒克于 1628 年，“把他们要分离出去的打算通知了杜尔本·卫拉特的诺颜们。次年土蛇年（1629 年——引者）就分离出去了”[1]。“和鄂尔勒克带着几个儿子和大部土尔扈特领主向阿斯特拉罕地区（伏尔加河下游——引者）加速推进，带往那里的还有某些归附他们的非土尔扈特执政者的兀鲁思。”[2]随同土尔扈特西迁的有杜尔伯特与和硕特的一部分，共约有五万帐，于 1630 年来到伏尔加河下游地区。

## 二　土尔扈特与沙俄的关系及抗争

土尔扈特部进入伏尔加河下游后，发现这片水草丰茂的一望无际的大草原最适合于放牧，和鄂尔勒克设牙帐于伏尔加河支流阿赫图巴河畔，开始了他们在遥远异乡的生活。

当时，伏尔加河这片茫茫的大草原，“本为俄国瓯脱地”[3]。“瓯脱地”见《汉书·匈奴传》，东胡“与匈奴中间有弃地莫居千余里，各居其边为瓯脱”。即两国边境哨所以外双方势力均未达到的弃地，是为“瓯脱”。“本为俄国瓯脱地”，也就是俄国势力远未能控制的地区。土尔扈特蒙古在这里“放牧牲畜，逐水草围猎之利”[4]，“置鄂拓克，设寄桑”[5]，“打算在伏尔加河建立起独立的

1　加班沙拉勃：《四卫拉特史》，等 95 页。
2　兹拉特金：《准噶尔汗国史》，第 147 页。
3　何秋涛：《朔方备乘》卷三八，《土尔扈特归附始末》。
4　椿园：《西域总志》卷二，《土尔扈特投诚纪略》。
5　祁韵士：《西陲要略》卷四，《土尔扈特源流》。

汗国”[1]。

然而，伏尔加河下游并不是土尔扈特部的理想乐园。他们的北部是虎视眈眈的沙皇俄国。当时，沙皇俄国虽然早已征服了伏尔加河上游的喀山和黑海北岸的阿斯特拉罕两个汗国，但并未控制伏尔加河下游的广大草原。这里原来居住着诺盖人，17 世纪 30 年代，和鄂尔勒克率领土尔扈特到来时，这里已是诺盖人迁徙后留下的无人居住的弃地。因此，在土尔扈特蒙古牧民及其首领看来，“这里的土地和水是从没有人利用过”[2]，“自己有权在草原上游牧、在河流中航行，因为土地和水是佛的”[3]。所以，在和鄂尔勒克等及土尔扈特部牧民的心目中，“从来不曾有过一丝一毫臣属于俄国的想法”[4]。然而，沙俄当局却密切注视着土尔扈特的到来。起初，由于“土尔扈特饶马，俄罗斯与之市易”，双方通过贸易开始接触，贸易地主要在托波尔斯克、秋明。土尔扈特人以马匹牲畜和皮毛，与俄国商人交易日用品，但是这种正常的贸易并没有维持太长的时间，沙俄当局派出使者向和鄂尔勒克发出威胁。本来，土尔扈特早年在额尔齐斯河流域游牧时，就曾多次遭到沙俄当局的威胁，因此和鄂尔勒克对沙俄心存警惕。1639 年，和鄂尔勒克与沙俄发生第一次大的冲突，有上万的土尔扈特人进攻俄国萨马拉城。由于土尔扈特当时拥有较为强大的武装力量，一心想以武力使土尔扈特臣服的沙俄当局，于 1642 年派遣克列比科夫前往准噶尔部，企图利用准噶尔部与土尔扈特部的矛盾，诱骗巴图尔珲台吉与沙俄军队共同进攻土尔扈特。可是，在此之前，和鄂尔勒克为了改善与巴图尔珲台吉的关系，将自己的女儿嫁给巴图尔珲台吉，而和鄂尔勒克的长子“书库尔岱青为子朋楚克

1　纳维里托夫：《加尔梅克史纲》，第 5 页，注 3。

2　帕里莫夫：《留居俄国境内时期的卡尔梅克人史纲》，第 17 页。

3　帕里莫夫：《留居俄国境内时期的卡尔梅克人史纲》，第 16 页。

4　诺伏列托夫：《卡尔梅克人》，第 6 页。

(和鄂尔勒克之孙)纳巴图尔珲台吉女为妇”[1]。双方的密切联姻，大大缓解了彼此往日的矛盾。因此，巴图尔珲台吉对俄使说:“(和鄂尔勒克)不是他的敌人，和鄂尔勒克的女儿——和鄂尔勒克的娃嫁给了他，如果打仗，让孩子去打父亲吗?”[2]断然拒绝了俄国人提出的与俄国军队共同进攻土尔扈特的请求，这在客观上支援了和鄂尔勒克。面对俄国当局的武力威胁，和鄂尔勒先率部进逼俄国黑海北岸重要城市阿斯特拉罕。在与沙俄军队的战斗中，和鄂尔勒克不幸战死，土尔扈特人伤亡极其惨重。

和鄂尔勒克的长子书库尔岱青继为土尔扈特部长。这时，沙俄当局的压力不断加强，要求土尔扈特部“臣服”于沙皇，同时，对土尔扈特部的游牧区域加以限制，而土尔扈特部的实力，因在阿斯特拉罕战败已大为削弱。为了与沙俄当局周旋，书库尔岱青需要集中权力，恢复土尔扈特部的元气。卫拉特蒙古笃信黄教(藏传佛教)，书库尔岱青深知，作为藏传佛教最高神权代表的达赖喇嘛对其权力的认可，是巩固自己的权力所必不可少的，因此，他于1646年回到故土，往返于西藏、青海、准噶尔部，居住了约十年，这也是为了获得卫拉特各部的支持。其间，他曾返回伏尔加河下游。书库尔岱青从“达赖喇嘛那里取得了对他汗权的承认”，从而确立了自己在土尔扈特的首领地位。

土尔扈特部虽然逐渐恢复了元气，然而，面对强大的沙俄当局，仍然是不足以与之抗衡。书库尔岱青对沙皇俄国采取阳奉阴违的方针，抵制俄国当局的侵略意图。当时沙俄正与波兰、克里木汗国处于战争状态，作战的双方都力图与土尔扈特结盟，利用土尔扈特的军事力量同对方作战，于是俄国人用承认土尔扈特游牧地区作为诱饵，“俄国政府力图诱使卡尔梅克人‘归服于国君

1　何秋涛:《朔方备乘》卷三八，《土尔扈特归附始末》。

2　兹拉特金:《准噶尔汗国史》，第170页。

的统治之下'，同时考虑从此来巩固南部边境的防御能力，并获得卡尔梅克的援军以抵抗克里木与波兰、立陶宛王国"[1]。为了使土尔扈特"归服"，并征调其军队，以1655年起，俄国当局多次派使者与书库尔岱青、其弟罗卜藏、子朋楚克等土尔扈特的大台吉谈判，几年间前后12次要求书库尔岱青等签约宣誓，"永世听命"于沙皇，为俄国服兵役，坚守信义，不与克里木往来，等等。然而，"岱青和他的使臣们多次向陛下（沙皇——引者）宣誓，但一点也不守信义"。书库尔岱青虽然在表面上曾宣誓归服俄国，但实际上他"对俄国抱有敌意，惟恐被俄国人所征服"[2]。书库尔岱青和其父和鄂尔勒克一样，为捍卫土尔扈特独立自主，坚持抵制沙俄一心想让其"臣服"的图谋。

1661年，书库尔岱青因年迈，由其子朋楚克接任部长执政。同年年底，朋楚克代表全体台吉，与俄方签署誓约，对沙皇"永远臣服和归顺，不耍任何阴谋"[3]。朋楚克与其父书库尔岱青"对俄国抱有敌意"不同，他的亲俄政策使父子二人产生矛盾。朋楚克执政时间不长，大约在1669年去世，由其长子阿玉奇继承汗位。阿玉奇执政50余年，他的对俄政策一反其父朋楚克，而是与其祖父书库尔岱青一脉相承。康熙帝派遣图理琛等人出访伏尔加河，就是在阿玉奇执政时期。[4]

## 三　土尔扈特与祖国的联系

土尔扈特蒙古西迁伏尔加河下游后，受到沙俄当局的不断进

---

1 《卡尔梅克苏维埃社会主义自治共和国史纲》，第115页。

2　马汝珩译、内达金：《土尔扈特蒙古西迁及其重返祖国》，《新疆大学学报》1981年第2期。

3 《卡尔梅克苏维埃社会主义自治共和国史纲》，第122页。

4　本节参考了马汝珩、马大正：《漂落异域的民族》。

逼，他们虽然进行了各种形式的艰苦斗争，但由于远离祖国和卫拉特各部，其处境是十分艰难的。在沙俄压力与日俱增的形势下，这就不能不使他们深深地怀念可爱的故乡和祖国故土。还在土尔扈特部迁到伏尔加河下游不久，他们就几次想重返祖国，迁回准噶尔，只是由于路途遥远，旅途艰难，而且当时准噶尔部巴图尔珲台吉与和硕特部的昆都仑乌巴什正在发生武装冲突，因而返回准噶尔故土的愿望未能实现。但是，正如前面已经谈到的，土尔扈特与卫拉特各部的往来与联系从未中断。1640 年，由准噶尔部长巴图尔珲台吉在塔尔巴哈台召开的厄鲁特蒙古各部与喀尔喀蒙古的首领会议，土尔扈特部长和鄂尔勒克率领他的儿子书库尔岱青和伊勒登，不远万里赶回参加会议。这是一次十分重要的会议。17 世纪 20—30 年代，厄鲁特蒙古与喀尔喀蒙古纷争不断，而沙皇俄国的势力已开始与厄鲁特蒙古和喀尔喀蒙古接触，并不断提出“归附沙皇”的无理要求。面对纷乱的形势，在西藏黄教（藏传佛教）神权的授意与支持下，厄鲁特蒙古与喀尔喀蒙古的首领深感有调整彼此的纷争、改善不睦关系的必要，于是召开这次东、西蒙古的重要会议。会议制定了著名的《蒙古——维拉特法典》，规定了黄教的崇高地位，维护各部王公的权益和封建统治秩序。特别是有关各部的纷争冲突，《法典》规定，喀尔喀与卫拉特人应联合起来，打倒各部之间的战争发动者，并没收其全部财产。如有外敌入侵，应立即报告，联合抗敌，违者将罚以马、驼、铠甲。作为共同遵守的《法典》，它调整并改善了东、西蒙古以及卫拉特各部之间的关系，土尔扈特与准噶尔两部的关系也因之大大改善。和鄂尔勒克的女儿嫁给巴图尔珲台吉，而和鄂尔勒克之孙朋楚克又娶巴图尔珲台吉之女为妻，生子阿玉奇自幼留在巴图尔珲台吉处抚养。由于两部关系的改善，巴图尔珲台吉拒绝了俄国人要求的准噶尔与俄国军队联合进攻土尔扈特，在客观上支持了和鄂尔勒克的抗俄斗争。

土尔扈特西迁伏尔加河下游以后，也一直和清朝中央政府保持密切联系。顺治三年，书库尔岱青与其弟罗卜藏诺颜（均为和鄂尔勒克之子）就随青海和硕特的顾实汗遣使向清朝政府进表贡“附名以达”[1]。土尔扈特与清政府建立直接联系后，便不断遣使进贡。顺治七年十一月，“厄鲁特部落舒虎尔岱青（即书库尔岱青）等贡马，宴赉如例”[2]。顺治十二年，“土尔扈特部长书库尔岱青遣使锡喇布、鄂木布，奉表贡”[3]。翌年，“伊尔登诺颜（书库尔岱青之二弟——引者）遣使锡喇尼和硕齐入贡。十四年，罗卜藏诺颜（书库尔岱青之三弟——引者）及其子多尔济，遣使沙克锡布特、达尔汉乌巴什、阿巴赖等，贡马驼二百余。复携马千，乞市归化城（今呼和浩特——引者）。诏许之”。土尔扈特部与清中央政府建立了“奉表贡”的臣属关系，同时，也加强了与祖国的互市贸易。土尔扈特人携上千匹马回祖国进行市易，可见经济交流具有相当大的规模，因而在政治与经济方面都与祖国联系密切。清政府为了照顾他们的宗教信仰和生活习惯，还允许他们到西藏“熬茶供佛”，并提供种种方便。如前所述，书库尔岱青继任部长后，他曾“赴唐古特（西藏——引者）熬茶供佛，谒达赖喇嘛”，并在西藏、青海、准噶尔等地居住了约十年。

康熙时期，土尔扈特部与清政府的关系更加密切，“表贡不绝”[4]。大约在康熙九年，阿玉奇父朋楚克死后，他继位执政，与清政府的联系进一步加强，于是有清政府派图理琛等前往伏尔加河，出访土尔扈特之事。

---

1　祁韵士：《皇朝藩部要略》卷九，《厄鲁特要略一》。

2《清世祖实录》卷五一，第9页。

3　祁韵士：《皇朝藩部要略》卷九，《厄鲁特要略一》。

4　何秋涛：《朔方备乘》卷三八，《土尔扈特归附始末》。

# 四　图理琛等前往伏尔加河，访问我土尔扈特蒙古

康熙九年，阿玉奇继任土尔扈特部长，“始自称汗”[1]。史称：先是书库尔岱青以巴图尔珲台吉女为子朋楚克为妇，生阿玉奇，育巴图尔珲台吉所，和鄂尔勒克徙牧，不获携。时土尔扈特与准噶尔隙，然未绝。后书库尔岱青赴唐古特还，假道准噶尔，索阿玉奇以归。书库尔岱青卒，朋楚克嗣；朋楚克卒，阿玉奇嗣，世为土尔扈特长。[2]由此可知，阿玉奇幼时由其外祖父巴图尔珲台吉抚养，其祖父书库尔岱青回西藏“熬茶礼佛”返伏尔加河时，才“索阿玉奇以归”。阿玉奇执政期间，是清朝康熙帝在位时期，在俄国正是彼得一世当政之时。

恩格斯说：彼得一世是“向自己继承者指示种种侵略方针的帝王”。[3]他在加强农奴制剥削的基础上，进行了一系列改革，为以后俄国工业的发展奠定了基础。彼得一世加强中央集权，提高工商业主的地位，同时，对外开始走向争夺世界霸权的道路。为了夺取黑海的出海口和控制权，俄国同土耳其进行了多次战争；为了争夺波罗的海的出口和控制权，又与瑞典进行了长时间的战争。与此同时，沙俄当局加紧了对土尔扈特的控制，以期利用土尔扈特的军事力量为俄国的对外战争服务。为此，俄国当局以承认阿玉奇汗位的合法化为诱饵，多次要求阿玉奇宣誓，“决定使卡尔梅克的新统治者合法化，并要求他宣誓，以便更加明确他在俄罗斯沙皇政府的关系中所承担的义务”[4]。这些“义务”主要是

1　何秋涛：《朔方备乘》卷三八，《土尔扈特归附始末》。

2　祁韵士：《皇朝藩部要略》卷九，《厄鲁特要略一》。

3 《马克思恩格斯全集》卷一二，第 637 页。

4 《卡尔梅克苏维埃社会主义自治共和国史纲》，第 139 页。

要土尔扈特人臣服俄国，不得袭击俄国辖区，不得与俄国的敌人士耳其、克里木交往，在俄国对外战争时出兵助战。然而，阿玉奇在内政和对外部的措施和行动中，并不受“誓言”的约束，仍然保持着独立的政治实体的地位。

土尔扈特笃信喇嘛教（藏传佛教），他们“重佛教，敬达赖喇嘛，而俄罗斯尚天主教（即东正教——引者）不事佛，以故土尔扈特受其役属而心不甘，恒归向中国”[1]。沙皇政府为了从精神上控制土尔扈特部民，对土尔扈特部众开始大规模地进行宗教迫害，企图从精神上割断其与祖国和卫拉特各部及精神领袖达赖喇嘛的联系，于是“俄国无所忌惮地给伏尔加流域的土尔扈特人施加洗礼”。彼得一世为此还亲自签署谕旨，敦促教士们学习蒙古语，以便争取他们改信东正教。然而这种险恶的用心都是徒劳的，与俄国政府的愿望相反，“所有这些努力的最后结果都是同样的——激起了信奉佛教的游牧民族起来反抗改宗东正教的活动”[2]。

与此同时，自17世纪70年代至18世纪初，在沙俄频繁的对外战争中，多次地大量征调土尔扈特的武装力量与俄国军队一起，对瑞典、土耳其、克里木作战。土尔扈特一般派出部队数千人，多时两三万人，“当其前锋”[3]。不少人在沙俄的对外战争中送掉了性命，土尔扈特的实力因而遭到削弱，正如后来土尔扈特回祖国的使臣向乾隆所说：“俄罗斯尝与雪西洋（瑞典）及西费雅斯科（土耳其）战，土尔扈特以兵助之，厥后稍就弱，俄罗斯因称己属。”[4]然而，俄国政府把土尔扈特称为“己属”，只不过是一厢情愿而已，正如一位俄国学者所说：“如果（俄国）政府决定立刻限制他们的权力和夺取他的政权，那么，老阿玉奇能够制造许多麻

1 何秋涛：《朔方备乘》卷三八，《土尔扈特归附始末》。
2 加恩著、江载华译：《早期中俄关系史》，第145、165页。
3 椿园：《西域总志》卷二，《土尔扈特投诚纪略》。
4 祁韵士：《西陲西略》卷四，《土尔扈特源流》。

烦并给俄国引起许多不快的事。”[1]阿玉奇仍然是土尔扈特的权力在握的汗，不受俄国政府限制。也就是说，土尔扈特在向沙俄当局多次“宣誓臣服”之后，仍然保持着独立自主的地位。

沙俄当局对土尔扈特的宗教迫害，不仅使笃信藏传佛教的土尔扈特人起而反对改宗东正教的活动，同时更促使他们渴望获得达赖喇嘛的支持。为此，阿玉奇从各方面大力加强与祖国的联系。康熙二十九年，达赖喇嘛给阿玉奇以“汗”的封号，故史载“阿玉奇始自称汗”。达赖喇嘛还希望阿玉奇能够率领土尔扈特“脱离俄国的庇护，迁回自己惟一合法的汗那里去”[2]。在达赖喇嘛的支持下，由于思念祖国故土并希望摆脱俄国的逼迫，阿玉奇曾两次准备重返准噶尔地区，回到“惟一合法的汗”，即清朝皇帝那里。然而，由于各种原因，未能实现。

阿玉奇与卫拉特各部以联姻加强联系，“土尔扈特部与准噶尔部仍以戚党故，往来不绝”[3]。阿玉奇将女儿嫁给准噶尔汗策妄阿拉布坦；其妹多尔济刺布坦嫁给和硕特首领鄂齐尔图车臣汗。[4]鄂尔齐图车臣汗被噶尔丹袭击后，多尔济率余部不远万里来到伏尔加河下游，投奔其兄阿玉奇。

阿玉奇与清中央政府的联系较之以往更为密切，“康熙中，表贡不绝”。康熙三十五年，康熙帝第二次亲征准噶尔噶尔丹，率清军中路大军远至克鲁伦河。昭莫多血战，噶尔丹大败。为防堵噶尔丹残余势力败归伊犁，康熙命策妄阿拉布坦在阿尔泰山一线防堵，阿玉奇则“遣宰桑以所部兵千”，协助其婿策妄阿拉布坦防守阿尔泰之土鲁图，致使噶尔丹不敢返回伊犁。次年，噶尔丹途穷道尽以死。阿玉奇派诺颜和硕齐、色布腾蒙克等随策妄阿拉布坦使者一道

1 帕里莫夫：《留居俄国境内时期的卡尔梅克民族史纲》，第 34 页。
2 兹拉特金：《准噶尔汗国史》，第 335 页。
3 何秋涛：《朔方备乘》卷三八，《土尔扈特归附始末》。
4 祁韵士：《皇朝藩部要略》卷九，《厄鲁特要略一》。

“入贡庆捷”，受到康熙的优待和赏赐，“优赉遣归”[1]。

噶尔丹分裂势力被平定之后，其侄策妄阿拉布坦（巴图尔珲台吉子僧格的长子）继为准噶尔部汗。他与噶尔丹一样，又开始走上分裂割据的道路。为了蓄势待发，策妄阿拉布坦意欲先兼并卫拉特各部。康熙三十八年策妄扣留土尔扈特部民万余户不遣回，于是与阿玉奇构难。《皇朝藩部要略》述其过程云：

> 初，策妄阿拉布坦徙博洛塔拉，乞婚于阿玉奇，阿玉奇以女妻之。其第三子散札布率属户万五千户以往。自噶尔丹灭，策妄阿拉布坦谋并诸卫拉特，留散札布不遣。阿玉奇索其子，乃逐散札布归额济勒（伏尔加河），仍留从户不给，分隶准噶尔拓克，阿玉奇索不获，固构难。[2]

由于策妄阿拉布坦强行扣留散札布所属一万余户，阿玉奇索而不得，两部关系因之恶化。其时，阿玉奇嫂与其子阿拉布珠尔由伏尔加河经准噶尔“入藏礼佛”，返回时，“策妄阿拉布坦阑之，不得归”[3]。“准噶尔道梗。”[4]阿拉布珠尔只得留嘉峪关外，遣使至京师，“请内属”。清政府封阿拉布珠尔为固山贝子。“畀党色尔腾地为游牧。”此事使阿玉奇与策妄的关系进一步恶化。而清政府日后准备送阿拉布珠尔回土尔扈特，成为康熙派遣图理琛等出访伏尔加河的重要原因。

当时，土尔扈特与清中央政府联系，“其贡道，始皆由哈萨克，经准噶尔地，达嘉峪关”，至北京。由于策妄阿拉布坦以准噶尔地为巢穴割据称雄，“准噶尔道梗”，土尔扈特部已不能再经准

1 何秋涛：《朔方备乘》卷三八，《土尔扈特归附始末》。
2 祁韵士：《皇朝藩部要略》卷一〇，《厄鲁特要略二》。
3 何秋涛：《朔方备乘》卷三八，《土尔扈特归附始末》。
4 祁韵士：《皇朝藩部要略》卷一〇，《厄鲁特要略二》。

噶尔至嘉峪关到北京。尽管如此，阿玉奇与清中央政府保持联系的意志并未稍衰，于是与沙俄当局交涉，请求通行，假道前往北京。“阿玉奇以贡道梗塞，遣使假道俄罗斯，由库伦路入贡。”[1]康熙四十八年，阿玉奇遣使萨穆坦，取道俄国西伯利西，由库伦至张家口，抵达京师，“表贡方物”[2]。俄国当局对萨穆坦回北京之行心存疑虑，因此，当萨穆坦等到达托博尔斯克时，被羁押达半年之久；加之路途遥远，萨穆坦一行历时两年多，于康熙五十一年春，才到达北京。其时，清政府正考虑如何将阿玉奇侄阿拉布珠尔与其母送归阿玉奇处，而萨穆坦也是为此衔命而来。同时，阿玉奇在给康熙的奏文中说：“所差之使，乃吾心腹小役，圣祖若有密旨，赐口谕。”[3]“密旨”何所指，虽不得其详，然萨穆坦负有秘密使命则明矣。由此可以窥见阿玉奇心向祖国之诚，康熙因之深为感动，所谓“上嘉其诚”。为了尽快回报阿玉奇，康熙决定派出使者，与萨穆坦一道前往伏尔加河，对寄居异国他乡的我国土尔扈特部聘问，于是有图理琛使团出访伏尔加河。

图理琛使团是清政府派出的第一个途经欧洲的使团。坐落在承德市区北的狮子沟的普陀宗乘之庙，现存有乾隆撰写的《土尔扈特全部归顺记》碑。碑文中乾隆记述图理琛出使说：

> 康熙年间，我（乾隆自称——引者）皇祖圣祖仁皇帝，尝欲悉其要领，命侍读图理琛等，假道俄罗斯以往。俄罗斯故为纡绕其程，几行三年又数月（时间有误——引者），始反（返）命。

1 何秋涛：《朔方备乘》卷三八，《土尔扈特归附始末》。

2 祁韵士：《皇朝藩部要略》卷一〇，《厄鲁特要略二》。

3 《康熙谕阿玉奇敕书》，见马大正、郭蕴华《康熙谕“阿玉奇敕书”试析》，《民族研究》1984 年第 2 期。

图理琛等人，历尽艰辛，迢迢数万里出使土尔扈特，是康熙处理厄鲁特蒙古问题的一次重大政治事件。后来，土尔扈特于乾隆三十六年返回祖国，是和这次出使密切关联的。

图理琛，姓阿颜觉罗氏，满洲正黄旗人。康熙二十五年，由监生考授内阁中书，三十六年转中书科掌印中书舍人，不久迁升内阁侍读。曾监督芜湖关税务。康熙四十二年，任礼部牛羊群总管。越二年，因管理不善，以缺少牲畜被控，命革职。闭居七载。当他得知康熙欲派使臣前往伏尔加河出访我国土尔扈特部的消息后，呈文请求遴选。由于图理琛不但通晓满、汉、蒙文字，“还多少懂些俄文”，因而被选中，特命复职，恢复其内阁侍读原官品级。

清政府派出的使臣有：太子侍读殷札礼、理藩院郎中纳颜、内阁侍读图理琛、厄鲁特蒙古人舒哥、米斯五人。此外还有三名随从武官，二十二个家仆，以及阿拉布珠尔的四名人员，共计三十四人。[1]使团以殷札礼为首，图理琛并不是首脑，但因他回国后写有《异域录》一书而知名中外。因此，在我国历史记载上通称为图理琛出使，外国学者则习惯称为图理琛使团。

康熙五十一年四月二十二日，康熙帝向图理琛等使臣颁发了“圣训”。康熙的命令包括两个部分：一部分是关于对土尔扈特阿玉奇汗的，另一部分则是清政府使臣在俄国过境时，与俄国人交往的有关规定和注意事项。关于第一部分的主要内容如下。

第一，“问阿玉奇汗无恙”，转达康熙对阿玉奇的问候。同时说明，使臣“前来，颁发谕旨，并赐恩赏”，清帝十分关心土尔扈特部，进行抚绥。

第二，清政府准备送回阿拉布珠尔，使他们叔侄、父子“完

1　图理琛：《异域录》；《清史列传》卷一五，《图理琛传》；加恩：《早期中俄关系史》，第 63~64 页。

聚”。由于策旺阿拉布坦称兵，阿拉布珠尔经准噶尔返伏尔加河的路途阻断，清政府已派“侍卫祁德礼，前往策阿拉布坦处计议”，一旦有消息，“移会尔等”，通知阿玉奇等。

第三，如阿玉奇提出“夹攻相图策妄阿拉布坦”，则“断不可应允”。

第四，阿玉奇“如有馈送，尔等（使臣——引者）酌量收受”。

第二部分，即有关与沙俄当局交往的规定，其主要内容如下。

第一，沙皇如果要会见清政府出使人员，“即往相会”。由阿颜、图理琛及新满洲二人，前去相见，“相见礼仪，依彼国礼见之，可也”。若沙皇不欲相见，则已。

第二，《中俄尼布楚条约》已签订多年，中国恪守条约，“朕无他意”，“前闻俄罗斯与邻国不相睦，互相攻伐”，如俄方有必要调用边境驻兵，“即行调发，不必疑惑”，并特谕黑龙江将军由尼布楚城移会俄国当局。

第三，俄罗斯如“恳求”火炮之类，当婉言谢绝。因道路远险，高山峻岭，林木丛薮，险隘甚多，火炮等断难运至。“且中国法禁，凡火器物件，不许擅自出境，法令森严。”

第四，“俄罗斯国习尚矜夸”，他们一定会炫耀其物品，“出示尔等”。出使人员“不可惊讶，亦不可轻藐。但言此等物件，我中国或有或无”。

第五，“至俄罗斯国地方，或见妇人，或遇可笑之事”，出使人员“须庄重行事，不可轻于戏谑”。尤其是“俄罗斯国地方，风俗甚坏，妇女不端者多”，故应严加约束。

总之，在俄国过境时，“不可无礼”。同时，因“俄罗斯国法律严峻，属下人役少有过愆”，出使人员“务必宽裕庄重”相待，不可粗暴而行。此外，有关收受礼品，与俄罗斯官员相见的礼节等，都做了规定。对使团总的要求是，“尔等同心合意而行”，不可酗酒，对随役人员“须严加约束”。对“俄罗斯国人民生计，地理形势，亦顺留意”[1]。

康熙帝对使臣在俄国过境时，事无巨细，一一精详指示，足见在涉及外交事务时他是十分慎重而周密的。由于清政府与俄罗斯打交道多年，并已签订《中俄尼布楚条约》，划定了中俄东段边界，因此，康熙强调恪遵条约，以保证两国和平。对使臣在外交场合的要求，则是“不可无礼”，不卑不亢。

康熙在向图理琛等人发出“圣训”的同时，清政府又询问在北京准备回国的俄国商人科密萨尔，有关中国出使人员途经俄国时沿途马匹的供应等问题，得到科密萨尔的保证。[2]于是，“理藩院于1712年（康熙五十一年）6月5日发出一封信给西伯利亚总督噶噶林亲王，要求俄国允许使团过境”[3]。这封信由科密萨尔带回俄国。

康熙五十一年五月二十日，图理琛等携带着康熙给阿玉奇的“敕书”和礼物自北京起程。他们将长途跋涉，关山万里，出使人员的父兄子弟在城北北极寺为他们送行，依依告别。图理琛等人出张家口，然后北上，穿越察哈尔蒙古、喀尔喀蒙古（今蒙古人民共和国），于七月二十三日到达中俄交界的俄方城市楚库柏兴（色楞格斯克）。但是，俄国楚库柏兴长官以未得到沙皇的训令为由，不准图理琛等人继续前往，图理琛等人不得不在此等候。他们在楚库柏兴耽搁了五个月零三日。史称：“五月，图理琛等自京起行。七月，达俄罗斯境，驻楚库柏兴，以假道故，俟其国察罕汗（沙皇——引者）信。五十二年正月，信至，始行。”[4]

图理琛等在楚库柏兴耽误如此长的时间，是因为俄国当局心存疑虑，一定要搞清楚图理琛使团的真实意图，故意纡缓其行。

1 图理琛：《异域录》（上）；何秋涛：《朔方备乘》卷四三，《考订异域录》（上）。

2 图理琛：《异域录》（上）；何秋涛：《朔方备乘》卷四三，《考订异域录》（上）。

3 加恩：《早期中俄关系史》，第63页。

4 《清史列传》卷一五，《图理琛传》。

楚库柏兴长官衣宛萨委翅问中国出使人员："天使之来有何事？有干我国之事否？"图理琛等答称，使团是奉命前往阿玉奇汗处，"于尔国并无甚事"。尽管图理琛等已说明一切，俄方仍不放行，声称："俟我察罕汗（沙皇——引者）信到，方可放行。"[1]在此期间，俄国西伯利亚总督噶噶林，在 8 月 30 日和 10 月 30 日，两次向俄国使节部首长葛罗甫金报告，他已收到清政府要求中国使节团过境的通知。然而，噶噶林却认为，清政府使节团去阿玉奇汗处，其目的是想让土尔扈特与清军一起攻打策妄阿拉布坦。在打败准噶尔之后，中国将在西伯利西同俄罗斯对垒[2]，这对俄罗斯不利。俄国西伯利亚官员切佩列夫，在给俄国政府的报告中也说："据中国人谣传，是想劝诱阿玉奇同中国人一起攻打卡尔梅克领主珲台吉（策妄阿拉布坦——引者）……其结果将使西伯利亚蒙受巨大欺凌。……如果中国汗将该领主战败，与中国领土接壤将造成很大的麻烦。"[3]因此，俄国政府对中国使团的过境迟迟不做决定。但是，这是《尼布楚条约》签订后，清政府第一次派出的途经俄国的使团，根据条约规定的"两国今既承修好，嗣后两国人民持有准许往来的路票者，应准其在两国境内自由贸易"。考虑到俄国商队经常到中国贸易，而图理琛使团又是奉皇帝之命出访的正式使团，11 月 26 日，俄国参政院才同意中国使团过境，"准中国使臣以及返回的阿玉奇使者从西伯利亚各城通行，不得阻拦，直至喀山各城"。同时，训令喀山城长官一定要查明中国使团的目的，并威胁阿玉奇不得与清政府缔结任何与策妄阿拉布坦为敌的攻守同盟。两天后，沙皇给噶噶林同样内容的训令。噶噶林在 12 月 8 日把沙皇的训令下达给其下属叶尼塞斯克长官。[4]康熙五十二

1 图理琛：《异域录》（上）。

2 加恩：《早期中俄关系》，第 64 页。

3《18 世纪俄中关系》卷一，第 131 页。

4 加恩：《早期中俄关系史》，第 64 页。

年正月十六日（1713 年 2 月 10 日），图理琛等在俄方派来的按叠列衣等的陪同下，“拨给拖床七十余辆，并跟随兵丁、敕书在前，排列伊国（俄罗斯——引者）旗帜，兵丁引导，擂鼓放炮相送”[1]，自楚库柏兴起程。两天后，到达乌的柏兴（乌丁斯克——引者），俄方排兵列帜欢迎，设宴，“作伊国之音乐，跳跃以为娱”。然后经贝加尔湖南岸之博索尔斯科，于正月二十五日至厄尔口城（伊尔库茨克——引者），受到俄方欢迎。中国使团在此等候噶噶林自托波尔斯克派出的陪同官员前来。二月二十二日，噶噶林所遣迎接官博尔果付泥克等到来，图理琛等急于起程，但因昂格拉河冰封未解，舟不能行。至五月初四日，中国使团才到达厄尔口城（伊尔库次克），在此又逗留了三个多月的时间，方才前行，由昂格拉河乘船，“沿途河岸之下，未消之冰雪尚有二三尺不等，亦有至丈余之处”。二十三日，至伊聂谢柏兴（叶尼聂斯克——引者），再一次受到俄方欢迎。二十九日，改由陆路行，由俄方供给马匹。图理琛在此地叙述了有关北极光的情况。他说：“此地相去北海大洋一月程，时夏至前后，夜不甚暗，虽日落夜深，犹可博弈，不数刻，东方即曙而日出矣。”中国使团至麻科斯科再乘船由揭的河、鄂布河，经阿里穆柏兴、苏尔呼忒柏兴、萨马尔斯科，七月初四日至托波尔（托波尔斯克）。俄国西伯利亚总督噶噶林在公署接见中国使团，他说，《中俄尼布楚条约》签订后，俄国商人经常前往中国贸易，“中国人并不曾一至我国地方”，中国使臣“此来有何事故？或有干豫我国之事否？”意在弄清中国使团意图，其疑虑未消。图理琛等仍然如前所说，使团是前往土尔扈特阿玉奇汗处报聘，“颁发谕旨，并赐恩赏，于尔国（俄国——引者）无事”。中国出使人员同时说明，现在北京的东正教神甫只有米提理一人，业已年迈，俄国商人科萨密尔曾请应

1　图理琛：《异域录》（上）。

允俄方再派一神甫来京，康熙已允准；同时，希望俄方能派出外科医生一名，俟中国使团回国时与神甫一同前往北京。噶噶林答应照办。并说中国使团过境之事已报告沙皇。图理琛等说，如沙皇欲会见中国出使人员，根据康熙的谕令，使团“分一半人”前去。在经过一番应酬交谈之后，噶噶林问：“土尔扈特国贝子阿拉布珠尔之四人，天使带来。其阿拉布珠尔是何人？将他四人带来是何情由？”对清使的意图仍存疑虑。图理琛等答：“将阿拉布珠尔四人带去见乃父那呾尔麻木，令其知阿拉布珠尔蒙我大皇帝深恩，其身依然无恙耳。”[1]噶噶林不再问。

中国使团在托波儿斯克驻留八日，七月十二日起程，二十三日至图敏（秋明——引者），经费耶尔和土尔斯科、喀山、西穆必尔斯科，于康熙五十二年十一月十六日，“至俄罗斯国界之萨拉托付（萨拉托夫）”。此为俄国与土尔扈特汗国交界处。伏尔加河自东北绕萨拉托夫向南而流。俄国翻译和萨拉托夫驻军军官，驰告阿玉奇汗，通知他们中国使节已至萨拉托夫，“速派官兵，预备驿马供给，前来迎接”。这时，中国使节在俄国境内的第二个隆冬季节已经到来，暴风雪席卷了伏尔加河草原，根本不能前进，“时雪甚大，众不能前进，遂驻扎于萨拉托夫地方”。在此等候期间，图理琛等除赴俄方的宴会外，只好在伏尔加河岸“骑射捕鱼”，消磨时光。当驰往阿玉奇处的俄国翻译告知中国使节到来的消息后，“阿玉汗闻此信，甚喜。传集其部落，修治毡帐、衣服，预备供给”[2]，只等春风吹醒草原，迎接祖国来的使者。

康熙五十三年四月初五日，时已大地回春，阿玉奇派台吉魏正等前来迎接祖国的使者。五月十八日，阿玉奇之弟、贝子阿拉布珠尔之父那札尔麻木，差宰桑赵特巴等给图理琛等人送来马匹

1 以上引文均见图理琛：《异域录》（上）。
2 图理琛：《异域录》（下）；见何秋涛：《朔方备乘》卷四四，《考订异域录》（下）。

等礼物，并致问候。阿玉奇对康熙安插其子阿拉布珠尔，使之“生计饶裕，不胜感激”。五月二十日，图理琛等越过伏尔加河后，向阿玉奇驻地进发。六月初一，至土尔扈特国阿玉奇汗驻扎地马奴托海附近，受到十分热烈而隆重的欢迎。“阿玉奇汗遣伊部下台吉并番僧等来迎，导至宿处安置。至沿途阿玉奇汗部下台吉并番僧，及归入阿玉奇汗之莽武特头目，各率属人等，陈设筵宴，排列牲畜，远来迎接，以及马前跪献食物甚多，皆不胜钦敬。”下午，阿玉奇汗差近侍喇嘛前来告知图理琛等，明日相会。

翌日晨，图理琛等“捧旨前往”。阿玉奇在其幄帐前举行隆重的迎接祖国使节的仪式，“土尔扈特国台吉、番僧，排列前导，俄罗斯国官兵随后拥护，至阿玉奇汗幄帐切近，下马”。图理琛等向迎候的阿玉奇交付康熙的谕旨，“阿玉奇汗跪接，北向恭请东土大皇帝万安”[1]。然后由使节首脑殷札礼向阿玉奇汗宣读康熙的敕书。敕书由满文写成，汉译如下：

皇帝敕谕尔土尔扈特之阿玉奇：

朕统御天下，抚有万邦，从不分内外，一视同仁，断然不二。据尔阿玉奇疏言：“圣主向广阔无边之神瞻部洲训谕教化，使不灭之金轮训谕，导致生灵于康乐安泰之境，胜誉如同天雨降下，实不胜欣悦。将万众引向德化，恩赐如沧海之满福，更念流落天涯者，像上天似赐予希望。耳闻君之圣躬，君之训谕，如日之无玷，德威齐树，八宝俱全，天赋东土文殊舍利活佛，秉公不偏，端坐金刚宝座，治理广域，使寰宇共乐升平。敬尊万灵之释迦牟尼佛法，广行边陲之地。今微贱之躯善在，更敬仰文殊舍利宗喀巴之教。今遣使之原委，在于卫藏地方，有达赖喇嘛之弟子，倘若有欲行善者彼处亦可行善。今为

1　图理琛：《异域录》（下）。

万物生灵怀仁德之菩萨，扶世为君，并以如来之十戒，引导教诲。今小的为主上之教，统一德化，向如沧海清明圣主，遣使启奏。所差之使，乃吾心腹小役，圣主若有密旨，请赐口谕。吾将圣主之教训，同日月之永恒，借鉴不绝”等语。

尔阿玉奇，一向恭顺，进贡请安，输诚已久。然彼策妄阿拉布坦阻截数载，未能相通，今又一心一意，自俄罗斯地方，遣尔心腹差役萨穆坦为使，特向朕躬请安贡物，朕甚嘉奖。故朕心宠眷，施以殊恩，赏赐金银制五十两圆筒奶茶壶一具，五十两银制盆一具，酒杯一个，镂空雕花马鞍一个，各色绸缎三十匹，布二百匹，茶叶四篓。赏多尔济拉布坦、沙克多尔札，绸缎各二十匹，布各百匹，茶叶各四篓。尔所差遣之使萨穆坦、车臣、鄂木布、丹津等，也足赏银两、绸缎、布匹、茶叶等有差。

再之，尔弟之子阿拉布珠尔，与其母同赴藏期间，策妄阿拉布坦与尔相猜交恶，道路被阻，不得返回，而困于嘉峪关外，嗣后向朕叩乞而来。朕好生天下众生，故授封小子阿拉布珠尔为贝子，安置在党色尔腾地方，年赏赐俸银、绸缎，使之生计有着，以致富裕矣。朕轸念尔自效顺以来，频行请安，向化之举，亦念小子阿拉布珠尔与伊父及尔分散年久，用何计遣送之处，与俄罗斯商贾头目哈密萨尔相询，哈密萨尔亦允送至时，朕正欲降旨接回阿拉布珠尔之随从，从俄罗斯一起遣往之际，适值尔差使者萨穆坦等前来。正合朕意矣。因此，特令侍读学士衔殷札礼、郎中纳颜、主事衔图理琛、护军校亚图、五品官拿那等，手持敕书，会同阿拉布珠尔随从等人一并遣往。

康熙五十一年五月二十四。[1]

1　马大正、郭蕴华：《康熙谕阿玉奇汗敕书试析》，《民族研究》1984 年第 2 期。

康熙的《敕书》包括三个部分：第一部分是复述了由萨穆坦送呈的阿玉奇的奏文；第二部分是对阿玉奇“一向恭顺”“输诚已久”表示嘉奖与“宠眷”，特颁恩赏；第三部分是清廷关于阿拉布珠尔遣返的考虑，以及决定派出殷札礼等为使前来情况。

殷札礼宣读敕书毕，随同图理琛等到阿玉奇处的俄国人员什尼切尔也记述了《敕书》的递交过程。他写道：

> 中国的使臣们来到了可汗（阿玉奇——引者）帐幕前，从木盒里取出一份用金纸书写的诏书。他们的总头目殷札礼拿着国书，双手举过头顶四分之一俄尺，和自己的其他同事一起，十分肃穆地走进帐幕，一直走到可汗的座位前。可汗坐在高四分之一俄尺、置于波斯地毯上的丝绒座椅里。[1]

《敕书》交递毕，阿玉奇与殷札礼、图理琛等进行了诚挚而友好的谈话。图理琛等首先传达康熙“问汗无恙”，对阿玉奇的问候，并再一次说明，康熙欲将阿拉布珠尔送回，使其父子、叔侄团聚，“于是特选厄鲁特之舒哥、米斯及我等前来，颁发谕旨，并赐恩赏。阿玉奇汗不胜感激”。请图理琛等坐在他的左右，举行筵宴，有土尔扈特艺人演奏音乐。阿玉奇详细询问了康熙的生活起居，每年到承德避暑山庄以及木兰行围的情况。又问何以有新、旧满洲之分，以及汉人出征的武器装备。“又问：闻得中国有属国名朝鲜者，与大皇帝纳贡否？天使可曾到彼国否？”“又问：曩时闻得大皇帝国中有一平西王作乱，大皇帝剿除翦灭系何年？尚有余孽否？”并问及各种物产。总之，阿玉奇对清朝的政治、经济无一不关心，且对重大事件有相当的了解（如“三藩之乱”及其平定），足见其虽漂落异域，但时时关心祖国。阿

1 《18 世纪俄中关系》卷一，第 485 页。

玉奇对图理琛等说：

> 满洲、蒙古，大率相类，想起初必系同源。如何分而各异之处，大皇帝必已洞鉴。烦天使留意，回都时可奏知大皇帝。我所遣之人来时，将此原由，恳乞降旨明示我等。[1]

阿玉奇所说满洲、蒙古“起初必系同源”，这就十分明确地指出，自己是祖国多民族国家的成员，并希望康熙能向他解释后来“分而各异之处”的原因。他又说：“我虽系外夷，然衣帽服饰，略与中国同。其俄罗斯国乃衣服语言不同之国，难以相比。”[2]十分清楚地说明土尔扈特人的语言、服饰、文化传统与习俗，与祖国息息相关，而与俄罗斯国则是“难以相比”，格格不入。并一再表示“常欲遣使恭请大皇帝万安，心中殷殷”，对祖国一片思念之情。由于策妄阿拉布坦称兵，经新疆、由嘉峪关的道路被阻，土尔扈特人“不能达至西藏，凡一切药物，甚是难得”，因此阿玉奇恳请清政府以后能不断供给药物。至于送回阿拉布珠尔一事，如经由南路准噶尔地，断然不可，而北路由西伯利亚又必须有俄国当局的批准，需要有时间进行交涉，所以阿玉奇建议：图理琛等不必在此久待，他将派人到莫斯科去交涉，如俄国当局同意阿拉布珠尔过境，“我遣使时，再行奏闻”。

图理琛等停留了14天，轮流宴会，阿玉奇妹、长子等分别宴请，观看了射箭、摔跤等表演。图理琛等一行到来，土尔扈特人认为是“大皇帝不弃我汗（阿玉奇——引者），遣天使远来”，阿玉奇和部民十分“喜悦”，清廷使节“亦喜之不尽”。图理琛等临走时，阿玉奇的小儿子车领敦多布送给康熙鸟枪一杆，说自己年

1 图理琛：《异域录》（下）。

2 图理琛：《异域录》（下）。

幼“无言可奏”，请清使代为转达他对康熙的祷祝。他说：“我在此朝暮于佛前，竭诚祷祝，烦天使奏闻。”[1]所有这一切表明，土尔扈特人对祖国的深深怀念。

康熙五十三年六月十四日，图理琛等起程回国。阿玉奇遣台吉达颜、寨桑尔追图，率兵护送出境。中国使团经喀山、托波尔斯克等，由原路于康熙五十四年三月二十七日回到北京，即往畅春园陛见，面奏出使经过。康熙“大悦，深加褒奖”，对图理琛等慰勉有加，颁赐御膳。图理琛等又具疏上奏，奏疏详细叙述了中国使团过境俄罗斯及与俄国西伯利亚总督噶噶林谈话内容，详细叙述了向阿玉奇汗递交《敕书》的过程。尤可注意者，是奏疏中叙述阿玉奇与图理琛等谈话时，阿玉奇如是说：

> 臣（阿玉奇自称——引者）生长外国，敻远天都。……臣幸属籍中华，得蒙如天大皇帝恩宠，山高海深，天覆地载，惟愿至圣大皇帝万万岁，虔诚祷祝而已。[2]

土尔扈特漂泊异域，阿玉奇汗生长外国，然而“属籍中华”——作为中华民族大家庭的成员，则是永志不忘、矢志不渝，故对清帝的关怀，诚心感戴，虔诚祷祝。其对祖国故土殷殷之情，跃然纸上。

图理琛等将奏疏一并进呈康熙的还有绘制的沿途山川形势黄册舆图。康熙对此很有兴趣，下旨：“册图留览。”

图理琛等往返历时三载，行程约两万公里。回国后，图理琛用满、汉两种文字写成《异域录》一书，记述出使经过，相当精确地记载了沿途山川道里、俄罗斯的风俗习惯和物产，以及应对

---

1 图理琛：《异域录》（下）。
2 图理琛：《异域录》（下）。

仪礼等。《四库全书总目》说:“《异域录》一卷……是编乃康熙五十一年五月，图理琛以原任内阁侍读奉命出使土尔扈特，由喀尔喀越俄罗斯国，至其地。五十四年三月，回京复命。因述其山川、民风、物产，以及应对礼仪，恭呈御览。冠以舆图，次随日记载见闻。其体例略如宋人行记。但宋人行记以日月为纲，而地理互见，此则以地理为纲，而日月互见。”[1]从“恭呈御览”一语可知，《异域录》是图理琛继奏疏之后，给康熙写的更详细的出使报告。

《异域录》是我国第一部有关俄国的著作，史料价值很高，是研究我国厄鲁特蒙古和中俄关系的重要史籍，也是研究历史地理的重要书籍。《异域录》成书后很快刊行，士大夫、官绅争相阅读，甚受重视，影响很大。《四库全书》所收即为总纂官纪昀藏本。《异域录》在国外也受到广泛的重视，被翻译成俄文、英文和法文。俄文本有两种，是根据满文本译出的。最早的俄文译本是赫拉瑞、罗索金翻译的，1741 年发表在彼得堡《月报》上。[2]英文本、法文本是根据汉文本译出的。英文本于 1821 年在伦敦出版，译者司当东爵士是乾隆五十八年英国马戛尔尼使团来华时的副使。

图理琛等出访土尔扈特是清廷处理卫拉特蒙古事务的一次重大举措。康熙为了遣送阿拉布珠尔回土尔扈特使其父子、叔侄团聚，又有感于阿玉奇遣使历尽艰辛至北京，于是派出图理琛等不远万里前往伏尔加河土尔扈特报聘。康熙如此慎重处理卫拉特蒙古的大小问题，对我国多民族国家的进一步发展产生了极其重要的影响和历史意义。在图理琛回国后 56 年，即乾隆三十六年，我国土尔扈特部蒙古，在其汗渥巴锡（阿玉奇之曾孙）等的率领下，

---

1 《四库全书总目》卷七一，第 634 页。

2 加恩：《早期中俄关系史》，第 114 页。

为了摆脱沙皇俄国的奴役，历尽千辛万苦，蒙受了巨大的牺牲，返回祖国新疆故土。清政府调集大量牛羊等物资予以救济，妥善安置。乾隆先在木兰围场的伊绵峪，后又在避暑山庄接见土尔扈特汗渥巴锡等。

# “康乾盛世”简论*

有清一代，康熙、雍正、乾隆三帝在位时期，清王朝由清初人口锐减、生民困苦、社会动荡不安、经济极端凋敝的状态，恢复发展到鼎盛时期，史称“康乾盛世”。“康乾盛世”下的清王朝以其经济繁荣、国库充裕、在传统文化方面有集大成之势，尤其是国家大一统完成，气势恢宏，国力强盛，成为亚洲头等强大的国家，也是世界强国之一。

“康乾盛世”是中国传统社会发展的最后一个高峰，然而，与西方世界相比，又落后了整整一个时代。

一个伟大的民族，是在历史长期发展中形成和成熟起来的，因此，也必须从历史中去认识自己，并从中汲取智慧和力量。历史地评价康熙、雍正、乾隆的历史业绩及其失误，人们将从中获取有益的历史启迪。

## 一　同各种分裂势力进行长期斗争，完成国家统一

顺治元年，清军入关，建立起全国政权。至顺治十八年，南

* 本文与香港大学吕元骢教授合著。

明永历帝桂王被俘而死，清廷虽基本上统一了大陆，但国家的完全统一远未完成。康熙帝继位之初，南方有日益坐大的“三藩”分裂势力；东南海上有台湾郑氏抗清力量；在东北，沙俄侵扰我国黑龙江流域已达 30 余年；在西北，厄鲁特蒙古准噶尔部上层分裂势力日益嚣张，其影响波及喀尔喀蒙古、漠南蒙古、青海和西藏。总之，在中国境内仍存在着各种分裂势力，严重威胁着清王朝的统治和国家的统一。

康熙、雍正、乾隆三帝时期，经过同各种分裂势力以及沙俄、廓尔喀侵扰势力的长期斗争，取得了辉煌的胜利，终于完成了国家统一的伟业。我国统一的多民族国家在历史长期发展的基础上，进一步巩固和发展，从而奠定了近代中国的版图。

康熙十二年，康熙帝下令撤藩。云南平西王吴三桂举兵反，靖南王耿精忠、平南王尚之信先后于福建、广东响应，是为“三藩之乱”。吴三桂旧部任他省总兵、提督者也纷纷倒戈反清，半个中国陷入战火，清王朝面临着生死存亡的挑战。吴三桂在讨清檄文（即清廷所谓的“伪札”）中宣称“夷君无道”，“窃我先朝（明）神器，变我中华衣冠”，而今“正当伐暴救民，顺天应人之日也！爰率文武，共谋义举”，提出“共举大明之文物，悉还中华之乾坤”。吴三桂以民族矛盾相号召，假以大义，举起反清复明大旗，然而，他自己却即帝位，弃明而改国号为“周”，其真实意图是分裂中国，割据南方。康熙十四年，吴三桂授意达赖喇嘛上奏云：“若三桂力穷，乞免其死；万一鸱张，莫若裂土罢兵！”[1]康熙帝对此分裂中国的建言，痛加驳斥，谕曰：“朕乃天下人民之主，岂容裂土罢兵！但（三桂）果悔罪来归，亦当待以不死。”[2]康熙帝坚决反对分裂，维护国家统一，经过 8 年战争，平定了

1 《清圣祖实录》卷五四。

2 《清圣祖实录》卷五四。

“三藩之乱”。

平定“三藩之乱”后，清政权立即进行统一台湾的斗争。

台湾自古以来是中国的领土。明天启元年，荷兰侵略者占领台湾。顺治十八年，民族英雄郑成功驱逐荷兰侵略者，收复台湾，作为抗清基地。翌年，成功病逝，子郑经嗣位。康熙三、四年，清福建水师提督施琅两次率军征台，遇飓风，无功而还。于是清廷决定循于招抚，对郑经许以“八闽王及沿海各岛”。郑经却断然拒绝，公然宣称：“东宁（台湾）远在海外，非属（中国）版图之中……王侯之贵，故吾所自有。”[1]又说：“今日东宁，版图之外另辟乾坤。”[2]他已“启国东宁”，在台湾自立为国。清廷若“能以外国之礼见待，互市通好，息兵安民，则甥亦不惮听从”[3]，要求“比同朝鲜”，否则拒绝与清谈判。康熙帝严正指出：“朝鲜系从来所有之外国，郑经乃中国之人。”郑经本是中国人而要比同外国，纯属一派胡言，因此，康熙帝断然拒绝，谕曰：“至于比同朝鲜，不便允从。”[4]

郑经胡说台湾“非属中国版图之中”，以“外国”自居，既违背台湾自古以来是中国领土的历史事实，更是对其父郑成功的背叛。郑成功曾当面向荷兰侵略者郑重声明：“该岛（台湾）一向属于中国的，来自远方的荷兰客人，自应把它还归原主，这是理所当然的事。”[5]又说：“此地先人故物。今珍宝听尔（荷兰人）载归，地乃还我。”[6]郑成功一再向世人宣告，台湾从来就是中国的领土，而郑经却自绝于中国，要“比同外国”。因此，清王朝与台湾郑氏

1 《郑经复孔元章书》，见《康熙统一台湾档案史料选辑》。
2 《郑经复董班舍书》，见《康熙统一台湾档案史料选辑》。
3 《郑经复董班舍书》，见《康熙统一台湾档案史料选辑》。
4 《敕谕明珠、蔡毓荣等》，见《明清史料》丁编，第3册。
5 C.E.S：《被忽视的福摩萨》（卷下）。
6 范咸学：《重修台湾府志》卷一，《封域》。

的矛盾，由抗清一变而为维护国家统一的斗争。

康熙二十二年六月，施琅率师规取台湾，与刘国轩所率郑军主力血战于澎湖海面。郑军惨败，台湾郑克塽投降。如何管理台湾，清廷发生了激烈的争论。李光地主张“空其地，任夷人居之，而纳款通贡。即为贺兰所有，亦听之”[1]。在争论台湾“弃留”时，有人主张“弃其地，迁其人”。施琅坚决反对“弃台”，他说：“会议之际，臣虽谆谆极道，难尽其词。在部臣、抚臣等耳目未经，又不能尽悉其概，是以于会议具疏之外，不避冒渎，以其利害详细披陈。”[2]于是上《恭陈台湾弃留疏》，疏云：此地“红毛（荷兰人）……无时不在涎贪，亦必乘隙以图。一旦为红毛所有……必合党伙，窃窥边疆，迫近门庭。此乃种祸后来，沿海诸省，断难晏然无虞”。总之，“弃之必酿大祸，留之则永固边圉”，台湾“断断乎不可弃”。

荷兰人被郑成功驱逐后，千方百计意欲再侵占台湾，这在当时已是不争之事。靖南王耿继茂早在康熙二年就指出，荷兰人愿派兵船协同清军对郑军作战，其意乃再侵占台湾，故上奏云：“外夷禀性贪利，察其本意，一则欲取台湾，二则以图通商。”[3]康熙帝同意施琅的主张，他说：“外国人（荷兰）不可深信。在外官员奏请互市，各图私利耳。”[4]康熙帝认为，台湾对海防关系重大，谕曰“台湾弃取所关甚大”，“弃而不守，尤为不可”[5]，决定“且置郡县”[6]。清政权在台湾设置一府三县，总兵官一员，副将两员，兵八千，驻防台湾；澎湖设副将一员，兵两千驻守；隶属于福建

1 李光地：《榕村续语录》卷一一，第709页。
2 施琅：《恭陈台湾弃留疏》，见《靖海纪事》（卷下）。
3 《耿继茂题报荷兰船助攻并窥伺台湾事本》，见《康熙统一台湾档案史料选辑》。
4 《康熙起居注》，第1册，第666页。
5 《康熙起居注》，第1册，第666页。
6 李光地：《榕村续语录》卷一一，第709页。

省。台湾的行政建制从此与内地划一，以后又陆续增设县治。

施琅力主“留台”“守台”（总督姚启圣亦主张“留台”）和康熙帝的决断，使台湾与祖国大陆重新统一起来，对国家民族作出了极其重大的贡献。

康熙帝亲政伊始，即准备抗击沙皇俄国对我国黑龙江流域的侵扰。他说：“罗刹（沙皇俄国）扰我黑龙江、松花江一带三十余年，其所窃距我朝发祥之地甚近，不速加剪除，恐边境人民不获休息。朕亲政之后，即留意于此，细访其土地形胜，道路远近，及人物情形。”[1]积极准备反击沙皇俄国的侵扰。在多次通过外交途径希望沙皇俄国远征军从侵占的中国领土上自动撤离而无结果的情况下，于康熙二十四、二十五年，进行了两次抗击沙俄入侵、收复祖国领土的雅克萨之战，于康熙二十八年与沙皇政府签订了《中俄尼布楚条约》，划定了中俄两国东段边界，制止了沙俄的侵扰，使这一地区维持和平一百多年。

清王朝平定准噶尔战役，是与势强力大的分裂势力展开的一场严重斗争，历康、雍、乾三朝近70年才取得最后胜利。

准噶尔是厄鲁特蒙古四部之一，“为元臣孛罕裔”[2]。在《中俄尼布楚条约》签订前后，准噶尔部噶尔丹分裂割据势力，在沙皇俄国的支持下，血洗漠北喀尔喀蒙古。康熙二十九年，噶尔丹以追击喀尔喀蒙古土谢图汗和宗教领袖哲布尊丹巴为名，率三万余大军进入漠南蒙古乌珠穆沁。六月，击败清理藩院尚书阿喇尼。七月，再败安北大将常宁（康熙帝之弟）。噶尔丹横行西北、漠北，所向无敌，乃是草原枭雄。在击败常宁后，更是不可一世，居然向康熙使者提出：“圣上（康熙）君南方，我长北方。”[3]以南

1 《清圣祖实录》卷一二一。

2 祁韵士：《皇朝藩部要略》卷九，《厄鲁特要略一》。

3 《亲征平定朔漠方略》卷七，第34页。

北分治作为“讲信修好”的条件，公然要分裂中国，且盛气凌人，大言曰：“若他们能打败满洲人，他们将直接进军北京，若他们征服了皇朝（清朝），他们将伙分地盘。”[1]因此，清政权进行的平准战役，既是为了清王朝的统治，也是维护国家统一的严重斗争。

噶尔丹的嚣张气焰，使康熙帝认识到：“噶尔丹者，赋性凶残……其势日张，其志益侈。”[2]“朕因知此人势强志大，必将窥伺中原，不致殒命不止，岂容泛视！”[3]于是决计亲征，康熙二十九、三十五、三十六年，三次率军亲临漠北，远涉穷荒，至拖诺山（今蒙古人民共和国国境）与“习于战斗之劲寇”噶尔丹周旋。清军在昭莫多将噶尔丹的主力歼灭，噶尔丹途穷路尽，穷蹙而死。

噶尔丹死，其侄策妄阿拉布坦继为部长。康熙五十五年，策妄阿拉布坦派兵突击西藏，翌年十月攻占拉萨，建立傀儡政权，与清分庭抗礼，清政府被迫进行“驱准保藏”之役。康熙五十七年二月，清军第一次进藏征讨，战不利，全军覆没。同年十月，康熙帝命皇十四子允禵（原名胤祯，雍正帝胤禛即位后改名）为抚远大将军，驻西宁。清军号称三十余万，分北、中、南三路进军，在藏人的支持下，击败噶尔丹军，其大将策凌敦多布率残部逃回准噶尔。

雍正五年，策妄阿拉布坦死，子噶尔丹策凌嗣，又复称兵。雍正九年六月，靖边大将军傅尔丹率四万之众与准噶尔军激战于和通淖尔，清军惨败，归营者仅两千人，几乎全军覆没。翌年，额驸策凌与准噶尔军血战于额尔德尼昭（光显寺），大败准噶尔军，“尸骨满山，河流尽赤”[4]，准军死伤近万人，物资损失殆尽，不得不与清政权议和。而准部问题的最后解决，则是在乾隆时期。

---

1 《1696年张诚神甫第五次随从中国皇帝去鞑靼地区旅行》，见《清史资料》，第6辑。

2 康熙帝：《御制亲征朔漠方略序》。

3 康熙帝：《御制亲征朔漠方略序》。

4 《平定准噶尔方略前编》卷三一。

乾隆十年，噶尔丹策凌死。因汗位继承问题，准噶尔长期陷入内乱，厄鲁特蒙古各部多有归清者。乾隆帝认为解决准部问题的时机已到，以完成其祖与父（康熙帝、雍正帝）“筹办未竟之绪”，于是决定乘准部内乱之机平定伊犁，彻底解决分裂割据势力对清统治的威胁，完成国家统一。乾隆二十、二十二年，清军两次进军伊犁，先征达瓦齐，后征阿睦尔撒纳，俘达瓦齐，阿睦尔撒纳兵败走死俄国。经历康、雍、乾三帝，历时约 70 年的平准之役，至此大功告成。乾隆帝撰文的两通平定准噶尔碑，今天仍完整矗立在承德普宁寺内，碑文有云：“伊犁既归版章，久安善后之图，要焉已定者，讵宜复失也！”表明了乾隆帝统一西北的决心。平准战役之难，胜利来之不易，使魏源为之三叹：“臣是以反复于西陲军事之本末，睹一支，念全体，观一隅，廑中国，益三叹于始事之困难，与终事之不易焉！”[1] 诚哉斯言。

乾隆二十四年，清军平定南疆回部大小和卓之乱，清王朝完成了天山南北的统一。

## 二　清政权对边疆地区的有效管辖与我国近代领土疆域的奠定

我国自古以来是一个多民族国家。黑龙江流域，天山南北，西藏、蒙古地区，台湾、南海诸岛，自古以来就是中国的领土。康、雍、乾三朝在完成国家统一的同时，对上述地区实行了远较历代更为有效的军政管辖与统治，从而使领土主权的基本内涵，在历史长期发展的基础上，得以完备。

早在入关前，清太宗皇太极在统一黑龙江流域的过程中，就

1　魏源：《圣武记》卷四，《乾隆荡平准部记》。

在当地索伦部族中编制了“牛录”（佐领）。牛录是满族基层军政合一组织。在抗击沙俄的过程中，清政权在黑龙江岸及其以南，先后修筑了艾虎（爱辉）、莫尔根（嫩江）、卜魁（齐齐哈尔）等城，设置黑龙江将军及副都统率领八旗官兵屯垦。黑龙江流域形成了最早的农业屯垦区。当地少数民族每年必须以皮毛等实物向清政权交纳赋税。清政权还设置驿站，加强了联系，民族之间的贸易也大为加强。《中俄尼布楚条约》签订后，划分了中俄东段边界。东北地区黑龙江将军、吉林将军、盛京将军管辖的行政区划与建制定型，与唐代设置的黑水都督府等羁縻州相比，清政权的有效管辖和军事行政统治大大加强了。

在北方，为了巩固北部边防，清统治者的筹边思想注重蒙古族屏藩边疆，即所谓“塞外雄藩”。康熙三十年四月，为了调解喀尔喀蒙古左右翼的矛盾，击败噶尔丹，维护北部边疆的安宁，举行了著名的“多伦会盟”。康熙帝率八旗劲旅前往距北京八百里的多伦，喀尔喀蒙古、漠南蒙古四十九旗齐集。多伦会盟不仅妥善处理了喀尔喀蒙古左右翼的矛盾，更重要的是在行政体制上对喀尔喀蒙古地区进行了改革。第一，根据喀尔喀蒙古贵族“请照（内蒙古）四十九旗一例编设”的请求，在会盟大行赏赐之时，康熙帝宣布：“见尔等诚心感戴，故将尔等与朕四十九旗一例编设，其名号亦与四十九旗同。”[1]“照四十九旗编为旗队，给地安插。”[2]喀尔喀蒙古实行盟旗制度，编为左、中、右三路，划分为三十六旗，行政管理与漠南蒙古一致。第二，同时实行清朝的法律制度和封爵制度；废除蒙古贵族自成吉思汗以来的济农、诺颜等称号，除土谢图汗、车臣汗仍保留汗号外，实行清朝的亲王、郡王、公、台吉等品级封爵制。康熙帝宣布：“国法俱在，凡事必依所犯之法

1 《清圣祖实录》卷一五一。

2 《清圣祖实录》卷一五二。

治罪。”[1] 由于上述各种制度的实行，清政权对喀尔喀蒙古的管辖已制度化、法律化。雍正五年七月十五日，与俄国签订了《布连斯奇条约》，规定了中俄中段的边界，同年经勘界后签订了《阿巴哈依图界约》、《色楞额界约》。翌年签订了《恰克图条约》，重申了《布连斯奇条约》对中俄东段边界的划定。

在西北，清政权统一天山南北后，乾隆二十七年，设置“总统伊犁等处将军”（简称“伊犁将军”），是新疆的最高军政长官。在北疆的塔尔巴哈台设参赞大臣，负责北疆事务；在南疆，设喀什噶尔参赞大臣，并在南疆各城设领队大臣或办事大臣，归参赞大臣统辖，改变了历代对新疆管辖不力的局面，正如魏源所说：“西域之不治，自上古至今数千载。天欲使化荆棘而康衢，化幽谷而白日，化榛狉而冠裳，化毡帐而闾井，则必得圣人而界之，且必铲销磨荡一扫其旧而后界之。”[2] 虽然，魏源意在颂扬清帝，且对蒙古等民族有蔑视之词，但其谓西域由数千年之不治，一变而为“闾井”“康衢”“白日”，则清政权之有效行政管理，以及天山南北与内地联系之加强，则是前所未有的，这就为以后天山南北设置行省奠定了基础。同时，清政权在乌里雅苏台设置定边左副将军，在科布多设置参赞大臣，管理该地区。

在西南，康、雍、乾三帝时期对西藏行政体制改革，具有十分重要的意义。康熙帝晚年“驱准保藏”之役胜利后，为加强对西藏的管理，防范分裂势力，派兵三千五百人驻防拉萨，废除独揽西藏政务大权的“第巴”（俗称藏王），建立由四人组成的噶伦（政务官）西藏地方政府，噶伦的任免权归清中央王朝，从而加强了对西藏的管辖。雍正五年，清政权鉴于噶伦之间存在严重矛盾，决定设置驻藏大臣，西藏直接隶属于清中央，清政权对西藏的管

1 《清圣祖实录》卷一五一。

2 魏源：《圣武记》卷四，《乾隆荡平准部记》。

理进入新的阶段。

乾隆十五年，西藏发生郡王珠尔墨特那木札勒叛乱。平定叛乱后，清政权颁布了《西藏善后章程》。乾隆五十七年，清军驱逐了第二次入侵西藏的廓尔喀（尼泊尔）军，于次年颁布《钦定西藏章程》，从制度上对驻藏大臣的地位与职权做了明确的规定。同时实行“金奔巴瓶”制度，规定达赖、班禅圆寂后，将寻认的转世灵童姓名、出生年月日，用满、汉、藏三种文字写在签牌上，放入金瓶内，在大昭寺佛像前诵经，在驻藏大臣的监视下，掣签认定。清政权对西藏的统治与管理实现制度化和法律化。

总之，清中央王朝对边疆地方政权的建设已然完备。《清史稿》卷一一七《职官志四》说：“自畿辅达各省，东则奉、吉、黑，西回、藏，北包内外蒙古，分列将军、都统及大臣镇抚之。”将军是当地的最高军政长官，其职责是“掌镇守险要，绥和军民，均齐政刑，修举武备”[1]。在中央则有理藩院，是清代特设而历代所未有。理藩院管理边疆少数民族政务，其地位与六部平行。理藩院的职权是：“掌外藩之政令，制其爵禄，定其朝令，正其刑罚。”[2]举凡内外蒙古，青海蒙古，新疆厄鲁特蒙古，维吾尔族，西藏、青海和大小金川等地的藏族，黑龙江和唐努乌梁海打牲处的索伦、达斡尔等边疆少数民族之政务、宗教、民政、户政、荒政、驿传，以及行政区划、牧场划分，均归理藩院管理（理藩院还兼管与俄罗斯外交、通商、边界等），与将军相辅相成，而将军则主要是镇守地方，防卫边疆。因此，在清代，从中央到边疆地方各级政权的建置完备而严密，对国土进行有效的管辖，对边疆各族加强了统治与行政管理。

清王朝完成国家统一后，在抗击外来侵略势力和与周边国

1 《清史稿·职官志》。

2 《(光绪) 大清全典》卷六三。

家交涉中认识到，必须加强边防建设，“画界分疆”，设置卡伦（哨所）、鄂博（石块堆成的界标），严格巡边制度，重要关卡设兵防守。例如，因廓尔喀的入侵，清政权对西藏边防尤为关注，驻藏大臣每年必须率兵巡察重要边境关卡，在济咙、聂拉木等重要边境口岸，设置鄂博、卡伦，由藏兵防守。清政权有关边防建设的措施，形成了对领土疆域较为严密的防卫制度，这是前所未有的。

雍正时，平定青海和硕特蒙古亲王罗卜藏丹津的叛乱后，在青海实行盟旗制度。在西南推行改土归流，加强了清政权的统治，对国家的统一产生积极的作用。

同时，由于清政权对蒙藏实行了就封建社会来说是最为成功的民族政策，因之边疆少数民族的向心力也日益加强，这是以往历朝所不能比拟的。第一，由于蒙藏人民笃信黄教（藏传佛教），因此清廷采取“从宜从俗”的方针[1]，竭力维护和利用黄教，所谓“国家宠信黄僧，并非崇奉其教以祈福也。只以蒙古诸部敬信黄教已久，故以神道设教，借使诚心归附，以降藩篱”[2]。乾隆帝说：“兴黄教即以安众蒙古，所系非小，不可不保护之。”[3]正因为如此，故《蒙古志》说：“蒙古各部帖耳俯首，奉命惟谨者，驭之在此耳。”[4]第二，实行联姻政策，加强蒙古上层与清皇室之间的关系。由于清室格格下嫁蒙古，清皇室又娶蒙古之女，形成了蒙古“于国为至戚”[5]的姻亲关系。第三，实行清朝的封爵制，使蒙古贵族在爵位上与满洲贵族同列，爵位崇高，俸禄优厚，掌握着对牧民的统治权，蒙古贵族因而拥戴清廷。平准战役胜利后，乾隆帝在避暑山庄大宴并赏赐厄鲁特蒙古准噶尔、杜尔伯特、辉特、

1 参见《清高宗实录》卷一四二七。
2 昭梿：《啸亭杂录》卷一四。
3 乾隆帝：《喇嘛说》。
4 《蒙古志》卷二。
5 《清圣祖实录》卷五四。

和硕特四部旧附新归之众，并“各封以王、贝勒、贝子、公……如内八旗、外四十九旗、喀尔喀四部之例”。乾隆帝说：“至是而内外一家，遐迩同风之言允符。”[1]促进了多民族国家进一步巩固和发展。第四，实行年班、围班制度。蒙古王公定期到北京觐见皇帝，或到避暑山庄扈从皇帝到木兰行围。已出痘者到北京，未出痘者到承德。在此期间，给予大量的赏赐，举行各种活动，使彼此感情更为融洽，更重要的则是加强对蒙古王公的控制。故乾隆帝说：“体恤固宜周至，而等威亦不可凌替。”又说：“抚驭远人，全在恩威并用，令其感而知畏，方为良法。”[2]

大一统之局面的形成，清政府对边疆地区的有效行政管辖，又实行了成功的民族政策，各族向心力的加强，这一切逐渐改变了人们的传统观念，例如“华夷之辨”。雍正说：“自古中国统一之世，幅员不能广远，其中有不向化者，则斥之为夷狄。如三代以上之有苗、荆、楚、猃狁，即今湖南、湖北、山西之地也，在今日而目为夷狄可乎？至于汉、唐、宋全盛之时，北狄、西戎世为边患，从未能臣服而有其地，是以有此疆彼界之分。自我朝入主中土，君临天下，并蒙古极边诸部落俱归版图，是中国之疆土开拓广远，乃中国臣民之大幸，何得尚有华夷中外之分论哉？”[3]雍正帝的论述何其精辟！其论据就是他所说的：“中国之一统始于秦氏，而塞外之一统始于元代而极盛于我朝。自古中外一家幅员极广，未有如我朝者。”[4]这就说明，自秦之统一，至清而形成的大一统之局，是一个历史发展过程，也是历史发展的必然结果。同时批驳“华夷之辨”的传统观念，也使中华民族大一统的观念得以进一步的发展。乾隆十九年，避暑山庄丽正门进行改建，其匾

1 乾隆帝：《(承德) 普宁寺碑文》。

2 《清高宗实录》卷一一一六。

3 《大义觉迷录》，见《清史资料》，第4辑。

4 《清世宗实录》卷八三。

额用满、蒙、汉、维、藏五种文字题写（今仍存）。之所以用五体文字，乾隆帝在令将沈阳大清门，以及永陵、福陵、昭陵等关外清祖陵“所有下马木牌，俱着改用石碑，镌刻清、汉、蒙古、西番（藏）、回子（维吾尔）五体字”时说，为的是“以昭国家一统同文之盛”[1]。清之大一统至乾隆帝而完成，多民族“国家一统同文之盛”至此而有空前的发展，因而人们的观念亦随之而改变，这就是多民族国家“一统同文”的中华民族大一统的观念的发展。正因为如此，清人的筹边指导原则，也与历代不同。康熙帝说：“昔秦兴土石之功修筑长城。我朝施恩于喀尔喀，使之以备朔方，较长城更为坚固。”[2]又说：“守国之道，惟在修德安民，民心悦，则邦本得，而边境自固，所谓众志成城者是也。”[3]清帝“民心悦”“众志成城”的思想与认同，既是多民族国家“一统同文”的反映，同时对巩固北部边防，发展和巩固统一的多民族国家产生了深远的影响。

完成大一统之后，清帝对反映版图的全国舆图的绘制十分重视，所谓：“国家抚有疆宇，谓之版图。版言乎其有民，图言乎其有地。”[4]康熙帝命白晋等多名传教士偕同中国官员，前往除西藏、天山南北外的15省及关外、蒙古地区实地测绘，编绘成《皇舆全览图》。该图从康熙四十七年至康熙五十七年，历时10年始完成。康熙帝早就关注舆图的测绘，所以当《皇舆全览图》进呈御览时，康熙帝说：“朕费三十余年心力，始得告成。”[5]乾隆十五年平定西藏珠尔墨特叛乱，乾隆二十四年稳定天山南北全境后，乾隆帝聘用高慎思、蒋友仁等西洋人对西藏、天山南北进行实地测绘，在

1　王先谦：《东华录》卷三七，乾隆朝。

2　王先谦：《东华录》卷一五一，康熙朝。

3　王先谦：《东华录》卷一五一，康熙朝。

4《清史稿·何国宗传·论曰》。

5《清史稿·何国宗传·论曰》。

康熙《皇舆全览图》的基础上，完成了全国实地测绘的《乾隆十三排地图》（又名《乾隆内府地图》，今存故宫博物院），全图由104块铜版组成。在全国实地测量绘制地图，这是前所未有的。《乾隆十三排地图》所绘图幅范围，北尽北冰洋，南抵印度洋，西至波罗的海和红海，不仅是我国最完整的实测地图，也是当时世界最早的、最完整的亚洲大地图。[1]李约瑟在其名著《中国科学技术史》中，对此给予了高度的评价。

清政权对海疆和海防十分重视，沿海各省专设水师提督，有严格的巡哨制度。琼州府（今海南岛）南端崖州水师营，所管洋面“南面直接暹罗（泰国）、占城（越南南部）夷洋”[2]。康熙间，水师副将吴升率战船“自琼崖，历铜鼓，经七洲洋、四更沙，周遭三千里，躬身巡视”[3]。七洲洋即今南海。广州水师管辖南海诸岛礁及广大南海海面。清廷对沿海诸岛的主权十分重视。乾隆五十八年，英国马戛尔尼使团来华，向清王朝要求舟山群岛附近一小岛，以便存放货物，乾隆帝断然拒绝，指出：“天朝尺土俱归版籍，疆址森然，即岛屿沙洲，亦必划界分疆各有所属……此事尤不便允行。”[4]涉外谈判中，乾隆帝严正指出，清朝“疆址森然”，表明了领土疆域，即使是“尺土”也是神圣不可侵犯的。

清政权关注边疆，领土主权意识强烈，这是与抗击外来势力的侵扰分不开的。如前所述，康熙帝反击沙皇俄国对我国黑龙江流域的侵扰，进行了收复中国领土的雅克萨之战，与俄国“画界分疆”，签订了《中俄尼布楚条约》。雍正时又签订了《布连斯奇条约》和《恰克图条约》，划分了中俄东段和中段边界。乾隆五十

1 参见秦国经：《18世纪西洋人在测绘清朝舆图中的活动与贡献》，载《清史研究》，1997（1）。

2 （光绪）《崖州志》卷二，《海防志》。

3 （乾隆）《泉州府志》卷五六，《国朝武迹》。

4 《清高宗实录》卷一四二五。

三年，廓尔喀第一次侵藏，强占聂拉木、宗喀、济咙。清政权指出:“卫藏济咙等处，地方虽小，乃亦天朝疆界。”决定派兵收复。乾隆五十六年，廓尔喀再次侵藏，强占定结、定日、济咙等地，清王朝派福康安、海兰察率大军反击入侵者，取得了全胜。是役也，乾隆帝说，乃是“为绥靖边圉，保护卫藏”[1]而战。

为了维护国家领土主权，清王朝不得不多次反击外国入侵者，同时，也与外国（俄国）进行边界谈判。清王朝从中总结出极其重要的经验教训:“乃知守中国者，不可徒言偃武修文，以自示弱也。彼偃武修文之不已，必致弃固有而不能守，是亦不可不知耳!”[2]清政权对待领土主权的原则是，“既不强取他国之寸土，亦不无故轻让我寸土于人”[3]。乾隆说:“夫开边黩武，朕所不为，而祖宗所有疆宇，不敢少亏尺寸。”[4]中国近代领土疆域因之而奠定，这是“康乾盛世”最主要的历史业绩。

## 三　乾隆帝所说“国家势当全盛”及其错误政策

乾隆帝称颂其祖康熙帝“以守还兼创”[5]，故后人论康熙帝有云:“虽曰守成，实同开创焉。”[6]康熙帝是清入关后第二代皇帝，是“康乾盛世”的开创者、奠基人，雍正帝则是承前启后者，至乾隆前期“康乾盛世”达于全盛。魏源说:“圣祖（康熙）谶之，

1 《清高宗实录》卷一四〇三。

2 乾隆帝：《十全记》。

3 《图理琛等奏沿途与俄使晤谈情形折》，见《清代中俄关系档案史料选编》，第1编（下册）。

4 《清高宗实录》卷三七七。

5 乾隆帝：《避暑山庄百韵诗》。

6 《清史稿·圣祖本纪·论曰》。

世宗（雍正）畲之，高宗（乾隆）获之。”[1]这虽是指平定准噶尔而言，实则也是“康乾盛世”的发展过程。

乾隆二十四年，清政权稳定天山南北全境后，葱岭以西巴克达山、布鲁特、左右哈萨克，等等，纷纷遣使奉表，朝野一片欢腾。乾隆帝认为自己已然完成了祖宗的未竟功业，可以告慰先帝。有诗云：“西域已班师，东陵展祀宜……敢云或祖志，祖志注今斯。”[2]在清人看来，清王朝完成国家大一统的功业，已然超过历代而臻于“盛世”。户部右侍郎于敏中称颂皇帝云：“（乾隆）觐光扬烈，继祖宗未竟之宏规，轹古凌今，觏史册罕逢之盛世。”[3]乾隆帝宣称：“比年以来西域大奏肤功，国家势当全盛。”[4]可见，乾隆所说的“国家势当全盛”，首先就是历经康、雍、乾三朝才完成的国家大一统，同时，也是经济繁荣，府库充裕。乾隆帝说：“方今国家全盛，府库充盈。”[5]清王朝辽阔的国土，“通译四方，举踵来王”的多民族国家的进一步巩固和发展，昌盛的文化，富庶的经济，武功赫赫，形成气势磅礴的“盛世”局面。[6]

为了维持“全盛”之局，乾隆帝强调必须“持盈保泰”，有诗云：“重熙累洽诚斯日，保泰持盈亦此时。”[7]“持盈保泰”的方针之一，就是“始之以武，终之以文”。文治昌明，编纂古籍文献取得了辉煌的成果，著名的有《四库全书》（编纂过程中也销毁了很多清统治者所谓的“违碍书籍”）。乾嘉考据学在整理古籍上也取得了前所未有的成就。然而文治的又一重要内容，则是“扶植

1 魏源：《圣武记》卷三，《雍正两征厄鲁特记》。
2 《清高宗诗文十全集》卷一五。
3 《素全党集》卷二四。
4 王先谦：《东华录》卷六七，乾隆朝。
5 乾隆帝：《圣训》卷一〇六。
6 参见高翔：《康雍乾三帝统治思想研究》，第304~306页。
7 《清高宗诗文十全集》卷八。

纲常”，强制推行“尊君亲上”[1]的文化统治政策。在康熙、雍正，尤其是乾隆时期，迭兴文字大案，用高压手段规范文字著述，钳制士人的思想。文字狱一经成立，就意味着全家甚至全族的灭门之祸，作序的、刻书的、接受送书的师生等，都不能幸免。清统治者如临大敌，牵连人员即使远在天涯海角也要追捕归案。数十年之后，龚自珍还说“避席畏闻文字狱”。1839年，龚自珍写了一首脍炙人口的《己亥杂诗》：“九州生气恃风雷，万马齐喑究可哀！我劝天公重抖擞，不拘一格降人材。”[2]文字狱扼杀了一切有生机的思想，造成“万马齐喑”的死寂沉闷，因而缺乏人才，这是清王朝衰落的原因之一。

为了维护王朝的统治，在清代前期尤其是乾隆时，对外推行闭关政策。从根本上说，闭关政策是自给自足的自然经济产物，正如乾隆帝所说：“天朝物产丰盈，无所不有，原不借外夷货物以通有无。”[3]闭塞的自给的封建经济其特点是因循守旧，墨守成规，在对外经济政策上自然产生闭关自守。英国人在与清王朝的交往中也觉察到这一点，他们说：“在必需品上——虽然不是奢侈品上——可以自给，因此中国政府绝不重视对外贸易，认为可以随意限制对外贸易。”[4]但是，清政权实行闭关政策，还有更深层次的原因，他们惧怕外国人和汉人交往，会支持汉人反抗清的统治。在乾隆帝的心目中，是“民俗易嚣，洋商杂处，必致滋事”，因此必须“严华夷之大防”，一再严申“华夷之别甚严”，“从不许外籍人等稍有越境掺杂”。[5]从乾隆二十二年起，清政府规定只准广州一处口岸对外贸易，而且实行行商制度，规定“夷商到粤，寓

1 《清代文字狱档》，第1册。

2 《龚自珍全集》，第521页。

3 《清高宗实录》卷一四三五。

4 斯当东：《英使谒见乾隆纪实》，第23~24页。

5 《清高宗实录》卷一四三五。

歇行商馆内，稽查管束，原不许任意出入”；另一方面，则严令“内地商民亦不得往来交接，夤缘为奸，自属立法制防之道”[1]。外商所携货物必须由行商代售；外商采购中国商品，亦由行商代购。行商之上有粤海关管理监督。这种对外贸易制度，目的在于防范外商与民人交往。乾隆二十二年，发生了英商洪仁辉“特赴天津呈诉”，控告粤海关监督李永标“自买货物，全不给价”，又徇纵家人、书役等“婪收陋规”，以及行商黎光华拖欠巨额银两不还。[2]尽管“所控情节，当属有因”，但鉴于洪仁辉不但通晓汉语，且对文义亦甚了然，清政权认为“设非汉奸潜滋教诱焉能熟悉”。为了防范外商与民人交往，两广总督李侍尧奏请制定《防范夷人五条》，以后又制定了《民夷交易章程》《防范夷人章程》，等等。清政权先后制定了苛细繁杂的条规章程，目的是要隔绝外国人与中国人的交往，即所谓“向订章程，俾民夷不相交错”[3]。

闭关政策也是和清统治者根深蒂固的“天朝上国”观念分不开的，是唯我独尊的绝对君权思想在对外政策上的反映。因此，中国之外的世界统统被看做“夷狄之邦”，称为“外夷”。外国使者来到中国，不过是“向化输诚”，“瞻仰中华文物”，或者是“朝贡”而来，故马戛尔尼来华，在中国境内乘坐的船只（由清官方提供）必须挂上“贡船”二字。即使英船也被称作“贡船”。嘉庆时，英国人对被称为“外夷”“夷人”“夷商”提出抗议，认为这是侮辱之词，要求更改称谓。清王朝答复说：“蛮夷二字，系外国统称。在南曰蛮，在西曰夷。”[4]认为理所当然。乾隆、嘉庆时先后发生了英国使团晋见皇帝的礼仪之争，这是以“天朝上国”

1 《粤海关志》卷二八，《乾隆二十四年部复两广总督李侍尧议》。

2 参见《李侍尧奏请本年之英商已买丝货准其出口折》，见《史料旬刊》第1函第5期。

3 《乾隆朝外洋通商案·庆复折》，见《史料旬刊》第1函第5期。

4 《粤海关志》卷二九，《夷商》。

自居的清统治者不明世界外交的无理取闹。

“天朝上国”又逢“盛世”，加之实行闭关政策，使清统治者不明世界大势，反而故步自封，夜郎自大，其结果便是愚昧，对世界毫无了解，却又一派妄言。比利时人南怀仁到中国后，著有《坤舆图说》，介绍世界各国。《四库全书》总纂官、被推崇为学问渊通一代儒宗的纪昀，竟然将此说成是《神异经》之类的无稽之谈，“疑其东来之后，得见中国古书，因依仿而变幻其说，不必皆有实迹……存广异闻，亦无不可”[1]。在他们的心目中，中国是世界的中心，《清文献通考》卷二九三《四裔考一》说：“中土居大地之中，瀛海四环。其沿边滨海而居者，是谓之裔；海外诸国亦谓之裔。裔之为言边也。”他们对世界的了解竟然达到如此无知的地步。魏源因之而叹息，说：“以通事二百年之国，竟莫知其方向，莫知其离合。”[2]

愚昧必然落后，落后就会挨打。乾隆五十八年，英国政府第一个正式使团——马戛尔尼使团来华，在与清政权重要官员打交道时，发现他们对近代工业产品的极端无知，英国人由此得出结论：“(清朝) 在工业上和科学上，比起西欧各国来，实在处于极其落后的地位。”[3]马戛尔尼使团通过对清王朝各方面的仔细观察认为，神秘而又庞大的清王朝，实际上是十分虚弱的。马戛尔尼写道：“清帝国好比是一艘破烂不堪的头等战舰。它之所以在过去一百五十多年中没有沉没，仅仅是由于一般幸运的、能干而警觉的军官们的支撑，而它胜过其邻船的地方只在于它的体积和外表。但是一旦一个没有才干的人在甲板上指挥，那就不会再有纪律和安全了！”他还认为，“英国从这一变化中将比任何其他国家得到

1 《四库全书总目》卷七一，《坤舆图说》。
2 魏源：《海国图志》卷二，《筹海篇·议战》。
3 斯当东：《英使谒见乾隆记实》，第483页。

更多的好处”[1]。47 年后，英国发动了鸦片战争。

回溯往史，“康乾盛世”最大的历史功绩，是在完成国家大一统的基础上，我国统一的多民族国家进一步巩固和发展，奠定了近代中国的版图，出现了经济、文化发展的高潮，产生了深远的历史影响。但是，在这一时期，中国落后于世界的发展也更加扩大了，清廷一系列错误政策，是其最重要的原因，其历史影响也是深远的。“康乾盛世”的历史功业与错误政策，留给后人历史的思考。

（原载《满学研究》，第 5 辑，民族出版社，2000）

1 转引自纳罗奇尼茨基等编著：《远东国际关系史》。

# 从避暑山庄说“康乾盛世”

## ——兼论布尔尼之叛与山庄的兴建

避暑山庄，又名热河行宫，是清代皇帝的离宫别苑，原本是古北口外大小二十座行宫之一，肇建于康熙四十二年，经乾隆帝大规模扩建，前后经过80多年，才最后建成。这在时间上几乎与“康乾盛世”相始终。山庄初步建成后，康熙帝每年去木兰围场举行秋狝之典，必住山庄，“计一岁之中幸热河者半，驻畅春园者又三之二”[1]，乾隆帝也是一年之中约有半年的时间驻跸避暑山庄。在此期间，由皇帝指派或批准的大学士、军机处和各部院大臣扈从行在，处理政务，因此，避暑山庄在当时又成为清代第二个政治中心。这就说明，“康乾盛世”与清帝在山庄处理军国重务及其政治活动有着密切的关系；避暑山庄以及融汇汉、藏、蒙各族寺庙建筑艺术的外八庙，集中体现了我国各民族园林艺术和宗教建筑艺术的高度成就，也是“康乾盛世”国家统一、封建经济文化高度繁荣昌盛的体现；而且，正是在我国统一的多民族国家进一步巩固和发展的过程中，才形成了避暑山庄及其寺庙群的格局。

1　吴振棫：《养吉斋丛录》卷一八。

## 一　布尔尼之叛与山庄的兴建

避暑山庄并不是清代兴建的第一处皇家宫苑园林，清代兴建的第一处皇家园林是北京海淀的畅春园。畅春园原是明武清侯李伟的别墅，康熙间加以葺治，赐名“畅春园”，约建成于康熙二十九年。其后，雍正、乾隆、嘉庆时，又有著名的圆明三园（圆明园、长春园、后改名万春园的绮春园）、清漪园（颐和园的前身）等等的兴建、扩建与增饰。而乾隆帝时大规模扩建避暑山庄，则是与扩建圆明园交错进行的。

清帝既然已在北京兴建宫苑园林，又何以要在古北口外再建避暑山庄？这需要从山庄兴建的缘由说起。

咸丰时任云贵总督的吴振棫说：“热河为前朝多延（朵颜）卫地。康熙戊子，肇建山庄，为避暑之所，兼以行猎训武，绥来远藩。”[1]即是说，山庄兼有避暑、行猎训武（也就是木兰秋猕）和“绥来远藩”三者之目的，而这是北京的皇家园林所不具备的。兹仅就“绥来远藩”稍加论说，以期从一个侧面说明避暑山庄在发展和巩固多民族国家过程中的历史意义和作用，进而探讨“康乾盛世”与避暑山庄的关系。

清代社会由清初的社会生产凋敝，逐步走向“康乾盛世”，一是完成国家统一，天下承平；二是社会生产发展，经济由复苏到繁荣。清人说：“康熙二十年以后，海内始有起色。”[2]康熙二十年，“三藩”战事结束，平定“三藩之乱”，除去了国家统一的最大祸患，拓开了“康乾盛世”形成的历史条件。由“海内始有起色”起，逐步到来的“康乾盛世”，是我国封建社会发展的最后一个高

1　吴振棫：《养吉斋丛录》卷一八。

2　陆陇其：《论直隶兴除事宜书》。

峰。在康、雍、乾时期，清王朝国力强盛，国防巩固，经济繁荣，中国成为当时亚洲头等强大的国家，也是世界强国之一。避暑山庄的兴建，虽然在平定“三藩之乱”后二十有二年，却与“三藩之乱”，尤其是察哈尔蒙古布尔尼之叛有着直接的关系。乾隆帝对此说得最明白。他在《避暑山庄百韵诗·序》中，阐释了康熙帝兴建避暑山庄的旨意，诗序云：“我皇祖（康熙）建此山庄于塞外，非为一己之豫游，盖贻万世之缔构也。国家承天命，抚有中外……而（蒙古）四十八旗诸部落屏藩塞外，恭顺有加，每岁入朝，锡赉燕飨，厥有常典。但其人有未出痘者，以进塞为惧，廷颈举踵，以望六御之临，觐光钦德之念有同然也。我皇祖俯从其愿，岁避暑于此。鳞集仰流而来者，无不满志而归。”乾隆帝记述了避暑山庄兴建的缘起，原因之一是蒙古各部有未出痘者，畏惧关内酷暑，而又延颈企望皇帝莅临塞外，得以觐见，沐浴“圣德”。康熙帝俯从舆情，建此山庄，每年来此，因此避暑山庄并非仅仅是为了皇帝的豫游。紧接着，乾隆帝笔锋一转，进一步说明康熙帝兴建避暑山庄更深一层的用意，即与“三藩之乱”有关。他说：“三代以上无论矣，三代以下享国最久者，莫如汉、唐、宋、明，然四姓皆一再世而变乱生焉，是岂天心之怠眷？亦人事之偷惰实致之。我皇祖有鉴于此，故自三逆底定之后，即不敢以逸豫为念。巡狩之典，或一岁而二三举行，耗财劳众之论，夫岂不虑？然而凛天威，鉴前车，察民瘼，备边防，合内外之心，成巩固之业，习劳苦之役，惩晏安之怀，所全者大，则其小者有不必恤矣！”乾隆帝从历史上一些享国长久的朝代的变乱兴替中，认识到“人事之偷惰实致之”。即是说，统治者不尽心求治而荒淫废政，招致国家衰微，变乱丛生。康熙帝有鉴于此，故自平定“三藩”之后，就不敢以逸豫为念，而频频巡视塞外蒙古，“合内外之心，成巩固之业”。这便是康熙帝兴建避暑山庄更深的用意。

在《避暑山庄百韵诗》中，乾隆帝又说“滇海消兵静，王庭纳币驰。玉关闲戍垒，银渤息鲸鬐。以守还兼创，居安不忘危”。诗中所指，是清军攻克云南，平定“三藩之乱”，统一台湾，以及平定厄鲁特蒙古准噶尔部噶尔丹。康熙帝经过同各种政治军事力量的长期斗争，取得了辉煌的胜利，大大加强了国家的统一，故而乾隆帝说乃祖之业绩是“以守还兼创”，虽曰守成，实同开创焉。乾隆帝还指出，避暑山庄是康熙帝为其后人“贻万世之缔构”，是“经国留规范，筹边肇保釐”。

在阐发了康熙帝兴建避暑山庄的缘起与用意之后，乾隆帝谈到了他自己如何敬承乃祖之志，他说：“予小子自十二岁，蒙皇祖恩，养育宫中……故继序以来，敬惟昔日时巡之意，更值四方宁谧之时，实不敢使文恬武嬉，以隳圣祖之家法。而每驻跸山庄，羹墙之见，云日之瞻，恻然有不能自已者。敬成百韵，略识皇祖卷阿（幽曲之意）之遗志，并申孙臣孺慕之悃诚。云尔。”[1]以上引文中“羹墙之见”，出自《后汉书·李固传》：“昔尧殁之后，舜仰慕三年。坐则见尧于墙，食则睹尧于羹。”乾隆帝将康熙帝比作尧，自己是舜，每驻跸山庄，思念不已，不敢隳坏康熙帝留下的家法，敬遵巡狩经国之规范。

乾隆四十七年，他又写了一篇《避暑山庄后序》，重申“我皇祖建此山庄，所以诘戎绥遐”[2]。

在《避暑山庄百韵诗·序》以及《避暑山庄后序》中，乾隆帝反复说明是康熙帝兴建避暑山庄，绥抚蒙古是其重要目的，而这又是因有“三藩之乱”。

“三藩”乱起南方。康熙帝“鉴前车”，为何反而北巡塞外蒙古，以致力于“察民瘼，备边防，合内外之心，成巩固之业”？原来“三藩”事起，察哈尔蒙古布尔尼乘机而叛。由于漠南蒙古与清廷的特殊关系，这对康熙帝的震动非同一般。

1　乾隆帝：《避暑山庄百韵诗·序》；和珅：《热河志》卷二五，《行宫一》。

2《热河志》卷二五。

“三藩之乱”使各种反清力量受到了鼓舞，正如在清廷供职的耶稣会士法国人白晋在《康熙帝传》中所说：“这一叛乱的危险性是如此之大，因为它为其他的叛乱提供了机会。”[1]在京师有杨起隆之变。康熙十四年，正当以吴三桂为首的“三藩”气焰嚣张之时，察哈尔部布尔尼举兵反清，一时间漠南蒙古东部、辽河以西风声鹤唳。南北烽烟并起，康熙帝处境艰难。布尔尼以清室公主之子而反清，使康熙帝大为震惊。

布尔尼是元太祖成吉思汗后裔。天聪八年，其祖父林丹汗被清太宗皇太极击败西奔后，死于青海打草滩。翌年，多尔衮等奉命率大军前往招降其子额哲，林丹汗妻囊囊太后、苏泰太后及其子额哲等率众降清，向皇太极呈献元代传国之玺“制诰之宝”。皇太极认为“天赐至宝，此一统万年之瑞也”[2]，于是改元崇德，改国号曰“清”。皇太极封额哲及其弟阿布奈为亲王，妻以公主。然而，阿不奈心有不服，不礼敬清廷，康熙时“不修职贡者八年”，清廷将其羁于盛京。布尔尼是阿布奈长子，公主所生，康熙帝命布尔尼袭亲王爵，但此人心怀二志，“三藩”乱起，“征其兵不至”[3]，布尔尼窥测方向，“乘吴逆作乱，欲谋劫其父阿布奈，兴兵造反，日与其党缮治甲兵”[4]，于是“在三藩王（或汉族王）造反最激烈时，这个蒙古王（原注：蒙古主要分支的首领，即布尔尼）手下的几个官吏来到北京。当他们发现北京几乎没有满洲人的军队，连守卫大门的也只是些小孩时，他们立即向他们的主子报告，致使蒙古王公企图乘机推翻满洲人的统治，恢复他们祖先曾经统治过的帝国”[5]。为实现重振蒙古帝国的图谋，布尔尼派遣

1 白晋：《康熙帝传》，见《清史资料》，第1辑。

2《清太宗实录》卷二四，第14页。

3 魏源：《圣武记》卷三，《国朝绥服蒙古记一》。

4《清圣祖实录》卷五三，第21页。

5 白晋：《康熙帝传》，见《清史资料》，第1辑。

使者游说蒙古各部，结盟反清。事为从嫁公主长史辛柱觉察，立即密遣其弟阿济根驰奏告变。其时，云南、贵州、湖南、广西、福建、四川、陕西相继失陷或战火蔓延，半个中国陷入战乱，清军处于被动艰难境地，“天下事几不可问矣”，形势之严峻于此可见。清廷倾全力平定叛乱，“诸禁旅皆南征，宿卫尽空”[1]，“余者皆系老弱”[2]。赵翼说：“自古藩镇之乱未有甚于此时。”[3]“三藩”气焰正炽，战事紧急，每日军报三四百疏，康熙帝“手批口谕，发纵指示”[4]，日不暇给。而布尔尼乱起塞外，使清廷腹背受敌。更严重的是，此时已无劲旅可调用，以平定布尔尼叛乱，因而“圣祖（康熙帝）忧之”[5]。康熙帝欲羁縻之，以布尔尼密谋虽已暴露，但尚未称兵，于是命侍卫塞棱召布尔尼来京，“以觇虚实”。又恐其生疑，因而遍召巴林、翁牛特、科尔沁诸部。诸王皆至，惟布尔尼与其弟罗不藏不来。二人于三月十七日，执侍卫塞棱，约蒙古各部于二十五日举事，然而，从叛者只有奈曼部王扎木山，“察哈尔邻近各部落王、贝勒等，知布尔尼反，先后遣人来报”[6]。长史辛柱亦赴京奏闻。

康熙帝命多罗信郡王鄂札为抚远大将军，大学士、都统图海副之。然而，有帅无兵，图海“奏请选八旗家奴之健勇者”部勒成军[7]，很快组成了一支数万人的队伍。康熙帝又命理藩院郎中马喇、员外郎塞冷“赴诸部落调兵”[8]。为分化从叛者，康熙帝敕谕察哈尔部众，“不忍以布尔尼一人之故，遽加剿灭”，倘若“或擒

1 昭梿：《啸亭杂录》卷二，《图文襄公用兵》。

2 《清圣祖庭训格言》。

3 赵翼：《平定三逆述略》。

4 魏源：《圣武记》卷二，《康熙戡定三藩记上》。

5 昭梿：《啸亭杂录》卷二，《图文襄公用兵》。

6 《清圣祖实录》卷五四，第3页。

7 参见昭梿：《啸亭杂录》卷二，《图文襄公用兵》。

8 《清圣祖实录》卷五四，第3页。

献逆渠，或自行投降，朕赐以官爵，俱加恩养，断不食言”[1]。康熙帝剿抚并施，使布尔尼陷于孤立。蒙古奉调各部以兵来会，参与平叛，他们说“身蒙主恩”“何敢同叛”[2]，以表明心迹。

抚远大将军鄂札和图海奉康熙帝之命，“兼程驰赴，乘贼马未肥，党与未合，即行扑灭”[3]。二人“仰承诏旨，卷甲疾趋”。图海于德胜门外集聚所部，举行出师前的检阅，“甫检阅毕，即趋以疾行，不许夜宿”。可是，这支由京城八旗奴仆仓促组成的平叛军队，既缺乏训练，更无实战经验，为使部队奋勇杀敌，“每至州县村堡，（图海）即令众家奴略掠之，所获金帛无算。不数日至察哈尔，下令曰：‘前此所掠皆士庶家，不足为宝。今察哈尔承元之后，数百年之基业，珠玉货宝不可胜计，汝等如能获取之，可富贵终身也。’”[4]部众闻之，无不踊跃争先，一以当十。鄂札奏报：四月二十二日，清军与布尔尼战于达禄地方。鄂扎、图海“分布满洲、蒙古官兵进击，历山涧，贼伏发”[5]，被清军击败。布尔尼列队战，复大败，与其弟仅以三十余人落荒而逃。至扎鲁特境，遇科尔沁额驸沙津所率前来会剿之五旗之兵，布尔尼与罗不藏兄弟二人被沙津所射杀。

布尔尼之叛虽然不逾月而迅速平定，可是康熙帝因此所受震动却非同小可。清军于入关之前就与漠南蒙古建立了密切关系，以共同对明。康熙帝说，“国家于察哈尔不薄矣”，布尔尼兄弟“受累朝恩养，又为公主所生”[6]，爵为亲王，“于国为至戚”，以至戚而反清，是“负恩叛国也”[7]。特别是布尔尼一心想恢复蒙古

1 《清圣祖实录》卷五四，第 6 页。
2 《清圣祖实录》卷五四，第 7 页。
3 《平定察哈尔方略》（卷上）。
4 昭梿：《啸亭杂录》卷二，《图文襄公用兵》。
5 《清圣祖实录》卷五四，第 18 页。
6 《清圣祖实录》卷五四，第 5 页。
7 《清圣祖实录》卷五四，第 5 页。

帝国的统治，这会使康熙帝想起女真族建立的金为蒙古族所建立的元所灭的历史，这就不能不使康熙帝更加警惕，对蒙古各部的动向十分关注。康熙十六年，“三藩”中的耿精忠、尚之信已相继投降，清廷扭转了平叛战争的不利局面。这一年，康熙帝第一次北巡塞外。从康熙十六年至康熙六十一年，据《清圣祖实录》《承德府志》所载，康熙帝北巡塞外共 56 次，其中有的年份一年两次出塞，而直接巡视蒙古诸部即达 32 次之多。[1] 由此可以看出康熙帝对蒙古各部是何等的关注。这也就是乾隆帝在《避暑山庄百韵诗·序》中所说的“自三逆底定之后，即不敢以逸豫为念”。康熙帝倾注精力于“鉴前车，察民瘼，备边防，合内外之心，成巩固之业”，避暑山庄也因之而兴建和发展。

## 二 “绥来远人”

康熙帝十分关注蒙古各部的动向，但其政策却是与历代王朝的据险设防截然不同。他频频北巡出塞，亲临蒙古草原，为的是抚绥蒙古，使其“并号雄藩，同奉职贡”[2]，巩固北部边疆。康熙帝说：“帝王治天下，自有本原，不专恃险阻（指长城）……守国之道，惟在修德安民，民心悦，则邦本得，而边境自固，所谓众志成城者是也。”[3] 这与乾隆帝在《避暑山庄百韵诗·序》中所说康熙帝兴建避暑山庄，为的是“合内外之心，成巩固之业”，意思完全相同。康熙帝“众志成城”的思想，是他对蒙古政策的基本出发点，目的是要使蒙古各部拥戴清中央，因而一反历代王朝对北方蒙古等少数民族所实行的防范、隔绝政策。乾隆帝对此说得最为透彻，他说：“自秦人北筑长城，畏其南下，防之愈严，则隔绝愈甚，不知来之

1 参见陈丽安：《康熙的北巡塞外与木兰行围》，见《避暑山庄论丛》。

2 《清圣祖实录》卷二三三，第 13 页。

3 《清圣祖实录》卷一五一，第 21 页。

乃所以安之。我朝家法，中外（中原与边疆）一体，世为臣仆。皇祖辟此避暑山庄，每岁巡幸，俾蒙古未出痘生身者皆得觐见，宴赏锡赉，恩亦深而情亦联，实良法美意，超越千古云。”清朝对蒙古的这种政策，的确远比以往的朝代高明，在封建时代也最为成功，这对巩固北疆，对我国统一的多民族国家的巩固与发展产生了积极的作用和影响。避暑山庄及其发展，以及清帝在山庄的不少政策活动，无不体现对蒙古的绥抚。而避暑山庄从选址开始，在康熙帝的有关诗文中，便每每可见清廷对与蒙古融洽关系的珍惜。

中国城市园林的发展，一般是在城市已有相当繁荣之后，达官显贵、豪门巨室、富商巨子才在城中或其周围构筑园林别墅和别业。承德则相反，是先建皇家园林，而后才有承德市的发展。在避暑山庄兴建之前，这里只有热河上营、热河下营等村落，人烟稀少，旷土未垦，是蒙古族游牧之区。康熙帝记述他在选址建避暑山庄的过程时说："万几少暇出丹阙，乐山乐水好难歇。避暑漠北土脉肥，访问村老寻石碣。人云蒙古牧马场，并乏人家乏枯骨。草木茂，绝蚊蝎，泉水佳，人少疾。因而乘骑阅河隈，湾湾曲曲满林樾。测量荒野阅水平，庄田勿动树勿发。自然天成地就势，不待人力虚假设。”[1] 诗中记述了康熙帝莅临热河，发现此处自然条件极佳，于是访问村老，寻求碑碣，以了解当地情况。由于是蒙古人的牧马场，故少人居，因而也无坟墓。康熙帝再乘马沿武烈河勘测阅视，林丰草茂，河水沿着曲折的河道静静流淌于林木交荫之中。这里泉水极佳，人少疾病，且无蚊蝎之侵扰，于是决定利用地势天成，不待人力虚假设的优越自然条件，兴建避暑山庄。康熙帝并亲自设计与指挥，“命匠先开芝径堤”，调集大批民工，从掘湖筑堤入手，开始了建园工程。

在“蒙古牧马场”之地兴建皇家宫苑园林，这在以往的朝代，

1 康熙帝：《(避暑山庄）芝径云驚》，见《御制文三集》卷五〇。

是不可想象的。在避暑山庄《烟波致爽》一诗中，康熙帝写道："古人戍武备，今卒断鸣笳。生理农商事，聚民至万家。"[1]昔日烽烟告警、金戈铁马的蒙古草场，由于避暑山庄的兴建和铸剑为犁、卖刀买牛绥抚蒙古政策的实施，如今一变而为生民集聚，一派农商发展的和平繁荣景象。在山庄《芝径云騖》诗中，康熙帝更进一步指出："边垣（长城）利刃岂可恃？荒淫无道有青史。知警知戒勉在兹，方能示众抚遐迩。"[2]历史证明，即使有长城可凭，重兵戍守，也不可能保障安宁，只有怀柔抚绥蒙古，才是长治久安之道——这便是康熙帝所要说明的。康熙帝、乾隆帝抚绥蒙古的政策，也是承袭了太祖、太宗的成规。

清入关前已统一漠南蒙古，这是始于努尔哈赤而完成于皇太极。努尔哈赤和皇太极均认为："尔（蒙古）与我语言虽殊，服制亦类。"[3]"我满洲与蒙古，原系一国。"[4]因之把蒙古看做对明作战的依靠力量。皇太极对蒙古的基本方针是，"慑之以兵威，怀之以德"[5]，而偏重于"怀之以德"，也就是在军事压力之下，用怀柔政策，使蒙古各部"来归于我"，以对付"与吾仇敌之明国"。[6]经过约九年的时间，皇太极终于统一了漠南蒙古，实现了自己的目的。他曾经将自己与察哈尔林丹汗对待蒙古各部的不同态度加以对比，对大学士刚林、范文程说。由于他一反林丹汗之所作所为，"今各处蒙古，每次来朝，皆厚加恩礼，因此倾心相附，虽去犹恋恋，而蒙古各国，亦从此富足安闲。由此揆之，以力服人，不如令人心中悦服之为贵也"[7]。"令人心中悦服之为贵也"，这就是

1　康熙帝：《(避暑山庄) 芝径云騖》，见《御制文三集》卷五〇。
2　康熙帝：《(避暑山庄) 芝径云騖》，见《御制文三集》卷五〇。
3《清太祖实录》卷七，第3~4页。
4《清大祖实录》卷九，第24页。
5《清太祖实录》卷二〇，第37页
6《清太祖实录》卷一八，第26页。
7《皇朝藩部要略》卷一，第27页。

皇太极从实际斗争中所形成的对蒙古的方针，而这一方针所取得的成就，对于清之终于夺取全国政权，关系匪浅。本来地处东北一隅、人数不多的满族，统一漠南蒙古后，其所处形势大为改观，军事力量大大加强。明兵部说：“汉、夷（满族）、奴插（察哈尔蒙古）……打成一片，咄嗟之顷，蹂垣深入，任其所之，无不披靡。”[1]漠南蒙古各部武装力量，尤其是蒙古八旗建立后，在清统一指挥下，曾经在对明作战和统一全国过程中战功卓著。在清王朝业已建立全国政权的新的条件下，历史的往事，使康熙、乾隆二帝每每念念不忘列祖列宗的规制功德。康熙帝在《驻跸兴安八首》序中写道：“（蒙古地方）为曩者枕戈擐甲战争之所，追我列祖肇握乾符，恢廓天绪，德威所被，（漠南蒙古）四十八部罔不臣服……皆祖功宗德之贻。朕今绍祚，获际升平，能无永念乎！”[2]乾隆帝也说：“怀柔仰祖烈，巡狩勉时勤。”[3]“一家中外非容易，驭远鸿猷勉继旃。”[4]他们深感“一家中外（中原与周边）”的大一统来之不易，只是由于祖宗的“鸿猷伟烈”才有此局面。他们继承了祖宗留下的这份遗产——“来同思祖泽”，自然也就要继承祖宗对蒙古的政策——“长此示怀柔”。这也就成为清帝在避暑山庄政治活动的重要内容，所以乾隆帝在普陀宗乘之庙《千佛阁碑记》中说：“山庄者，我皇祖圣祖仁皇帝（康熙帝），宠嘉群藩，岁岁行边展觐，燕赉频繁。而朕勤思绍闻，惟此锡类联情，眷然顾省弗谖者也。”将引文译成今语，大意是：避暑山庄，是康熙帝为了示恩宠褒嘉，以团结边疆少数民族，每年行边巡视，接受朝拜，并经常举行宴会和赏赐的处所。而我（乾隆帝）时时思念皇祖的成

1 《兵部为报后金兵进攻保安等处情形题行稿》（崇祯七年七月二十八日），载《历史档案》，1982（2）。

2 《热河志》卷一三，第12~13页。

3 《热河志》卷六，第12页。

4 《热河志》卷一五，第16页。

规，只有用同样的政策来联系各族之间的感情，绝不能忘记关心照顾他们是祖先留下的体制。

清人对漠南蒙古政策的形成，始于太祖努尔哈赤，尤其是太宗皇太极，康熙、乾隆二帝继承并加以发展。避暑山庄和外八庙正是这一体现，故和珅在《热河志·进表》中说："昔在太宗肇龙兴于诸部……至圣祖仁皇帝，绥怀藩属，整饬边防（按：鉴于布尔尼之叛）……我皇上（乾隆帝）膺下武以承庥，缵前文而展义。"对蒙古政策的一脉相承，又根据形势的发展而发展，这就是避暑山庄在巩固和发展统一的多民族国家过程中的重要意义之所在。

统一的多民族国家在清代前期的进一步巩固和发展，清统治者的视野也就比历代的统治者更为开阔。他们从"中外一家"来看中华大地，讥笑秦始皇修筑长城以为堤防之不可取——"万古堤防笑祖龙（按：祖龙即秦始皇）"。对历代重兵戍守长城，不能妥善处理与北方少数民族的关系，则认为是耗尽中原民力，给人民带来战争苦难的不智之举——"曾闻父老经年战，回首生灵血泪盈"。因此，一反历代以长城设防的传统政策，注意"金瓯永固视人和"。"人和"是巩固边疆的根本保证，也是满族与蒙古族的关系不同于历代之处。几千年来不安的塞北，在清代除不逾月的布尔尼之叛外，却是宁谧、和平与融洽。汪灏《随銮纪恩》在描绘这种关系时说："塞外诸部落世受国恩，各抒忠悃，每岁如家人之趋事其主。而皇上（康熙帝）遥临塞外，亦如游内府苑囿，推心置腹，只数十人在左右，毫无携贰，自有天地以来，所未有也。"清统治者与蒙古各部这种前所未有的和谐融洽关系，是我国统一的多民族国家进一步巩固和发展的生动体现。

避暑山庄原名热河行宫，本是清帝去木兰行围在口外建立的行宫之一，所以山庄与木兰围场有着密切的关系。康熙二十四年，经康熙帝实地勘测，由"喀喇沁、敖汉、翁牛特诸旗敬献牧场"，设置围场。行围习武，以训练士卒，是清人自关外以来的传统；

同时，木兰行围，行秋狝之礼，也是清帝抚绥蒙古的重要活动。有关木兰行围，论述已多，这里扼要叙述与本文主旨有关者。

魏源说：“本朝抚绥蒙古之典，以木兰秋狝最盛。”[1]清帝每年由北京去山庄，然后去木兰行围，举行秋狝之典，再回到山庄。大学士汪由敦《秋塞大猎赋》云：“皇帝弥狩于塞上……发轫于京师，诸皇子皆扈从，经热河，抵木兰。蒙古王公额驸台吉，鳞集迎觐，率众简精锐，以从事于行围，弥月旋轸。”[2]清制：蒙古各部王公分“年班”与“围班”，定期朝见皇帝，为的是加强对蒙古地区的管理与结好蒙古王公。“年班”是：凡已经出过痘的蒙古王公（称为熟身），每年轮班进京朝见皇帝。“围班”是：凡未出过痘的蒙古王公（称为生身），因口内炎热，不能进京，每年轮流至木兰围场扈从行围，然后到避暑山庄觐见皇帝。清帝在木兰会见“围班”而来的蒙古王公，行“秋狝之礼”。这是清政府与蒙古王公每年一次的盛大集会，大张燕宴，有马技和蒙古音乐以及艺人的多种表演，尤其是清帝的大量赏赐，使蒙古贵族以至士卒，无不满意。乾隆帝说：“锡赉燕飨，厥有赏典。”蒙古各部“鳞集仰流而来，无不满志而归”。

康熙、乾隆二帝对蒙古的政策偏重于怀柔，但基本上仍然是皇太极的恩威并施。乾隆帝说：“抚驭远人，全在恩威并用，令其感而知畏，方为良法。”[3]因此，“体恤固宜周至，而等威亦不可凌替”。清帝是“施之以威，怀之以德”二者同时并举。嘉庆帝《木兰记》云，蒙古各部因之“永矢畏怀之肫诚，常作皇清之藩服”[4]。曾经随乾隆帝去木兰行围的赵翼对此领会最深，他写道：“上每岁行狝，非特使旗兵肄武习劳，实以驾驭蒙古诸部，使之畏

1 魏源：《圣武记》卷三，《国朝绥服蒙古记一》。

2 《热河志》卷一〇七，第8页。

3 《清高宗实录》卷一一六。

4 嘉庆帝：《木兰记》。此碑立于入围场之崖口。

威怀德，弭首贴伏而不敢生心也。”[1]

康熙帝将热河行宫改名避暑山庄，反映了山庄主人消夏清暑的追求。“山庄”一般是指山间野筑、不饰文采的别墅，其特色是野趣横生，不尚威严壮丽（威严壮丽正是北京皇宫的突出特点）。明人祝允明《寄谢雍》诗有云：“想得山庄长夏里，石床眠看度墙云。”诗中的意境是生活在夏日的山庄主人，一种超凡脱俗的情趣。康熙五十年宫殿区完工，热河行宫建筑规模初步形成之后，康熙帝始以“避暑山庄”名之，看来是经过考虑的，表明了山庄主人既要勤政，又要追求山水野趣，这就是康熙帝在避暑山庄《无暑清凉》诗中所说：“谷神不守还崇政，暂养回心山水庄。”诗中“谷神”出自《老子》，所谓“谷神不死，谓之玄牝”，以喻养生之道的奥妙。“谷”，养也；“神”，五脏之神。人能养神则不死。“谷神不守还崇政”，是康熙帝说自己精力倦怠仍然勤政，不得不暂时收心养神于山水之庄，故“养神”为的是“崇政”。在《芝径云鹭》诗中，康熙帝将“养神”“崇政”与清帝在山庄所追求的政治目的，三者之间的关系说得更直截了当。他说：“若使扶养留精力，同心治理再精求。气和重农紫宸志，烽火不烟亿万秋。”皇帝在山庄避喧听政，山庄既有其政治功能，也有山水野趣扶养精力的享受，从而能够“同心治理再精求”，而其最终目的则是国家的统一与清王朝的统治长存——“烽火不烟亿万秋”。

## 三　统一的多民族国家进一步巩固和发展的历史见证

避暑山庄的历史存在及其意义，并不仅仅局限于抚绥漠南蒙古。漠西厄鲁特蒙古特别是准噶尔部问题的解决，加强对漠北喀

1　赵翼：《簷曝杂记》卷一，《蒙古诈马戏》。

尔喀蒙古的管辖，是和清帝在避暑山庄的活动密切相关的。避暑山庄和外八庙是统一的多民族国家在清代进一步巩固和发展的历史见证。

乾隆二十年，清政府平定了准噶尔达瓦齐割据势力之后，乾隆帝下令修建普宁寺。他在《普宁寺碑文》中写道：“乾隆二十年五月，平定准噶尔。冬十月，大宴赉四卫拉特部落旧附新归之众于避暑山庄，曰绰罗斯（即准噶尔），曰都尔伯特，曰辉特，曰和硕特。四族台吉，各封以王、贝勒、贝子、公……如内八旗、外四十九旗、喀尔喀四部之例。至是而内外一家，遐迩同风之言允符。”[1]在实现国家统一之际，乾隆帝决定，遵照皇祖康熙帝“定喀尔喀，建汇宗寺于多伦诺尔，以一众志”的先例，“建普宁寺于山庄的北麓”。两块平准碑也就立于此庙。此庙仿西藏最早的寺庙三摩耶庙的式样修建。

乾隆二十九年，仿照伊犁河北著名的固尔札都纲（伊犁庙）的旧制修建了安远庙。乾隆帝在《安远庙瞻礼书事（有序）》中，叙述了修建此庙的缘起：原来伊犁河畔的固尔札都纲，在阿睦尔撒纳叛乱时，“贼党肆掠焚劫，庙乃毁废”，“因思山庄为秋蒐肆觐之所”，每年蒙古王公“络绎鳞集”[2]，更为了迁居热河的准噶尔达什达瓦部人的膜拜顶礼，故而兴建该庙，使他们有如昔日“在固尔札都纲闻呗赞也”。

乾隆三十一年兴建的普乐寺，则是为了来避暑山庄的新疆各少数民族哈萨克、布鲁特等有瞻仰之所。乾隆帝在《普乐寺碑记》中写道：“乾隆乙亥（二十年），西陲大功告成，卫拉特各部长来会时事，尝肖西域三摩耶，建寺曰普宁。嗣是达什达瓦属人内徙……仿伊犁固尔札都纲，建庙曰安远。”如今“每岁山庄秋

1　齐敬之：《外八庙碑文注译》，第 8 页。

2　齐敬之：《外八庙碑文注译》，第 35~36 页。

巡，内外札萨克觐光以来者，肩摩踵接。而新附之都尔伯特，及左右哈萨克、东西布鲁特，亦宜以遂其仰瞻，兴其肃恭，俾满所欲，无二心焉。”[1]故此庙是既为厄鲁特蒙古，也为西域其他各族而建。

普宁、安远、普乐三寺之命名，乾隆帝有深意在焉。他说自准噶尔部叛乱，“自西人（指新疆少数民族）之濒于涂炭……朕则为之求宁焉”。既“宁”之后，“朕则为之计安焉。既宁且安，其乐在斯”。因此，乾隆帝说三寺之先后建成并以“普宁”“安远”“普乐”命名，对他来说，“既以自慰，且重以自勖”。其所追求的就是国家的统一与和平，并以此自慰自勉。

在有关碑记中，乾隆帝还特别说明，兴建这些寺庙，以满足来承德的蒙古各部礼拜法会的需要，是因为“惟大蒙之俗，素崇黄教，将欲因其教，不易其俗，缘初构而踵成之”[2]。清帝利用蒙古各部笃信黄教（喇嘛教，即藏传佛教），尊重他们的宗教信仰，通过上层喇嘛，以控制蒙古牧民，又笼络蒙古王公贵族，“无二心焉”。乾隆帝对此曾直言不讳地说：“然予之所以为此者（构筑庄严辉煌的寺庙），非惟阐扬黄教之谓也，盖以绥靖荒服，柔怀远人。”[3]而达赖和班禅是“中外黄教总司以此二人，各部蒙古一心归之。兴黄教即以安抚众蒙古，所系非小，故不可不保护之”[4]。于是在乾隆六十岁生日时，当内外蒙古、青海、天山南北等地的少数民族王公部落长，将前来承德为其六十诞辰祝寿之际，先期动工仿拉萨布达拉宫建造了规模宏大的普陀宗乘之庙。乾隆四十五年，班禅六世来承德为乾隆七十岁祝寿，又仿班禅在后藏所居札什伦布寺修建了须弥福寿之庙（班禅行宫）。由于清政府既利用

1 齐敬之：《外八庙碑文注译》，第 42 页。

2 齐敬之：《外八庙碑文注译》，第 42 页。

3 齐敬之：《外八庙碑文注译》，第 36 页。

4 乾隆帝：《喇嘛说》，见《清高宗实录》卷一四二七。

又控制喇嘛教，相当成功地处理了蒙藏问题。赵翼说：“国家于西北诸部，亦因其俗而加礼于胡土克图（活佛），有时竟得其用。如乾隆十五年，西藏王朱尔墨特那木札尔有异志，驻藏大臣傅清及拉布敦诱而手刃之，其番众咸铤而为乱，达赖喇嘛出谕遂止。三十一年，喀尔喀部青滚杂卜断驿道而叛，邻部将应之，其地有哲卜尊丹巴胡土克图，怵于定边将军之言，独不从乱，遂皆戢。其明验也。”[1]赵翼又说，清廷之所以尊崇藏传佛教，优礼大活佛，“正所以贴服外夷，乃长驾远驭之深意”，但这对增强各部对清中央的向心力，加强清政府对蒙藏地区的管理与统治，获取其上层对清中央的拥戴，却起了相当大的作用。这在清帝在避暑山庄的活动中也有充分的反映。

至乾隆帝时，承德已发展成为古北口外“一大都会”。每当皇帝莅临，“凡秋狝率于山庄驻跸数十日。万骑云屯，百货骈集，阛阓殷赈，拟于京师”[2]。承德市区长街商肆相连，百货杂陈，殷实富庶，可与京师比美。而且，万骑云屯，成为清帝、达官显贵与各少数民族上层人物盛会的场所，举行盛宴，听大戏，观烟火，一派歌舞升平，显示了天家的豪奢壮丽。仅以听戏而言，“上（乾隆帝）秋狝至热河，蒙古诸王皆觐。中秋前二日为万寿圣节（乾隆生日是八月十三），是以月之六日即演大戏，至十五日止”。戏台阔九筵，高三层，“所扮妖魅，有自上而下者，有自下突出者”，“面具千百，无一相肖者。神仙将出，先有道童十二三岁者作队出场，继有十五六岁，十七八岁者。各队各数十人，长短一律，五分寸参差”。紧接着又有寿星一百二十人出场，八仙携道童无数来为皇帝庆贺寿诞。戏台之上“列坐几千人，而台仍绰有余地”[3]。避暑山庄之盛况如此，而秋狝规模之大更是盛况空前。据

1 赵翼：《簷曝杂记》卷一，《蒙古尊奉喇嘛》，《蒙古诈马戏》。

2 吴振棫：《养吉斋丛录》卷一八。

3 昭梿：《啸亭杂录》卷二，《大戏》。

乾隆帝说，从猎的蒙古王公有漠南蒙古四十九旗，喀尔喀蒙古四部（外蒙古），厄鲁特蒙古（新疆），以及青海各札萨克，总共“不下百余旗”，“实史册所未见”[1]。乾隆帝有《御营行》诗以纪其盛：“万幕拱黄城，千山绕御营。皇家修武备，藩部输忠诚。”[2]在群山与草原之间，成千上万的蒙古帐幕有如众星拱月，清帝与蒙古王公举行宴会，有各种蒙古技艺的表演，以及清帝的大量赏赐，“岁岁如此”，于是“上下情相浃”。[3]这些描述与记载，或许能给人以“康乾盛世”的某些方面的感性认识吧！

（原载《清史研究》1993 年第 2 期）

1 《热河志》卷四七。
2 《热河志》卷四七。
3 赵翼：《薹曝杂记》卷一，《蒙古尊奉喇嘛》，《蒙古诈马戏》。

# 避暑山庄的兴建与绥抚漠南蒙古

承德原称热河，在康熙四十二年以前，只有热河上营、热河下营这样的村落，人烟稀少，旷土未垦。由于康熙帝在这里修建避暑山庄，至乾隆时，已发展成古北口一大都会。

今天，承德作为历史名城，较为完整地保留了全国最大的皇家园林及其有关的寺庙，其中不少的古建已列为国家重点文物保护单位。历史创造文物，文物反映历史。避暑山庄、外八庙和许多现存的文物，或直接或从一个侧面，反映了在清代前期的历史条件下，我国统一的多民族国家巩固发展的过程，而且正是在这一过程中，形成了山庄及其寺庙群的格局。

历史长河奔腾向前。曾经在这里演出过的许多有声有色的场面，随着岁月的流逝，业已成为陈迹。要使绚丽多彩的历史画卷再展现在人们面前，需要有精审翔实的研究、深刻透辟的论述。有关厄鲁特蒙古、喀尔喀蒙古、西藏地方在康乾时期的重大历史事件，以及与避暑山庄的关系，已有不少专文进行探讨。现仅就浅见所及，就清廷对漠南蒙古政策的由来及其目的与避暑山庄的兴建，略作申说。

## 一　避暑山庄修建的缘起

康熙四十二年以后，乾隆朝则自乾隆六年起，清帝几乎年年来避暑山庄，一般是四五月出口，九十月回京，在此居住约半年的时间，军机处及内阁各部、院、司、寺的一批王公大臣随行。在康乾时期，避暑山庄曾经是清王朝的第二个政治中心。

清帝为什么在承德兴建避暑山庄？

乾隆帝在《避暑山庄百韵诗》的诗序中有云：

> 我皇祖（康熙帝）建此山庄于塞外，非为一己之豫游，盖贻万世之缔构也。国家承天命，抚有中外……而四十八旗诸部落屏藩塞外，恭顺有加，每岁入朝，锡赉燕飨，厥有常典。但其人有未出痘者，以进塞为惧，延颈举踵，以望六御之临，觐光钦德之念有同然也。我皇祖俯从其愿，岁避暑于此……予小子亲见皇祖高年须白，允宜颐养，尚且日理万机，暇则校射习网，阅马合围……故继序以来，敬唯昔日时巡之意，更值四方宁谧之时，宜不敢使文恬武嬉，以隳圣祖家法，而每驻跸山庄[1]。

乾隆帝对修建避暑山庄的缘起，说得十分明白，一言以蔽之，就是绥抚蒙古，行围习武，不使文恬武嬉。乾隆四十七年，他又写了一篇《避暑山庄后序》。这时的乾隆帝已年逾古稀，垂暮的老皇帝对身后之事萦萦在念。在这篇文中，他期望于后人的是“习武木兰，不忘家法”，重申“皇祖建此山庄，所以诘戎绥远”，后世子孙切不可忘此而把山庄仅仅视同宴游的离宫别苑，“若耽此而忘一切，则予之所以膻芗山庄者，是设陷阱，而予为得罪祖宗之人矣”。其时，经过八十多年的营建，尤其是乾隆时期进行了大规模的改造和兴建的避暑山庄，全部工程已基本完成，有如众星拱月环列山庄的寺庙群，也已于两年前（乾隆四十五年）全部告

1 和珅：《热河志》卷二五，《行宫一》，第10页。

竣。这一规制宏大的皇家园林，分为宫殿区、山区、湖区、平原区，七十二景错落其间，雄奇而又深秀的山庄，正处在全盛时期，容易使人丧志。乾隆帝说他“膻芗（膻，悦也；芗，同香）山庄”，但又唯恐子孙沉溺于此，而不明修建山庄的初衷、安不忘危的深意，故而反复告诫，并厚望于诸大臣。他说：“此意蓄之久而不忍言，今老矣，终不可不言，故书之既以自戒，仍敬告我后人。若后人而忘予此言，则与国休戚相关之大臣，及骨鲠忠直之言官，执予此言以谏之可也。设谏而不从，且罪之者，则是天不佑我国家，朕亦无如之何也，已矣!”[1]乾隆帝在相隔数十年撰写的这两篇序，尤其是后序，既对后人言其志，又动之以情，始终阐述一个中心主旨：谆谆告诫不忘家法，诘戎绥远，善驭蒙古诸部，并引往史证明唯以离宫别苑宴游为务者必招致破国亡家，以为鉴戒。这就说明，避暑山庄的营建并不只是为了帝王的享乐（当然也有此意），起初是与对漠南蒙古的政策息息相关，后来清帝在这里活动的历史意义则不限于此而不断扩大。因此对山庄的历史探索，应包括以下几个方面：木兰秋狝与绥抚蒙古；康乾时对漠南蒙古政策的由来；清统治者的政策目的，即所谓“贻万世之缔构”。兹概述如下。

## 二　木兰秋狝之典与绥抚蒙古，行宫的修建

满族崛起于白山黑水，崇尚骑射，清太宗皇太极说过：“我国家以骑射为业。”[2]故孩童自幼即注意习练，“子弟壮者当令以角弓羽箭，幼者以木弓柳箭”[3]。而习武的重要方式之一就是出猎行围。皇太极曾一再谕诫诸王贝勒大臣：“今若惟耽宴乐，则田

1 《热河志》卷二五，《行宫一》，第5~6页。

2 《清太宗实录》卷三四，第27页。

3 蒋良骐：《东华录》，第45页。

猎行阵之事，必致疏旷，武备何由而得习乎？盖射猎者，演武之法……尔等时时不忘骑射，勤练士卒。”[1]正因为围猎的主要目的之一在于行阵演武，勤练士卒，故其制令甚严，违者甚至可以处死，虽王公大臣违制者亦不宽贷。[2]行围以习武是满族由于生活和战争环境的需要而形成的民族特性。

清人百战创业，终于建立起全国政权。清统治者统一全国后，重视武备，对“国语骑射”的民族传统十分重视。顺治七年三月，“谕礼部：‘我朝原以武功开国，历年征讨不臣，所至克捷，皆资骑射。今仰荷天休，得成大业，虽天下一统，勿以太平而忘武备，尚其益习弓马，务造精良。嗣后满洲官民不得沉湎嬉戏，耽娱丝竹，违者即拿送法司治罪。’”[3]乾隆帝有诗云：“射是朝家夙所长，承平游豫那宜忘。”行围习武，习劳苦之役，以训练士卒，使八旗劲旅不断提高骑射技能，保持旺盛的战斗力，历来为清帝所关注。顺治四年、八年，顺治帝福临出张家口、独石口行围，“塞外行围”，“秋狝之礼”自此始。[4]康熙十四年三月，当“三藩”战事正处于紧张的时刻，察哈尔布尔尼叛。时清军禁旅南征，京师宿卫空虚。“吴三桂既叛，察哈尔复蠢动，事闻，圣祖（康熙帝）忧之。”[5]布尔尼之叛虽然很快就讨平了，但因此使康熙帝十分注意蒙古问题和北部边防。康熙二十年平“三藩之乱”后，康熙帝立即将注意力转

1 《清太宗实录》卷三四，第27页。

2 《满文国史档案选译》载《颁狩猎纪律》（天聪七年十一月二十五日）：“是夕，谕随围众人曰：‘有擅入围场者，贝勒罚良马，甲喇额真罚银十五两，小旗额真罚银十两，闲散人丁则辨其善恶，善者罚银九两，恶者射死。离伍留后者，治以入围罪。遇密苇避而不入者，亦罪之。’……此次行猎时，额尔克虎尔贝勒（多铎）率其部人离伍居后，以乱狩猎，罚马一匹。又以墨尔根戴青贝勒（多尔衮）、豪格贝勒（皇大极长子），任其从人在后行走，未委人稽察，各罚马一匹。”［载《历史档案》，1982（4）］

3 《清世祖实录》卷四八，第10页。

4 参见梁章钜：《南省公余录》。

5 昭梿：《啸亭杂录》卷二，《图文襄公用兵》。

向北方，决定建立围场，每岁行围，名曰“秋狝”。乾隆帝在叙述这一过程时说：“故自三逆底定之后，（康熙帝）即不敢以逸豫为念。巡狩之典，或一岁而二三举行，耗财劳众之论，夫岂不虑？然而凛天威，鉴前车，查民瘼，备边防，合内外之心，成巩固之业，习劳苦之役，惩晏安之怀，所全者大，则其小者有不必恤矣！”[1]于是在这年四月，在原属漠南蒙古喀喇沁旗、翁牛特旗的牧场内划定木兰围场（今围场县），即所谓“圣祖仁皇帝（康熙帝）因藩部敬献牧场，肇开灵囿，岁行秋狝。皇上（乾隆帝）式遵前典，每以八月行围塞上”[2]。从此秋狝之典成为康乾时的定制。

避暑山庄就是因为木兰秋狝才发展起来的，所以又称热河行宫，原是古北口外大小二十座行宫之一。修建行宫之所以必要，是因为每年随皇帝到围场的人马众多，动辄成千上万，而且皇家仪礼又十分威严隆重。皇帝由北京起程之前，向导官先期督饬沿途地方官吏清道修路，储备供应，宗人府和内阁各部、院、司、寺，奏请皇帝指定随从王公大臣及官员，两翼八旗奏请指定前军护军统领，理藩院则行文蒙古诸扎萨克准备迎候并加强戒备。临行前一天，遣官虔告奉先殿，向祖宗牌位辞行。第二天清晨，清帝身穿行衣，乘马出宫，随行王公大臣和卫队前导后拥，留京王公大臣及百官彩服跪送。一切都按封建帝王出巡的仪礼安排。从北京至围场的千里行军中，这支人数众多、排场浩繁的皇家队伍，中途需要有歇息食宿的处所，故而需要沿途修建行宫，先期储备物资，乾隆帝说：“驼载为劳，故建行宫，以息物力。”[3]山庄之所以在二十座行宫中独能得到发展，是因其离帝京不远和优越的自然条件，张廷玉《御制避暑山庄三十六景诗恭跋》云：“自京师东北行，群峰颢合，清流萦绕，至热河而形势融结，蔚然深秀。古

1 《热河志》卷二五，《行宫一》，《避暑山庄百韵诗·序》，第 10 页。

2 《热河志》卷五一，《围场一》，第 1 页。

3 《热河志》卷四四，《行宫》。

称西北山川多神奇，东南多幽曲，兹地实兼美……皇上（康熙帝）时巡过此，见而异之，念此地旧无人居，辟为离宫，无侵民田庐之害，又至京师至近，奏章朝发夕至，综理万机，与宫中无异。”[1]避暑山庄兴建之后，清帝每年由北京先至山庄，再去木兰行围。汪灏《随銮纪恩》云：“康熙四十二年夏五月，皇上避暑于塞外，兼行秋狝之典。”汪由敦《秋塞大猎赋》云：“皇帝弥狩于塞上……发轫于京师，诸皇子皆扈从，经热河，抵木兰。蒙古王公额驸台吉，鳞集迎觐，率众简精锐，以从事于行围，三驱礼成，弥月旋轸。”[2]值得注意的是，为了习劳苦之役，乾隆帝从行秋狝之典始（乾隆六年），年年由山庄乘马去木兰，虽风雨亦如此，返回山庄时才乘舆辇。当他年过五十之后，近侍多请乘舆辇去木兰，他却而不许，“不肯易此例”，说是“率欲以身先”[3]。由于以身作则和训练士卒的需要，行围之制要求极严，有如正式作战。汪灏说：“我国家军令整肃，虽一行猎间，无一人敢乱伍。”[4]纪昀描写清晨始围的情形是：“圣主临边军令肃，无哗不用更衔枚。”左右两翼潜师合围，无敢喧哗者。“旌旗影带寒云卷，组练光含晓日浮。”[5]人们只看到旌旗带着寒意在晨曦中移动，一队队士兵（组练）穿行于山峦丛莽之间。两翼合围之后，但见“霓旌动处武维扬，猛士声喧共陟冈”。这时呈现在人们眼前的是大呼陷阵、奋勇争先的战场气势。目睹此景的尹继善的感受是：“信是天威能播远，道旁舞拜尽名王。”[6]由此可见，康、乾对蒙古的绥抚政策，不仅是怀柔的一面，而是包含着施之以威，使其震惕慑伏的意味，故赵翼

1 《热河志》卷一〇八，《艺文二》，第 11 页。
2 《热河志》卷一〇七，第 8 页；汪由敦：《秋塞大猎赋》（并序）。
3 《热河志》卷六，第 3 页。
4 汪灏：《随銮纪恩》。
5 《热河志》卷一一二，第 13 页。
6 《热河志》卷一一一，尹继善《木兰随围感恩纪事》，第 718 页。

(他曾随行木兰)说:“上每岁行狝,非特使旗兵肆武习劳,实以驾驭蒙古诸部,使之畏威怀德、弭首贴伏而不敢生心。”[1]这是阶级社会中统治阶级在处理民族关系时的实质反映。正因为木兰秋狝实为耀德观兵,所以“围猎之制,贵乎整肃,不可出入参差,令左翼官在左,右翼官在右,统辖而行”。即使是宗室王公贵族,如果违犯制度,也要“严加管辖”[2]。此外,在隆重庆祝皇帝“万寿节”的活动中,有时还举行盛大的阅兵礼,以显示皇威。例如乾隆五十八年,在庆祝乾隆帝“万寿节”的第一天举行的阅兵,据随同英使马戛尔尼到承德避暑山庄的巴端施上尉的统计,“参加的有八万军队,一万二千名官员”[3]。目睹这一切的蒙古王公,“他们敬奉皇帝如神明”[4]。

总之,封建统治阶级的民族政策,具有鲜明的剥削阶级的特征。这不仅表现在它主要是笼络各少数民族的上层统治者,而且,就是在他们彼此之间,又有主从之分。乾隆帝把这种关系用明确的语言概括为“体恤固宜周至,而等威亦不可凌替”。他规定的处理民族问题的原则是“抚驭远人,全在恩威并用,令其感而知畏,方为良法”[5]。就对漠南蒙古而言,清朝的统治者是偏重于“体恤固宜周至”,也就是怀柔的一面。康熙说:“省方随处示怀柔。”[6]乾隆帝则说,木兰秋狝“行围既训士,怀远已巡方”[7]。他们绥抚蒙古,为的是“所期绥内外,即以靖封疆”[8],以巩固北方边防,“合内外之心,成巩固之业”。绥抚蒙古的政策,是以联姻、封爵、

---

1 赵翼:《簷曝杂记》,第 13 页。

2《清圣祖实录》卷一〇八,第 10 页。

3 斯当东:《英使谒见乾隆纪实》,第 379 页。

4 斯当东:《英使谒见乾隆纪实》,第 582 页。

5《清高宗实录》卷一一一六,乾隆四十五年十月壬子。

6《热河志》卷一三,第 2 页。

7《热河志》卷一五,第 12 页。

8《热河志》卷一五,第 12 页。

年班、围班和大量的赏赐，“因其教不易其俗”即利用喇嘛教，特别是确认蒙古王公封建领主的世袭权益，等等，加以贯彻的。

## 三　康熙、乾隆对漠南蒙古政策的由来

康熙、乾隆二帝对漠南蒙古以绥抚为主的政策，基本上是承袭了太祖努尔哈赤和太宗皇太极的成规，所以他们每每缅怀祖宗的功烈，对皇太极的深谋远虑钦佩良深。康熙帝在《驻跸兴安八首》序中说：

> （蒙古地方）为曩者枕戈擐甲战争之所，迨我列祖肇握乾符，恢廓天绪，德威所被，四十八部罔不臣服……皆祖功宗德之贻。朕今绍祚，获际升平，能无永念乎！[1]

乾隆帝也以永志不忘的心情写下了如下的诗句：

> 一家中外非容易，驭远鸿猷勉继旃。[2]
> 来同思祖泽，长此示怀柔。[3]
> 怀柔仰祖烈，巡狩勉时勤。[4]

清入关之前，已统一漠南蒙古，这始于努尔哈赤而完成于皇太极。漠南蒙古各部武装力量，在清的统一指挥下，曾经在对明作战和统一全国过程中战功卓著。康熙帝、乾隆帝继承了这一历史遗产，在业已建立全国政权的新的条件下，他们深感“中外

1 《热河志》卷一三，第 12~15 页。
2 《热河志》卷一五，第 16 页。
3 《热河志》卷一五，第 6 页。
4 《热河志》卷一五，第 12 页。

(周边)一家非容易”，只是因为祖宗的“鸿猷伟烈”才有此局面，因此他们也就同时继承了祖宗的政策——“长此示怀柔”。这也是清帝在避暑山庄的政治活动的重要内容之一。乾隆帝在普陀宗乘之庙《千佛阁碑记》云：

山庄者，我皇祖圣祖仁皇帝，宠嘉群藩，岁岁行边展觐，燕赉频繁。而朕勤思绍闻，唯此锡类联情，眷然顾省弗谖者也。

清帝每年在避暑山庄期间，各少数民族的王公部落长来此觐见，成为“宠嘉群藩”眷顾联情的处所。要说明清帝之所以如此缅怀祖先，优渥诸王公部落长，就必须回溯努尔哈赤尤其是皇太极对漠南蒙古的政策。

明末清初，我国蒙古分为三大部：漠南蒙古、漠北蒙古（喀尔喀蒙古）、漠西蒙古（厄鲁特蒙古）。漠南蒙古南与明朝接壤，东与后金为邻，处于关键的地理位置，其向背对于后金（清）政权能否进取中原来说，是举足轻重的。

明朝后期，漠南蒙古各部互不相属。察哈尔“林丹汗士马强盛，横行漠南，有宋武乙之暴”，经常侵暴其他各部，与敖汉、土默特、科尔沁等部积怨颇深。魏源说：“明人思用东部插汉小王子(察哈尔林丹汗)欲以敌大清。”[1]明王朝采取支持林丹汗的政策，每年给以四百万的岁赏，以控制各部，与后金对抗。万历四十七年，林丹汗致书努尔哈赤，声称“汝数苦明国”，“吾将牵制汝”[2]。面对林丹汗的威胁，努尔哈赤却表示，“尔与我语言虽殊，服制亦类”，“明吾深仇也”，愿合谋“以伐深仇之明国”[3]。努尔哈赤从对明战争出发，强调满族与蒙古族“服制亦类”，把蒙

1　魏源：《圣武记》卷三，《国朝绥服蒙古记一》，第5页。
2《清太祖实录》卷六，第33页。
3《清太宗实录》卷七，第3~4页。

古族看做依靠力量，通过战争，用会盟来加强对投靠自己的各部蒙古的约束，共同对明作战，并打击助明的林丹汗。这一方针取得了相当的成效，科尔沁、扎赉特、杜尔伯特、郭罗斯各部，先后归附。

皇太极继承了努尔哈赤对漠南蒙古的方针，并根据形势的发展，采取了一系列新的有效政策，统一漠南蒙古，对漠南蒙古的管理制度化。

皇太极认为，“我满洲与蒙古，原系一国”[1]，“我与尔两国，语言虽异，衣冠则同”[2]。同样把蒙古看做对明作战的依靠力量，因而其方针是“慑之以兵威，怀之以德”[3]，而偏重于“怀之以德”。也就是在军事压力之下，用怀柔政策，使漠南蒙古“来归于我”[4]，以对付“与吾仇敌之明国”。经过了约九年的时间，皇太极终于统一了漠南蒙古，实现了自己的目的。

天聪元年，敖汉部、奈曼部投归后金，皇太极亲自远迎，与其贝勒部落长行“抱见礼”，待以隆重的礼遇，这与林丹汗的侵暴形成鲜明的对比，于是巴林等部相继来投。科尔沁部推皇太极为“盟主”。

林丹汗的侵暴激起了各部的反抗。天聪二年，喀喇沁、土默特、鄂尔多斯、阿巴噶、内喀尔喀诸部联军，在土默特的赵城击破林丹汗兵四万，又杀其赴明请赏兵三千，请皇太极出兵攻打林丹汗。此事成为皇太极处理蒙古问题的一个转折点。皇太极利用蒙古各部与林丹汗矛盾加剧的机会，以“盟主”身份，知会各部“率兵来会”，决定亲征林丹汗。敖汉、奈曼、内喀尔喀、扎鲁特、喀喇沁等各部如期来会，惟科尔沁额驸奥巴率部自行侵掠，迟迟

1 《清太宗实录》卷九，第 24 页。
2 《清太宗实录》卷一八，第 26 页。
3 《清大宗实录》卷二〇，第 37 页。
4 《清太宗实录》卷一八，第 26 页。

不来会。皇太极大为震怒，遣人“以书责之，奥巴奉书震恐，力疾驰入请罪，罚马驼二十，寻宥之”[1]。战后，皇太极对有功的蒙古诸贝勒赐以封号，严申军纪。皇太极利用“会盟”加强对蒙古各部的控制，使盟主的权威凌驾于各部之上，从而使归附的蒙古诸部处于政治上的隶属地位。为了巩固与蒙古各部的关系，皇太极又继续行联姻等政策。在此基础上，皇太极进一步改革对蒙古各部的管理，由“会盟”进而实施后金的法制。天聪三年，皇太极命国舅阿什达尔汉、尼堪往谕蒙古归顺各部，“申定军令”，“凡遇出师期约，宜各踊跃争赴，协力同心，共申敌忾，毋有后期”[2]，违者重罪重罚。天聪五年，设立六部时，于各部设蒙古承政，办理蒙古事务。天聪七年，皇太极再命阿什达尔汉“往外藩蒙古各国，宣布钦定法令”[3]。次年元旦，朝贺时，皇太极“召集外藩蒙古贝勒，谕之曰：尔蒙古诸部落，向因法制未备，陋习不除，今与诸贝勒约……不遵我国制度者，均罪之”[4]。将后金的法令施行于蒙古各部，大者如“法律所载，叛者必诛”，细至“盔甲无号，马匹无印牌，及盔缨、纛幅不如制者，俱论罪”[5]，并加强对蒙古各部内部事务的管理。这样，漠南蒙古归附各部，便从政治管理体制，以及政策法令方面统一于后金政权之内，被视为“藩属”，成为皇太极可以随时调遣的军事力量。下一步就是打击助明的察哈尔林丹汗，统一整个漠南蒙古。

天聪六年，皇太极亲率大军征林丹汗，蒙古各部皆率兵来会。宁完我、范文程说：“汗纠率蒙古君长，又提我国大兵，千里之外，要与义哈喇（林丹汗）定决雌雄。一欲为我藩国报仇，一欲除却

1 祁韵士：《皇朝藩部要略》卷一，《内蒙古述略》，第 9~10 页。

2 《清大宗实录》卷五，第 11 页。

3 《清太宗实录》卷一六，第 1 页。

4 《清太宗实录》卷一七，第 4~5 页。

5 祁韵士：《皇朝藩部要略》卷一，《内蒙古述略》，第 15~17 页。

心腹大患，诚定霸手段，英主作为也。”[1]皇太极的意图是想一举击灭林丹汗，“除却心腹大患”，统一漠南蒙古，再与明争天下。林丹汗闻讯大军压境，遍谕诸部，由归化城（今呼和浩特）弃本土西奔。皇太极与众议，决定“先取蒙古部民，复入明地，以图大事，诚为上策”[2]。于是命贝勒济尔哈朗、萨哈廉等往掠归化城及黄河一带察哈尔蒙古部民。十月，皇太极命济尔哈朗、萨哈廉“指授归顺蒙古诸部贝勒牧地，申明约法”[3]。济尔哈朗等初步划分归附后金的蒙古诸部牧地，为日后的盟旗地理区划奠定了基础，后金对蒙古各部的管理，得以进一步加强。天聪八年，林丹汗病死于青海打草滩。由于助明的林丹汗之死，察哈尔蒙古的形势发生了变化。善于因时而变，及时改变策略的皇太极，立即将征讨察哈尔的一贯方针，一变而为招抚，改称“察哈尔兄弟”[4]，其目的就在于与明争夺林丹汗的继承者其子额哲。为此，皇太极决定率军“往征大同，兼收察哈尔来归贝勒、官民，计莫有善于此者”[5]，截断额哲可能投奔明朝的通路。当皇太极获悉额哲率部西来的消息后，命多尔衮、岳托、萨哈廉、豪格等主要带兵贝勒，率精兵万人前往招抚，临行“授以方略，遣之”[6]。多尔衮等于翌年（天聪九年）五月，抵达额哲驻地托里图地方，宣布“奉上命，统大军来招尔等，秋毫无犯”[7]。额哲投降。多尔衮等向皇太极奏报说：“臣等……谨遵指受方略，进止以时，所有察哈尔国苏泰太后母子（林丹汗妻及子额哲）及其部众人民，悉已招降归附。”[8]

1 《天聪朝臣工奏议》，第 13 页。
2 《清太宗实录》卷一一，第 34 页。
3 《清大宗实录》卷一二，第 33 页。
4 《清太宗实录》卷二〇，第 37 页。
5 《清太宗实录》卷一八，第 23 页。
6 《清太宗实录》卷二二，第 35 页。
7 《清太宗实录》卷二三，第 18 页。
8 《清太宗实录》卷二三，第 21 页。

由于皇太极及时变征讨为招抚的正确决策，使多尔衮等的进军成为一次盛大的受降典礼，于是臣属于察哈尔的其余各部，如克什克腾等，“至是，内附”[1]，顺利地完成了漠南蒙古的统一。为了巩固胜利，皇太极以次女下嫁额哲，命济尔哈朗娶林丹汗妻苏泰太后；其长子豪格娶林丹汗妃伯奇福晋；弟阿巴泰娶俄尔哲图福晋；代善娶林丹汗妻囊囊太后，构成极其错综复杂的联姻关系。

皇太极统一漠南蒙古后，又进行了重大的改革，以加强管理。这是因为，蒙古各部林立，互不相属，他们逐水草而居，游牧不定。彼此之间往往因争夺牧场牲畜，相互劫杀，这就牵制了皇太极使用蒙古的军事力量。天聪八年十月，皇太极遣大臣往定蒙古各部游牧疆界，“分定地方户口”，“阿什达尔汉、达雅齐塔布囊与两黄旗下多诺楚尔虎、达赖，两红旗下宰桑巴克什、吴巴里山津，两白旗下色棱塔布囊、阿都海，两兰旗下卫征侍卫、班扎尔及敖汉、奈曼、巴林、扎鲁特、翁牛特、四子、塔赖、吴喇忒、喀喇沁、土默特各部管事大小诸贝勒会盟于硕翁科尔地方，分地给蒙古诸贝勒”[2]。“既定界，越者坐侵犯之罪，往来驻牧，务会齐移动，毋少参差。”[3]蒙古各部被稳定在各自的牧地范围内，这样，既可以避免或减少各部因争夺牧地、牲畜而引起纷争，使后金在使用蒙古各部力量时不致受到牵制和干扰；同时，更重要的是，蒙古各部因此而难以形成统一的力量，便于后金分而治之。次年（天聪九年），遂推行盟旗制度，实行以旗为核心的军政合一的政治区划，任命蒙古封建贵族领主为扎萨克（旗长），并封以王公等高爵，加以笼络。旗上设盟，但盟长不能干预旗的事务，这与防止蒙古各部形成统一力量的用心是一致的。崇德元年，设立蒙古衙门，崇德三年改为理藩院，与六部平行，主管蒙古事务

1 祁韵士：《皇朝藩部要略》卷一，第 21 页。

2《满文国史档选译·分定各部游牧地界》，载《历史档案》，1982（4）。

3 祁韵士：《皇朝藩部要略》卷一，第 19 页。

(清初兼管俄罗斯)。蒙古衙门(理藩院)负责组织各旗会盟。皇太极设置理藩院，成为有清一代的定制，它是清代特设的管理少数民族的中央机构，贯彻清政府对蒙古的方针政策，在清代前期，对于我国统一的多民族国家的巩固和发展，发挥了重要的作用。

皇太极在推行盟旗制度的同时，又仿满洲八旗编立蒙古八旗，直接听命于皇太极。蒙古八旗与满洲八旗、汉军八旗，体制划一，成为八旗制度的组成部分。

漠南蒙古统一于后金，是皇太极“慑之以兵威，怀之以德”，而偏重于“怀之以德”政策的胜利。他曾对大学士刚林、范文程说：

> 昔科尔沁土谢图额驸，有名马曰杭爱，朕曾以甲十副易之。察哈尔汗(林丹汗)强夺之，止予一胄，从此科尔沁诸贝勒与之解体。察哈尔汗又以一胄予阿噜济农，索马千匹。阿噜济农曰：此直欲构衅而来侵伐耳！与之马五百匹，从此阿噜诸贝勒与之解体。科尔沁卓哩克图亲王，有一鹰能横飞扑鸟，察哈尔汗又遣人往索；卓哩克图亲王欲不与，土谢图额驸劝令与之。既取其鹰，一无所偿，并送鹰之人亦不令见，如此，人心何从而服？今各处蒙古，每次来朝，皆厚加恩礼，因此倾心相附，虽去犹恋恋，而蒙古各国，亦从此富足安闲。由此揆之，以力服人，不如令人心中悦服之为贵也。[1]

皇太极将自己与林丹汗对待蒙古的不同态度加以对比，是对自己政策的总结。“令人心中之悦服为贵也”——这就是他从实际斗争中得出的对漠南蒙古的基本方针。而这一方针所取得的成就，对于清之终于夺取全国政权，关系匪浅。本来地处东北一隅、

1　祁韵士：《皇朝藩部要略》卷一，第 27 页。

人数不多的满族，统一漠南蒙古之后，其所处形势大为改观，军事力量大大加强，明兵部说："汉、夷（满族）、奴插（察哈尔蒙古）……打成一片，咄嗟之顷，蹂垣深入，任其所之，无不披靡。"[1]在清王朝开国过程中，漠南蒙古立下了汗马功劳。

历史的往事，就是康熙帝、乾隆帝每每不忘的祖宗"鸿猷伟烈"。

## 四　清统治者的政策目的
### ——"贻万世之缔构"

清制：皇帝每年至避暑山庄，再去木兰行围，漠南蒙古四十九旗王公例于波罗河屯迎驾，清帝则赐宴，举行各种文娱活动。从乾隆六年弘历第一次到木兰时起，酷好吟咏的乾隆帝在这种场合留下了不少诗篇，而"祖泽赖无穷"则是其吟唱的主题，其中一首《赐蒙古诸王公等宴》云：

乐奏名王起进觞，晶阳高映赭帷黄。
酪酥为酒当秋得，牛马输芹以谷量。
三爵尚贤奚侧弁，四侯观德鄙穿杨。
列朝政教周寰海，况是宗姻受泽长。[2]

诗中尽情地描述了清帝与蒙古王公的融洽关系。塞外的八月，一派秋高马肥的好风光，成千的帐幕散落在锦绣般的原野上（乾隆帝另一首《赐蒙古王公等宴》云"绣郊千帐合"），"八月凉风天气晶"，长空如洗，一尘不染。秋阳高照正在举行宴会的帷幔黄

1 《兵部为报后金兵进攻保安等处情形事题行稿》（崇祯七年七月二十八日），载《历史档案》，1982（2）。

2 《热河志》卷一五，第4页。

幄，在音乐声中，蒙古王公向清帝进酒祝福，还有“娱观陈角觝，献技习驹騠”[1]，摔跤、驯马和射箭表演。蒙古诸部进献驼马，清帝则赏赐大量的银币衣缎。彼此怀旧叙说过去，蒙古王公奏言：“臣等祖父以来，数世受圣主隆恩，抚恤豢养，俾各得其所。”[2]清帝则曰：“列朝政教周寰海，况是宗姻受泽长。”在其情欢洽的气氛中，乾隆帝想到的是：“告我后人勤缵续，祖宗泽德敢忘不。”[3]他所希望的是子子孙孙既承受“祖宗德泽”，又能继续处理好与蒙古诸部的关系，使清王朝的统治能够长治久安，这就是他一心向往的“贻万世之缔构”。

总之，由于历史渊源的关系，而有木兰秋狝，有行宫和避暑山庄的修建。正因为满族与漠南蒙古的关系与历代不同，几千年来不安的塞北，在清代却是宁谧、和平与融洽。即所谓“塞外诸部落世受国恩，各抒忠悃，每岁如家人之趋事其主。而皇上（康熙帝）遥临塞外，亦如游内府苑囿，推心置腹，只数十人在左右，毫无携贰，自有天地以来，所未有也”[4]。这虽然是不乏颂扬溢美之词，却反映了清统治者与漠南蒙古各部的和谐关系是前所未有的。这种关系的形成，是开始于皇太极之统一漠南蒙古，而由康熙帝、乾隆帝继承和发展。和珅说：“昔在太宗（皇太极）肇龙兴于诸部……至圣祖仁皇帝（康熙帝），绥怀藩属，整饬边防……我皇上（乾隆帝）膺下武以承庥，缵前文而展义。”[5]统一的多民族国家在清代前期得到巩固和进一步发展，清统治者的视野也比历代的统治者更为开阔。他们讥笑秦始皇修长城以为堤防——“万古

1 《热河志》卷一五，第 7 页。
2 《热河志》卷一四，第 5 页。
3 《热河志》卷一五，第 4 页。
4 汪灏：《随銮纪恩》。
5 《热河志·进表》，第 2 页。“膺下武”，其意是“皇帝膺上圣，运钟下武”。（王融：《曲水诗》序）“下武”，见《诗经·大雅·文王之什·下武》：“武王有圣德，后受天命，能昭先人之功焉。”

堤防笑祖龙”；对于历代戍守长城要塞，则认为是耗尽中原民力的不智之举——“曾闻父老经年战，回首生灵血泪盈”。因此，一反历代以长城设防的传统政策，注重“金瓯永固视人和”，绥抚蒙古使之成为“塞外雄藩”。避暑山庄就是在贯彻这一政策的过程中兴建的，故其在历史上的意义是不可低估的。

当然，避暑山庄的历史意义并不止于绥抚漠南蒙古。从巩固和发展统一的多民族国家来说，解决漠西厄鲁特蒙古的问题，加强对漠北喀尔喀蒙古的管辖，更使山庄的存在彪炳于史册，其意义也更为重大。康熙三十年在平定准噶尔部噶尔丹民族分裂势力的战争过程中，所举行的著名的“多伦会盟”也是承袭了皇太极以“会盟”加强对蒙古管理的方针。在漠北喀尔喀蒙古三部实行盟旗制度，编为左、中、右三路，划分为三十四旗，与漠南蒙古“四十九旗一例编设，其名号亦与四十九旗同”[1]。以旗为核心的地方军政机构的设置，加强了清中央政府对喀尔喀蒙古的管理，这对巩固北部边防，抗御当时沙皇俄国扩张主义势力，具有重要的意义。

漠西厄鲁特蒙古，特别是准噶尔部问题的解决，也是和清帝在避暑山庄的活动密切相关的。有关这方面的历史论说，已有不少文章。就清政府总的方针而言，仍然是皇太极“慑之以兵威，怀之以德”方针的继承和发展。对准噶尔部民族分裂势力的称兵叛乱，清政府采取坚定平叛的方针；对来归各部，如准噶尔达什达瓦部、杜尔伯特部三车凌，以及乾隆三十六年自伏尔加河重返祖国的土尔扈特部，则是给予隆重的礼遇，怀柔远人。尤其是在利用蒙古各部笃信的喇嘛教方面，则远甚其祖先，且取得更大的成功。康熙帝、乾隆帝尊重蒙古各部的宗教信仰，“用示尊崇，为从宜从俗之计”[2]，通过上层喇嘛，以控制蒙古牧民，又笼络蒙

---

1 《清圣祖实录》卷一五一，第12页。

2 乾隆帝：《喇嘛说》，见《清高宗实录》卷一四二七。

古王公贵族。普宁寺、安远庙、普乐寺等，就是在平定准噶尔叛乱、解决新疆问题的过程中，为了“表镇抚而资宣慰”陆续修建的。同时考虑到西藏是喇嘛教的中心，“藩服皈依之总汇”，达赖和班禅是“中外黄教总司以此二人，各部蒙古一心归之。兴黄教即以安抚众蒙古，所系非小，故不可不保护之”[1]。于是在乾隆帝六十岁时，又仿拉萨布达拉宫修建规模宏大的普陀宗乘之庙。乾隆帝在《普陀宗乘之庙碑记》中说：“夫群藩信心回向，厥惟大慈氏之教。而热河尤为我皇祖圣祖仁皇帝抚绥列服，岁时肆觐之区。”因此当内外蒙古、青海、天山南北等地的少数民族王公部落长，将前来承德为其六十诞辰祝寿之际，“念所以昭褒答示怀惠者”，先期“营构斯庙”，目的是使“百部诸贤王，合十聆呗赞”，使善男信女“膜拜欢喜”。乾隆四十五年，六世班禅来热河为乾隆帝七十岁祝寿，又仿班禅所居扎什伦布寺修建了须弥福寿之庙(班禅行宫)。乾隆帝在《须弥福寿之庙碑记》中，重申修建该庙的用意是“上以扬历代致治保邦之谟烈，下以答列藩倾心向化之悃忱”。由于清政府既利用又控制喇嘛教，相当成功地处理了蒙藏问题，增强了各部对清中央的向心力，这对于加强对蒙古、西藏的统治，获取其上层对清中央政府的拥戴，起了相当大的作用，在客观上维护了多民族国家的统一。《蒙古志》的作者说：“高宗纯皇帝（乾隆帝）既平准噶尔，而蒙古各部帖耳俯首，奉命惟谨者，驭之在此耳。”[2]

同样值得注意的是，为了绥抚蒙古诸部和利用喇嘛教，乾隆帝是下了一番工夫的。据他自己说：“自乾隆八年以后，即诵习蒙古及西蕃字（藏文）经典，于今五十余年，几余虚心讨论，深知真诠。”[3]他学习蒙古文、藏文，研究黄教经典数十年，自认十分

1　乾隆帝：《喇嘛说》，见《清高宗实录》卷一四二七。

2《蒙古志》卷二。

3《清高宗实录》卷一四二七。

精通。他能讲一口流利的蒙古语，当土尔扈特部长渥巴锡自伏尔加河返回祖国，到热河木兰围场的伊绵峪见乾隆帝时，乾隆帝在行幄中用蒙古语同渥巴锡交谈，询问土尔扈特的历史以及自俄罗斯归来的情况。[1]承德寺庙的兴建，乾隆帝对工程也事事躬亲，如布达拉庙（普陀宗乘之庙）构建过程中，主持工程的官员必须随时“将各种做法，应用钱粮数目，开单进呈，伏乞皇上指示”[2]。他也的确是经常“询问指示”，大者如工程设计方面的问题。“乾隆四十一年六月十五日奉旨：布达拉庙红台上亭子二座，坡身太平，着交刘浩存记，俟明年收拾铜瓦时，将亭子两层坡身俱改陡削。钦此。”[3]细至何处需用“大石料成砌”才能坚固。砖料的准备以及“自京运砖车辆”的安排，无不一一过问，下达谕旨。[4]

以上事例，从一个侧面反映了清朝的统治者为了“贻万世之缔构”，在处理民族关系时也是十分注意从细微处着眼，因而取得了超越前代的成就。其民族政策之所以是封建时代最成功的政策，并非偶然。我国统一的多民族国家，在历史长期发展的基础上，在清代前期最后完成了。

（原载避暑山庄研究会编：《避暑山庄论丛》，紫禁城出版社，1986）

1 祁韵士：《皇朝藩部要略》卷一四：“（乾隆）与渥巴锡同入行幄，上亲以蒙古语垂询渥巴锡，俾伸悃忱。”

2 《清代档案史料丛编》，第7辑，第248页。

3 《清代档案史料丛编》，第7辑，第249页。

4 参见《清代档案史料丛编》，第7辑，第235页。

# “康乾盛世”的承前启后者——雍正

清朝第三代皇帝雍正，过去对他的评价多持否定的看法，原因是论者往往从其个人品质着眼，或认为他“夺嫡”而立，为人阴险狠毒，并由此论及其人之为政。

雍正上承康熙，下启乾隆，是所谓“康乾盛世”的承前启后者。他继承了康熙统一的伟大事业，发展和巩固统一的多民族国家，而又雷厉风行地整顿康熙晚年的种种时弊，改革某些制度，为乾隆时期清王朝的进一步发展创造了条件。在康雍乾三朝的一百多年间，清代社会由恢复发展到顶点。当时，中国曾经是国力强盛、经济繁荣的亚洲头等强大的封建国家。在这一过程中，雍正起了重要的作用，他的历史地位无疑是应该肯定的。

雍正在位 13 年，时间不算长，但却做了大量的事情，以解决清王朝在其发展中必须解决的问题。

康熙虽然统一了全国，但在国内还存在着一些不安定的因素。雍正在位期间，平定了青海和硕特蒙古罗卜藏丹津的叛乱，在西宁设置办事大臣；在西藏设置驻藏办事大臣；在湖广和西南少数民族地区“改土归流”，废除土司制度，改用政府任命的流官，建立府州县地方政权机构，这对于加强清中央政府对西藏、青海和少数民族地区的管理，巩固和促进统一的多民族国家的发展，都起了积极的作用。

雍正认为，官吏的操守如何，是国家行政的根本。如果官吏贪酷苛暴，“即使尧舜之仁，皆成苛政”。这是针对康熙晚年官场的种种时弊而发的。康熙是一位杰出的封建君主，但在其晚年，吏治废弛，文武官吏委靡成风，他的孙子乾隆说他“多有宽纵之弊”。因而封建官僚的痼疾日益严重，尤其是贪污纳贿成风，有谚语说:“署印如行劫。”[1]当时，督抚等文武大员，向下属索取节礼陋规，是贪污纳贿的公开秘密；州县官则横征私派于民，并从中肥己。各省亏欠钱粮少则数十万，多则以百万计，国家财政拮据。面对官场积弊，雍正即位伊始，即严申“整纲饬纪”。雍正元年正月，他接连颁发十一道诏令，“训饬督、抚、提、镇，文吏至于守、令，武将至于参、游”，要他们勤于职守。“圣祖（康熙）政尚宽仁，世宗（雍正）以严明继之。”[2]雍正宣布：凡康熙宽宥者，他都绝不宽恕。对各级官吏旷误职守，只知沽名钓誉，肥家为私的不法行为，定然言出法随，从重惩处。许多官员被罢革。雍正二年，浙江巡抚黄叔琳以身试法。在他奉命到湖北查盐时，有人密奏黄叔琳受盐商吴雨山之贿，“关说派充总商”。雍正立即下令说:“事虽屑小，黄叔琳初任即如此肆志，将来纵放，何事而不忍为也，大负朕之任用。”[3]于是将黄叔琳解任严审。户部尚书彭维新变更定例，私借户部银一千八百两，雍正命刑部审讯，结果按“斩监候”治罪，封疆大吏人人震惕。湖广总督杨宗仁、云南巡抚杨名时、河南巡抚石文焯等纷纷上疏，请将督抚司道衙门一切陋规节礼“尽行革除”，或保证“臣一无所收”，以表白自己。他们说革除节礼陋规，“以杜州县借口之端，以塞上司勒索之路”，这就不啻自认上司勒索下属，州县官借口剥民。对八旗贵族“习尚

1 《熙朝政要》卷三，《纪会计》。

2 《清史稿·世宗本纪》。

3 蒋良骐：《东华录》，第425页。

骄慢"，"任意贪纵"，雍正同样严加禁抑，"故诸王皆凛然奉法，罔敢为矩外之行"。[1]对各省驻防旗丁，恃势抢夺，甚至杀伤人命者，雍正命令该省督抚奏闻，即于当地正法，绝不宽贷。所有这些严厉的措施，使得当时封建官僚的痼疾有所收敛，史称"人怀畏惧，罔敢肆意为也"。[2]因而雍正朝的吏治较为清明。

雍正整顿吏治的目的在于排击官吏的因循贪婪、不以国事为意的颓风，对此，他说得十分明白。雍正朝的名督抚、深得雍正信任的田文镜、李卫等人，皆以严猛著称。李卫恃能粗暴，不苟同于官场积习，勇于任事，无少瞻顾，不徇私情，不避权贵，得罪了不少大吏。他们向雍正告状，雍正却说，李卫"粗率狂纵，人所共知"，但他却是"刚正之人"，"朕取其操守廉洁，勇于任事，以挽回瞻顾因循，视国政为漠外之颓风耳！"

雍正即位之后又一亟待解决的问题是国家财政困难。为了理财足用，他继续奖励垦荒，发展生产，垦田面积达到八亿多亩，为清代官书记载的最高额。特别值得注意的是，雍正已看到"数十年来，户口日繁，而田地止有此数"，即人口增长造成的压力，因而采取了以粮食生产为主的多种经营政策。他谕令各省官吏，"共可种五谷之处，当视之如宝，勤加垦殖"；其他"舍旁田畔荒山旷野，度量土宜，种植树木。桑柘可以饲蚕，枣栗可以佐食，柏桐可以资用，即榛楛杂木亦足供炊灶。其令有司督率指画，课令种植"。同时，鼓励畜牧业，"如北之羊，南方之彘，牧养如法，乳字以时，于生计诚有裨益"。他要求各级官吏，务使"人力无遗，地利始尽"。[3]

在赋税制度方面，雍正在以往个别地区试行的基础上，进行

1 《啸亭杂录》，第 12~13 页。

2 《啸亭杂录》，第 11 页。

3 《清世宗实录》卷一六。

了一项重大的改革，实行“丁随地起”，即将丁银摊入地亩征收，故又称“摊丁入地”，以保证税收。这是因为官僚地主的舞弊，“有田少丁重，田多丁轻者；有弃产而丁银未除，得产而丁银未纳者”，不仅负担不均，而且贫民无产。丁银的征收也就无保障。摊丁入地后，田地多者多交，少者少交，无地者不交，减轻了贫苦农民的负担。丁银是封建社会的人口税，存在了几千年，从此不再单独征收，因而国家对农民人身的控制也相对松弛。这样做适应了历史的发展趋势，对社会经济生活起了积极的作用。

针对各省钱粮亏空严重、国家财政拮据的状况，雍正雷厉风行地清查钱粮，勒令官员限期追还。如果亏空实系官吏侵吞，“定行正法不赦”，许多人被抄家或查封家产追补，雍正因而有好抄人家的恶名。经过一系列的整顿改革，加上发展生产等措施，财政状况大为好转。礼亲王昭梿说：康熙年间，“库帑亏绌，日不暇给”，雍正整肃吏治，综核名实，封桩库所存，“至末年至三千余万（两），国用充足”。“仓庾亦皆充实，积储可供二十余年之用，真善为政理也。”[1]

雍正是在清王朝发展过程中出现了问题的时刻登上历史舞台的，他力挽颓风，使清王朝得以进一步发展。因此，有人认为，如果没有雍正的整顿，清朝的衰落将会更早地到来，这是不无道理的。当然，雍正可以非议之处也不少，但都不足以否定其历史业绩。

（原载《人民日报》1983年1月18日）

1 《啸亭杂录》，第9页。

# “太后下嫁疑案”辩证

孝庄文皇后，姓博尔济吉特氏，名布木布泰，蒙古科尔沁贝勒寨桑之女。天命十年，与太宗皇太极成婚，时年十三，先后育有三女。崇德元年，封永福宫庄妃；三年正月三十，生皇九子福临（顺治帝），福临即位后尊为皇太后。死后谥“孝庄”，因皇太极谥“文皇帝”，故史称“孝庄文皇后”。

## 一

顺治五年太后是否下嫁多尔衮，成为清初一大疑案。

野史、演义大肆渲染太后下嫁，如《清朝野史大观》《多尔衮轶事》《清朝通俗演义》《清宫秘史》等。书中所描绘的情节荒诞离奇，如《多尔衮轶事》说，太后与多尔衮海誓山盟，太后先诈死，并举行隆重丧礼，然后再以皇帝乳母身份与多尔衮成婚。诸如此类的无稽之谈，当然可以不闻不问。然而，太后下嫁之事，在当时已有史文述及，见于清初著名抗清志士张煌言的《建夷宫词》：

上寿觞为合卺尊，慈宁宫里烂盈门。

春官昨进新仪注，大礼恭逢太后婚。[1]

1 张煌言：《张苍水集》，中华书局，1960年，第70页。

诗的意思是太后所居慈宁宫成为大婚新房，礼部尚书（春官）制定了太后大婚的典礼（新仪注），大礼十分隆重。到慈宁宫奉觞上寿（敬酒祝贺）的人已是盈门众多。张煌言以当时人述当朝事，因此，《建夷宫词》成为主张皇太后下嫁说的重要依据。

认为太后下嫁确有其事的又一主要证据是多尔衮由“皇叔父摄政王”改称“皇父摄政王”。尤其值得注意的是，顺治七年十一月初八日，多尔衮死于喀喇城，顺治帝诏曰：“太宗文皇帝升遐之时，诸王大臣拥戴皇父摄政王，坚持推让，扶立朕躬。”[1]称多尔衮为“皇父”。然而，仅三个月后，顺治八年二月初十日，追论多尔衮生前谋逆，顺治帝据诸王大臣奏言，诏曰：“（多尔衮）自称皇父摄政王。”“凡批票本章，概用皇父摄政王之旨，不用皇上之旨。”[2]这成为多尔衮“谋篡大位”的铁证之一。既然顺治帝称多尔衮为“皇父摄政王”，而多尔衮又自称“皇父摄政王”，以“皇父”自居。如是，则顺治帝视生时的多尔衮俨然有如继父。

主张太后下嫁所据之又一证据是朝鲜史料记载。顺治六年二月，清廷派使臣赴朝鲜递交国书，朝鲜国王李倧见书中称多尔衮为“皇父摄政王”，问道：“清国咨文中有皇父摄政王之语，此何举措？”清使答：“今则去叔字，朝贺之事，与皇帝一体云。”朝鲜右议政郑太和说：“敕中虽无此语，似是已为太上矣。”国王李倧曰：“然则二帝矣。”[3]朝鲜君臣视“皇父”为“太上（皇）”，已隐然指太后下嫁。

太后下嫁的又一重要证据是《清世祖实录》中的以下一条史料。顺治十七年十二月，顺治帝乳母李氏病逝。顺治谕礼部：“追

---

1　蒋良骐：《东华录》卷六，中华书局，1980 年，第 101 页。

2　蒋良骐：《东华录》卷六，第 102、103 页。

3　末松保和编纂：《李朝实录》，第 35 册，学习院东洋文化研究所，1962 年，第 600 页下。

封恩恤，宜从优厚，尔部即详察典例，确议具奏。”对于乳母之死，如此重视的原因，在谕旨中有具体说明：顺治帝出生后由乳母李氏抚视哺育，尽心奉侍，“诸凡襁褓殷勤，无不周详恳挚”。此其一。更重要的是，谕旨中有如下说词：

> 睿王（多尔衮）摄政时，皇太后与朕（顺治帝）分宫而居，每经累月，方得一见，以致皇太后萦怀弥切。乳母竭尽心力，多方保护诱掖，皇太后惓念慈衷，赖以宽慰。即读书明理者，未必过是。此其贤德，今昔罕闻。[1]

此谕旨可谓话中有话而未明言。因为太后所居慈宁宫，皇帝所居养心殿，都在紫禁城中，多尔衮摄政时，母子二人何以“每经累月，方得一见？”这与张煌言所说慈宁宫已成为太后大婚的新房是否有关系？蒋良骐《东华录》载：“（多尔衮）背誓肆行，自称皇父摄政王。又亲到皇宫内院以太宗文皇帝之位原系夺立，以挟制皇上。”[2]既然有慈宁宫已成为太后大婚新房之说，多尔衮以皇父自居，亲到皇宫内院，倘若张煌言所言不诬，则太后下嫁之事似甚明白。若然，顺治帝诏书十所说，太后母子二人虽同居紫禁城，因多尔衮摄政，累月才得一见，以致太后念子心切，衷心萦系，难以释怀，而又无可奈何，便不难索解了。而多尔衮肆无忌惮，骄横跋扈，公然藐视小皇帝而挟制之，也由“自称皇父摄政王”一语可以得解。

康熙二十六年十二月，孝庄文皇后病逝，年七十五。临终时，遗命康熙帝，自己不与太宗皇太极合葬，于顺治帝孝陵近地安厝。

1 《清世祖实录》卷一四三，顺治十七年十二月乙巳，中华书局，1985 年，第 1103 页下。

2 蒋良骥：《东华录》卷六，第 102~103 页。

康熙帝侍奉祖母太皇太后至孝，然而，终康熙之世，未将祖母灵柩下葬，在遵化清东陵地面上安放了38年，直到雍正三年才建陵安葬，称“昭西陵”。清东陵风水墙内，葬有五位皇帝，十四位皇后，一百三十六位嫔妃，唯独昭西陵在风水墙外，也使人联想到这是否与太后下嫁有关。

## 二

孟森先生《太后下嫁考实》一文，以精审考订，力辨太后下嫁之有关证据不足取信。

张煌言：“春官昨进新仪注，大礼恭逢太后婚。”孟森先生认为虽言之凿凿，“然远道之传闻，邻敌之口语，未敢据此孤证为论定也”。张煌言“仅凭口耳相传”，作诗之时“兴到挥洒，不负传信之责”，并无一字可据之孤证。是不能作为补史之文的。

多尔衮称“皇父”。孟森先生说：“父之为称，古有‘尚父’、‘仲父’，皆君之所以尊臣，仍不能指为太后下嫁之确据。”“皇父摄政王”是由报功而来，以崇功德，非由渎伦而来，“实符古人尚父、仲父之意”。

“春官昨进新仪注”，文人学士谓太后大婚典礼，由礼部尚书钱谦益上表领衔。孟森先生考订，顺治二年五月，豫王多铎定江南，谦益迎降，至京候用；三年正月，命以礼部侍郎管秘书院事；六月，以病乞假，获准，回籍。钱谦益并非尚书，而是侍郎。故“春官昨进新仪注”谓由钱谦益以尚书领衔，乃明显之误。

孟森先生认为，“‘亲到皇宫内院’一句最可疑。然虽可疑，只可疑其曾渎乱宫廷，绝非如世传之太后大婚，且有大婚典礼之文布告天下等说也”。

太后死后不与太宗合葬不能成为太后下嫁之根据。因太宗昭陵已有孝端皇后合葬，孝庄为第二后，孟森先生说：“第二后之不合葬者，累代有之。”康熙、雍正、乾隆、嘉庆、道光、咸丰诸帝之第二后均不合葬。故太后不与皇太极合葬，“不能定为下嫁之证”。

总之，“太后下嫁之证无有。而旧时所以附会其下嫁者，皆可得其不实之反证”。清朝官书既无太后下嫁“颁诏告谕之文”，孟森先生再求证于朝鲜《李朝实录》，经搜检，“固无清太后下嫁之诏”。因此，太后下嫁“确证其无此事”。孟森先生遂“急录之以为定断”，认为世间浮言可以息止。[1]

《太后下嫁考实》定稿后，孟森先生送给胡适阅看。胡适回信，认为“‘皇父’之称似不能视为与‘尚父’、‘仲父’一例”，故“终未能完全解释‘皇父’之称之理由”。而以《李朝实录》中所记朝鲜君臣与清使的问答（见前引），“似仍未能完全证明无下嫁之事，只能证明在诏敕官书与使节辞令中无太后下嫁之文而已”。胡适自称绝非轻信传说，认为“皇父”之称自是史实，后之史家只能说：“摄政王确改称‘皇父’，而民间有太后下嫁之传说，但无从实证了。”[2]

孟森先生作书答胡适说：“既以皇父之称诏天下，如果因得婚太后之故以自尊异，则必以太后下嫁明告天下。”如此，“皇父”之称乃“有其实故据其名”。“惟其无下嫁之事，则坦然称皇父以仲父、尚父自居。”[3]

前辈学者孟森先生考史精详，其论著为学人所尊重。因不见太后下嫁诏书，故论断太后既未下嫁，亦与多尔衮无暧昧之事。

孟森先生之后，有关发现“太后下嫁诏书”的信息较早见载于 1947 年《中央日报·文史周刊》第 35 期。该期刊登了刘文兴所撰《清初皇父摄政王多尔衮起居注跋》一文，披露其父刘启瑞在

1　参见孟森：《明清史论著集刊续编》，中华书局，1986 年，第 167~168 页。
2　胡适：《胡适之君来书》，孟森《明清史论著集刊续编》，第 167~168 页。
3　孟森：《作者答胡适之君书》，《明清史论著集刊续编》，第 168~169 页。

宣统初年发现了“太后下嫁诏书”：

> 清季，宣统初元，内阁库垣圮，时家君（刘启瑞）方任阁读，奉朝命检库藏。既得顺治时太后下嫁皇父摄政王诏……遂以闻于朝。[1]

宣统元年，内阁侍读学士刘启瑞见过“太后下嫁诏书”，并奏闻朝廷。后来，熊克撰写《清初〈皇父摄政王起居注〉原本题记》一文，亦曾引《皇父摄政王起居注》（藏四川师范学院图书馆）书后刘文兴撰写的跋。[2]

倘若真有此诏书（清官书不见记载），则太后下嫁可铁证定案。然而，至今尚未闻另有人见过此诏书。“太后下嫁诏书”不面世，或者有可信证据证明刘启瑞向朝廷奏闻后已被销毁，“太后下嫁”或终将在两可疑似之间。

## 三

笔者认为，胡适已然对孟森先生的有关考证存疑，设若将“大礼恭逢太后婚”，“自称皇父摄政王。又亲到皇宫内院”，“睿王摄政时，皇太后与朕分宫而居，每经累月，方得一见”三条史料连缀成文阅看，其文意叙述太后下嫁通晓清楚，以此钩沉史实，或可拨开疑云迷雾，太后下嫁似应有其事。兹再说明如次：

多尔衮以近支宗室亲王、又是幼帝长辈的身份一人摄政，被尊称为皇父摄政王。他代天摄政，赏罚等于朝廷。当其入朝时，

1 《清初皇父摄政王多尔衮起居注跋》，《中央日报·文史周刊》（南京）第 35 期，1947 年 1 月 28 日，第 12 版。

2 熊克：《清初〈皇父摄政王起居注〉原本题记》，《四川师范学院学报》1981 年第 1 期。

“满洲诸臣皆跪”[1]，俨然帝尊。他“大权在握，关内关外咸知有摄政王一人”。[2]臣工或尊之为“上”，与皇帝无别；若摄政王有言，则称“王上曰”；凡有赏赐则曰“钦赐出自圣恩”。[3]摄政王在各方面都是实际上的皇帝，“凡一切政事及批票本章，不奉上命，概称诏旨”。[4]顺治帝后来说：“睿王摄政，朕惟拱手以承祭祀。凡天下国家之事，朕既不预，亦未有向朕详陈者。”[5]多尔衮曾宣称：“若以我为君，今上（顺治帝）居储位，我何以有此病症。”[6]公然表露觊觎帝位之意。更有宗室巩阿岱等“阴谋劝进”。郑亲王济尔哈朗对巩阿岱说：“皇子即帝位，更复何言，惟以他人篡夺为忧。”[7]摄政王篡夺帝位的严重威胁已使满洲高层贵族深感不安。太后与小皇帝，孤儿寡母，无法与摄政王抗衡。聪明睿智的太后，曾经“佐太宗文皇帝，肇造丕基”[8]，在清朝开国过程中表现出卓越的政治智慧与才能。既然多尔衮扬言“以今上居储位”，太后委曲求全，下嫁摄政王，福临便成继子，以保顺治帝位，看来是不得已的抉择。母子二人因此累月才得一见，太后思子弥切，终日系念，也只有靠乳母护视小皇帝，才稍感宽慰了。

并非基于感情，而是险恶政局促成的太后下嫁，在多尔衮死后，立即以“自称皇父摄政王”等罪名，追论其生前谋逆。平毁其坟墓，将尸体挖出，砍去脑袋，鞭尸示众。这亦可反证宫闱斗

1 《清世祖实录》卷一六，顺治二年五月丙戌，第 142 页下、第 143 页下。
2 李洵、赵德贵等主校点：《钦定八旗通志》，第 4 册，吉林文史出版社，2002 年，第 2154 页。
3 北平故宫博物院编：《多尔衮摄政日记》，1933 年铅印本，第 6、7 页。
4 《钦定八旗通志》，第 4 册，第 2153~2154 页。
5 《清世祖实录》卷八八，顺治十二年正月戊戌，第 691 页上。
6 《清世祖实录》卷六三，顺治九年三月癸巳，第 496 页上。
7 《清世祖实录》卷六三，顺治九年三月癸巳，第 495 页上。
8 中国第一历史档案馆整理：《康熙起居注》，第 2 册，中华书局，1984 年，第 1693 页。

争之残酷，太后为保顺治帝帝位而下嫁。所以，当康熙帝八岁即位，太后决定改变“从来国家政务，惟宗室协理”的祖制[1]，不再用宗室近支亲王摄政，改用皇帝自将的具有主奴身份的上三旗元老重臣辅政，就是鉴于多尔衮对皇权、皇位的严重威胁。[2]

1 《清圣祖实录》卷一，顺治十八年正月辛亥朔，第 41 页上。

2 参见王思治：《清代皇位继承制度之嬗变与满洲贵族间的矛盾》《康熙继位与孝庄文皇后改变“祖制”》，《王思治自选集》，中国人民大学出版社，2007 年，第 226~315、第 321~366 页。

# 索额图其人

## ——兼论助皇太子“潜谋大事”

索额图是康熙朝的重臣，姓赫舍里氏，满洲正黄旗人。他一生经历了康熙四十二年以前的重大历史事件，并多为关键人物。其政治生涯大起大落，由“辅弼重臣”嬗变为“本朝（清朝）第一罪人”，而影响所及虽身后仍波涛汹涌，因而有皇位继承制度之臣变。本文拟举其要者评说其人。

## 一 索额图之发迹

索额图是索尼第三子（《清史稿·本传》谓“第二子”，误）[1]，出身于贵胄之家，初任侍卫，由三等升一等。其父索尼历事太祖、太宗、世祖三朝，为清开国勋臣。索尼足智多谋，“商议大事，无出索尼首”[2]。顺治帝福临崩逝时，皇三子玄烨嗣位，年仅八岁，是为康熙帝。幼君嗣位，顺治帝遗命索尼、苏克萨哈、遏必隆、鳌拜为辅政四大臣。索尼虽居辅政大臣之首，但因年老多病，

1 《清史稿》卷二六九《索额图传》:“索额图……索尼第二子。”不确。据《清史列传》卷八《索额图传》:“索额图……内大臣一等公索尼第三子。”法国人张诚在《张诚日记》中称其为“索三老爷”，见后正文。

2 《清史祖实录》卷六三，第 20 页。

且恶苏克萨哈[1]，遇事多支持鳌拜，鳌拜由是专横擅权。康熙六年二月，索尼上书云“世祖章皇帝（顺治帝）亦十四岁亲政，今上年德相符”。奏请亲政。六月，索尼病故。七月初七日，康熙“躬亲大政”[2]。康熙虽亲政，然辅臣鳌拜专权跋扈如前，肆意诛杀大臣，欺凌幼君。康熙深感鳌拜“欺朕专权，恣意妄为”[3]，决意清除鳌拜及其党羽。然而，鳌拜党羽遍布内外，少年皇帝颇为孤立，乾嘉时人姚元之说：“以权势熏灼之鳌拜……使当日令外廷拿问，恐不免激生事端。”[4]形势之严峻于此可见。欲除鳌拜，非一旨明发上谕所能济事，康熙乃“以奕棋故，召相国索额图入谋划（索额图当时任侍卫）”[5]。索额图与康熙密计用青壮小内监习布库(摔跤角力)，俟鳌拜上朝不备时擒拿，“声色不动而除巨慝”。清除鳌拜及其同党后，康熙才真正掌握实权，而索额图实为首功，谕索额图曰：“卿首膺机密之重，素着辅弼之猷。”[6]因之深受信任和倚重，从此开始飞黄腾达。康熙八年五月，将鳌拜拘禁，其同党大学士班布尔善被诛。授索额图国史院大学士。康熙九年十月，改内三院为内阁，索额图为保和殿大学士，任纂修《清世祖实录》总裁官。十一年告成，加太子太保。仅几年时间，索额图便由侍卫跃居高位。其升迁之速，罕与其匹，盖因参与除鳌拜之机密而膺首功之故。

---

1　苏克萨哈，姓纳喇氏，满洲正白旗人，本隶摄政王多尔衮。顺治七年冬，多尔衮死于喀喇河屯，苏克萨哈首告多尔衮生前谋逆，殡殓服色逾制等状，于是追论多尔衮罪，将其所属正白旗收归皇帝自将，与原属皇帝的两黄旗合为上三旗。索尼尽忠皇室，反对多尔衮。

2《清圣祖实录》卷二三，第3页。

3《清圣祖实录》卷二九，第4页。

4　姚元之：《竹叶亭杂记》卷一。

5　昭梿：《啸亭杂录》卷一《圣祖拿鳌拜》条。

6《圣祖御制文集》，1集，卷六，《谕大学士索额图》，第17页。

## 二 贪纵结党

索额图入阁柄政，青云得志，然其政治见识却不及。

时三藩坐大，云南吴三桂尤骄纵。康熙深以为忧，日夜难安，他说："朕自听政以来，以三藩及河务、漕运为三大事，夙夜廑念，曾书而悬之宫中柱上。"[1]又说："朕自少时以三藩势焰日炽，不可不撤。"[2]"朕以三藩俱握兵柄，恐日久滋蔓，酿成不测，故决意撤回。"[3]康熙十二年三月，尚可喜因年老请归辽东，以其子尚之信嗣封留镇广东。康熙不允，趁此令其撤藩。吴三桂、耿精忠获悉后，于七月间分别上书请撤藩，以试探康熙旨意。康熙下廷臣议，诸王大臣慑于吴三桂兵威，皆主勿撤，唯有户部尚书米思翰、兵部尚书明珠、刑部尚书莫洛三人主张徙藩，以两议上奏，恭请圣裁，诏从明珠等议。康熙说："三桂等蓄谋久，不早除之，将养痈成患。今日撤亦反，不撤亦反，不若先发。"[4]遂下诏撤藩，三桂果反，举朝震动，人言汹汹，"诸臣中有一闻变，便遣妻子回原籍者"[5]，众人争咎建议撤藩之人。索额图尤激烈，认为撤藩激变，请诛倡言诸臣，以谢三桂。康熙勿许，曰："欲廷徙吴三桂者朕之意也，他人何涉？索额图甚惧而退。"[6]三藩之乱平定后，康熙说："吴逆倡乱，有谓撤藩所致，请诛建议之人者，朕若从之，皆含冤泉壤矣。"[7]在撤藩问题上，索额图不能称旨，与康熙相悖，

1 《清圣祖实录》卷一五四，第 10 页。

2 《清圣祖实录》卷九九，第 9 页。

3 《康熙起居注》，第 791 页。

4 《清史稿》卷二六九，《明珠传》。

5 《康熙起居注》，第 431 页。

6 《康熙起居注》，第 1952 页

7 《清史列传》卷八，《索额图传》。

在有关上谕中已隐含责让之意，然并未另眼看待，宠信未衰。康熙偶感风寒，不能御门听政时，命“启奏本章俱送大学士索额图等”。[1]

索额图权势日盛，在内阁办事专横。康熙十六年，侍读学士顾八代传旨镇南将军莽依图进军广西，击三桂军，留营随征，建树颇多。十八年，京察，翰林院掌院学士拉萨里、叶方蔼以“政勤才长”注考。索额图擅自改注“浮躁”。清制:“浮躁”例应降调。将军莽依图上疏，称顾八代“竭诚奋勉，三年来运筹决胜，动合机宜”。[2]并请委以副都统，参赞军务，顾八代之委曲始得白。

索额图兄噶布喇之女是康熙帝皇后（孝诚仁皇后），康熙十三年生太子允礽。索额图是太子外叔祖叔父，且因出身名门贵族，为人倨傲，贪纵日甚。时明珠因主张撤藩，合康熙意，又竭力翼赞平藩，颇受器重。康熙十六年，授武英殿大学士，入阁办事。明珠亦是一好弄权之人，与索额图同柄朝政，二人因撤藩主张不同，早有夙怨，因而相互倾轧，各结党羽。索额图自恃尊贵，盛气凌人，有不附己者辄加排斥。人多畏之，独李光地与之友善。明珠则表面谦和，“轻财好施，以招来新进，异己者以阴谋谄之，与徐乾学相结”[3]。二人各于新老官僚中树己势力。索额图善事太子，明珠则反之，太子太傅汤斌等多人被排击。康熙“遇汤斌不薄，而怨讪不休”，只因“明珠、（余）柱国辈嫉汤斌甚，微上(康熙）厚斌，斌祸且不测”。[4]而李光地推荐的日讲起居注官德格勒，善□卜。时天旱不雨，康熙命德格勒卜，得“夬卦”。“夬”，决也，意为除去水之壅塞。《易》云，“君子□□”，言君子既决去小人，虽暂与之合，终必去之也。康熙问所卜之义，德格勒奏：

1 《康熙起居注》，第468页。

2 《清史列传》卷一一，《顾八代传》。

3 《清史稿》卷二六九，《明珠传》。

4 《清史稿》卷二六五，《汤斌传》。

“泽上于天，将降矣！而卦义五阳决一阴。小人居鼎铉，决去之，即雨。”康熙闻言不胜惊愕，说“安有小人居鼎铉（铉为贯鼎耳用以扛鼎之木，鼎铉即杠鼎）？”[1] 侍读学士“职在机密之地”，德格勒遂以明珠作答。

索额图、明珠二人结党相倾，康熙有所觉察，曾召索额图等至乾清门，历数朋党之祸。康熙说：

> 人臣服官，惟当靖共匪懈，一意奉公。如或分立门户，私植党与，始而蠹国害政，终必祸及家身。历观前代，莫不皆然。在结纳植党者，形迹诡密，人亦难指摘，然背公营私，人必知之。凡论人议事之间，必以异同为是非，爱憎毁誉，公论难容，国法莫逭。百尔臣工，理宜痛戒。[2]

康熙十八年七月，京师地震，民房多有倒塌。左都御史魏象枢上书陈索额图怙权贪纵，请皇帝严加谴责，以回“天意”。康熙召索额图及诸大臣，命明珠传旨：“今朕躬力图修省。……尔各官亦宜洗涤肺肠，公忠自矢，痛改前非。”“且尔等自被任以来，家资颇已饶裕……今见所行，愈加贪黩，习以为常”，倘若再犯，“国法俱在，决不宽贷”[3]。又御书“节制谨度”赐索额图[4]，对其贪纵示以戒饬。康熙对索额图之结党与贪纵一再警告，而“吴三桂之乱，索额图时参谋议，从未发一善策”[5]，又无功绩可言。索额图已知“圣意”所在，翌年（康熙十九年）八月，以病请解大学士任。康熙立即允准，其实是因贪纵革退。“命于内大臣处上

1 《清史稿》卷二八二，《德格勒传》。

2 《康熙起居注》，第 318~319 页。

3 《清圣祖实录》卷八二，第 16 页。

4 《清史稿》卷二六九，《索额图传》。

5 《康熙起居注》，第 1994 页。

朝”，寻授议政大臣。

索额图既罢阁，然其骄纵之习不改，康熙乃加以惩创。

索额图弟心裕袭父爵一等伯，任銮仪使，贵胄子弟素行懒惰，居然屡屡空班失职。康熙命索额图议处，索额图拟罚俸一年。其弟法保袭父爵一等公，任内大臣，也因懒惰革职，仍然我行我素，索额图纵容法保，不加训诫，康熙借此对索额图严加训斥。康熙二十二年三月，谕议政王大臣曰：“且索额图巨富，通国莫及。朕以其骄纵，时加戒饬，并不悛改，在朝诸大臣，无不惧之者。”[1]命严加议处。索额图被革去议政大臣、内大臣、太子太傅，仍留佐领，其弟二人亦受到惩处。

索额图因贪纵骄横被革退，然而不久又复起用，看来这与其参与擒拿鳌拜的机密，又为皇太子外叔祖父不无关系。

## 三　尼布楚谈判首席钦差大臣

索额图闲居两年半后，于康熙二十五年八月，授为领侍卫内大臣。清制重领侍卫内大臣，官一品。[2]

其时，清政府正在黑龙江流域反击沙皇俄国的入侵。康熙二十四年五月，清军进兵雅克萨，驱除入侵者。经过激战，沙俄阿尔巴津（雅克萨）守将托尔布津投降，宣誓绝不重来雅克萨。然而，当清军一撤退，俄国人立即撕毁誓言，复来雅克萨，重建雅克萨城，并大大加强城防、火力，储备大量粮食物资，以利长期固守。康熙二十五年五月，清军进行了收复中国领土的第二次雅克萨之战，面对坚城，决定筑长围困之。康熙致函沙皇（由来京的荷兰使臣转

1 《清圣祖实录》卷一〇八，第 6 页。

2 《清圣祖实录》卷一二七，第 14 页。

3 《清圣祖实录》卷一二七，第 10~11 页。

致，并分路致送俄国），希望沙皇令俄军撤离中国领土，划定两国疆界，“永相和好”[3]。雅克萨被围数月，守军绝大部分伤亡病殁，危城旦夕之下。这时，俄国政府接受清政府举行谈判的倡议，派以戈洛文为全权大使的代表团，与中国政府代表团举行谈判。

中俄双方第一次谈判的地点在色楞斯克。康熙任命索额图、佟国纲为钦差大臣，索额图居首，佟国纲次之。使团成员有左副都御史马齐，护军统领马喇，都统部坦，兵部督捕侍郎张鹏翮，兵科给事中陈世安等。耶稣会士法国人张诚，意大利人徐日升担任翻译。中国使团起程的前一天，康熙在“接见两位钦差大臣和他们的随员时，他和国舅（佟国纲）、索三老爷（索额图）和马老爷（马齐）进行了秘密的谈话”。[1]商议有关谈判事宜，确定方针，“上谕领侍卫内大臣索额图等曰：‘黑龙江之地，最为扼要。……朕以为尼布潮（尼布楚）、雅克萨、黑龙江上下，及通此江之一河一溪，皆我所属之地，不可稍弃之于鄂罗斯。’”同时应索还逃人，“否则，尔等即还，不便与被议和矣”[2]。赐索额图望远镜一架（以后要归还），御马、宝剑及衣物。

康熙二十七年五月二日，中国使团起程，出德胜门，经内蒙、喀尔喀蒙古，前往色楞斯克。在德胜门外举行了隆重的仪式，十四岁的皇太子允礽前往送行。以索额图为首的使团成员和官兵列队迎接太子，“索三老爷背后一面金线织锦画帝国幡龙的大旗”迎风招展，众人遥对皇宫行三跪九叩大礼，向皇帝辞行，然后北上。由于人马众多，又需穿行沙碛，为就水草之地，使团分为相距不远的三路行进。

正当使团北进之时，塞北大漠风云突变。六月初，厄鲁特蒙古准噶尔部汗噶尔丹率三万骑越杭爱山，分路突击喀尔喀蒙古左

1 《张诚日记》，《清史资料》第5集，第80页。

2 《清圣祖实录》卷一三五，第14~15页。

翼土谢图汗和车臣汗及宗教领袖哲卜尊丹巴。铁骑狂飙，席卷漠北。土谢图汗之子噶尔旦台吉于特木尔地方迎战噶尔丹，大败，土谢图汗部众被击溃，仓皇南奔，请求清政府保护与支援。六月初八日，使团进入车臣汗境内七百余里的克勒阿祭拉漠，遇到了南奔的喀尔喀部众、牧民，狼狈至极。使团成员张鹏翮记载："溃卒满山谷，行五昼夜不绝。""询之喀尔喀与喀诺德（厄鲁特）战败，而部落各奔。"[1]使团随员钱良择说："徙者蚁聚蜂屯，其色惊惶。""初九日，噶尔噶（喀尔喀）国人追随驼马，络驿而南，不下数万，奔忙倥偬，若有蹑其后者。"[2]使团翻译张诚说："路上遇到很多喀尔喀鞑靼人携带家眷和牲畜逃难。厄鲁特入侵使他们非常惊慌。"[3]情况紧急，索额图决定分路行进的各路迅速向自己集中，驰奏皇帝，以候谕旨。时使团成员理藩院尚书阿喇尼先行已至土拉，他是去告知喀尔喀清政府使团将通过该地区前往色楞斯克与俄国人谈判。阿喇尼飞驰向皇帝告变，疏云："噶尔丹率兵掠厄尔德尼沼居民……喀尔喀通国，各弃其庐帐器物马驼牛羊，纷纷南窜，昼夜不绝。"[4]侍卫阿南达奉命前往吊唁车臣汗伊尔登阿拉卜坦之丧，也疾驰返京告变。土谢图汗与其弟喀尔喀蒙古宗教领袖哲卜尊丹巴的求援告急奏章也随后飞至。康熙鉴于事态严重，下令沿苏尼特一带紧急布防，严加戒备，同时命令使团迅速撤回内蒙境内，由索额图等写信通知俄方，说明使团不能如期前往色楞斯克的缘故，并商定另选谈判时间和地点。由索额图署名的信的内容如下："我们已深入喀尔喀人的领地。我们发现喀尔喀人正与厄鲁特人交战。由于我们这次旅行完全是为了会见您（戈洛文），所以按照您们的使节斯捷潘的要求，我们来此仅带很少的卫

1　张鹏翮：《奉使俄罗斯日记》。

2　钱良择：《出塞纪略》。

3《张诚日记》，《清史资料》，第 5 集，第 125 页。

4《清圣祖实录》卷一三五，第 25 页。

兵。但是，如果我们带着这样少的军队前往交战地点，战争双方中的一方可能要求我们的保护避难，在这种情况下，我们将难以决定怎么办。而且关于处理两国作战的分歧，我们没有得到我们皇上的旨意，因而如果我们主动去干涉，那将是不恰当的。因此，我们已经转回到我们的边界（按：指内蒙。张诚用“边界”是翻译不妥，应为汛界——引者），在那儿停留，同时我们给您发出这封快信，使您了解这一情况。在这一方面如果您有什么建议或解决办法，您可以以书信告诉我们。但是，如果我们之间的路途现在不可能通行，请约定时间和地点，对此，我们等着您的答复。”[1]

中国使团返回内蒙，康熙正出巡古北口外，传谕索额图乘快马前来驻地骅骝峪，佟国纲、马齐等随后前往，使团其他成员撤回北京。八月十四日，致送快信给戈洛文的信使返回，带回来戈洛文的复信，当晚翻译上奏。复信说，戈洛文本人“整个冬天将继续留在边境地带”，希望“立即就打算召开这次会议的时间和地点向他发出通知”。[2]他将派代表前来北京。康熙二十八年四月，戈洛文派吉洛吉夫等到达北京，由索额图接待来使，双方商定谈判地点改在尼布楚。索额图通知俄使，中国使团奉皇帝之命，将在 20 天后起程前往尼布楚。

康熙二十八年四月二十六日，中国使团如期起程。由于改在尼布楚谈判，使团成员增加了黑龙江将军萨布素，他率一千五百军队由黑龙江城（瑷珲）前往，为使团护卫。临行，索额图奏言：“尼布潮（尼布楚）、雅克萨既系我属所居之地，臣请如前议，以尼布潮为界，此内诸地皆归我朝。”康熙说：“今以尼布潮为界，则鄂罗斯遣使贸易，无棲托之所，势难相通。尔等初议时，仍当以

1 《张诚日记》，《清史资料》，第 5 集，第 130 页。又见《十七世纪俄中关系》，第 2 卷，第 512 页。译文不同，文意相同。

2 《张诚日记》，《清史资料》，第 5 集，第 149 页。

3 《清圣祖实录》卷一四〇，第 30 页。

尼布潮的界，彼使者若恳求尼布潮，可即以额尔古纳河为界。”[3]使团第二次起程时，索额图请依前次议定的划界方案，康熙却决定将划界的最后方案定为以额尔古纳河为界，在领土上作了明显的让步。其所以如此，是因为北部形势与一年前中国使团第一次出使时，发生了重大变化。噶尔丹在沙皇俄国支持下残破喀尔喀蒙古，康熙深知“噶尔丹者，赋性凶残，中怀狡诈，戕害其兄弟，兼并四部，蚕食邻封，其势日张，其志益侈”。[1]他指出：“此人力强志大，必将窥伺中原，不至殒命不止，岂容泛视，置之度外。”[2]由于沙俄的插手，噶尔丹民族分裂势力气焰嚣张，局势十分复杂。在北方和西北地区，康熙又面临着严重的挑战，国家统一与分裂的矛盾日益尖锐，大战迫在眉睫，康熙因之决定在领土上作一定的让步，以实现与俄国签订条约，划定疆界，这样既可集中力量对付噶尔丹，同时，也可以用签约后两国和好来约束俄国人不敢明目张胆地支持噶尔丹。

索额图、佟国纲率领中国使团，经过 49 天长途跋涉，于六月十五日抵达尼布楚。先期到达的萨布素迎接使团于石勒喀河（黑龙江上游）南岸扎营，与北岸的尼布楚城隔河相望。中国使团的各级官员拥有众多的家人、侍从、夫役、驼马，人员庞杂，尤其是奢纵成习的索额图更是如此。“索三老爷独自一人就有三百头骆驼，一千五百匹马，还有侍候他的一百个家人。国舅（佟国纲）不少于三百匹马，一百五十头骆驼和八十个仆人。”[3]成千的驼马为其运送物资，上百的家人随侍左右，索额图之排场与豪奢确实惊人。“索额图巨富，通国莫及”，绝非虚语。

中国使团到达尼布楚后，戈洛文才从乌的柏兴（色楞斯克）赶来。双方商定谈判在郊外的帐幕中举行，帐幕设在尼布楚城至

1 《清圣祖实录》卷二三三，第 14 页。

2 康熙：《御制亲征朔漠纪略》。

3 《张诚日记》，商务印书馆，1973，第 22 页。

河岸的中央，中国使团渡河后前往帐幕，双方的距离相等。谈判时各方可带三百人卫队，卫士只准佩带刀剑，但俄国人口是心非，他们暗中藏有手榴弹。[1] 索额图和使团成员因缺乏外交经验，又由于“不敢相信俄国人太深”，对自身的安全十分担心，于是命令留在渡船上的另外五百名士兵登岸。俄国人提出严重抗议，坚持五百士兵不得持械列阵靠近谈判帐幕。戈洛文派人于林中监视中国士兵，采取了严密的备战措施。谈判在外驰内张的气氛中开始。

七月初八、九日，中俄开始举行头两次谈判。富于外交经验的戈洛文先发制人，他指责中国政府“无端派兵侵犯沙皇陛下的国界”，“制造流血事件”，要求赔偿损失。[2] 索额图列举俄国人侵入黑龙江、松花江烧杀掳掠的事实，予以驳斥，强调尼布楚、雅克萨是中国领土。双方唇枪舌战，争辩激烈。戈洛文甚至质问中方是否要战争，以开战相威胁。索额图等严正声明，中国使团是奉皇帝之命，前来与俄使谈判划定疆界，签订永久和好条约，希望不再纠缠过去的纠纷，只谈边界，才使谈判回到主题上来。

戈洛文首先提出以黑龙江为界，江以北全归俄国。中方提出了自己的第一个方案，以勒拿河和贝加尔湖为中俄国界。双方又一次展开了激烈的交锋。然而，在第二天的会议上，索额图便将康熙的谕旨和盘托出，从贝加尔湖一下退到额尔古纳河，把复杂的外交谈判当作是宣布“上谕”。他们如此简单从事，表明索额图等不懂外交与幼稚。戈洛文则不然，当中国使团提出这一划界方案后，他欣喜已极，尽管他奉有将雅克萨归还中国的沙皇训令，但却坚决不同意中方的方案。索额图等商量了很久，因“上谕”不敢违，已无路可退，因而十分沮丧，只得声明除恪遵“上谕”

1 《十七世纪俄中关系》，第 2 卷，第 3 册，第 769、786 页。

2 《十七世纪俄中关系》，第 2 卷，第 3 册，第 769、786 页。

外，已无话可说。如果俄方坚持自己的主张，那就只有散会，并清俄方将自己的主张写入散会声明，钦差大臣将转奏皇帝。同时，中方也将写出相应的声明。戈洛文见讹诈不成，提出以结雅河（精奇里江）为界，索额图等“相视而笑”，声称“他们已无话可说”。[1]戈洛文则声明绝不接受以额尔古纳河为界。

七月初十日，休会。双方转入会下磋商。中国使团开了一整天会，然后派翻译通知俄方：“他们只能遵照皇帝的明白谕旨，打算坚持不让边界。”再次要求写出散会声明。[2]戈洛文派代表来到中国使团驻地，提议再举行一次会议。索额图出示了一张地图，将中方的边界划分指给俄方代表看，即以额尔古纳河为界。而俄方代表也出示了一张地图，仍坚持将雅克萨划归俄国。索额图等深感绝望，又召开会议，认为会下磋商不过是俄国人在进行欺诈，决定撤除中方帐幕，结束谈判。“谈完之后，钦差大臣怒气冲冲地令他们（俄方代表）回去。”[3]这时天色已晚，翌日清晨，戈洛文再次派代表前来，向索额图等说明：“钦差大臣认为沙皇陛下方面的全权大使似乎在进行种种欺诈。……现派贵族和书吏，授命他们向钦差大臣宣布：‘大君主沙皇陛下为了与汗殿下（康熙）建立牢不可破的友谊与亲善，同意按照汗殿下的意旨，在阿尔巴金（雅克萨）之地划分边界。’”[4]在谈判即将破裂的前夕，戈洛文才亮出底牌。索额图等认为自己完成了皇上交付的使命，十分欣慰。以后的几天，是商量条约的细节，达成最后协议。

康熙二十八年七月二十四日，在距离尼布楚城50俄丈的大帐幕里，签订了《中俄尼布楚条约》。以索额图为首的中国使团，依次在条约文本上签名。条约规定中俄两国以额尔古纳河、格尔必

1 《十七世纪俄中关系》，第2卷，第3册，第769、786页。
2 《张诚日记》，商务印书馆，1973，第34页。
3 《十七世纪俄中关系》，第2卷，第3册，第803页。
4 《十七世纪俄中关系》，第2卷，第3册，第805页。

齐河及外兴安岭为界，乌底河为待议地区。[1]二十六日，中国使团起程回国。使团回到北京后，“索额图等奏言：‘臣等抵尼布潮城，与鄂罗斯国使费要多罗额礼克谢（戈洛文）会议，彼初犹以尼布潮、雅克萨为所拓之地，固执争辩。臣等以鄂嫩（河）、尼布潮为我国所属毛明安部落旧址，雅克萨为我国虞人阿尔巴西等故居，后为所窃踞，细述原委，开示之，于是费要多罗及鄂罗斯国人众，皆欢呼诚服，遂出其地图，议分界事宜，共相盟誓，永归和好。’”[2]翌年，郎坦奉命于额尔古纳河、格尔必齐河口立界碑，镌满、汉、蒙、俄、拉丁文五种文字；又于国境线设立标志，每年派官兵巡边，并将巡边有关事宜通知俄方。

《中俄尼布楚条约》是清政府与外国签订的第一个正式条约。索额图达成了使命，但他所说戈洛文“欢呼诚服”则是对自己的溢美之词。条约基本上是平等的，中国政府在领土上作了一定的让步。条约明确划分了中俄东段边界，从而使这一地区保持了一百多年的和平。

## 四　遭贬斥到乞休

索额图从尼布楚回京不久，喀尔喀地区形势更趋紧张。康熙二十九年五月，理藩院尚书阿喇尼自科尔沁洮儿河奏报：“噶尔丹

1 《中俄尼布楚条约》的约文载于《清圣祖实录》卷一四三，第16~17页；西清：《黑龙江外纪》卷一；《中外条约汇编》；王铁崖：《中外旧约章汇编》；施绍常辑：《中俄国际约注》，等等，多种书籍。其中《黑龙江外纪》所载有关边界的约文：“一、将自北流入黑龙江之淖尔纳即乌鲁木河附近之格尔必齐河为界，沿此河口之大兴安岭（满文为“岭脊”）至海，凡岭阳流入黑龙江之河道，悉属中国；其岭阴之河道，悉属俄罗斯。惟乌底河以南，兴安岭以北，中间所有地方河道，暂行存放，俟各还国查明后，或遣使，或行文，再行议定。二、将流入黑龙江之额尔古纳河为界，南岸属中国，北岸属俄罗斯。”台湾李学智先生写有《检讨中俄尼布楚条约》一文，依据满文文本，对约文详加考订。

2 《清圣祖实录》卷一四三，第14~15页。

于五月初三日，率兵渡乌尔扎河将击昆都伦博硕克图、车臣汗及土谢图汗，其后四营，号四万，实不过三万年耳。又将请兵于鄂罗斯，会攻喀尔喀。”[1]噶尔丹大军南下，康熙一面命科尔沁等王公率兵会同禁军赵阿喇尼处，同时，针对噶尔丹扬言请兵于俄国，在外交上立即采取行动。其时，俄使吉里古里、伊发尼奇等在北京。康熙召见索额图，说：尔曾至尼布楚，俄国人认识汝，可晓谕俄使：“噶尔丹迫于内乱，食尽无归，内向行劫，今乃扬言会汝（俄罗斯）兵，同攻喀尔喀。喀尔喀已归顺本朝，倘误信其言，是负信誓（按：指尼布楚条约）而开兵端也。”并要求俄使“疾遣善驰者二人，归告尼布楚头目伊凡，遍谕鄂罗斯之众”。[2]索额图立即写好致尼布楚总督的函件，由张诚译成拉丁文。张诚写道：“我们应召赴内阁，将致尼布楚总督的函稿，从鞑靼文（满文）译成拉丁文。这封信由当初与俄国人签订和约的首席钦差大臣索额图署名。信内通知俄方，厄鲁特国王（噶尔丹）盟誓保持和好后，仓望退却。此间获悉厄鲁特国王向俄国求援，为此函达俄国，切勿堕入厄鲁特国王奸计，为他的败定所牵累。我将此信由鞑靼文泽成拉丁文后，于次晨文给阁老。”[3]索额图会见俄使，递交了致尼布楚总督的信函。当天，由俄使派人驰驿先归。越三日，吉里古里等亦急回尼布楚。这次外交行动，对阻止俄国人公然派兵支持噶尔丹起了作用，使他们有所顾忌。六月初，康熙派往噶尔丹处的喇嘛商南多尔济奏至，他曾“见厄鲁特与俄罗斯使人同行，厄鲁特自言已请兵二万于俄罗斯矣。俄罗斯使曰：‘请则有之，允发则未也。’”[4]在噶尔丹军中的俄使却怂恿其扩大战乱，战火烧到了内蒙。

1 《清圣祖实录》卷一四六，第 6 页。

2 《清圣祖实录》卷一四六，第 8 页。

3 《张诚日记》，第 87 页。

4 《亲征平定朔漠方略》卷六，第 23 页。

六月十四日，噶尔丹声言追击土谢图汗和哲卜尊丹巴，深入内蒙乌珠穆秦，大掠人畜。二十一日，与理藩院尚书阿喇尼战于乌尔会河，清军大败。噶尔丹因战胜清军更加嚣张，无所顾忌向南逼进。七月初二日，康熙任命其兄和硕裕亲王福全为抚远大将军，皇长子允禔副之，率主力出古北口。命其弟和硕恭亲王常宁为安北大将军，出喜峰口。康熙本人继福全之后，于十四日出古北口，“躬近行间，便指示也”。索额图率内大臣阿密达、公苏努两军驰赴巴林遇敌南进，而噶尔丹已越巴林至和尔图，又至乌珠穆秦。恭亲王常宁所率之右翼兵，“遇贼乌珠穆秦，战复不利，收军”[1]。噶尔丹再败安北大将军常宁，气焰更炽，声称“虽临以十万之众，亦何惧之有！？”。[2]这是噶尔丹一生军事生涯发展的顶点。时大将军福全驻军于土尔埂伊扎尔（今克什克腾旗与围场县交界的土力根河，又名四道河），前有乌兰布通（蒙语，意为红山），这里是出古北口赴巴林、乌珠穆秦必经之地，距北京七百里。噶尔丹逼近乌兰布通，康熙不幸染病，令各军统归福全指挥。清军分为三队两翼迎敌，索额图、明珠等与大将军福全亲督指挥全军，“视何处当应援，亲率兵赴之”[3]。八月初一日，清军于乌兰布通击溃噶尔丹军，但福全等未能乘胜剿灭，致使噶尔丹逃去。廷议众人之罪，索额图罢议政，降四级留任。[4]

康熙三十五年，康熙再次亲征噶尔丹，率中路大军直趋克鲁伦河，重臣大将俱从征，索额图扈从。二月三十日，中路大军起行。西路军由大将军费扬古率领，约定两军于四月下旬会于土拉，夹击噶尔丹。四月初十日，康熙率中路军至科图地方，派出的侦探护军参领车克楚还奏，噶尔丹声称：“今领俄罗斯炮手乌枪兵六

---

1　魏源：《圣武记》卷三，《圣祖亲征噶尔丹》。

2《清圣祖实录》卷一四七，第19页。

3《清圣祖实录》卷一四七，第26页。

4《清圣祖实录》卷一四九，第20~21页。

万，再俟俄罗斯兵六万至，即顺克鲁伦河而下。”令科尔沁“着即为内应”[1]。并扬言：“若他们能打败满洲人，他们就直接进军北京，若他们征服了皇朝，他们将伙分地盘。”[2]这一消息使“内大臣索额图、大学士伊桑阿大惊”。[3]此时，西路军为风雪所阻，不能如期与中路军会师，中路军因之突前。皇帝所率的中路军虽有精兵约三万人，但是，倘若噶尔丹所说借俄罗斯兵六万属实（并无此事），则其兵力将数倍于中路军。索额图惊惶失措，与伊桑河等奏请回銮，只令西路军进讨，这无异于使中路军脱身而置费扬古西路军于死地。康熙震怒，痛斥曰：

> 朕为一意前进，以剿灭噶尔丹为念。况尔大臣俱系情愿效力，告请从军之人，乃不奋勇前往，逡巡退后，朕必诛之。不知索额图、伊桑阿等视朕为何如人！……且大将军费扬古兵，与朕约期夹击。今朕失约即还，则西路之兵不可问矣！[4]

康熙激愤怒甚，泪流满面。索额图等免冠叩首，说：“臣等真怯懦妄奏，死无地矣！”[5]索额图因临敌怯懦，逡巡退后，又一次受到申斥。五月初八日，中路军抵克鲁伦河，噶尔丹不战而西奔，与费扬古、孙思克率领的西路军血战于昭莫多。噶尔丹惨败，仅以身免。第二年（康熙三十六年）二月，康熙行兵宁夏，索额图扈从。三月，噶尔丹途穷道尽，饮药而死。叙从征诸臣功，索额

1 康熙：《御制亲征朔漠纪略》。

2 《张诚日记》，《清史资料》，第6集，第194页。

3 康熙：《御制亲征朔漠纪略》。

4 《亲征平定朔漠方略》卷二二，第23页；又见《清圣祖实录》卷一七二，第5~6页。

5 《亲征平定朔漠方略》卷二二，第23页；又见《清圣祖实录》卷一七二，第5~6页。

图复原级。

索额图在关键时刻，多违康熙之意，屡遭申斥。其人赋性倨傲，心意怏怏，康熙四十年九月，借口年老乞休。

## 五　“本朝第一罪人”

索额图乞休并非出自真意，故多怨言，事太子允礽愈谨，威吓众人，结党议论国事，很不安分。

允礽于康熙十四年十二月十三日立为太子，时年不足两岁。康熙以太子关系重大，自幼亲教以诗书，“告以祖宗典型，守成当若何，用兵当若何，又教之以经史，凡往古成败，人心向背，事事精详指示”[1]。又为其善择辅导臣。然而，允礽稍长，结交匪人，熏染恶习，肆恶虐众，对诸皇兄弟极少仁爱，即使对父皇也“绝无忠爱君父之念”。[2]康熙因之对其眷爱稍衰。康熙三十五年，康熙帝第二次亲征噶尔丹时，皇太子留守荒政，政务壅积，不得及时处理。三十六年二月，康熙行兵宁夏，太子仍留守，亲昵匪人，“有为太子蜚语闻于上者，谓太子昵比匪人，素行遂变”[3]。五月，康熙回到北京，将太子左右亲近之人置于法，而太子不孝，所行不善的议论，遂不胫而走。康熙说:“朕出师宁夏后，皇太子听信匪人之言，素行遂变，自此朕心眷爱稍衰，置数人于法，因此外人窃议皇太子不孝，所行不善，遂自此始。”[4]

皇太子允礽失宠之时，也是索额图再次遭到申斥后不久。太子引舅氏索额图为奥援，索额图本心怀不满，遂竭力趋奉太子，引阿迷达、麻尔图、额库里、温待、邵甘、佟宝等为党羽。其中

1 《清圣祖实录》卷二三四，第13页。

2 《清圣祖实录》卷一四七，第24页。

3 《清史稿》卷二二〇，《理密亲王允礽传》。

4 《清圣祖实录》卷二三五，第23页。

有的也是因获罪而心怀怨愤之人，如“温待、额库礼，俱犯重罪流徙之人，因其年老，令回京师。伊等应安静以养余年，乃与索额图结党，妄论国事，妄自犯尤”[1]。以索额图为首的一批老且怀怨之人，趋奉太子，居然口称能杀人，对不附己者施威震众。从其“妄论国事”可知，索额图心怀叵测。

康熙四十一年十月，康熙帝南巡，皇太子允礽随驾。至德州，太子病重，康熙留驻，召索额图自京师来德州侍允礽疾。太子久病不愈，康熙决定先行回京，留太子在德州调养。允礽在德州一月有余，与索额图朝夕相处。索额图无视皇家礼法，乘马至太子住所中门方下，此乃死罪而太子却不加责怪，二人亲密无间。此后太子纵欲诛求，为恶日甚。对索额图助太子为虐，康熙早已留心，说“朕皆访知”，而事态之严重，使康熙不得不对索额图采取断然处置。康熙四十二年五月十八日颁发上谕云：

> 观索额图，并无退悔之意，背后怨尤，议论国事，伊之党内，朕皆访知。……伊等结党议论国事，威吓众人。且索额图施威恐吓，举国之人，尽惧索额图乎？……伊等之党，俱属利口，愚昧无知之徒，被伊等恐吓，遂极畏惧。果至可杀之时，索额图能杀人或被人杀俱未可料，虽口称杀人，被杀者谁乎？至索额图之党，汉官亦多，朕若尽指出，俱至族灭。朕不嗜杀人，嗣后尔等若与索额图绝交，将伊所行之事举出，尚可，不然，被索额图株连，必如噶褚哈，阿思哈，被灭族之祸。[2]

此“上谕”之中气何等严厉。次日，再传谕索额图：“尔议论

1 《清圣祖实录》卷二一二，第13~14页。

2 《清圣祖实录》卷二一二，第13~14页。

国事，结党妄行，背后怨尤之言，不可宣说，尔心内甚明。”[1]“不可宣说”究竟指什么？索额图施威吓众，口称能杀人者为何事？为何被牵连者又皆是族诛之罪？上谕俱未明言。然而，若将此后有关的“上谕”稍加排比，事实真相便能大白。

康熙四十七年，上谕云：“从前索额图助伊（皇太子）潜谋大事，朕悉知其情，将索额图处死。”[2]索额图助太子“潜谋大事”，故以储君之名，才敢于口称杀人，施威吓众，众人亦不无畏惧。康熙的又一上谕，足证此说之不误：“举国俱系受朕深恩之人，若受恩者半，不受恩者半，即俱从尔（索额图）矣。”[3]若非储君，索额图绝无此身份地位，令举朝之人俱从之。康熙又说：“索额图怀诚倡议，凡太子御用诸物俱用黄色，所定一切仪注，几与朕相似，骄纵之渐，实由于此。”[4]索额图倡议太子日用起居仪注一切比拟皇帝，是其助太子“潜谋大事”的又一明证。索额图乃罪魁祸首。康熙四十二年五月十九日，命将索额图拘禁，乾清门侍卫马武、武格传谕索额图曰：

尔任大学士时，因贪恶革退，后朕复起用，尔并不思念朕恩。即若养犬，尚知主恩，若尔者，极力加恩亦属无益。朕差人搜与尔行走之江潢家，得书字甚多。朕亦欲差人到尔家搜看，但被尔牵连之人甚多，举国俱不得安，所以中止。朕若不先发，尔必发之，朕亦熟思之矣。朕将尔行事指出一端，就可在此正法。尚念尔原系大臣，朕不忍心，但若著尔闲住，又恐结党生事，背后怨尤议论，着交宗人府与根度一

1 《清圣祖实录》卷二一二，第 15 页。
2 《清圣祖实录》卷二三四，第 3 页。
3 《清圣祖实录》卷二一二，第 15 页。
4 《清圣祖实录》卷二五三，第 8 页。

处拘禁，不可疏放。[1]

上引谕旨，尤其值得注意的是，“朕若不先发，尔必先之”一语，由此可以窥见索额图助太子“潜谋大事”，已然是箭在弦上之势。再从“被尔牵连之人甚多，举国俱不得安”一语中，又可窥见从者之众。由于事关太子，宫廷内幕，讳莫如深（即康熙说“不可宣说”），将有关史料勾稽排比，似乎有根据认为，在康熙四十二年五月，“潜谋大事”的宫廷斗争如黑云压城笼罩着紫禁城。康熙先发其奸，采取断然措施，为稳定政局，只对索额图及其同党中的主犯严加惩处。在拘禁索额图的同时，其子并家中主要成员一并拘禁，倘若生事，“即将心裕、发谷（二人系索额图之弟）等族诛”[2]。索额图同党额库礼等“俱着锁禁”，同祖子孙在部院任职者，“俱查明革退”[3]。“再传谕旨：‘着晓谕门上大人与众侍卫等，若尔等在索额图处行走，必被索额图连累致死。’”[4]此上谕似专为隔绝皇太子与索额图而发，故严禁宫门大人、侍卫与索额图往还。

索额图于五月十九日被拘禁，据《康熙起居注》第1994页记载，七月初二日以前，于禁所被处死。

索额图虽死，然其助太子“潜谋大事”一案非但未了结，且愈演愈烈。康熙帝与皇太子允礽父子之间的矛盾日益深化，允礽“鸠聚党与，窥伺朕躬，起成动作，无不探听”[5]。康熙四十七年八月，康熙帝行围围场，允礽与诸皇子扈从。皇十八子于途中抱病，留永安昂邦调理，康熙回銮探视。皇太子对其弟之将死无动

1 《清圣祖实录》卷二一二，第15~16页。

2 《清圣祖实录》卷二一二，第15~16页。

3 《清圣祖实录》卷二一二，第16页。

4 《清圣祖实录》卷二一二，第14页。

5 《清圣祖实录》卷二三四，第2页。

于衷，康熙加以责让，“伊反忿愤发怒”，竟至鞭打随行大臣侍卫以泄忿。更可怪异者，每夜逼近康熙所居幔城，“裂缝向内窥伺”，使康熙惊惧不安。“今朕未卜今日被鸩，明日遇害，昼夜慎戒不宁。”[1]日夜提心吊胆，父子之间视若寇仇。允礽行踪如此诡异，康熙断定：“从前索额图助伊潜谋大事，朕悉知其情，将索额图处死。今允礽欲为索额图报仇，结成党羽。”[2]允礽乃不孝不仁之人，决定将其废黜。九月初二日，康熙召诸大臣、侍卫、文武官员齐集鹭和洛行宫前，垂涕宣谕：列祖列宗“与朕治平之天下，断不可以付此人”[3]。命将废皇太子拘执。谕毕，康熙痛哭扑地。允礽党羽索额图二子格尔劳、阿尔吉善，同党暨二格、苏尔特、哈什大、萨尔邦阿，“俱立行正法”[4]。

废皇太子后，康熙涕泣不已，六日未尝安寝。十四日回北京，亲撰祭文。十八日昭告天地、宗庙、社稷，将皇太子允礽废黜，幽禁咸安宫。他一腔悲愤落于笔墨之间，说：“如大清历数绵长，延臣寿命，臣当益加勤勉，谨保始终。如国家无福，即殃及臣躬，以全臣令名，臣不胜痛切，谨告！”[5]二十四日，诏告天下，废皇太子，咸使闻知。诏书中列举允礽不孝不仁、贪暴纵恣，又特别指明“向因索额图、常泰，交通设谋，朕洞觉其情，置索额图于死，而允礽时蓄愤于心。近复有逼近幔城，裂缝窥伺，中怀叵测之状”。[6]允礽既然是“中怀叵测”，故太子之废实乃索额图助其“潜谋大事”之赓续。

太子既废，诸皇子希冀储位，事变迭出。十月，皇长子允禔

1 《清圣祖实录》卷二三四，第 4 页。
2 《清圣祖实录》卷二三四，第 3~4 页。
3 《清圣祖实录》卷二三四，第 4 页。
4 《清圣祖实录》卷二三四，第 5 页。
5 《清圣祖实录》卷二三四，第 517 页。
6 《清圣祖实录》卷二三四，第 19 页。

嘱喇嘛巴汉格隆用术镇魇废皇太子事发，康熙为之心动，两次召见允礽。允礽昔曰“为鬼物所凭”而染狂疾，如今居然“渐已清爽，亦自知其罪”。皇父问以从前所行之事，“竟有全然不知者，深自愧悔。又言我常心内略明，犹惧皇父闻知治罪”[1]。在搜出喇嘛用以魇魅允礽之物的当天，则更为神奇。初时，允礽突然疯癫，寻死觅活，过此片刻，又忽明白，问左右之人：“我顷者作何举动？”“废皇子亦自惊异。”允礽这番似幻似真的表现，使康熙相信：“朕从前将其诸恶，皆信为实，以今观之，实被魇魅而然，无疑也。”[2]允礽更进一步奏言：“向时悖乱，皆伊等（索额图父子）为之。”将自己的诸多恶行一股脑儿推给死鬼索额图父子，这正好与“圣意”吻合，康熙因而确信“一切暗中构煽，悖乱行事，俱系索额图父子”。[3]经此一番周折，康熙“每念皇太子被废之事，甚为痛惜”。于是将其开释，有复立之意。[4]

康熙召诸大臣至畅春园，令满汉大臣会同详议，于诸阿哥中举一人可为太子者。然而，所议竟然大出康熙意外，诸大臣“书八阿哥（允禩）三字于纸内，交内侍梁九功、李玉转奏”[5]。在此之前，皇长子允禔“希冀储位”[6]，但康熙明白宣谕：“允禔秉性躁急愚顽，岂可立为皇太子。”[7]允禔知己无望，党同皇八子允禩，向康熙奏称相面人张明德言皇八子当大贵，意在允禩当为太子。“太子允礽既废，允禩谋代立。”[8]诸皇子允禟、允䄉、允禵，大臣阿灵阿、鄂伦岱、揆叙、王鸿绪等，俱附之。康熙震怒，认为

1 《清圣祖实录》卷二三五，第16页。

2 《清圣祖实录》卷二三五，第17页。

3 《清圣祖实录》卷二三五，第16页。

4 《清圣祖实录》卷二三五，第24页。

5 《清圣祖实录》卷二三五，第20页。

6 《大义觉迷录》卷一，《清史资料》，第4集，第12页。

7 《清圣祖实录》卷二三四，第4~5页。

8 《清史稿》卷二二〇，《允禩传》。

“允禩自幼性奸心妄，其纠合党类，妄行作乱者有故”。[1]命将允禩锁拿。允禵亦因魇魅废太子故，将“允禵严加看守，略有举动，即令奏闻”[2]，幽允禵于其第，“断不可轻纵也”。康熙以允禩系锁拿之人，且其母良妃卫氏出身微贱，而众人保奏，定是“伊等结党潜谋，早定于平日”，定要究问明白。经诘问，“此事明系马齐暗中喻众”，而马齐又是希承国舅佟国维之意。当废皇太子允礽时，佟国维激烈陈奏，于是“众皆恐惧，欲定允禩为太子而列名保奏”[3]。佟国维因激劝废允礽，“绝不为太子稍作调护，为圣祖所憾”[4]。

废太子后，皇子间为争夺储位，一波未平，一波又起，康熙郁结成疾，他一度以为“难于调治”，死期将至。而皇子间的争斗则如火如荼，他深怀忧虑，恐“日后朕躬考终，必至将朕躬置于乾清宫内，尔等（诸皇子）束甲相争”[5]，出现大行皇帝尸骨未寒、诸皇子兵戎相见的严重局面，遂决意将允礽复立为太子。康熙四十八年三月初九，告祭大地、宗庙、社稷“复正储贰之位”。二十一日诏告天下，已于三月十日授允礽册宝，复立为太子，正位东宫。

综上所述，允礽之复立，一是皇子间希冀储位争斗激烈；二是允礽被镇魇而染狂疾已然痊愈；三是允礽前此诸恶皆索额图父子构煽，今已悔悟，痛改前非，故太子之废与立均有索额图之阴魂不散。

允礽复立为太子，为恶更甚，在廷臣中广植党羽，在康熙擢用之人中另树异己之势力。都统鄂缮、迓图，步军统领托合齐，

1 《清圣祖实录》卷二三五，第8页。

2 《清圣祖实录》卷二三五，第15页。

3 《清史列传》卷一一，《佟国维传》。

4 孟森：《清世宗入承大统考实》；《明清史论著集刊》（下册），第542页。

5 《清圣祖实录》卷二三五，第9页。

兵部尚书耿额，刑部尚书齐世武，皆党附太子。康熙说:“尔等谓朕年高，邀结党羽，肆行无忌。” “其附皇太子者意将何为?” 显然是居心险恶。康熙五十年十月，召诸王、贝勒、贝子、公、文武大臣于畅春园大西门内前厅，康熙亲讯党附太子诸人。允礽党羽中尚书耿额，乃索额图属人，一贯“谓媚索额图”。康熙说，本应将其在索额图案内处死，特宥之后，反而负恩造谋结党，“伊等所行，皆由于耿额”，耿额乃造谋结党以附太子的主使之人。康熙因之断定:“索额图之党竟不断绝，俱欲为索额图报复。”[1] 命将诸人锁拿，监禁宗人府，严加审讯具奏。得旨:“耿额居心暗昧，临事苛刻。”结党一事“俱因允礽所致”。“此辈之党，早应族诛，以昭国法。”[2] 首要耿额、齐世武，步军统领托合齐（即九门提督，犹京师卫戍司令）并犯有受贿罪，俱论绞。鄂缮夺官，幽禁；迓图入辛者库，守安亲王墓。

允礽党羽剪除后，康熙五十一年十月，复将皇太子允礽废黜，拘禁看守于咸安宫，从此不再复出。雍正二年十二月病卒，年五十有二，追封为理亲王，谥曰“密”。

允礽之再废亦因“索额图之党竟不绝断，俱欲为索额图报复”。索额图助太子“潜谋大事”，是太子废立反复之肇端，故康熙说:“昔立允礽为皇太子，索额图怀私倡议，凡太子御用诸物俱用黄色，所定一切仪注，几与朕相似，骄纵之渐，实由于此。索额图诚本朝第一罪人也。”[3]

索额图以助康熙除鳌拜而发迹，因助太子“潜谋大事”而身败名裂，其始也因皇权，其终也因皇权，然则却始终不一。清入关后皇位继承亦由此一变：康熙不再立太子，终清之世亦然，而

1 《清圣祖实录》卷二四八，第 17 页。

2 《清圣祖实录》卷二五〇，第 7 页。

3 《清圣祖实录》卷二五三，第 8 页。

有雍正帝之秘密建储，古代中国历朝实行的皇位继承储贰制度从此终结。秘密建储较之立皇太子是一进步，自此以后再也没有出现皇子之间结党谋储位之争。同时，皇帝可以从诸皇子中择其较贤能者嗣位，这与皇太子自幼而立、不论贤愚将来都当然继位，显然是更具有积极意义。历史演变的这一结局，是康熙和索额图始料未及的。

# "镝匣"与旻宁继统

嘉庆四年正月，八十九岁的耄耋老皇帝乾隆帝去世，嘉庆帝亲政。四月，亲政伊始的嘉庆帝，亲书朱谕密旨，立皇次子旻宁为皇太子（皇长子早殇），缄藏镝匣，"遵列圣家法"，秘密建储。

然而，由于嘉庆帝暴死于承德避暑山庄，于是与旻宁（道光）继统至关重要的"镝匣"，便有多种相互矛盾的记载，以致旻宁的继位过程留下了诸多扑朔迷离的说法，使人真伪难辨。今就笔者所知史料，述其原委，申说己见，以就正于方家。

## 一　嘉庆帝暴死

嘉庆帝暴死及其死因，与"镝匣"关系密切，故说"镝匣"须自嘉庆帝之死始。

嘉庆二十五年，六十一岁的嘉庆帝前往承德避暑山庄举行木兰秋狝，"命皇次子智亲王旻宁、皇四子瑞亲王绵忻、皇孙贝勒奕纬（宁之子）随驾"[1]。七月十八日，皇帝一行自京师起程。行前，嘉庆帝身体强健，在去避暑山庄途中，虽长途跋涉，据扈从的旻宁说，"圣寿虽年逾六旬，天体丰腴，精神强固"，且"登陟勿倦"[2]。

1 《清仁宗实录》卷七七四。

2 《清宣宗实录》卷二，第 88 页。

即是说，年过花甲的嘉庆帝在旅途中，精神强健，即使在攀登山冈时仍能健步自如而无倦意。

经过六天的行程，七月二十四日，嘉庆帝一行抵达避暑山庄。翌日（二十五日）上午，嘉庆帝遘病，当夕逝世，突然暴卒而不明死因。有人据皇族后人的口碑，谓嘉庆帝死于雷击。如果此说属实，清人官私著作绝不敢如实记载，保存实录，因为遭五雷轰顶之人，当时人认为必是作恶多端而遭天谴或报应。

嘉庆帝一天之内暴病而亡，从其年过六十，"体态丰腴"，身体肥胖的体形来看，这类老人患高血压的可能性极大，若然，则嘉庆帝暴卒的病因，就有可能是高血压病引发的中风（脑溢血），或心肌梗死。如此凶险病症，病人往往昏迷失语。旻宁又说，嘉庆帝于旅途中"偶感暍暑"（"暍暑"者，伤暑也），也就是中暑；再加上六天旅途劳顿，就有可能成为发病的诱因。当然，嘉庆帝猝死病因只是推论。但其临死前是否失语，已不能言，则与"鐍匣"有关。正如皇太后（孝仁睿皇后）懿旨所说："但恐仓猝之中，大行皇帝未及明谕。"[1]"未及明谕"或者即是嘉庆帝病重失语之故。

## 二　有关"鐍匣"的矛盾记载

关于"鐍匣"至少有以下几种矛盾的记载：

### （一）"公启鐍匣，宣示御书"

嘉庆帝秘密建储的朱谕密旨，缄藏"鐍匣"内。《清宣宗实录》载：

> 仁宗（嘉庆帝）大渐，召御前大臣赛冲阿、索特纳木

1 《清宣宗实录》卷二，第84页。

多布齐，军机大臣托津、戴钧元、卢荫溥、文孚，总管内务府大臣禧恩、和世泰，公启镯匣，宣示御书：嘉庆四年四月初十日卯初立皇太子□□（旻宁）朱谕一纸。戌刻，仁宗崩……扈从诸臣，遵奉朱笔遗旨，请上即正尊位。上号恸仆地，良久方起。[1]

在相关的档案中，“公启镯匣”为“公启密缄”。据此，当嘉庆帝病情急剧恶化时，临终前召戴钧元、托津、禧恩等八大臣，“公启镯匣”，当众开启缄藏朱谕的小金盒，“宣示御书”，立旻宁为皇太子。然而，这与同载于《清宣宗实录》的上引皇太后懿旨所说“恐仓猝之中，大行皇帝未及明谕”歧异。如前所说，若嘉庆帝重病失语，则能否召诸大臣“宣示御书”，更可存疑。更引人关注的是，下面引录的史料，将直接否定“公启镯匣”之说。

### （二）宗室禧恩建议立旻宁与戴钧元等犹豫

禧恩是宗室，睿亲王淳颖子。《清史稿·宗室禧恩传》载：

（嘉庆）二十五年，仁宗崩于热河避暑山庄，事出仓猝，禧恩以内廷扈从，建议宣宗有定乱勋，当继位。枢臣托津、戴钧元等犹豫，禧恩抗论，众不能夺。会得秘匮朱谕，乃偕诸臣奉宣宗继位。[2]

据此，“镯匣”并非如前引《清宣宗实录》是在嘉庆帝临终时“公启”，而是在嘉庆帝死后才“得秘匮朱谕”。因此，“镯匣”未发现前，才有禧恩之建议与托津、戴钧元等之犹豫，且“禧恩

1 《清宣宗实录》卷二，第 80 页。
2 《清史稿》卷三六五，《宗室禧恩传》。

抗论，众不能夺”。这说明，奉旻宁嗣位，在当时似乎还经过一场激烈的争论。如此说来，“公启鐍匣，宣示御书”之说，大可存疑，否则，禧恩之建议从何说起？托津、戴钧元等怎敢抗旨不遵，犹豫不决？诸臣争论是否奉旻宁继统就更是不可思议了。

然而，禧恩建议与托津、戴钧元等犹豫、争论之说，又为下引记载所否定。

### （三）“近侍由身间出小金盒”

关于“鐍匣”的发现过程及开启情况的又一种记载，见于《清史稿》戴钧元、托津等传，及《续碑传集》包世臣撰《大庾戴公墓碑》，足以否定《清史稿·宗室禧恩传》之记载，兹录于次：

《清史稿·托津传》：

> 二十五年，仁宗崩于热河避暑山庄，事出仓猝，托津偕大学士戴钧元手启鐍盒，奉宣宗即位。[1]

同书《戴钧元传》：

> 二十五年七月，扈从热河，甫驻跸，帝不豫，向夕大渐。钧元与大学士托津督内侍检御箧，得小金盒，启鐍，宣示御书立宣宗为皇太子，奉嗣尊位，然后发丧。[2]

包世臣《大庾戴公墓碑》记载“鐍盒”最详：

> （嘉庆二十五年）七月，公（戴钧元）偕满相托文恪公

1 《清史稿》卷三四一，《托津传》。
2 《清史稿》卷三四一，《戴钧元传》。

(托津)扈从滦阳围，甫驻跸，圣躬骤有疾，不豫，变出仓猝，从官多皇遽失措。公与文恪督内臣检御箧十数事，最后近侍于身间出小金盒，锁固无钥，文恪拧锁，发盒得宝书，公即偕文恪奉今上（道光帝）即大位，率文武随瑞邸（瑞亲王绵忻）成礼，乃发丧，中外宴然。[1]

查《清史列传》戴钧元传、托津传，均不载“鐍盒”事。《清史稿》或本于包世臣所撰《大庾戴公墓碑》。据此，是在嘉庆帝“大渐”临终时，由托津、戴钧元督促太监翻箱倒柜寻觅“鐍盒”，最后，由近侍于身间出小金盒，奉旻宁（道光帝）即位，然后发丧，于是“中外宴然”，大局稳定。如此说来，则前引《清史稿·宗室禧恩传》所说，禧恩建议立宣宗，而托津、戴钧元犹豫，则并无其事。相反，是托津与戴钧元在事变非常之际，果断处置，“奉宣宗即大位”，从而稳定大局。

以上有关“鐍匣”的记载，不仅相互矛盾，而且是逐一否定，使人不知所从。但是，以上诸多记载，却有一个共同之处，这就是，不论“鐍匣”是在嘉庆帝临终或死后开启，随驾的皇次子旻宁、皇四子绵忻、皇孙奕纬均不在场，这是违背清帝“家法”或“成规”的。

雍正帝建立“秘密建储”后，在道光帝之前，开启“鐍匣”，宣示传位朱谕密旨而继位者，有乾隆帝与嘉庆帝。乾隆帝叙述开启“鐍匣”的过程说：

逮皇考传位朕躬，宣示密缄，仓猝之际，朕不敢自行启封，召同大学士鄂尔泰、张廷玉，当面展缄敬阅。

1 《续碑传集》卷二，《大庾戴公墓碑》。

可见，“宣示密缄”是嗣君与重臣共同启封的。

乾隆帝内禅，故嘉庆帝继位是由乾隆帝亲自启匣宣谕，其过程是：

乾隆三十八年，密立十四岁的颙琰（嘉庆帝）为皇太子，“循用皇考成式，亲书密旨，照前收藏”[1]。乾隆六十年，乾隆帝内禅，传位嘉庆帝，以太上皇训政。九月初三日，召集皇子、皇孙、王公大臣等于圆明园勤政殿：

> 将癸巳年（乾隆三十八年）所定密缄嗣位皇子之名公同阅看，立皇十五子嘉亲王颙琰为皇太子，用昭付托，定制孟冬朔颁发时宪书，其以明年丙辰为嗣皇帝嘉庆元年。[2]

开启密缄，宣示嗣皇帝，是关系国脉君统承袭之头等大事，故不仅密立之皇太子在场，同时，皇子及皇孙亦应齐集，与王公大臣“公同阅旨”，以昭慎重。然而，旻宁继位，鐍匣之开启，不论是在嘉庆帝临终前或死后，嗣皇帝旻宁及随驾行在的皇子、皇孙均不在场，这是违背清帝“家法”或“成规”的。嘉庆帝死时，旻宁已是三十九岁。嘉庆十八年，天理教林清在太监配合下，攻打紫禁城，而有“隆宗门之变”。旻宁遇突发事变，沉着应对，亲手击毙二人，又指挥禁军将攻入紫禁城者全歼。处突发事变而不惊的旻宁却在嘉庆帝猝死寻觅“鐍匣”过程中，不见其踪影，这也是令人费解的。

综上所述，有关“鐍匣”随嘉庆带往避暑山庄的记载，实难征信。

---

1 乾隆帝：《慎建储贰论》，见《乾隆御制诗文全集》，第10册。

2 《清高宗实录》卷二二。

## 三　皇太后传谕旻宁“即正尊位”

嘉庆帝暴卒，事前毫无准备，山庄连棺木都没有。旻宁命以“六百里加急”驰报京师，并令速送“梓宫”来热河。七月二十七日，皇太后（仁宗孝和睿皇后）降旨“驰寄皇次子（旻宁），即正尊位”。孝和睿皇后懿旨云：

> 大行皇帝龙驭上宾……今哀遘升遐，嗣位尤为重大。皇次子智亲王，仁孝聪睿，英武端醇，现随行在，自当上膺付托，抚驭黎元。但恐仓促之中，大行皇帝未及明谕，而皇次子秉性谦冲，素所深知。为此特降懿旨，传谕留京王大臣，驰寄皇次子，即正尊位，以慰大行皇帝在天之灵，以顺天下臣民之望。[1]

七月二十九日，旻宁接到懿旨。此懿旨与旻宁嗣位关系最重要。它说明是皇太后降旨命旻宁“即正尊位”。故《清史稿·孝和睿皇后传》载:“二十五年八月，仁宗幸热河崩，后传旨令宣宗即位。”[2]请注意，“懿旨”与《清史稿》都说是“即正尊位”与“即位”（八月二十七日，道光帝在太和殿举行即位大典），而非“继位”。这就是说，道光帝是在嘉庆帝二十五日去世四天后，于二十九日“即位”。今有旻宁七月二十九日复奏皇太后文，可以确证：

> 子臣（旻宁）跪奏：本月二十五日，皇父圣躬不豫，至戌刻大渐……维时御前大臣、军机大臣、内务府大臣，恭启

1 《清高宗实录》卷一四八六。

2 《清宣宗实录》卷一，第 84 页。

镝匣，有皇父御书：嘉庆四年四月初十日卯初，立皇太子（旻宁）朱谕一纸。该大臣等，合词请遵大行皇帝成命，以宗社为重，继承大统。于臣逊让至再至三。该大臣等固请不已。本日（二十九日）恭奉懿旨，子臣即正尊位。皇父、皇母，恩慈深厚，子臣伏地叩头，感悚不能言喻……谨将镝匣所藏皇父朱谕，恭呈懿览，谨缮折复奏，恭谢慈恩。

七月二十九日。[1]

道光帝于七月二十九日即位，已确证无疑，因此，本文第二部分所引各条史料，所谓七月二十五日开启镝匣，奉道光帝即位，然后发丧的记载，均非实情。

然而，道光帝复奏太后文，又留下令人费解之处。这就是：既然镝匣已在承德开启，嘉庆帝传位旻宁之朱书密旨，成命昭然，旻宁何以会“逊让至再至三”，必待懿旨而后“即正尊位”？照此说法，旻宁即位之依据，不是嘉庆帝之密旨，而是皇太后的懿旨，若然，则是违制而根本不可能的。皇位传承是由皇帝独断，乾隆帝说，“圣祖（康熙）大渐，授位皇考”，“皇考传位朕躬”；由他内禅传位嘉庆帝时，则是“明颁诏旨，亲御殿廷”，开启镝匣，“付授神器”[2]。故嘉庆帝传位旻宁的朱谕密旨，乃绝对遵从之法定依据，此是制度。旻宁却违旨“逊让至再至三”，于情、于理、于制度均不合，故在承德，“公启镝匣”之说，尚可存疑，或者并非事实。而旻宁向皇太后“恭呈皇父朱谕”[3]，亦应作如是观。倘若镝匣确实在承德开启，立旻宁为皇太子既然众所周知，那么，

1 《清史稿》卷二一四，《孝和睿皇后传》。

2 《皇子旻宁奏报遵即大统并将皇父御笔朱谕恭呈懿览事》，嘉庆二十五年七月二十九日，见《军机处上谕档》。

3 《奉储秀宫懿旨着传谕留京王大臣驰寄皇次子即正尊位》，嘉庆二十五年七月二十七日，见《军机处上谕档》。

皇太后懿旨为何又有“但恐仓猝之中，大行皇帝未及明谕”？“未及明谕”只能是皇子及诸大臣未见朱谕密旨。若然，则在避暑山庄开启镝匣之论，可能是似是而非。秘密建储乃“至严至秘”，所定储君之名不能向任何人透露，虽皇后亦然。既然有嘉庆帝“遵密建家法”的“镝匣”在，如今又有皇太后降旨旻宁即位，若皇太后在闻知嘉庆帝猝死于山庄，未开启镝匣，阅视密旨，绝不会擅自降旨，命旻宁即位，否则，倘若懿旨与“镝匣”缄藏密旨不是同一人，必将出现极大的混乱，政局大动荡。由此可知，“镝匣”应遵雍正帝的规定，“置之乾清宫正中世祖皇帝（顺治帝）御书正大光明匾额之后，乃宫中最高之处”[1]。一说另有相同的传位密旨由皇帝深藏于大内寝宫。

既然“镝匣”未必携往热河避暑山庄，又何以有在山庄开启镝匣的各种不同记载？问题的关键在于，正如前文所说，道光帝遵皇太后懿旨即位，最早也是在嘉庆死后的第四天，这样一来，清朝将最少有四天无皇帝。国不可一日无君，“嗣位尤为重大”。嗣君乃国脉之所系，倘若“皇统”中断，即使是数日，不祥莫大焉，于是有“镝匣”在嘉庆帝猝死山庄于死前或死后开启的各种矛盾说法。而各种记载所要表明的重点是，嘉庆帝一死（或临死）便开启镝匣，“奉宣宗即位，然后发丧”。如此，清之皇统一脉相承，运祚紧接无间，而其可能间断之数日，便弥缝不留痕迹了。然而，由于矛盾百出，排比推敲史料，似可窥见其中隐情。

喻大华先生亦认为，立储密旨，“身体强壮的嘉庆帝也未必将其带在身边”[2]。可谓同我有此见地。

（原载《清史研究》2003 年第 4 期）

1 《雍正起居注》，第 1 册，第 84 页。

2 朱诚如主编：《清朝通史》道光朝，第 2~3 页，紫禁城出版社，2003。

# 宗族制度浅论

宗族制度在历史上存在了几千年，经历了一个变化和发展的历史过程。清代普遍存在于全国城乡的宗族组织，是自宋明以来才发展起来的。在清代，宗族组织早已形成为牢固的族权，成为当时封建制度的社会结构的有机组成部分。大约在雍正年间，族权又进一步与封建政权相结合，从而直接起着基层政权的作用。以“敬宗收族”为目的的宗族制度在清代的发展，无论在政治上抑或思想文化领域内，都对族人强行约束；同时，又以“义田”等作为“恤族”的经济手段，给宗族内部的阶级对立披上一层“温情脉脉”的薄纱。以血缘关系为纽带的宗族组织的普遍存在，使地主阶级的统治具有明显的宗法地主的特征。阐明宗族制度的演变和发展，是揭示我国封建制度历史进程的一个极其重要的方面。本文着重就清代的宗族组织试加探索，对此之前的宗族制度也略作回溯。

## 一　宗族制度的历史变迁

宗族制度，是一种古老的社会存在。在我国历史上，大体上说来，经历了几个不同的发展阶段。

早在原始公社末期的父系氏族公社时期，随着以男性为中心的家庭的出现而俱来的，是以血缘关系为纽带的某一男性的后裔，结合成为氏族（宗族），所以宗族最初是历史形成的同姓一系子孙的家族制度的扩展。清人纪大奎解释“宗”的含义说：“或问宗之为义？一而已矣。”“始祖一而已，故宗止于一。”[1] 一个祖先的后代是宗族组织的前提。在国家未出现之前，这种宗族（氏族）制度就是社会组织。原始公社的社会组织，即是由家族而组成氏族，由血缘关系密切的若干氏族组成部落，再由若干部落组成部落联盟。

人类社会正是背负着自己历史的起源而进入文明史的。在我国奴隶社会的早期，宗族组织不仅作为历史的遗产被继承下来，而且适应国家统治和阶级压迫的需要，发展成为强有力的宗法制度，直接作为上层建筑发挥其作用。西周奴隶主贵族就是以宗法制度来组织其政权的。当时，周天子对诸侯和王室的卿大夫来说，既是天下的共主，又是天下的大宗；在诸侯封国内，诸侯与卿大夫的关系亦复如此。这种以宗法制度组织的政权，从奴隶主贵族与被统治的奴隶、平民之间的关系来看，是所谓“宗子维城”[2] 的奴隶制国家统治体制。这就是后人所说的“古者先王之为民也，上使之统于君，下使之统于宗。故公刘之立国也，君之宗之。而（《周礼》）太宰以九两系邦国之民，五曰宗，以族得民”[3]。顾炎武引“陈氏礼书言，周之盛时，宗族之法行，故得以此系民而民不散”[4]。他还进一步申说当时的施政是以宗族为依归：

> 先王之于民，其生也为之九族之纪，大宗小宗以联之；其死也为之疏衰之服，哭泣殡葬虞祔之节以送之；其远也为之庙室之制，禘尝之礼，鼎俎笾豆之物以荐之。其施之朝廷，

1 贺长龄等辑：《清经世文编》卷五八，纪大奎《宗法论（一）》。

2 《诗经·大雅·板》。

3 贺长龄等辑：《清经世文编》卷五八，张海珊《聚民论》。

4 顾炎武：《日知录》卷一三，《分居》。

用之分党，讲之庠序，无非此之为务也，故民德厚而礼俗成，上下安而暴慝不作。[1]

可见，在早期奴隶制国家，虽然有设官分职的政权机构，但宗族组织仍然是基本的关系和施政的着眼点。不仅周族人是“君之宗之”，就是被征服者也是保留着宗族组织，故伯禽受封，有“殷民六族”；康叔受封，有“殷民七族”；唐叔受封，则有“怀姓九宗”[2]。另一方面，在奴隶主贵族内部，则是“天子建国，诸侯立家，卿置侧室，大夫有二宗，士有隶子弟”[3]。由此而形成世卿世禄制度。然而，随着早期奴隶制城邦国家向统一的奴隶制国家的发展，官僚制度代替世卿世禄制度，奴隶制早期的宗法制度也随之而瓦解了。“秦嬴尊君卑臣，无敢营家庙者。”[4]从此宗族组织与政权分离开来。

远古的宗法制度瓦解后的社会状况，顾炎武曾有过概括的描述。他说:“及秦用商君之法，富民有子则分居，贫民有子则出赘，由是其流及上，虽王公大人亦莫知敬宗之道。”[5]西汉的统治者继承了打击残留的远古宗族组织的政策，汉武帝曾“徙强宗大姓，不得族居”[6]。但是，随着西汉后期，尤其是东汉封建性地方豪强势力的发展，宗族组织便以新的形式存在于封建社会的各个阶段。

东汉以后到魏晋南北朝时期的高门士族，很多都是从汉代才逐渐形成起来的。汉代人就曾说过:“大汉之兴，亦累功效，吏皆积久，养老于官，至名子孙，因为姓氏。”[7]可见，在两汉存在的

1 贺长龄等辑：《清经世文编》卷五八，顾炎武《华阴王氏宗祠记》。

2 参见《左传》定公四年。

3 参见《左传》桓公二年。

4 《芳田高氏族谱》卷一，《公祠分祠总记》。

5 顾炎武：《日知录》卷一三，《分居》。

6 《后汉书》卷三三，《郑弘传》李贤注引谢承《后汉书》。

7 《后汉书》，《朱浮传》。

四百余年间，某些人因长期担任某官某吏，子孙便因之为姓，他们中有的便发展为名姓大族，例如西晋的士族庾亮、庾峻就是如此。《汉书·食货志》云："为吏者长子孙，居官者以为姓号。"注引"如淳曰：'《货殖传》仓氏、庾氏是也。'"可见庾氏的先人在西汉乃是管仓司量者。此外，也有"或氏其事者"。《白虎通德论》卷三下"姓名"条云："所以有姓氏者何？所以贵功德，贱伎力。或氏其官，或氏其事。闻其氏即可知其德。"这些在汉代"或氏其官""或氏其事"成长起来的强宗大姓、高门士族，是在远古宗法制度解体之后才发展起来的，他们与过去宗族制度的关系，是区别多于联系。东汉以后姓氏宗族的这种变化，实际上是社会经济以及阶级结构变化的反映。[1]

东汉发展起来、盛于魏晋南北朝的强宗大姓，虽然还保留有"振赡穷乏，务施九族"[2]的遗意，但其内部关系主要是宗族大地主可以荫庇宗族成员作为附户，他们有的则被编为家兵性质的部曲，因此"宗族""部曲"往往连称。[3]宗族部曲既然是军事编制，宗族长对他们便拥有"号令不二"的权力，因而对他们的统治也就具有极为粗暴的形态。

当然，部曲不一定都是宗族成员。不少农民因汉末战乱频繁而残酷，为求大族庇护，沦为荫户而成为部曲。[4]部曲除战时操戈

1　参见贺昌群：《关于宗族、宗部的商榷》，载《历史研究》，1956（11）。

2　崔寔：《四民月令》，见《全后汉文》卷四六。

3　如汉末，李典有"宗族部曲三千余家"（《三国志·魏志》卷一八，《李典传》）。杨阜"宗族子弟胜兵者千余人"（《三国志·魏志》卷二五，《杨阜传》）。这些被编为家兵的宗族部曲，他们在主人的命令下，经常与地方政权为敌。例如，北海大姓公孙丹，擅杀无辜，北海相董宣收杀丹父子后，"丹宗族亲党三十余人操兵诣府"（《后汉书》卷七七，《董宣传》）。宗族部曲在汉末的战乱中，更是强宗大姓的基本武装，很多人死于非命。马超临死上疏说："臣宗门二百余口，为孟德所诛略尽。"（《华阳国志》卷六，章武二年）

4　如田畴在河北徐无山中，归附者五千余家。西晋南渡，北方人民流徙到南方者，"豪族多挟藏户口，以为私附"。（《晋书》卷四三，《山涛传附山遐传》）

上阵外，又是耕种土地的劳动力[1]，他们对主人处于严重的人身依附地位，其地位之低下，在《唐律》中得到了充分的反映。从《唐律》卷一二《户婚律》、卷二〇《贼盗律》、卷二八《捕亡律》等中，可以看到“部曲、私奴婢”是处于相同的地位，必须经过放免为良，并“由家长给手书，长子以下连署，仍经本属申牒除附”。即是说，部曲只有在家族长及其长子同意，给以“手书”证明，并经报官，删除“附籍”之后，才能离开家长。总之，这一时期的宗族制度，是门阀地主统治宗族子弟的组织，其内部的阶级压迫和剥削关系表现得十分鲜明而又露骨，还没有宋明以后那种“敬宗收族”之类的娓娓说教。

魏晋南北朝时期，门阀地主的宗族组织，主要是区分门第的高低、族望的隆替。唐长孺同志说：“所谓门阀制度乃是以家族为基础的地方性组织。这种制度不仅标志着统治阶级与被统治阶级的区别，而且标志着统治阶级中部分家族与其他家族的区别；换一句话说就是封建社会中等级制在家族中的深刻表现及其制度化。”[2]门阀地主为了标榜自身的高第和族望，因而谱牒盛行（东汉后期谱牒开始兴起），凡世家大族无不有谱。[3]然而，这时谱牒的意义，并不是宋明以后的“家谱”“族谱”所宣扬的那样“览斯谱者，木本水源之思油然而生”。即力图唤起族人的骨肉之情。魏晋南北朝时期谱牒的社会作用和意义在于：它是铨选官吏的根据。东汉入仕的正途是察举、征辟，其时已重族望。曹魏行九品中正，铨选官吏皆以九品官人，族不望者人不贵。郑樵《通志》卷二十五《氏族略·氏族序》云：

---

1 《梁书·处士张孝秀传》：“孝秀居于东林寺，有田数十顷，部曲数百人，率以力田。”

2 唐长孺：《魏晋南北朝史论丛》，三联书店，1955，第119页。

3 刘孝标注《世说新语》所引家谱，如谢安谢氏谱、羊欣羊氏谱、吴坦之吴氏谱、桓冲桓氏谱等等，至数十种。

隋唐而上，官有簿状，家有谱系。官之选举必由簿状，家之婚姻必由谱系。历代并有图谱局，置郎令史掌之，仍用博古通今之儒，知撰谱事。几百官族姓之有家状者则上之，副在左户。官为考定翔实，私书有滥，纠以官籍，官籍不及，稽以私书，此近古之制。以绳天下，使贵有常尊，贱有等威者也。

区别门第的高下贵贱，是当时谱牒盛行的政治原因，以保证“上品无寒门，下品无世族”，即所谓“专以门第官人”，唐人柳芳曾经论及[1]。由于谱牒关系重大，不能有丝毫混淆，于是出现了一些谱学名家。[2]但是，隋唐以后，由于科举取士，封建官吏不再由九品官人而来，加之隋末农民战争对士族的有力冲击，门阀制度更趋没落。入唐以后，与门阀制度相适应的谱学已是余波，只不过是千百年来形成的崇尚门第的风气，成为一种历史的因循力量，影响着社会的习尚。苏洵《苏氏族谱》云：“自唐衰，谱学绝，士大夫不讲，而世人不载，于是乎由贱而贵者耻言其先，由贫而富者不录其祖。”[3]门阀地主的退出历史舞台，地主阶级在隋唐以后出现贵贱贫富的变化，他们的这种升降荣辱，是与科举制和租佃

1 《新唐书》卷一九九《儒学·柳冲传》载柳芳论氏族云：“过江为侨姓，王、谢、袁、萧为大；东南则吴姓，朱、张、顾、陆为大；山东则郡姓。凡三世有三公者为膏梁，有令、仆者华腴，尚书、领、护以上者为甲姓，九卿若方伯者为乙姓，散骑常侍、大中大夫者为丙姓，吏部员外郎为丁姓。凡得人者谓之四姓……北齐因之。举秀才、州主簿、郡功曹，非四姓不在选，故江左氏族凡郡上姓第一则为右姓。”

2 贾希敬是魏晋以来三世传习的谱学名家。《南史·贾希敬传》云：“先是谱学未有名家。希敬祖弼之，广集百氏谱记，专心习业。晋太元中，朝廷给弼之令史、书史，撰定缮写，藏秘阁及左右曹。希敬三世传学，凡十八州士族谱合百帙七百余卷，讲究精悉，皆如贯珠。”唐初的名家是路敬淳，“敬淳尤明姓系，自魏以降，推本其来，皆有条序，著姓略、衣冠录等百余编。唐初姓谱学，唯敬德名家”。《隋书·经籍志》有谱学专门，欧阳修《新唐书》更有宰相世系表。

3 《严氏族谱》卷首，《六修江苏洞庭安仁里严氏族谱序例》。

制地主经济的发展相联系的，从此表现为重族望的中古宗族制度，蜕变而为宋明清以“敬宗收族”为目的的宗族制度。

## 二　清代宗族制度的发展

唐宋以后，迄于明清，租佃契约制地主经济急剧地发展起来。在租佃契约制下，农民对地主的人身依附关系相对说来趋于削弱。同时，土地买卖的盛行，使土地所有权的转移也相当迅速，所谓“田无定主，有钱则买，无钱则卖”[1]。而科举制又为地主阶级中的寒士开拓了一条入仕做官的途径。这种政治、经济生活的变化和发展，使地主阶级中的一些人也因之而沉浮。这样，除了某些恶霸地主和官绅地主之外，一般说来，多数地主已经没有昔日门阀地主对私附农民的那种威势。他们自然有官府衙门的庇护和支持，而作为控制农民的一种重要补充手段。以血缘关系来掩饰地主和农民的对立，则是宋明清宗族制度的基本社会职能。自然，以“敬宗收族”为目的的宗族制度的发展，也是和道学家提倡及宣扬的纲常名教分不开的，更是封建专制主义在这一时期发展到前所未有的高度的一种社会需要。

然而，对明清的人来说，他们只能从历史的表象着眼，以为宋明清的宗族制度，乃是远古宗法制度经过上千年的败坏之后的继绝复兴。他们或者认为“自世爵世禄之制废，而宗法始坏矣”[2]。“封建废，则宗法格不行。”[3]“自秦罢封建而宗法不行。”[4]或则认为“唐人未尝究心谱耳，惟宋儒重宗法而谱学娴”[5]。总

1　戴兆佳：《天台治略》卷六，《告示》。

2　贺长龄等辑：《清经世文编》卷五八，汪琬《汪氏族谱序》。

3　贺长龄等辑：《清经世文编》卷五八，许三礼《补定大宗议》。

4　贺长龄等辑：《清经世文编》卷六三，徐乾学《族葬考》。

5　同治修《张氏宗谱》卷一，陈济《合编谱序》。

之，他们一致认为门阀制度下的宗族组织已非远古圣人立宗法的本意。而他们所谓的“宋儒重宗法”，不过是重新强调血缘关系是宗族组织的纽带和基础，以此来维系人心，求得一族的和谐。因此，宋以后，“尊祖故敬宗，敬宗故收族”，便被高唱入云，被看作人生的根本而大力加以倡导。在清人的心目中，宋儒的丰功伟绩，就是恢复了“先圣”立宗法的初衷，他们说：“宋兴，一二大儒颇欲修明古法。”[1]“立宗祠者，收宗复古之先务。”[2]而所谓的宋代一二大儒，则是指张载、程颐，尤其是朱熹。顾炎武叙述宋至明清宗族组织的发展过程时说：

> 至宋程朱诸子，卓然有见于遗经。而金元之代，有志者多求其学于南方，以授学者。及乎有明之初，风俗淳厚，而爱亲敬长之道，达诸天下，其能以宗法训其家人，而立庙以祀，或累世同居，称之为义门者，亦往往而有。[3]

顾炎武的论述，说明了在程朱的倡导之下，至明代“爱亲敬长”的宗法制度大大发展起来。相传为朱熹所著的《家礼》[4]，则是这一时期家族组织、祠堂祀典的规范；苏洵的苏氏谱和欧阳修的欧氏谱，则是后世族谱的范本。[5]于是以族谱、祠堂、族长三者为核心，以“族田”作为“收族”的经济手段，成为宋明以来的

1 《绩溪庙子山王氏宗谱》卷二，《图谱考》。

2 《京兆归氏世谱》第三，姚鼐《常熟归氏宗祠碑记》。

3 贺长龄等辑：《清经世文编》卷五八，顾炎武《华阴王氏宗祠记》。

4 纪昀《四库全书总目提要》卷二二《辨定祭祀通谱》说：“考朱子年谱，《家礼》成于乾道六年庚寅，朱子时四十一岁，其稿旋为人窃去。越三十年，朱子没后，始复有传本行世，儒者以为疑。黄榦为朱子弟子之冠，亦云未暇更定之本，则《家礼》之出自朱子手定与否，尚无显证，即真获朱子已失之稿，而草创初成，亦恐尚无定本。以王懋竑之笃信朱子，而所著《白田杂著》，乃反复辨定是书之依托，其言具有根据，则（毛）奇龄之辨，又不能尽以好胜目之矣。”

5 《继修许氏家谱》上册《家谱原序》：“今（道光）之为谱者皆从欧氏。”

宗族制度和族权的重要组成部分，至清发展到极盛。

在清代，“自天子下迄庶人，贵贱不同，而其尊祖之义一也”[1]。当时，“士大夫负立朝伟望者，必先有睦族惇宗之谊”[2]。如康熙年间任直隶巡抚、内阁大学士的李光地，就是“今族聚祖里，伯叔每岁直祀高、曾祖者”[3]。乾隆初任大学士、吏部尚书的朱轼也是“吾家赴试者不少，而予独为族人所亲厚”[4]。不仅官僚缙绅以“睦族惇宗”为先务，凡地主阶级有志于“敬宗收族”者，莫不修谱联宗，建祠以祀。这样，宗族祠堂便遍布全国城乡，“天下直省郡国，各得数百族，落落参错县邑间”[5]。而南方诸省，一门子姓多聚族而聚，其势力更为强大。乾隆初任江西巡抚的陈宏谋说：“直省惟闽中、江西、湖南皆聚族而居，族皆有祠。”[6]其实，聚族而居的现象在当时是极为普遍的。在江苏常州，陈氏一门“于本处聚族而居”[7]；高氏“星罗郡东殆遍”，合计有五六百家，被称为“郡东望族”[8]；无锡周氏（周敦颐后人）一门宋末自湖南迁无锡，“历今（乾隆）十八传，衣冠繁衍”[9]。苏州府属各地，“兄弟析烟，亦不远徙，祖宗庐墓，永以为依，故一村之中，同姓者至数十家或数百家”[10]。在浙江，有“自前明中叶至今（道光）称望族者垂三百年”[11]者。在四川，也多聚族而居。[12]安徽地区，“城乡多

1 《杜氏家谱》卷一，《乾隆庚辰（五十七年）家谱序》。
2 《竹溪沈氏家乘》卷一，钱尤锡序。
3 贺长龄等辑：《清经世文编》卷六六，李光地《小宗家祭礼略》。
4 贺长龄等辑：《清经世文编》卷五八，朱轼《与族人书》。
5 贺长龄等辑：《清经世文编》卷五八，魏源《庐江章氏义庄记》。
6 贺长龄等辑：《清经世文编》卷五八，陈宏谋《寄杨朴园景素书》。
7 《陈氏宗谱》卷一，乾隆五十五年《陈氏续修宗谱序》。
8 《芳田高氏宗谱》，芳田里属常州。
9 《锡山周氏世谱》卷一。
10 李铭皖：同治《苏州府志》卷三，引《县区志》。
11 《竹溪沈氏家乘》卷一，《道光己丑重修宗谱序》。
12 参见《云阳涂氏族谱》卷一八，《修盘石城寨门记》。

聚族而居”[1]，桐城姚氏“自宋元间居于桐城之麻溪，至今（乾隆）五百余年”[2]，凡千七百余口；庐江章氏赡族的“义田”，多至三千亩。[3]在河南，有“户数百，礼教敦和，人文蔚起”[4]的望族。即使在宗族组织相对说来不如南方的北方，也有“津门徐氏为北直名族”[5]一类的大族。这种情况，在道光以后似乎有了更进一步的发展，张海珊《聚民论》云：“今强宗大姓，所在多有。山东、西江左右、及闽广之间，其俗尤重聚居，多或万余家，少亦数百家。”[6]这些子孙繁衍至成千上万家的大族，其中自然有不少是源远流长的世家，所谓“家多故旧，自唐以来数百年世系，比比皆是”[7]。如毗陵（常州）张氏，是宋代名将张浚之后，自南宋末迁于常州城南，“复传十有余矣，支派蘩衍”[8]。无锡、金匮除有周敦颐子孙族居外，又有“(宋）胡文昭公瑗，（唐）陆忠宣公贽，(宋）范文正公仲淹，（宋）秦淮海先生观，俱非锡山人，援子孙迁锡，各建专祠，年年锡、金（无锡、金匮）两邑，分行主祭”[9]。再如金坛义门王氏，在明已受敕旌表，“在今（康熙）犹知捐资报本，承先裕后，务期无替义门”[10]。一些大族由于数百年来居于一地，族众人多，在清代有些地区，甚至形成“一族所居，动辄数百或数十里，即在城中亦各占一区，无异姓杂处”[11]的状况，因

1 鲁铨：嘉庆《宁国府志》卷三，引《旌县志》。
2 《桐城麻溪姚氏族谱》卷一，《乾隆乙卯修谱旧序》。
3 参见贺长龄等辑：《清经世文编》卷五八，魏源《庐江章氏义庄记》。
4 《杜氏家乘》卷一，《杜氏祖茔记》。居河南新乡冀镇。
5 《续修徐氏家谱》上册，《续修族谱序》。
6 贺长龄等辑：《清经世文编》卷五八，《礼政》。
7 沈葆桢：光绪《安徽通志》卷三四，引《徽州府志》。
8 《张氏族谱》卷一，“序”。
9 《锡山周氏族谱》卷一，《公清县祭始祖廉溪公惠山祠堂呈稿》。
10 《敕旌义门王氏族谱》卷六，《公助祠田碑记》。
11 光绪《石埭桂氏宗谱》卷一。

而“往往以姓名其村巷焉”[1]。

除了上述情况外，清代宗族组织发展的又一重要标志，是一些在康雍乾时期迁徙他乡者，也很快发展为强宗大族。例如，乾隆年间，涂氏先人由江西迁至四川云阳，“生聚百余年，巍然大启宇”，“聚族先固圉”[2]，成为当地大族。傅氏在雍正年间，其先人傅荣沐由福建龙岩迁四川金堂，最初“自为贸易并佃田力农”。傅荣沐善种烟草，“时蜀中未谙种烟法，而满蒙八旗弁兵尤所必需，故一时傅氏烟草重于锦城（成都），其价过倍他种。又煎蔗糖于（金堂）赵家渡，发贩四方，获资益厚”[3]。傅氏由此发家，一二十年间购置田地六百多亩，后迁成都，子孙“袭前人遗业，加倍勤敏，而生事益裕”。至道光时，傅氏已是广有产业的大地主，成为名重锦城的巨族，“宗族乡里之贫者恤之，病者药之，不能葬者瘗之。至其家则以诗书为本务”[4]，俨然以所谓“诗书传家”的世家大族自诩。在清代，这类暴发户之所以很快发展成为强宗大族，是和清政府的扶持倡导分不开的，正如前面谈到的云阳涂氏所说：“本朝以孝治天下，凡士农工贾，莫不俾之各建宗祠，以祀其祖先。”[5]清统治者不遗余力鼓励宗族的发展，是从两个方面来论证宗族制度的社会意义的：

第一，他们说：“积族而成邑，积邑而成国。”[6]这就是说，在封建统治阶级看来，国家只不过是家族的集合体而已。从这种认识出发，他们强调“圣人治天下自家而国”。这种儒家的伦理政治理论及其治国之道，是把“齐家”看作“治国”的出发点，认为

1　李铭皖：同治《苏州府志》卷三，引《区具志》。
2《云阳涂氏族谱》卷一八，萧之骏《磐石城赠子厚》。
3《傅氏宗谱》卷一〇，《曾祖荣沐公遗事》。
4《傅氏宗谱》卷一〇，李惺《傅君志勤墓志铭》。
5《云阳涂氏宗谱》卷一二，《祠堂碑记》。
6《云阳涂氏宗谱》卷一一，《族范志序》。

只有如此才能达到“平天下”的境界。要“齐家”，首要的就在于“敦人伦”，而孝悌乃人伦之本。强调血缘关系的宗族制度，正是以孝悌人伦作为规范和准则，以维系一族之心，求得族内的和谐。所以宗族制度完备与否，在他们看来便是与天下安危息息相关的。张载早就阐述了这一点。他说：“宗法若立……公卿各保其家，忠义岂有不立？忠义既立，朝廷岂有不固？”[1]反之，如果“众子分裂”，“如此则家且不保，又安能保国家！”[2]程颐则提出：“管摄天下之人心，收宗族，厚风俗，使人心不忘本，须是明谱系，立宗子法也。”[3]于是，清代人便大肆发挥宗族制度的目的在于“管摄天下之人心”这一要义。孙原湘《书归氏义庄后记》云：“天下人情未有无所维系而即安也，而其道必自近者始……盖君之于民远矣，立宗子以维系一族，则势近而情易通。”[4]张玉书说得就更为明快：“夫使顽民薄俗，官府政令所不能变者，有士焉。敬亲睦族，好施行义，俾一邑一乡之人孝悌忠信之心油然而生，其有补于世教岂鲜哉？”[5]于是有人给“宗族”下定义说：“宗者，总也；族者，聚也。”[6]总（统）聚族人就是宗族。这些议论强调了为朝廷“以族得民”的用意，即所谓“敦世善民，成教化，厚风俗，莫重于宗法”[7]。这一切，说明了宗族制度是封建政权的有力补充手段。于是，颂扬之声一浪高于一浪，有人说：“今圣天子以仁孝临天下，敦伦睦族，化导民人，风俗蒸蒸。”[8]有的则说：“窃惟国

1 邱浚：《朱子家礼》卷一，《通礼杂录》。
2 张载：《张子全书》卷四，《家法》。
3 《陈氏族谱》卷一，《族谱遗训》引。
4 《京兆归氏世谱》卷四，《义庄志》。
5 《竹溪沈氏家乘》卷一八，张玉书《文学沈君传》。
6 《彭氏宗谱》卷一，《增修宗谱序》。
7 《京兆归氏世谱》第四，《昭文归氏义庄记》。
8 《芳田高氏宗谱》卷一，《高氏重修宗谱序》。

家广孝，爰伸报本之思，氏族敦宗，厥虔崇德之祀。”[1]他们把宗族组织在清代的发展归结为“推衍圣朝之德意”。甚至有人把康雍乾时期清代社会的相对安定和发展，说成是清统治者倡导宗族的结果。乾隆年间入直军机的蒋熊昌说:“我国家孝治天下，上治祖祢，下治子孙，凡而世家巨族，沐浴熏陶，感发蓼莪念深纤苇者，类皆敬祖敬宗……靡不宣讲圣谕，与父言慈，与子言孝，耳闻目见，不出方隅，百余年来，太平长享，民生不见外事，而安于乐生送死，以睦族敦伦。”蒋熊昌所描述的这种社会图景，他认为“盖圣朝之培育有素”所使然，所以凡讲求宗法者，应该“移孝作忠”，才不致有“负圣明训迪之意”[2]。

第二，在清代，宗族内部的贫富分野、阶级对立，十分严重。秦蕙田《五礼通考》卷一四六《嘉礼》云：

> 一族之人，或父贵而子贱，或祖贱而孙贵，或嫡贱而庶贵……至于兼并势成，人皆自食其力，勤俭者致富，惰侈者困乏。即一家之中，有父富而子贫，兄贫而弟富，嫡贫而庶富，又以人之勤惰侈俭而分。

秦蕙田把家族内的贵贱贫富的阶级分野，说成是“以人之勤惰侈俭而分”，当然是不明其源的皮毛之见，但他所说“兼并势成”，则是反映了租佃契约制地主经济不可抗拒的趋势。一族之内贵贱的悬殊，也是与科举制分不开的。这就是说，在当时的条件下，族人的阶级分化是不可避免的。既然宗族内部是划分为统治者、剥削者和被统治者、被剥削者，那么，“兄弟阋于墙”，宗族内部的种种纷争也就会纷至沓来。因此，清代族谱在强调“维系

1 《锡山周氏世谱》卷一。

2 《陈氏宗谱》卷一，蒋熊昌《毗陵陈氏续修宗谱序》。

天下之人心”的同时，无一不强调宗族组织的目的，是要唤起族人的“木本水源”之思。无论贵贱贫富都应想到是祖先一人之后，从而使族内日益尖锐的阶级对立，在血缘关系下，化险为夷。沈胤培为本族家乘作序时说得很清楚：“培所窃惧者，族大而不均。”这种不均一方面是因为族人中有“都膏粱而不知稼穑之艰难，习骄贵而不问物情之险阻”；另一方面，则是因为“有半菽不饱者则可惧”。消除这种“可惧”，便是“此缉属而敦训之第一义也”。[1]当然，他们所谓的“缉属而敦训”，就是要族人卑不犯尊，下不犯上，贫贱者务必去其抗争之心。高维仁《乾隆续谱告成记》云：“观于谱，孝悌之心油然而生……凡我族人登斯祠，阅斯谱，而各兴其尊亲敬长之心，抑其骄淫暴戾之习，庶几上慰祖宗之开基，而不负我等之收族也。”[2]为了“兴其尊亲敬长之心，抑其骄淫暴戾之习”，在清人的“族谱”“世谱”“宗谱”“家乘”中，便不厌其烦地反复强调，一族之人“皆属同气，我看来是千百人，祖宗看来是一人”。[3]“今兹名载于谱而人现存着，凡千七百有奈，原始一人而已。合千百人之心为一人之心，此为谱者之志也。”[4]如果真能像他们期望的那样，合一族之人为一心，一切矛盾纷争自然都会泯灭。这就是宗族制度所要实现的又一社会职能，用清人的话来说，就是“敬宗收族”之“志”，或曰“第一义也”。

湖南郴阳世族陈氏便是一个典型。陈氏在宋明已是大族，朱熹为其族谱作序说：“谱存而宗可考，是故君子重之。”清道光十九年，湖南学政祁隽藻在《陈氏重修族谱序》中说：“郴之科名，由明至今，历久而不衰者，必以陈氏为最，则陈氏为郴之世族，更

1 《竹溪沈氏家乘》卷一，沈胤培《庚君谱序》。

2 《芳田高氏宗谱》。

3 《竹溪沈氏家乘》卷七，《祠规》。

4 《桐城麻溪姚氏族谱》卷七，《乾隆乙卯修谱旧序》。

不诬也……窃惟陈氏代有伟人，秀者泽以诗书，朴者安于耕凿，从无健讼滋事之习，殆太邱（陈氏先人）之训犹有存焉者耶？抑其族人皆崇文好善故天之报者亦优耶？”[1]照此说法，陈氏一族是雍雍和睦，从无纷争诉讼之事，然而其内部却是分为“代有伟人”的官僚、“安于耕凿”的农民和手工业者。陈氏子孙的启述则更为具体：

> 吾陈类有不同，有拖朱曳紫，克勤王家，而膺爵担禄者；有累褥重裀，珍馐美酝，而暖衣饱食者；有修身结道，建德立业，而富贵自如者；有耕稼陶渔，结盟泉石，而世故不迁者；有志在沙门，崇尚虚无，而簪冠被缁者；甚至有迫于饥寒，不能自禁，而悲叹穷途寄食墦间者。若是之类，难以悉举。[2]

陈氏一族几乎就是当时社会阶级、阶层构成的缩影。族人中有官僚、缙绅地主、和尚、道士，也有农民和小手工业者，以及饥寒迫身无以自存的赤贫。面对这种严重的阶级分化和阶级对立，他们说，一族之人“当数世之后，其中有贫富贵贱之不同，智愚贤不肖之不一，亦理势然也”。[3]然而，陈氏一门之中，却因此“耰锄威逼之状，纷臂阋墙之争，丛见叠出”[4]。其内部矛盾和冲突，纷云鼎沸，如蜩如螗。陈氏解决这些层出不穷的诸多矛盾的办法，就是“我族世守耕读，秀朴各异。秀读经传，庶可薰风沐雨；朴勤耕凿，岂尽负笈从师？爰摘遗训数百余言……谓如堂前提命，族长督率，耆老之劝，且戒也”。即是说，他们是三管齐

1 《陈氏族谱》卷一。
2 《陈氏族谱》卷一，《族谱遗训·审择》。
3 《陈氏族谱》卷一，《族谱遗训》。
4 《陈氏族谱》卷一，《族谱遗训》。

下：一曰抬出祖宗的遗训，有如耳提面命，谁敢不遵；二曰族长执族规，以家法督率；三曰耆老长辈谆谆劝导。从这三方面着手，使族人明白“四民各有职业”，“虽势有强弱，境有富贵贫贱”，但彼此都是“宗族本支之所派衍，而祖宗血脉相为流通者也”，因此务必“以亲九族”[1]，从而达到“睦族”的目的。历任多省巡抚的陈宏谋说：“立教不外乎明伦，临以祖宗，教其子孙，其势甚近，其情较切，以视法堂之威刑，官衙之劝诫，更有大事化小、小事化无之实效。”[2]观乎湖南郴州陈氏之所作所为，似乎是收到了这样的实效，所以前引湖南学政祁隽藻说，陈氏“秀者泽以诗书，朴者安于耕凿，以无健讼滋事之习”，乃是由于陈氏先人之“遗训”犹存之故。

尽管多数族谱的编修者以族人“皆属同气”，用祖先一人之后使其内部的阶级对立和矛盾“人事化小，小事化无”，但也有直言不讳者。《芳田高氏宗谱》卷一《家训述言》说：“人家兄弟不亲，则宗族不附；宗族不附，则奴仆相窃为仇矣，况他人耶！故人家笃爱兄弟，非但出自天性，亦事势宜然。”这就把加强宗族制度乃是为了统治“奴仆”，和盘托出了。

## 三　以族长、房长为代表的族权

宗族制度的社会职能，既然一方面是作为封建政权的重要补充而存在；另一方面，又是以血缘关系掩饰族内的阶级对立，并力图强制族人就范，这样，必然形成族权。而且，族权是家长制的统制，是封建专制制度的具体而微。

族权在明代后期业已形成，至清则进一步强化，终于与封建

1 《陈氏族谱》，《族谱箴规·敬宗族》。
2 贺长龄等辑：《清经世文编》卷五八，陈宏谋《寄杨朴园景素书》。

政权配合，起着基层政权的作用。

族权是由族长、房长、祠堂、族田（义田）、族谱联结而成。族长、房长则是族权的人格化和集中体现。

宗族制度是按家长制的原则组织的。族长被视为“宗子”，即所谓“族长即宗子也”[1]，为一族所尊，因而也有称为“族尊”的。一族之内按昭穆亲疏分为若干支，支下有房，如江苏洞庭安仁里严氏规定：“族长所以掌一族之事，而支有支长，房有房长。”[2]也有的只分为房，如湖南郴阳陈氏，“合族会食，动以千计”，分为绶、绚、缟、绘、绘五大房。也有称“房”为“分”，如金坛王氏便是“吾宗凡三大分，每分推一人主事”。

族长的产生，大体上有两种形式：一种是“族长虽序行序齿，究以德为主”[3]，即族中行辈最高而又年长有“德行”者为之；另一种，占多数的是，由族人推举。云阳涂氏规定：“族中立族长一人、族正二人，管理全族事务。由合族择廉能公正、人望素孚者，公举充任。”[4]所谓族人“公举”，实际上被举之人皆官僚、地主。涂氏在规定“公举”的同时，又规定“公推族中殷实廉能者任之”[5]。在清代，地主被称为“业主”“田主”，“殷实富户”往往就是“业主”的别称。此外，一些引古义而立族长的世家，族长则重官爵。顾栋高说：“夫使宗子无禄，何以收族人？不得爵于朝，何以为族人主？”因此“子孙之贤而贵者，受祖宗之遗泽，当类推以恤族，凡族人亦因而宗之”。宗法之立“在士大夫之贤者自为之”[6]。因而有的明文规定，管祠“以族中有科名者掌之”[7]。上

1《敕旌义门王氏族谱》卷一，《宗约》。

2《严氏族谱》卷一二，《族规》。

3《张氏宗谱》（常州城南）卷二，《宗约》。

4《云阳涂氏族谱》卷一一，《族范志》。

5《云阳涂氏族谱》卷一二，《祠规》。

6 贺长龄等辑：《清经世文编》卷六四，顾栋高《书适孙葬祖父母承重辨后》。

7《京兆归氏世谱》第三，《春祭田考》。

述这些规定，使族长及其助手为官绅、地主所把持。管一房之事的房长，多数也由族众推举，也有的由族长指定。《云阳涂氏族谱》卷十一《族范志》规定："族中各房立房长一人，管理本房事务，由族长、族正择年长公正明白为本房素所敬服者任之。"由族长指定的房长，自然是唯族长之命是从。

族长"乃子姓视效所关，宗族家务所系"[1]，掌管全族事务，需要有助手辅佐办事。有的设"族正"；有的则设"宗相"二三人，分别掌管钱谷、礼仪；又有"宗直"，"以司纠察（族人）而决是非，定曲直，以辅族长"[2]。一些士族，其组织甚至与官府衙门无甚区别。镇江赵氏宗族有两百余丁，设总祠一人，族长八人佐之，评议四人，还有勾摄行杖之执役者八人。[3]所有辅佐族长的执事人员，都必须听命于族长。义门王氏宗约明文规定：宗相、宗直"各人既承此任，须视公事为己事，视家事为官事，尽心思以效劳祖宗……不然族长会祠之日，族长以义责之"[4]。自然，在条文上，族规也有族长、房长"之责綦重，倘公事怠惰，处事徇情，族众查确，会齐将房长革退。若更有受贿之弊，加以责罚"[5]。尽管这类规定字字铮铮，但事实证明，对于族长等之侵吞祠产并无多大约束力（下面将要谈到）。此外，还有"族贤"，他们大多是在职或致仕的官吏，以及文人学士，所谓"族中有忠臣孝子、道德文章名重于当世者；其次品行端方，为乡闾称道者，并加优异，号为族贤"[6]。族贤自然有权参与族内事务。所有上述各类执事人员，在族长的统率下，掌管全族事务。

---

1 《京江王氏宗谱》卷上，《家范》。

2 《敕旌义门王氏族谱》卷一，《宗约》。

3 参见刘献廷：《广阳杂记》卷四。

4 《敕旌义门王氏族谱》卷一，《宗约》。

5 《桐城麻溪姚氏族谱·家法》。

6 《张氏族谱》卷二，《宗约》。

族长“秉礼执法”[1]，“有不守家法、违悖教训者，随其轻重处罚”[2]，因而拥有极大的权势。其权力的根据来自两个方面，即所谓“礼”“法”。从“礼”来讲，族长是全族的“宗子”，根据宗法制度和纲常名教的一套道理，他是处于“尊尊”的地位，可以号令全族。这是有明文规定的：“名分属尊，行者宜恭顺退让，不可凌犯。”[3]其次，族长又是“家法”的执掌者，有如官吏之执“王法”，所以又规定“家之有长，犹国之有官，敢有詈骂尊长，越礼犯分者，通族权其轻重，公同处置”[4]。“礼”“法”不可分割，触犯“家法”也必然是“悖于礼”，“违礼”则一定受家法处置。这是以“族规”（“家规”“家训”“家范”“宗约”“禁约”“祠规”）的形式，逐条加以规定的。

“族规”具有封建法律的强制性。他们说：“王者以一人治天下，则有纪纲；君子以一身教家人，则有家训。纲纪不立，天下不平；家训不设，家人不齐矣。夫家中之有长幼内外之殊，公私亲疏之别，贤愚顽秀之不同，苟非有训以示之，而欲一其性情，遵模范，绝无乖戾差忒之虞，虽圣人不能强也。”[5]可见其看重家规的强制作用，更甚于“圣人”的礼教。有人甚至宣布皇帝“以律治天下，名为大诰”，“严氏之谱，即严氏之律也……三纲既明，五典以正，即公此谱以式百姓，鼓吹休明，用弼维皇之大诰，其谁曰不然！”[6]“族宜有范，犹国之不能无法制也……（族范）正以辅国家法制之所不及也。”[7]这就是说，“族规”是作为封建法

1 《桐城麻溪姚氏族谱·家法》。

2 《京江王氏族谱》卷上，《家范》。

3 《云阳涂氏族谱》卷一一，《家训》。

4 《陈氏宗谱》卷一，《罚恶》。

5 《张氏宗谱》卷二，《家规》。

6 《严氏族谱》卷首，《安仁里严氏族谱序》。

7 《云阳涂氏族谱》卷一一，《族范志序》。

律的辅弼与补充，具有同等的效力。

“族规”以三纲五常为基础，并糅合了封建法律的若干规定。因此，“族规”既体现了族长权力的各个方面，同时又充分体现了宗族制度在巩固封建统治中的作用。概括说来，主要有以下几个方面：

第一，宣扬敦人伦，崇孝悌，以正纲常。他们说：“若天地无人，亦云虚器耳。若人无忠孝，亦云空质耳。”[1]父母就是“子之天地也”[2]。因此，自孩童牙牙学语伊始，就应注意教导，“凡小儿甫能言，则教以尊尊长长；稍就家，则教以孝悌忠信礼让廉节”[3]。如果“子孙受长上诃责，不论是非，但当俯首默受，毋亟自辩理。媳事姑舅亦然”。[4]即使尊长全然错了，“其尊于我者，诸事本宜顺受，即有委曲，不妨从容待白，若以激烈之气行之，则犯上矣”[5]。总之，天下无不是之父母，只有不肖的子孙，家长制是绝对的。在日常生活中，一切言行，都要“娴于礼法，凡语言应对周旋动作，皆当符合规矩”[6]。具体说来，就是“子弟见父兄，坐必起，行必以序，不可免冠徒跣，应对毋以尔我”[7]。但是，仅仅做到遵循礼法，对父母生养死葬尽心尽孝，还不能算是十全十美，因为“人伦之道，莫大于君亲。《书》云：‘移孝作忠。’又曰：‘求忠臣于孝子之门。’是事亲尤为人之本务也”[8]。所以“孝”的更高要求，则是“显亲扬名”，“贻亲令名”[9]。钱大

1 《高田芳氏宗谱》卷一，《高氏宗谱序》。
2 《高田芳氏宗谱》卷一，《家训述言》。
3 《陈氏宗谱》卷一，《家规》。
4 《京江王氏宗谱》（卷上），《家范》。
5 《续修徐氏家谱》（上册），《家训》。
6 《续修徐氏家谱》（上册），《家训》。
7 《京江王氏宗谱》（卷上），《家范》。
8 《续修徐氏家谱》（上册），《家训》。
9 《续修徐氏家谱》（上册），《家训》。

昕说:“古之孝者，立身行道，扬名于后世，以显父母。父母之乐，莫乐于有令子。”[1]这就是说，除养生送死尽孝之外，还要入仕做官，光宗耀祖，方能称为“大孝”。因而不少家谱规定，“居官不勤王事，不独上虚知遇之恩，亦且大伤祖宗冀望之隐”[2]。简言之，既要孝父母，敬尊长，又要“移孝作忠”，成为封建统治下的顺民，并“求忠臣于孝子之门”，培养一批忠心耿耿的封建官吏。

如果子弟不孝父母，凌辱尊长，则家法绝不宽贷。《芳田高氏宗谱》卷一《家训述言》规定:“子孙固当竭力以奉尊长……若有过，反复谕戒之，甚不得已，会众笞之，以示耻辱。”《云阳涂氏族谱》卷十一《族范志》规定:“子孙不听祖父母、父母教训，或奉养有差，应令入祠重责。妇不孝翁姑及祖父母，亦如之。”族长会众对子弟执行家法，子弟必须绝对服从，不得有二言。涂氏“置家法一具，用小竹片，交族正执掌。子弟有不服情理者，由族、房长等会集族众，酌予扑责，以示惩戒”[3]。有“蛮抗不服者，革其籍，永不入祠”[4]。当然，这是指一般过失而言，倘若过失严重，如子孙殴打父母或祖父母，可以置之死地。桐城麻溪姚氏《家法》第一条就规定:“盗祖茔者是与子孙殴祖、父同罪矣，鸣官押扦，并请治以死罪。”[5]族长可以处死犯名教的族人，在明代后期已经出现。景泰时，河北真定有寡妇不安于室，“其族长耻之，合群以殴杀之”[6]。足见族长权力之大。族人可能被处死的情况，尚不止于此。

1 贺长龄等辑:《清经世文编》卷六三，钱大昕《原孝上》。

2 《京江王氏宗谱》卷上，《家范》。

3 《云阳涂氏族谱》卷一一，《族范志》。

4 《陈氏宗谱》卷一，《家规》。

5 《桐城麻溪姚氏族谱》，雍正五年立《家法》。

6 张萱:《西园闻见录》卷八五，《平反》，转引自左云鹏:《祠堂族长族权的形成及其作用试说》，载《历史研究》，1964（5）、（6）。

“族规”不遗余力地宣扬封建礼教，并严禁妇人干预家政。他们说，“妯娌异姓，相聚一门，计较长短，量财评势”，好搬弄是非，又“恃枕席以恣甘词”，使丈夫听信其言，引起家门不合，有的族因而“每至夜分，令老仆于各巷大呼云：‘丈夫不可听妇人言，妇人不可说家事。’”[1]

第二，宣扬“安分”的天命论思想，以达到“睦族”。“安分”的侧重面是压抑贫者反抗富者，以保障地主的剥削。他们说：“人生贫富贵贱，自有定分。”“君子乐得为君子，小人乐得为小人。”[2]这种“君子”与“小人”之别，便是“分者，生人所止之地也”[3]。所以贫者不得有非分之求，否则“由于荣悴易观，人不安命”，就会引起“族之不睦”。人不安命是因为“贫者觖望甚奢，富者周施易倦，相妒相尤，相夷相恶矣”。然而，贫者妒恶富者，无异于自戕，因为“本枝一脉，虽有枯荣，且条须籍繁枝之荫。倘自剪伐，则枝叶有害，本实先拔矣”[4]。从立“族规”者的深意来看，上述说教是要从思想上消除贫者的“异心”，强调同是祖宗一人之后，“夫均一本，荣悴亦属偶然，何得生心异视”[5]，所以务必要“敦族谊”“笃伦理”。可是，既然一族之内存在着富者奴役贫者的现实，那么，就不能不有更进一步的规定——“族中贫者为富者服役，倘行辈过高，不得以寻常僮仆一例视之，以示区别”[6]。可见，贫而行辈虽高（尊者），也必须服从富者，虽然有不能以一般僮仆对待这样一点点“温情”，却是为了保障剥削。王侃《商岩傅君传》记载，傅商岩家有八口，后食指日

1 《芳田高氏族谱》卷一，《家训述言》。
2 《云阳涂氏族谱》卷一一，《家训》。
3 《陈氏宗谱》卷一，《家规》。
4 《陈氏宗谱》卷一，《家规》。
5 《敕旌义门王氏族谱》卷六，《宗约》。
6 《云阳涂氏族谱》卷一一，《族范志》。

繁，负债日重，“乃谋货其田，族人某愿以重值得之，而又留耕其田，使勿他徙”[1]。傅商岿沦为同族富人佃农，只落得“勿使他徙”，照额纳租而已。有的族规因此而规定“重田主”，其内容是：

> 自己无田而佃田耕种，照额纳租，亦可谓于人无求。倘逢岁歉，自有乡例可循。田主当然减让。不可如无耻下农，恃顽抗租，或霸庄不徙，驯致缠讼公庭，岂惟受辱，耕稼之人，一经累讼，废业破家，在俄顷间。且声名一坏，乡里鄙夷，势将无田可耕，难免冻馁之虞矣。[2]

由此可见，族内纠葛讦讼，其中也包括有佃农与地主的纠纷。作为“家训”，则要求佃农照额纳租，不得顽抗，更不得兴讼。另一方面，对地主，“家训”则教导要“习勤劳”。所谓“习勤劳”，乃是：

> 富者有人服役，颐指气使，往往即于晏安，不知钱谷之出纳，租息之增减，何一不需筹画？佃农之课，雇佣之役，不历历钩稽，则怠者不敬，劳者无功，未有不相率而归乎惰，百事废弛，害有不可胜言者也。[3]

在同一“家训”中，对地主、佃农如此明白地开导，再结合他如“安本分”“睦宗族”等有关规定，宗族制度之在于保障地主对农民的剥削与统治，真是洞若观火了。反之，族人若是不听家训，擅自兴讼，族长则不问是非，有权重责。云阳涂氏规定：

1 《傅氏宗谱》卷一〇。

2 《云阳涂氏族谱》卷一一，《家训志》。

3 《云阳涂氏族谱》卷一一，《家训志》。

族人有田土坟墓钱债等项轇轕，或口角微嫌，须入祠凭族、房长公同理论，不得擅兴词讼。其有不遵处理者，或反言相加者，族、房长得出名禀究[1]。

洞庭严氏规定：

各支如有田土钱债细故争执，不得遽行兴讼，先宜禀达族长支长，相约谒祠理讲，毋得偏袒。如理讲不服，始可到官告理[2]。

如果“不遍告各支长而竟告官者，无论曲直，必传至祠内重责重罚”[3]。有的甚至干脆规定族长的判决是最后的判决，不准告官。宣称“族规”有如“王者治天下”的“纪纲”的陈氏便规定，“族中或有故相争，必各据实呈词禀明宗祠，祠主定期约同族尊、族贤及近邻佑……询其巅末，代为排解，如退后有言，擅敢兴讼者，祠主责治，公议量罚”[4]。“族规”中的这些条文，规定了族长、房长对族人的诉讼司法判决权，虽然有“公议”的规定，实际上却是族长一人说了算。例如，王重“主持宗政二十余年，凡同室有嫌怨，及与异姓相争，公片言折服，族人无有以片纸入公门者”[5]。姚荔香“数十年经理族事，整肃公平，每判曲直，不过一二语，人咸服其当”[6]。既然族长“片言折服”，“每判不过一

1 《云阳涂氏族谱》卷一一，《族范志》。
2 《严氏族谱》卷一二，《族规》。
3 《竹溪沈氏家乘》卷七，《祠规》。
4 《陈氏宗谱》卷二，《宗约》。
5 《敕旌义门王氏族谱·补行事二·王重传》。
6 《桐城麻溪姚氏族谱·姚氏先德传·义行》。

二语”，那么，所谓“公议”就只不过是徒具形式罢了。族长所拥有的这种“田土钱债”的判决权，其中当然也包括地主和农民的纠纷。

自然，在“族规”中也有富不欺贫、贵不傲贱、强不凌弱、众不暴寡的规定，以及要求富者念族中贫者“乃一气所生”，应不吝“恤族”，等等，然而，其能如此行事者并不多。乾隆初任大学士兼吏部尚书的朱轼，自述其本族的情况说：“比闻吾乡连年歉收，族中枵腹待毙者，十之一二，而仓庾陈朽、闲而不发者，亦间有之。噫！何其忍也！”尽管朱轼说他“所以劝勉族人者，为贫者计，实为富人计也”[1]，富者也无动于衷。富者“恤族”固属少见，横遭迫害者则往往是贫者。刑科题本档案，有四川定远县陈进伟打死族弟陈进葵（二人同曾祖父）一案，其经过简单说来是这样：陈进葵是雇农，族兄陈进伟“引他到（陈进伟）妹夫胡正纲家做长工，每年工银四两”。胡家拖欠工银不给，陈进葵牵走胡家马一匹，想以此讨还工银，当即被追回。胡家将陈进葵交陈进伟管束。陈进伟“报族长陈泽林等理论，欲行送官究治”。陈进葵不服，为自己申辩说：“原因是工银牵马，你们不替我做主，若说是偷的，你们就是同伙。”陈进伟便大发雷霆，说他“泼赖”，将族弟雇农陈进葵打死。雇农与地主发生争执，曲在地主，反被族兄打死，“恤族”又从何谈起！

第三，宣扬恪遵封建政府的法令，族人为“盗贼”者可以处以死刑。《芳田高氏族谱·家训述言》规定：“无犯国法也。”《陈氏宗谱·惩恶》云：“强盗劫人，罪甘立决；贼犯三次，亦当缄首，此国法也。而家中亦断不可恕。今而后，若子孙有不幸而犯此者，或鸣官而置之死地，或重责而摒之远方，各随其轻重以处之。父母回护者同咎。”《云阳涂氏族谱·族范志》规定：“族中子弟有交

1 贺长龄等辑：《清经世文编》卷五八，朱轼《与族人书》。

结非人、奸宄不法、流入败类者，应令人祠从重惩责；如不悛改，联名禀官究治。”即使是因穷困所迫铤而走险者，也绝不宽贷。宗法制度成为控制族人不得触犯封建统治的强有力的基层组织。

第四，保障封建国家赋税的征收。他们说，“国赋非私债可比”，“完粮纳税，国课为先”，须“照限早完”，断不可“比例于顽户”[1]。常州张氏更从封建国家保护地主的关系来说明早完国课的重要意义：

> 朝廷之取钱粮也，非以入私帑也。文武之俸出于是，士卒之养出于是，驱逐寇兵之用出于是。取之百姓者，还百姓用之，故百姓得以从容安乐，以成其耕耨，以享其安饱也。此何必劳官府之催征，衙役之追促哉！世有拖欠，以希宥赦，欺侵以饱私囊者，必不容于天地鬼神。凡我宗族，夏熟秋成，及期完纳，毋累官私焉，实亦忠之一端也，而实保家之道也。[2]

在清代，摊丁入亩征收钱粮，地主称为“粮户”“绅粮”(自耕农也要交赋税)。张氏《家规》把完纳国课与否提高到“忠君”的标准之一，并说明国课的用途是保地主之家所必需。这两点认识，使有的族长、房长在族中有人拖欠国课时，甘愿代输。例如，王和一在康熙年间被“族人推为分正（房长）十余年，每有难处必多调解。房弟某逋赋累积，公以脯金代偿”[3]。

为了使族人对族规知晓明白，还有定期宣讲的规定。湖北黄冈大族“邓一隆，字瑞林，家世友孝，一隆尤恭谨勤俭，着家规十六条，家训四十三章，岁二次，集男女序班会讲”[4]。

1 《敕旌义门王氏族谱》卷六，《宗约》。

2 《张氏宗谱》卷二，《家规》。

3 《敕旌义门王氏族谱》卷九，《王和一传》。

4 光绪《黄州府志》卷二三，《孝友》。

综上所述，以族长为代表的封建家长制族权，通过宗族制度，凭借“族规”，竭力维护地主阶级对农民的剥削，维护封建国家的法令和封建统治。

## 四 “祠堂”与“义田”

作为宗族制度的又一重要组成部分，是祠堂。张履祥说：“今欲萃人心，莫大于敦本族；欲敦本族，莫急于建祠堂。”[1]巨宗世族除有祖祠外，往往还有支祠。

祠堂的意义主要有三个方面：

第一，祠堂之设，本为供奉祖先牌位，春秋祭祀，因此又称“家庙”，是一族的象征。祭祀祖先是“敬宗收族”的重要典仪。任荣守说：“古者庶人无庙，祭则于寝，后世因之而聚族者，复共立祠堂以奉开族之祖，所以展孝思而敦族谊也……祠之于人道者如是，故曰君子将营室，宗庙为先。”[2]祭祀祖先是聚族敦宗的手段，十分隆重。春秋大祭，其制极严，以明“慎终追远”（慎终者，丧尽其礼；追远者，祭尽其诚），并序尊卑。一般由族长主祭，当日“阖族晨兴齐集于祭所，随班次行礼”，“尊者在前，卑者在后，务整齐严肃，如祖考临之在上，不可戏谑谈笑，参差不齐”[3]。有官爵者必须官服，其他人也必须衣冠整肃，“其短衣赤足者，不得列班行礼”[4]。这样的规定，便把不少农民和其他劳动者排斥于祀祖之外了。祭毕会食，名曰“享胙”，也是“伦序秩然毋紊”。通过如此繁文缛节而又严肃的祭祀活动，是为了把礼教所规定的典仪充分展示于族人，“木本水源之思，油然而生”，受到

1 贺长龄等辑：《清经世文编》卷六六，张履祥《家堂》。

2 《芳田高氏族谱·高氏重建祠宇记》。

3 《京江王氏世谱》卷上，《祭约》。

4 《云阳涂氏族谱》卷一二，《祠规》。

人伦孝悌的教育，即所谓“家庙之设，上以对越祖考，下以联属宗族，一举而孝悌慈之道备焉”[1]。

第二，祠堂又是执行家法和族人会集的场所，因而又称“公堂”。沈氏《祠规》规定：“凡有族中公务，族长传集子姓于家庙，务期公正和平商酌妥协。”祠堂也是宣讲圣旨，接待宾朋的处所。[2]尤其是在对族人施行家法时，必在祠堂执行。“族长传单通知合族，会集家庙，告于祖宗，家谱削去名字，祠墓不许与祭。此外凡有一过失，另当酌其轻重，以示罚。”[3]《严氏族谱·族规》规定：“各房如有大不孝者，其父母告于族长，复经合族查明，均无异词，乃告于祖庙，告于官厅，以正其罪。”有的甚至规定事无巨细，如兄弟“辱骂斗殴”“妯娌不和”，“均令入祠惩罚”。这样，祠堂俨然有如官府衙门。

第三，义学一般设在祠堂，以培养本族子弟。“学堂设在家庙偏房，以便蒙师奉祀祖先香灯。”蒙师由族长、房长公同择族中“品学兼优”者聘请，束讨由“义田”收租支付，“凡族中子弟入学，不另具讨金供膳等费，外姓不得与入”[4]。培养子弟就学，是希望他们将来入仕做官，这不仅是为了光宗耀祖，而且也是为了将来报本，捐资购置族田，使族人兴旺。归衡《书田规条约后》说：“凡子弟自童年入塾，而后岁给银若干，赴试者助费若干……其有登仕版，膺外任者，酌量廉俸厚薄，捐银置产。”[5]一般情况，大约是“游庠序者捐银一两，贡监捐银二两，乡试中式捐银四两，会试中式捐银六两，鼎甲捐银十六两，翰铨科道捐银十二两，初选京职及县令捐银十两，凡升转捐银十两，至开府

1 《竹溪沈氏家乘》卷七，《祠规》。

2 参见《云阳涂氏族谱》卷一二，《祠堂碑记》。

3 《竹溪沈氏家乘》卷七，《祠规》。

4 湖南郴阳《陈氏族谱·创立义学记》。

5 《京兆归氏世谱》，第4，《义庄志》。

捐银五十两”[1]。这是专指续置祭产而做的规定。购置“义田”所规定的捐银数目，就要高得多。“凡现任四品以上者，岁捐百五十金，七品以上者百金，佐贰减半……有力者听其自便。”[2]所有捐银，统统用来购置祀田和义田，希望由此积累不已，族大祠富，宗族昌炽。

祠堂既然具有以上所述的多种功能，因而在建筑规制方面也有一定的讲究和程式，以适应各种功能的需要。总的说来，族不论大小，必须是“祠堂礼尊而貌严”[3]。大族祠堂构建的形式是，“上建龛堂，所以安神主而序昭穆也；中树厅事，所以齐子孙而肃跪拜也；前列回楼，所以接宾朋而讲圣旨也；左右两庑，所以进子弟而习诗书也”[4]。巨室大宗的祠堂，规制宏大，富丽堂皇，耗费巨大，他们“建立祠堂，衒耀乡邻，以示贵异”[5]。

有祠必有田，二者缺一不可。张永铨《先祠记》[6]说:“祠堂者，敬宗者也。义田者，收族者也。祖宗之神依于主，主则依于祠堂，无祠则无以妥亡者。子姓之生依于食，食则给于田，无田则无以保生者。故祠堂与义田并重而不可偏废者也。”“义田”是宗族制度的重要组成部分，是“敬宗收族”的物质基础，也是族权的物质基础。

“义田”来源有三——“或独出于子孙之仕宦者，或独出于子孙之殷富者，或祠下子孙伙议公出者”[7]。清政府规定，捐田赡族，由巡抚“造具事实清册送（礼）部”，由礼部题请皇帝照例予

1 《竹溪沈氏家乘》卷七，《续置祭产》。
2 《竹溪沈氏家乘》卷七，《义庄》。
3 《芳田高氏族谱》卷一，《公祠分祠总记》。
4 《云阳涂氏族谱》卷一二，《祠堂碑记》。
5 贺长龄等辑：《清经世文编》卷六六，陆耀《祠堂示长子》。
6 见贺长龄等辑：《清经世文编》卷六六。
7 《严氏族谱》卷一二，刘鸿翱《杜盗祭款立碣记》。

旌。其所捐产值银千两者。由地方官给银三十两建坊，并给“乐善好施”字样。在清政府的鼓励提倡下，一些大族的“义田”动辄以千亩计，而有的人一次捐田赡族也是数百成千亩，如陈起良“分家私之业，为公族之产，以禾田二百四十余石，立方义田，刊碑家庙”[1]；长洲陆豫斋“割遗产五百亩，为赡族之资”[2]；庐江章氏“捐田三千亩赡族”[3]。

数量庞大的“义田”，是在族长的统率下，一般设有专人管理，有的由族中“殷实廉能者任之”，有的则是“由族中有科各者掌之”[4]，因此为地主官绅所把持。

按规定“义田”是用于“周恤鳏寡孤独废疾贫乏”的族人，“孤儿寡妇以贫守节，不论年之老少，俱宜分谷”[5]，一般是计人均分。其次，贫困族人，“其婚嫁之失时也，则有财以助之；其寒也，则为之衣；其疾也，则为之药；其死也，则为之殓与埋”[6]。但，所给却十分有限。这种对族人中之贫乏孤独者的小恩小惠，的确在一定程度上缓和了族内的阶级对立，加强了宗族观念。拥有成千亩“义田”的归氏，“族属感之，乡里羡之”[7]，就说明了这一点。

然而，把持在地主官绅手中的“义田”，往往是“有义之名，无义之实”[8]。他们上下其手，借管祠以饱私囊。“夫人于宗祠中往往假公济私，托收管之柄，肆侵蚀之谋。”[9]一些祠产众多的大

1 《陈氏族谱·义田记》。
2 贺长龄等辑：《清经世文编》卷五八，钱大昕《陆氏义庄记》。
3 贺长龄等辑：《清经世文编》卷五八，魏源《庐江章氏义庄记》。
4 《京兆归氏世谱》，第3，《春祭田考》。
5 《陈氏族谱·义田记·义田条规》。
6 《京兆归氏世谱》，第4，《归氏义田记》。
7 《京兆归氏世谱》，第4，《归氏义田记》。
8 《京兆归氏世谱》，第4，《归氏义田记》。
9 《陈氏宗谱》卷四，马晋《继儒公传》。

族，甚至“争祠产而阋墙，则近世巨宗多狃此习，于敬宗之本意乖谬甚矣”[1]。金坛王氏祠产就是“过端百出”，乾隆十七年整顿过一次，但收效不大。乾隆二十四年又不得不重申“各分长及管祠人，矢公矢慎……倘或挟诈行私，恃强梗议，不惟祖宗不佑，定为国法所难容，各宜凛遵，勿贻后悔”[2]。尽管向族长、房长威之以国法，清政府也有“子孙盗祭田五十亩以上，发边远充军。侵蚀祭项与盗卖祭田等”[3]的律文，但也不能制止族长及管祠之侵吞祠产。道光时，江苏苏松常等处太湖水利同知刘鸿翱，曾因太湖严氏族长严昭宇侵吞祠项七百余千（串），特撰《杜盗祭款立碣记》，勒石昭示，严申清政府保护“义田”，保护宗族制度之意。其中说:“丙戌（道光六年），余分守来此，甫下车，即有（洞庭）西山沈氏盗卖祭田一案，立予惩责，追还原物，并给示西山祠堂。越数月，东山严国涛控严昭宇侵亏祠项七百余千。”[4]数月之间，不断发生族长侵盗祠产之事，足见这类事件之多。“祠规”严格规定祠产不得出卖，已成具文，虽再有官府的严禁，也无可奈何，出卖出典祠产之事不胜枚举，族人也只有发出“但愿已卖者，幸得恢复，则先灵亦慰甚矣”，或者“倘能反我汶阳之田，则后嗣幸甚，先灵慰甚”[5]之类的浩叹。这些大量被出卖的祠产，不少被本族地主所兼并。如湖南郴阳陈氏所出卖的大量祠产，均为本族人买去，其中之一为“本族绚房振鳌等承买……自买之后，任凭买主管业，族内众等及原耕之人，不得异言阻滞，其业永不得转卖异姓为准”[6]。所有本族地主兼并的祠产祖地，都有同样的文契，有的并载于族谱。

1 《京兆归氏世谱》第四，李兆洛《昭义归氏祭田书田记》。

2 《敕旌义门王氏族谱》卷六，《管祠议单》。

3 转引自《严氏族谱》卷一二。

4 《严氏族谱》卷一二。

5 《竹溪沈氏家乘》卷七，《墓园》。

6 《陈氏族谱·附刊折卖东湾板桥凤形园土四至》。

然而，有祭祖和赡族之名的“义田”，却更能掩盖对族人佃耕者的剥削。

在清代，一般是“禁祠田，不许族人耕种”。可是，这种规定在康熙初年即已废弛。《安阳杨氏家谱》卷二二《祠规》云：“祠田不许族人耕种，恐拖欠租米，此旧例也。今（康熙三十年）年久禁弛，管祠多容情。”湖南郴阳陈氏就有不少“义田”由本族农民佃耕，如杨柳乡田，“给绂房振兴、振信承批，额租三石”。凤德乡东湾庙前田，“绚房振谱耕作，额租八石正”[1]。族人佃耕祠田，族长同样可以增租夺佃。福建诏安县，杨翰种族内祠田，乾隆二十六年十月，族长对杨翰说“租额太少”，要“每年加租银五钱”。杨翰不允，说：“这田是祖父耕种下来的，为何忽然加租？”于是族长欲夺田另佃。[2]这件档案，还说明了杨翰是祖孙三代都佃耕祠田。本族农民佃耕“义田”，族长及管祠人是以祖宗名义收租，谁敢拖欠？如有拖欠，族长等则以祖宗名义惩治，其规定是，“族人种祠田者，于春祭前一日，管年同族长算明，方许入祠与祭，恃强不服者，祖宗前责治，仍行告理。至有代佃还租，将低米搪塞，更属可诧，祭祠之日指名公究，所以惩梗顽也”[3]。以祭祖赡族的名义收租，自然更能收到粉饰剥削的效果，如果因拖欠祠租而受到惩治，也不会为族人所同情。

## 五　族权与封建政权的结合，宗族为中心组织的寨堡

宗族制度和以族长、房长为代表的族权，在巩固封建统治中

1 《陈氏族谱·各处祭田田丘丈尺四至》。

2 参见乾隆二十七年六月十三日福建巡抚定长题，转引自《清史论丛》第1辑。

3 《安阳杨氏宗谱》卷二二，《大宗管祠年禁约》。

发挥了十分明显的作用。雍正三年四月，清政府在广东肇庆严行保甲法，以“稽查村落”的同时，又根据前顺德知县王念臣奏请立族正，“因议州县有巨堡大村，聚族满百人以上，保甲不能编者，宜选族中品行刚方之人，立为族正，以察族之不肖，徇情者治罪”[1]。族权开始与保甲一样起着基层政权的作用。乾隆初年，江西巡抚陈宏谋，鉴于“江省地方，聚族而居，族各有祠”，决定由政府正式给予族长、房长管束族人的权力，特发布《选举族正族约檄》[2]，谕令所属州县司道，将境内祠堂族长姓名，造册上报，由官府给予“官牌”，将一般“族规”中规定的族长、房长的所有权力，几乎全部“一一列入”。他说：“以族、房之长，奉有官法，以纠察族内子弟，名分既有一定，休戚原自相关，比之异姓之乡约保甲，自然便于觉察，易于约束。”由官府给族长、房长“官牌”，以“奉有官法”而行族权，就使族权具有封建政权的性质，并能收到比保甲更能约束子弟的效果。陈宏谋后来在《寄杨朴园景素书》[3]中说：“昔于江西酌定祠规，列示祠中，选立族正予以化导之责。”可知他的《选举族正族约檄》是贯彻实行了的。其后，闽浙总督钟音于乾隆四十年在福建通令州县选举族正副，“以专责成”[4]，与陈宏谋的做法大体相同。尽管官府给族长、房长“官牌”，只是在少数省份实行，并且也未贯彻始终，如在江西，后来任巡抚的辅德，因大族健讼而反对。乾隆本人也不同意对族长、房长由官府“明假以事权”，但清政府却是竭力扶持宗族制度和族权的，规定“如有不法匪徒，许该族长绅士捆送州县审

1　屠英：道光《肇庆府志》卷二二，《事记》。

2　见贺长龄等辑：《清经世文编》卷五八，《礼政》。

3　见贺长龄等辑：《清经世文编》卷五八，《礼政》。

4《福建省例·户口·议设族正副》（抄本），转引自左云鹏：《祠堂族长族权的形成及其作用试说》，载《历史研究》，1964（5）、（6）。关于清代族权与政权结合过程可参看左文。此文认为族权与政权的结合是在雍正四年，笔者认为在雍正三年。

办”[1]。因此冯桂芬说，当时是“保甲为经，宗族为纬”，二者有如经纬交织而成远至穷乡僻壤的统治网。魏源对此有最清楚的描绘：

> 魏子曰：“天下直省郡国，各得数百族，落落参错县邑间。朝廷复以大宗法联之，俾自教养守卫，则鳏寡孤独废疾者，皆有所养，水旱凶荒有所恃，谣俗有所稽查。余小姓附之，人心维系，盘固而不动，盗贼之患不作矣。”[2]

宗族制度与封建制度有如水乳交融，是当时社会结构的有机组成部分；以族长、房长为代表的族权，其在巩固封建统治中的作用，与封建政权是相辅相成的。在阶级斗争激烈的环境中，当农民起义的时候，以宗族为中心往往组成与农民为敌的寨堡。今从清初、捻军起义、晚清，各举一例，以见一斑。

### （一）福建宁化麻富山李氏麻布峒寨堡

在明清交替之际，全国处于大动荡中。福建宁化地区，各种不同性质的武装力量错综复杂并存。顺治三年，有以黄通为首的抗租斗争发展而成为起义。次年，宁化大族李世熊在“寇兵交江”的动乱形势下，他“热血洒地，腥眼哀时，登坛誓众，设险自雄”，“吾宗皆以寨为家”[3]。由于“贼风大炽，攻城掠邑，在在见告，城守不如寨堡之逸”[4]。于是李氏进一步苦心经营麻布峒寨堡。此寨围以厚达一丈的城墙，筑铳城，三面列铳眼。寨中“建宗祠，凡立宫室先宗庙也”。寨内分五区为正屋，以居本宗；又有一区为店屋，

1 《清宣宗实录》卷一八一，道光十年十二月戊戌。
2 贺长龄等辑：《清经世文编》卷五八，魏源《庐江章氏义庄记》。
3 李世熊：《寇变记》，见《清史资料》，第1辑。
4 李世熊：《寇变记》，见《清史资料》，第1辑。

以居客商。寨中有七条街，屋皆面街，便于有警迅速登城。城的东西南北四向，建屋一百三十八，屋为三层，高接城墙，“有警登城，如就寝闼也”[1]。此屋以居农户。李氏属下农民，是守寨的第一线兵力。又立“征饷之法”，通计征银二千二百余两。每当“流寇突至”，堡兵发铳与“贼战”，出战时，有旗帜[2]，俨然官军。

### （二）山东滕县生氏昭阳湖心水寨

咸丰十一年，捻军大队至山东滕县境。滕县县令下令“邦人宜各自为战”。生氏族人生保先与周脊西受县令命为统率，“乃集一方骁桀子弟，得千余人，以兵法部勒之”，终日操练阵法。“或告曰：‘淮之捻至矣。’部勒请曰：‘公（生保先）善谋，我作气，请御之。’公曰：‘止！彼众我寡，奚可哉？计昭阳湖心可容数千家……我统一方家属而介乎其中，麇舟以守，飞将军不能渡也。’众曰：‘善。’贼数至，不敢犯，而一方人卒无恙。”[3]以生氏族人为主的昭阳湖水心寨，成为与捻军对敌的顽强势力。至于安徽许多地方的大族，“率族人团练”，以抗击太平军，一族死者多至两三百人，早已有同志为文论及，不再复述。

### （三）四川云阳涂氏磐石城寨

磐石城寨“成于乱世”，是在与农民起义对抗中修筑成顽固堡垒的。嘉庆初年，白莲教起义军转战于川东北。地处三峡入口的云阳涂氏，“族人相聚而保焉”。同治初，“滇寇犯境，族人又相聚而保焉”，但其时“防御之具俱疏”。至清末民国初，“盗氛既张，劫掠攻击之术越演越奇，于是修筑磐石城之议以起”。此寨建于山巅，城高下二十余丈，楼高而不露炮位，守望所咸扼要而适

1　李世熊：《寇变记》，见《清史资料》，第 1 辑。
2　李世熊：《寇变记》，见《清史资料》，第 1 辑。
3 《滕县生氏族谱》卷四，《生有言（先保先）传》。

宜，整个寨堡“坚实巩固”，如碉堡要塞。涂氏聚族居于寨中（未入者环磐石城而居，便于有警随时入寨），也容戚友避居。其《寨约》二十一条，反映了当时宗族寨堡的严密组织。设寨务总理一人，参议四人，“综理平时及防守一切事宜”。寨内壮丁全部军队编制，分队守卫各炮台及寨门，以及巡城，由各级指挥统率防御，昼夜轮岗值门。有庶务经理寨务经费，保管枪械弹药。又有征课之法，“重大工程则由阖族集款兴建”。“族外人不许在寨内起屋”，“寨内居人对于本寨禁令惩罚，有绝对服从之义务”[1]。磐石城的建筑及其严密的组织管理，被人吹谀为农民军无法攻克的堡垒。溥儒《题磐石城》云:“黄巾犹未息，白马当纵横。缚地江为堑。连山玉作城。悬军能守险，群盗殚加兵。割据无成事，空劳战伐名。”[2]这首题诗，说明了以宗族为中心组织的寨堡，是专与农民的抗争为敌，而不是为了对统治阶级的政权割据，故其《寨约》规定，“本寨只居避乱之人。若有官案情事重大者，不许避入寨内，已入者令其即时离寨”[3]。

通观以上不同时期的三砦，对以宗族为中心组织的寨堡，在有清一代的情况，大体上可以有一个梗概的了解。

## 六　强宗巨族与封建政权的矛盾、族人的反抗斗争

在封建统治阶级的扶持与倡导之下，宗族制度在清代有了很大的发展，族权在巩固封建统治和加强地主对农民的控制方面，都发挥了很大的作用。但是，对封建统治者来说，事情并不尽如

1 《云阳涂氏族谱》卷一八，《修建磐石城门记》，《寨约》。
2 《云阳涂氏族谱》卷一八，《修建磐石城门记》，《寨约》。
3 《云阳涂氏族谱》卷一八，《修建磐石城门记》，《寨约》。

人意。宗族组织的发展与封建统治在某些方面或某些时候，也有矛盾，这就是乾隆帝和某些地方大吏主张一定程度压制强宗巨族的原因。

强宗巨族与封建统治的矛盾，主要有以下几方面：

第一，大族往往就是强大的地方势力。他们族众人多，源远流长，在当地居于举足轻重的地位，“其耳目好尚，衣冠奢俭，恒足以树齐民之望而转移其风俗”[1]，可以影响一方。由豪绅地主任族长而控制的巨族，“或因祠富而恣横，或恃族业豪富，因兆衅构讼”[2]。乾隆二十九年，江西巡抚辅德在《请禁祠宇流弊疏》中，指出巨室强宗的弊端有：其一，“祠堂有费，实为健讼之资”，因而健讼、缠讼不止，“讼案繁多”，形成“刁风”，流弊不可胜言；其二，大族所建之祠，“栋宇辉煌，规模宏敞”，成为“歇讼聚赌，窝匪藏奸，不可究诘”的渊薮，“近于省城祠中，复经拿获私铸案犯”；其三，“但系同府同省之同姓，即所敛金钱，修建祠堂”，“或联络于童生应考之时，或奔走于农民收割之后”[3]，他们八方联系，人多势众，一呼众应。辅德于是通饬所属，严令祠堂只准建于本乡本村，其在外府、省会的祠堂，“将其屋宇入官，或作堆铺，或给未建衙署之官弁居住”，“或令改作平房铺面”[4]。辅德采取了断然毁祠措施。其实，巨室强宗借联宗通谱，以树势力，顾炎武早就指出：“近日南北皆尚通谱，最为滥杂，其实皆植党营私，为蠹国害民之事，宜为之禁。”[5]乾隆帝也说：“各处族正鲜有守法之人……此等所举族正，皆系绅衿土

1 贺长龄等辑：《清经世文编》卷五八，张海珊《聚民论》。

2 《京兆归氏世谱》第四，《义庄志·昭文归氏义田书田记》。

3 贺长龄等辑：《清经世文编》卷五八，张海珊《聚民论》，辅德《请禁祠宇流弊疏》。

4 贺长龄等辑：《清经世文编》卷五八，张海珊《聚民论》，辅德《请禁祠宇流弊疏》。

5 顾炎武：《日知录》卷二三，《通谱》。

豪，若明假以事权，必使倚仗声势，武断乡曲，甚至挟嫌诬首及顽凶抵命，何不可为？”[1]因此对大族恣横、武断乡曲和使官府“拖累”的刁风，清政府又是加以压抑的。

第二，宗族组织和宗族观念的强化，会形成相当的内聚力量，对族外往往行动一致。尤其是族长等人的动向，可以得到多数族人自觉或被迫的响应。顺治二年，清军曾遇到江南大族的抵抗。溧阳大族周姓，有子姓千余人。清军渡江后，周元质“遂聚族中子姓谋曰：‘我等食国（明）恩三百余年，今天下大乱，乘舆播迁，强胡窥鼎江南，土地尽污腥膻。我欲以匹夫兴义勤王，公等亦有同志者乎？’众皆诺。爰集同姓百余人，盟于家庙，歃血毕，共推元质为主，四方好义者多归之”[2]。以周姓族人为中心的这支抗清队伍，被称为“周兵”，他们与清军浴血奋战，周元质死于阵。

当时局动荡，一些大族也乘机而起，横行一方，官府不能治。皖北捻军初起，负责指挥清军镇压捻军的在籍广西巡抚周天爵说：“梁园西北七十里，有谢家大姓，族中不下千余户，聚集匪人，招纳亡命，联络数十村庄，以傅四老虎为首，抢劫焚杀之案，不可胜数。”[3]接替周天爵的袁三甲也说：“定远附近大族，如雍、张、朱、单等姓，现请具结改过，立功赎罪，而恶习既深，现难遽改。”[4]可见，在一定条件下，大族与清政府的矛盾还会发展到相当尖锐的程度。

第三，大族恣横的又一表现，是大族之间的械斗。由于不少“族规”中都有族人与外姓发生纠纷，如是本族人受屈，当为一臂之助的规定，加之宗族观念的束缚，不同姓氏的族人之间的纠纷，便往往引起械斗。此风在福建、广东、江西等省更甚。“漳、泉

---

1 《清高宗实录》卷一三三五，乾隆五十四年七月庚戌。

2 周廷英：《濑江纪事本末》，见《清史资料》，第1辑。

3 《钦定剿平捻匪方略》卷三。

4 《钦定剿平捻匪方略》卷六。

械斗，多起于公田公佃，祖孙父子久假不归之租。”[1]械斗有如“打冤家”，它会反过来加强宗族观念，把对方视为“冤家”，从而模糊农民的阶级意识。但是，大规模械斗，酝成命案，也造成了封建统治秩序的大问题，这也是清政府所不能容许的。乾隆帝曾下令：“着在京总理事务大臣传谕永宁（福建布政使）：‘闽省民风尚未淳厚，如漳、泉俗悍民刁，最称难治……其他如长泰之相验抗官，南靖之争地械斗。种种不法，实多骄肆，各郡皆然，亟宜随时整顿。’”[2]

既然宗族组织在一定条件下，也会同封建统治发生矛盾，清政府自然也就要对大族的过分发展及其横恣，加以控制，甚至打击。前述辅德在江西的毁祠，其出发点是，把一姓宗族组织限制在本乡本土，严格以纲常名教为规范；对强宗巨室超越乡土的发展，则加以打击，严拿“讼棍磐据，及窝匪窝赌”等犯治罪。再证以清政府一方面大力扶持宗族制度，同时乾隆帝又有不许大族“武断乡曲”“亟宜随时整顿”的谕令。那么，辅德在江西的做法，可以说是清政府对宗族组织的基本方针。

在清代，农民抗租斗争风起云涌。尽管宗族制度力图把族内斗争消融在血缘关系和纲常名教之中，但严酷的剥削现实，使抗租斗争在宗族内部同样展开。江西新城“佃户多族人，负欠有至十年不偿者，通计不下万石”[3]，足见族人抗租的普遍。一族之内的抗租斗争，甚至发生人命。刑科题本档案，保留有不少这方面的资料。其中有地主逞凶打死佃农，也有佃农被迫得走投无路而杀死地主。前者如浙江江山县地主徐顺杀死族弟佃农徐舍价，就是因为徐舍价租种徐顺田，“欠租未楚”。康熙五十八年稻熟时，徐顺将稻割归，徐舍价喊骂，徐顺用刀“戳舍价胸膛，移时殒

1　陈盛韶：《问俗录》卷六，鹿港管事。

2《清高宗实录》卷二九五，乾隆十二年七月壬子。

3　刘昌岳：同治《新城县志》卷一〇，《善士》。

命”[1]。后者如河南邓州佃农周朝杀死族兄地主周庭。周朝佃种周庭地一顷，“因家里穷困，没有工料，以致收成歉薄”，欠租欠债。乾隆三十七年麦收后，周庭将麦全部收走抵债。周朝“再四恳留几斗吃用，周庭不依，还立逼小的（周朝）退地”。周朝“心里气忿，原时常骂周庭刻薄利害”，“想起被他逼勒退地的事，将来总要饿死，不如把他杀死”，因乘周庭在槐树下睡觉之机，将其杀死。[2]这类案件，各省都有。

在激烈的阶级斗争中，甚至有时会引起一个大族的分裂。宗族组织有时也成为农民斗争的手段。

顺治三年，福建宁化黄通领导的抗租斗争，就使黄姓大族分裂。“（黄）通本在城巨族，其祖迁居留猪坑。”通父黄流名“祭祖归宗”，为族人黄振所杀，“族人计无所出，乃毁祖庙，投流名尸爇之，若为焚死者”。黄通鸣官控诉，讼久未决，“于是黄通始与其族构不解，凡黄族田产附近留猪坑者，通皆据而有之，思大集党羽，乃创较桶之说。盖邑以二十升为一桶，曰租桶；及粜则桶一十六升，曰衙桶，沿为例。通唱谕诸乡，凡纳租悉以十六升为率，一切移耕、冬牲、豆粿、送仓诸例皆罢，乡民欢声雷动，归通惟恐后”。“词讼不复关有司，咸取决于通……由此城中大户与诸乡佃丁相嫉如仇。会黄族复毁通父流名之骨而夷其墓”，于是黄通组织“田兵”，设千总、把总，由抗租发展成为起义。黄通率“田兵”攻破宁化城，“通等乃杀仇掠富，诸佃客各快极其睚眦，焚城外园馆几尽，携（摧）坠城垣十数丈，抬去佛狼机二门，破城中资财不可算”[3]。黄通领导的抗租起义，很快就引发了与宁化

1 中国人民大学清史研究所编：《康雍乾时期城乡人民反抗斗争资料》，中华书局，1979，第 54 页。

2 中国人民大学清史研究所编：《康雍乾时期城乡人民反抗斗争资料》，中华书局，1979，第 23~24 页。

3 李世熊：《寇变记》，见《清史资料》，第 1 辑。

相邻的江西石城等县的农民斗争。同治《宁都直隶州志》卷一四《武事》载："按田兵之起，始于汀州留猪坑名黄通……嗣是而石城之吴万乾效之，瑞金之张胜又效之，蔓延及于阳都矣。"道光《石城县志》记载，吴万乾领导的"田兵"被镇压下去后，"波害一族，子灭家抄，身戮族辱"。可见，吴万乾在组织田兵抗租时，也利用了宗族组织，封建统治阶级残酷杀害了他一家，又株连及于一族。此外，如福建邵武"南乡人杜正祈与其族（杜）正连桀骜不法，结无赖于数人屡与田主构难"。他们组织"铁尺会"，"党渐众，遂阴蓄异谋，人给一铁尺，号铁尺会，竖旗将为乱，知府沈克昌侦之，遣知县郎芬乘其未萌捕治"[1]。这也是农民利用宗族组织进行斗争。当然，最为人们所熟知的是捻军领袖张乐行，《涡阳县志》说他"即《后汉书》所谓豪家屯聚宗贼者也"[2]。张乐行被称为"宗贼"，其族人参加捻军之多由此可见。

历史是极其复杂的。也有这种情况，在同一事件中，宗族组织既保护地主，同时农民也用以抗击地主，这在两族之间的斗争有时就是如此。如乾隆十六年，福建同安康、李二姓部分族人争斗，起因是佃农康报历年积欠李家钱粮，李家要夺佃，康报乃约集本族十余人各执刀械赶来与李姓寻斗，李姓也喊集本族十余人各执扁挑草刀，双方发生械斗，李姓有人重伤而死。[3]

上述事实说明，宗族内部既然存在着严重的阶级对立，阶级矛盾和阶级斗争也就不会因为有族权的统制而化为乌有。封建统治阶级所鼓吹而又热烈向往的那种"合千百人之心为一心"的"笃卜伦""敦族谊"，也只不过是一厢情愿而已。

宗族制度是封建地域性组织，它以血缘关系为纽带，奠基在

1　王琛：光绪《邵武府志》卷一三，《寇警》。

2　石成之：同治《涡阳县志》卷一六，《兵事》。

3　参见中国人民大学清史研究所编：《康雍乾时期城乡人民反抗斗争资料》，第106页。

小生产的闭塞的自然经济之上，存在了许多世纪。资本主义商品经济的发展，是冲击闭塞的、狭隘的宗族组织的强大力量。由商品生产而建立起来的广泛的商业联系，斩断了血缘纽带关系。马克思说："资产阶级在它已经取得了统治的地方把一切封建的、宗法的和田园诗般的关系都破坏了。它无情地斩断了把人们束缚于天然首长的形形色色的封建羁绊。"[1]在我国，宗族制度一直存在到中华人民共和国成立前，它是随着旧中国的覆亡才与之同归于尽的。

(原载《清史论丛》，第 4 辑，中华书局，1982)

1 《马克思恩格斯选集》，第 1 卷，第 274~275 页。

# 英使马戛尔尼来华探析

乾隆五十八年，英国政府以为乾隆帝补祝八十寿辰之名（乾隆帝生于康熙五十年八月十三日，即1711年9月25日，其八十岁应是乾隆五十五年，即1790年），派出以马戛尔尼为首的使团来华。这是英国政府派出的第一个正式访华使团，是中英关系史上的一件大事。历史学家对二百年前的往事进行反思，抚今追昔，以期能给予准确的评论。

历史的观点是史学研究的基本观点。不言而喻，对重要历史事件的阐述应该将其置于所发生的历史环境中来观察。

## 一　马戛尔尼使团来华前中英双方的几次接触

二百年前，中英正式通使是东西方不同社会经济结构与不同文化传统在高层次上的相遇。在此之前，英国曾多次想打开中国的门户，中英双方已有过直接或间接的接触。

英国是当时西方头等强国。17世纪40年代英国发生了资产阶级革命，18世纪60年代以后又进入了“产业革命”时期。英国很快成为当时世界上经济实力最强大的国家，作为“大海的君主”，英国舰队驰骋于世界各大洋，开拓市场和殖民地，他们所追求的是——“只有一个世界，一个他们可以自由行动和经商的世界”[1]。“到远东各国从事贸易一向是受到历代英王的鼓励和支持的。”英国组织了东印度公司垄断对东方的贸易，占领了印度，而英国急于打开中国的门户，则可追溯到17世纪30年代。

1635年，英国商人威廉·科腾（又译仆卡特）组织“科腾商团”，英王查理一世颁发给他们执照，允许他们在东印度公司未曾到过的东方各地贸易。1636年4月，由船长约翰·威德尔（又译作温戴尔）指挥的“科腾商团”的四艘武装商船舰队从英国起航，于次年6月27日抵达澳门附近的横琴岛。当时已经侵占我国澳门的葡萄牙人不允许英国人上岸，而中国政府则是严禁外国船只到广州的。早在明嘉靖年间，广州城门便榜示着皇帝的敕令：“永不许胡须大眼夷人进入国境。”[2]“但是英国人仍然决心试探到广州的水路”，他们不顾明朝政府的禁令，武装闯入虎门。8月12日，英国武装商船舰队同中国驻军发生冲突，“英国船只立即悬起战旗，开锚驶向（中国）堡垒附近。堡垒内炮火也同时向英船加以射击”。英国商船遇到中国卫戍部队的坚决抵抗，于是“把炮调到岸上摧毁一切东西，毫无阻碍地占领了那个堡垒，悬挂起英国国旗”[3]，公然侵占中国领土。《明史·和兰传》记载这件事说：“（崇祯）十年，驾四舶，由虎门薄[4]广州，声言求市。”事后，英国派出罗宾逊等三人到广州谈判，他们携带大量金钱准备购买货物，“此中有一万（里耳）为馈送（中国）官吏之用”[5]。罗宾逊等“招摇市上，奸民视之若金穴”[6]。但是，重金

1 佩雷菲特：《停滞的帝国——两个世界撞击》，第14页。

2 戴裔煊：《〈明史·佛郎机传〉笺正》，第61页。

3 参看马士：《东印度公司对华贸易编年史》（亦译《东印度公司对华贸易纪事》）卷一，第19页；译文据张星烺编注：《中外交通史料汇编》，第2册，第555页。又见斯当东：《英使谒见乾隆纪实》，第19~21页。

4 “薄”，此处作“薄伐”解，攻击的意思。

5 马士：《东印度公司对华贸易编年史》卷一，第21页；译文据张星烺编注：《中西交通史料汇编》，第2册，第555页。

6 《明史》卷三二五，《和兰传》。

贿赂收买中国官吏的事情很快败露；加上葡萄牙人嫉妒英国人怕其成功，从中破坏，于是三个英国人被软禁在广州。英国海盗商船舰队司令威德尔公然决定再次向中国发动侵略攻击，施加军事压力，迫使中国“优待三商人及英船”[1]。于是在珠江上劫掠焚毁中国船只，“上岸纵火，焚毁小市一处”[2]，对沿岸居民大肆劫掠。9 月 27 日，英国侵略者占领虎门炮台，于次日将其全部炸毁。面对英国肆无忌惮的武装侵略，中国方面不得不积极调集军队，“大舰队自福建驶来以攻击英舰”[3]。在这种形势下，威德尔被迫于 9 月 27 日驶抵澳门。后经葡萄牙人从中调停，中国释放了三名英国人及其银钱货物，但规定“英商永远不许再来广州”[4]。

以上就是中英两国第一次正式接触。英国殖民主义者企图用武力打开中国门户的第一次尝试虽然失败了，然而，英国资产阶级并不甘心，他们甚至计划占领中国的海南岛作为对华贸易的基地。[5]

1644 年，清王朝建立后，实行比明王朝更为严厉的闭关政策。郑成功在台湾抗清期间，清政府规定“片板不准下海”。康熙二十二年，清政府统一了台湾，次年下令开放海禁，指定广州、漳州、宁波、云台山四个口岸对外国通商。广州是对外贸易的集中地。1699 年，英国在广州建立了商馆，从此英国到广州的商船日益增多。

---

1　马士：《东印度公司对华贸易编年史》卷一，第 22 页；译文据张星烺编注：《中西交通史料汇编》，第 2 册，第 557 页。

2　马士：《东印度公司对华贸易编年史》卷一，第 23 页；译文见张星烺编注：《中西交通史料汇编》，第 2 册，第 557 页。

3　马士：《东印度公司对华贸易编年史》卷一，第 23 页；译文见张星烺编注：《中西交通史料汇编》，第 2 册，第 557 页。

4　马士：《东印度公司对华贸易编年史》卷一，第 24 页；译文见张星烺编注：《中西交通史料汇编》，第 2 册，第 558 页。

5　参见马士：《东印度公司对华贸易编年史》卷一，第 27 页；译文见张星烺编注：《中西交通史料汇编》，第 2 册，第 509 页。

清政府虽然允许小规模的对外贸易，但仍然厉行闭关政策，这是由当时中国是以农业和家庭手工业相结合的自给自足的封建自然经济占统治地位决定的。英国资产阶级也觉察到这一点。他们说："在必需品上——虽然不是奢侈品上——可以自给，因此中国政府绝不重视对外贸易，认为可以随意限制对外贸易。"[1]同时，满族统治者对于汉族人民防范甚严，惧怕外国人支持汉族人民反抗清朝的活动。清政府"由于这种原因，外国人才被禁止同中国人有任何来往，要来往只有通过离北京和产茶区很远的一个城市广州。外国人要做生意，也只限和行商进行交易；政府特许这些商人有做洋货生意的特权，用这种方法阻止其余的臣民同它所仇视的外国人发生任何接触"[2]。清政府认为必须"严华夷之大防"，因此，在对外贸易中实行公行制度，由政府指定少数商人设立"牙行"，从事进出口贸易，又称行商。清政府规定，西方商人不得与中国民人直接交易，所携货物必须由行商代售；外商采购中国商品，亦由行商代购。行商之上有粤海关管理监督。这种贸易体制，无疑是严重阻碍了中外贸易的扩大，不能适应西方尤其是英国急于扩大对华贸易，向中国大量输入商品的愿望。同时，西方商人受到粤海关和行商制度的严格控制，需交纳重税以及受三十余条规限制和勒索。[3]清政府还规定，外商不得常驻广州，只有贸易季节才准来广州；季节一过，即使交易未完，也必须离开。外商在广州的活动范围也有明确规定。对出口物资，清政府也严加限制。

清政府统制对外贸易使外国商品难以大量输入中国；同时英国对华贸易的主要商品如呢、绒等则颇为滞销，常常在亏蚀的

---

1　斯当东：《英使谒见乾隆纪实》，第 23~24 页。

2 《马克思恩格斯全集》，第 9 卷，第 115 页。

3　参见《新柱等各阅口规礼名色请删改载于则例内折》，见《史料旬刊》第 1 函第 5 期。

情况下才能出售；而中国的传统出口商品如丝、茶等，却销路很广，大受欢迎。仅茶叶一项，英国人在 18 世纪初，消费不超过五万磅，到 18 世纪末，达到两千万磅，在不到一百年的时间内，增加四百倍。因此，英国在与中国的贸易中，中国一直保持大量出超。

英国人为了扭转这种局面，突破在广州的限制，一心想在广州以北开港，打开中国市场。1755 年 4 月，和翌年 7 月，英国两艘武装商船先后来到浙江宁波，这引起了清廷的极大关注。乾隆帝认为“内地海疆，关系紧要”，深恐外国人与汉民勾结。他说：“浙民习俗易嚣，洋商错处，必致滋事，若不立法杜绝，恐将来到浙者众，宁波又成为一洋船市集之所。”[1]“向来洋船进口，俱由广东之澳门等处……近年乃多由专为贸易而至者（指宁波）。将来熟悉此路，进口船只，不觉日增，是又成一市集之所。在国家绥远通商，宁波原与澳门无异。但于此复多设一市，恐积久居留内地者益众，滨海要地，殊非防微杜渐之道。”[2]乾隆帝已表明将要关闭宁波通商口岸，于是命令闽浙总督喀尔吉善，重课其税，“庶商船仍俱归澳门一带，而小人不得勾结滋事”[3]。乾隆帝原本想重定税例，外商无利可图，自然“不期禁而自不东来”[4]。但乾隆帝认为如此尚不足以防微杜渐，乾隆二十二年冬，命闽浙总督杨应琚晓谕，如有洋船来宁波，“必令原船返棹至广，不准入浙江海口”[5]。同时命两广总督李侍尧以不准至宁波贸易晓谕在广外商。

清政府下令只准广州一口对外通商，英国人却我行我素。

1 《清高宗实录》卷五三〇，乾隆二十二年正月庚子。

2 《清高宗实录》卷五一六，乾隆二十一年七月乙亥。

3 《清高宗实录》卷五二二，乾隆二十一年闰九月乙巳。

4 《清高宗实录》卷五二五，乾隆二十一年十月。

5 《清高宗实录》卷五五〇，乾隆二十二年十一月戊戌。

乾隆二十四年九月，两广总督李侍尧奏英人“屡次违抗禁令，必欲前往宁波开港，殊为可恶”[1]。同年，发生了英商洪仁辉通商案。

乾隆二十年、二十二年，英商洪仁辉即洪仁，“前赴宁波贸易，意图另开港路”，经闽粤两省督属明白开示，“不准再往”。一年后，洪仁辉又复“阴为试探之计，仍行潜往”[2]。被驱逐，不得逗留，洪仁辉遂北航至天津，“以迩年在粤贸易有负屈之处，特赴天津呈诉”[3]。洪仁辉控告粤海关监督李永标“自买货物，全不给价”，又徇纵家人、书役等“婪收陋规”。行商黎光华拖欠巨额银两不还。经新柱、李侍尧等“秉公抠鞫，按款询明”，所控基本属实，于是将李永标及家人、书役“按律分别定拟”[4]。这本是一起官吏婪赃及行商拖欠外商银两的案件，而清廷却把注意力集中到必有“奸民”与之勾结。乾隆帝认为，“看其情形，必有内地奸民潜为勾引，事关海疆，自应彻底根究，以戢吼刁风”[5]。两广、闽浙总督及福州将军等闻风而动，穷追根究与之勾结者。在这种情况下，英国大班吠湉向李侍尧等称：“今年又有船去（宁波），是国王打发去的。既蒙吩咐不准再往，可禀知国王，即可不去。”[6]英国力图突破广州一口对外通商的限制，终归失败。

尽管洪仁辉“所控情节，尚属有因，似难坐以罪名”，乾隆帝亦以为然，朱批“公论”[7]。然而，清政府鉴于洪仁辉不但通晓汉语，且对文义亦甚了然，认为“设非汉奸潜滋教诱焉能熟悉”。

1 《李侍尧奏请将本年洋商已买丝货准其出口折》，见《史料旬刊》第1函第5期。
2 《新柱等奏晓谕各番商折》，见《史料旬刊》第1函第5期。
3 《清高宗实录》卷五八九。
4 《李侍尧奏请将本年洋商已买丝货准其出口折》，见《史料旬刊》第1函第5期。
5 《清高宗实录》卷五九二，乾隆二十四年七月壬戌。
6 《新柱等奏晓谕各番商折》，见《史料旬刊》第1函第5期。
7 《新柱等奏晓谕各番商折》，见《史料旬刊》第1函第5期。

于是将“教授夷人读书骗财，继则主谋唆讼，代作控词”[1]之刘亚匾即行正法，以儆效尤。洪仁辉则于澳门圈禁三年，期满逐回本国。为进一步防范外商与民人交往，两广总督李侍尧奏请永定章程，俾便遵行。其所订防范“外夷”五条是：“夷商在省（广州）冬住，应请永行禁止”；“夷人到粤，宜会寓居行商，管束稽查，毋许汉奸出入夷馆，交结引诱”；“借领外夷资本，及雇请汉人役使，并应查禁”；“外夷雇人传递信息之积弊，宜请永除”；“夷船收泊处所，应请酌拨营员弹压稽查”。[2]这些条规虽重在防范外商与民人交往，但同时也更严厉地限制了中外贸易。如李侍尧在说明不准外商在广州冬住时说：“（夷商）留寓粤省，专事探听各省货价低昂，获利多寡，出本遣人前赴购买，冀获重利。如之英吉利欲往浙省贸易，莫不由此。”在规定外商只准寓居行商并严加管束时，李侍尧说：“英吉利夷人尤多凶横滋事。”经乾隆帝批准，外商在华贸易较前受到更大的限制。

英国人屡次欲打开中国门户未果，1763年后不久，克莱夫勋爵在印度战胜了莫卧儿大帝和法国人之后曾建议伦敦用武力征服中国。老皮特否决了提议，理由是想“让如此众多的人屈服的想法是不理智的”[3]。但英国人认为：“印度的前途取决于中国。征服中国市场将会帮助英国解决在印度行使主权的费用。”[4]于是英国转而欲通过外交途径实现自己的目的，马戛尔尼使团奉命来华。

在马戛尔尼使团来华之前一两年，将军福康安因西藏问题曾与英国东印度公司总督华康里爵士有过书信往来。其时，廓尔喀入侵后藏，福康安指挥清军反击。据福康安奏称：

1 “李侍尧折”三，见《史料旬刊》第1函第9期。

2 “李侍尧折”三，见《史料旬刊》第1函第9期。

3 佩雷菲特：《停滞的帝国——两个世界的撞击》，第17页。

4 佩雷菲特：《停滞的帝国——两个世界的撞击》，第10页。

前往廓尔喀时，檄披楞协剿，因道远久无音信。兹接回禀……廓尔喀曾向求救，伊以常在广东贸易，却不援助……查披楞发禀时，尚未知廓尔喀悔罪投诚。现已将收复藏界、恩准廓尔喀输款纳贡檄知该部落，令无庸差人前来。再：披楞另有信给达赖喇嘛及班禅额尔德尼、高卓巴特，辞意与回禀同。但后藏高卓巴特及班禅额尔德尼管事之人，未便令与外番通信。[1]

英国东印度公司总督华康里派往廓尔喀（尼泊尔）的克帕特克，遭福安康之拒绝而未能进入西藏，他曾建议由马戛尔尼同中国皇帝谈判东印度公司与尼泊尔、西藏通商问题。福康安认为英国人是支持廓尔喀的，故后来在承德避暑山庄见到马戛尔尼时态度并不友好，因此也就根本未谈及此事。

## 二　马戛尔尼使团来华及其目的

马戛尔尼使团，是由东印度公司建议，经英国政府决定派遣的英国政府正式使团，其目的是想通过与清王朝最高当局谈判，取消清政府在对外贸易中的种种限制和禁令，使英国人获得更多的特权。用他们自己的话来说，就是“取得以往各国所未能用计谋或武力获致的商务利益和外交权利”[2]。同时，也是为了搜集有关中国的情报，估计中国的国力，为英国殖民主义者下一步行动提供根据。马戛尔尼使团就是带着这种商务和政治的双重目的来访华的。

1 《东华录》乾隆朝卷一一七。

2 《英使访华录》，第 92 页。

英国政府对这次出使十分重视，对使团的组成进行了极其充分的准备。首先是特使人选。马戛尔尼勋爵之所以被任命为特使，是因为他长期从事外交，是推行殖民主义的老手。他曾出任英国驻彼得堡公使，与俄国签订了十分有利于英国的商务条约。先后出任格林纳达总督和英属印度马德拉斯总督。马戛尔尼的经历被认为是“一位对外国及其宫廷有长期经验”的人，受到英国资产阶级各政党“一致称赞的唯一人物”[1]。副使斯当东是马戛尔尼的挚友，也是一个推行殖民主义政策的老手，英王曾派他在海外岛屿处理过许多事情[2]，并有在印度从事殖民外交的丰富经验，英王指定他可以代行正使的任务。英国使团还包括秘书、医生、翻译以及自然科学与航海专家，还有东印度公司的职员。为了增加使团的威严，特使有个人卫士一队，都是从步兵和炮兵中精选出来的，他们携带的武器是为了向中国人“显示出欧洲的现代战争技术的进步”[3]。卫队的军官都是一些军事和情报专家，如巴瑞施上尉就是一个军事地图制图人。

特使马戛尔尼的坐船“狮子”号也是经过精心挑选的。这是一艘具有六十四门大炮的第一流军舰，是由海军大臣批准专供特使使用的。“狮子”号舰长高厄爵士，有多次实战的经验，曾经两次环球航行，对于开辟新航路和应付意外训练有素，当然是刺探中国沿海航道最合适的人选。这只船上还有多于常规的海军见习生。

英国使团包括大量各种军事人员和各种科学人员，正是为了刺探当时他们尚不很了解的中国虚实。后来的事实完全证明了这一点。

---

1　斯当东：《英使谒见乾隆纪实》，第 31 页。

2 《英吉利国表文》，见《掌故丛编》，第 8 辑。《英吉利国表文》是马戛尔尼使华时，英王给乾隆帝的信的中译。

3　斯当东：《英使谒见乾隆纪实》，第 33 页。

使团船队除“狮子”号外，还有东印度公司载重量最大的船只之一“印度斯坦”号，以及“豺狼”号等较小的船只。使团人员共一百左右。加上各条船上的工作人员和水手，共计八百多人。[1]这是一支装备豪华的大船队。其用意是要凭此向中国炫耀大不列颠既富且强、物质文化水平很高。

英王给马戛尔尼下达的指示明确指出：“在中国经商的英国臣民很久以来多于任何其他欧洲各国……我对于自己远方臣民不能不予以应有的关怀，并以一个大国君主的身份有力地要求中国皇帝对于他们的利益予以应有保护。”[2]关于收集中国的情报，英王在指示中也给予了十分明白的暗示，中国“是地球上第一个神奇国家，因而组织这次旅行显得尤其必要”[3]。由此可见，了解“神奇”的中国，是英王给使团规定的尤其必要的任务。

1792年9月29日，英国使团带着英王给乾隆的信[4]和大批礼物，从朴次茅斯港出发，直航天津。在此之前，已由东印度公司董事长佛兰西斯·培林爵士给两广总督写了一封正式信件，通知中国政府，为了给乾隆帝补祝八十寿辰，马戛尔尼奉命访华。广东巡抚郭世勋向乾隆帝奏闻，得到允许，并下令沿海各省督抚“务先期委派大员”[5]，做好接待准备，“于该国贡使到口时，总须不动声色，密加查察防范”[6]。乾隆帝为了维护清王朝的统治，又囿于“天朝上国”的孤陋偏见，对马戛尔尼使团来华，一方面颇为

1　参见《清高宗实录》卷一四三一，乾隆五十八年三月戊寅。谕军机大臣等曰：“前据长麟奏，英吉利国船上有官员五十余人，从人水手八百余名。”

2　斯当东：《英使谒见乾隆纪实》，第39~40页。

3　斯当东：《英使谒见乾隆纪实》，第40页。

4　即当时中译的《英吉利国表文》，中译本把平行的口气，译为下对上的口气。

5《清高宗实录》卷一四二一，乾隆三十八年正月壬子（十八日）。谕军机大臣等：“上年据敦世勋奏：英吉利国夷人啵哋哑晚哂哑等来广州禀称，该国王因前年大皇帝八旬万寿，未及叩祝，今遣使臣马戛尔尼进贡，由海道至天津赴京等语，并译出原禀进呈。阅其情词，极为恭顺恳挚，因俯允所请，以遂其航海向化之忱。”

6《清高宗实录》卷一四二三，乾隆五十八年二月乙酉上谕。

重视，另一方面又深恐与外国交往会带来外患。

乾隆帝决定在热河行宫接见英使，下令“所有料理英吉利贡船一事，着专交与徵瑞承办”。徵瑞是长芦盐政，驻扎天津，英使到达天津后，由徵瑞“带同前赴热河”[1]。

## 三　清政府与使团谈判

1793 年 6 月 21 日，英国使团船队过澳门，派人通知广东巡抚郭世勋，郭世勋立即向北京报告。7 月 26 日英国使团船队抵达天津。英国船队对中国沿海航道和停泊城市及其附近都做了详细考察记录，测量了经纬度和海潮涨落差；对中国军队及其武器配备、停泊城市（如舟山的定海）的城防等，也都有经过仔细观察后的记录。

直隶总督梁肯堂和徵瑞在天津宴请英使，送给使团丰富的米面鸡鸭等生活物资。英使递送了礼品单和礼品说明书。礼品包括天体运行仪、地球仪等多件，还有英国最大最新的军舰模型。说明书特别强调:“英国在欧洲是第一位海军强国，素被称为海上之王……有一百零十门重炮装备的巨大军舰上的各个微细部分俱在模型上表现无遗。”[2] 大肆夸耀英国的强大无敌。

徵瑞陪同英使到北京，这时乾隆帝早已在避暑山庄。英使到北京后，先住在宏雅园（海淀圆明园之间）。英王送给乾隆帝的礼品在圆明园内安装陈列。为了方便去热河，英使又移住城内。马戛尔尼同徵瑞多次商讨谒见乾隆帝的礼节仪式，为此还给和珅写了一个备忘录。9 月 2 日，马戛尔尼使团由北京出发前往热河行宫，在途经古北口时，军事情报专家巴瑞施上尉，对长城进行了

1 《清高宗实录》卷一四二八，乾隆五十八年五月。

2 斯当东：《英使谒见乾隆纪实》，第 250 页。

极其详尽的测量，获得了对中国“建筑和军事技术一个清楚的认识”[1]。英使到达热河后，住在热河镇的顶南端，位于行宫和热河镇之间，大约就是今承德市酒庙桥附近原来的佟王府。[2]马戛尔尼同和珅反复磋商谒见乾隆帝的礼节，和珅起初坚持英使必须向乾隆帝行三跪九叩首大礼，而英国人认为这是“表示屈服和顺从”，拒不接受。马戛尔尼考虑到，如果因礼节争执不能面见乾隆帝，“这对英国和英属印度甚至全欧洲的商业的关系是重大的”。于是提出两个方案:“假如坚持叫他磕头，那么一位同特使身份地位相同的中国官员必须朝衣朝冠在特使携来的英王陛下御像前也行同样的磕头礼”；用晋见英王的礼节。[3]最后决定按照谒见英王的礼节（即单腿下跪，但免去吻手）来谒见乾隆帝。在此期间，双方还就中英贸易问题进行了会谈。

9月14日，乾隆帝在万树园接见英使。[4]万树园傍山临水，是避暑山庄内最开阔的平川。当年，这里林木丰茂，绿草如茵，山庄饲养的鹿群出没其间。乾隆帝经常在这里接见少数民族的王公等上层人物和外国使者，多次举行有政治意义的宴会和娱乐活动。

当日黎明，盛装的英使，王公大臣，蒙古诸王、贝勒、台古等齐集万树园。太阳刚刚升起，在乐器吹打声和喝道声中，乾隆帝来到万树园，王公大臣各就各位。乾隆帝在接见英使的大幄中升座，由礼部尚书引领英使至御座左首。马戛尔尼向乾隆行礼致词，把装在镶有珠宝的金盒子里的英王书信呈递给乾隆帝。然后是王公大臣等依次行礼。觐见礼仪完毕后赐宴。整个典礼是在庄重肃静的气氛中进行的。

---

1　斯当东：《英使谒见乾隆纪实》，第352页。

2　佟王府是佟国维的府第。佟国维是康熙帝的舅舅，任侍卫内大臣。

3　参见斯当东：《英使谒见乾隆纪实》，第320、321、359页。

4　参见《清高宗实录》卷一四三四，乾隆五十八年庚午。“上御万树园大幄次，英吉利国正使马戛尔尼、副使斯当东等入觐。并同扈从王公大臣，及蒙古王、贝勒、贝子、公、额驸、台吉，暨缅甸国使臣等赐宴，赏赉有差。”

第二天由和珅和福康安陪伴英使游览避暑山庄。9 月 17 日（阴历八月十三日）是乾隆帝生日，英使随同王公大臣等至澹泊敬诚殿“行庆贺礼”[1]。这一天，还举行了盛大的阅兵典礼，据英国人估计，“参加的有八万军队，一万二千名官员”[2]。一连几天的祝寿活动，在万树园表演了民族歌舞，燃放烟火，还演出各种杂技、戏剧。英使参加了这些活动。乾隆帝的“万寿节”过后，英使先离开热河，在北京等候乾隆帝回京。

乾隆帝回到北京后，和珅同英使又在圆明园进行会谈，马戛尔尼再次提出了一系列有关贸易的要求，并说明他本人奉英王之命准备作为英国大使“久驻北京”[3]，如果中国同意选派使臣，“尤为英王政府所欢迎”[4]。和珅没有当面答复英使提出的要求。“中国政府召集了一个会议，讨论英王致中国皇帝的信件内容及今后如何应付英国人的方针”[5]。会后第三天，和珅在皇宫召见马戛尔尼，当面交给他乾隆帝给英王的复信。乾隆帝的复信对英王信中及英使提出的各项要求一一驳回。英国提出的要求与清政府的答复如下。

第一，英方要求派使臣常驻北京。中方答复：“此与天朝体制不合，断不可行。”

第二，英方要求来浙江宁波、珠山，直隶天津开口贸易，中方答复：“所有尔使臣恳请向宁波、珠山，及直隶天津地方泊货贸易之处，皆不可行。”

第三，英方要求在北京设立洋行。中方答复：“京城为万方拱极之区，体制森严，法令整肃，从无外人等在京城开设货行之事。”

---

1 《清高宗实录》卷一四三四，乾隆五十八年八月癸酉。

2 斯当东：《英使谒见乾隆纪实》，第 379 页。

3 斯当东：《英使谒见乾隆纪实》，第 408 页。

4 斯当东：《英使谒见乾隆纪实》，第 408 页。

5 斯当东：《英使谒见乾隆纪实》，第 406~407 页。

第四，英方要求珠山（舟山群岛）附近一小岛（实际上是要中国割让领土）以便存放货物。中方答复："天朝尺土俱归版籍，疆址森然，即岛屿沙洲，亦必划界分疆各有专属。" "此事尤不便准行。"

第五，英方要求在广州附近拨给一小地方居住英商。中方答复："自应仍照定例，在澳门居住。"

第六，英方要求货物由广东至澳门在内河行走时，不上税或少上税。中方答复："应照例公平抽税，与别国一体办理。"[1]

乾隆帝全部拒绝英国提出的各项要求，是由两个原因决定的。首先，封建自然经济结构，使清政府并没有感到有发展对外贸易之必要，用乾隆帝自己的话来说就是："天朝物产丰盈，无所不有，原不藉外夷货物，以通有无，"[2]因此，清政府把对外贸易看做对外国的"加恩体恤"[3]。其次，清政府唯恐外国人与中国各阶层接触频繁，将后患无穷，危及其统治，因此，在给英王的复信中一再重申清政府的基本原则是"立中外之大防"，"华夷之辨甚严"，"从不许外籍人等稍有越境搀杂"[4]，等等。同时，对外国特使常驻北京，"或其心怀窥测"[5]，也是持有一定警惕的。尽管清政府从维护其统治出发，全部拒绝了英国政府的要求，但在英国殖民主义者十分嚣张的当时，这在客观上却是抵制了西方资本主义对中国的侵略。清政府断然拒绝英国要求割让舟山一小岛和广州附近的领土，则是完全正确的。

当年 10 月 7 日，英国使团带着乾隆帝回赠英王的大批礼物离开北京，取道广州回国，一部分则由宁波出海。

1 《清高宗实录》卷一四三五，乾隆五十八年八月己卯，《敕谕英吉利国王》。
2 《清高宗实录》卷一四三五，乾隆五十八年八月己卯，《敕谕英吉利国王》。
3 《清高宗实录》卷一四三五，乾隆五十八年八月己卯，《敕谕英吉利国王》。
4 《清高宗实录》卷一四三五，乾隆五十八年八月己卯，《敕谕英吉利国王》。
5 《清高宗实录》卷一四三五，乾隆五十八年八月己卯，《谕军机大臣》。

由于清政府全部拒绝英国的要求，乾隆帝估计英国政府可能因此生事捣乱。在热河时，他就对军机大臣说："该国王奉到敕谕后，或因不遂所欲，必怀觖望，恃其远险，藉其生事，亦未可定。"当然，乾隆帝不可能从资本主义的殖民政策来认识中英关系问题，而且又以"天朝上国"自居，认为英国不敢有大的举动，"只可能于澳门小有滋扰"[1]。因此，他命令两广总督觉罗长麟"当存之于心"，"先事防犯"[2]，特别要注意防止在澳门和广州的其他外商与英人勾结。乾隆帝回到北京后，鉴于"英吉利在西洋各国中较为强悍"，且"心怀叵测"，对英国的担心更加重了，于是多次下令说"各省海疆，最关紧要"；进一步命令沿海各省督抚，会同各省提督及沿海各镇守，"相度形势，先事图维，毋任英吉利夷人潜行占据"沿海岛屿。如遇英船以通商为名驶至广州以外各口岸，"即行驱逐出洋，倘竟抗违不遵，不妨慑以兵威，使知畏惧"，为此要加强海防，沿海口岸必须"防守严密"[3]。

马戛尔尼使团希望通过与清政府最高当局的谈判，打开中国门户，开拓中国市场的任务是失败了。但是，使团的另一使命，即搜集中国的情况，为英国资产阶级下一步行动提供根据，却在一定程度上完成了。乾隆末年，表面强大的清王朝日益走向衰落，阶级矛盾相当尖锐，英国使团颇为敏锐地觉察到这一点，预感到清王朝的政局不稳。他们说："中国老百姓身家性命的安全操在官吏们的手中，对于这种命运，他们是不甘心的。"因而"会引起不可抑止的复仇心理"。"这种心理经常在一个或另一个地方引起暴乱。"[4]他们还观察到满汉之间的矛盾，认为"满汉之间地位悬

1 《清高宗实录》卷一四三五，乾隆五十八年八月乙卯。

2 《清高宗实录》卷一四三五，乾隆五十八年八月乙卯。

3 《清高宗实录》卷一四三五，乾隆五十八年八月戊子；《谕军机大臣》卷一四三六，乾隆五十八年九月辛卯。

4 斯当东：《英使谒见乾隆纪实》，第395~396页。

殊是很大的。任何一个低微的鞑靼人（满族人）在汉人面前都有一种优越感”[1]。英国使团对中国在科学技术方面落后于西方有很多描写，他们从一件小事情得出了自己的结论。英使回国途中到达广州后，有一天两广总督长麟与马戛尔尼谈话，长麟想吸烟，马戛尔尼从衣袋中取出一个磷瓶，点燃一根火柴给他。长麟非常诧异，他不明白马戛尔尼为什么能把火放在衣袋里。英国人由此得出结论说：中国“(清朝）在工业上和科学上，比起西欧各国来，实在处于极其落后的地位”[2]。英国使团对清军进行了更为细致的观察，他们记述了清军装备的落后，发现使团经过的地方，士兵在列队欢迎时，因为是夏天，军官有人替他撑一把伞盖，士兵一手拿武器，一手拿扇子，于是十分肯定地指出，“遇到战争，这种士兵就一定缺乏勇气”[3]。此外，对中国社会的其他方面，都收集了大量的资料。

通过马戛尔尼使团对清王朝各方面的仔细观察，他们认为清王朝实质上是极其虚弱的。马戛尔尼写道：“清帝国好比是一艘破烂不堪的头等战舰。它之所以在过去一百五十多年中没有沉没，仅仅是由于一般幸运的、能干而警觉的军官们的支撑，而它胜过其邻船的地方只在于它的体积和外表。但是一旦一个没有才干的人在甲板上指挥，那就不会再有纪律和安全了!”他还认为，“英国从这一变化中将比任何其他国家得到更多的好处”[4]。他由此确信要击败清王朝并不困难。

乾隆六十年十二月，英王因马戛尔尼回国后带回乾隆帝的书信和礼品，又特备物品多件致函乾隆帝，交来华英船带交英国在

1 斯当东：《英使谒见乾隆纪实》，第 353 页。

2 斯当东：《英使谒见乾隆纪实》，第 498 页。

3 斯当东：《英使谒见乾隆纪实》，第 272、294 页。

4 克拉默·拉宾编：《出使中国：马戛尔尼勋爵谒见乾隆纪实》（亦译《赴华使团》），伦敦，1962。转引自纳罗奇尼茨基等编著：《远东国际关系史》。

广州的大班波朗，交由洋行商人蔡世文代呈广东巡抚朱𣏌、粤海关监督舒玺转奏。英王在信中说："蒙大皇帝谕称（指乾隆帝给英王的敕谕），凡我国的人来中国贸易，俱要公平恩待。这是大皇帝最大的天恩，虽然天朝百姓不能来我国贸易，若有来的，我亦要尽心一样看待。我已吩咐在港脚等处地方官员，遇有天朝百姓兵丁人等，务要以好朋友相待。"[1] 再一次要求扩大通商。乾隆帝在回信（敕谕）中声称："天朝抚有万国，琛尽来庭，不贵其物，惟重其诚。"[2] 表现出以"天朝上国"自居，傲视外国，对世界的无知态度，因而对英王提出扩大通商的要求，只字不提。

（原载张芝联主编：《中英通使二百周年学术讨论会论文集》，中国社会科学出版社，1996）

1 《原译英吉利国表文》，见《文献丛编》，第5辑，《英吉利交聘案》。

2 乾隆帝敕谕，见《文献丛编》，第5辑，《英吉利交聘案》。

# 从清初的吏治看封建官僚政治

官僚政治是封建专制主义制度的一个极为重要的组成部分。中国历代封建统治阶级，就是通过层层相叠的宝塔型的各级官僚机构，来实现其对全国人民的统治和管理的。这种官僚统治的方式，就是所谓“吏治”。

富贵尊卑，等级森严，贪赃枉法，贿赂公行，因循守旧，腐败无能，是封建官僚政治的几个显著的特点。这种腐朽的官僚政治，在历史上对我国经济的发展、社会的进步，不仅起着巨大的消极影响，而且还往往是社会的致乱之源。

中国的封建统治阶级，他们虽然根本不可能懂得上层建筑、经济基础这样一些深奥的大道理，但他们从自身的统治实践中，也深切感觉到吏治的好坏、良酷、清浊与否，同他们天下的安危是休戚相关的，弄得不好就会“官逼民反”。因此，历史上一些要想有所作为的皇帝，总是企图从整顿吏治着手，来巩固封建统治秩序。他们要求各级官僚，“矢忠矢公，清廉勤政，各尽职业”，以达到“国计日盈，闾阎不扰，天下自致太平”的理想境界。为此，他们或是颁布种种严刑峻法，奖廉去贪，以求弊绝风清；或是制定各种规章制度，扬善惩恶，以期利兴除害。然而，结果往往是功竟难成，愿终莫遂。这不能仅仅责怪他们的无能，而应当从封建官僚政治的种种弊端和危害去探索其原因。其实，吏治的腐败正是封建专制主义制度的必然产物和毒瘤，是它无法医治的痼疾，是封建制度本身永远不能根除的社会历史现象。这点，清初的历史就为我们提供了一个生动的例证。

## 一

清初的统治者，鉴于吏治腐败是明王朝覆亡的原因之一，因此在入关之后，为了巩固自己的统治，对整顿吏治是颇为用心的。顺治说过："明季诸臣，窃名誉，贪货利，树党羽，肆排挤，以欺罔为固然，以奸佞为得计。……用人行政，颠倒混淆，以致寇起民离。"[1]他认为这是"深可为戒"的。数十年后，康熙犹念念不忘，也以此作为他励精图治的警戒。他说："夫谗谮媢嫉之害，历代皆有，而明末为甚，公家之事置若罔闻，而分树党援，飞诬排诌，迄无虚日，以致酿祸既久，上延国家。朕历观前史，于此等背公误国之人，深切痛恨。"[2]他们透过明末的动乱，得出"百姓安危在吏治"的结论。于是清初统治者制定了一系列关于官僚考核、奖惩、升迁、黜陟的则例，以期作为规范，达到"海内晏然"的目的。所以，就某些方面而言，比之明末，清初的吏治相对说来是较为清明的。例如，明代中后期，文武官员约十万人，宦官十余万人，锦衣卫等特务机构十多万人，再加上以十万计的皇族人口，形成为庞大臃肿的贵族官僚机构。这种情况在清初是大大改观了。而历史上由于外戚宦官擅权和朋党之争所造成的黑暗政治，在清初有的或者已不复见（如外戚、宦官擅权），有的则被压抑（如朋党）。因此，剖析在封建统治者锐意图治的清初吏治，对于封建官僚政治的种种弊端的认识，具有更典型的意义。

封建官僚政治的最根本特征，就是为官者以升官发财为己任，

1 《清世祖实录》卷一八。

2 《清圣祖实录》卷一五三。

# 明清史学术文库

## 第一至三辑

- 清史史料学　冯尔康 著
- 清朝满蒙联姻研究　杜家骥 著
- 清代皇嗣制度　朱诚如　张玉芬 著
- 清代赋税政策研究 1644～1840年　何平 著
- 清代科举考试述录　商衍鎏 著
- 清史探微续集　郑天挺 著
- 清代学术史论　龚书铎 著
- 清代八旗王公贵族兴衰史　周远廉 著
- 明代政争探源　郑克晟 著
- 袁崇焕研究论集　阎崇年 著
- 明代国家机构研究　王天有 著
- 清代边疆民族研究　成崇德 著
- 清代地方官制考　刘子扬 著
- 清代地方政府司法职能研究　吴吉远 著
- 中国融入世界的步履：明与清前期海外政策比较研究　万明 著

# 明清史学术文库

## 第一至三辑

清代史实六考　孟　森　著

清代国家机关考略　张德泽　著

明清史事管窥　王戎笙　著

清朝开国史研究　周远廉　著

清儒学术拾零　陈祖武　著

清代人物研究　戴　逸　著

清朝文字狱　林铁钧　郭成康　著

清史述论　王思治　著

明代海外贸易研究　晁中辰　著

明清书院研究　白新良　著

南明史　南炳文　著

清代三藩研究　刘凤云　著

明代宗族组织化研究　常建华　著

明代南京寺院研究　何孝荣　著

近代的初曙　18世纪中国观念变迁与社会发展　高　翔　著

清朝奏折制度　庄吉发　著

而“偾于公事”。这点也正是清初大小官僚的一大顽症。他们一旦高官厚禄之愿遂，便是“自大学士以下，有职掌官员以上，全不恪勤乃职，惟知早出衙署，偷安自便”。[1]他们无心于日常事务，对自己的职责敷衍了事，却醉心于养尊处优，做官当老爷；勇于任事者鲜少，而苟且偷安则视为当然。“大臣任意因循，小臣效尤玩滞。”[2]互相推诿，内外观望，习以为常，毫无行政效率可言。

清王朝沿袭历代，以六部“经理庶政”，而六部之间却“惟以推诿为卸责”，“明明本部应议之事，或请咨别部，或请敕督抚，不肯直辞决断”。[3]这样一来，文牍盛行，办事拖拉，就是必然的了。“一案之处分，因一人口供之未到，而更待另议；一事之行止，因一时文卷之小错，而重复咨查。”[4]上面交办的事，是“经年累月，延缓不报”[5]，下级官吏对上，则是“事事转请，章奏繁多”。[6]于是穷年累月而不能决一事。有的犯人早已投入牢狱，“沉阁十有余年”[7]而无人审理。顺治年间，户科给事中朱之弼曾痛陈六部衙门的积弊。他说：

> 国家之事，全在六部，而今日六部之病，惟在推诿。大抵疑事畏事之念多，任劳任怨之意少。一遇事至，有才者不肯决，无才者不能决。事稍重大，则请会议，不然则迁延日月，行外察报而已，不然则卸担于人，听督抚参奏，不然则畏首畏尾，听科道指名而已，苟且塞责，无容再议而已。上下推诿，以为固然。彼此相安，以苟岁月。如此，国家之事，

1 《清圣祖实录》卷一三三。
2 《清世祖实录》卷六四。
3 《清圣祖实录》卷五。
4 《清圣祖实录》卷五。
5 《清世祖实录》卷五八。
6 《清世祖实录》卷一〇一。
7 《清世祖实录》卷六。

> 安得不废，百姓安得不困？而欲望致太平，必无之事也。[1]

这段陈述，把当时官僚衙门作风刻画无遗了。难怪当时就有人指出，“朝廷之事，误于偏私，尤误于推诿”[2]。这真是一语切中了要害。

清代承袭明制，六部之上设有内阁，但议政王大臣会议则是实权机构（雍正设军机处），凡军国大事由议政王大臣会议商定。然而，在尊卑贵贱、等级森严的当时，“大臣与诸王（满洲贵族）会议，即行跪语”，直到康熙年间大学士王熙与康亲王杰书会议时还是如此。[3]在这样的会议上，可以想见是不可能各抒己见的。于是“一二欲行倡率之人，持议于前，众遂附和于后，雷同草率，一意诡随”。[4]这种情况不独康熙时如此，而是由来已久。顺治年间掌翰林院事折纳库就曾有过关于“会议”的描述。他说：“近来会议，有迎合上意而言者，有因一己之爱憎而言者，有缄默以从众者，有观望大臣，不肯轻言者，不几有悖会议之意乎？”[5]还有的人，“虽在会议之班，茫无知识，随众画题，希图完结”[6]。这样的“会议”，无非是迎合皇上的意旨而行事，看权贵的脸色而仰俯，结果自然是“会议多而职业旷，文移费而时日稽”。[7]对此连康熙有时也感到失望了，他不无感慨地说：“廷议如此，国是何凭！”[8]但这又怪得了谁呢？之所以会出现这种情况，其根本原因还在于专制主义的皇权。这从当时人的建议中可以看出此中内情。

1 《碑传集》卷八。
2 《清世祖实录》卷一〇一。
3 《清圣祖实录》卷一三三。
4 《清圣祖实录》卷一三三。
5 《清世祖实录》卷一三六。
6 《清圣祖实录》卷一三三。
7 《清世祖实录》卷一〇〇。
8 《清圣祖实录》卷一三三。

兵科给事中严沆上疏建议："自今以后，凡遇会议，宜有专责。该管衙门，务将所议之事，先为详列可否，然后决之廷议，断自睿裁。"[1]"断自睿裁"一语，似乎道破了问题症结。由于皇帝独揽大权，"乾纲独断"，所以大臣们议论了半天，最后还是推到皇帝老子的头上，因而推诿也就有了最有力的根据。中央各官因循、推诿，地方各级官僚也就效尤如仪。康熙年间的情况是，"今见直隶各省文武各官，多有虚糜廪禄，怠玩因循，事务废驰。行伍虚冒，船只仍（任）其朽坏，器械全不整理，且有无多寡，茫然不知。总因分内职业，视为具文，漫不经心"[2]。康熙为了改变这种状况，曾严令"各该督抚提镇，通行所属官员，严加申饬，令其痛改积习，力图振刷，恪勤职守"。[3]然而，积习难改，"力图振刷"，又谈何容易！漫不经心，照章办事，因循塞责，是官僚政治无法克服的恶习。因而有一县正额钱粮仅三千余两，而"起解分十余项者；有一项钱粮，止一两六七钱，而解费至二三十两者"。[4]这种不计效果、不讲效率的官僚作风，看起来是多么愚蠢，多么不合理，但只要有章可循，本官也就不负任何责任了。

对上述官僚衙门的种种弊端，康熙初年熊赐履曾作过一番概括和评论。他说：

> 国家之设官也，满汉相制，堂属相维，正欲其同寅协恭，俾责无他卸。近见各衙门大小臣工，大率缄默依阿，绝少实心任事之人。甚至托老成慎重之名，以济尸位素餐之计。树议者，谓之疏狂；任事者，目为躁进；廉静者，斥为矫情；端方者，笑为迂腐。间有修身体道，读书穷理之士，则群指

1 《清世祖实录》卷一〇〇。

2 《清圣祖实录》卷一四〇。

3 《清圣祖实录》卷一四〇。

4 《清世祖实录》卷六。

为道学而非笑之，百计诋毁，必禁锢其终身而后已。[1]

在这种沉重窒息的官场风气之下，大家只能是因循守旧，无所作为，以免招怨累身，影响升迁。而敢于冲破藩篱的革新人物，在封建官僚政治下，就不能不是凤毛麟角了。如果说要形成为一种革新的潮流，则几乎是不可能的。

官场习气牢不可破，高谈阔论时头头是道，及至行事则大谬不然。表里不一，成为封建官僚的影子，伴随终身。甚至康熙本人也从多次的实际体验中，觉察到这一点。他说："为督抚者，在朕前，皆能言之，及至地方，与所言往往不符。"[2] 前引熊赐履所说："群指为道学而非笑之。""道学"在当时之所以成为贬词，正是因为道学先生口谈天理人欲、道德性命之宏论，而行若狗彘，才成为笑柄的。

尽管封建官僚尸位素餐者颇众，但沽名钓誉的却从不乏其人。只要做了一点点事情，便大肆矜夸，自伐其功，而"与有司较尺寸之劳，谓足尽职"。其实所做的不过是因"捐输而邀记录"，向户部报效了一点银子，或者因"修城而蒙晋秩"[3] 之类的琐事。这些于国计民生有何裨益！

封建官僚于国事漫不经心，然而于营私舞弊却是精神百倍。大不法，小不廉，从上到下，贪赃枉法，借权行私，是封建官僚政治的普遍现象。顺治十二年，国史院大学士蒋赫德在疏言中就曾指出，"今百姓大害，莫甚于贪官蠹吏"，而朝廷的惩治之法，"惟恃督抚纠劾，以确知属吏之贤不肖也"。然而，这只不过是官样文章。"近每见督抚弹章，指事列款，赃迹累累；及奉旨勘谳，

1 《清圣祖实录》卷二二。
2 《清圣祖实录》卷一三三。
3 《清圣祖实录》卷六。

计赃科罪，不及十之二三。不曰‘事属子虚’，则曰‘衙役作弊’。即坐衙役者，又多引杂犯律列，听其赎免，何所惩惮而不肆行其志乎？”蒋赫德还具体指出，大小臣僚之所以敢于如此违旨玩法，究其原因，“其始官胥朋比，虐取瓜分；事败，官嫁名于吏以觊燃灰，吏假赀于官以成展脱。究之官吏优游，两获无恙，纠劾虽行，竟成故事”。因此他针对这种上下勾结、朋比为奸的情况，要求顺治严饬各督抚，“纠劾勘谳覆奏时，必全述原参疏语，某款不实，或开报虚构，或承问故纵，穷源质讯，是非不容并立；实系衙役诈骗，按律坐以应得之罪，不许折赎”[1]。他的疏言得到顺治的称许，并“下所司严饬行”。但贪墨成性的官僚们，岂是一纸禁令能使其悛改前非、弃贪从廉的。到了康熙年间，“在外文武官，尚有因循陋习，借名令节生辰，剥削兵民，馈送督抚提镇司道等官；督抚司道等官，复苛索属员，馈送在京部院大臣科道等官。在京官员亦交相馈送，前屡经严禁，未见悛改”[2]。在当时，这种上下“馈送”，被视为常例，是明目张胆的公开贪污勒索。所谓“督抚反以馈送礼物为常例，称某州县上等，某州县下等，按定数目，公然收受。州县官员，俱自民间派取，以致百姓困穷”[3]。因此，当时就有人指出：“民间之疾苦，皆由督抚之贪酷。”[4]结果是“大吏朘削卑官，卑官虐害军民，滥行科派，脂膏竭尽，甚至逃亡”[5]。当然，州县官奉献上司，是为了求得庇护和升迁，以便于自己大肆搜刮。清制，于田赋正额之外，加收“耗羡”。雍正以前，这种“耗羡”实际上全归州县官的私囊，是公开的照例的好处。这种“耗羡”甚至有超过正额十余倍者。[6]在田赋

1 《清史稿》卷二三八，《蒋赫德传》。

2 《清圣祖实录》卷三四。

3 《清圣祖实录》卷一七。

4 《清圣祖实录》卷二二。

5 《清圣祖实录》卷二六。

6 《清圣祖实录》卷二。

上用尽心机，大肆搜刮，是地方官的得意手段。他们“征收钱粮，加添火耗，或指公费科派，或向行户强取，借端肥己，献媚上官”[1]。他们也欺瞒朝廷。例如，通常情况下，田赋上缴八成就算完成任务，如遇水、旱等灾，八成收可报五成，一切浮收，均入州县官及其爪牙的腰包。清廷对灾害还定有蠲免制度，但往往是“积棍蠹役，表里为奸，道府州县，通同欺瞒，致百姓不占实惠”[2]。至于临民听讼，更是唯利是图，善恶不分，曲直颠倒，结果是“奸狡计行，善良被害”[3]。细民冤苦，无所申诉，造成无数冤狱。

京官不能直接向人民搜刮，但却掌握着外官任免之权。外官为了深相结纳，与京官（自然是有权有势的大官）多相勾结，所以督抚司道等官不断“馈送在京部院大臣科道等官”。也就是说，京官大吏从地方官的贪污中得到一些分润。他们常常巧立名目，即所谓“生辰时令”。生日送厚礼，是敬献；而“时令”，在夏天有“冰敬”，在冬日则有“炭敬”，都是厚礼。各省督抚还与户部通同作弊，冒销钱粮侵吞国帑。王鸿绪曾向康熙密奏说：“臣查各省地丁税课各项钱粮，在本地支销兵饷、驿站、俸工、漕项等件，每年约共用银二千余万两，皆系督抚具本奏销，此定例也。”督抚请求奏销的钱粮都是大数目，动辄若干万两。其手续是先用“题本”（“题本”是各衙门因公务向皇帝奏报的公文），向皇帝奏报请销，皇帝交户部审核办理。户部审核发现问题时，批覆“某款与例相符，应准开销，某款数目不符，应查明报部；或即一款之中，覆云某处尚未明晰，应查明报部。自有报部二字，从此不再题本”。也就是说，督抚不再向皇帝奏报，而以“咨文”直接与户部交涉（“咨文”是平行的政府衙门之间的公文），于是彼此便伙同贪污作弊。在经过“再驳几次”，即贿赂多少的讨价还价之后，

1 《清圣祖实录》卷一四。
2 《清世祖实录》卷三一。
3 《清世祖实录》卷二二。

“总待内外使费讲明，便以咨文完结矣。其中作弊甚大”。王鸿绪举出了漕船月粮冒销的实例。他说，漕运总督以每石麦一两一钱题销，户部审核认为定例是六钱五分，冒销几近一倍，因此批覆漕督，“将给过银两严追完报”，奉旨依议。但漕督贿赂户部大吏谈妥后，“总漕仍以一两一钱请销”，户部也就据“咨文”予以“暗销”。可见，即使有康熙的命令，他们也敢于阳奉阴违，结伙婪赃，鲸吞国库。户部是总管国库的，康熙中，“总收天下解京地丁税课各项银两，每年约有一千余万两”。户部官吏利用管库职权“颇有侵盗。兼外解帑银，或四五千两，或万余两，径不入官库”，入了自己的腰包。这是对一些零星的外省解京帑银的吞蚀，更大的贪污则是“挂平”。所谓“挂平”，即“外省解到银两，(户部）库上平兑不足，行令补解，名曰挂平”。大约一百万两需兑折“挂平”银三四万两。其实，这种“挂平”完全是户部官吏向各省勒索肥己的手段，并非真正缺少了如许之多的银两，所以“若解官先与库上讲明，每十万两出使费四千两，便免其兑折”。由此而来的“使费”（或“挂平”银）每年竟多达三四十万两，全部“归入库上官吏之家，上下分胞而已”。这种上下结成集团大肆婪赃国帑的情况，“十年以前，尚有畏惧，近年以来，公行无忌”[1]，越来越明目张胆，无所顾忌了。而卖官鬻爵，更是京官的一大收入。“凡行贿及私爱者，处以腹内善地；无贿而憎恶者，置之边远恶地”[2]，“无功者，以行贿而冒功；有功者，以不行贿而功掩”[3]。一言以蔽之，即所谓“政以贿成”。

贪官污吏遍天下，封建官僚机构成为藏垢纳污的渊薮，这固然是剥削阶级本质的反映，同时，也是封建官僚体制的必然。因为当时明文规定根据官品爵秩之不同而享受不同的特权，所以借

1 王鸿绪密缮小折：《稽核各省冒销钱粮办法》，《文献丛编》，第2辑。

2 《清世祖实录》卷七〇。

3 《清世祖实录》卷五。

权营私，被视为当然。官僚们为了维护彼此的地位、特权，官官相护，互相徇庇，结为朋党，就成为封建官僚政治不可缺少的组成部分，否则就不可能在官场中立足。所谓“今人多结朋党，究其结党之意，不过互相攀援，以求富贵耳”[1]。在清初的统治者力破朋党的政治压力下，当时虽未形成有如东汉、唐、宋、明那样的党争，但他们“三五成群，互相交结，同年门生，相为援引倾陷，商谋私事，徇庇同党，图取货赂，作弊营私”[2]，于是有“攀援权势，无端亲暱”者。甚至平日全未谋面，一旦仕宦同方，有上下之分，“辄妄托师生之称；或属官借名献媚，附势趋炎；或上官恃权相迫，恐喝要挟，彼此图利，相煽成风，恬不知耻，以致下吏职业罔修，精神悉用之交结”[3]。由此可知，在封建官僚之间，上下左右，形成为盘根错节的关系，或称同年，或称门生。尽管素昧平生，只要同地为官，这样复杂的关系就必然形成，彼此图利。搞好这种关系，是官场的头等大事，以致官僚们将“精神悉用于交结”了。

## 二

从顺治元年到康熙二十二年统一台湾，国内战争还在相当激烈地进行。镇压明末农民军余部和各地的抗清斗争，击败苟延残喘的南明政权，讨平“三藩”的叛乱，是关系到清王朝能否存在下去的大问题。而官僚机构行政效率低下，贪污贿赂盛行，这不仅威胁着清王朝政权的巩固和稳定，而且直接关系到战争的胜败。以江南地区为例，自顺治八年至十三年，五年之中钱粮积欠竟达四百余万两，而当时全国每年钱粮收入才两千万两左右，可见其

1 《清圣祖实录》卷九八。

2 《清圣祖实录》卷一三三。

3 《清世祖实录》卷一〇六。

数额之巨。对这笔钱，当时的江南江西总督郎廷佐就认为，“未必尽欠在民”，而是“或官吏侵蚀，或解役分享，新旧牵混，上下朦胧”。[1]总之是一笔糊涂账。可是顺治十三年仅兵饷就缺额四百四十余万两[2]，财政状况十分拮据。这就直接影响到清王朝对南方的作战。因此，面对“有司贪婪成习”，“疮痍未起，朘削弥工”的局面，清初的统治者不得不把整顿吏治置于相当重要的地位了。

顺治十年，清王朝“大计天下”。所谓“大计”，就是考核外官（即地方官。不包括督抚，督抚因系地方最高长官，属“京察”）。由皇帝“召各直省两司（布政、按察）等官，凡三年中国赋之盈亏，民生之利害，官评之贤否，吏议之公私，许其逐一奏陈。称职者奖赏，不称职者处分。倘有支吾欺饰，容科道官指名纠参”[3]。对京官的考核则称为“京察”。康熙元年又规定，“以后官员贪酷昭著，及不能称职者，在外督抚不时参劾，在内各衙门堂官及科道纠察。其京察大计应行停止。内外官员俱著三年考满。考满之时，在外责成该督抚，在内责成各衙门堂官。矢公矢慎，开注事迹考语，移送部院，严加考察，分别去留，以昭劝惩”[4]。即是说，对于贪酷官吏责成部院大臣和督抚随时纠参，不必等到三年才算账；三年“考满”则以考核官员的才能和功绩为主。康熙四年又停止“考满”，再恢复“大计”“京察”，对贪官酷吏仍不时纠劾。被考核的官吏要依等一一写明“考语”，“分别去留”。其中“称职”“卓异”者，引见皇帝，可以优升。同时又有“六法”的规定。“六法”是：不谨；罢（疲）软无为；浮躁；才力不及；年老；有疾。当“大计”“京察”时，“不谨”和“罢软无为”者革职；“浮躁”者降三级调用；“才力不及”者降两级调

1 《清世祖实录》卷一〇八；《清史稿》卷二七三，《郎廷佐传》。

2 《清世祖实录》卷一〇〇。

3 《清世祖实录》卷七一。

4 《清圣祖实录》卷六〇。

用（无级可降者就革职）；年老有疾者休致。

为了考核和督率官吏，清政府制订了苛细繁纷的则例。如“钱粮（田赋）考成则例”规定，“布政使、知州、直隶州知州，俱通计所属钱粮完欠，照州县官一体参罚”[1]。即根据钱粮完欠的情况，分别给予升级、罚俸、降级、革职等不同奖惩。为了提高各级官僚机构的行政效率，清廷还制定了许多具体的规章制度和赏罚条例。例如，对官员被任命后的赴任，定有“违限处分例”；为避免办事拖拉，延误时日，还规定各衙门议覆本章时限；地方上的督抚，对皇帝交办的事项，视路途之远近，分别于四至七个月内必须回覆，违限者按年月处分。[2]遇有灾荒，各地必须立即层层上报，“逾限一月内者，巡抚及道府州县，各罚俸；逾限一月外者，各降一级”[3]。对州县官，“朦隐田地议处例”，隐瞒十顷以上，罚俸三个月；五十顷以上，罚俸九个月；至百顷者，降一级调用。[4]清廷所制定的参罚条例之多，实在不胜枚举。一些倒霉的小官僚，“即罚俸一项，常有莅官一二载，罚俸至五六年，有至十余年者”[5]。康熙七年，陕西合水县休致知县龚荪，“以欠民粮四分以上，罚追银八百两，产绝，至鬻子以偿，仍未完纳”[6]。当然，这样的例子是极其个别的。清王朝所制定的这些规章制度，若能认真执行，对提高官僚机构的行政效率是会起到一定作用。然而，问题在于“侧例纷纭，胥吏欲轻则有轻条，欲重则有重款。事同法异，总缘多立名色，便于高下其手”[7]。以官僚机构来执行惩治官僚的条例，其结果必然是条例反倒成为上级对下级进行公

1 《清世祖实录》卷八〇。
2 《清圣祖实录》卷四。
3 《清世祖实录》卷七九。
4 《清世祖实录》卷一〇五。
5 《清圣祖实录》卷三三。
6 《清圣祖实录》卷二六。
7 《清圣祖实录》卷三三。

开勒索的凭据和口实。

至于“考满”或“京察”“大计”，在官官相护、徇情营私、朋比为奸的官场中，要做到“循名责实”，更是难而又难。弄虚作假，巧伪粉饰，则习以为常。结果是“优考之名实难符”[1]，冒滥者比比皆是。这正如康熙四年山西道御史季振宜在疏中所说：“自行考满以来，臣见部院大臣上疏自陈，不过铺张履历功绩，博朝廷表里羊酒之赐……一人一疏，以数千计。……至各堂官考核司属，朝夕同事，孰肯破情面，秉至公？其中钻营奔竞，弊不胜言。”而外官考满，“其弊尤甚，即如州县官，由府厅至督抚，经五六衙门考核，各上司岂不尽受贿赂，不徇情面，一恁公道，品骘优劣者乎？若层层剥削，州县力不能堪，势必侵欺国帑，刻剥小民，以贿嘱上官，希图越俸升转，相习成风，莫可挽回”。所以连康熙在看了他的上疏之后，也不得不承认“考满之法，原欲分别贤否，以示劝惩。近因内外文武各衙门，考核各官，多系优等，劣等甚少……”“各官徇情钻营等弊，且章奏繁扰，实于劝惩无裨。”[2]考核官吏不能收到预期的效果，根源是“相习成风，莫可挽回”，这真是一语中的。它说明了在封建制度下，要根绝封建官僚政治的种种弊端，是根本不可能的。

惩治贪污和力破朋党的情况也是如此。清初也曾大张旗鼓地惩办贪官污吏。顺治九年八月，首先从婪赃一万余两的漕运总督吴惟华开刀，以后又陆续惩办了婪赃数万两的江南按察使卢慎言、山东巡抚耿焞，以及赃私四十余万两的工部分司顾大申等，以儆贪风。并规定“赃至十两者，责四十板，流徙席北地方。其犯赃罪，应杖应责者，不准折赎”[3]。立法不可谓不严。但是，其结果又如何呢？康熙自己也不得不承认：“迩来贪风未息，诛求下吏，

1 《清圣祖实录》卷六。

2 《清圣祖实录》卷一四。

3 《清世祖实录》卷一二五。

以奉上官，遂致不肖有司，私派横征，民生益困。”熊赐履在条奏中也说道：“私派倍于官征，杂项浮于正额，设一旦水旱频仍，饥馑见告，蠲赋则吏收其实，而民收其名；赈济则官增其肥，而民重其瘠。”[1]惩治贪污的结果是“贪风未息”，究其原原，正如河南道御史余缙所说：“民生安危视吏治，吏治贪廉视督抚。数年以来从未有总督参一巡抚，巡抚纠一总督，互庇如此，欲吏治澄清，拯救生民，势必不能。”[2]而总督、巡抚之所以敢于“互庇如此”，也是有原因的。康熙四十三年，江南织造曹寅兼任两淮巡盐御史。出身于内务府包衣（皇室家奴）的曹寅，为了向主子表示忠心，上任伊始，向康熙上了一个请禁革两淮盐课浮费的奏折，其中有“省费”一项，“系江苏督抚司道各衙门规礼共三万四千五百两有奇”。这项“规礼”照例是“朝廷正项钱粮未完，此费先已入己”。曹寅以“臣父系包衣老奴”的身份，假惺惺地对此表示“不胜痛恨”，请求禁革。康熙朱批：“此一款去不得。必深得罪于督抚，银数无多，何苦积害。”[3]看来，康熙从政治上的得失考虑，为了使身任封疆大吏的督抚能够忠心耿耿地效忠皇室，对于他认为数字不大的贪污，是纵容包庇的。这样一来，惩治贪污以澄清吏治自然是“势必不能”，这同考核官吏的结果是“相习成风，莫可挽回”一样，说明封建官僚政治的痼疾，在官官相护、“互庇如此”的封建制度下是无法根除的。有清一代贪风日炽，乾隆时和珅富可敌国。“三年清知府，十万雪花银”，这些都是人所熟知的。至于力破朋党，仍然是“宁负朝廷，不负朋党”，最多也只不过是“多参末员属吏”[4]，聊以塞责而已。康熙初有鳌拜之党，续

1 《清世祖实录》卷二二。

2 《清世祖实录》卷三〇。

3 《江宁织造曹寅为禁革两淮盐课浮费折》，见《关于江宁织造曹家档案史料》，第27页。

4 《清世祖实录》卷九五。

之又有明珠之党。雍乾时朋党不断，更是史不绝书。

总之，清初对吏治的整顿的确也是下了一番功夫的，这在《清实录》中有大量的反映，然而成效却并不显著。这诚如当时人所说："清铨叙而吏道益杂，肃官箴而废弛滋甚。"[1]康熙所殷殷期望的"俊乂充庭，廉能著绩"的官风，仍然只不过是不可企及的政治理想而已。

## 三

清初虽然锐意整顿吏治，但封建官僚政治的痼疾却依然如故，种种弊端不能也不可能杜绝，其最终原因当然是由剥削阶级的本质所决定的。作为阶级压迫的封建国家，它的根本职能就在于剥削压榨广大人民，维护地主阶级对农民的统治。由地主阶级的政治代表所组成的封建官僚机构，其种种弊端归根到底不过是地主阶级腐朽、昏聩、贪婪的阶级本性的集中表现。但是，封建政治体制也是形成这些弊病的重要原因。

专制主义是我国封建社会长期以来的政治制度，而且愈到后来愈加强化。在封建专制制度下，各级官吏是自上任命的。大臣由皇帝直接简任，低级官员由吏部任命。封建国家的种种权力，掌握在由上任命的层层官吏的手中，组成为按严格等级所规定的官僚系统，形成一个宝塔型的官僚机构，而站在宝塔顶端的就是君临天下的皇帝。皇帝不仅是"乾纲独断"，掌握着国家一切大权，而且对于臣民握有无可争辩的生杀予夺之权。因此，封建专制主义既表现为由上给予的等级权力，同时其最终体现的则是绝对的君权。由这种绝对君权所体现的封建专制制度，自然就会产生"朕即国家"的观念，从而"家天下"也就被认为是当时的政

1 《清圣祖实录》卷二七。

治原则，于是君臣之间的关系也就同时具有了“主子”与“奴才”的关系。与这种现实的关系相适应，“忠君”便被地主阶级的政治思想家宣布为是本于“天理”的“至理”了。

封建专制主义的官僚体制，产生了以下两方面的问题。

其一，绝对君权以及封建的“主奴”关系的存在，必然使大小臣工只能依据“圣意”办事；在官场中则是依据等级权力看上司的脸色行事。一切对上负责，一切取悦于上，是官僚们信奉不移的最高原则。不论哪一级官吏，对上司长官都是唯唯诺诺，打拱作揖——“多磕头，少说话”，成为当时做官的诀窍。在按官品等级行使权力的专制制度下，一切因循旧章，“以祖宗成法”为依归，遇事不敢负责，不敢创新立异，也就成为封建宦海的正道。因而行政效率低下，必然是官僚政治的一大特色。

封建专制主义的官僚等级权力，使下级官吏的升降荣辱，完全取决于上司长官，而不在于个人的政绩优劣。为了巴结讨好上司，他们“十分精神，三分办事，七分奉上官。迎送，细节也，有因失而受辱矣。参谒，屡禁也，有渐远而获遣者矣。馈送，严饬也，有以奔兢之疏密，定官评之优劣者矣。有司之精神有限，竭尽心思，弥缝上官之不暇，而何暇于政务乎！”[1]为了保住禄位和升迁，对上阿谀奉承之不暇，哪里还有心思顾及自己的职责。官僚之间下级对上司的关系，就是通过无穷无尽的迎送、参谒、馈送来维系的。而上级官吏也需要有人扶持，以便上下其手，“贪图货赂，营谋私利”。他们也需要左右之间的奥援，于是上下左右，互相攀援，徇情庇护，结成利害与共的小集团，称为朋比(党朋)。他们“各援引同党之人，以欺其上”[2]；或者“彼此倾轧，伐异党同，私怨交寻，牵连报复。或己所衔恨，而反嘱人代

1 《清世祖实录》卷一一八。

2 《清圣祖实录》卷一九四。

纠，阴为主指；或意所欲言，而不直指其事，巧陷术中”[1]。在宦海的沉浮之中，施展其纵横捭阖的政治权术，因而朋比为奸甚至成为封建官僚安身立命的保障。一个孤立无援的官僚，其宦海生涯往往是短命的。当时的现实政治生活中就有彼此因“飞诬排陷”，“虽业已解职投闲，仍复吹求不止，株连逮于子弟，颠覆及于家身”[2]的现象。上述一切，使朋党的存在与封建官僚政治相始终。为了论证这种关系存在的合理性，在历史上，有人以官冕堂皇的文词主张“君子朋而不党”。即使在清统治者大力排击朋党的政治压力之下，不仅“自古汉人结为党类”，甚至“满洲素朴诚忠实，今观旗人亦各自结党”。[3]而且公然主张朋党者也大有人在。如乾隆年间的大理寺卿尹嘉铨，就认为“朋党之说起，而父师之教衰，君亦安能独尊于上哉!”[4]朋党是封建官僚政治的赘瘤，它以门生、故吏、同年、同乡、同班为基础，是封建官僚政治贪污纳贿，彼此排挤倾陷，献媚邀宠种种弊端的渊薮。

其二，与绝对君权的专制主义和“家天下”的“主奴”君臣关系相适应，从皇帝来说，需要有绝对俯首听命、忠于一姓王朝的官吏，因此而强调“人治”。认为“有治人，无治法”，“为政端在得人”。康熙说过:“知人难，用人不易，致治之道，全关于此。朕即欲不尽心，不可得也。”[5]对于所谓“得人”，尽管讲了许多堂而皇之的标准，如“矢忠矢公”“人心公直”，等等，但是从“有治人，无治法”的原则出发，官吏的任免黜陟，就必然是以皇帝和上司的好恶为标准。某一官僚，一旦邀恩获宠，就敢于肆无忌惮，无法无天。因而权贵宠信胡作非为，在历史上是屡见不鲜

1 《清圣祖实录》卷一五三。
2 《清圣祖实录》卷一五三。
3 《清世祖实录》卷一九四。
4 《清代文字狱档》，第 6 册。
5 《清圣祖实录》卷四一。

的。任人唯亲也就成为封建官僚政治“用人行政”的标准。历史上外戚、宦官的擅权是由此而来，清王朝以满洲贵族掌握大权又何尝不是如此。以皇帝和上司的好恶任免黜陟官吏，以及任人唯亲的结果，正如清初有人指出的那样：“上司弗问吏治，喜怒一任乎私心。因而荐举不公，官评淆乱。”[1]也有人大胆指出：“今日之病在六部，六部之病在尚书，尚书之病在推诿，推诿之病在皇上不择人。”[2]“不择人”，使官吏杂滥，弊端丛生。因此之故，尽管康熙多次严令各级官吏“以后务破情面，据实参纠，以副朕用人图治之意”[3]，也只不过成为一纸空文而已。

总之，封建专制主义的政治制度，也是产生官僚政治种种痼疾的原因。希望在封建专制制度下剔除官僚政治的种种弊端，不啻是与虎谋皮。“刘郎已恨蓬山远，更隔蓬山一万重。”清初的统治者对官僚政治不断发出感叹，正是这种无可奈何的心情的反映。

（原载《历史研究》1980 年第 1 期）

1 《清世祖实录》卷一〇六。
2 《清世祖实录》卷八九。
3 《清圣祖实录》卷二七。

# “民生安危视吏治，吏治贪廉视督抚”

## ——清代吏治简论

清初的统治者鉴于明季吏治败坏，招致国家败亡，因之常常引以为诫。摄政王多尔衮说：“崇祯皇帝也是好的，只是武官虚冒功赏，文官贪赃枉法，把天下失了。”[1]顺治帝指出明季官场种种劣迹，认为绝不能重蹈覆辙。顺治二年闰六月，谕六部、都察院：“明季诸臣，窃名誉，贪货利，树党羽，肆排挤，以欺罔为固然，以奸佞为得计……用人行政，颠倒混淆，以致寇起民离，祸乱莫救。覆辙在前，后人炯鉴，亟宜痛加悛改，岂容仍袭故套，以蹈覆蹶。”[2]殷鉴不远，亲身经历、目睹了明朝败亡的清初君臣，对明末吏治败坏与“寇起民离，祸莫能救”的关系，其认识与了解应该说是深刻的。为了革除积习，整饬吏治，“世祖恶贪吏，令犯赃十两以上籍没”[3]。如淮安吏张电臣因侵蚀漕粮折银一百二十两，按律当追比，江南巡按御史李森先，疏请缓之。顺治帝切责李森先徇庇纵容贪吏，命夺官，逮至京师讯鞫。[4]一个犯赃一百二

---

1 《多尔衮摄政日记》，第 3 页。

2 《清世祖实录》卷一八，第 14 页。

3 《清史稿》卷二四四，《王命岳传》。

4 参见《清史稿》卷二四四，《李森先传》。

十两的小贪官，暂缓追比需疏请皇帝裁决，并因之重惩徇庇者，可见清初整饬吏治是相当严厉的。因为吏治的贪廉、良酷、好坏，对新建立的清王朝来说是休戚相关、安危所系的，故康熙帝说："朕历观前史，于此等背公误国之人，深切痛恨。"[1]面对清初社会经济凋敝，人口锐减，民生困苦的局面，清初的皇帝励精图治，关注国计民生，奖廉去贪，因而相对说来吏治较为清廉。

然而，即使在吏治较为清廉的清初，也远不是弊绝风清，官吏的贪婪是封建官僚政治无法根除的痼疾。

## 一　康熙帝说，"民间疾苦，皆由督抚之贪酷"

顺治帝对贪官深恶痛绝，命御史巡方察劾各级官吏，然而，顺治帝却说："御史巡方，屡以贪黩败检。"[2]职司惩贪、整肃官箴的巡方御史，本身就"贪黩败检"，故贪风不息，乃势所必然。顺治帝因之屡降谕旨，就"兵民疾苦，积弊丛生"，命内外臣工各抒己见。御史张煊疏言："贪吏坐赃，多委诸吏役……有司朘削小民，督抚徇不以告。"[3]这就是说贪风不止，是由于督抚徇庇所致。御史田六善疏云："今日贪风日甚，处积重难返之势，不得不严惩以儆……夫吏之清与不清，原视于督抚之公与不公。"[4]这也是将贪风日甚归责于督抚。庶吉士王命岳、大学士蒋赫德等人对贪风不止与督抚之关系说得最为透彻。

王命岳《论吏治不清皆由举劾不当疏》云：

1 《清圣祖实录》卷一五三，第18页。
2 《清史列传》卷五，《魏裔介传》。
3 《清史稿》卷二二四，《张煊传》。
4 田六善：《奖劝清吏疏》。见贺长龄等辑：《清经世文编》卷二〇。

皇上孜孜求治，痛恶天下贪官污吏，不得已为犯赃十两以上籍没家产之谕……法愈严而贪不止，其故何也？臣愚以为皆由举劾不当……当明季时，缘抚按启事不实，廉谨者包苴不入门，则目为罢（疲）软；贪饕者金帛相承奉，则目为干才。甚至纠为贪者皆真廉，奖为廉者乃大贪，黑白颠倒，浊吏横行，民生日蹙，驯至乱亡，兴言前事，足为殷鉴……而臣因贪风未息，不能不责成督抚按也。[1]

王命岳“兴言前事”，以明末抚按专肆贪婪，对属员之举劾与否视其有无金帛奉承而定夺，于是举劾不公，“黑白颠倒，浊吏横行”，终至乱亡的教训，直言不讳责成清初的督抚，盖因督抚乃吏治清浊之关键。

顺治十二年，国史院大学士蒋赫德奉诏直陈时务，他慷慨陈词，疏云：

察吏而后可以安民，除害而后可以兴利。方今百姓大害，莫甚于贪官蠹吏。惩治之法，惟恃督抚纠劾，以其确知属员之贤不肖也。每见督抚弹章，指事列款，赃迹累累，及奉旨提问，招拟复奏，计赃科罪不及十之二三。不曰“事属子虚”，则曰“衙役作弊”，即坐衙役者，又多引杂犯律例，听其赎免，何所惩惮而不肆行其志乎？

蒋赫德痛陈时弊，指出朝廷唯恃督抚以纠贪，而督抚则是违旨玩法，徇庇贪吏。究其原因，乃是由于“其始也官胥朋比，虚取瓜分；事败之后，官则假名于吏以觊燃灰，吏则假赀与官以成

1 《清经世文编》卷一九。

展脱”。既然是上下其手，通同作奸犯科，自然也就会百计弥缝。奉旨科罪贪官污吏的结果是无损其毫发，“究之官吏优游，两获无恙，纠劾虽行，竟成故事”。如此弹劾非但不能去贪，反而助长其贪婪，更加肆无忌惮，故蒋赫德说：“何所惩惮而不肆行其志乎？”他请求皇帝“天语严饬”，对贪墨者穷源质讯，坐以应得之罪，以期“贪黩清而民生苏息矣！”[1]顺治帝命“下所司严饬行”，然而贪墨之风岂是一道谕旨所能禁止！

康熙帝效法其父，奖廉去贪。康熙六年，命内外臣工就吏治与民生疾苦，各抒己见。五月，谕吏部：“近闻直隶各省，民多失业，疾苦颠连，深为可悯。或官吏贪酷，朘削穷黎？抑或法制未便，致民失业？……尔大小等官，切念民依，其各抒所见，毋隐。”[2]

侍读熊赐履遵旨条奏云：

> （民生困苦）诚有如圣谕所云者……私派倍于官征，杂项浮于正额……蠲赋则吏收其实，而民受其名；赈济则官增其肥，而民重其瘠。[3]

顺天府尹李天裕疏言：

> 征收钱粮，民不苦于正额之有定，而苦于杂派之无穷。[4]

礼部尚书黄机认为，“浮收”“杂派”之所以层出不穷，其责全在督抚。他说：

---

1 《清史列传》卷五，《蒋赫德传》。
2 《清圣祖实录》卷二二，第6页。
3 《清圣祖实录》卷二二，第12页。
4 《清圣祖实录》卷二二，第18页。

今天下民穷之由有四：一、杂差私派，或掊克以奉上官，或巧取以充私囊；一、棍徒结党成群，假借逃人名目，吓诈平民，动辄首举，及审无干而家已破；一、设官原以抚民，其中岂无匪类，惟畏督抚纠劾，不敢肆害，今一岁之中，劾者无几，贪风愈炽，民何以堪？一、设兵原以卫民，近闻各省兵丁私放营债，霸占行市，欺压小民。此四者皆民穷之源，而责任全在督抚。[1]

黄机指出，文官巧取，以饱私囊，掊克以奉上官，督抚因之不纠劾，故而贪风愈炽；武官不直接临民，则放债取私，霸占行市。对此，左都御史王照遵旨条奏云：

闽、广、江西、湖广等省各官，近或自置货物，售于属下，或巨舸连樯，装载他方市易，行同商贾，不顾官箴。甚者指称藩下，挟势横行，假借营兵，放债取利。[2]

王照有鉴于官吏“行同商贾”，假借广东、福建等藩王之威势，“挟势横行”。他“请敕部详议，嗣后闽、广等省王公将军督抚提镇，如有恃势贸易，与人争利者，作何议处治罪，并严指称假借之禁，庶小民得以安生，官方得以整肃”[3]。

此次内外官员疏陈民生疾苦，众口一词，咸称皆因督抚之故，于是康熙帝谕吏、兵二部：

前因民间疾苦，谕大小各官，各陈所见。据各官奏称，

1 《清史列传》卷五，《黄机传》。
2 《清圣祖实录》卷二二，第7页。
3 《清圣祖实录》卷二二，第7页。

民间之疾苦，皆由督抚之贪酷。[1]

康熙帝命议政王、贝勒、九卿科道，就如何简选贤能，会议具奏。然而，情况并未因此而有所改观。康熙二十四年九月，左都御使陈廷敬疏言："上官廉则吏自不敢为贪，上官贪则吏虽欲为廉而不可得。凡所为加派、火耗、黩货、朘削，日以曲事上官之不暇，而又何有于行上之教？……是教之不行，吏为之也。吏之为之者，督抚使之然也。"既然督抚是吏治的关键，这样，问题的症结，经过18年后，又回到康熙六年提出的老问题上，即如何简选贤能，督抚任用得人。陈廷敬说："方今要务在于督抚得人。为督抚者不以利欲动其心，然后能正身以董吏。"他恳请"皇上之考察督抚，则以洁己教吏，吏得一心养民、教民为称职"[2]。督抚贪廉与否实乃吏治清浊与否的关键所在，这在当时已然是公认的不争之实事，故清人说："民生安危视吏治，吏治贪廉视督抚。"[3]

## 二　"吏治贪廉视督抚"原因何在

清人认为，吏治的贪廉、清浊，其关键在督抚，这是由于督抚在封建官僚政治体制中所处的重要地位决定的。

督抚是封疆大吏，是各直省的最高长官。他们"统率群僚"。总督的职掌是："掌总治军民，统辖文武，考核官吏，修饬封疆。"[4]"巡抚之所当为，莫如察吏以安民。"[5]要之，督察各级官吏，是督抚的主要职责，故清人说："督抚之职在察吏，察吏欲以安民，非

---

1 《清圣祖实录》卷二二，第17页。

2 《清史列传》卷九，《陈廷敬传》。

3 《清圣祖实录》卷三〇，第17页。

4 《清朝通典》卷三〇。

5　袁枚：《与湖北巡抚庄公书》，见《清经世文编》卷二〇。

明于击断之为能尽其职也。"[1]督抚察吏即可随时考核，参劾不法，而三年大计，更是其专责，或荐举，或弹劾，因之，下属官吏之升降荣辱，操之于督抚之手。督抚既可以此勒索下属，而下属为求徇庇更是趋奉献媚上司之不暇，正如给事中柯耸所说："乃流弊日甚，凡州县之与府厅，府厅之与司道，司道之与督抚按，往往师第相称，执礼维谨，借门生为献媚之阶梯，假执贽为行贿之捷径，甚或旷废职业，专务迎逢，馈节贺寿，百计结欢。上官乐其趋承，每至曲为徇庇，安望有强直自遂，私谒不行，所称清白吏乎？"[2]下官之所以趋承上官唯恐不及，这是因为清代政治制度的国家权力，是在皇权之下的各级官僚的等级结构权力。督抚"总庶务之成"，职任封疆，其权重，处于地方省级政权的最高层，其所属各级官员，安能不工于媚上，否则其仕途必然是短命的，故督抚之清浊与否，势必关系一省，或两三省的吏治。

同时，督抚在封建国家等级权力结构中，又处于中央政权与地方政权的交汇点。中央政府的施政必须经由督抚而贯彻至于州县。督抚办理各项重大政务及其结果，须具题奏明皇帝，或以咨文与中央有关部门或办理或了结，即所谓"外省政务，非不遵成宪办理"。"钦奉上谕，暨内外臣工条奏应行事务，在督抚大吏，固皆恪遵罔懈，督课维严。"[3]督抚既要对"钦奉上谕"，以及经皇帝批准的"应行事务"恪遵而不能有丝毫懈怠，另一方面又是代表皇权对各级官吏"督课维严"，因而对督抚优劣的考核，属中央"京察"，督抚也就自然要在中央大员中寻求庇护。欲求庇护，先要结欢，日暮之金，在所难免。而中央政府官员因不直接临民，有所诛求，也多假手于督抚。王命岳说："小吏之不廉，大吏导之

1 《清史列传》卷九，《陈廷敬传》。

2 柯耸：《清厘吏治三事疏》，见《清经世文编》卷二〇。

3 讷亲：《清考核州县实政疏》，见《清经世文编》卷二〇。

也。至大吏之不法，又谁导之？臣于是不能不为在内部臣讳也。盖其一能鬻朝廷之爵，而使天下无廉吏；其一能卖朝廷之法，而使天下之真良无所劝，污黩无所惩也。”[1]部臣因其能玩法鬻爵，使大吏不法而贪黩无所惩，以致“天下无廉吏”。这就指明了督抚之不法与部臣的关系。可见，督抚之清浊与否，对下既关系一省或两三省的吏治，对上又关系部院大臣。康熙帝对此也是知悉甚详。康熙九年九月，谕吏、兵部二部曰：

> 朕惟致治雍熙，在于大小臣工，悉尚廉洁，使民生得遂……近闻在外文武官员，尚有因循陋习，借名令节生辰，剥削兵民，馈送督抚提镇司道等官。督抚提镇司道等官，复苛索属员，馈送在京部院大臣科道等。在京官员，亦交相馈送。前屡经严禁，未见悛改。[2]

在当时，官场中这种上下“馈送”的陋习，却被视为“常例”，而清代行政又特别重视“例”。康熙帝谈过：“国家诸务，恃有成例。苟无成例，何以遵循。”[3]所以陋规一经成为“常例”，便具有公开的、约定俗成的合理性。所谓“督抚反以馈送礼物为常例，称某州县为上等，按定数目，公然收受。州县官员，俱自民间取派，以致百姓穷困”[4]。督抚以“常例”公开索贿下属者如此，其以“常例”公开贿赂京官者则是“大小京官莫不仰给于外官之别敬、炭敬、冰敬。其廉者有所择而受之，不廉者百方罗致，结拜师生兄弟以要之”[5]。所谓“别敬”，是外官晋京陛见后赴任

---

1 王命岳：《惩贪议》，见《清经世文编》卷一九。
2 《清圣祖实录》卷三四，第6页。
3 《清圣祖实录》卷二〇八，第17页。
4 《清圣祖实录》卷一七，第12~13页。
5 冯桂芬：《厚养廉议》，见《清经世文续编》卷一六。

前，根据利害与亲疏关系，“分其厚薄各家留别”而致送数目不等的银两。所谓“炭敬”“冰敬”，则是在换季之时致送。何刚清说：“道、咸以前，外官馈送京官，夏则有冰敬，冬则有炭敬，出京则有别敬……同、光以来，则冰敬惟督抚送军机有之，余则只送炭敬而已。”[1]致送时，信函中不能明言银两数目，而用儒雅之隐语，如送三百金则曰“毛诗一部”，盖以诗三百篇喻三百金；如送一千金，则曰“千佛名经”，非官场中人不能解其意。由于京官众多，“常例”又必须处处周到，故其费甚巨。张集馨由署陕西按察使授四川按察使，晋京陛见后赴任，其自述所用“别敬”的费用是：“别敬军机大臣，每处四百金，赛鹤汀（赛尚阿）不收；上下两班章京，每位十六金，如有交情，或通信办折者，一百、八十金不等；六部尚书、总宪百金，侍郎、大九卿五十金，以次递减；同乡、同年及年家世好，概行应酬，共用别敬一万五千余两。”[2]按察使尚且如此，督抚所费则只多不少。当然，外官向京官行贿，除“常例”之外，还有各种“部费”，更有“夜暮之金”，甚至通同作弊。

由于督抚处于封建政权中央与地方上下交汇的关键地位，因而能影响整个吏治。清人所谓“吏治贪廉视督抚”，真可谓一语中的、不刊之论。故赵申乔由藩司升任巡抚，以其亲身经历出示云：“吏治之清浊，关系民生之休戚。而属员之贤否，尤视大吏之贪廉……大吏者，小吏之表率。”[3]尽管清人论督抚与吏治的关系者多慷慨言之，上谕及此也每每痛心疾首，然而婪赃贪污是封建官僚政治的痼疾，故有清一代，即使在清初吏治较为清明之时，也从未绝迹。同时，贪风不息与清初官俸之薄也不无关系。康熙九年，御史赵璓请增官员俸禄疏云：

---

1 何刚清：《春明梦录》（卷下）。

2 张集馨：《道咸宦海见闻录》，第89~90页。

3 赵申乔：《严饬官方以肃功令示》，见《清经世文编》卷二〇。

> 查顺治四年所定官员经费录内，各官俸薪心红等项，比今俸银数倍之多，犹为不足，一旦裁减，至总督每年支俸一百五十五两，巡抚一百三十两，知州八十两，知县四十五两。（若以知县论之），计每月支俸三两零，一家一日，粗食安饱，兼喂马匹，亦得费银五六钱，一月俸不足五六日之费，尚有二十余日将忍饥不食乎？不取之百姓，势必饥寒，若督抚势必取之下属，所以禁贪而愈贪也。夫初任不得已略贪下赃，赖赃以足日用，及日久赃多，自知罪已莫赎，反恣大贪，下官行贿以塞上司之口，上官受赃以庇下官之贪，上下相蒙，打成一片。臣以为俸禄不增，贪风不息，下情不达，廉吏难支。[1]

赵瑨认为，官员俸禄已然很低，如若再将心红纸张银等一一裁减，以知县为例，其所得官俸每月仅能维持五六日之用。如此，官吏之贪赃乃情势所逼，且由小贪而大贪更是不可避免。因此，增禄方能养廉去贪。雍正帝将耗羡归公，实行养廉银制度，加上惩治贪官，虽见效于一时，但随着物价上涨，奢侈之风盛行，聘请幕宾费用的攀升，至乾隆后尤其是嘉道时，养廉银已不足以使官员日用宽裕。而且，由于养廉银不仅是弥补官员俸禄之低而资日用，同时也包含某些办公费用在内，于是越到后来，许多本应由地方财政支出的费用，也以摊扣养廉银开销。制度规定中公私费用混淆的弊端，成为官员大肆贪污的口实。正如嘉庆帝所说：

> 从来额设养廉，原为大小官员办公日用之资，乃外省一切差使及无著款项，往往议将通省官员养廉摊扣，以致用度

1　蒋良骐：《东华录》卷九，第151~152页。

未能宽裕。上司藉此勒派属员，而州县遂尔需索百姓，此弊朕所深知，自当概行严禁，以清吏治而肃官方。著通谕各督抚，凡遇有应办公务，原有耗羡备公银两可动，不得仍前摊扣各官养廉。[1]

由于扣捐养廉银用于办公费用，使官员“以致用度未能宽裕”，因而上下婪赃。嘉庆帝明令以耗羡备公银两支付办公用费，不得再摊扣各官养廉。然而，令不行禁不止，道光时安徽巡抚陶澍《条陈安省亏空八事疏》云：

查捐款名目不一，皆系办公不可少之件。从前各州县，捐款为数甚巨，又有弥补节省津贴等项，名目多者数千，少者数百，各州县养廉几何，安得而不亏缺？臣到任以来，首将此项捐款，分别应裁应减，核数在养廉三成以内。[2]

安徽省经陶澍裁减扣捐养廉银后，仍需捐出三成用于办公等费。同时，因亏空而罚缴养廉，罚赔摊赔，其数目往往更为巨大。正如章学诚所指出，扣罚养廉使督抚贪墨更甚：

州县之累，固贪横大吏诛求无厌，亦由巨工、大役、军需、差务常支之外，又有例不开销，坐派捐廉，见奏报者。州县廉俸几何？办公尚忧不给，坐派出何款乎？督抚大吏，公私诖误，议罚缴养廉，动逾数万，罚赔摊赔之类，往往累数十万，虽清廉督抚，不能不取给于属吏。至如东抚有犯，后调西抚事发，是东省之殃，累数省矣。大抵操守愈清，则

1 《大清会典事例》卷二六二，《户部·俸饷·外官养廉》。

2 陶澍：《条陈安省亏空八事疏》，见《清经世文编》卷二七。

求助愈急，以家囊无可应诛求也。州县为贪墨督抚累者十八九矣，其为清廉督抚所累，未尝无什一二也。[1]

清廷罚缴养廉摊赔的规定，即使是清廉督抚也不得不需索于属吏，贪风因之愈演愈烈。严虞淳《与沈位山书》云："当今时势，日就衰落。居官无一事可为，不过要钱耳！"[2]洪亮吉据其见闻写道："吾又尝验之，三十年以前，守令之拙者，任满而归，或罢任而返，其赢余虽不多，则恒足以温饱数世。今则不然，连十舸，盈百车，所以未尝不十倍于前也。"[3]"十舸百车"所载该有多少！贪风之烈于此可见。

下面就康熙晚年以降，尤其是嘉道以后，督抚之官风稍作论列。

## 三　康熙帝晚年与雍正朝督抚官风简述

礼亲王昭梿说："康熙间，仁皇宽厚。"遇事多优容，"枉法诸臣，苟有可宥者必宽纵之"[4]。康熙帝晚年，吏治废弛，有的督抚不理政事，唯知享乐，以聚敛为能事，败德无行旷世罕见。如汪景祺《西征随笔·西安吏治》所记：

吏治之坏，莫甚于陕西。数十年来，督抚藩臬皆以满人为之，目不知书，凡案牍批详，第责之幕客；官方贤否，但委之堂官，虽判日亦假手他人，吏治民生皆不过而问焉，惟以刻剥聚敛恒舞酣歌之计而已……上官既无善类，属吏统民

1 《章学诚遗书·上石君先生书》。

2 《清经世文编》卷二一。

3 洪亮吉：《守令篇》卷二一。

4 昭梿：《啸亭杂录》卷一，《察下情》。

以奉之，加征杂派，苛政日增。

满人督抚身任封疆大吏，却“目不知书”，可谓古今奇谈！如此素质而做官，只知要钱，“刻剥聚敛”；歌儿舞女，酒肉征逐，“恒舞酣歌”，而吏治民生从不过问，则势所必然。汪景祺举出康熙三十八年任川陕总督的吴赫因牵涉“籽粮银”（清政府借给贫苦农民的种籽银）贪污案，被革职。康熙帝派刑部尚书傅腊塔、江南江西总督张鹏翮前往西安察审。“钦差大臣临讯，有妓女为钦犯，督臣（吴赫）与妓女同跪于庭，为千古笑谈，不但失大体已也。”吴赫婪赃宿妓，行止败坏，其有辱官箴甚矣！正因为“上官无善类”，所以间或有洁身自好的下属，“不竭膏血为馈送，即不能保其位，且有破家亡身者”。既然上下朋比贪墨已然是官场积弊，故自爱自重者便不能容其间。一旦遇有灾荒，政府虽行赈济，而贪官更昧天良，不顾灾民死活，“帑金皆为贪吏瓜分，而责灾黎偿还”。如此赈灾，不啻雪上加霜，其害“较旱魃更烈”。用兵打仗时，更是督抚与下官上下其手的大好机会。康熙五十四年以后，准噶尔部策旺阿拉布坦又复称兵，清廷用兵西陲，陕甘钱粮不足供军需，由他省协饷，“每至辄以数十百万计，督抚以下又从而侵蚀之。州县更以军储名，派之里地，民困于内，兵饥于外”。汪景祺说，贪官污吏使兵民俱困，“其不倒戈揭竿者，幸耳！”年羹尧任川陕总督，“深知其弊”。汪景祺于雍正初随年羹尧西征，从其《西征随笔》所记，可见康熙帝晚年吏治败坏之一斑。

乾隆帝说他的祖父康熙帝“多有宽纵之弊”，吏治因之日趋败坏。雍正帝继位，纠之以“猛”，严申“整纲饬纪”。“圣祖（康熙帝）政尚宽仁，世宗（雍正帝）以严明继之。”[1] 雍正帝整饬吏

1 《清史稿》卷九，《世宗本纪·论曰》。

治，综核名实，各级官吏若旷误职守，凡有肥家为私，却又沽名钓誉者，定然言出法随，从重惩处，于是不少大员被拿问抄家，督抚等封疆大吏人人震惕。湖广总督杨宗仁、云南巡抚杨名时、河南巡抚石文焯纷纷上书，请将督抚司道衙门陋规节礼“尽行革除”，或保证自己“一无所收”，“以杜州县借口之端，以塞上司勒索之路”。为了理财足用，雍正帝又雷厉风行清查钱粮，勒令官员限期追还亏空。如亏空系官吏侵吞，“定行正法不赦”，史称“人怀畏惧，罔敢肆意为也”[1]。即使是满洲贵族，“诸王皆凛然奉法，罔敢矩外之行”[2]，雍正朝的吏治因之较为清廉。

## 四　乾隆时奢靡日盛，督抚贪风日炽

乾隆帝以“宽猛相济”为政。随着社会经济的繁荣，清中期以后，侈靡日盛而贪风日炽。尹壮图奏称：

> 伏查乾隆三十年以前，各省属员未尝不承奉上司，上司未尝不取资属员……近年以来，风气日趋浮华，人心习成狡诈。属员以夤缘为能事，上司以迎奉为喜，踵事增华，夸侈斗靡，百弊丛生，科敛竟溢陋规之外。上下通同一气，势不容不交结权贵以作护身之符。此督抚所以竭力趋奉和珅，而官民受困之原委也。[3]

其实，督抚交结朝中权贵以逞其私欲，并非自乾隆时始。

康熙时，高士奇入值南书房，颇受赏识。高士奇招权纳贿，

1　昭梿：《啸亭杂录》卷一，《察下情》。
2　昭梿：《啸亭杂录》卷一，《禁抑宗藩》。
3　姚元之：《竹叶亭杂记》卷二，第 53 页。

显赫一时。当其由内廷归第也，九卿为探消息，候于其所居胡同者，人满为患，而高士奇则旁若无人，直入其第不稍顾。少顷，宅内传出话，“洗过脸了”，“正用晚饭”。然后，传呼一二大臣入。家奴再出告众人曰：“日暮不能见，请俟异日也。”众官悻悻散去，明日俟于巷者又复如此。其凌越众官之排场于此可见，因而也大招物议。有人讦告说，当年高士奇扛着铺盖卷徒步进京，乃一“穷措大”，“今但问其家赀若干，即可得其招权纳贿状”。康熙帝因以问高士奇，此人居然直言不讳，说：“督抚诸臣以臣蒙主眷，故有馈遗，丝毫皆恩遇中来也。”善于颂圣拍马的高士奇，将收受督抚之贿赂说成是“恩遇中来”[1]，巧言令色，“圣祖（康熙帝）笑而颔之”。一笑了之，而未深究。

高士奇更加肆无忌惮，自立门户，与左都御史王鸿绪、尚书徐乾学等植党营私。左都御史郭琇疏劾曰：“凡督、抚、藩、臬、道、府、厅、县，以及内外大小卿员，皆王鸿绪、何楷为之居停哄骗，而夤缘照管者，馈至成千累万，即不属党护者，亦有常例，名曰‘平安钱’。”[2]右副都御史许三礼疏劾云：“（徐）乾学、士奇为子女姻亲，其招权纳贿，相为表里，有‘五方宝物归东海（徐乾学），万国金珠贡澹人（高士奇）’之谣。”[3]督抚等以金银珠宝贿赂朝中权贵，求其“党护”，郭琇、许三礼言之凿凿。高士奇、徐乾学等为贪得督抚贿赂，竟至公然蔑法妄为。他们迫使福建布政使张汧出任湖北巡抚，张汧以年老推辞，高士奇等致书“谓不成当便得奇祸”[4]，迫其就范。张汧任巡抚后将贪墨所得大量行贿于高士奇、徐乾学、陈廷敬等人。事败，康熙帝命于成龙前往审实。张汧“初以分馈甚众，不能悉数抵塞”。既而供出高士奇、徐

1 赵翼：《簷曝杂记》卷二，《高士奇》。
2 《清史列传》卷一〇，《高士奇传》、《王鸿绪传》。
3 《清史列传》卷一〇，《徐乾学传》。
4 李光地：《榕村续语录》卷一四，中华书局版，第738页。

乾学、陈廷敬诸人。康熙帝以“此案若严审，牵连人多”，谕曰：“就已经审实者即可结案，勿令滋蔓。”[1]命高、徐、陈等休致，而未置之典刑。于是诸人为自己洗刷，说：“张汧无端疑怨，含沙污蔑，臣将无以自明。幸赖圣明在上，诬构难施。”[2]将自己说成一身清白，无端遭受诬陷，但事实并非如此。乾隆四十三年三月，国史馆进呈所纂王鸿绪传，乾隆帝谕曰：“夫王鸿绪、高士奇与明珠、徐乾学诸人，当时互为党援，交通营纳，众所共知。如郭琇所劾诸事，并不为枉，而我皇祖不加追究，仅予罢退。”命将郭琇原疏录入王鸿绪等各传，“不必稍为删节，即使天下后世晓然于王鸿绪辈之罪状如此，郭琇之鲠直如此”。令朝臣共知鉴戒。乾隆帝说，如此，方能“于世道人心甚为有益”[3]云云。然而，事与愿违。康熙帝时，督抚结纳高士奇辈为奥援，较之乾隆时的和珅则是小巫见大巫。

和珅是有清一代最大的贪官，其所婪赃富可敌国，且多非人臣应有之物，有的甚至较大内更为精美，如和府路灯，“较（大）内为精致”。和珅被抄家后，将其移置于宫内，“今景运、隆宗两门外，凡所陈设铁缸及白石座细铜丝罩之路灯，皆其物也”[4]，可见一斑。乾隆五十九年，朝鲜冬至谢恩使黄仁点、李在学据其见闻云：“和珅、福长安之用事日甚，擅弄权威，大开贿门，豪奢富丽，拟于皇室，有口皆言，举世侧目。”[5]和珅“大开贿门”，穷极奢华，不但在北京已然尽人皆知，“有口皆言”，而且秽名远播，即使是外国使臣也能道其详。

和珅柄政，督抚中的贪污犯趋奉唯恐不及，以求其庇护。闽

---

1 《清史列传》卷一〇，《高士奇传》。

2 《清史列传》卷一〇，《高士奇传》。

3 《清史列传》卷一〇，《王鸿绪传》。

4 姚元之：《竹叶亭杂记》，第45~46页。

5 吴晗辑：《朝鲜李朝实录中的中国史料》，第4880页。

浙总督伍拉纳，“惟以贪酷用事，至倒悬县令以索贿。故贪吏充斥，盗贼纵横”。福州将军魁伦举劾，乾隆帝震怒，令槛解入京。而和珅暗中故意缓其行，拖延到京时间，以期皇帝或可稍解其怒，贪污犯或许能从轻发落。乾隆帝按日计算，伍拉纳应到京而未至，于是命乾清宫侍卫飞骑召入，“于丰泽园廷讯，伍、浦（福建巡抚浦霖，与伍拉纳为同案犯）皆服罪”[1]。和珅之庇护贪官，用尽心机，即使是皇帝亲自过问的钦犯，他也敢于从中做手脚，故“督抚司道畏其倾陷，不得不辇货权门，结为奥援。当时督抚如国泰、王亶望、陈辉祖、福松、伍拉纳、浦霖之伦，赃款累累，屡兴大狱，侵吞公帑，抄没资产，动至数十百万之多，为他代所罕见。此辈未始不恃和珅为奥援”[2]。以上诸大贪官《清史稿》卷一三九有传，记述各人因贪污巨大而被诛。

和珅招权纳贿，督抚中的贪污犯无不依和珅为奥援。乾隆五十九年，朝鲜冬至使的书状官郑东观向朝鲜国王书启其目睹耳闻之情况云：“阁老和珅，用事二十年，威福由己，贪黩日甚，内而公卿，外而藩阃，皆出其门，上自王公，下至舆台，莫不侧目唾骂。”[3] 内而公卿，外而督抚等封疆大吏，皆趋奉和珅门下，结果是正如乾隆帝所说：“各省督抚中洁身自爱者，不过十之二三。”[4]

乾隆朝督抚贪污具有以下特征：

第一，多为集团贪污。如湖广总督毕沅、巡抚福宁、布政使陈望之，“三人朋比为奸，毕性迂缓，不以公事为务；福天资阴刻，广纳苞苴；陈则摘人瑕疵，务使下属倾囊解橐以赠，然后得免。时人谣曰‘毕不管，福死要，陈倒包’之语。又言毕如蝙蝠，身不动摇，惟吸能过虫蚁；福如狼虎，虽人不免；陈如鼠蠹，钻

1 昭梿：《啸亭杂录》卷一，《诛伍拉纳》。
2 《清朝野史大观》卷六，《入相奇缘》。
3 吴晗辑：《朝鲜李朝实录中的中国史料》，第 4881 页。
4 《清高宗实录》卷一八四八。

穴蚀物，人不知之，故激成教匪之变，良以有也”[1]。官逼民反，川楚等省白莲教起义后，“教匪之始，毕（沅）受相国和珅指，不以实入告，致使蔓延日久，九载始靖，人争咎之”。官吏贪黩激成大规模民变，故人争咎之，当时著名学者姚鼐说：“戮毕沅之尸，庶以谢天下。”[2]再如甘肃布政使王亶望“监粮”“冒赈”贪污案，“自总督以下皆有分，亶望多取焉”。案发，除王亶望外，总督勒尔勤、布政使王廷赞、兰州知府蒋全迪，皆斩；诸州县婪赃两万两以上者二十二人，俱论死。乾隆帝说：“此二十二人之死，皆直望导之使陷于法，与亶望杀之何异！”[3]一案涉及全省，死者数十人。

第二，贪污数额巨大，手段凶狠。前述闽浙总督伍拉纳竟然“倒悬县令以索贿”。湖南布政使郑源鷭，其贪污又有一番手段，名曰“罢缺”，颇有代表性，即“以缺之高低定价之低昂，大抵总在万金内外”，但这并不是向候任者名码索要。其攫取之法是，凡选授州县官到省，郑源鷭即以已有人署理为由，不令赴任，另许以好缺，然而，从此便再无消息。候任者在省城苦苦等待有半年、十月者，资斧告匮，甚至衣食不给，颇为狼狈。此时即使闻有缺出，候选者已然财尽力穷，无计筹款，而将去赴任的州县衙役早已洞悉其情急无措，于是携重金前来为其干办，因之候选者到任后自然被书吏、衙役挟持，“听其率意滥取，加倍浮收，上下交通，除本分利”[4]。民受盘剥，盗贼蜂起，湖南一省吏治不可问矣。

第三，贪污大吏生活豪奢。和珅生活富丽豪奢，拟于皇室。即使如郑源鷭者，家属用人就有四百余人，养戏班两班，争奇斗巧，昼夜戏乐。当其送部分家眷由湖南回河北丰润老家，“用大

1　昭梿：《啸亭杂录》卷一〇，《湖北谣》。

2　昭梿：《啸亭杂录》卷一〇，《毕制府》。

3 《清史稿》卷三三九，《王亶望传》。

4　姚元之：《竹叶亭杂记》卷二，第 52~53 页。

船十二只，旌旗耀彩，辉映河干”。大肆招摇，以炫耀权势财富，却无人敢纠，“只因其纳贿和珅，莫可谁何！”[1]郑源鷴背靠和珅，聚敛大量财货，史称：“乾隆季年，诸贪官首王亶望，次郑源鷴。嘉庆帝诛和珅，命斩源踌。”又因郑源鷴终年宴会戏乐不绝，嘉庆帝谕曰：“诸直省大吏宴会酒食，率以嘱首县，首县复敛于诸州县，率皆朘小民之脂膏，供大吏之娱乐，展转苛派，受害仍在吾民。通谕诸直省，令悛改积习。”[2]然而，煌煌谕旨，不过是一纸空文。

乾隆时期，贪污大吏身大辟者数十人，家产籍没，戮及子孙，凡所牵连，穷治不稍贷，然而贪风未尝稍戢。究其原因，乾隆帝豪奢不能辞其咎。乾隆帝好大喜功，封疆大吏往往剥民以奉，又从中以饱私囊。如乾隆二十一年，云贵总督恒文为了献媚皇帝，强压市价收购黄金，精制成纯金炉上贡，从中大饱私欲。恒文假上贡之名敛财，招致民怨，赐自尽。再如大贪官两淮盐政高恒，当乾隆帝南巡时，两淮盐商竭力奉承，务求奢华，御舟过处，“剪彩为花”，一望无际。至镇江，“相距约十里，遥望岸上，著大桃一枚，硕大无朋，颜色红翠可爱。御舟将近，忽烟火大发，光焰四射，蛇掣霞腾，几炫人目。俄顷之间，机砉然开裂，则机内剧场中峙，上有数百人，方演寿江福海新戏”[3]。如此别开生面，声势浩大的“祝圣”场面，自然能获得好大喜功的乾隆帝的欢悦。为了献媚取悦皇帝，“诸盐商具言，频岁上贡及备南巡差共用银四百六十七万两”。正如《红楼梦》所说，为了接驾，“银子花得像海水一样淌”。两淮盐政高恒“受盐商金”，婪赃巨大，坐诛。[4]乾隆帝豪奢，某些大吏得以夤缘为奸。

乾隆朝虽严惩贪污大吏，而营私玩法者前后相望，其又一原

1　姚元之：《竹叶亭杂记》卷二，第 52~53 页。

2《清史稿》卷三三九，《郑源鷴传》。

3《清稗类钞》，第 1 册，《高宗南巡供应之盛》，第 341 页。

4　参见《清史稿》卷三三九，《高恒传》。

因则是执法不一，因人而异。如乾隆四十五年，原任云南粮道海宁，讦告总督李侍尧贪纵营私至成千累万，甚至不顾官箴向属员变卖珠子，赃私狼藉。李侍尧供认不讳，大学士九卿议，应斩决。乾隆帝命各省督抚再议，各省督抚“多请照大学士九卿所议”。乾隆帝亦认为其贪赃枉法与已诛之两淮盐政高恒“约略相等”。从皇帝、大学士、九卿到督抚众口一词，且有已诛之高恒先例在，李侍尧贪污之罪当诛，应无疑义。可是，只因李侍尧“干练有为，为中外所推服”，其办事颇合机宜，每每称旨，是一才干出众的大员，乾隆帝因而说，“朕亦不肯为已甚之事”宽其一线，贷其不死。乾隆四十六年三月，即五个月之后，便曲法特赏三品顶戴，并戴花翎，赴甘肃总办军务，镇压苏四十三领导的回民起义。一个月后管理总督事，官复原职，前后仅半年。七月，苏四十三牺牲，起义失败，李侍尧因功加太子太保。乾隆四十九年闰三月，广东监生谭大元控告总商沈冀川敛派公费，馈送前督臣李侍尧。李侍尧在两广总督任内的贪赃劣迹又一次被揭发，但因其任陕甘总督后镇压回民起义及办理地方诸务，均能实心办事，认真出力，深契“帝心”，故再一次免于治罪。乾隆帝只令按数赔缴，“革职留任”。

李侍尧久任封疆，素称干练，乾隆帝一而再地曲法“加恩复加录用”[1]。执法不一，是贪风不止的原因之一。故《清史稿》说:“高宗（乾隆帝）谴诸贪吏……可谓严矣，乃营私枉法，前后相望，岂以执政者尚奢侈，源浊而流不清欤？抑以坐苞苴败者，亦或论才宥罪，执法未尝无挠欤?”[2]

贪风不息的又一原因，则是输金赎罪。前述云贵总督恒文以向皇上贡纯金炉压价敛金一案，倡议者本是云南巡抚郭一裕。当

1 《清史列传》卷二三，《李侍尧传》。

2 《清史稿》卷三三九，《论曰》。

其与恒文对簿公堂，恒文"具言贡金炉发自一裕。（刘）统勋察知一裕亦令属吏市金，见恒文以减价敛怨，乃先发为掩护计"。郭一裕是压价市金的始作俑者，见民怨沸腾事情败露，又恶人先告状，以此脱身。此人工于心计，长于向皇帝献媚，早在山东巡抚任内，"尝请进万金上供"。乾隆帝明明知道，其"在官惟以殖产营运为事"，但是，诛恒文，却只将郭一裕"夺职"，发军台效力。郭一裕请输金赎罪，乾隆帝以恒文事为郭一裕讦发为由，特许纳赎。[1]后又授为河南按察使，以贪官而掌刑名司法。

贪官可以输银赎罪，必然更加有恃无恐，因为一旦案发，只需花些银两便可了事。乾隆五十五年，内阁学士尹壮图上疏力言其不可，他说：

> 督抚自蹈愆尤，圣恩不即加罢斥，罚银数万两充公，因有督抚等自请认罚银若干万两者。在桀骜之督抚，藉口以快其饕餮之私，即清廉自矢者，不得不望属员之佽助，日后遇有亏空营私重案，不容不曲为庇护。是罚银虽严，不惟无以动其愧惧之心，且潜生其玩易之念。请永停罚银之例。[2]

尹壮图对乾隆帝以罚银代法而不将贪官按律治罪，直言其非，乾隆帝自然不悦。他说："尹壮图请将罚银之例永远停止，固属不为无见。不知朕之简用督抚，皆因一时无人，往往弃瑕录用，量予从宽。"乾隆帝在自我辩解之后，话锋一转，严词令尹壮图"指实参奏"，督抚何人婪赃贪污，勒派下属致有亏空，"朕必严加究讯，从重治罪"[3]。若不能实指，则是"风闻以取誉"，将治以应

---

1　参见《清史稿》卷三三九，《郭一裕传》。

2《清史列传》卷二七，《尹壮图传》。

3《清史列传》卷二七，《尹壮图传》。

得之罪。敢于直言的尹壮图已然逆鳞，祸之将至，却又进一步坦陈其所闻见。他说："各省督抚声名狼藉，吏治废弛。臣经过地方，体察官吏贤否，商民半皆蹙额兴叹。"并请派满洲大臣同他本人前往各省密查亏空。尹壮图居然不查个水落石出绝不罢休，这就更加触怒了乾隆帝，斥责尹壮图"不过欲藉此奏见长，或幸邀录用。此等居心，岂能逃朕洞鉴？"既然尹壮图被指斥为别有用心，于是乾隆帝严令其"指实复奏，不可徒以空言无实，自蹈欺罔之咎也！"欺君大罪将置之重典。尹壮图再也不敢坚持己见，"自认措词失当"。乾隆帝命大学士、九卿会审，众议"照挟诈期公，妄生异议律"[1]定罪，"问拟斩决"。乾隆帝又示宽仁，"着加恩免治其罪"，以其母老，命回云南侍养。

尹壮图一案，乾隆帝钦定其"莠言乱政"，"并通谕知之"，以儆效尤。然而，在他死后，嘉庆帝却一翻乃父所定之案。嘉庆四年四月谕曰：

> 前因内阁学士尹壮图曾奏各直省仓库亏缺，经派令庆成带同尹壮图前赴近省盘查，彼时各该省督抚等，冀图蒙蔽，多系设法挪移，弥缝掩饰，遂致尹壮图以奏陈不实，降调回籍。此皆朕所深知也。[2]

尹壮图因见督抚"营私亏空"，奏请"永停罚银之例"，却因督抚做手脚，弥缝掩饰，反而落得"奏陈不实"的罪名，差一点丢了性命。而督抚贪婪，吏治败坏，是嘉庆元年川楚白莲教起义的根本原因，即清人所说，封疆大吏"倚仗权门（指和珅）鱼肉百姓"，故白莲教起义高揭"官逼民反"旗帜，这使嘉庆帝深受触

1 《清史列传》卷二七，《尹壮图传》。
2 《清史列传》卷二七，《尹壮图传》。

动。于是为讦发督抚贪赃而获罪的尹壮图翻案，命他驰驿来京，准备擢用。尹壮图奏称，白莲教起义不过是肤体之疾，而“吏治乃心腹之患”，“若吏治日见澄清，贼匪（指白莲教起义）自然消灭”。尹壮图虽然指出了时势的症结之所在，但对如何澄清吏治却十分悲观，一筹莫展。他说，今日外省陋习，几有积重难返之势，即使是严旨切责，也难使之震惕收敛，“似非徒仗雷霆戒谕所能耸其听闻也”[1]。

声势浩大的白莲教起义，使清王朝从此一蹶不振。清朝的衰败是与吏治的败坏同步俱来的。

## 五 督抚败德毁行的“实录”

### ——《道咸宦海见闻录》

嘉道以后，有清一代吏治更趋败坏。今以张集馨《道咸宦海见闻录》所载，略举数端。

张集馨于道光九年成进士，供职翰林院。道光十六年，外任山西朔平知府，以后在山西、福建、陕西、四川、甘肃、河南、直隶、江西等省为官凡 30 年，历任知府、道员、按察使、布政使、署理巡抚，久历官场，熟稔官场积弊及督抚贪婪，其所记述可谓当时的官场现形记。兹举例如下。

陕甘总督乐斌，“旗员出身，公事全不了了”，一切委之幕友。属员参谒时，全说废话，猥亵之言，其人“外仁义而内多欲”[2]。尤好戏乐，署中每月必演戏数次。身为总督，而马夫走卒在署门外迎神祭祀，乐斌无不到者。即使是近城民间演戏，乐斌即于城墙上马道坐观。他又与仆妇周二奶奶私通。周氏悍泼，

1 姚元之：《竹叶亭杂记》卷二，第 53 页。

2 张集馨：《道咸宦海见闻录》，第 202 页。

“乐督深畏之，每与乐督揪扭，滚至二堂，解衣去裤，撒泼村言，无所不至。每谓乐曰：‘我令汝做总督，汝方能做，否则做不成也。’”[1]道员和祥家人与周氏家人争道，周氏遂指和祥之名唾骂，万人围观。和祥大惧，“和祥向乐督氏跪请罪”，虽获免，“而和祥犹作恐惧状”[2]。周氏刁泼，总督败德毁行，世所罕见。既然总督只知逸乐腐败，不理政事，则必然贪墨成性。“秦州帐房，悬粉牌一面，应酬各上司衙门若干，则表而书之。”其中“乐督、明绪（按察使）名下，皆馈以黄物（金），注明收字”[3]。上司收受下属贿赂，于州县帐房以粉牌公之于众，实属奇闻。秦州署知州李敦厚敢于如此而无所顾忌，一是总督乐斌等之所谓官箴早已荡然无存，威望扫地；同时，如此一来，尽人皆知总督等纳贿索赃，自然就不敢过问下属之贪墨，故署知州李敦厚“官亏私帐，不下数万”[4]。于是官风贪婪盈衙署。如甘肃臬司素称苦缺，臬司明绪嗜好黄金，夜暮所得皆易此物，“外间金铺云：除平日换者不计外，现已换易赤金三千余两”[5]。和祥署理臬司，“见属员皆疾言遽色。属员送钱，便是循良，馈用稍疏，即为庸劣。能谄能骄，顷刻能易，真盗贼所不忍为者而忍于为之矣”[6]。张集馨说：“余外任二十余年，见司道者多矣，似此鸃张，如鬼如魃，是乃仅见……书之以见世运迁流，犬羊杂揉耳。”[7]“甘肃吏治，一言以蔽之，有钱则好，无钱则不好耳。”[8]政以贿成，已是牢不可破。

四川吏治与陕甘大体相似。总督宝兴，满洲镶黄旗人，“诸

1 张集馨：《道咸宦海见闻录》，第 224 页。
2 张集馨：《道咸宦海见闻录》，第 224 页。
3 张集馨：《道咸宦海见闻录》，第 225 页。
4 张集馨：《道咸宦海见闻录》，第 225 页。
5 张集馨：《道咸宦海见闻录》，第 338 页。
6 张集馨：《道咸宦海见闻录》，第 238~239 页。
7 张集馨：《道咸宦海见闻录》，第 239 页。
8 张集馨：《道咸宦海见闻录》，第 336 页。

事废弛，而于地方公事，漠不留心”。宝兴去任，成都将军廉敬署理，廉敬亦满洲镶黄旗人，此人“声名狼藉，秽德彰闻”[1]。藩司王兆琛听任子弟从藩库攫取上万银两，给书吏五千金以缄其口。案发，乃官吏通同染指，监守自盗。更可怪异者，是犍为县令朱在东亏空正杂款九万余金，被革职，朱大不服，扬言将赴京具控，声称“以历任将军（成都将军）司曹府俱有馈送”，凡索贿受贿者俱已登记于印簿，他本人密藏此印簿，是为京控之证据，云云。此言一出，案涉众多大员，诸人唯恐事态扩大，不可收拾，于是由将军廉敬出银六千两，藩司王兆琛出银八千两，嘉定府邵勷出三千两，其他贪墨官员以受贿多寡分别出八千、五千、三千两不等，用以弥缝犍为县令所亏空而结案。[2]在四川，犍为县令贪污案的结案方式，并非个别案例。由于上司索贿属员，故州县扬言曰：“道府收我寿节陋规，不为我弥缝罅漏，我之馈送究从何来？道府受其挟持不得不曲意相从。”[3]

福建吏治又是一番景象。司道见巡抚，回禀公事，巡抚刘鸿翔即止之曰：“少待。”命呼一少仆来，立于旁。司道回事毕，刘问少仆：“可听清否？”仆曰：“已知之矣。”巡抚嘱曰：“汝即去办，我便不管。”然后，纵论闲话，言不及义。总督颜伯焘，愚昧无知，然其婪赃之巨却骇人听闻。时英国发动第一次鸦片战争，颜伯焘居然以为“一炮即可灭贼”。在厦门与英国海军炮战，大败，溃不成军，“制军（总督）亦奔，衣物并失，仅以身免。奏入，奉旨革职”[4]。如此不识时务的昏聩总督，其宦囊却十分惊人。颜伯焘是广东连年人，革职回乡，排场显赫，十分了得。路经漳州，县令蒋某奉命接送供张，从道光二十二年三月初起，即有扛夫送行

1　张集馨：《道咸宦海见闻录》，第 91 页。

2　张集馨：《道咸宦海见闻录》，第 103~104 页。

3　张集馨：《道咸宦海见闻录》，第 127 页。

4　张集馨：《道咸宦海见闻录》，第 60 页。

李过境，每日总有六百至七百名，至十日始完。颜伯焘这才姗姗到县，其随从兵役、抬夫、家属、舆马仆从凡三千人，全县旅店不敷安顿，以考院分住，每日上下酒席四百余桌。至十五日离漳城，供应所费一万余金。“县中供应实不能支”，亏空甚巨。“前帅过境，蒋令实用去一万余金，非藉此勇粮不能弥补。”[1] 上司明明知道漳州会吃乡勇空额，但也无可奈何，只能认可。一罢斥革职总督还乡如此张扬，运送家私者数千人，宦囊之丰厚多赀令人目眩，故下属之勒索贪污更是花样百出。例如，漳、泉一带宗族械斗频繁，斗之时官府不闻不问，斗毕，差役前往收械斗费，“若斗费不交，官即带差役千余人，前往洗庄，房屋树木，一概毁伐”[2]。为官者如此治理一方，亘古所未见，旷古所未闻，故身为布政使的张集馨说：“此真别有天地，王化所不及也。”[3] 此外凡娼楼、赌馆，皆以衙门为靠山，受其庇护，每月例送数百金，“镇府营县视为应得”[4]。

福建总督颜伯焘革职，继任总督庆瑞“系公子出身”，不学无术，公事全听幕友，常与司道幕友宴会，猜拳行令，俗语村言，与属员较劲唱曲，既不自重，又失体统，“公事全仗福命”。然而，此人收受陋规更与众不同，只认纹银，丝毫必较，“尤可笑者，庆督门包须库平足纹，不要洋元”[5]。故自司道州县无不以足色纹银馈送，凡送门包，即在门房折兑，如不足数，即使只“短数分，亦必掷出补足”[6]。而且，庆瑞认为，“属员多送门包，才是看得起主人”。因此，不但来者不拒，更是多多益善。

1 张集馨：《道咸宦海见闻录》，第 65~76 页。
2 张集馨：《道咸宦海见闻录》，第 62 页。
3 张集馨：《道咸宦海见闻录》，第 60 页。
4 张集馨：《道咸宦海见闻录》，第 64 页。
5 张集馨：《道咸宦海见闻录》，第 303 页。
6 张集馨：《道咸宦海见闻录》，第 281 页。

道咸时，督抚贪污已无所顾忌，咸丰帝说：“老辈督抚要钱利害。”[1]如历任直隶、两广总督的琦善“有黄金贼名号”[2]；历任云贵、直隶总督的桂良，“此老非钱不可”，明目张胆对属员“授意要求”。候补官员何道奎说：“如卑职之候补苦员，亦送五百金，否则此官不能做矣。”总之，“非纳贿不能下委”，所以，一旦州县出缺，走门子、纳贿疏通者竞于途，“贿赂公行，恬不为怪。甚至部送人员，虽极苦缺，亦必送二三百金，方敢到任，是以丑声载道，民怨如仇”[3]。

有清一代吏治日趋败坏，督抚之贪婪是其主要原因，清人说“吏治贪廉视督抚”，真是不刊之论。捐班等杂途冗进则是又一重要原因。

清人说：“自票本例开，数百金即捐一州县。”[4]数百金可捐一知县，所费不多，自然易办，故捐者甚夥。在捐纳者看来，不过是用银子买官，唯知以本求利。此辈多不学无术，自念身价甚轻，不知廉耻，不惜名节，而贪婪成性，如狼似虎。道光帝知之甚悉，但又无可奈何，他说：“我最不放心者是捐班，他们素不读书，将本求利，廉之一字，诚有难言。我既说捐班不好，又何以准开捐？上（道光）拍手叹息曰：‘无奈经费无所出，部臣既经奏准，伊等请训时，何能叫他不去，岂不是骗人么？’”[5]咸丰时，财政更加恶化。“近来经费支绌，皇上准予捐输，流品纷杂，无非得本求利。”[6]清政府为弥补财政困难，大开捐纳，于是有积年劣幕捐升道府厅县者。若辈乃营私舞弊的老手，一旦成为掌权之正印官，

1 张集馨：《道咸宦海见闻录》，第 260 页。
2 张集馨：《道咸宦海见闻录》，第 303 页。
3 张集馨：《道咸宦海见闻录》，第 199 页。
4 张集馨：《道咸宦海见闻录》，第 290 页。
5 张集馨：《道咸宦海见闻录》，第 119~120 页。
6 张集馨：《道咸宦海见闻录》，第 260 页。

不啻豺狼当道；也有商贾、商伙，甚至械斗命案在身者，“层递叠捐”而临民执政。商伙之流不但视做官如经商，且“多不识丁，声音笑貌，不堪向迩”[1]。清廷大开捐纳以济财政，无异于饮鸩止渴，时人喟然叹曰:“世运流迁，犬羊杂揉。”吏治至此是败坏已极，清王朝的衰落是无可挽回了。

（原载北京师范大学史学研究所编：《历史科学与理论建设》，北京师范大学出版社，1999）

1 张集馨：《道咸宦海见闻录》，第126页。

# 于七事迹述略

清初于七起义被清廷视作“大案”。“于七党”与“通海”“逆书”“逃人”同罪，可立致家破人亡。此次起义虽是局部地区且规模不算大，但在清初民族矛盾、阶级矛盾错综复杂而又极其尖锐的情况下，其对清统治者震动之大则是非同小可。过去已有同志撰文论于七，今就所知试作《于七事迹述略》，以期说明在神州震荡的明清变革之际，农民起义的性质，亦受当时民族矛盾与阶级矛盾交错的制约。

于七，本名小喜[1]，山东栖霞县人，生卒年月不详。他是清初胶东农民起兵抗清的著名领袖，当时于七名震动朝野，本名反而不为人所知。

于七为人颇有心计，早年曾充捕快，“结交大侠”。顺治五年，于七等以栖霞县东七十里的锯齿山为据点，聚众起义。清初，山东、河北、山西，乃至京畿一带，被清统治者称为“土寇”的人民抗清斗争，在在多有。当于七初起之时，他们并没有与清军旗鼓相当地对垒，而是“割富济贫”，为民除恶伸冤，同样被统治阶级视为“招集亡命”“肆行剽劫”的“土寇”。[2]于七同郡人号“清福山人”的王械说:“余郡土寇于七横行村落，莫敢撄其锋，遇

1 蒋良骐：《东华录》卷八。

2 光绪《增修登州府志》卷一三，《兵事》。又见光绪《栖霞县志》卷八，《兵事》。

饶裕者，辄登门求助，稍弗意，即劫制之。”[1]但于七非一般绿林好汉可比，而是有才有识、富于组织能力的领袖人物。他一方面在锯齿山设险固防，“创立关隘，官不敢治”；同时又在各地暗置眼线、耳目，侦察各县富户及官府动静，并建立了号称“长行客”的交通联络网。“长行客”传递消息，“每至一村，骑而疾驰，三四里一更，倏忽远飏”，其交通联系极为迅速。他们经常派人四出攫取富户牛驴鸡豚，多散卖富县，将其所得，“迭运入山”，又在山中取砂炼银，以充军饷。而更主要的则是“割富济贫”，为此组织了专用的驮马，以大队武装护从，侦知富豪之家，白昼登门拜访，主人不敢不揖让以迎。当主人盛具茶酒馔晶款待之际，他们佯装貌恭，诉说困难，婉其词曰“借费”“求助”，要财主拿出钱财。倘若富户不抗拒，尽出其钱财，则“止取其半”；否则，即劫制之。遇有婚嫁丧葬之家则不扰。士人有因贫穷困窘或遭冤抑者，前往投诉，贫者周济，冤抑者代为报复。作恶多端者往往灭其家。胶东人民因而“更与通心供令使”。于七领导的起义军，由于除暴安良，杀富济贫，得到了登州府属各县远及掖县、平度等地群众的倾心支持，成为登州地区力量最强大的一支义军，被统治者称作“为诸寇冠”。[2]

顺治七年，于七率众攻宁海州（今牟平），杀死知州刘文洪。“官军屡征屡败”。其时清政府的注意力正集中于南明及李自成、张献忠余部的抗清，清军主力正在南方两广一带作战，对统治者所谓的“土寇”，采取招抚方针。登州知府张尚贤招抚于七，授予栖霞县把总，“令其擒贼自效”。[3]于七对官府虚与委蛇，他出山居于折耗拍，利用合法身份，暗中进一步组织力量，以图大举。

---

1　王槭：《秋灯丛话》卷一三。

2　以上均见杜廷阖：《谭略》卷一，于七。

3　光绪《增修登州府志》卷一三，《兵事》。又光绪《栖霞县志》卷八《兵事》说：“登守遂权授七为麏将。”

他“居巨第，自高贵，时有旧侣往来”[1]，始终与起义同党保持密切的联系；同时，他又广泛与各色人等交往，既与士大夫交游，也与僧人联络。与他往来的还有大族如海阳徐海门、徐跃门兄弟。莱阳诗人董樵为其谋主，尹应和、尹秉諢父子则是其得力助手。经过十年来的苦心经营，除锯齿山外，先后又建立了以下几个据点：以常和尚、张振纲为首占据昆仑山（宁海东南四十里）；段思续、林万鹏、马起英、庞应魁各有众数千，占据鳌山卫（即墨县东滨海）；徐海门兄弟有部众数千占据招虎山（海阳县北三十里）。[2]

顺治十八年，莱阳著名诗人、按察使宋琬，“其同族子怀宿憾，因告变，诬琬与于七通”。[3]由于宋琬侄子宋一柄赴京向兵部首告[4]，清政府获悉于七的活动，始知事态日益扩大，大为震惊。立即将山东巡抚许文秀、沂州总兵李永盛、登州总兵范承宗，以“失察叛贼于七”的罪名，“提问来京”。[5]同时任命济世哈（济席哈）为靖东将军，率图喇等“统领满汉官兵”，星夜驰赴山东镇压。[6]新任山东总督祖泽溥，“下车即出师东指”，前往镇压于七义军。风云突变，形势十分险恶。这时，于七“将叛”的消息又不胫而走，清政府命官兵前往逮捕。于七正昼卧，闻变挺矛大呼而出，连杀四五人，往捕营卒奔溃。[7]民国修《山东通志》卷一一七《兵防志》对此记载有所不同，谓：“官兵往捕，会七他出，七妻使于九、于十拒伤官兵。”据此，杀伤官兵的是于九、于十。由

1　王培荀：《乡园忆旧泉》卷六。

2　民国修《山东通志》卷一一七，《兵防志》。又见《增修登州府志》卷一三，《兵事》。

3《清史稿》卷四八四，《宋琬传》。

4《清圣祖实录》卷六。

5《清圣祖实录》卷五。

6《清圣祖实录》卷五。

7　王培荀：《乡园忆旧录》卷六。

此可知于七有二弟，“七”乃排行。[1]光绪《栖霞县志》卷八《兵事》说：“七两弟皆骁勇敢斗，拒捕官兵。”

不论杀伤官兵的是于七，抑或是其弟，却说明了于七一家随时与官府决裂，因而更证明于七的受招抚、出任把总或裨将，乃是积聚力量的一种计谋，敖此闻变即起而抗争，而不是在官兵往捕时束手就擒，或者投案以明心迹。

于七等杀伤前来捕捉的官兵后，联络众人复入锯齿山。由于官府的追捕威逼，参加义军者日众。顺治十八年十月，在于七的领导下，各据点同时发难，一时登州府属各县举起了抗清的战旗。于七与尹应和父子遣刑小泉攻福山县；常和尚和张振纲由昆仑山出击，攻文登，又围宁海；招虎山徐海门、徐跃门兄弟率部攻大嵩卫；段思续等则分据鳌山卫。[2]他们“焚劫八邑”，给清统治者以沉重打击。十二月初，清军大兵云集，列营锯齿山下，集中兵力首先攻击于七，于七拒守。此山山势险峻，三峰并列，望之如巨齿，故名锯齿山。其入山通口甚狭，仅通一人，天险难攻。起义军“从山下臟石，飞如雨下，（官）兵不能上”[3]。于七刀法甚精，骁勇善战。当战斗紧张之际，他与壮士坚守入口要隘，提刀而立，身旁安置大锅一口。时天寒，燃薪沸水，与清军浴血奋战，血污凝结于刀，即以锅中沸水洗之，水为之赤。清军三昼夜未能攻入。[4]于七坚守两月，最后不得不突围。山寨被攻破后，尹应和父子和很多起义军死于难。《国朝耆献类征》卷二六七《济席哈传》云：济席哈“率兵围其（于七）山寨，斩贼无算”。招虎山、昆仑山等据点，也先后为副将刘进宝所镇压。康熙元年二月，起

1　光绪《增修登州府志》卷一三《兵事》也说：“行查之兵至，七妻使于五、于十杀之。”

2 《增修登州府志》卷一三，《兵事》。又见《山东通志》卷一一七，《兵防志》。

2　光绪《栖霞县志》卷八，《兵事》。

4　参看刘汝霖：《从聊斋志异看清初山东义军的反满斗争》，《历史教学》1951 年第 4 期。

义失败了。

有关于七突围后的下落，有两种说法：一说于七逃亡海上，一说他遁迹空门，在崂山华严庵（又说是下清宫）出家，终老山林。他曾将战刀埋于华严庵石阶下，临终时，发石舞刀。其徒见刀上有“于孟熹”三字，始知为于七。

起义失败后，由于当时于七下落不明，而清统治者则认为他亡逃出海[1]，因此唯恐于七东山再起，卷土重来，于是严加防范，每年由山东镇标中、左二营拨兵百名，分防锯齿山（至乾隆年间始裁，防戍约百年）；同时，命济世哈“将各旗兵马分驻登、莱、胶三处，防范海汛，并缉于七”。[2]济世哈班师回京后，康熙二年，又根据总督祖泽溥的建议，以远处海中的岛屿“奸宄可虞”为由，将宁海州属黄岛等二十余岛，以及蓬莱县属之海岛居民，全部迁于内地。同时，大肆搜捕“于七党”，仅莱阳一县被杀者就达数百人，甚至有人认为“莱阳同恶者众，欲悉诛之”。接着又在莱阳、栖霞两县搜查，诛连甚广；凡与于七有一面之交，通一刺者，皆系于狱，其中绅衿被牵者达数十百家。[3]《清史稿》卷二六一《杨捷传》：“(顺治）十八年，命署庐凤提督，寻调山东。土寇于七败窜入海，捷捕治其党五十余人，诛之。”清统治者究治“于七党”，大肆滥杀之惨状骇人听闻。《聊斋志异》有两篇记述此事，其一曰《公孙九娘》，该篇云：“于七一案，连坐被诛者，栖霞、莱阳两县最多。一日俘数百人，尽戮于演武场中，碧血满地，白骨撑天。”又一篇《野狗》写道：“于七之乱，杀人如麻。”蒲松龄以犀利的笔锋，揭露了清统治者对于七起义的残杀，使世人皆知。民

1 《国朝耆献类征》卷二六七《济席哈传》：“于七窜入海，贼平。”《清史稿》卷二六一《扬捷传》：“土寇于七败窜入海，（杨）捷捕治其党五十余人，诛之。”《贰臣传》卷二《祖泽溥传》：“七窜于海。”《清史稿》卷二四二《济席哈传》：“七窜于海。”

2 《东华录》卷八。

3 《增修登州府志》卷一三，《兵事》。

国修《莱阳县志》卷末《兵革》云："今锯齿山前有村曰'血濯亭'，省城南有荒坟曰'栖莱里'，杀戮之惨可知矣！"

由于清统治者严追"于七党"，于是一些阿谀挟嫌之辈，纷纷以"于七党"告讦他人，造成社会的严重不安。直到康熙六年，御史田六善还上疏说："近见奸民捏成莫大之词，逞其诈害之术。在南方者，不曰'通海'，则曰'逆书'；在北方者，不曰'于七党'，则曰'逃人民'。谓非此不足以上耸天听，下怖小民。"田六善的上疏，透露出清最高统治者对于七起义是何等的重视！他们是把"于七党"与郑成功、南明诸朝同等看待，其原因是于七起义牵涉到一些汉官、士人和绅衿，即是说除农民之外，还有其他阶级、阶层的参加，具有明显的反抗新建的清朝统治的性质。这在清统治者看来，便是"于七梗化"，因而穷追严治，务必根绝而后安。一些奸民也就趁此行其"诈害之术"，得以逞其所欲。

告密者宋一柄自然大受青睐，清统治者授"拜他喇布勒哈番"外，又"给予于七家产"。[1]镇压有功的山东总督祖泽溥加兵部尚书衔，副将刘进宝加右都督。[2]

（原载《中国农民战争史研究集刊》第4辑）

1 《清圣祖实录》卷六。

2 《清圣祖实录》卷九。

# 明清文字狱简论

## 一

在封建时代，因文字著述被罗织罪名、锻炼成案的，叫做文字狱。文字狱是古已有之，源远流长。不过，历代文网的疏密是有所不同的。明清时，尤其是清代，迭兴大案，因文字而得祸者，比比皆是。

当时，凡被认为不利于一姓封建王朝统治的文字著述，便被斥为“狂吠”“悖逆”，其作者当然也就是“违天叛道，覆载（天地）不容”的罪人，结果照例是以“大逆”论死。然而，每一文字狱大案，封建统治者照例也要解说一番，说什么“此所关于世道人心者甚大”，因此“不得不申我国法，正尔嚣风”。于是，维护“世道人心”便成为文字狱的目的。这就再清楚不过地说明，文字狱确乎是封建文化专制政策的产物。当时所说的“世道人心”，用封建统治者的话来说，就是要维护“尊君亲上”的“孔门大义”[1]，即所谓“人生天地间，最重者莫如伦常，君臣为五伦之首，较父子尤重，天下未有不知有亲者，即未有不知有君者”[2]。

如何将这种“孔门大义”用以作为衡量文字著述的标准呢？

---

1 乾隆：《传谕八旗务宗敦朴谕》，《清代文字狱档》，第 1 册。

2 雍正：《上谕》，《大义觉迷录》卷一，《清史资料》，第 4 册，第 26 页。

讲得最明白的大概要数明成祖朱棣了。顾起元《客座赘语·国初榜文》条载：

> 永乐元年七月初一日，该刑部署都给事中曹润等奏："乞敕下法司，今后人民倡优装扮杂剧，除依律，神仙道扮、义夫节妇、孝子顺孙，劝人为善及欢乐太平者不禁外，但有亵渎帝王圣贤之词曲驾头杂剧，非律所该载者，敢有收藏传诵印卖，拿送法司究治。"奉旨："但这等词曲，出榜后，限他五日都要干净，将赴官烧毁了，敢有收藏的，全家杀了。"

这虽然是指的戏曲而言，其实是衡量一切文字的标准。凡有亵渎圣贤和帝王者都得杀头，这似乎为文字狱规定了一条明确的界限，其实大谬不然，因为对于"亵渎帝王"的解释，可以随心所欲，漫无边际，常常出于情理之外。郎瑛《七修类稿》卷三十四记载明初有名一初和止庵的两个和尚，因诗获罪的故事说：

> 一初题翡翠云："见说炎州进翠衣，网罗一日遍东西。羽毛亦足身为累，那得秋林静处栖。"止庵有夏日西园诗："新筑西园小草堂，热时无处可乘凉。池塘六月由来浅，林木三年未得长。欲净身心频扫地，爱开窗户不烧香。……"皆为太祖见之，谓守仁（一初）曰："汝不欲仕我，谓我法网密耶？"谓德祥（止庵）曰："汝诗热时无处乘凉，以我刑法太严耶？又谓六月由浅，三年未长，谓我立国规模浅而不能兴礼乐耶？频扫地，不烧香，是言我恐人议而肆杀，欲不肯为善耶？"皆罪之而不善终。

写景写物，皆可以成为亵渎帝王、诽谤朝政的罪名。这样一来，任何文字，均可按照"指桑骂槐"的原则，硬说你寓有深意。

明明写的是此，偏要说你指的是彼，硬派给你种种莫须有的罪名，而且一经“圣裁”“钦定’，虽满身是口，也不得辩解。所以当时就有人说：“明孝陵（朱元璋）恩威不测，每因文字少不当意，辄罪其臣。”[1]故深文周纳，锻炼成狱，是文字狱基本特点，可以说鸡蛋里面挑骨头，是其必然采取的手段。例如，在明初“生”“则”之类的字是切不可随便使用的，因为朱元璋早年曾当过和尚，以后参加红巾军，“生”与“僧”音近，“则”与“贼”谐音，都是犯忌讳的。有一位杭州教授徐一夔，撰写贺表，其中有“光天之下，天生圣人，为世可则”，意思是吹捧朱元璋乃天纵之圣，其言行可为百世准则。不料这样的阿谀奉承之词，竟然招采杀身之祸，原因是“生者，僧也，以我（朱元璋）尝为僧也；光则剃发也；则字者近贼也”[2]。一时之间，因表文中有“仪则天下”“睿性生知”之类的颂词而被杀者，不知凡几。更奇怪的是，有人为了表示自己的忠心，说自己是如何“遥瞻帝扉”，对皇帝朝思暮想，结果也被杀头，原因是“帝扉”者乃“帝非”也，便成为说皇帝的不是，构成为诽谤大罪。《朝野异闻录》中还举有将“天下有道”，硬说成“天下有盗”的事例。经过如此的谐音推论和引申，于是“亵渎帝王”“诽谤朝政”的弥天大罪便铁案如山，然而，却往往是冤哉枉也！

“亵渎帝王”之所以成为文字狱的主要定罪标准，是因为在封建时代皇帝是神圣不可侵犯的，居于至尊无上的地位，在任何情况下，都是“天皇圣明，臣罪当诛”。只要是皇帝，理所当然是“圣主明君”，评说皇帝的是非就是罪该万死。封建皇帝实质上不过是封建制度的人格化。在君主专制的封建制度下，作为封建制度化身的皇帝，同时也就是一姓王朝封建国家的象征。所以，在

1 《静志居诗话》卷二。

2 《闲中古今录》。

中世纪，“朕即国家”便成为毋庸置疑的最高政治原则，因而凡文字著述经过统治者的曲意解释之后，均可能招致“诽谤朝政”“图危社稷”等等罪名，而成为“盛世之累”，结果是与诽谤皇帝同罪。嘉靖中，山东乡试，有士子在《防虏御边策》中说，“虏未南侵”，是因为“丑虏餍饱”，不应高枕无忧，而应早为之备。通观明代与蒙古的关系，这个建议本来是正确的。然而，“上览之曰：‘此策内含讥讪，礼部参看以闻。’”于是，希承“圣意”的礼部尚书张璧奏闻：“今岁虏未南侵，皆皇上庙谟详尽，天威所慑，乃不归功于君上，而以丑虏餍饱为词，诚为可恶。”定罪名曰“叛经讪上”“狂悖不道”。监临官御史叶经以失职被逮廷杖而死，考官周钎等多人由锦衣卫差官校“逮系至京治之”[1]。这样的文字狱，简直是荒谬绝伦。

## 二

清代文字狱的凶残较明代有过之而无不及。康熙五十年翰林院编修戴名世的《南山集》案和雍正时的吕留良案，是清初的大案，此两案各牵连数百人。戴名世有志于明史，曾网罗散失佚文，搜求明季野史，访问遗老，著有《南山集》《孑遗录》等书，因书中用明桂王永历年号，不用清朝年号，被认为“罔视君亲大义”，处斩。吕留良生于明季，死于康熙二十一年，他认为“满洲之君，人为中国之主”，是“德祐（南宋末帝恭宗赵显年号）以来，天地大变。亘古未经，于今复见”[2]，力主“华夷之辨”，声言“华夷之分，大过于君臣之伦”[3]，排击清统治者。吕留良和他

1 《弇山堂别集·科试考》。
2 《大义觉迷录》卷一，《清史资料》，第 4 辑，第 4 页。
3 《大义觉迷录》卷二，第 53 页。

的生徒痛惜明朝之亡乃是神州陆沉，抒发了“将以小庄为桃花源，不知有汉，无论魏、晋之人”[1]的思想。他本人“遂削发为僧，苟延性命”[2]，表示“清风虽细难吹我，明月何尝不照人”，绝意不与清王朝合作，而拳拳不忘故国之思。吕留良的议论为曾静所膺服。雍正六年秋，曾静派弟子张熙投书川陕总督岳钟琪，意欲策动其反清，事发被捕，吕留良的日记著述亦被查获。在曾静投书中，不仅以华夷判“中外”，且对雍正之即位及其为人多所抨击。于是清统治者对这种视清朝为“闰统”（非正统）的文字思想，又复因涉及雍正即位过程诸皇子间的党争，便施以严酷的镇压，因此而兴大狱。此后文网愈密，动辄犯忌，仅《清代文字狱档》一书，就辑有62案，均是乾隆年间事。此外，《文献丛编》等还辑有文字狱案多起。当然，这些档案远远不是有关文字狱的全部材料。

乾隆四十三年，湖南巡抚李湖在办理“刘翱供状案”时，给乾隆的奏折中，有一段关于清政府之所以屡兴文字狱的论述，是颇能代表统治阶级的意见的。他说:“士风浇漓，冠履不辨，句读不明，动辄掉弄笔墨，冒上无等，锢习相沿，恬不为怪。若非申明国宪，示以创惩，俾咸之警改，必致旧染日深，罔知大义，殊与风俗人心所关非细。”[3]所谓“士风浇漓”，也就是士风日薄，学风险恶。基于这种看法，自然认为士子都是甘心为恶之人，这样文字狱的扩大化也就是必然的了。而清统治者则决心以高压手段，对“掉弄笔墨”的士人，给以创惩，即使是“句读未明”，文理未通，因而遣词用语不当者，也难逃“罔知大义”的罪名。例如，“祝庭诤续三字经案”，是因为祝庭诤以三字经形式讲述历史，被指为“混假元代名目，编造‘发披左，衣冠更’等语，大肆诽

1 《大义觉迷录》卷四，第136页。

2 《大义觉迷录》卷四，第136页。

3 《清代文字狱档》，第4册。

谤”。乾隆四十五年案发时，祝庭诤早已不在人世，其孙祝浃诵读祖父之作，由于文理不通，连“参订”二字都不懂，“只道著书就是参订”，因写该书为其祖父“参订”，结果被认为祖孙蓄意悖逆，祝庭诤“开棺戮尸”，祝浃处斩立决。[1]还有一名王彝之人，向户部右侍郎金简投了一纸字帖。尽管金简也认为，“其帖无悖逆，语言多鄙俚不经之词”，是一个读书未明之人，但因此人自认为“如此聪明，能明义直言，所以我自想必是颜回转世也”，于是发了一通无知议论，也“奉旨：王彝着即处斩”[2]。

清代文字狱之苛细残酷远过历代。只要一经成为大案，作者和他的亲属（不论知情识字与否），作序的、刻板印刷的、接受送书的，都在追查之列，总是牵连一大串。发现案情就下令“速行严密讯鞫，务得确情，按律问拟，毋得稍有漏网”[3]。整个统治机器如临大敌，立即紧急行动起来，查缴“逆书”，追捕牵连人犯，往往牵动很多省份。对作者照例是抄家，因为在统治者的心目中，既然敢于“狂吠”，必定不止于一声，抄家是为了搜查有无其他“悖逆”文字。对于所谓的“逆书”，不论是板片、抄本、刻本，一律解京销毁，不许有片纸只字存留。各省督抚奉到的命令是必须“实力查缴，俾狂吠诗词，搜毁净尽，以正风俗，而厚人心”[4]。于是各省督抚派出精通文墨的干员，四出访查，虽穷乡僻壤也要查到；所有书铺及藏书之家，都必须“出具甘结”，保证没有追查的“逆书”[5]。被牵连的人犯虽在数千里外，也要缉拿归案。如果作者和作序的人早已死亡，则追究其后裔；假若子孙也已死，虽曾孙亦在追究之列。“戴移孝《碧落后人诗集》案”就是如此。

1 《清代文字狱档》，第 4 册。
2 《清代文字狱档》，第 7 册，《王彝遣兄投递字帖案》。
3 乾隆：《王肇基是疯人谕》，《清代文字狱档》，第 1 册。
4 乾隆：《查毁碧落后人诗谕》，《清代文字狱档》，第 5 册。
5 《李质颖：（浙江巡抚）奏查戴移孝等书籍折》，《清代文字狱挡》，第 5 册。

戴移孝是安徽和州人，著有《碧落后人诗集》，此诗早在雍正时已由戴家自行销毁。后经生员林元英首告，在抄家时，又发现戴移孝之子戴昆所著《约亭遗诗》一书，刊于乾隆九年，曾任道员的鲁之欲为之作序。因书中有“长明宁易得”“且去从人卜太平”等诗句，被认为“诗内悖逆狂吠之处甚多”，而成为大案。乾隆四十五年案发时，戴移孝、戴昆早已死了，戴移孝的曾孙戴世道被捕审讯供称，36 年前（即乾隆九年）刊刻《约亭遗诗》时，“因彼时年幼”，学问疏浅，不知诗内有犯悖逆，但仍以“大逆”定罪。戴移孝、戴昆被刨坟戮尸示众，曾孙戴世道斩立决，兄弟三人也受株连。为《约亭遗诗》作序的鲁之欲并其子也早死了，其孙五人分别在湖北、湖南、广西、直隶等省拿获归案。乾隆发布上谕，命令“即将鲁恕杰（鲁之欲之孙）有无另行翻刻传布之处，严加诘讯”。鲁之欲为该书作序时，鲁恕杰年仅三岁，“未通文墨”，根本不知道其祖父作序之事，也不认识戴家的人，尽管如此，但因是“罪人之孙”，鲁恕杰等兄弟五人，均受到惩处。[1]

此案是因“长明宁易得”而兴大狱。在当时，“明”“清”二字切不可随便使用，因为清统治者猜疑过甚，往往望文生义、无中生有，把人定为“大逆”。用办案大员的话来说，就是“推求其意，悖逆显然”[2]。许多人就是因“推求其意”而丧命的。如胡中藻《坚磨生诗抄》里有“一把心肠论浊清”，徐述夔《一柱楼诗集》里有“明朝期振翮，一举去清都”，李驎《虬峰集》里有“杞人惊转切，翘首待重明”，都成为重案。卓长龄《忆鸣诗集》案则是把“忆鸣”二字经“推求其意”之后，成为“忆明”，然后按“大逆”定罪的。[3]文字狱的残酷株连，使很多无辜之人含冤九泉。

1 《清代文字狱档》，第 5 册。

2 《署两江总督高晋奏折》，《阎大镛俣俣集案》，《清代文字狱档》，第 8 册。

3 《清代文字狱档》，第 5 册。

当时，大案层出不穷，湖南安化县有一位八十六岁的老人刘翱，希望清统治者能有所收敛，向湖南巡抚衙门呈进供状一本，冒死规谏，被捕下狱。其审讯记录有如下的一段问答：

问官："(你书中说)'自古国运接续之际，妄生议论，何代无之？又云：'是非之心人皆有之，不得已之鸣。不揣狂妄，原发部律拟，重罪甘心。'是何意见？"

刘翱答："因闻皇上查缴违碍藏书，自必生疑士民妄生议论。故备述我朝（清朝）圣圣相承，恩深百姓，纵有昧心狂笔，何忍存留，少释圣主之疑，冀免查缴。甘冒重罪，律拟甘心，这便是不得已之鸣。"

这明明是为了"少释圣主之疑"，何尝"狂吠""悖逆"！故而才敢于自行逞递巡抚衙门。然而，却"忠而获咎"，其罪名是"妄揣圣意""妄干朝政""妄布邪言"。乾隆下令："不得因其已八旬，稍为姑息。"刘翱被斩首，以示惩儆。[1]

在清代，文字狱照例是从重处刑，之所以如此，乾隆说得十分清楚，即所谓"若不重加惩治，无以正人心而端风俗"[2]，以"致奸慝罔知惩戒"[3]。清代并无惩治文字狱的专门律文，文字狱一律引用"谋反大逆"的杀例定罪，即"但共谋者，不分首从，皆凌迟处死；正犯之祖父、父、子、孙、兄弟，及伯叔父、兄弟之子，男十六以上，不论笃疾、废疾皆斩；男十五以下，及正犯之母、女、妻、妾、姊妹、子之妻妾，给付功臣之家为奴；正犯财产入官"[4]。所以文字狱大案一经构成，便意味着全家被杀甚至

1 《刘翱供状案》，《清代文字狱档》，第4册。
2 乾隆：《将赵永德交抚审拟谕》，《清代文字狱档》，第2册。
3 乾隆：《勿任丁文彬瘐毙狱中谕》，《清代文字狱档》，第1册。
4 《大义觉迷录》卷三，《内阁九卿等遵旨复讯善静，并请正法奏本》。

灭族的惨祸，即使正犯是疯癫病患者亦不得宽纵。疯人丁文彬自称奉上帝之命做了皇帝，已即位八年。问官已经弄明白，此人不过是“妄想富贵女色，痴心日炽，结为幻影，牢不可破”，是“状托疯魔”的病人。显然是一个狂想型精神病患者。经过几天“严加刑讯”之后，犯人已是“语言气短，面带死色”，命在旦夕。乾隆当即命令：“先行凌迟示众，勿任瘐毙狱中，致使奸慝罔知惩戒。”一个身受严刑垂死的精神病患者，便被押赴市曹凌迟处死示众了。[1]关于正犯亲属缘坐按律给功臣家或充军到边远地区给披甲人为奴的情况，《文献丛编》第十五辑载有《书词狂悖比照大逆缘坐清单》（军机处档），共开列文字狱各案亲属缘坐者共一百四十七名（并不是文字狱案的全部），多为妇女孩子。其中浙江钱塘人汪景祺“《西征随笔录》语多狂悖”一案，其子汪连枝发配黑龙江给披甲人为奴。汪连枝在配所生子汪承誉，汪承誉又生子二人。汪连枝死于配所后，其子孙三人仍然为奴。这就是说，案发时未出世的子孙，也将世袭为奴。

当时“逆案”之多，还因为乾隆有一个自命不凡的思想，就是他认为自己是“明君”“英主”，在他的统治之下也就自然是“盛世”，不可能有“名臣”和“奸臣”。他说：“朕以为本朝纲纪整肃，无名臣亦无奸臣。何则？乾纲在上，不致朝廷有名臣、奸臣。”曾任大理寺卿的尹嘉铨是一个道学家兼孝子，他向乾隆上奏折为其父请谥和配祀孔庙，被认为“大肆狂吠，不可恕矣”。在抄家时，发现尹嘉铨模仿朱熹编了一本《本朝名臣录》，这自然与乾隆的意见相抵触。乾隆发布上谕说：“尹嘉铨乃欲于国家全盛之世，逞其私意，妄生议论，变乱是非，实为莠言乱政。”[2]当然就是死罪了。

1 《丁文彬逆词案》，《清代文字狱档》，第1册。

2 《尹嘉铨为父请谥并从祀文庙案》，《清代文字狱档》，第6册。

## 三

封建统治者也知道，以这种“推求其意，悖逆显然”的手段而兴文字狱，置人于死地，是难以服人心的。所以在每一大案之后，便会有指斥“逆犯”如何罪有应得，统治者又如何正确之类的“上谕”，如雍正时编的《大义觉迷录》（包含曾静供状），乾隆《明辟尹嘉铨标榜之罪谕》《黄检私刻奏疏种种乖谬谕》，等等。这是对死者公开的口诛笔伐，是公开的一手。背地里还有更紧要的一手，就是对心怀不平者秘密严行访拿。如胡中藻案，乾隆命令:“恐胡中藻正法之后，或有党恶好事之徒，妄为不平，造言诽谤，此舞弄笔舌，所关世道人心甚大，不可不严密访拿。”由于胡中藻曾任内阁学士，交往者多为大吏，所以对告老还乡大员尤其注意。浙江人梁诗正，曾任协办大学士，告老还乡在籍。浙江按察使富勒浑秉承“圣意”，以曾为梁诗正下属，故为谦恭，前往拜谒，“面试其心”，以胡中藻案试探，企图使梁诗正吐露真言，堕其术中。岂知梁诗正也是久于官场的老手，对此中利害十分洞悉。他同富勒浑虚与委蛇，一方面说“胡中藻狂悖丧心，理应寸磔”；一方面又说“总之笔墨招非，人心难测，凡在仕途，遇有一切字迹，必须时刻留心，免贻后患”；又特别表明自己“向在内庭之时，惟与刘统勋二人从不以字迹与人交往，即偶存无用稿纸，亦必焚毁”。富勒浑虽一再“拜谒”，也没有探出所以然，最后给乾隆上了一个奏折，说“梁诗正谨慎畏惧”。乾隆朱批:“如此则伊知惧，尚不至于怨望，何必深求”。[1] 算是放心了，没有再追究。

由于统治者的刻意深求，“上有所好，下必甚焉”。这不仅使

1 《胡中藻坚磨生诗钞案》，《清代文字狱档》，第 1 册。

办案的官吏从重拟罪，而且一些无耻之辈为营谋私利，挟嫌诬陷，告讦之风纷然而起。《清代文字狱档》也辑有这类案件。御史曹一士向乾隆上疏说：

> 比年以来，小人不识两朝所以诛殛大憝之故，往往挟睚眦之怨，借影响之词，攻讦诗书，指摘字句。有司见事生风，多方穷鞫，或致波累师生，株连亲故，破家亡命，甚可悯也！臣愚以为井田封建，不过迂儒之常谈，不可以为生今反古；述怀咏史，不过词人之习态，不可以为援古刺今。即有序跋，偶遗纪年，亦或草茅一时失检，非必果怀悖逆，敢于明布篇章？使以此类，悉皆比附妖言，罪当不赦，将天下告讦不休，士子以文为戒……。[1]

由此可知，当时人业已指出文字狱之滥及用法之严酷，造成了冤案、假案，同时煽起了告讦之风，使"士子以文为戒"。

文字狱造成的社会恶果是极其深重的。

道光十九年，文字狱的凶焰已经过去半个多世纪了，龚自珍写了《己亥杂诗》一组，其中脍炙人口的一首是："九州生气恃风雷，万马齐喑究可哀！我劝天公重抖擞，不拘一格降人材。"[2]这位敢于面向未来的战士，痛感于当时没有一丝生气的"万马齐喑"的时局，大声呼唤振聋发聩的"风雷"。他认为造成这种有如古井局面的原因，就是恐怖的文字狱给人们带来的"创惩"实在是太深刻了。龚自珍认为，由于文字狱造成的死寂沉闷和人材缺乏，是清王朝衰落的原因。这种认识，在当时可以说是相当深刻的。

鲁迅说："清的康熙、雍正和乾隆三个，尤其是后两个皇帝，

---

1 《清鉴纲目》，第 452 页。

2 《龚自珍全集》，第 521 页。

对于‘文艺政策’或者说得较大一点的‘文化统制’，却真尽了很大的努力的。……文字狱只是由此而来的辣手的一种，那成果，由满洲这方面言，是的确不能说它没有效的。”[1]如上所说，这效果就是使当时的读书人钳口而不敢言，“万马齐喑”，清初一些有见识的学者所倡导的“经世致用”的学风被扫荡无遗。为了逃避文字之祸，绝大多数有志于学问的读书人，便以训诂考据为唯一学问，沉溺于故纸堆中，成为一代学风。他们中的一些人，虽然在考据学领域内做出了成绩，但就一代学风而言，由于绝大多数人不敢关心国计民生，怕触犯忌讳，缺乏有生机的思想，无论社会科学还是自然科学都相当落后。所以当外国资本主义用武力打开中国大门之后，能够明白大势的人实在太少，而抱残守缺，以“国粹”骄人者却大有人在。这不能不是近代中国落后不振的原因之一。

（原载《人民日报》1979年8月24日）

1 《买〈小学大全〉记》，《鲁迅全集》，第6卷，第46~47页。

# 明清之际的历史必须置于世界范围来考察

中国是世界文明古国之一，经历了漫长的封建社会。在古代，由于科学技术不发展，交通不发达和自然条件方面的限制，成为人们交往的严重障碍。更重要的是，在自给自足的封建社会中，与商品经济高度发展的资本主义经济截然不同，闭塞的自然经济使人们根本没有感到有进行经济交往的必要。封建社会缺少外向的社会经济条件和社会阶级力量。封闭式的小农经济是以墨守成规为其特点，因而安土重迁是古人生活的准则之一。古老的中国，虽然以自己昌盛的古代文明，对世界产生过重大的影响，但长期以来却是与世界各国，尤其是西方世界处于隔绝的状态。这种状态，直到明末清初西方早期资本殖民主义来到东方，才开始发生了不同于“丝绸之路”以及宋元以来海外贸易的深刻变化。

西方资本主义的兴起和发展，开拓市场，寻求殖民地的狂热，驱使资产阶级奔走于全世界。炮舰政策轰开了闭关自守的非资本主义民族国家的大门。从资本的黎明时期起，伴随俱来的就是征服、劫掠和殖民主义的猖獗。马克思说：“美洲金银产地的发现，土著居民的被剿灭、被奴役和被埋葬于矿井，对东印度开始进行的征服和掠夺，非洲变成商业性地猎获黑人的场所，这一切标志着资本主义时代的曙光。”[1]西方资产阶级在按照自己的面貌创造其事业的过程中，“它使未开化和半开化的国家从属于文明国家，使农民的民族从属于资产阶级的民族，使东方从属于西方”。[2]西方资本殖民主义一心要把全世界的非资本主义国家和民族纳入从属于西方资本主义世界体系之中，这同样是用血和火的文字载入人类的编年史的。威廉·豪特伊在《殖民和基督教，欧洲人对待所有殖民地人民的通俗历史》中写道：“所谓基督教人种在世界各地对他们所能奴役的一切民族所采取的野蛮和残酷的暴行，是世界历史上任何野蛮愚昧和残暴无耻的人种都无法比拟的。”[3]

由于西方资本殖民势力的到来，明清之际面临着前所未有的国际环境。多民族国家内部在封建时代一直存在的民族问题，在周边地区，也因外国势力的插手，改变了以往的性质。

## 一　明清之际西方殖民者对我国沿海地区的侵扰

最早来到中国的是当时的殖民主义强国葡萄牙。当这位海外来客一踏上中国国土，走私、掠卖人口、武装侵袭，就是这伙海盗商人对待中国人民的原始记录。

16世纪初，葡萄牙殖民主义者在占领印度部分领土之后，便开始虎视眈眈地注视着中国。1508年，野心勃勃的葡萄牙国王在给远航瞒喇加（马六甲）的舰队司令塞克拉的训令中写道：“你要询问中国人从什么地方来……他们是不是商人，是懦夫还是勇士？有的是锐利武器，还是铳炮？……注意他们的一切消息。又：他

1 《马克思恩格斯选集》，第2卷，第255页。
2 《马克思恩格斯选集》，第1卷，第255页。
3 《马克思恩格斯选集》，第2卷，第256页。

们是基督教徒还是异端，他们是不是一个大国?”[1]这项训令已充分表明贪婪的葡萄牙殖民者对中国的掠夺欲望。正德十三年，葡萄牙海盗商人来到广东东莞“求市”，明政府因不识其人，命给其货物之值，令其离境。但“其人久不去”，抗拒中国政府的命令。翌年，葡方派来曾任印度总督的殖民主义暴徒西芒，留驻东莞屯门澳。他们勾结奸民，“剽劫行旅”，“招诱亡命，掠卖子女”[2]，在广东沿海干起杀人越货、贩卖中国人为奴隶的罪恶勾当。葡萄牙殖民者不仅在中国领土上“出没纵横，民受其害”，更有甚者，竟然“筑室立寨，为久居计”[3]，公然占领中国领土。殖民主义者穷凶极恶的本色暴露无遗，因而激起了沿海人民的极大愤慨，也引起了明廷的重视。御史丘道隆上书，主张对葡萄牙殖民者的海盗行径，“明示顺逆”，“倘执迷不悟，必檄告诸番，声罪致讨”，以武力加以反击，驱逐其出境。御史何鳌指出:“佛郎机（葡萄牙）最凶狡，兵械较诸番独精。前岁驾大舶突入广东省城，炮声殷地。留驿者违制交通，入都者桀骜争长。今听其往来贸易，势必争斗杀伤，南方之祸殆无极矣。”因而主张“乞悉驱在澳番舶及番人潜居者，禁私通，严守备，庶一方获安”[4]。何鳌，广东顺德人，对沿海情况“深晰利害”。他虽不是从早期资本殖民势力的侵略来认识形势，但却预见到“南方之祸殆无极矣”，则是颇有见地的。礼部同意其建议，报皇帝批准，于是明政府断绝葡萄牙的贸易，严禁其走私，不许入境。然而，葡萄牙海盗商人竟然再一次抗拒不行。广东当局逮捕了在广州的葡人；在东莞的葡萄牙船队凭借其船坚炮利，以佛郎机炮轰击明军，并企图占领与屯门澳比邻的南

1 张天译：《中葡通商研究》，第 32 页。转引自戴裔煊：《〈明史·佛郎机传〉笺正》，第 5 页。

2 《明史·佛郎机传》；《明武宗实录》卷一四九。

3 《明史·佛郎机传》。

4 《明史·佛郎机传》。

头。明海运副使汪鋐亲临前线，指授方略，焚其船，又遣善水者凿沉其船，用炮铳还击。经过激烈战斗，缴获了一批佛郎机铳。葡萄牙殖民者受到沉重打击，乘夜逃回马六甲。“是役也，于正德辛巳（正德十六年）出师，嘉靖壬午（嘉靖元年）凯旋。”[1]这是明军与西方殖民主义者的第一次战斗。

葡萄牙殖民主义者在遭到失败之后，积极准备卷土重来。嘉靖元年，由舰队长末儿丁·甫思·多·灭儿与别都卢·奥门等率领的舰队奉葡王之命，由马六甲前来中国。这支由四艘番舶及一艘中国式船组成的舰队，装备有“巨炮利兵”，到达珠江口海岸，“遂寇新会之西草湾”，向中国发起猖狂的侵略进攻。明军指挥柯荣、百户王应恩率师截海堵御，转战至稍州，明军奋勇登上葡船，众兵齐进，生擒别都卢·奥门等四十二人，斩首三十五级，获其二舟。葡萄牙舰队长末儿丁以三船拼死反扑，冲杀出海，逃回马六甲。明军亦遭受相当损失，百户王应恩阵亡。[2]

葡萄牙殖民者在广东的两次战斗中均被击败，于是转移方向，“其徒又越境商于福建，往来不绝”[3]。他们又出现在闽浙沿海。嘉靖年间，东南沿海倭寇之祸甚炽，葡萄牙海盗商人勾结倭寇与中国亡命之徒，推波助澜，其祸愈烈。他们以贿赂为饵，通气于豪绅将吏，继续违禁走私，“收买子女”，“子女玉帛恒满载而去”[4]，掠买中国人为奴隶。闽浙沿海人民称其为“番鬼”，恨之入骨。他们盘踞宁波之双屿岛，视为自己的殖民地。多明我会士葡人克鲁斯说，葡人在双屿居留下来，很自由，声言要得到“领土管辖权”。[5]

---

1 宣统《东莞县志》卷三一，《前事略》《汪公遗爱祠记》。又严从简《殊域周咨录》亦载此次战役。

2 《明世宗实录》卷二四，嘉靖二年三月壬戌。参见戴裔煊：《〈明史·佛郎机传〉笺正》，第19~20页。

3 《明史·佛郎机传》。

4 谢杰：《虔台倭纂》（上卷），《倭原》。

5 戴裔煊：《〈明史·佛郎机传〉笺正》，第39页。

葡萄牙人平托在其著作中供认，有葡人名佩雷拉者，因与中国人债务纠纷，于是纠集二十名葡萄牙暴徒，乘夜突袭宁波附近的村庄，洗劫村民住宅十二家，杀死十余人，掠夺他们的妻子。[1]

嘉靖二十六年，巡抚朱纨严通番之禁。二十七年，由于"'海贼'久据双屿岛，招引番寇（葡萄牙殖民者海盗商人）剽劫"[2]，朱纨密檄福建都司都指挥卢镗以轻舟直趋温州海门卫，与浙江兵夹击，败之。朱纨再遣卢镗，魏一恭等乘胜"捣双屿贼巢"，"毁贼所建天妃宫、营房、战舰。贼巢自此荡平"。葡萄牙殖民者在浙江的据点被扫荡之后，又"整众犯漳州之月港（泉州）浯屿(即金门岛)"。朱纨在进行双屿之战的同时，早已作了布署，命"海道副使柯乔统福清兵船泊漳州，专备海战，以遏南逸入广之路"。[3]所以，当葡萄牙殖民者来犯之时，"副使柯乔等御却之"，而"漳民畏（朱纨）厉禁，不敢与通，捕逐之"。[4]这样，葡萄牙殖民海盗商人在漳州之月倦不能立足，却又不肯离去。转年二月(嘉靖二十八年)，他们勾结中国的亡命之徒，贿赂地方贪官污吏，通夷的地方豪右又与之沆瀣一气，于是率"夷船"侵犯诏安。卢镗、柯乔等率军迎战，这就是著名的走马溪战役。朱纨《甓余杂集》卷四《六报闽海捷音事》，记述其经过甚详。明军将"佛郎机夷王船"包围，生擒多人，"斩获番贼首级三十三颗"。可是朱纨却因此被地方恶势力诬以"专擅刑戮"，诏逮纨，纨自杀。"自纨死，海禁复驰，佛郎机遂纵横海上无忌。"[5]此后，"岛夷为寇，海邦荐惊。庚戌（嘉靖二十九年）、戊午（嘉靖三十七年），首尾垂及十年，南粤东齐，绎骚且亘万里"[6]。继而，他们又出没于广

1 戴裔煊：《〈明史·佛郎机传〉笺正》，第 40 页。
2 《明世宗实录》卷三四〇，嘉靖二十七年九月辛丑。
3 《筹海图编》卷四，《福建倭变记》。
4 何乔远：《名山藏》。
5 《明史·佛郎机传》。
6 唐顺之：《荆川外集》卷一，《奉敕视军情升通政司右通政谢表》。

东沿海。嘉靖三十三年，“广东番贼纠倭寇千余，剽略海上，官军击败之”[1]。葡萄牙殖民者屡遭驱逐，流窜于闽、浙、粤沿海，以海盗之惯技对中国侵扰掠夺，回到广东后仍然是勾结奸民，“纵火劫村，虏男妇，每倾产以赎，无赎，多鬻之番”。[2]凶狡的葡萄牙殖民者，除了赤裸裸的海盗行径之外，还有其擅于施展的另一手，即贿赂贪官污吏，缴纳税银，与豪右势家勾结，因而得以冒名混迹于他国商人之中，获准留驻澳门西约三十公里的浪白岛。终于在1553年混入澳门，“而其市香山澳壕镜（即澳门）者，至筑室建城，雄踞海畔，若一国然。将吏不肖者反视为外府矣”。[3]澳门被葡萄牙殖民者占领，称为“马交”（Macao），以致“诸国人畏而避之，遂专为所据”。[4]以后，他们因与后来的荷兰殖民主义者发生冲突，借口设防，在澳门修筑炮垒，隐然敌国，对中国构成严重威胁。至万历时，他们“尽擅闽、粤海上之利，势益炽”。于是得寸进尺，在澳门对海之青州（澳门西北一小岛）修筑礼拜堂，拟以既成事实扩大对中国领土的占领。天启元年，明政府派人“毁其所筑青州城”。万历后期，广东当局虽然加强了对澳门葡萄牙殖民主义者的防范，终因业已腐败无能的明朝官吏，“吏其土者，皆畏惧莫敢诘，甚有利其宝货，佯禁而阴许之”，以致“养成其患”。[5]而这时国内形势又发生了急剧的变化。万历四十六年，努尔哈赤以“七大恨”誓师伐明。天启元年，后金攻占辽沈，明廷震惊。辽事孔急，于是购买葡人之大铳，募葡人造炮，以葡人援辽之议起，明廷再无暇顾及了。

继葡萄牙而来的是荷兰殖民主义者。

1 《明世宗实录》卷四一二，嘉靖三十三年七月己亥。

2 嘉靖《广东通志》卷七〇，《外志》《杂事》（下），《琼州府》。

3 《明史·佛郎机传》。

4 《明世宗实录》卷四一二，嘉靖三十三年七月己亥。

5 《明史·佛郎机传》。有关葡萄牙侵占澳门的始末，主要参考了戴裔煊《〈明史·佛郎机传〉笺正》。

17世纪初，荷兰继葡萄牙之后，成为当时最强大的殖民主义国家。1602年，荷兰东印度公司成立，这是一个在东方扩张殖民势力的庞大侵略组织，它享有在东方航运和贸易的垄断权，并有权以国家名义与东方各国宣战、媾和、订约。荷属东印度公司拥有用锐利武器装备的庞大舰队和军队。

荷兰对中国的侵略开始于1601年。是年，荷兰海军舰队司令麻韦郎率战舰八艘来到澳门，与窃据澳门的葡萄牙人发生激战。明两广总督戴耀“令舟师伏二十里以外观其变”。荷兰人向广东当局提出贸易要求，未被允准，便转而在福建沿海窥伺。万历三十二年八月，麻韦郎率十二艘战舰，第一次乘虚侵占中国的澎湖，“时汛兵俱撤，如登无人之墟，夷遂伐木驾屋，自以为鳞介窥得衣裳矣”。[1]他们窃据澎湖后，通过狡商潘秀、李锦，以重金贿赂福建税使太监高寀，企图永久占有。高寀竟然出卖祖国领土，“遣亲信周之范驰诣海上与夷订盟以三万金为中贵人寿，贵人从中持之，盟已就”[2]。幸南路总兵施德政遣材官沈有容率领舟师五十余艘前来，又“严守要害，厉兵拭甲”，严禁兵民与之通。荷兰人因而得不到生活用品，明军又声言将以火攻，十月，荷兰殖畏者鉴于形势不利，被迫挂帆退出澎湖。但是，他们却并不甘心。1609年，东印度公司董事会指示荷印总督菩特打通对华贸易，均为中国当局拒绝。1622年，便悍然发动武装侵略，第二次侵占澎湖各岛，拦截中国商船[3]，作为进一步侵略中国大陆的据点。他们强迫岛上居民，及其

1 张燮：《东西洋考》卷六。

2 张燮：《东西洋考》卷六。

3 荷兰海盗拦截中国船只，《羊城古钞》（一）卷八，记载如下：“红毛鬼所居大岛……常入洋中为盗。其船有五桅者，九桅者，首尾皆有舵以利回旋。……时登桅视千里镜，见舟远如豆子大，则不可及，若大如拇指许，即接长其桅而追之。……吾船亦有三五桅者，两弦作木城，摇橹于中，且行且战。若大炮多，风顺，亦可逸去，倘寡不敌为所擒，则尽屠矣。红毛鬼之为若此。”（张星烺：《中西交通史料汇编》，第1册，第406~407页）。

所截俘的六万多艘中国渔船的渔民，在岛上修筑炮垒军营，将掠夺来的华人和岛民运往巴达维亚去做奴隶，很多中国人因此而死于残酷的奴役。1624 年 1 月，荷印总督葛边值在向东印度公司的报告中说："我们的人在澎湖搜集了中国人一千一百五十名，一半因疾病、饥饿及强制劳动而死。剩有的五百七十一名中国人乘 ZieNick Zee 号舰来巴城。中途死去四百七十三名，剩下九十八名，到达的时候，又因水病死去六十五名，生存者仅三十三名而已。"[1] 荷兰殖民者占领澎湖犯下了令人发指的残暴罪行！然而，这只不过是一次报告中所说的情景。

侵略者的欲壑是没有止境的。对厦门，"夷人（荷兰人）久垂涎，又因奸民勾引，蓄谋并力，遂犯中左听（厦门），盘踞内港，无日不搏战。又登岸攻鼓浪屿，烧洋商黄金房屋船只区，遂泊圭屿，直窥海澄"。[2] 明兵与之进行了激烈战斗。荷兰殖民者如此猖狂，福建当局决定"渡澎湖捣巢"。天启四年正月初二，明军出师攻击，澎湖荷军司令松克指挥舰队及守军千人负隅顽抗。明军调集各路舟师，三批增援。六月，明军登陆，攻击所筑炮垒，将"夷城"包围。至七月初三，荷兰人方"竖白旗"，退出澎湖。"独渠帅高文律（松克，高文津为长官一词音译）等十二人据高楼自守。诸将破擒之，献俘于朝。"[3]

荷兰殖民者退出澎湖后，立即侵占我国领土台湾。他们以此为据点，截击中国商船，封锁中国港口，骚扰沿海地区，妄图攻占中国福建沿海地区。崇祯八年七月，台湾荷兰长官特劳姆率战舰八艘突袭厦门，福建水师大小二十余艘，猝不及防，被其击沉。荷兰侵略者封锁厦门。福建巡抚邹维琏檄调诸将，大集水师，命

1 葛耐：《荷兰人在中国》。转引自朱杰勤：《十七世纪中国人民反抗荷兰侵略的斗争》。

2 《明熹宗实录》卷三〇。

3 《明史·和兰传》。

郑芝龙为前锋，反击入侵者。郑芝龙于九月初一在澎湖大屿一带与荷兰侵略军多次接战，至二十日大获全胜，击沉其巨舰五只，俘获一只，“烧沉夷众数千”，生擒一百余人，阵斩二十余人，缴获武器、海图、罗经等物。将俘虏的“红毛真夷”头目十三名献俘于朝，械置槛车，押送北京。

荷兰人拥有比明军优良的装备，原以为凭其船坚炮利可以横行无忌。明军奋勇杀敌，付出了重大的牺牲，使侵略者震惊。荷兰人承认，中国人“完全不顾我们的枪炮和火焰”，“不顾自己的性命”，“正如狂悍野性而决死之人的行为”。[1]中国军民以英勇无畏的精神，与侵略者进行了殊死的战斗，终于挫其凶锋，使荷兰殖民者不敢再来沿海骚扰劫掠，用武力强迫中国通商，但他们却占领台湾达 38 年之久，直到顺治十八年郑成功收复台湾。荷兰人占领台湾期间，对高山族和汉族人民实行极为残暴的殖民统治，激起了各族人民的不断反抗。1652 年 9 月，郭怀一率众起义，是台湾最大的一次反荷兰殖民者的斗争。起义失败后，荷兰当局“屠杀了八千名起义的汉人和无辜的妇女儿童，用火焰等最野蛮的方法将被捕起义首领处死，挂人头向居民示威”。[2]台湾人民对侵略者郁积着满腔的怒恨。荷兰人承认，当郑成功率军收复台湾时，“随即有几千中国人出来迎接他们，用货车和其他工具帮助他们登陆”[3]。

这里还应补述的一点是：在中国沿海窥伺的西方殖民主义者还有西班牙。天启六年，菲律宾的西班牙总督泰波拉，看到荷兰占领台湾，也派加凌奴司令率舰队在台北鸡笼港（基隆）登陆，

1　马克劳德：《东印度公司在亚洲》。转引自朱杰勤：《十七世纪中国人民反抗荷兰侵略的斗争》。

2　丁名楠：《郑成功收复台湾，驱逐荷兰殖民者的胜利斗争》。

3　C.E.S：《被忽视的台湾》（卷下）。转引自陈国强：《郑成功驱逐荷兰侵略者收复台湾的伟大斗争》。

强迫中国居民为其修筑城堡鸡笼城，在山上设置炮垒。1642 年，荷兰人打败西班牙，独占了台湾。

17 世纪 30 年代，英国殖民者也来到了广东沿海。

当时，英国是世界上经济实力最强大的国家，继葡萄牙、西班牙、荷兰之后，以自己的“无敌舰队”称霸海洋，一跃而成为头等的殖民主义强国。英国组织了东印度公司，垄断对东方的贸易，在印度取得了统治地位。英国人看到“在葡萄牙全盛时代以及以后的年代……他们在中国的最南端获得了一个安全港口（指澳门）来建立商埠并享受一些附带的利益”[1]，因而也急于想打开中国的大门。1634 年，英王查理一世批准一批英国商人到东印度公司未曾到过的东方各地贸易。英国商人威廉科腾组织“科腾商团”。1636 年由船长约翰·威德尔指挥的“科腾商团”的四艘武装商船队从英国启航，于次年六月抵达澳门附近。当时已侵占我国澳门的葡萄牙人不许英国人上岸，而中国政府则是严禁外国船只到广州的。早在嘉靖年间，由于葡萄牙人的海盗行径，广州城门榜示着皇帝的敕令:“永不许胡须大眼夷人进入国境”。[2]“但是英国人仍然决心试探到广州的水陆”[3]，他们在珠江口外追截中国渔船，寻找翻译和领航人，引起了广东当局的警惕，派来二十多只船，阻止其进入广州，并积极备战，在珠江沿岸布置了四十六门铁炮。英国海盗商人不顾中国政府的禁令，武装闯入虎门，8 月 12 日，与明军发生冲突，“英国船只立即悬起战旗，开锚驶向堡垒附近。堡垒内的炮火也同时向英船加以射击”。[4]嚣张一时的英国海盗商船的入侵，遇到中国军队的抵抗，竟然说:“英国船只不能忍受这种威吓。”于是用炮舰征服殖民地的惯技，“当即偏弦齐

1 斯当东：《英使觐见乾隆纪实》，第 1 页。
2 戴裔煊：《〈明史·佛郎机传〉笺正》，第 61 页。
3 斯当东：《英使觐见乾隆纪实》，第 61 页。
4 斯当东：《英使觐见乾隆纪实》，第 21 页。

发，加以还击。经过二三小时这样的激战，中国船上一百多人败退上岸，堡垒内中国人同时放弃阵地逃走。英国船只立即靠岸，把炮调到岸上摧毁一切东西，毫无阻碍地占据了那个堡垒，悬挂起英国国旗”，公然占领中国领土，视为殖民地。《明史·荷兰传》记载这件事说：“（崇祯）十年，驾四舶，由虎门薄广州，声言求市。”可见，他们横行珠江，进攻广州，中外史料记载一致。事后，英国人派出罗宾逊等三人到广州谈判，他们携带大量金钱准备购买货物，“此中有一万为馈送（中国）官吏之用”。罗宾逊等“招摇市上，奸民视之若金穴，盖大姓有为之主者”。广东当局鉴于澳门被葡人侵占，有人主张驱逐，有人则从中阻挠。这时，重金贿赂收买中国官吏的事情很快败露，加上葡萄牙人嫉妒英国人，怕其成功，从中破坏，于是三个英国人被软禁在广州。英国海盗商船舰队司令威德尔公然决定再次向中国发动侵略攻击，施加军事压力，迫使中国“优待三商人及英船”。他们在珠江上劫掠焚烧中国船只，“上岸纵火，焚毁小市一处”，对沿岸居民大肆掠夺。9 月 27 日，英国侵略者占领虎门炮台，于次日将其全部炸毁，以便尔后肆无忌惮地进入广州。面对十分猖狂的英国侵略者，中国当局不得不调集军队，“大舰队从福建驶来以攻击英舰”。在这种形势下，威德尔被迫于 9 月 27 日驶抵澳门。后经葡萄牙人从中调停，中国释放了三名英国人及其金银货物，规定“英商永远不得来广州”。但是英国殖民者并不甘心，他们甚至计划占领中国海南岛作为对华贸易的基地。[1]

正当西方早期殖民主义者频频扣打中国南大门的时候，沙俄扩张主义势力又侵入我国北方领土黑龙江流域。他们残杀我国边境达斡尔等少数民族居民，用大炮轰击村庄，制造了骇人听闻的

1 据马士：《东印度公司对华贸易编年史》卷一。译文见张星烺：《中西交通史料汇编》，第 2 册，斯当东《英使觐见乾隆纪实》。

暴行，遭到了我国各族人民的坚决抵抗。1654 年，清王朝建立不久，野心勃勃的沙俄远征军，甚至计划占领清政府东北地区重镇宁古塔（黑龙江宁安），由斯捷潘诺夫率领的数百名哥萨克沿松花江进攻，同清政府宁古塔昂邦章京沙尔虎达率领的军队展开激战。清军痛歼了这支深入中国领土的侵略军，挫败了沙俄侵略军的凶焰，但沙俄政府并没有收敛扩张野心，准备喘息稍定再卷土重来。尔后，他们在中国领土上修建了雅克萨等城堡，作为侵略的据点。他们还策动我国一些少数民族上层人物背叛祖国，“宣誓效忠沙皇”，“加入俄国国籍”。我国黑龙江流域广大地区仍然处于沙俄侵略势力的威胁之下。

## 二　来华传教士的诡秘活动，他们或间接或直接参与中国内战

随着西方早期资本殖民势力的东来，西方传教士在明末也来到了中国。他们既有殖民主义势力的背景，也不乏热忱于信仰的传教者。西方传教士来到中国后，面对着与西方不同的东方文化传统，为了站住脚跟，他们多取华名，学习中国的历史文化，将西方近代自然科学介绍到中国；同时，他们也不断向欧洲报导中国的历史、文化和现状，或者著书立说，因此其中某些忠诚于信仰者对东西方文化交流作出了贡献。

然而，为殖民主义效力的传教士，他们在明末动荡的时局中积极活动，在明清之际的战争中，或直接或间接参与中国的内战。

耶稣会士郭居静于 1594 年来到中国，奔走于北京与澳门之间。万历三十四年，广州、澳门盛传郭居静准备征服中国，外国人都推他做皇帝。一位爱国士人撰文加以揭露，惜未见原文，兹引戴裔煊《〈明史·佛郎机传〉笺正》，所述大意如下：

> 有一位爱国知识分子，写了一篇评论文章，揭发郭居静觊觎帝位，有计划地察访由澳门至北京的大城市，熟悉水陆道路和语言风俗习惯，并说他拥有相当数量的信徒，只期待从葡萄牙启程已久的强大舰队和从日本、满剌加的援军到来，就要使中国沦于夷狄，把中国人民变为奴隶，云云。[1]

此文在当时引起了巨大的反响，人人争看。几天之内澳门的华人逃离一空，广州城戒严。诚然，认为在万历年间西方殖民者就能灭亡中国，不免夸大其词。但是，危言能够耸听，一时人心惶惶，反映了殖民者的侵略和传教士的诡秘活动，引起了当时中国人民的严重不安。

前文已经提到，万历后期以后，后金军在关外取得了接连不断的重大胜利，特别是萨尔浒之战，攻占辽沈以后，明廷上下遑遽，急于获得西洋大炮以制敌，认为是“歼夷灭虏第一神器”。[2]于是有购募红夷大炮，聘请洋人炮师，召传教士辅佐造炮之举，一些外国人和传教士便积极参与中国的内战。今就我们所知，节其昭著者如次：

天启元年，明廷派张焘、孙学诗至澳门延聘炮师。澳门葡人给予隆重的礼遇，准备组成百人的一支队伍，前往声援明帝，并从印度、马尼拉、日本等地募兵。这支军队后因朝中有人竭力反对，未能北上，但是“夷目”七人及傔伴（奴僮）等二十余人随

1　戴裔煊：《〈明史·佛郎机传〉笺正》，第 92 页。

2　西洋大炮（红夷炮）远比明军原有的火器精良，时人对其威力多有记载。如《皇明世法录》云：“大铳长二丈余，中如四尺车轮，云发此可洞石城，震数十里。”（卷八二）《万历野获编》卷三〇云：“红夷炮施放时，第见青烟一缕，此即应手糜烂，无声迹可寻，徐徐扬帆去，不折一镞，而官军死者已无算。”《明史·兵志》亦云，红夷炮“长二丈余，重者三千斤，能洞裂石城，震数十里”。

张焘回到北京。兵部尚书董汉儒奏称:"臣等尽试其技，制造火药，择人教演，稍俟精熟，分发山海听辅臣使用，上俱允行。"[1]由"夷目"训练明军施放大炮，熟练后即分发到山海关前线对后金作战。天启年间调往山海关前线的红夷大炮有十一门，这批大炮在努尔哈赤、皇太极两次攻宁锦时，重创后金军。宁远火器把总彭簪古就是由"澳夷"训练的。

崇祯二年，澳门葡萄牙殖民者，向明政府捐献大炮十门，铳枪数支，由公沙的西劳率领，耶稣会士陆若汉为通事及炮手运炮北上，十一月下旬抵达涿州。时皇太极第一次率大军毁边墙深入内地，包围北京，大炮不能运进北京城，留守涿州。翌年正月，始将六门大炮运进北京。陆若汉与公沙的西劳目睹后金军驰骋京郊各州县，所向披靡，即上疏明帝献战守之策，并愿为前驱，其文曰:

> 窃见东虏犯顺一十三年，恶极贯盈，造物尊主曾降瘟疫荒旱，灭其父子，竟毫无悔祸。汉等天末远臣，不知中国武备。行至涿州，适逢猖獗，仰仗天威，入涿保涿。顷入京都，叨蒙豢养，曾奏闻战守事宜，奉旨留用，方图报答。而近来边镇亦渐知西洋火器可用，各欲请器请人……。

陆若汉鉴于明军急需西洋火炮，表示愿"报效愚忠，作速图之"。他提出留公沙的西劳等在京造炮，训练士卒；他本人再回澳门觅取大炮，召募洋兵四百，备带西洋武器，作速回京，"廓清畿辅，恢复全辽"[2]，准备与后金军大干一场。明廷批准其建议，命中书姜云龙随陆若汉等"前往香山澳（澳门）置办火器及取善

1 《明熹宗实录》卷二八。

2 《徐光启集》，第298~300页。

炮西洋人赴京听用”。[1]澳门葡萄牙殖民者，为了获取明政府对其侵占澳门的默许，认为这是千载难逢的机会，大力支持。数天之内，陆若汉在澳门便召募洋兵三百人，还有一部分在澳门受过训练的中国炮手，携带大量武器北上。这支洋兵队伍行至江西南昌，又因朝廷中有人坚决反对而停止，但明政府却费去饷银四万两。

陆若汉回京复命。此时孙元化任登莱巡抚，防守山东，以拒后金。原留京的公沙的西劳已率在京的葡人前往，陆若汉亦随即到山东。崇祯四年六月，公沙的西劳率葡人炮手随明水师出海，在皮岛一带与后金军海战，所用西洋大炮，使后金军损失颇大，因此明军曾为其向朝廷请功。同年八月，孔有德哗变。十二月孔军围登州，公沙的西劳立于墙头，一手执灯，一手向叛军发炮。孔有德军向灯明处放箭，公沙的西劳中箭身死。登州城破，葡人炮手死者十三人，陆若汉等得脱。明兵部说“澳人慕义输诚，见于援辽守涿之日，垂五年矣”。如今统领铳师公沙的西劳在登州又为明“捐躯殉难”，重伤者十余人，请给赠恤，追封诸人。公沙的西劳赠参将，其余为游击、守备等；幸存者掌教陆若汉“更宜优厚”，命其回澳门“选强干数十人入京教铳”[2]，但陆若汉回到澳门不久便死去了。此后明廷偏重于用传教士造炮，其中有著名的汤若望等人。[3]

清军入关后，在向南方的进军中，也曾遇到洋兵。顺治四年，曾帮助明政府造炮的传教士毕方济率洋兵三百在桂林同清军作战。有人则向日本乞师，希图借外力打内战。1650 年，信奉天主教的明桂王的嫡母皇太后和擅权的太监天主教徒庞天寿，派传教士卜弥格携带致罗马教皇书到罗马，说为永历王朝祈福。皇太后书中

1 《崇祯长编》卷三四，第 28 页。

2 《崇祯长编》卷五八，第 5 页。

3 关于明政府招募澳门葡人打内战的大体经过。我们主要参考了张小青《明清之际西洋火炮的输入及其影响》一文。戴裔煊：《〈明史·佛郎机传〉笺正》。

另有语云："今有耶稣会士卜弥格，知我中国事情，即令回国，致言我之差圣父前，彼能详述鄙意也。"[1] 庞天寿以"大明钦命总督粤闽"诸军务的身份在其书中说，皇太后、皇后、太子，都"虔心信奉圣教，并有谕言致圣座（教皇）前，不以宣之矣"。由卜弥格口述密而不宣者，实乃请求罗马教廷的援助。教皇复书由卜弥格携回中国，其时当在顺治十二年，而皇太后早已不在人间。此外，荷兰人在被郑成功驱逐出台湾后，不甘心自己的失败，以助战为名，振兵船参加对郑成功的作战。《清圣祖实录》卷十三、第九页记载，康熙三年，"靖南王耿继茂疏报：'荷兰国出海王，于八月十六日，带领番船十只，番兵千人，抵闽安镇，约九月二十日至围头取齐，于十月初旬，往澎湖攻贼（指郑成功），候风便进取台湾，下部知之。'"历史表明，如果当时中国的内战长期继续下去，其结果必然是西方早期殖民势力将会更深地卷入，从中取利。

当时，在各省都有一些外国传教士在活动。大约在顺治二年，张献忠在四川俘虏了耶稣会士利类思（意大利人）和安文思（葡萄牙人）二人。张献忠当面痛斥二人，"或骂为番蛮，或诬为奸细，谓其藉传教之名，行其私意，侦探中国底蕴，报知外国"[2]。认为他们是"不忠不义之人，由此国到彼国，由此省到彼省，各处流窜，布其毒谋，煽惑百姓"，"本应凌迟碎剐"。[3] 张献忠指斥传教士刺探中国国情，报知外国，是有历史事实可证的。

综上所述，正德年间西方早期资本殖民势力来到了中国，送来了赤裸裸的海盗行径和传教士。他们侵略骚扰广东闽浙沿海，杀人越货，掠卖人口，无恶不作，而澳门、台湾终于被葡萄牙、

1 《东方杂志》，第 8 卷，第 5 号。见张星烺：《中西交通史料汇编》，第 1 册，第 445 页。

2 古洛东：《圣教入川记》，第 34 页。

3 古洛东：《圣教入川记》，第 46 页。

荷兰占领。在明清之际的战争中，他们又积极卷入中国的内战。西方殖民者之所以如此嚣张，一个重要的原因就是业已腐败的明朝，太监、贪官污吏宝其货利，收受贿赂；“通夷”的势家豪右、奸民又与之勾结；明清之际动荡不安的时局，又给他们提供了可乘之机。故沿海军民虽同仇敌忾，奋起抗击骄横的侵略者，然而明政府则表现软弱无力，尤其是到天启、崇祯时，随着明王朝国势日非，就更是如此。英国人在崇祯十年同中国第一次交手，这位殖民主义老手即已觉察到这一点，他们说：“中国人对待外国人的政策已趋向缓和（按：应为软弱无力），或者也许是标志着这个衰落的王朝（明）的统治软弱无力和不稳定。”[1]殖民者的言论，从反面说明，只有中国国内政治形势稳定，才能有力地抗击外来的侵略者。

## 三　外国侵略势力插手我国边疆民族地区，支持民族分裂分子

外国殖民势力在明末和明清之际的侵略活动已如上述。清王朝建立后，他们又积极插手我国边疆民族地区，支持民族分裂势力。民族矛盾与冲突，已不仅仅是根源于民族歧视与压迫，统一与分裂是斗争的焦点，也是历史业已表明的这一时期最大的危险，这是关系到国家和民族的命运与前途的。

在东北边疆。康熙六年，居住于海拉尔河一带的索伦部的一个首领根特木儿，背叛祖国投俄，成为俄国殖民当局的忠实鹰犬，追随俄国侵略军对中国边境各族居民作战，甚受青睐。俄国史籍写道：“根特木儿有九个妻子，三十个儿子和三百名武装以长矛、盔甲的战士，他的人是‘善战的人’。在某种程度上成为达斡利亚

1　斯当东：《英使觐见乾隆纪实》，第22页。

（我国达斡尔地区）各城堡的依靠力量。”[1]因此，根特木儿逃人问题成为中俄交涉的一个重要争端。根特木儿本是清朝的佐领，封为四品官，享有俸禄，他完全是在俄国殖民当局的引诱下，背叛祖国，加入俄国国籍的。而他及其所属人员与我国喀尔喀人、布利亚特人的冲突与战争，与清政府的冲突，是外国势力插手的结果。

在北部和西北边疆。从16世纪末开始，俄国历任塔拉城将军不断派出所谓“外交使团”到我国厄鲁特蒙古各部，“建议转入俄国国籍”，“发誓效忠沙皇，并签订相应的条约”。要求我国厄鲁特蒙古各部定期交纳实物税，“成为沙皇陛下的臣民”。在遭到我国各族人民的抵制之后，俄国殖民当局便积极插手各部之间的纠纷，以达到自己的目的。在俄国殖民者的煽动下，各部之间一些大规模的武装冲突发生了。例如，俄国的“使团”插手厄鲁特卫拉特部与喀尔喀蒙古札萨克图汗属下的和托辉特部之间的纠纷。1619年，和托辉特部首领要求沙皇出兵援助。翌年，沙皇政府分别给两部首领写信。在给和托辉特部首领硕垒乌巴什的信中说：“我们沙皇怜悯你阿尔泰汗，已命令西伯利亚将军们，让他们派人保护你和你的领土免遭（厄鲁特准噶尔部）哈喇忽喇台吉及其军队的侵犯。”然而，沙皇又同时写信给哈喇忽喇台吉，声称“我——沙皇赏识你哈喇忽喇台吉和你的兀鲁思（领地）的人，愿赐给皇恩，庇护你们并救济你们。同时命令我西伯利亚各将军保护你们不受敌人侵袭”。[2]果然，双方都在沙皇的支持下多次发生大规模的战争，致使两部之间长期不断的冲突。

康熙十年，噶尔丹为准噶尔部部长。野心勃勃的噶尔丹是一位枭雄。他一方面上书康熙说：“向在中华皇帝道法之中不敢妄

1　华西里耶夫：《外贝加尔哥萨克史纲》，第1卷，第132页。
2《俄蒙关系史料（1607~1636）》，第92~93页。

行。”“与中华同二轨道。”一方面四出征伐。噶尔丹意欲建立所谓的“准噶尔汗国”，妄图把祖国不可分割的神圣领土新疆、蒙古地区，甚至西藏从祖国分裂出去，置于自己的统治之下。为了实现其分裂割据的野心，噶尔丹不断派使者前往沙俄，“企图同俄国订立军事同盟和求得俄国给予军队和枪炮的援助”。[1]俄国尼布楚谈判的首席代表戈洛文承认，早在1686年，“他就希望与博硕克图汗（即噶尔丹）对向蒙古人武装进攻一事取得一致意见。去年，曾向与布特哈拉人一起来伊尔库茨克的他们的使者就此事提出过建议”。[2]正是在沙俄的支持和怂恿下，噶尔丹认为有恃无恐，于康熙二十七年，借故向喀尔喀土谢图汗和宗教领袖哲卜尊丹巴发动大举进攻，企图吞并喀尔喀蒙古。沙俄文献记载：“卡尔梅克的博硕克图汗（即噶尔丹）进攻蒙古地区是同沙皇陛下的军队联合行动的。”[3]蒙古领主们得到消息说，“卡尔梅克博硕克图汗是根据（沙皇）陛下谕旨发动战争的，有大批俄国军人，并有大量火器大炮协同他作战”。[4]同年六月，哲卜尊丹巴的使者商卓巴特当面向戈洛文指出：“呼图克图（活佛，即哲卜尊丹巴）还得到情报说，全权大使（即戈洛文）已派军队分三路进攻他们的兀鲁思（领地）。”[5]喀尔喀蒙古很快被打败。康熙二十九年，噶尔丹以追击土谢图汗和哲卜尊丹巴为名，向内蒙古大举进攻，直抵距北京七百里的乌兰布通。事前，噶尔丹派使者达尔汉宰桑到伊尔库茨克会见戈洛文，“要求俄国军队开往克鲁伦河，跟他的军队联合行动”。希望戈洛文亲自率领军队“驰赴约定之地会合，以便并肩作战”。[6]

1 沙斯京娜：《十七世纪俄蒙通商关系》，第162页。
2 《十七世纪俄中关系》，第2卷，第621页。
3 《十七世纪俄中关系》，第2卷，第360页。
4 《十七世纪俄中关系》，第2卷，第623页。
5 《十七世纪俄中关系》，第2卷，第621页。
6 《十七世纪俄中关系》，第2卷，第623页。

为了换取俄国的支持，噶尔丹的使者居然不承认已签订的《中俄尼布楚条约》，许愿将条约中明文规定的雅克萨一带中国领土让给俄国。[1]戈洛文决定不拒绝噶尔丹的建议，答应根据形势以相应的军事行动予以支持，并派基比列夫携带他的信件，随噶尔丹的使者去见噶尔丹，“就共同对土谢图汗及其支持者（指清政府）可能采取的行动继续谈判”。[2]清政府对噶尔丹与俄国扩张主义的勾结，也得到确报，《清圣祖实录》记载，“(噶尔丹）将请兵俄罗斯，会攻喀尔喀”。[3]于是康熙命索额图“传谕”在京俄罗斯人：“噶尔丹……今乃扬言会汝兵，同侵喀尔喀。喀尔喀已归顺本朝，倘误信其言，是负信誓（指《尼布楚条约》）而开兵端也。尔等可疾遣善驰者二人，归告尼布潮（尼布楚）头目伊凡，遍谕鄂罗斯之众。”[4]乌兰布通之战清军击败噶尔丹的三万精锐骑兵，但康熙深知，噶尔丹“必将窥伺中原，不至殒命不止”[5]，因而前后三次亲征，最后彻底打败了噶尔丹。但准部问题的完全解决，是在乾隆二十二年阿睦尔撒纳走死俄国之后。

18 世纪 70 年代，英国殖民主义势力开始侵入西藏。1774 年，英国东印度公司总督赫斯汀派波格尔为代表，到日喀则见班禅六世（其时达赖年幼），“这位英国密使施展巧妙的狡猾手段，设法使大喇嘛（班禅）少去钦佩（中国）皇帝及其权力，多去注意东印度公司所能提供的利益”。[6]大肆挑拨西藏与清中央政府的关系。英国人甚至“建议藏人与英方成立某种形式的联

1 《十七世纪俄中关系》，第 2 卷，第 30 页。
2 《十七世纪俄中关系》，第 2 卷，第 623 页。
3 《清圣祖实录》卷一四六。
4 《清圣祖实录》卷一四六。
5 《圣驾亲征噶尔丹方略》，钞本。
6 斯文·海丁：《热河，皇帝的城市》。

盟”[1]，妄图把西藏从祖国分裂出去。由于班禅六世维护祖国时统一，拒绝了波格尔的种种诱惑，18 世纪 70 年代英国人侵略西藏的阴谋未能得逞。

历史证明，封建时代多民族国家内部一直存在的民族问题，在周边地区由于外国势力的插手，改变了以往的性质（当然不能认为这些地区发生的每一事件都与此有关），如果殖民势力的侵略阴谋得逞，其后果之严重是不言而喻的。

列宁指出:“在分析任何社会问题时，马克思主义理论的绝对要求，就是要把问题提到一定的历史范围之内；此外，如果谈到某一国家，那就要估计到同一历史时代这个国家不同于其他国家的具体特点。”[2] 由于外国资本殖民势力的到来，明清之际面临着前所未有的新局面。正因为如此，我们认为必须从世界历史的范围来观察明清之际的历史。尽管当时早期资本殖民势力还没有力量占领中国，中国被瓜分的危险也不是现实的存在。然而，殖民主义势力既然已经到来，他们就一定会接踵而至，在之后的岁月里，18–19 世纪，正是西方殖民主义的亚洲十分猖獗的时期。一言以蔽之，当中外两种不同社会制度从最初相遇的时候起，就面临着进一步巩固和发展我国多民族国家，抗御外国殖民主义的历史任务。历史业已证明，已经腐败的明王朝是难以肩负起抗御正在到来的外国殖民主义的使命的，而明清之际的内战又给他们以可乘之机。因此，我们认为，清军入关，清王朝的建立，重建统一的封建中央政权，结束分裂恶战的局面，从当时历史的大局来看，是应予肯定的。在清代前期康、雍、乾三朝，清政府同民族分裂分子和外国势力进行了长期的斗争，加强了对边疆少数民族地区的有效管理，使我国统一的多民族国家进一步巩固和发展。

1　荣赫鹏：《英国侵略西藏史》，第 16 页。

2 《列宁选集》，第 2 卷，第 512 页。

在完成国家统一的基础上，清代社会出现了经济的空前繁荣，国力强盛，国防巩固。清王朝成为当时亚洲头等强盛的封建国家，从而在清代前期有效地抗御了西方资本主义殖民势力。

（原载《史学集刊》1985 年第 3 期）

# 赵尔巽与《清史稿》的编纂

易代修史，是我国古代的传统。自唐以后，由新王朝开馆设局，以宰辅主持其事，延揽学者，官修前朝历史，相沿成习。《清史稿》就是沿此旧章，由北洋军阀政府开馆纂修。与以往所不同的是，主持其事者并非民国新贵，也不是北洋军阀政府的要人，而是前清总督赵尔巽，纂修者也多为清室遗老。此书的编纂过程及其刊布，波澜起伏；问世之后，又抨击蜂起，国民党政府曾下令查禁。因此，评述赵尔巽其人及《清史稿》之优劣得失，不能不对其编修情况作一简要叙述。

## 一

赵尔巽，字次珊，号无补，原籍辽宁铁岭，隶汉军正蓝旗。其先人以旗族入关，仕宦相嬗，后家居山东泰安。其父文颖历任山东多处知县，守阳谷时，为太平军击毙，《清史稿》有传。其弟赵尔丰，清末任驻藏大臣、四川总督，辛亥革命后一年，被四川都督尹昌衡所杀，《清史稿》也有传。

同治十三年，赵尔巽举甲戌进士，先后授编修，任御史。光绪十三年，补贵州石阡府知府，从此步步高升，历任安徽按察使、陕西按察使、山东布政使、湖南巡抚、署户部尚书、四川总督、奉天总督。辛亥革命后，赵尔巽任奉天都督，后告退离任，作为清朝遗老寓居青岛。

赵尔巽虽是“束发受书”，但久任大吏，其人并非史才，从《清史稿·赵尔丰传》来看，其史德亦不甚高。尤其是为史家所重视的“史识”，则更为陈腐，这是与赵尔巽的政治生涯分不开的。

赵尔巽历仕同治、光绪和末代皇帝宣统三朝，颇受赏识。他身居高位，认为身受厚恩，其命运与清朝最高统治者息息相关，利害与共。他一生经历了中国近代社会后期的大动荡、大变革的重大历史事件。早在贵东道任内，他就曾镇压过贵州安顺府普定（今安顺市）一带的所谓“妖匪作乱”。1900 年爆发了义和团运动。前一年，赵尔巽因母丧，从赴新疆布政使任途中返里，守制在家。然而，即使在守制期间，义和团的风暴使他心悬神惊，为清廷的忧心也并未稍减，常“微行市廛中，侦北来者，探其消息，忧愤不已”。[1] 光绪二十八年，赵尔巽升任湖南巡抚，不久，被召入京，署户部尚书，赐紫禁城骑马，以示优渥。慈禧更亲书福寿字，虎字以赐，并赐御绘折扇、条幅及珍玩等。“慈眷之隆，无与伦比。”[2]1904 年，日俄战争在我国东北领土上爆发，战争将要结束时，赵尔巽被任命为盛京将军。临行，慈禧赐治装银五千两，召对面谕曰：“尔尽其当为者为之，勿拘常例，不中制也。”[3] 假以便宜行事的大权。慈禧的器重，使赵尔巽“受命感激”。日俄战争以俄国失败而结束，清政府与日本签订了《中日会议东三省事宜正约》三款，附约十二条，不仅承认将沙俄在南满的权益全部转让给日本，而且还额外给予日本更多的权益。赵尔巽忠实执行清廷对日的屈辱交涉。从中国第一历史档案馆所藏《赵尔巽全宗》档案来看，赵尔巽在此期间与日本使节及日军将领往来甚密。当日

1　奭良：《清史馆馆长前东三省总督盛京将军赵公行状》，载《无补老人哀挽录》，藏中国第一历史档案馆《赵尔巽全宗》。

2　奭良：《清史馆馆长前东三省总督盛京将军赵公行状》。

3　奭良：《清史馆馆长前东三省总督盛京将军赵公行状》。

本新相西园寺来辽宁慰劳日军时，赵尔巽赋诗赠之，有云："携手河梁高处望，神州咫尺莫参差。"[1]希望日本在获得南满权益之后，能够早日撤军，对日本的侵略报以"携手"求友的态度。日俄战争中，日人曾邀冯麟阁统率所谓"大日本帝国讨露（俄）满洲义勇兵"，对俄军作战。战后，日本不愿再担负其经费，但又不便遽行遣散，遂"劝"清政府将其收抚。赵尔巽虽担心此举会"有碍中立"，引起俄国人不满，但最后仍屈服于日方压力，将冯部收抚。继盛京将军任后，赵尔巽又调任四川总督、湖广总督。1911年再任奉天总督。

1911年10月，武昌起义爆发后，赵尔巽视革命为洪水猛兽，他在《忠告于武昌此次肇祸诸君》函稿中，公然威胁说，"毋为祸魁"，"为首者应速悔，为从者应速散"。甚至大言不惭，以挽狂澜于既倒为己任，声称"倘久执迷，则所谓子能覆楚，我必能复楚者"[2]，以复振楚国的申包胥自居。革命党人在东北积极活动，准备起事，赵尔巽指为"彼党潜来煽惑，甘为虎伥"。[3]他拉拢一批巡防军及陆军将领，成立"奉天保安会"，自任会长。他指鹿为马，说革命党人"杀人越货，与胡匪无殊"，"与叛逆无异"[4]，下令所属"乱未起预防之，乱初生力制之，乱既起痛剿之"。并说："我不杀人，而待人之杀我人民，无是理也！"[5]决心为保清室而与革命党人血战一场。为此，赵尔巽又积极与直隶总督陈夔龙及张勋等，组织"勤王军"，致函清内阁，表示"赴汤蹈火"，在所不辞。由于赵尔巽的严密控制与镇压，尽管全国各省纷纷响应武昌起义，而"奉都晏如"。后迫于形势，不得不宣布假独

1 爽良：《清史馆馆长前东三省总督盛京将军赵公行状》。

2 《清史档案史料丛刊》，第8辑，第5~6页。

3 《清史档案史料丛刊》，第8辑，第113页。

4 《清史档案史料丛刊》，第8辑，第94页。

5 《清史档案史料丛刊》，第8辑，第50页。

立，赵尔巽任奉天都督。1912年2月，溥仪退位，他向袁世凯提出，“东三省臣民对大清皇帝致其尊敬亲密，永无限制”，并请求“大清皇帝”每三年巡幸东北一次。然而，他苦心孤诣希望保住的“大清皇帝”，业已皇冠落地，永远退出了历史舞台。赵尔巽在无可奈何的形势下，去官隐居于青岛。

## 二

民国三年，北洋军阀政府国务院呈请设清史馆，其申说编纂清史之缘由云：

> 大清开国以来，文物粲然，治具咸饬……洎乎末叶，孝定景皇后尤能洞观世势，俯察舆情，宣布共和，与民更始。……我中华民国，追维让德，于大清皇室特颁优待条文，崇德报功，无微不至。惟是先朝记载，尚付阙如，后世追思，无从观感。及兹典籍具在，文献未湮，尤宜广招耆儒，宏开史馆……由大总统延聘专员，分任编纂……以与往代二十四史，同昭鉴于无穷。[1]

这种以“崇德报功”“追思先朝”为基本出发点的编纂理由，是当时正醉心于准备洪宪帝制的袁世凯，想借修清史以网罗前清遗老，获取他们的拥戴，即所谓“民国初年，袁氏称帝，他为羁縻一班前清遗老，特辟清史馆修纂《清史》”。[2] 尽管袁世凯有他自己的用意，然而，“追思先朝”以修清史，正是赵尔巽求之不得的。

1　转引自朱师辙：《讨论体例第一》，见《清史述闻》，第2页。

2　郑逸梅：《清史稿编纂始末》，见《清娱漫笔》，第12页。

民国三年，袁世凯以大总统的名义聘请赵尔巽任馆长，于式枚、刘廷琛副之。此三人乃清末一总督、一侍郎、一京卿，其时皆在青岛做寓公。总统府秘书赍函至青岛延请，赵尔巽欣然从命说，“是吾志也”。因为他深念，“有清关内外垂三百年，事迹既多于往代，变迁亦甚于前朝。列帝精勤为治，手批章牍，成为家法”。他怀着眷恋“故主”，不忘“故国”的心情，把修清史作为报效“大清”的最后事业来看待。于是往商于式枚、刘廷琛，告以“我辈均受先朝厚恩，今逢鼎革，所以图报先朝者，惟此一事。修史与服官不同，聘书非命令可比，似可偕往致力于此”。[1]殊不知刘廷琛这位清朝的忠臣，对袁世凯之欲代清称帝，一直耿耿于怀，对赵尔巽之应聘，大不以为然。他愤然质问道：“年伯（按：指赵尔巽）已视袁世凯为太祖高皇帝耶?！历朝之史，均国亡后由新朝修之。今大清皇帝尚居深宫，何忍即为修史？年伯以为可，则与袁世凯好自为之。”断然拒绝从命，并表示“愿勿再谈此事”。于式枚“亦固拒之”。[2]赵尔巽遂独自赴北京就任。袁世凯安慰他说：“得公来，此事可成矣！固知公不忘先朝也。”[3]于是开清史馆于东华门内。在袁世凯的鼓励下，赵尔巽主持清史馆的十余年中，“恒以报答先朝为言也”。[4]

赵尔巽任清史馆馆长后的第一件事，自然是网罗编纂人员。他向袁世凯建议：“往代修史，即以养士，欲援曩例，以縶遗贤，可乎?”这正合袁世凯之意，立即满口答应，并给以充足的经费。赵尔巽按籍而求其人，闻名而延聘，故“史馆诸公，十九清之达官”。[5]所聘之人，即使不到馆，或数年才写一篇，或竟不著一字，

1 徐一士：《〈清史稿〉与赵尔巽》，载《逸经》第2期。

2 徐一士：《〈清史稿〉与赵尔巽》。

3 徐一士：《〈清史稿〉与赵尔巽》。

4 奭良：《清史馆馆长前东三省总督盛京将军赵公行状》。

5 柳翼谋：《清史刍议》，载《史地学报》第1卷第12号。

他都“礼貌有加”，照给厚薪不误。所聘馆员，从总纂、纂修、协修到提调、收掌、科长及校勘等百余人，但先后到馆者仅六十八人，而始终共事者不过十余人。

开馆之初，首先是商讨体例。参加讨论者馆内外均有，当时在刊物上发表了不少商榷文字，梁启超、于式枚、缪荃孙、朱希祖、柳翼谋等多人著文发表已见。大体可分为两派主张：少数人主张用新史体裁，多数人则主张仍沿用旧史体例。主张用新史体裁的柳翼谋（诒徵）说：“当今所辨，唯在义例。义不先立，例无由起。”他主张讨论体例应先明“义”，由“义”而起“例”。所谓“义”，就是指如何看待历史而言。他说，“历代政宗，率沿帝制”，因而在旧史中，“朝章国故，史不胜书，故其病在偏重庙堂，略于民事，一国宝书，几成家牒”。民国成立，“政体鼎新”，帝制已废，再不能视天下为帝王之私，“史例自因时而变”。如果沿用旧史体裁，囿于君臣之义，那就一定会偏重“颂述”。他认为立论应该“主于持平”，“文无溢美，书业饰词，未足尽据”，更要反对“苟于满清，甘从曲笔”。[1] 梁启超在《清史商例第一书》中也说，“有清二百余年，大权旁落之时少，国之休戚，民之荣悴，枝其功罪，则元首与居八九焉”，故“主德汙隆，务存直笔”。但讨论并未格重点置于此。另一派多数主张“清史为结束旧史之时，不妨仍用旧史，稍广类目”。于式枚、缪荃孙等六人在《仅拟开馆办法九条》中，主张以《明史》体裁为蓝本。他们认为，《明史》“汇集数十年之名流，考证三百载之事实，上搜开国之群雄，下录三王之事迹。数人同事则类述，一人数事则别见。不漏不蔓，体例最善”，“故其辞达，其事明，有远出于唐宋二史上者”，因而力主“今日修史，惟专仿《明史》，不必高谈皇古也”。于式枚等人的主张获得多数人的赞同，为赵尔巽及馆人所采纳。

1 柳翼谋：《清史刍议》。

于是许多讨论体例的文字，专注于纪、传、表、志四科的拟目与取舍。他们虽然相互商榷，引古以律今，然而始终不出纪、传、志、表的范围。最后参酌众议，“大体近法《明史》，而稍有变通”。排列目录为：本纪十二，志十六，表十，列传十五。

纂修过程经历了三个时期。总的来说，第一期最为混乱，第二期稍有头绪，第三期较为整齐。

第一期，从民国三年至六年。

由于赵尔巽并非史才，学术著作并非所长，尤其不善于组织，故开馆时所聘人员虽多，身任馆长的赵尔巽却“不能提纲挈领，指授撰述方针”[1]，也未能根据各人所长分配得宜，加上又不明分类组织纂述之法，缺乏周密的组织和计划，因而人自为战，全无章程条例，如一盘散沙。总纂与协修各自任意秉笔，互不相下，所以虽有总纂、协修之名，只不过是以前清之官阶、资历略分等级支薪而已。撰稿者又“多懒于翻书考证，仅据国史之传而删节之，翻实录及《东华录》尚嫌其烦”[2]，当然就谈不到杂考他书了。更因总阅无人，故撰稿虽多，但“稿之能用与否，亦无人过问”，甚至彼此抵牾，因而“所成之稿，等于废材”。[3]

第二期，民国六年至十五年。

经过前一时期的杂乱无章之后，赵尔巽亦从中汲取了一定的教训。朱师辙说，“馆长虽于史例不明，然史稿阅览既多，就文字事实考核而论，渠亦知其不合用者矣”，“此亦馆长之进步”。于是乃议从两个方面着手整顿：一方面是将一部分人员停薪解退；另一方面，更主要的是从总结前一时期的混乱中，整顿组织，划一凡例，纪、志、表、传确立专人负责。而其考异闻，核事实，宜详宜略，总叙互见，尤需注意总纂与分纂时讨论联系，才不致

1　朱师辙：《综核提要第四》，见《清史述闻》，第 38 页。
2　朱师辙：《综核提要第四》，见《清史述闻》，第 45 页。
3　朱师辙：《综核提要第四》，见《清史述闻》，第 44 页。

于此篇与彼篇矛盾，收分工合作之益。

这时史馆的经费又发生了问题，经费日绌。张勋复辟，清史馆闭门数月，后虽恢复，但薪水减而又减，甚至欠薪不发，“停薪与良去者亦不乏人”。后来缪荃孙到北京，主张先拟传目归卷，以时代为段落，择人分任。由柯劭忞、金兆蕃、奭良任清初；缪荃孙、吴士鉴任顺康（吴未到任，后由张尔田担任）；金兆蕃任雍乾；夏孙桐任嘉道；王树枏任咸同；马其昶任光宣。当时重新议定凡例，但有遵者也有不遵者，而咸同光宣四朝又皆不合用，于是又推柯劭忞、夏孙桐再加整理。其时，时局更趋纷乱，直皖、直奉相继开战，军阀混战不已，东华门时启时闭，馆务多停顿，经费又竭蹶，馆员散者益众，终于全局停顿。

第三期，民国十五至十六年，为结束时期。

关于史馆经费，赵尔巽有一段叙述：“开馆之初，经费尚充。自民国六年，政府以财政艰难，锐减额算。近年益复枯竭，支绌情状，不堪缕述，将伯呼助，垫借俱穷。日暮途远，几无成书之日。”[1] 由于史馆经费枯竭，已无法维持，赵尔巽乃乞援于军阀吴佩孚、张宗昌，“稍得助款”。于是进一步淘汰素餐，留馆馆员重新分配任务，统一计划，大家也较为努力。“本纪”由柯劭忞等人负责，“志”由王树枏等负责，“表”由吴廷燮负责，“列传”由夏孙桐、金兆蕃负责。原期三年至五年毕事，才逾半载，北伐军胜利挺进，占领长江各省，北京势危。赵尔巽“以时事之艰虞”，更因“年齿之迟暮，再多慎重，恐不及待”[2]，乃召集馆人会议，仓促决定付刊。夏孙桐以史稿问题甚多，认为不宜刊印，主要是：原稿繁杂，删除归并，颇为费事；泛引家乘野记，与官书记载多有抵牾，不少原稿尚需修正重写；书法体例也未能划一，

1　赵尔巽：《〈清史稿〉发刊缀词》。

2　赵尔巽：《〈清史稿〉发刊缀词》。

其他如《食货志》等应补者甚多。更因没有一人通阅全稿，其中重复、抵牾、挂漏，更无从得知。因此，《清史稿》未臻善美，自不必讳言。如若付刊，“将供人姗笑”，徒为招谤。他主张仍依原议，逐加修正，延揽总阅，全体讨论，以期详审，以三年集事。[1]赵尔巽则坚持付刊，说：“吾不能刊清史，独不能刊清史稿乎！”[2]不久，赵尔巽卧病不起，印书之意愈切。袁金铠从辽阳来北京，愿任印书之事，赵遂任袁总理发刊事宜，金梁任校对，预定一年印毕。是年秋，赵尔巽病故，由柯劭忞代理馆长。袁金铠系政客，交往频繁，不常往史馆。柯劭忞与袁、金意不合，不愿过问，交稿后不阅即付金梁，金几执全权。金梁因怀有个人目的，对《清史稿》的发刊更急不可待，“排日付印，如编新闻者。主笔督催，手民立待，无复有片刻之暇”。[3]根本就未详校，“随印随发，前后竟不遑兼顾”。[4]

1928 年，北伐方亟，金梁更赶印史稿。据张尔田说，“校刻未印者尚十之一二”。金梁却说：“史稿五百卷乃十之七八，校刊未竣。”金梁“携归私寓，日夕赶办，撰校兼行，一月之间，补至百卷”。并且乘时局纷扰之际，馆人无暇顾及之机，“偷将各人之稿增改，复将卷首职名，任意开列。又私作校刻记，窃称总阅，俱未呈明馆长核准，任意发刊”。[5]及北伐告成，书方印完。东三省原预定四百部，金梁未报告馆长核准发行，即于印成之时，私运关外。1929 年，《清史稿》由故宫博物院接收，原史馆人员检阅全书，金梁偷改史稿、私作校刻记等情败露，众哗然，人言啧啧，斥其无耻。乃召集会议，决定将金梁偷改者抽换，卷首职名、金

1　夏孙桐：《上清史馆长论清史稿现尚不宜付刊书》，载《清史述闻》，第 183~189 页。

2　奭良：《清史馆馆长前东三省总督盛京将军赵公行状》。

3　金梁：《〈清史稿〉回忆录》，载《逸经》第 7 期。

4　金梁：《〈清史稿〉回忆录》。

5　朱师辙：《清史述闻》，第 79~80 页。

梁所作校刻记及增入之张勋、康有为传剔除。但已运往东北者已无法追回，因而《清史稿》有关内本及关外本之别。

《清史稿》初印一千一百部（包括关外四百部），凡五百三十六卷，分订为一百三十一册。关内本与关外本的主要区别是：

第一，清史馆职名。关内本无总阅、总纂、纂修、协修诸人，皆为到馆任事之人，并将终其事与未终其事之人分别排列；关外本多总阅一职，并将名誉职以及并未到馆任事之人一并混合排列，且有职衔错误、人名错误和一人两列的情况。

第二，关外本有金梁作的《清史稿校刻记》；关内本全删。

第三，《艺文志·序》。关外本用金梁删改稿；关内本为朱师辙原稿全文。

第四，列传二百五十九。关外本收陆润庠、世续、伊克坦、梁鼎芬、劳乃宣、沈增植等六人；关内本仅收前四人，故本卷目录、传文和论赞亦均随之而有所修改。

第五，列传二百六十，关外本有张勋、康有为传，附张彪传于张勋传后；关内本全删，而以劳乃宣、沈增植入本卷，故目录、传文及论赞亦因之而改变。

第六、列传二百六十八《儒林传二》。关外本朱骏声为附传，附于钱大昭传后；关内本改朱骏声为正传，仍排于钱大昭之后，并附有朱骏声之子朱孔彰。[1]

1927 年 12 月，《清史稿》开始陆续发行，问世后，多遭非议。1929 年，故宫博物院《清史稿》审查委员会呈请南京国民党政府严禁发行，其理由主要是：反对辛亥革命，藐视辛亥革命牺牲的先烈；“不奉民国正朔”；反对汉族等。后孟森、容庚等人撰文，请求解禁。认为《清史稿》尚有史料价值，他们或者主张将有碍之处修改，而“无废弃此大宗史料之必要”，或者主张“分别

1　见李之勤：《关于〈清史稿〉的版本》，载《史学史资料》1980 年第 1 期。

抽毁，或涂改，毋禁全书”。[1]1935 年 1 月，国民党政府行政院院长汪精卫也以《清史稿》关系学术甚大，呈请将《清史稿》发交该院某些部，聘请史学专家检校，正其谬误，勘定、编定后，再予印行。并请吴宗慈担任检校之责。原定半年完成，但始终没有动手。

《清史稿》禁锢之后，身价反而陡增，原定每部售价一百元，后售至数百元，而竟有以千金求购者。以后，日本有翻印（铅印），金梁有仿关外本偷印者（又称关外二次本）。1942 年，上海联合书店将《清史稿》影印，对关内本、关外本的主要不同之处，分别有所取舍。1977 年，中华书局以关外二次本为工作本，参考关内本和关外一次本，分段标点排印，并对其中的明显错误，作了校改。

## 三

《清史稿》的编修者，原期望将本书修成一部“萃一代人文之美，为千秋信史之征”，“以与往代二十四史同昭垂鉴于无穷”的巨著。然而，除其卷帙为“正史”中最繁者外，却事与愿违，实际上是未加修正的“未成之书”，只得仿王鸿绪《明史稿》之例，名其书曰《清史稿》。

《清史稿》问世之后，在当时的学术界曾引起热烈的讨论。最初多于其错误和缺点加以评论，后因史稿遭禁，一些学者为使其解禁，又从其得体之处加以探讨。经过多年的探究，对于《清史稿》的得失，大体上已有了比较全面公正的评论。

《清史稿》失误之处，可以从政治观点与学术水平两方面来

1　孟森：《〈清史稿〉应否禁锢之商榷》，载《国学季刊》三卷四号；容庚：《〈清史稿〉解禁议》，载《大公报·史地周刊》创刊号。

看，而政治观点方面的问题更为突出。

由于《清史稿》的纂编者，不是承袭历代修史的宗旨，即所谓“述兴亡之由，明成败之迹”，而是出于“图报先朝”，自命为本朝修史，一反历代修史的成例，尊清室而抑民国，开创了为前朝修史绝无仅有的先例。早在清史馆草创之初，遗老中的代表人物于式枚等，在其《仅拟开馆办法九条》中，开宗明义就为《清史稿》的纂修定下了基本准则，所谓“我大清定鼎二百余年，厚泽深仁，休养生息，上无失德之君，下无抗命之臣，固属前代所希有。而武功赫奕，拓土开疆，文教昌明，轶唐绍汉。急宜及时记载，足以信今传后”。这段话可说是《清史稿》纂修的总纲。它要求秉笔人把清代“列祖列宗”的所谓“厚泽深仁”、“奕赫”的武功、“昌明”的文治记载下来，“信今传后”。而馆长赵尔巽和参与撰稿的遗老耆儒，也恰好可以报效“故君”，因而撰稿时便“以先朝的欲想为取舍，虽蹈曲笔而不辞”。[1]“眷眷于故君之情，时流露于字里行间。”[2]今举其荦荦大者，叙述如次。

## （一）《清史稿》的政治观点

### 1. 对清王朝的统治与清室诸帝备加颂扬

《清史稿》称清王朝的建立为“代明平贼，顺天应人，得天下之正，古未有也”（《遗隐传序》），这完全是重弹多尔衮曾经高唱入云的老调。入关前夕，多尔衮在致吴三桂书中，标榜自己是“率仁义之师，期于灭贼，出民水火”。清定都北京后，多尔衮在致史可法书中，又宣称清之天下乃“得之于闯贼，而非取之于明朝也”。史稿不仅承袭这种说法，而且升华为“顺天应人”。其实，满族贵族进关夺取李自成起义军的胜利果实，这类地主阶级夺取农民革命成果、建

1　孟森：《清史传目通检》，载《国立北平图书馆馆刊》第6卷第2期。

2　金毓黻：《读〈清史稿〉札记》，载《国史馆馆刊》第1卷第3号。

立新王朝的事例，在中国历史上屡见不鲜，绝非“古未有也”。

《清史稿》对清代诸帝更是备极颂誉，诸如“天锡挚勇，神武绝伦”；“几暇格物，豁贯天人，尤为古今所未觏”；“恭俭宽仁”；“至勤”，“至明”，“至仁”，等等，一派神化封建帝王的唯心主义说教。匍匐于庙堂之下的陈词滥调，随处可见。史稿中加于诸帝的“论”，很多都不是根据其政绩如何的正确评论，而如当年有人所指出：“无非是念念不忘本朝之前清遗老而抒其愚忠之谄言。”[1]对宫廷中的斗争，《清史稿》则遵循“为尊者讳”的原则。如1898年的戊戌变法，是中国近代史上的重大政治事件。维新派失败后，支持变法的光绪皇帝被慈禧囚于瀛台，此事史不绝书，已是路人皆知。而《清史稿·孝钦显皇后传》却不顾事实，说光绪二十四年八月丁亥，“太后遽自颐和园还宫，复训政。以上有疾，命居瀛台养痾”，显系曲笔。

《清史稿·地理志序》云：清代“长驱远驭，拓土开疆”，“汉唐以来，未之有也”。新疆、西藏、黑龙江流域，自古以来就是我国领土。早在西汉宣帝时，就在乌垒城（今新疆轮台）设置西域都护府，统辖西域三十六国。唐设安西都护府，在天山以北设北庭都护府，是管辖西域地区的最高机构。唐王朝在黑龙江流域设置黑水都护府，统辖黑水流域各州刺史。西藏地方，当7世纪初松赞干布统一西藏高原，建立吐蕃王朝时，就与唐王室通婚。文成公主出嫁松赞干布，至今传为美谈。元朝在前藏、后藏和阿里三路设置宣尉使司都元帅府，中央则有宣政院，“秩一品，掌释教僧徒及吐蕃之境而隶之”。[2]在清代前期，加强了中央集权，消灭了边疆地区的分裂割剧势力，对这些地区行使更有效的管辖，进一步巩固和发展了我国统一的多民族国家，当然是应该肯定的。

1 傅振伦《〈清史稿〉评沦》，载《史学年报》第1卷第3期。

2 《元史·百官志三》。

但是，这绝非“拓土开疆”。

2. **对清统治者的弊政和暴虐曲为隐讳**

圈地、逃人法和剃发令，是清初三大弊政，给人民带来了深重的灾难，造成了社会的极大动荡不安。满洲贵族统治者实行的这些政策，加剧了阶级矛盾和民族矛盾，这是人所共知的事实。然而，《清史稿》却竭力回护隐讳，或语焉不详，或削而不书。如记“圈地”一事，只书“顺治元年，定京畿荒地及前明庄田无主者，拨给东来官兵”。历史事实是，顺治元年下令圈地，最初说只圈无主荒地，翌年便大规模圈占民田及房屋。《青县志》卷一二说：“顺治二年（按：这一年大规模圈地开始）摄政王调关东旗奴万余户为庄头，圈占民田，人心大恐，多徙他乡避之。”很多农民“田地被占，妇子流离，哭声满路”。“良民失业，铤而走险；富室无产，渐亦为非。”[1]并且圈地范围也绝不限于京畿，而是不断扩大。顺治元年年底，圈地范围已扩大至顺天、保定、河间、易州、遵化。顺治四年又于顺天、保定、河间、遵化、永平等四十二府州县内进行圈地。后来又将圈地范围扩大至山东、苏北、山西等省。如按《清史稿》所记圈地只限于京畿的无主荒地，清统治者的这一暴政便被淹没无闻了，历史真相又从何得知！

对逃人法的严酷，《清史稿》更削而不书。

清初的统治者，把落后的农奴制强制推行于土地被圈占的地区，建立起皇庄、王庄等各类庄田，把原来土地上的农民变为农奴性质的庄丁、奴仆，强制其种地、牧马及从事家内杂役。他们不仅失去了人身自由，而且负担沉重的地租、差役，因而纷纷逃亡。清统治者制订了严酷的逃人法，规定“逃人鞭一百，归还本主。隐匿之人正法，家产籍没”。[2]由于严刑峻法，穷其所往，追

1 卫周胤：《陈治平三策》，见《皇清奏议》卷二。

2 《清朝文献通考》卷一九四，《刑一》。

捕逃人，牵连甚广。而奸诈之人又乘机敲榨勒索，许多人因之家破人亡。死于拘捕、流放途中者，比比皆是，以致“市镇为空”，“生齿凋敝”。为请求放宽逃人法上疏而获罪的汉官大有人在，有关记载甚多。有的人指出，放宽逃人法是当时“天下第一大事”。然而，对此“天下第一大事”，《清史稿》竟然削而不书。

《清史稿》对剃发令也同样略而不书。

剃发令是清统治者作为“新朝制度”、顺民的标志而严厉执行的，所谓“遵依者为我国之民，迟疑者同逆命之寇，必置重罪”。各州县官奉到本府限期剃发的火票后，官吏“遍历村庄，细加严查”，“违旨蓄发，罪在必诛”。州县官在告示中甚至写上：“留发不留头，留头不留发。”剃发令严重伤害了汉族人民的感情，士民大愤，纷纷起兵反抗。一个目击当时情况的外国传教士写道：“当他们宣布剃发令之后，士兵和老百姓都拿起武器，为保卫他们的头发拼死斗争，比为皇帝和国家战斗得更英勇。”[1]清军对于反抗的军民进行血腥的屠戮，有五万户的昆山县城，“城陴一旦驰铁骑，街衢十日流膏血。白昼啾啾闻鬼哭，乌鸢蝇蚋争人肉”。无论丁壮老弱妇女，“飞作灰尘化为土”。[2]至于“嘉定三屠”，更是众所周知。然而，《清史稿》却未记述。他如“扬州十日”等屠城惨状，也是略而不书。

文字狱是清代历史上有名的残酷大狱，仅见于记载者即达七八十起之多。只要一经成为大案，作者及其亲属（不论知情识字与否）、作序的、刻板印刷的、售书的甚至接受送书的，都在追查之列，“按律问拟，毋得稍有漏网”。各省督抚奉到命令，必须“实力查缴，俾狂吠诗词，搜毁净尽，以正风俗，而厚人心”。[3]一

1 卫匡国：《鞑靼战纪》，载中国人民大学清史研究所编《清史译文》1980年第3期（油印本）。

2 《归庄集》（上），第37~38页。

3 清高宗：《查毁碧落后人诗谕》，载《清文字狱档案》，第2册。

些述怀咏史，用词犯忌，或偶遗纪年，都可能成为大案。一些作者虽已早死，一旦案发，往往也剖棺戮尸。每一大案常常牵连数十百人，或被处死，或被发遣为奴。《清史稿》对文字狱虽略有记述，但对兴狱之始末、治狱之残酷，皆从略。

**3. 贬低汉族人民的反抗斗争**

《清史稿》对清初汉族人民的反抗斗争，站在“我大清”的立场上，加以诛伐，称为“土贼”“海寇”。《忠义传·许友信传》在述及清初抗清义师时云：“时天下初定，人心反侧，各省土寇蜂起。”《地理志》卷一八《台湾篇》云：“顺治十八年，海寇郑成功逐荷兰人据之，伪置承天府。”《列传二十七》“论”曰：“国初民志未一，诸依山海险蛆而起者，往往自托于明遗，要之为民之害。”对于我国近代史上最大的农民革命运动——太平天国起义，更是百般攻击，不仅将太平天国领袖洪秀全之传置于吴三桂传之后，以暗示其为“叛逆”，而且于行文中称洪秀全“倡乱于金田”，“僭号伪天王”，诬太平天国建都南京为“粤寇破江宁，据为伪都”。至于文中所谓“伪职”“伪朝”“粤匪”“伪府”“伪律”，等等，更比比皆是。

**4. 诋毁辛亥革命，詈骂死难烈士**

历代修史，皆以新朝为内，先朝为外，《清史稿》却一反修史常例，内清室而外民国，秉笔者站在业已覆亡的清王朝立场上，诋毁推翻清王朝、创立民国新政权的辛亥革命，詈骂为革命而死难的烈士。对于辛亥革命的经过，《清史稿》书曰：“（宣统）二年庚戌春正月己酉，广州新军作乱，练军讨平之。”“乙卯广东革命党王占魁等伏诛。”“三年二月丁卯，革命党人黄兴率其党于广州焚总督衙署，击走之。”“八月甲寅，革命党谋乱于武昌，事觉，捕三十二人，诛刘汝夔等三人。”（《宣统本纪》）对于民国之创立，则曰：“世凯奏请召集王公大臣开御前会议，终从其言。至是，乃定期开国民会议于上海，解决国体。甲戌，各省代表十七人开选举临时大总统选举会于上海，举临时大总统，立政府于南京，定号曰中华民国。”（《宣统本纪》）如此行文，显然会使读者误认为民国之创立，并非革命党通过武装斗争、推翻清朝统治而取得，而是由于袁世凯的“奏请”，御前会议“终从其言”而使政体得到改变，显然歪曲了事实真相。

对于为创立民国新政权而死难的烈士，《清史稿》则大张挞伐，诬秋瑾烈士的革命活动为“阴谋乱”；称徐锡麟因刺杀恩铭而遇害为“伏诛”，又曰“恩铭遇刺，实在辛亥之前，盖乱机已久兆矣”。（《列传二五六》）如此等等，不一而足。《清史稿》的遣词用语曰“阴谋”，曰“伏诛”，曰“乱”，秉笔者视革命党人为“叛逆”“乱臣贼子”亦明矣，这同赵尔巽在辛亥革命时称革命党为“祸首”“叛逆”，如出一辙。

反之，对于所谓“殉清”而死的官员，则大肆颂扬，赞颂松寿、赵尔丰等“或慷慨捐躯，或从容就义，示天下大节，垂绝纲常”。（《列传二五六》）如此一贬一褒，秉笔人的好恶爱憎，昭然若揭。所以《清史稿》刊印后，故宫博物院在《呈请严禁〈清史稿〉发行文》中指出，史稿纂修者“自诩忠于前朝，乃以诽谤民国为能事”，对《清史稿》列出“反革命”“反民国”“藐视先烈”等罪状。为了藐视民国，《清史稿》纪年多用干支而不书民国某年，如《劳乃宣传》曰：“丁巳复辟，授法部尚书。”《冯煦传》曰：“闻国变，痛哭失声，越十有五年卒。”甚至在提到清朝时竟曰“我大清”“我朝”，称清初为“国初”。

5. **称誉遗老，褒奖复辟**

《清史稿》对于清季遗老大加称誉，不惜违背历代修史不为生人立传之常例，为卒于民国之旧臣遗老纷纷立传，竟多达二十余人。其中辜汤生系卒于民国十七年春，《清史稿》书成于民国十六年八月，却仍将其传于刊印时插入。《清史稿》对遗老旧臣或称颂其“鞠躬尽瘁，惓惓不忘敢君。靖共尔位，始终如一，亦为人所难能者也。呜呼，仅矣!”或对那些寓居青岛者流露出兔死狐悲的凄怆之情，曰“虽皆侨居海滨，而平居故国之思，无时或敢忘者。卒至憔悴忧伤，赍志以殁，悲夫!”

《清史稿》用隐讳的笔法，仍奉清朝正朔。民国建立后，溥仪已逊位，无权再以皇帝之尊褒扬臣子，再颁谥典。《清史稿》却将宣统三年以后所颁伪谥，如陆润庠“赠太傅，谥‘文端’”，世续“赠太师，谥‘文端’”，伊克坦“谥‘文直’”，梁鼎芬“谥‘文忠’”，周馥“谥‘悫慎’”，锡良“谥‘文诚’”，王国维“谥‘忠悫’”等，俱书于诸人传中。

张勋复辟，乃是一小撮军阀、遗老及保皇党人导演的一出丑剧，仅历时半月就收场了，《清史稿》却对之大书特书。不仅专门为张勋立传，称赞他“亢爽好客，待士卒有恩，所部数万人，无一断发者，世指为辫子军。临战，尽纳家属妻妾子女别室，不听避，盖自怼负国，誓骨肉俱殉”（《张勋传》)。传中还将大骂民国的复辟“诏书”照录，而且将复辟时任命的“大臣”名单，不厌其烦地一一抄入。

### （二）《清史稿》学术方面的失误。

第一，采摭不广。《清史稿》于纂修过程中利用之史料，主要采自官书。《清史稿》纂修伊始，吴士鉴即提出:“本纪当以史馆历朝本纪为根据，复以《圣训》、《实录》、《方略》互证之。”[1]后来，这一原则实贯彻于整个《史稿》之纂修过程。“其取材以实录为主，兼采国史志及本传，而参以各种记载与夫征访所得。”[2]对于清代档案及私家著述，多未加利用。

《清实录》由天命至雍正诸朝，曾多次删削、重修，一些重要

1 吴士鉴：《陈纂修体例》，载《清史述闻》卷一〇。

2 金梁：《〈清史稿〉刊刻记》，载《瓜圃丛录续编》。

内容已失真，《清史稿》利用被多次删改后之实录为据而不加详考，其论述难免失之偏颇。如对建州卫为清先世一事，《清史稿》为论证清非建州卫掌卫职者之裔，特伪造史实，立阿哈出等传，并于传论中云："建州之为卫，始自阿哈出。……自永乐至嘉靖，一百五十余年而阿哈出之世绝，王杲乘之起，父子弄兵，十余年乃灭。……或谓猛哥帖木儿名近肇祖讳，子若孙亦相同，然清先代遘乱，幼子范察得脱，数传至肇祖，始克复仇。而猛哥帖木儿乃被戕于野人，安所谓复仇？若以范察当凡察，凡察又猛哥帖木儿亲弟也，不得为数传之祖。清自述其宗系，而明乃得之简书。春秋之义，名从主人，非得当时记载如《元秘史》者，固未可以臆断也。"（《阿哈出传论》）这一论述，与《太祖本纪》互相矛盾（详见后文）。正如孟森先生所指出："清之《实录》，清室之嗣君为其先君传信之记载，不得不为清室主人之自述矣，何以太宗天聪年所修之《太祖实录》，一一与明之简书相合，历史愈改愈离，史馆乃必就最后改定之《实录》，指为主人之自述？自述本必有矫诬，虽天聪年间之自述，亦已矫诬居其大半，而简记则当时有司接受之原文，安知建州卫为后来代兴之敌国，而叙其世系至祖若孙三世同名以供后人之疑以传疑乎？"[1] 这才是持平之论。

第二，烦冗重复。《清史稿》于《时宪志》中将中学生使用之《八线对数表》录入，占七卷篇幅，甚属无味。清代诸王中许多人并无事迹可述，《清史稿》仍为之立传，仅记其谱系、爵位及生卒年月。《忠义传》中《松林传》后所附人名，从佐领文炘至炮手白万太，共六百余人，实属烦冗。

列传中一人两传者，竟多至十一人：《乌什哈达传》既附《惠伦传》后，复附于《官达色传》后；《马巨俊传》既见于《儒林传》，又见于《忠义传》；《安禄传》既见于列传一一八，又附

---

1　孟森：《〈清史稿〉中建州卫考辨》，见《明清史论著集刊》。

于《惠伦传》后；《周春传》既见于《儒林传》，复列于《文苑传》；《乐善传》既附于《僧格林沁传》，又附于《龙汝元传》；《谢启昆传》既见于列传一四六，又列于《文苑传》；《蓝鼎元传》既列于列传七十一，又见于《循吏传》；《王照圆传》既见于《列女传》，复附于其夫《郝懿行传》后；胡承诺既于《文苑传》立传，复于《儒林传》中列入；《文苑传》中已为阿什坦立传，又附传于其孙留保传后；陈撰既于《文苑传》中有传，又附传于《艺术传·华嵒传》中。

第三，疏漏错谬。《清史稿》中《食货志》、《交通志》、《邦交志》所述甚属简略。《食货志》征榷门述厘金而不叙其缘起，《天文志》仅记至乾隆六十年，余皆缺漏。《属国传》中浩罕所属诸国仅述其往昔入贡之事，而于清末之情形，皆未提及。清代著名文学家曹雪芹、蒲松龄及与文字狱有关或学术上有重要贡献之学者如方孝标、谷应泰、吕留良等，俱未立传。史学大师章学诚之传仅二百字，著名思想家龚自珍传仅百余言。列传中许多人之别号、生卒年月皆略而不书。

《清史稿》中错谬之处甚多。如《邦交志》中称俄罗斯地近大西洋，崇信天主教，皆不确。称法兰西一名佛朗机，亦属错谬，因佛朗机系法兰克之音转，后者是中世纪德、法、意三国之前身，9世纪中叶以后欧洲即无法兰克之名。《清史稿》称英国人里嘉图为广东嘉应州人，更属讹误。《瑞澂传》中说武昌起义后，瑞澂乘兵舰逃走，系“由汉口而芜湖而九江且至上海”。芜湖在九江之下，自汉口至上海，何能先至芜湖而后抵九江？文中人名舛错之处亦甚多，如《本纪》卷一〇，将张渠误作张照；卷二十二将李宗羲误为李经羲。译名亦不统一，如将俄罗斯又作鄂罗斯；荷兰又作和兰。

《艺文志》中错误更多。书名讹误者，如万斯同《庙制图考》作《庙朝图考》；金鹗《求古录礼说》作《求古录礼记》；陈澧《切韵考》作《切韵表》；傅云龙《游历日本图经》作《日本图经》；黄遵宪《日本国志》作《日本图志》。卷数讹误者如迮鹤寿《齐诗翼奉学》两卷作四卷；丁晏《子史粹言》两卷作四十二卷；《求古录礼说》十六卷作五卷。撰稿人讹误者如《郑氏诗谱考正》著者丁晏作林柏桐。误外国人著作为中国人著作者，如《日本外史》作者系日人赖襄，却误为中国人之著作，收入《艺文志》。一书二名误为二书者，如唐甄《潜书》与唐大陶《衡书》实为一书，唐大陶后改名唐甄，其书初稿名《衡书》，后改《潜书》。缺漏之书更多，于此不赘。

第四，观念陈腐，史德不问。《清史稿》作为民国所修史书，却仍避清帝讳。将《历志》改作《时宪》，《黄宗羲传》中将《历书》改为《时宪书》，皆为避乾隆帝弘历之讳。将王士禛改作王士祯，以避雍正帝胤禛之讳。《邦交志》中对道光以前外使来聘者仍书“入贡”。卷一记曰:“康熙三十三年，俄遣使入贡。”卷二十二曰:“乾隆五十八年英国王雅治遣使马戛尔尼等来朝贡。”《史稿》对戊戌变法一事之叙述，与当时守旧派之观点如出一辙。“(光绪)二十四年八月丁亥，皇太后复垂帘于便殿训政，诏以康有为结党营私，莠言乱政，褫其职，与弟广仁皆逮下狱。”于光绪纪论中称其支持变法曰“引新进小臣，锐意更张”，称维新派曰“功名之士，险燥自矜，忘投鼠之忌，而弗恤其罔济”。史观之陈腐，可见一斑。

《清史稿》为馆长赵尔巽之弟赵尔丰作传，其篇幅竟十倍于史学大师章学诚之传，以取悦于馆长，足见其史德之不高。

第五，仓促成篇，诸多疏失。《清史稿》之列传，多系据国史馆旧传删削而成。因仓促成篇，又未认真校核，竟有当删而未尽者，以致造成讹误。旧国史原传有《孝友传》，《清史稿》改为《孝义传》后，于《景廉传》末仍云:“子治麟，国子监司业，见孝友传。”再，旧传原文中之浮辞，如赏赐大臣时之赏头品顶戴、双眼花翎、穿黄马褂、团龙补服、赏用紫缰等，皆一一照录。《史稿》因无人总阅，未详加复核，目录与内容牴牾之处甚多。如目录中《儒林传》朱骏声系单独立传，而正文却附于钱大昭传下；《艺文志》序云“前朝群书，例概弗录”，但正文集部词曲类却将词学丛书列入。《史稿》于行文中多不标明具体年代，如《地理志》曰:“清初有元太祖弟哈布图哈萨尔之裔，号顾实汗。”此“清初”究系指入关之前仰或指入关后，甚不明确。又如《属国志》中称浩罕“今则自中俄划界后，哈萨克已分属两国矣”，此处之“今”，究系指清季还是指《清史稿》撰修之时，亦欠明晰。

## 四

《清史稿》的价值。

《清史稿》尽管在政治观点、学术水平方面都存在一些严重缺点与问题，但是作为一部史料书籍，仍有一定参考价值。《清史稿》遭禁后，不少学者曾就其价值与得体之处加以探讨，对它作了一些肯定的评价。孟森先生指出：虽然清史馆馆长赵尔巽并非史学专家，学术非其所长，但不能以此贬低《清史稿》之价值，因为“官修之书，总其成者，例不以学识先人也”。《清史稿》虽有内清室而外民国的问题，但“意主表扬清室，与敢于触犯民国，并非一事”。“史文有详略不副人意之处，及纪表志传，间有自相抵牾，此皆史学家研究之范围，虽马班之书，亦可条举得失。”且文中一些诋毁民国之用语，多系因袭史料旧书，故认为《清史稿》尚非“谤书”。金毓黻先生也认为，对于《清史稿》“平心论之，是书积十余年之岁月，经数十学者之用心，又有国史原本可据，而历朝所修之实录、圣训及宣统政纪，并蒋、王、潘、朱四氏之《东华录》，采摭甚丰，史实赅备，囊括一代大典，信足以继前代正史之后，而同垂于奕祀矣”。在解放前中国史学会为校订《清史稿》给教育部的呈文中也指出:“史稿之修，多据《实录》、《国史》为外间所不得窥。……考修《史稿》执笔者，本纪及诸表为吴廷燮，列传为马其昶、吴士鉴，地理志为秦树声，礼志为张尔田，皆一时知名之士。而吴廷燮氏尤号通习掌故，故所撰诸表，精密实过前史，论者咸无异辞。”故认为《清史稿》乃“得失互见，瑕瑜不掩之书”。[1]

《清史稿》的价值，主要在于它汇集了丰富的史料。尽管在《史稿》纂修中对于档案与私家著述多未加利用，但所采官书，却也相当丰富。据朱师辙提供的情况来看，《清史稿》采用的史料，有以下各方面。

首先是史馆大库所藏各朝实录。清制，每帝故后，均设实录馆，负责纂修一朝之实录。自清太祖至德宗，共编成实录四千三百五十七卷，加上《宣统政纪》四十三卷，共计四千四百卷。

起居注。系记录清代皇帝言行和典章制度的史料长编，分汉文、满文两种，由任其事之翰林官更番撰记，每半月为一卷。

圣训。即各朝之诏令，自太祖至德宗，共修成一千六百二十四卷。

国史。清代设有国史馆，所修国史，体例一如历代正史，纪、志、表、传俱全。至清季，已将清太祖至穆宗之十一朝本纪修竣，后又续修德宗本纪，共一百三十七卷。国史馆所修列传计有三种，各八十卷。《满汉名臣传》所载止于乾隆末；《国史列传》止于嘉庆；《清史列传》至宣统间。此外还有忠义、儒林、文苑、循吏、贰臣、逆臣传六种[2]，以及内外大臣奏疏，天文、地理诸志，各省方志，各种书簿、官制表等。

其次为军机处档案。史馆曾行文索取，但北洋政府未允，《清史稿》纂修时多未利用，仅吴廷燮撰清史各表、夏孙桐撰鸦片战争及白莲教诸事曾利用过。

---

1 《国史馆馆刊》第 1 卷第 3 号。

2　孟森：《清史传目通检》。

最后为方略馆。据朱师辙所述，当时馆内藏有各种方略正副抄本、刊本，尚有禁书，乾隆从四库抽出者亦藏其中。清制，每次重大军事行动告成，皆将处理该事件发展过程中形成之奏折、上谕按照时间顺序，纂辑成书，称为方略或纪略，卷帙浩繁。计有：《平定三逆方略》六十卷[1]，《平定朔漠方略》四十八卷，《平定金川方略》三十二卷，《平定准噶尔方略》一百七十二卷，《剿捕临清逆匪纪略》十六卷，《平定两金川方略》一百五十二卷，《兰州纪略》二十卷，《石峰保纪略》二十卷，《平定台湾纪略》七十卷，《安南纪略》三十二卷，《廓尔喀纪略》五十四卷，《巴布勒纪略》三十六卷，《平苗纪略》五十二卷，《剿平三省邪匪方略》四百〇九卷，《平定教匪纪略》四十二卷，《平定回疆纪略》八十卷，《平定粤匪纪略》四百二十卷，《平捻方略》三百二十卷，《平定陕甘新疆方略》三百二十卷，《平定云南回匪方略》五十卷，《平定贵州苗匪纪略》四十卷。

《清史稿》使用之书籍，还有蒋良骐《东华录》三十二卷、王先谦《九朝东华录》一百九十五卷、潘颐福《咸丰朝东华录》一百卷、王先谦《同治朝东华录》一百卷、朱寿朋《东华续录》二百二十卷。

总之，《清史稿》纂修时采用之官书史料，应该说是相当丰富的。

《清史稿》的内容，亦有得体与可取之处。

《纪》。在清太祖本纪中，对于清初与明关系的历史，并未隐讳。“乙丑冬十月，仍以太祖为建州卫都督佥事。丁酉九月，使弟舒尔哈齐贡于朝。戊戌冬十月，太祖入贡于明。辛丑十二月，太祖复入贡于明。甲辰春正月，太祖伐叶赫，克二城，取其寨七。明授我龙虎将军。天命元年丙辰，春正月壬申朔，上即位，建元

1　所有方略书名前俱冠以“钦定”字样。

天命，定国号曰金”，基本上忠于史实。

本纪之论赞中，亦有较为公允者，如称高宗“惟耄期倦勤，蔽于权倖”。

《志》。《清史稿》之体例虽仿《明史》，但未完全拘泥于以往正史，新创“邦交”“交通”二志。《邦交志》较之旧史中之《外国传》为佳。以往与外国交往较少，对外国了解不多，故可立“外国传”。清代与世界各国交往已较频繁，如《清史稿》亦拘泥以往成例，立“外国传”，无疑会修成一部世界史。《交通志》亦系根据历史之发展而创，反映了当时交通发展之状况，较为可取。

《表》。《清史稿》所列诸表，曾利用军机处档案史料，甚属合用。其中藩部、疆臣、诸臣、封爵诸表，对于其何年任何职，封何爵，何时升迁，何时罢黜，何时开复，有何军功，有无叛逆等，俱行列入；《交聘表》于何人何年出使何国，任何职，交涉何车，何时归国，何时罢职，何时改任等，亦清楚列入。《大学士年表》与《军机大臣年表》，于某一年有何人任大学士、军机大臣、协办大学士等，皆一目了然。各表之编纂，甚属缜密。

《传》。《清史稿·洪承畴传》所述甚为生动。“崇德七年二月壬戌，上命送承畴盛京，上欲收承畴为用，命范文程谕降。方科跣谩骂，文程徐与语，泛及今古事。梁间尘偶落著承畴衣，承畴拂去之，文程遽归告上曰：‘承畴必不死，惜其衣，况其身乎？’上自临视，解所御貂裘衣之曰：‘先生得无寒乎？’承畴瞠视之，叹曰：‘真命世之主也。’乃叩头请降。”《索尼传》中对议立顺治为帝一事，所载内容亦为他书所无。“诸王大臣列坐东西庑，索尼及巴图鲁鄂拜首言立皇子。睿亲王令暂退，英郡王阿济格、豫亲王多铎劝睿亲王即帝位，睿亲王犹豫未决。豫亲王曰，若不允，当立我，我名在太祖遗诏。睿亲王曰，肃亲王亦有名，不独王也。豫亲王曰，不立我，论长当立礼亲王。礼亲王曰，睿亲王若允，我国之福，否则当立皇子，我老矣，能胜此耶！乃定议奉世祖即位。”

《洪秀全传》虽与吴三桂并列，以暗示其为叛逆，但于传论中曰："成则王，败则寇，故不必以一时之是非论定焉。"《洪秀全传》为列传中篇幅最长者之一。一般大臣之传，多为三至五页，曾国藩、李鸿章二传已属长者，亦仅十余页，而洪秀全传竟长达百余页。[1]为一代农民起义领袖立传，且内容大大超过一般大臣之传，这在历代正史中乃是罕见的。

总之，从《清史稿》为三百年史料之大宗来看，仍然是有参考价值的。中华书局的"出版说明"认为："尽管此书存在许多错误和缺点，它根据的大部分材料如《清实录》、清代的《国史列传》、《清会典》和一些档案等，今天也可以见到，但编者把大量的资料汇集起来，初步作了整理，这就使读者能够得到比较详细系统的有关清代史料的素材，而且有些志和清末人物的传，并非取材于常见的史料，当另有所本。因此，这部书仍有它的参考价值。"这一评价是持平公允的。

1961年，台湾"国防研究院"对《清史稿》稍加增删，削去其中某些抑民国的字句，增写了《革命党人传》，并将《郑成功传》、《洪秀全传》立为载记，以《清史》之名予以刊布。日本国书刊行会编《中国正史总目录》，仍将《清史稿》与二十五史列为中国历代正史，而将台湾所出《清史》附后，标以"参考"二字。

《清史稿》作为一部旧史体裁的大型史书，尽管存在这样或那样的缺点和不足，但它以纪、志、表、传的体例，记述有清一代的历史，保持了我国正史的传统与体例的连续性。就此而论，是其他新史体裁的清史难以取代的。清朝是我国历史上最后一个封建王朝，继二十四史之后，沿用旧史体例的《清史稿》，它在正史中的地位也是应该确认的。总之，《清史稿》也如同二十四史一样，对我们来说，无非是一部史料书籍。

（原载《中国史学家评传》）

1 据中华书局重印版。

# 中国古代史分期问题分歧的原因何在

中国古代史分期问题，是史学界长期争论、至今尚未解决的一个重要课题。回顾50年代的讨论，当时史学界基本上有三种不同意见，即“(一)西周开始进入封建社会；(二)封建社会的开端是春秋战国之交（或秦汉之际)；(三)魏晋进入封建社会。”[1]如果把秦汉之际进入封建社会作为一种主张，那么，当时主要有四种意见。从近年来发表的有关文章看来，彼此之间的分歧不仅没有缩小的迹象，而是更加众说纷纭，不同的分期多达七种，分别主张中国封建社会开始于西周、春秋、战国、秦、西汉、东汉、汉魏之际。上述各种不同观点，提出了一些颇有学术价值的见解，有助于启迪人们的思想、扩大视野，对进一步深入开展古代史分期问题的讨论是有益的。

关于中国古代史分期的主张，分歧如此之大的原因究竟何在?

当然，对古史资料诠释的差异，是产生分歧的原因之一。例如，关于西周、春秋时期的“民”“庶民”“庶人”的阶级属性问题，有的同志认为是农奴（或依附农民)，因而断定西周是封建领主制；有的同志认为是奴隶，因而断定西周是奴隶制高度发展

1　江泉：《关于中国历史上奴隶制和封建制分期问题的讨论》，《人民日报》1956年7月14日。

的时期；有的同志则认为是农村公社成员，因而断定西周是奴隶社会的早期（主张东汉、汉魏之际封建说的同志，多持此说。但主张西周封建论或战国封建论的同志，也有人认为“民”“庶民”“庶人”是公社成员的）。再如，与庶人密切相关的“井田制”的问题，主张西周封建论的同志认为，在封建领主制下，田与田之间，必须划分疆界，“大小路交错，像无数井字。……就是指的田间疆界。领主有划分疆界的特权”[1]。主张西周是奴隶制高度发展的同志则认为，“周王把井田分封给诸侯和百官，用作计算俸禄的单位”。“周朝各级奴隶主贵族，把他们得到的井田分配给自己的奴隶集体耕作，作为课验奴隶勤惰的单位，以榨取奴隶们的血汗。”[2]主张西周、春秋是古代奴隶制社会前期的同志则认为，井田制是农村公社或氏族公社。[3]

中国古代史分期问题存在如此之大的分歧的又一原因，甚至可以说是更重要的原因，则是对奴隶制的发生、发展，以及奴隶社会内在的运动规律和封建化过程，彼此之间理解不一致。这是同史学界对奴隶社会一些基本的理论问题的探索和研究还不充分相联系的。人们至今尚未见到一部奴隶社会的理论著作；除了有关“亚细亚生产方式”或“古代东方型社会”之外，就是探讨奴隶制社会理论问题的专文也不多见。因此，在许多理论问题上，彼此的认识相去甚远。例如，奴隶社会在其全过程中，是否有早期奴隶制社会和发展的奴隶制社会之分？奴隶社会的阶级结构怎样？是否除奴隶之外，农村公社成员在历史的任何时期都不可能成为主要的劳动生产者？奴隶劳动要在生产力发展到什么样的条件下才能成为支配的形态？土地私有制的确立是否必然地同封建

1 范文澜：《中国通史简编》，第1编，第142页。

2 郭沫若主编：《中国史稿》，第1册，第244页、245页。

3 何兹全：《汉魏之际封建说》，《历史研究》1979年第1期；郑昌淦：《井田制的破坏和农民的分化》，《历史研究》1979年第7期。

社会的确立联系在一起？债务奴隶制的盛行与奴隶社会阶级斗争的特点是什么？如此等等的问题还可以举出一些。在这些问题上，不同的理解是显而易见的。

对奴隶制社会的一些重要理论问题的不同理解，十分清楚地表现在持各种不同分期主张的文章中。近年来发表的文章，大多数都力图从中国奴隶社会的发生、发展和衰亡，以及奴隶制如何向封建制演变等方面，来表述自己的完整观点。简言之，这些文章是要论述中国奴隶社会的全过程，从而论证中国封建社会的确立。不言而喻，这是必须对上面列举的诸问题作出必要的回答和相当的论述的。然而，事实却并不是完全如此，有的文章语焉不详，有的文章则对一些问题避而不谈，即以封建社会确立的标准而言，各家就是大相径庭的。主张西周封建论的同志说，只要对西周春秋时期的主要劳动生产者判明其是奴隶抑或是农奴，“西周的社会性质也就迎刃而解了”。这是因为，生产力决定生产关系，决定社会的性质和发展，而人是社会生产力最重要的因素，所以生产者是最终的决定力量。[1]很明显，他们是以劳动生产者的身份、地位作为划分社会形态的标准。认为战国或秦与西汉是封建社会开端的同志，则是另一标准。他们着重从西周时“普天之下，莫非王土”，即奴隶主贵族土地“国有”的崩溃，土地私有制的出现来论证封建社会的确立。他们或者认为，“中国古代奴隶制转变为封建制的基本原因，就在于井田制为基础的奴隶主贵族土地国有制让位于小农经济为基础的封建土地所有制”[2]。或者明确指出：“中国奴隶社会的经济基础主要是井田制，即土地公有，而中国封建社会的经济基础则为土地私有制。”[3]尽管这些同志在论

1 王玉哲：《西周春秋时期“民”的身份地位问题》，《南开大学学报》1979年第6期。

2 田昌五：《中国奴隶制向封建制过渡的问题》，《社会科学战线》1979年第1期。

3 金景芳：《中国古代史分期问题商榷》（下），《历史研究》1979年第3期。

断封建社会确立的时间上有迟有早，但他们所持的标准则是相同的，即从土地公有（或国有）到私有的演变，以及由此而产生的社会变动来立论。主张东汉和汉魏之际进入封建社会的同志则认为，“土地私有制的出现并不必然地标志着奴隶制的崩溃，因而也不是同封建制的确立必然地联系在一起，而是推动了奴隶制的发展”[1]。

由于各种分期主张所持的分期标准不同，于是各持己见，虽然争论了 30 年，仍然是分道扬镳，无法接近。持此说者所论的主要是劳动者的身份、地位，持彼说者则主要论述土地私有制的确立。前提不一，标准不同，人各言殊，无以终止，将是势不可避免。而分期标准之不同，又是与对奴隶社会一些基本理论问题的理解不一相联系的。

笔者不揣浅陋，试就若干问题，申说己见，以期能在有关奴隶社会的一些主要理论问题上逐步求得认识的接近。不妥之处，还希望同志们批评指正。

## 一　土地私有制的确立并不必然标志着由奴隶制向封建制的转变

众所周知，任何形式的生产，一定都是社会生产，不存在离开社会历史的抽象的生产。在生产过程中，人们必然形成一定的关系，这就是生产关系。生产关系的总和构成为一定社会形态的经济基础。生产关系包括三个部分，即：生产资料所有制形式，社会各集团在生产过程中的地位，以及由前面二者所决定的分配形式。当然，生产资料所有制是生产关系的基础，生产资料所有制所表明的不仅是生产资料归谁所有的问题，同时也表明了人与

1　郑昌淦：《井田制的破坏和农民的分化》，《历史研究》1979 年第 7 期。

人之间的关系，因此，生产资料所有制的性质在判明某一社会性质时，是具有决定意义的。

但是，土地私有制存在于奴隶社会、封建社会和资本主义社会。历史上依次出现的这三种社会经济形态，都是阶级剥削社会，都是奠基在私有制之上的。土地私有制并不是产生于封建社会的开端。

在前资本主义社会，农业是具有决定意义的生产部门，无论奴隶社会或者封建社会都是如此，因此，土地私有制的确立，无疑是具有极其重要意义的。但这确实是在奴隶制时代完成的，而且，社会分工和商品货币经济的发展，以及随之而来的土地私有制的确立，正是奴隶制社会向前发展的经济原因。奴隶社会在其自身存在的历史时期，之所以经历了早期和发展两个阶段，其经济原因也在于此。

正如人类背负着自身起源的痕迹而进入历史一样，在奴隶社会的早期，也是带着原始社会浓厚的残余而进入文明史的。氏族关系和农村公社，就是作为原始社会的重要遗产普遍存在于人类第一个阶级社会的早期阶段。恩格斯说："一切文明民族都是从这种公社或带着它的非常显著的残余进入历史的。"[1]这种公社及其残余，在许多国家都表现为土地"国有"或"公有"，或城邦所有，这也就是马克思和恩格斯所说的"古代公社所有制和国家所有制"[2]。不存在完全的自由的土地私有权，是早期奴隶制社会最基本的特征之一。"就现在所知道的，一切奴隶制城邦或共和国，都不是从土地私有制开始，都有个若干世纪古代（古典）所有制的历程。以苏美尔为例，就有土地国有（城邦公社所有，即神庙经济）和公社分配家族私有两种。这种情况和罗马共和国土

1 《马克思恩格斯选集》第 3 卷，第 187 页。

2 《马克思恩格斯选集》第 1 卷，第 26 页。

地所有制很近似。”[1]而奴隶制城邦国家，是现在所知道的最早的国家，“不论是西方的还是东方的，都一样。奴隶制城邦是古代一切奴隶制国家必经的阶段”[2]。

土地私有制的确立是一个漫长的历史过程，经历了若干世纪。在这一过程中，有一个两重性的由公有制到私有的过渡阶段，这就是农村公社。当时，“虽然耕地仍归公社所有，但定期在农业公社各个社员之间进行重分，因此，每一个农民用自己的力量来耕种分配给他的田地，并且把生产得来的产品留为己有”[3]。这样，农村公社既存在土地公有，又有产品的私有，“这种二重性也可能逐渐成为公社解体的根源”，使“私有制因素战胜集体所有制因素”[4]。因此，如果像有的文章所论述的那样，中国古代土地私有制的形成，似乎是直接产生于“普天之下，莫非王土”的崩溃，即从国有或公有直接转变为私有，而不经过农村公社这样的中间阶段。这种观点，从一般规律而言，是难以令人索解的。马克思说：“近来流传着一种可笑的偏见，认为原始的公社所有制是斯拉夫族特有的形式，甚至只是俄罗斯的形式。这种原始形式我们从罗马人、日耳曼人、赛尔特人那里都可以见到，直到现在我们还能在印度遇到这种形式的一整套图样，虽然其中一部分只留下残余了。仔细研究一下亚细亚的，尤其是印度的公社所有制形式，就会得到证明，从原始的公社所有制的不同形式中，怎样产生出它的解体的各种形式。例如，罗马和日耳曼的私人所有制的各种原型，就可以从印度的公社所有制的各种形式推出来。”[5]

土地私有制是在农村公社瓦解的基础上产生的。土地私有制

1 《世界上古史纲·前言》，人民出版社，1980，第 20 页。
2 《世界上古史纲·前言》，人民出版社，1980，第 25 页。
3 《马克思恩格斯全集》第 19 卷，第 434 页。
4 《马克思恩格斯全集》第 19 卷，第 435 页。
5 《政治经济学批判》，第 16 页注 1。

的确立是私有制最后完成的标志，而土地私有制的最后确立又是以土地可以自由买卖为其标志。“完全的、自由的土地所有权，不仅意味着毫无阻碍和毫无限制地占有土地的可能性，而且也意味着把它出让的可能性。”[1]马克思说：“法权观念本身只是说明，土地所有者可以像每个商品所有者处理自己的商品一样去处理土地；并且，这种观念，这种关于土地自由私有权的法律观念，在古代世界，只是在有机的社会秩序解体的时期才出现。”[2]马克思在这里所说的“古代世界”，是指奴隶社会，“有机的社会秩序”则是农村公社。马克思又说：“成为生产前提的公社，使个人劳动不能成为私人劳动……相反，它使个人劳动直接表现为社会机体的一个肢体的机能。”[3]可见，土地私有制的法律观念是在农村公社解体之后才出现的。历史已经证明，罗马帝国时代的罗马法，就是“我们所知道的以私有制为基础的法律的最完备形式”。[4]而罗马共和国时代的《十二铜表法》，“则是建立在由公有制向私有制过渡的基础上，这是‘中间阶段’的法律，那里可以看到相当浓厚的公社的残余”。[5]

不言而喻，土地可以自由买卖，只能是人类社会第三次大分工之后的事，即商人阶级的出现以及由之而来的金属货币的进入流通过程。这一切正是在奴隶制社会发展过程中发生的。恩格斯写道：“随着贸易的扩大，随着货币和货币高利贷、土地所有权和抵押制的产生，财富便迅速地积聚和集中到一个人数很少的阶级手中。……随着这种按财富把自由人分成各个阶级的划分，奴隶的人数特别在希腊便大大增加起来，奴隶的强制性劳动成了整个

1 《马克思恩格斯选集》第 4 卷，第 163 页。
2 《马克思恩格斯全集》第 25 卷，第 696 页。
3 《政治经济学批判》，第 16 页。
4 《马克思恩格斯选集》第 3 卷，第 143 页。
5 《世界上古史纲·前言》，第 20 页。

社会的上层建筑所赖以建立的基础。”[1]土地私有制的确立，以及随之而来的土地抵押和自由买卖，促使自由民尤其是自耕农的分化，他们不断沦为奴隶，扩大了奴隶劳动的队伍，奴隶制因此而大大发展了。在《致尼·弗·丹尼尔逊》的信中，恩格斯更明确地指出，农村公社瓦解的直接后果就是债务奴隶制的盛行。他说：“至于说到村社，那么只要它的各个成员间的财产差别不大，它就可能存在。这种差别一变大，它的某些成员一成为其他较富有的成员的债务奴隶，它就不能存在下去了。”[2]由此可以看出，把土地私有制的出现与封建制度的确立必然地联系在一起的那种观点，很难说是符合历史发展的客观规律和过程的。

现在，将以上所述概括如下：在奴隶社会存在的整个历史时期，必然有早期与发展的两个阶段。在早期阶段，其主要特征是农村公社或氏族公社的普遍存在，土地私有权尚未形成，奴隶劳动比起平民（包括农村公社成员）并不占优势，农村公社成员要向国家交纳沉重的赋税。土地私有制的出现是社会分工和生产力发展的结果。这正是奴隶制发展的经济原因。在公社瓦解后出现的自耕农民的土地所有制，由于商品货币关系的发展，以及高利贷的猖獗，土地抵押和土地自由买卖，使债务奴隶制大大地盛行起来。而大土地所有制，也只有在这之后，才得以迅速发展。“大农业以阶级对立为前提或者造成阶级对立——奴隶主和奴隶，地主和劳役农民，资本家和雇佣工人。”[3]在人类第一次社会大分工之后出现的奴隶制，在第二次社会大分工之后，“成为社会制度的一个本质的组成部分”。[4]到第三次社会大分工之后，“奴隶的强制性劳动成了整个社会的上层建筑所赖以建立的基础”。奴隶

1 《马克思恩格斯选集》第4卷，第163~164页。

2 《马克思恩格斯书信选集》，第515页。

3 《马克思恩格斯选集》第3卷，第187页。

4 《马克思恩格斯选集》第4卷，第159页。

劳动之所以不可能在它一出现的时候（原始社会末期的父权制家族公社），就成为整个社会的基础，是由于生产力发展水平所决定的。因为“为了能使用奴隶，必须掌握两种东西：第一，奴隶劳动所需的工具和对象；第二，维持奴隶困苦生活所需的资料。因此，先要在生产上达到一定的阶段，并在分配的不平等上达到一定的程度，奴隶制才会成为可能。要使奴隶劳动成为整个社会中占统治地位的生产方式，那就还需要生产、贸易和财富积聚有更大的增长”。[1]

## 二　奴隶社会或封建社会都不可能只存在单一的生产形式

劳动生产者的阶级属性，当然是判明某一社会形态的重要标志之一。以中国为例，不能设想，一个没有农民与地主两大阶级对立的社会会是封建社会。阶级社会的质的规定性，正是由在一定生产力水平之上而形成的一定的剥削形态，以及由此而产生的阶级分野来划分的。

但是，任何一个社会经济形态，都不可能只存在一种独一无二的生产形式，即使是资本主义社会也不可能是纯粹的资本主义经济。同时，经济发展的不平衡，也是任何一个社会不可避免的。在前资本主义社会，由于交通极不发达，高山大河造成了极大的障碍和困难，人们只能生活在闭塞的狭小的天地之内。自然经济的占统治地位，又使人们感到没有迅速扩大经济交往的必要。凡此一切，就使经济发展的不平衡比之现代更加严重。因此，如果把某一社会描绘成只存在一种独一无二的生产形式，这就不可能是真实的社会历史。只有单一的生产形式的社会，是不存在的，

1 《马克思恩格斯选集》第 3 卷，第 200 页。

它只存在于抽象的理论分析之中。列宁说："在具体的历史环境中，过去和将来的成分交织在一起。"[1]每一个社会形态都是多种生产形式同时并存，而其中有一种是主导的、占支配地位的，社会性质就是由它决定的。

可见，只证明某一种剥削方式的存在，并以此作为划分社会形态的标准，这种方法不一定是妥当的。在有关中国古代史分期讨论的文章中，有的给人的印象是奴隶制高度发展的西周社会，只存在单一的奴隶劳动。因为金文中的有关记载固然是奴隶，而井田制也是课役奴隶的计算单位。有的文章则认为除金文中一些材料是奴隶劳动外，充斥整个西周社会的则是无处不在的农奴或封建依附农民。这样纯粹的或几乎是单一的社会经济形态，是很难令人理解的。

以奴隶社会来说，除奴隶劳动外，同时还存在雇佣劳动、租佃制，以及大量的公社成员和自耕农民。

雇佣劳动，它最早是出现在奴隶社会。恩格斯说："包含着整个资本主义生产方式的萌芽的雇佣劳动是很古老的；它个别地和分散地同奴隶制度并存了几百年。"[2]在《家庭、私有制和国家的起源》一书中，恩格斯又说："随着财产现象不均的产生，亦即早在野蛮时代高级阶段，与奴隶劳动并存就零散地出现了雇佣劳动。"[3]雇佣劳动无论在古代东方和西方都是存在的。古巴比伦伊新·拉尔沙时期的泥板文书，其中有一件记载着领工制的雇佣制度。"这种领工制的雇佣制度，从伊新·拉尔沙时代至古巴比伦时代，长期发展下去。……在希腊、罗马也有领工制。在领工制剥削下的劳动者属于日佣阶级，在自由民中总是居于最下层的地位。"[4]大家知道，雇

1 《列宁选集》第1卷，第576页。

2 《马克思恩格斯选集》第3卷，第311页。

3 《马克思恩格斯选集》第4卷，第62页。

4 《世界上古史纲》，第179页注1。

佣劳动也存在于整个封建社会，而在资本主义社会得到了最充分的发展。

租佃制，这也不是封建社会才有的，它同样是早在奴隶社会就已经出现。对存在于奴隶社会的租佃制，很难一概而论，简单地下一断语就能概括其在整个奴隶社会中的性质。大体说来，在奴隶制发展时期，租佃制往往是自耕农民在高利贷盘剥之下沦为债务奴隶的一种过渡形态；而在奴隶制衰落瓦解过程中，在社会诸因素综合作用之下，它又是封建化过程的标志，即自耕农民破产下降为佃农以后不再沦为奴隶。租佃制的这种变化，是判明奴隶社会处在什么阶段的重要根据之一。

随着土地私有制的确立，抵押制也就出现了。正如前面所说，这是在奴隶制由早期到发展的时期。抵押制往往就是采取交纳地租的形式，而农民则成为佃户。恩格斯在《雅典国家的产生》中，分析货币高利贷对小农的残酷剥削指出："为了保护债权人对付债务人，为了使货币所有者对小农的剥削神圣化，也造成了一种新的习惯法。在阿提卡的田地上到处都竖立着抵押柱，上面写着这块地已经以多少钱抵押给某某人了。没有竖这种柱子的田地，大半都因未按期付还押款或利息而出售，归贵族高利贷者所有了；农民只要被允许作佃户租种原地，能得自己劳动生产品的六分之一以维持生活，把其余六分之五以地租的形式交给新主人，那他就谢天谢地了。不仅如此，如果出卖土地所得的钱不够还债，或者债务没有抵押保证，那么债务人便不得不把自己的子女出卖到国外去做奴隶，以偿还债务。……要是吸血鬼还不满足，那么他可以把债务人本身卖为奴隶。雅典人的文明时代的欢乐的曙光，就是如此。"[1]可见，最早的地租是发生在奴隶社会中自耕农破产及对高利贷奴隶主的一种赋税形式，这种情况再前进一步，他们

1 《马克思恩格斯选集》第 4 卷，第 107~108 页。

就沦为奴隶。古代东方的奴隶制国家也是如此，“农民不但有自耕农，还有佃农。佃农耕私有土地，向土地所有者交纳实物租或佃金。……小生产者总是处在不断分化中。贫者最后有沦为债务奴隶的可能”[1]。只有在奴隶主大土地所有制和奴隶制国家土地普遍实行租佃制或隶农剥削，农民不再沦为奴隶时，它才表明了奴隶制的衰落和封建化的过程。封建化过程主要包括两个方面的内容：一是自耕农不再沦为奴隶，而是沦为农奴或依附农民；二是奴隶向农奴或封建依附农民的转化。当然，在奴隶制社会的发展阶段，除了上述诸种剥削形式之外，奴隶劳动自然是占主导的地位。

既然社会现象是如此复杂，每一种生产形式又存在于多种社会经济形态之内，那么，如果只是把一个社会的被剥削者的阶级属性分类定型，如说他们是奴隶或依附农民，这虽然对认识该社会的性质是有帮助的，但以此作为古代史分期的标准，就容易混淆难明，正如有的同志所说的那样：“如果孤立地从现象看阶级情况，容易发生错觉，引起误解。一是近似，如《汉谟拉比法典》中交租的农民，雅典在梭伦改革前，单独看来，是奴隶社会的范畴，还是封建社会的范畴，不好说。”[2]因此，在分析某一社会的性质时，我们不应忘记马克思的如下论述：

> 在一切社会形式中都有一种一定的生产支配着其他一切生产的地位和影响，因而它的关系也支配着其他一切关系的地位和影响。这是一种普照的光，一切其他色彩都隐没其中，它使它们的特点变了样。这是一种特殊的以太，它决定着它里面显露出来的一切存在的比重。[3]

1 《世界上古史纲》，第 185 页。

2 《世界上古史纲·前言》，第 14 页。

3 《政治经济学批判》，第 221 页。

由此可见，一个社会的性质是由主导的生产方式所决定的，它的存在制约并决定着其他一切生产形式。这就是说，更重要的是要看到某一生产方式的存在与发展，在该社会中对阶级关系的变化和发展所起的决定作用。

马克思说："不论生产的社会形式如何，劳动者和生产资料始终是生产的因素。但是，二者在彼此分离的情况下，在可能性上是生产因素。凡要进行生产，就必须使它们结合起来。实行这种结合的特殊方式和方法，使社会结构区分为各个不同的经济时代。"[1] 马克思在这里所说的劳动者与生产资料结合，正是说的生产方式是生产力与生产关系的辩证统一，它是区分不同的社会经济时代的根据。如果只从生产方式的某一方面如生产关系的所有制性质，或生产力中劳动者的身份、地位来立论，这就会失之偏颇了。

## 三　自耕农的普遍存在<br>与奴隶社会的阶级斗争

奴隶制社会充满着奴隶反对奴隶主的阶级斗争，大家对此没有分歧。但是，奴隶制社会是否普遍存在自耕农民，以及由此而形成的奴隶社会阶级斗争的特点，彼此的理解就不一致了。有的同志认为，如果说自耕农大量存在就不可能是奴隶社会，他们强调奴隶的数量是划分奴隶社会的重要尺度。有不少同志则强调，几千年来一家一户的个体农民经济，是封建统治的经济基础，因此他们把小农经济看作是封建社会才有的。事实上，不少关于中国古代史分期的文章，都没有对奴隶社会中自耕农民进行必要的论述。

1 《马克思恩格斯全集》第 24 卷，第 44 页。

诚然，封建社会的生产是以一家一户为单位的个体小农为基础的。小农经济既可以是封建依附农民（包括租佃制下的农户），也可以是自耕农民。自耕农民早在奴隶制社会中就大量存在。研究自耕农在奴隶社会中的分化和动向，是阐明奴隶社会历史进程的一个极为重要的方面。

马克思说："自耕农的这种自由小块土地所有制形式，作为占统治地位的正常形式，一方面在古典古代的极盛时期，形成社会的经济基础。"[1] 自耕农民之所以在奴隶社会成为经济基础，这是和前面谈到的土地私有制是产生于农村公社瓦解过程中密切相联的。恩格斯在《反杜林论·暴力论》中的有关分析是大家熟知的。他说："私有财产在历史上的出现，决不是掠夺和暴力的结果。相反地，在一切文明民族的古代的自发的公社中，私有财产已经存在了，虽然只限于某几种物品。……公社各个社员的财产状况就愈加不平等，旧的土地公有制就被埋葬得愈深，公社也就愈加迅速地瓦解为小农的乡村。"[2] 公社瓦解后，形成为由小农组成的乡村。历史业已表明：第一，在农业是具有决定意义的前资本主义社会，居民的绝大多数必然是农村人口；第二，在生产力发展的水平和生产工具的性质只适合于个人手工劳动的条件下，自耕农的普遍存在就成历史的必然。马克思说："小土地所有制的前提是：人口的最大多数生活在农村；占统治地位的，不是社会劳动，而是孤立劳动。"[3] 奴隶社会的情况正是如此，封建社会也是如此。当然，不是说封建社会的生产力与奴隶社会完全一样，没有发展，而是说当时生产力的发展还远远没有达到劳动社会化的高度，更没有改变农村人口占居民的最大多数的状况，所以自耕农在奴隶社会和封建社会都同样是大量的存在。

---

1 《马克思恩格斯全集》第 25 卷，第 909 页。

2 《马克思恩格斯选集》第 3 卷，第 201 页。

3 《马克思恩格斯全集》第 25 卷，第 916 页。

在奴隶社会，自耕农不是奴隶，而是平民或自由民。著名的巴比伦皇帝《汉谟拉比法典》，是古代空前大部的法典，就明确规定了自耕农是自由民。当然，在自由民之中有贫富之分，有的是奴隶主，有的则不是；他们之中有的是享有特权的贵族，有的是平民，存在着以财富和权力来划分的不同等级，而实质上是阶级的分野。列宁说："在奴隶社会和封建社会中，阶级的差别也是用居民的等级划分而固定下来的，同时还为每个阶级确定了在国家中的特殊法律地位。所以，奴隶社会和封建社会（以及农奴制社会）的阶级同时也是一些特别的等级。"[1]所以自耕农虽然不是奴隶，但他们却是被压迫、受剥削的阶级。奴隶社会的这种阶级构成及其划分，决定了奴隶社会的阶级斗争不仅是在奴隶与奴隶主之间展开，同时也在贵族与平民之间激烈进行（当然二者常常结合在一起），而且在一定的历史阶段后者更为突出。平民（主要是自耕农，也包括手工业者）反对贵族奴隶主的斗争，就其内容来说，是自由民反对沦为奴隶的斗争，因此在本质上是奴隶社会的阶级斗争。马克思说："古代世界的阶级斗争主要是以债权人和债务人之间的斗争的形式进行的；在罗马，这种斗争以负债平民的破产，沦为奴隶而告终。"[2]1855 年 3 月，马克思在致恩格斯的信中写道："不久前我又仔细研究了奥古斯都时代以前的（古）罗马史。国内史可以明显地归结为小土地所有制同大土地所有制的斗争，当然这种斗争具有为奴隶制所决定的特殊形式。从罗马历史最初几页起就有着重要作用的债务关系，只不过是小土地所有制的自然的结果。"[3]由此可知，平民反对贵族的斗争主要的就是小土地所有者（自耕农）反对大奴隶主的斗争。这种斗争在古罗马曾居于十分突出的地位，而斗争的内容则是围绕债务关系进行的，即自耕

1 《列宁全集》第 6 卷，第 93 页。
2 《马克思恩格斯全集》第 23 卷，第 156 页。
3 《马克思恩格斯全集》第 28 卷，第 438 页。

农避免沦为债务奴隶，但结果却是以“负债平民的破产，沦为奴隶而告终”。奴隶社会正是在此基础上向前发展的，古代世界许多国家奴隶制的发展都是主要依靠内部流行的债务奴隶制。因此，自耕农社会地位的变化和沦为奴隶，既是奴隶制发展的原因，又是奴隶制发展的真正标志。有的同志认为：“决定一个社会是不是奴隶制社会，不仅看它的奴隶数量多少，而更重要地要看那里奴隶制的发生和发展对阶级关系发展和变化所起的作用。”[1]我个人是同意这一观点的。

1 《世界上古史纲·前言》，第15页。

# 评《明代黄册制度》[1]

赋税和徭役是封建国家剥削和奴役农民的主要手段，是封建国家机器赖以存在并实现其职能的首要前提。马克思说："赋税是政府机器的经济基础，而不是什么其他东西的经济基础。"[2]古代的统治者是深知赋税的重要的，一向被认为是国家的"维正之供"，所谓"税给郊社宗庙百神之祀，天子奉养，百官禄食，庶事之费"。[3]正因为地主阶级的国家需要"强迫农民缴纳贡税，并强迫农民从事无偿的劳役，去养活一大群的国家官吏和主要地是为了镇压农民之用的军队"[4]，所以历代王朝都把赋税和徭役视作头等重要的大事，制定了各种严密的制度。因此，对于赋税和徭役制度的研究，是研究封建政治体制的重要课题，是揭示基于经济对抗的阶级社会矛盾运动发展规律的主要内容之一。

明代在吸取前代赋役徭役制度经验的基础上，形成了封建国家空前完备的"赋役黄册"制度。韦庆远同志的《明代黄册制度》一书，以此为对象，作了细致深入的剖析。

本书的主要特色是从分析黄册制度本身出发，从黄册制度的

---

1 《明代黄册制度》，韦庆远著，中华书局 1961 年 12 月出版。正文共 245 页，附图 11 幅，表四种。

2 马克思：《哥达纲领批判》，见《马克思恩格斯文选》，第 2 卷，第 32 页。

3 《汉书·食货志》。

4 《毛泽东选集》，第 2 卷，第 618 页。

形成、内容、作用、管理和败坏过程来揭示其实质，暴露封建官僚政治的腐败，因而给读者的印象是史论结合，是从丰富的资料中形成的结论。

由于材料比较丰富，本书基本上做到了言必有据，没有推论或臆断的引申分析，这就加强了对繁杂、琐细的制度本身论述的准确程度，使本书具有相当的科学性。本书在材料使用上比较好的地方，有以下几点：

第一，在叙述一些关键问题时，作者所使用的材料，是经过比较研究、慎重选择的。譬如，关于黄册制度的内容，它应该如何编制，登记哪些项目，这是体现这一制度的根本目的和作用的问题，挑选记载较为详细的材料是很重要的。这样将会有助于使问题一目了然，避免罗列征引材料以为佐证。作者在有关书籍的记载中，选择了《明书》卷六八《赋役志》的记载，就是因为这条记载的内容比《明史》卷七七《食货志》、《洪武实录》卷二〇八，《续文献通考》卷一三、《后湖志》卷四等书的记载为详备。[1]

第二，用实物原件资料，判明重要问题的性质。明中叶以后，黄册制度逐渐败坏，失去其作为赋役征敛签派的依据，在地方政府实际工作中，出现了“白册”，即实征文册。其时黄册已成具文，但明王朝仍然保存这一制度，编造一仍其旧。黄、白二册同时并行，那么，白册处于什么地位呢？作者根据自己看到的天启七年安徽省祁门县印发的《推收照会票》，票上印有“随即推收，攒造递年实征黄册”字样，并盖有半角官印，因此断定实征文册“事实上取得了半合法的地位”，肯定了明代“规章中没有明文规定”的实征文册的性质。[2]

第三，总的说来，本书对材料的运用较为精当。虽然材料相

1 《明代黄册制度》，第 20 页。以下引用本书，不再注出处，只注页码。

2 第 227 页和本页注②。

当丰富，但没有故为旁征博引的冗病。尽管有的章节偏重于事实的叙述（如黄册制度的内容、管理，编制的败坏等），资料性较强，也没有使人感到烦琐。

总之，通读全书，在资料的收集和运用上，字里行间颇见功力。

在对问题的分析方面，本书也有其明显的优点。

黄册制度是封建政治制度的重要一环，是封建国家规范农民承担赋役的制度，具有明显的阶级压迫和剥削的性质。作者通贯全书都把握住这一点，即使是在一些偏重事实叙述的章节也是如此。譬如，作者在叙述黄册的管理工作时，分析了明王朝规定的若干规章制度，如限制对黄册的查阅，后湖黄册库戒备森严，并以各种无稽流言使后湖黄册库蒙上神秘阴森的气氛等，无非是要造成外界对后湖情况一无所知，不明底细的局面，以便把黄册当作向人民虚声讹诈的工具，成为足以致有关人户于死命的王牌。因此管理工作也是打上了深深的阶级烙印。

从封建经济结构的特征来分析黄册的内容规定，是本书又一明显的优点。在封建社会中，土地是最重要的生产资料，农民租入或耕种自己的一小块土地，生产过程是分散的、以一家一户为单位的个体经营。黄册制度正是奠基在封建社会小农经济的基础上，所以黄册是以户为对象，户下系丁，所登记的财产是田、地、山、车、船、牲畜之类，完全属于自然经济的范畴。黄册规定的赋役则是以此为根据。[1]作者这样来分析问题是好的。因为它说明了黄册制度只不过是现实经济结构的制度化，正如马克思所指出："君主们在任何时候都不得不服从经济条件，并且从来不能向经济条件发号施令。无论是政治的立法或市民的立法，都只是表明和记载经济关系的要求而已。"[2]

1 第 85~87 页。

2 马克思：《哲学的贫困》，见《马克思恩格斯全集》，第 4 卷，第 121~122 页。

此外，作者并没有把黄册制度孤立起来研究，而是以此为中心，同时对与之有联系的、相互制约、相互补充的其他规章制度都涉及了。如黄册与鱼鳞图册的关系、黄册制度与里甲制度的关系、黄册制度与封建官僚政治等，都有专章专节论述，对兵户世袭兵役制和匠户徭役制度也都有论述。这里的不足之处是对粮长制度只字未提。其实，粮长制度和里甲制度、黄册制度都有较密切的关系，似乎应在《黄册制度与里甲制度的关系》一节中有所论及。

本书所阐述的一些理论问题和某些历史事实，也还有可商榷之处。为了叙述方便，我们将问题加以归纳，先从若干史实问题谈起。

## 一　关于若干史实的问题

其一，作者认为中国古代管理户口户籍的最早记载见于《周礼》。[1]事实上，远在西周之前就已有管理人口的规定。《左传·昭公七年》载：

> ……无宇辞曰：……周文王之法曰：有亡荒阅（杜预注："荒，大也；阅，搜也。有亡人，当大搜其众"）……昔武王数纣之罪，以告诸侯曰：纣为天下逋逃主，萃渊薮……

周文王规定对逃亡奴隶要大加搜索，殷纣王收容逃亡人口成为不赦之罪，证明当时对人口的管理已有相当严格的规定了。

其二，作者在第九页说："西汉初，汉高祖四年初为算赋，也就是按人口征调赋役。"这里有两个问题：第一，算赋并不包括徭

1　第 7~8 页。

役。赋在古代为军赋之专称，按人口出赋钱。《汉书·食货志》云：殷周之时，“有赋有税……赋供车马甲兵士徒之役，充实府库赐予之用……”《周礼·天官·冢宰》的职掌中有“以九赋敛财贿”。郑玄注：“赋，口率出泉（钱）也。今之算泉，民或谓之赋，此其旧名与。”可见作者把徭役包括在算赋内是不对的。

上引材料同时也说明了另一问题，即按人口出赋钱不始于汉代。秦汉时的口赋、算赋乃是沿袭古代而有所变通，故董仲舒有言：“至秦则不然……田租、口赋、盐铁之利，二十倍于古……汉兴，循而未改。”（《汉书·食货志》）汉高祖四年初为算赋者，乃就汉代而言（作者连秦的口赋都未引用，行文至此突曰，“高祖四年初为算赋”，似指以口赋钱始自西汉）。秦和汉初的口赋、算赋，仍保有专供军费的性质。《汉书·张耳陈余传》云，秦之时“头会箕敛，以供军费”。《汉书·高祖纪》：“四年……八月，初为算赋。”师古注：“如淳曰：‘汉仪注民年十五以上，至五十六出赋钱，人百二十为一算，为治库兵车马。’”

其三，作者在第十八页说：“关于户帖问题，这里要引用一件很重要的明代户帖档案，这是洪武四年颁发给直隶徽州祁门县谢允宪户的户帖原件。”作者根据“原件”上列明财产一项断言：“有关书籍都没有把户帖也登记各户所占有的事产一项载入，这是一个重要的遗漏。”“这件档案可以作为其他文献记载的补充。”（见第十九页）其实，“有关书籍”是有关于事产的记载的，不止一种书籍还附有户帖式（有的在户帖式之前，亦有洪武三年十一月二十六日朱元璋令户部建立户帖制度的一道谕旨，与作者根据“原件”摘录者一字不差）。如明末人谈迁《枣林杂俎》卷一《逸典·户帖式》条云：

> 洪武三年十一月辛亥（按即二十六日），给民户帖，以户部半印勘合，令有司各户比对。不合者遣戍，隐匿者斩。男

女、田宅、牛畜备载……偶阅密县志，具户帖式于左：

一户傅本七口，开封户钧州密县民，洪武三年入籍（原系包信县人民）。男子三口：成丁二口（本身五十二岁，男丑儿二十岁）；不成丁一口（次男小棒槌一岁）。妇女四口：大二口（妻四十二岁，男妇二十三岁）；小二口（女荆双十三岁，次女昭德九岁）。事产：瓦屋三间，南北山地二顷。右户帖傅本收执，准此。[1]

上引文献记载的傅本户的户帖登记内容，与作者据以补充“文献记载遗漏”的谢允宪户的户帖原件完全一样。

洪武十四年编制黄册之后，户帖仍然实行，依旧发给各有关人户，由地方官每年核实更改，作为十年大造黄册的依据，只是到以后，户帖才逐渐败坏废弃。万历《武进县志》卷三《钱谷》一，载攒造黄册的规则云：

其法各给户帖，备开籍贯丁产，有司岁加稽察。十年一造（黄册），造必审图，皆据户帖现额添减开除。自后给帖废而稽察莫加，遂多失实矣。

又，万历《福宁州志》卷七《食货志·户口》亦云：“国朝洪武二十四年，户给一帖，以书丁产，岁核于有司，十岁而登之黄

1　转引自梁方仲：《明代的户帖》，见《人文科学学报》二卷一期，1943年昆明出版。这篇文章，还引录了晚明方志等书所载的户帖二件，亦有事产一项。本文作者说：“户帖的功用，不但是户籍的根据，而且也是征收赋役的根据。在上揭各户帖式中，我们明明看见有产业（当时曰事产）一项的记录，便是为征税的目的而设。”据此，则韦庆远同志所说：“由于有了这个补充，我们就可以断定，明初以户帖作为征调赋役的根据，既由于户帖登载了各户入丁比较具体的情况，还由于从户帖中也可以了解到各户占有土地和其他财产的状况，可以据以规定赋役的轻重和多少。”（第19~20页）差不多早在20年前，梁方仲教授已经指出了。

册。”[1]根据每年经过核实的户帖来攒造黄册，这对保证明初黄册的质量是有积极作用的。作者未能说明这一点，就使黄册的编制程序显得不完备。

其四，作者在第73页说：“自元中叶以来，土地兼并和隐漏的情况极其严重，刚建立的明王朝……还必须加强对土地的控制。户政与地政是不能偏废的。洪武四年，朱元璋下令设立户口田帖，登记全国人民所占有的田亩。”按：朱元璋加强对土地的管理，不始自洪武四年，远在即位之前就已开始。《明史》卷一八八《周祯传附端复初传》云：

> 端复初……元末为小吏，常遇春镇金华，召致幕下，未几辞去。太祖知其名，召为徽州府经历，令民自实田，汇为图籍，积弊尽刷。

又：洪武元年正月，诏遣周铸等一百六十四人往浙西核实田亩（《太祖实录》卷二九）。这些记载，虽然只是对部分地区“令民自实田”和核实田亩，然而弄清这一事实是有意义的，它能说明洪武四年设置户口田帖和以后绘制鱼鳞图册，乃是朱元璋一贯注意加强土地管理政策的继续。而朱元璋这一政策，并不如作者所说，是从户口田帖的设置才开始的。

其五，作者在第74页说：“鱼鳞图册的绘制并不是在明代才开始的。《宋史》记载南宋时期个别地区的官府已有绘制鱼鳞册作为管理田亩工具的事。但在全国范围内全面的推行鱼鳞图册办法，则确是从明初开始的。时在洪武二十年。”南宋时并非如作者所说只有个别地区绘制鱼鳞册，除作者已引用的《宋史·食货志》记嘉定十年婺州有鱼鳞图外，在此之前即绍熙元年，漳州地区已绘制鱼

1　两条引文均转引自《明代的户帖》。

鳞图册。元时有些地区也绘制了鱼鳞图。其次，明初绘制鱼鳞图的时间共有三说，除作者引用的《明实录·太祖洪武实录》卷一八〇谓在洪武二十年外，还有洪武二年和洪武十三年两种说法。以上均见梁方仲《明代鱼鳞图册考》（载《地政月刊》，第一卷第八期）。梁方仲教授对三种说法的论断是：

遣国子生武淳等分赴各州县履亩丈量一条（按指洪武二十年——引者），除见上引实录原文以外，以前历年《太祖实录》均未有载。意者《太祖实录》经三四次之修改，而致有所删漏，亦未可知。但其不在洪武二十年，则似无疑义……故愚以为武淳等之派遣，苟不在洪武二年，即在洪武十三年。然以洪武二年为多。

然《初政记》十三年户部核实天下土田一语，则似甚合情理。因十四年春正月太祖诏天下府州县编赋役黄册，则十三年早一岁之预备工作，似为必需。

此说很值得注意。首先，从黄册必须登记事产一项和“帝以徭役不均，命编造黄册”[1]看来，如事先无核实田亩之举，将会使黄册登记失实，从而达不到使赋役多少能够“平均”一些的目的。其次，再从黄册与鱼鳞册的关系来看，陆世仪《论鱼鳞图册》云：“旧制，定赋役有二册：一曰黄册，以人户为母，以田为子，凡定徭役，征赋税则用之；一曰鱼鳞图册，以田为母，以人户为子，凡分号数，稽四至则用之。”[2]鱼鳞册与黄册是经纬不可分（《明史·食货志》）的关系，故洪武十四年攒造黄册之前，已绘鱼鳞图的说法，亦不致使两种密切有关的制度脱节。再次，朱元璋在即

1 《明史》卷一三八，《杨思义附范敏传》。

2 载《皇朝经世文编》卷二九。

位之前就重视对土地的管理，已“令民自实田，汇为图籍”；洪武元年又有浙西核实田亩之举，“似亦与鱼鳞册之编制有关”（梁方仲教授语）；洪武四年又设立户口田帖；洪武十年下诏禁止诡寄田亩，奖励告发[1]，则绘制“按图以稽荒熟，为某人见（现）业则不可隐”的鱼鳞图册，实有必要。综上所述，洪武二十年始绘制鱼鳞图册之说，大可怀疑。

## 二　关于封建土地所有制形态的论述问题

为了不失作者原意和便于说清楚问题，这里不得不较长地引录原文。在第 43 页，作者写道：

> 黄册制度所反映的内容和它所要保护的乃是典型的封建社会生产关系。具体说，就是要维护以皇帝为最高代表的封建主对主要生产资料——土地的所有制和对农民人身的不完全占有制度。在封建社会的法权观念上，土地和人口，最终都是以皇帝为首的封建主的私产。

在第 72~73 页，又说：

> 在我国封建社会中存在过不止一种土地所有制。国家占有一部分土地，地主阶级也占有一部分土地，土地国有制是与地主土地所有制平行并存的。此外，还有相当数量的自耕农民，他们也占有一些土地，由代表地主阶级的国家直接控制。但是以上所说的几种不同的土地占有形态，在封建法权观念上，以皇帝为代表的封建朝廷仍然是全国的最高土地所

1　《明典章·洪武十三年诏》。

有者。一般说，他有权管理并控制全国的耕地……必要时也可改变土地所有权……还可普遍地向自耕农民或地主阶级按地亩大小征收一定数量的田赋。

仔细推敲两段引文的意思，会发现作者关于封建土地所有制形态的表述，前后是截然矛盾的。前段引文所反复说明的是：在封建法权观念上，土地和人口都是以皇帝为首的封建主的私产。不言而喻，这是指地主土地私有制是基本的、主要的形态，皇帝只不过是封建主的首脑而已。但是，后段引文的中心意思却与此相反，一变而为“在封建法权观念上，以皇帝为代表的封建朝廷仍然是全国最高的土地所有者”。于是封建土地国有制（或皇族所有制），就成为后段引文反复论证的命题。这里当然不是要讨论何者是封建土地所有制的主要形态。问题在于：作者前后论点的抵牾，就会对黄册制度的分析造成混乱。按照前段引文来理解，黄册制度所反映的内容和它所要保护的乃是整个地主阶级（以皇帝为首）对土地的垄断和对农民人身的不完全占有；按照后段引文来理解，则是封建土地国有制和国家对农民的人身占有。两种矛盾而无法统一的说法，读者又将以何者为根据呢？

其次，作者根据国家“还可以普遍向自耕农民或地主阶级按地亩大小征收一定数量的田赋”，以论证“在封建法权观念上，以皇帝为代表的封建朝廷仍然是全国的最高土地所有者”。在这里，作者不加区分地将农民和地主阶级向国家交纳的田赋相提并论，把二者看作同一性质——都是基于封建土地国有制产生的，是封建土地国有制由以实现的经济形态，因而在实质上就具有了地租的性质。当然，整个封建田赋都是农民剩余劳动生产物（常常包括必要劳动）的一部分，从封建土地国有制来立论，农民向国家交纳的田赋是可以作上述理解（即地租和赋税的合一）。但是，无论如何不能把“地主阶级按地亩大小”向国家交纳的田赋，也看成与农民向国家交纳的田赋是一样的东西。农民向国家交纳的田赋所表示的是剥削与被剥削的关系。地主阶级交纳的田赋，只是地租的再分配，即地主从农民那里剥削来的地租，将其中一部分以田赋形式向国家交纳，变为国家的财政收入，再分配用作官吏俸禄和维持封建国家机器正常工作的财政支出。

再次，作者是从“封建法权观念”来论证问题的，这就不能不存在很大的漏洞。斯大林说：“上层建筑是社会对于政治、法律、宗教、艺术、哲学的观点，以及适合于这些观点的政治法律等制度。”[1]可见法律观点并不就是法律制度本身。仅抽象地用“封建法权观念”而不引用法律条文规定，是难以说明问题的。相反的，在明代典章制度的规定中，倒是承认地主土地所有权的。譬如，万历《明会典》卷一七《土田》，洪武二十六年规定：

> 凡各州县田土必须开豁各户若干及条段四至。系官田者，照依官田则例起科；系民田者，照依民田则例征敛。务要编入黄册，以凭征收税粮。

“官田”和“民田”对称，二者科征各异，显然不是属于同一所有制形态，这和西周时期“普天之下，莫非王土”是大不相同的。明代法律条文似乎未能证明作者所说“在封建法权观念上，以皇帝为代表的封建朝廷是全国的最高土地所有者”。

## 三　关于里甲制度和超经济强制的问题

作者认为：“里甲组织对人户的严格管理，其实也体现了封建主对全国农民超经济的强制。”接着作者在引证了列宁在《俄国资

1　斯大林：《马克思主义与语言学问题》，第 1 页。

本主义的发展》一书中关于劳役经济必须有超经济的强制之后，又说“这种强制在里甲组织的职能上也充分体现出来”。[1]再通观整段的论述，作者在这里是把超经济强制和里甲制度等同起来了。而“里甲乃是明代庞大国家机器的最底层单位”[2]，即是说，超经济强制是属于上层建筑的范畴。

当然，作为阶级压迫工具的国家，是暴力机关，强制性是其根本属性。不仅封建社会如此，资本主义社会也是如此，但“超经济强制”却是针对“经济强制”而言。资本主义社会是经济强制的典型，由于雇佣劳动者的工人在人身上是自由的，资本家强迫工人为自己工作，不是用“棍棒的秩序”，而是通过饥饿来实现的，所以工人有摆脱某一资本家剥削的“自由”，但他却无法逃脱整个资产阶级的魔掌，这就是经济强制。它是由于工人阶级一无所有，资产阶级垄断生产资料而形成的经济上的隶属关系。封建制度下的超经济强制，其表现形式可以是多样的，但其实质是指的人身的依附关系，是程度不同的人身被占有，诸如被束缚在土地上等。这同样是属于所有制的范畴。马克思和恩格斯指出：“土地占有的等级结构以及与之有关的武装扈从制度使贵族掌握了支配农奴的权力。”“这样，封建时代的所有制的主要形式，一方面是地产和束缚于地产上的农奴劳动，另一方面是拥有少量资本并支配着帮工劳动的自身劳动。”[3]斯大林也指出：“在封建制度下，生产关系的基础是封建主占有生产资料和不完全占有生产工作者。”[4]可见超经济强制是属于所有制，是属于生产关系的范畴（当然，不是说超经济强制是整个封建制度的基础，封建制度的基础是封建土地所有制）。自然，经济关系必然会反映在政治法律

1 第52、53页。

2 第52、53页。

3 《德意志意识形态》，见《马克思恩格斯全集》，第3卷。第27、28页。

4 斯大林：《列宁主义问题》，第867页。

上，统治者总是会通过法律形式把它固定下来的。

总的说来，《明代黄册制度》是一本有史有论的好书，是作者付出了艰辛劳动的力作。读后获益不少。上面对本书提出的一些问题，仅是个人浅见所及，容或有不妥之处，还望作者和同志们批评指正。

# 编后记

《清史论述》是著名历史学家王思治先生有关清史研究的自选集。

先生早年师从徐中舒、尚钺等著名史学家，研修秦汉史，发表了《关于两汉社会性质的探讨》等系列著作，对社会性质划分标准、两汉生产力水平、生产关系状况、奴隶劳动的社会影响、中国奴隶社会解体的基本途径等问题进行了全面深入的分析。其论文资料丰富，考证精当，论述周详，引起了史学界的高度重视，也使“魏晋封建说”成为关于古代史分期诸观点中一种比较成熟的理论。后历工作调动，转攻清史，辛勤耕耘，在清前期历史地位、清代皇位继承制度之嬗变、明清之际社会矛盾、明清之际历史人物评价、明清文字狱、宗族制度、清代封建官僚政治、清代少数民族政策及国家统一问题、清代中俄关系、承德避暑山庄、两淮盐商的兴衰以及清代重要历史人物皇太极、康熙、雍正、范文程等诸多问题上都发表了精辟的见解。他参与主编的《清代人物传稿》历时十余年，是一项兼具学术性和资料性，为编纂大型清史而准备的基础性工程。为此，先生也赢得清史学术界的充分肯定和尊重。我们也希望读者朋友在阅读本书过程中，不仅在了解清代历史问题方面受到启迪，而且能了解先生博求翔实的学术作风，以及一个甘于清贫的文化学人的科学担当，为史学研究贡献自己的聪明才智。

值得提出的是，此次出版《清史论述》得到先生的大力配合，亲自拟定目录，查找资料，付出了大量劳动。可惜的是，在本书的编辑出版过程中，先生溘然长逝，未及亲订样稿，实堪惋惜和伤感！多亏清史专家、张小也教授拨冗审定，使先生遗著得以顺利出版，在此深表谢意！

编　者

2012年 4 月

# 明清纪元简表

| 皇　帝 | 年　号<br>（在位年限） | 元年干支<br>（公元纪年） |
|---|---|---|
| 太祖（朱元璋） | 洪武（31） | 戊申（1368） |
| 惠帝（朱允炆） | 建文（4）* | 己卯（1399） |
| 成祖（朱棣） | 永乐（22） | 癸未（1403） |
| 仁宗（朱高炽） | 洪熙（1） | 乙巳（1425） |
| 宣宗（朱瞻基） | 宣德（10） | 丙午（1426） |
| 英宗（朱祁镇） | 正统（14） | 丙辰（1436） |
| 代宗（朱祁钰） | 景泰（8） | 庚午（1450） |
| 英宗（朱祁镇） | 天顺（8） | 丁丑一（1457） |
| 宪宗（朱见深） | 成化（23） | 乙酉（1465） |
| 孝宗（朱祐樘） | 弘治（18） | 戊申（1488） |
| 武宗（朱厚照） | 正德（16） | 丙寅（1506） |
| 世宗（朱厚熜） | 嘉靖（45） | 壬午（1522） |
| 穆宗（朱载垕） | 隆庆（6） | 丁卯（1567） |
| 神宗（朱翊钧） | 万历（48） | 癸酉（1573） |
| 光宗（朱常洛） | 泰昌（1） | 庚申八（1620） |
| 熹宗（朱由校） | 天启（7） | 辛酉（1621） |
| 思宗（朱由检） | 崇祯（17） | 戊辰（1628） |
| * 建文四年，成祖废除建文年号，改为洪武三十五年。 | | |
| 太祖（爱新觉罗·努尔哈赤） | 天命（11） | 丙辰（1616） |
| 太宗（爱新觉罗·皇太极） | 天聪（10）<br>崇德（8） | 丁卯（1627）<br>丙子四（1636） |
| 世祖（爱新觉罗·福临） | 顺治（18） | 甲申（1644） |
| 圣祖（爱新觉罗·玄烨） | 康熙（61） | 壬寅（1662） |
| 世宗（爱新觉罗·胤禛） | 雍正（13） | 癸卯（1723） |
| 高宗（爱新觉罗·弘历） | 乾隆（60） | 丙辰（1736） |
| 仁宗（爱新觉罗·颙琰） | 嘉庆（25） | 丙辰（1796） |
| 宣宗（爱新觉罗·旻宁） | 道光（30） | 辛巳（1821） |
| 文宗（爱新觉罗·奕詝） | 咸丰（11） | 辛亥（1851） |
| 穆宗（爱新觉罗·载淳） | 同治（13） | 壬戌（1862） |
| 德宗（爱新觉罗·载湉） | 光绪（34） | 乙亥（1875） |
| 爱新觉罗·溥仪 | 宣统（3） | 己酉（1909） |
| 清建国于1616年，初称后金，1636年始改国号为清，1644年入关。 | | |

◆ 制表参考《现代汉语词典》（第5版，商务印书馆，2010年）。

◆ 年中改元时，在干支后用数字注出改元的月份。

# 编后说明

《明清史学术文库》旨在整合出版上世纪以来，明清史学研究领域中学术影响深远的专题论著（暂未包括专有出版权与其他出版机构有合同约束的论著）。

由于所选书稿在此前分别由不同的出版社出版，因此在编辑制作过程中，我们尤其注重构建本丛书的体例。特作说明如下。

一　内容

为保持与相关领域学术发展同步，本丛书出版前，各册书稿内容均请作者、作者家属或相关学者在原著基础上作了厘正。

二　结构

丛书各册内容按照章、节等体例安排层级关系，图表按章排序。

三　文字

文献名、引文、年号、姓名等文字中，如遇异体字或无对应的现行简化字，则保留原字。

四　注释

1. 相同文献的相同版本信息，只在第一次出现时予以标注（该文献如在书中出现其他版本信息，则逐一标注；如来稿每则注释皆信息完整，且体例统一，则不予改动；如信息查询未果，则维持缺项）。

2. “二十四史”等常见古籍，如无特殊需要，皆不注明版本信息。

3. 古籍卷数用“卷”与汉字表示，如卷一九、卷一三五等。

五　年代换算

明清两朝的干支纪年或未逐一换算成公元纪年，对于原著未附纪元表的专著，附以《明清纪元简表》，以便参考。

六　寄语

本丛书各册作者皆为相关领域学术大家，故每册卷首均设作者寄语。寄语或为约请作者提供，或从其专著中援引。

宫廷历史编辑室

二〇一二年七月

**图书在版编目（CIP）数据**

清史述论 / 王思治著. — 北京：故宫出版社，
2016.12
（明清史学术文库）
ISBN 978-7-5134-0720-5

Ⅰ. ①清… Ⅱ. ①王…Ⅲ. ①中国历史－研究－清代Ⅳ.①
K249.07

中国版本图书馆 CIP 数据核字（2015）第 033976 号

**清史述论**

著　　者：王思治
责任编辑：伍容萱　王志伟
封扉设计：李猛
出版发行：故宫出版社
地址：北京市东城区景山前街 4 号　邮编：100009
电话：010-85007808　010-85007816　传真：010-65129479
网址：www.culturefc.cn　邮箱：ggcb@culturefc.cn
制　　版：保定市万方数据处理有限公司
印　　刷：保定市中画美凯印刷有限公司
开　　本：787 毫米 × 1092 毫米　1/16
印　　张：55
字　　数：670 千字
版　　次：2016 年 12 月第 1 版
2016 年 12 月第 1 次印刷
书　　号：ISBN 978-7-5134-0720-5
定　　价：186.00 元